守著臺灣
守著歷史

系列 II

COLLECTED ECONOMIC PAPERS OF
LIN, ZHONG-XIONG

彭百顯——編

林鐘雄金融論文集

一個讀書人的一生，林鐘雄伴隨臺灣經濟起飛轉型

他書生報國一枝筆，守著臺灣，守著歷史

—— 彭百顯

紀念臺灣一代經濟學宗師
林鐘雄教授

林鐘雄（1938－2006）

　　林鐘雄教授乃臺灣道地培育出的經濟學家。

　　他是臺灣經濟學界的巨人。*

　　林鐘雄生命中的許多元素，都是構成臺灣經濟的未來。

　　在一個威權競擠的時代，不阿諛依附權貴，堅持本土良知，沒有接枝，他以完全土生土長之姿，隱忍傑出，閃耀屹立。他奠定了他一生的角色價值：臺灣經濟的燈塔，贏得了當代經濟學子對他真實的尊敬。

― 林鐘雄論文集編輯小組

2018 年 10 月

---

*　我們懷念他，並也為了方便較完整全貌的研究、觀察臺灣以及林鐘雄，特予萬殊歸宗、蒐集彙總，留下他這一生為臺灣經濟辛勤付出的心血結晶，讓它繼續為臺灣發光發熱。

【總編輯序】

守著臺灣・守著歷史

林鐘雄勤勉耕耘一生的寫照

　　林鐘雄（1938 -2006）老師離開我們已經 12 年了，我們都很懷念他。

　　《林鐘雄經濟論文集》及《林鐘雄金融論文集》的出版也慢了十餘年，這十多年來，我們心中總像有一顆石頭存在著負擔不能釋懷。如今，終於隨著林鐘雄論文集的堂堂上市，總算也能告慰林鐘雄老師在天之靈，心裡沉重的感覺也總算能夠放了下來。

　　林鐘雄論文集的出版的確是件繁雜浩大的編輯工程，我們著實費了好些心血與時間。雖然林師母表示可以放棄，然而，基於臺灣經濟之發展歷程的客觀意義及價值的認知，我們依然按部就班，逐次完成各階段的工作，直到本書在臺灣社會與大家見面。我們畢竟呈現林鐘雄老師他一生為臺灣經濟社會進展轉型的貢獻，也讓後來的學子在臺灣經濟發展與經濟思想之研究這個領域方面，方便型塑林鐘雄的真正形象。

　　在此，我也簡單交代一些總編輯的話，並為本論文集之書名為什麼定為「守著臺灣・守著歷史」說幾句話。

　　近二、三百年人類文明的演進，除了科學家在技術進步的

貢獻之外，經濟學家的竄起也是其中一項驚人的角色，尤其在經濟社會方面。

18 世紀以降，古典經濟學家一直是經濟學思潮的正統，特別是亞當斯密（Adam Smith ,1723 -1790）源流，更是這門學問的核心人物；他們型塑了經濟學家特殊而偉大的社會形象：推動人類經濟文明進步的貢獻者。經濟學家們在他們生活的年代，用他們的思考引導當時的人們包括領政當局和社會採行適當的作為，以解決經濟上的問題，讓社會更進步，人們生活更幸福。他們長期來的付出與為理念的堅持，歷史證明，他們終於贏得今日人類社會對經濟學家的尊崇；而經濟學家的徒子徒孫也享受這樣的香火，並延續這樣的精神，仍然為人類的經濟文明進步不斷地在崗位上貢獻生命的價值。

林鐘雄就是這樣時代背景中的一位經濟學家，在臺灣為她的經濟進步社會，付出一生的智慧。

在林鐘雄成長那個年代，臺灣仍是官方意識型態（ideology）濃厚的威權社會，然而，由於戰後「美蘇全球冷戰」策略，兩岸關係臺灣偏向「反共」，因而馬克思主義政治經濟學基本上禁止一般流通，西方自由主義經濟學遂成為臺灣民間社會的主流顯學；雖然如此，自由經濟在當時仍然不是臺灣經濟發展的核心價值，政經決策當局執行的黨國資本主義則是最高指導原則；這對一位自由主義的經濟學家而言，根本很難發揮所長，往往只能終其所長終老於學堂春風化雨。不過，他勤於著作，重心用於評析經濟局勢與臺灣發展關係，直至終老，其論述盡是反映當代的臺灣經濟變遷過程，皆在邁向自由國度

的紀錄史;一部臺灣經濟由黨國資本體制束縛過渡到自由經濟現代化轉折的歷史觀察及智慧貢獻。守著臺灣,守著歷史。這正是林鐘雄用其一生,以經濟守護臺灣,並以他的生命熱誠,終其一生堅守自由社會的理想的寫照。

在複雜難解的社會議題與政治環境,經濟學家深知經濟學抉擇取捨(trade -off)的本質,以及理論模型(theory model)的假設檢驗推演,在抽象理想與實際現象之間,在簡單化與複雜性之間,在最適與次佳之間⋯等等的探索;因此,經濟學家雖然執著於經濟學之信念,但在抱負與謙遜之間,許多經濟學家在實踐理想目標上必定無疑相當謙遜,自然地,謙遜讓經濟學成為社會科學整體整合中成效較為卓著;故而謙遜也就形成為經濟學家人格特質中一項美德。身為經濟學家之林,林鐘雄之治學、為人處世,一向謙虛為懷正是他的社會印象。

總之,林鐘雄是一位真正的經濟學家。他的一生辛勤耕耘經濟,都為臺灣這片土地及人民。和許多歷史上傑出的經濟學家沒有不同,能夠以社會知識份子或社會改革者的身分,追求更遠大理想的抱負於經濟專業領域,貢獻所長於臺灣。他一生關懷臺灣,在許多社會重大的公共議題,提供見解建立體制、推行政策,藉以改善經濟資源配置,釋放經濟要素活力,促進經濟成長,穩定物價,並提昇經濟公平、社會正義;在這些領域的政策辯論中,林鐘雄勤勉守護臺灣經濟,奉獻一生,留下許多嘔心瀝血之著作,於當代供作臺灣經濟發展前進的墊腳石,扶持社會進步的原動力。有識者應可以發現,本書主要的內涵即在呈現這方面的價值:臺灣經濟史上之歷史意義。

　　這兩大系列書是林鐘雄除大學教科書、專書以及委託研究專題之外，由其所遺留相關論述彙輯而成他留給臺灣最重要的著作，是觀察當代臺灣社會經濟變遷的重要參考文獻，也是研究臺灣經濟發展史、經濟思想史 20 下半世紀時空的重要一環。我們認為甚具意義且不可或缺，所以費心費時地將它編輯完成並出版，以補實這段期間之經濟發展過程之見證。

　　這兩大系列書儲存林鐘雄以生命與臺灣經濟發展相結合的歷史檔案，即反映林鐘雄經濟學專業的兩大領域：系列Ⅰ是經濟論文集，包括總體經濟與個體經濟領域，論述內容依性質再區分為歐美經濟思潮、臺灣經濟變局思路、經濟環境及國際衝擊、經濟情勢及展望、經濟發展、經濟問題及經濟政策等七個單元，以便於查覽閱讀。系列Ⅱ是金融論文集，包括貨幣經濟領域以及專題研析，論述內容之性質再區分為貨幣思潮：理論與政策、貨幣學派：弗利德曼、金融環境與金融情勢、金融體制與金融市場、利率與貨幣政策、匯率與外匯問題等六個單元；而專題研析係蒐錄林鐘雄過去未曾發表之有關「貨幣與物價」之一篇專題論述。最後，為緬懷林鐘雄教授，特擇錄紀念文一篇，另並彙輯其一生之著作要覽，置於論文集之附錄（系列Ⅱ），備供參考及查閱。

　　本書之全部論述皆與臺灣經濟社會之進展有關，這是一部主要以林鐘雄之時代（1960 -1990 年代）對當時臺灣經濟發展過程觀察論述的總存檔。

總編輯　彭百顯　謹識

2018 年 9 月 10 日

林鐘雄生平紀要

本年表以有關經濟學方面概略之紀要為主，其他許多重要之行事略去。

一、年表（1938-2006）

1938　出生於嘉義朴子。

1960　臺大經濟學系畢業。

1963　臺大經濟學研究所碩士班畢業。

〔研究期間即進入經合會（行政院國際經濟合作發展委員會綜合計劃處）擔任專員公職，自此即展開臺大經濟系一路由助教、講師一直到教授的教學及學術生涯。其間，於1972-79年曾一度轉任政治大學專任教職，後由陳定國聘任回臺大商學系。〕

1965　5月起開始在經濟專業雜誌刊物寫稿。

《貨幣數量學說之研究》出版。

1969　《貨幣銀行學》出版。

1971　1月起開始在報紙發表文章。

以筆名邵雄峰在《大學雜誌》發表〈臺灣經濟發展的問題〉。

1973　《邁向富裕的經濟社會》出版。

《當代貨幣理論與政策》獲嘉新水泥公司文化基金會頒贈第11屆『嘉新優良著作獎』。

1974　翻譯M. Friedman《最適貨幣量論文集》出版。

1975　主持行政院研考會「改進證券市場專案」專題研究。

4月，《弗利曼貨幣理論與政策的研究》出版。

翻譯 P. M. Horvitz《貨幣政策與金融制度》出版。

翻譯 W. W. Rostow《經濟成長過程論》出版。

1976　8月，《貨幣論文集》出版。

10月，《轉變中的臺灣經濟》出版。

翻譯 Don Patinkin《貨幣經濟學研究》出版。

1977　翻譯 N. H. Jacoby《公司權力與社會責任》出版。

1979　2月，《西洋經濟思想史》出版。

1981　主持行政院研考會「當前我國信託投資公司的功能與問題之檢討」專題研究。

1982　接受財政部長徐立德之委託籌組財政部「金融研究小組」，進行金融制度與金融機構研究與改革。
　　　翻譯 R. E. Weintraub《貨幣經濟學》（與彭百顯合譯）出版。

1983　協同陳聽安主持行政院研考會「實施利率自由化之途徑」專題研究。

1984　參與「王蔣經濟政策大論戰」。
　　　4月，《經濟學》出版。
　　　翻譯 M. Blaug《經濟學方法論》出版。
　　　主持行政院研考會「簡化放款手續之研究」專題。

1987　6月，任臺灣大學教授聯誼會理事。（1987. 6-1989. 6）
　　　7月，《歐洲經濟發展史》出版。
　　　主持中國輸出入銀行委託「我國與世界主要國家的政策輸出融資制度及營運績效之比較研究」專題研究。
　　　參與「陳文成紀念基金會」前身「臺美文化交流中心」之創辦。

1988　參與「財團法人現代學術研究基金會」創會，擔任董事兼經濟組召集人。
　　　9月，《經濟學》增修（2版）出版。

1989　主持財政部證管會委託「我國證券市場自由化、國際化之研究」專題。
　　　11月，《臺灣經濟發展四十年》。

1990　5月，任財團法人臺美文化交流基金會董事。
　　　7月，任臺灣證券交易所上市審議委員會委員。
　　　11月，出席立法院民進黨團「臺灣經濟總診斷系列公聽會」。

1991　主持行政院研考會「防制地下金融活動問題之研究」專題。

1992　離開專任教職，擔任玉山銀行創行董事長（1992. 2-

2001.6）。

3 月，《經濟學》增修（3 版）出版。

1993　任財團法人東元科技文教基金會董事長（1993-2001）。

8 月，任行政院大陸委員會諮詢委員。

1994　6 月，任財團法人玉山文教基金會董事長（1994.6-2001.6）

7 月，任行政院中小企業政策審議委員會委員。

8 月，任臺灣財務金融學會第二、三、四屆理事（1994.8-2000.7）。

1995　8 月，《臺灣經濟經驗一百年》出版。

1996　1 月，《工業銀行與經濟發展》出版。

11 月，《凱因斯—經濟思想再出發》出版。

1997　5 月，《熊彼德—經濟社會思想新定位》出版。

12 月，《蓋布列斯—富裕社會的迷思》出版。

1998　2 月，任中央銀行理事、常務理事（1998.2-2002.3.20）

1999　7 月，任財團法人國際合作發展基金會監事（1999.7.1-2002.6.30）。

10 月，擔任南投縣 921 大地震災後重建「百人專家學者服務團」召集人。

《米塞斯—經濟自由主義的先知》出版。

2000　3 月，參與「國政顧問團」，支持民主進步黨總統候選人陳水扁。

5 月，擔任總統府無給職國策顧問。（2000.5.20-2003.5.19）

籌辦臺灣智庫創會。（成立前二個月，病倒。）

7 月，任財團法人陳文成博士紀念基金會（臺美文化交流基金會更名）董事。

8 月，任臺灣財務金融學會第五屆理事長（2000.8-2002.7）。

2001　1 月，任臺灣經濟學會第三屆第一任理事長（2001.1-2001.12）。

5 月，任總統府經濟發展諮詢委員會諮詢委員。

6 月，出任臺灣證券交易所董事長。（2001.6.1-2002.3.5）

10 月，因呼吸困難送至臺大醫院醫治。（後曾轉三軍總院）

12 月，任財團法人臺灣智庫創會首任董事長（2001.12.30-2002.4.30）

2002　8 月，任臺灣財務金融學會第六屆名譽理事。

2006　5 月，辭世。

6 月，骨灰入塔，長眠金山。

9 月，臺灣經濟學會舉辦「林鐘雄教授紀念學術研討會」。

2007　3 月，臺灣經濟學會通過「林鐘雄教授講座」補助辦法，設置「林鐘雄教授講座」。（鼓勵學術研究機構延聘國際傑出學者來臺）

2014　6 月，為紀念經濟學家林鐘雄教授一生對經濟學之熱愛，民報設置【林鐘雄經濟特別專欄】對外徵稿。

2015　9 月，彭百顯編，《自由之花：林鐘雄回憶錄—林鐘雄紀念文集之一》、《經濟學的成長—林鐘雄紀念文集之二》出版。

2019　2 月，彭百顯編，《守著臺灣‧守著歷史（系列 I）：林鐘雄經濟論文集》、《守著臺灣‧守著歷史（系列 II）：林鐘雄金融論文集》出版。

二、學術界重要經歷

1. 美國芝加哥大學進修。
2. 國立政治大學經濟學系副教授、教授。
3. 國立臺灣大學財務金融學系、經濟學系教授。
4. 國立中興大學經濟系兼任教授。
5. 私立淡江大學、逢甲大學等兼任教授。
6. 私立文化大學經濟系、經濟研究所兼任教授。
7. 考試院典試委員。
8. 華南商業銀行監察人。
9. 店頭市場上櫃審議委員會委員。
10. 「三八（老虎）會」發起人、會長（成員主要為 1938 年出生臺灣重要財經、學界人士）。

林鐘雄論文集 II 金融論文集 目錄

五、利率與貨幣政策 ‧‧‧‧‧‧‧‧‧‧‧‧‧‧‧‧‧‧‧‧‧ 660

一、貨幣思潮：
理論與政策

1

貨幣政策與經濟發展（譯）

一、引言

低所得的開發中國家，並非在晚近始體認成長的可能性，而且成為正在極力推動成長的唯一集團。世界上，高所得的已開發國家，也對這種目標給予前所未有的注意。他們長期以來，即已認識成長的可能性，而且實際上也有這種經驗；但是在此之前，他們從未將推動經濟或長，認為是公共政策中重要而迫切的目標。當然，假若認為開發中國家與已開發國家，在尋求其加速經濟成長上，所面對的問題並無重大的差別，這是錯的，因為他們實際上有重大的差別。然而，他們彼此也有相似性 — 遭遇問題的相似性，選擇政策的相似性，甚至結果亦有相似性。這些相似性與差別均應給予重視。

二、貨幣政策的限制

然而，我們不得不承認：中央銀行及中央銀行政策在推動經濟發展與或長上，只能扮演中庸的角色。假若真實產出的成長只需以貨幣購買，則中央銀行不但容易解決這項問題，而且能迅速解決這項問題。因為，大概不會有落後到不能供給大眾所需貨幣數量的中央銀行。中央銀行能創造無限數量的貨幣，供政府及民間部門投資，或其他支用的貸款基金。甚且，假若中央銀行願意的話，可能將有組織的金融市場上的利率，降低

至資金充裕國家的利率水準之下。但是，真實成長顯然並非只依賴貨幣購買。真實產出與真實所得只能憑真實資源而生產。只有真實資源增加、動員及更有效地利用，真實產出才能增加。

為著證實這項觀點，只需舉述在決定成長計劃中，扮演主要角色的若干真實因素就夠 — 其中少數因素甚至是無形的：現存生產資源的充分而有效地利用；農業及各類工業技術的改進；以科學的態度及實踐替代因襲、墨守成規；以改善營養、健康、教育及發展企業家精神提高工人生產力；創造企業家及經營者階級；獎勵創新及生產力的鼓勵制度，提高真實儲蓄及資本形成率；安定、誠實而有效率的政府等等。簡言之，多數開發中國家所需要的是：在各方面重建其社會。現在大家都已深切地明白，這種重建過程並不能由金錢購取，也不能迅速完成。這將需要各方面數十年不斷地作有計劃的建設性努力。

中央銀行的主要問題之一，是確實地衡量貨幣政策在這種過程上所能發揮的作用。顯然地，不適合的貨幣政策，會嚴重地阻礙成長。他方面，同樣顯然地，即使最有力的貨幣政策，也不能替代成長所需的許多其他經濟與政治措施。過分依賴貨幣政策與試圖以之替代其他必要措施，均將招致失望與失敗。然而，下文即將說明，我們不容易明確地指出，對經濟發展最有貢獻的各種貨幣政策。

三、中央銀行的興起

對多數發展中國家來說，中央銀行是一種新機構。在

1920 年以前，現稱所謂「開發中國家」，幾乎無一具備中央銀行。少數拉丁美洲國家，在 1920 年代設立中央銀行，少數其他國家在 1930 年代亦採同樣行動。但是，多數開發中國家的中央銀行，及幾乎全部亞、非國家的中央銀行，都是在第二次世界大戰期間及戰後設立的。在這期間，由於許多國家相繼獲得政治獨立，其初步主要行動之一便是設置一個中央銀行。這時候，這些國家才算實現政治主權及足以使他們獨立行使貨幣政策的機構。在我們考慮這些中央銀行所承負的沈重責任之時，我們必須記住：他們的歷史大多非常淺短，他們配合推動經濟成長的經驗，也未超過 20 年。

開發中國家的中央銀行，與多數已開發國家的中央銀行，在許多方面非常相似。這些相似性並非偶然，它實際上反映著對企業上佔重要地位的國家之中央銀行，作有意的模仿。多數開發中國家中央銀行的章程，係由來自美國或英國的專家起草，或者至少亦聽取這些專家的意見。藉這些專家的協助，這些新機構得因擁有最新的中央銀行權力與技術而感到驕傲。尤有進者，若干新中央銀行，甚至擁有已開發國家中央銀行所不曾享有的新中央銀行權力。

許多新中央銀行在其營運初期，甚至亦聘有外國顧問。同時，中央銀行官員亦多學習外國中央銀行實務與政策。現在雖未有類似 1920 年代國際中央銀行俱樂部的組織，但其相互聯繫卻不曾中斷。中央銀行家每年參加國際貨幣基金年會，參加特別會議，互相聯繫，不斷獲取外國有關貨幣情勢與政策的報告。假若開發中國家中央銀行政策，與其他國家有所不同，大

體上並不因為其官員及其研究人員不懂外國的技術及政策。

多數開發中國家的中央銀行，擁有類似多數已開發國家中央銀行所有的法定權力。他們有通貨發行權，接受政府及商業銀行存款（有時亦接受其他存款），對政府及商業銀行放款，規定及改變貼現率，以各種直接方式分配其貸款，參與公開市場活動，買賣政府債券，規定及改變商業銀行的存款準備率。事實上，許多開發中國家的中央銀行，依法尚享有已開發國家的中央銀行所未曾享有的特權。此種現象的部份原因是：因為部份傳統工具（如公開市場活動等），在那些只有落後的貨幣及證券市場的國家，並不能發揮多大的作用。因此，假若中央銀行政策在開發中地區，只有較小的作用，那並不因為該地區的中央銀行只有少數的特權。

四、中央銀行的目標

現在談到目標問題。中央銀行及中央銀行政策畢竟只是能夠實現各種不同目標的制度與權力。然而，他們究竟希望實現那些目標？若只從法規及官方文獻去觀察，開發中國家中央銀行的目標，與已開發國家極其相似。即使用詞不同，然大致都提及下列四個主要目標：（1）維持國內物價水準的合理安定；（2）確保本國通貨的國際價值及保護其國際準備；（3）維持持續性的高就業及產出水準；（4）促進經濟成長，或提高就業、生產及真實所得水準。

然而，這些規定並非即是中央銀行實際運用其權力，所要實現的目的之有效指標。第一，他們未能提及這些機構實際

上已承負的許多任務。許多國家的中央銀行，至少也承負下列目標的一部份：建立金融制度與市場的新體系，或至少顯著地擴充現有的體系；將利率繼續維持在低水準上；使政府常能以低利率融通其負債及其經常赤字；管制各種可能用途的信用分配。第二，假若若干目標相互矛盾，或展示互異的方向，即使將目標擴增如上述，也無法正確地指明中央銀行究竟將做些什麼？假若這些目標完全相互調和 — 即同一貨幣政策可同時完全實現國內物價水準的安定、國際收支均衡、充分就業及最高的有效經濟成長率 —則決策的工作極其容易。

不過，不論已開發國家或開發中國家，這些目標相互間經常有顯著的矛盾存在。因此，各國當局必須調和各種目標，作成折衷方案。被採行的折衷方案因國家而不同，即使在同一國家，亦因時而不同。例如，若干國家一時曾偏愛廉幣政策（cheap money policy 即低利政策），其後由於國內通貨膨脹及國際收支惡化，不久即轉趨信用限制政策。

這些政策上的變異告訴我們：不論已開發或開發中國家都不能促進經濟成長而忽略其他目標。惟第二次世界大戰結束以後，對貨幣政策最重要的影響之一是：空前地強調促進充分就業與經濟或長率。這種重點的轉移足以解釋，為何多數國家幾乎繼續處於物價上漲的階段。

空前地強調經濟成長，並非對近年中央銀行政策型態有深遠影響的唯一新發展因素。若干其他經濟與政治環境的變化，亦有重要的關聯。其一是貨幣創造的自由大為提高。在第一次世界大戰以前及 1920 年代，一國擴張其貨幣供給的能力，受

到維持國內或對外貨幣兌換黃金的法定義務的限制。目前這些限制或已取消，或至少已放寬。國內黃金耗盡的威脅，已因國內貨幣停止兌現而解除。許多國家也較少受到黃金外流的威脅。

在較早時期，許多國家維持偏高的幣值。為著這些目的，在必要時他們願意採行限制性的國內貨幣政策。現在許多國家則不願如此。與其採行更具限制性的財政貨幣政策，若干國家寧願貶低其通貨的匯率，或容許其匯率波動。許多拒絕正式貶低其通貨價值的國家，則依賴其他方式以獲取更多的貨幣及財政擴張的自由。為著緩和或阻止國際準備耗盡與保護其國際準備，他們依賴輸入限制、資本流出限制與國家別外匯支付之分配。實際上，貿易及支付限制已成為貨幣政策的一部分。

特別值得強調的有下列兩點：第一，假若許多國家不曾擺脫維持通貨在國內兌換黃金的傳統義務，及維持固定匯率與較自由的貿易、支付及資本的國際移動，則他們將不能在最近若干年來採行擴張性的財政及貨幣政策。第二，要求在國內擴張性貨幣及財政政策上，有更大的自由運用餘地，已成為對國際貿易與資本移動要求更多限制政策的重要力量。

對貨幣政策的其他重要影響是：中央銀行與政府關係的變化。傳統的「獨立」中央銀行變成為政府支配的中央銀行，但這種對比變化並不太顯著。中央銀行的傳統「獨立性」並非絕對的，假若政府堅持的話，中央銀行仍只好遵照政府的意見。而現在典型中央銀行的法定權力並未減少。它仍能勸告、說服，甚至威脅意欲藐視其判斷的政府。可是貨幣政策之權力單

位，確實已發生很大變化。基本上說，這個變化反映著政府經濟任務的重大變化。

　30 年以前，政府不曾承負維持經濟安定、促進經濟成長及其他目前極其普遍的任務，他們也幾不為這些目標而採行必要的措施。責任與政策都落在中央銀行身上。在政府逐步擴增其所承負的任務時，他們就逐步消除了中央銀行的獨立權力。這種權力的移轉，由下列特徵即可看出：中央銀行國有化、政府有權指派多數中央銀行理事、有權指派中央銀行總裁及有權對中央銀行發出訓令等。由於這種權力的轉移，中央銀行家的傳統保守主義已漸減輕。

　中央銀行能以其權力長期穩住利率水準，此種發現，貨幣政策也受到了影響。就若干中央銀行的經驗來說，他們確能將利率穩住在較過去經驗為低的水準。此項經驗係發生在有巨額政府赤字與墊款的第二次世界大戰時期，戰後固有極大的重建支出，若干國家亦繼續採行此種措施。這是貨幣史上的新頁。固然中央銀行早期曾顯示其藉提高或降低利率以限制或擴張信用的能力，他們亦曾顯示其在經濟衰落期中長期維持低利率的能力。然而，在此之前，他們從未顯示：在大量政府及民間信用需要、高度繁榮的經濟活動及某種程度的通貨膨脹壓力下，他們能在 10 年以上的期間將利率穩定在低水準的能力。

　世界各地就此項經驗所下的結論是：將利率繼續維持在低水準的政策是錯的。因為在戰後已撤銷管制及恢復自由支出之時，此項政策加重了通貨膨脹壓力，多數國家為著能自由運用管制信用的反通貨膨脹措施，對此項政策不免有所修正。然

而，多數國家在勉強修正此項政策之餘，對往日的安定低利率及安定公債價格不免有所留戀。利率變動本身仍然是貨幣政策中的重要課題。

對繼續維持低利率普遍偏愛的原因，不只是期望藉以促進就業與成長。另一原因是作為債務人的政府也期望低利率。財政部長們不喜歡對國家債務作較多的債務支出，他們也不喜歡在利率上升與公債價格下跌的市場上發行債券。他們常能藉下列方式獲得公眾的支持而保有其職位：他們問選民們，是否希望因高債務支出需要而負擔較高的稅課，是否希望政府債券價格下跌。

維持低利率之偏愛的另一原因是：將債權者視為一個階級，及將利息視為一種收入方式的態度。債權者正如地主一樣，他們是可以被容忍的，且能確保其法定的請求權，但是卻似不能贏得大眾的支持。同時，債權者也不能被視為社會的保護者，即使是儲蓄及資本極其缺乏的國家亦然。債權者常被認為是富人，而借款者則被認為是窮人，所以提高利率便將窮人的所得再分配給富人了。許多經濟學者認為利率有如地租，即使沒有利息亦會有儲蓄。實際上沒有人會放棄利息，然而許多人卻認為公眾儲蓄並不受利率高低的影響。

因此，主張以類似提高利率的限制性貨幣政策，作為防止通貨膨脹壓力的人，遭遇到許多種反對理由。他應負壓低資本形成及減緩經濟成長的責任，提高國家債務的利息負擔及增加財政部發行債券之困難，將窮人的所得再分配給富人。提高利率以增進儲蓄率的看法遭遇到懷疑。由此可知，促進經濟或長

的願望，決不是繼續維持低利率及反對提高利率之貨幣與財政政策的唯一理由。

晚近幾年的貨幣政策，也深受金融情勢及政府政策之變化的影響，諸如：政府債務的增長、政府支出水準的急速提高及對政府赤字之態度的轉變等。

在第一次世界大戰以前，即使在 1920 年代中，多數中央銀行家及政府官員都同意下列命題：第一，為著實現其貨幣管理，中央銀行應以處理民間債務為主（特別是以商業交易為基礎的民間債務為優先），不是以政府債務為主；第二，政府預算應每年平衡，假若政府有債務餘額，即應有充當償債基金的若干財政盈餘。只有在緊急事故下，始能有財政赤字，且此項赤字應盡可能縮短期限與縮小金額；第三，假若政府借入款項，其所負利息應在資金市場上與其他資金需要者相互競爭；第四，和平時期的貨幣政策不應受到政府資金融通需要的強烈影響。

現在這些命題都已改變。由於政府債務變成相當龐大，多數中央銀行在實現其貨幣政策時都以處理政府債務為主，而非以民間債務為主。因此，他們對政府債券的價格及政府所支付的利率的影響已更加注意。每年預算平衡的神聖義務亦已消失。即使是那些財政上最負責任的政府，現在亦較一世代以前更自由地編出赤字預算，至於那些經驗不足的政府，赤字預算幾已成為常事。更多的政府願意接受經濟學者的擴張性建議，即在失業時期利用赤字支出，以刺激需要及恢復經濟活動。極少數的政府仍願意接受傳統的教訓，即以預算盈餘充當反通貨

膨脹之工具。

由於政府本身成為最大的債務人，他們就產生了典型債務人的態度，希望以低利率獲得大量的信用。為政府而維持低利率本身已成為一種目的，為此項目的所需要的貨幣政策，與為促進經濟或長所需要者大不相同。

迄目前為止，我已討論到晚近影響已開發國家及開發中國家貨幣政策的共同因素。其目的在於強調這兩類國家在問題上、目標上及態度上的相似性。現在我另將舉述開發中國家與已開發國家的若干主要差異。我將他們歸納成兩項與貨幣政策有最直接關係的特徵：第一，資本不足與國內儲蓄率的偏低；第二，金融機構、貨幣市場與證券市場的落後性。

五、資本不足與貨幣政策

開發中國家貨幣擴張的最大壓力之一，是來自資本極端缺乏、意欲迅速累積資本與國內儲蓄率偏低等因素。這些國家認為他們的資本不足係他們生產力偏低的主要原因，所以便決定要迅速累積資本。然而，資本累積只有兩項財源：物品與勞務的淨輸入及國內儲蓄。物品與勞務的淨輸入，反映著來自其他國家之贈與及資本流入淨量；它們固然有用，但是國外援助與資本，通常只能滿足一國真實投資需要的一小部份。若要使資本累積率能在人口成長中提高平均每人真實資本量，則一國必須以其國內儲蓄為主。

簡單地說，國內儲蓄是國民所得或國民產出中，未被用於本期消費的部份，由民間儲蓄及政府儲蓄兩部份所構成。民

間儲蓄是家庭及企業單位之可支配所得中，未被用於本期消費的部份；政府儲蓄是政府總收入中，未被支用於本期消費的部份。開發中國家的這兩種儲蓄（民間的與政府的）都比已開發國家為低，不僅平均每人儲蓄量較低，而且儲蓄佔國民所得的比例亦較低。大多數已開發國家淨儲蓄佔國民所得的比例均在15％以上。少數開發中國家的淨儲蓄比例固有高達10％者，但若干國家則甚低。

若干人士認為低所得國家的此種儲蓄佔國民所得的比例偏低，主要係起因於貧窮 — 其人民實在太貧窮以致無法儲蓄。然而，此種觀點未免過分單純。第一，這種觀點忽略了許多國家的所得分配極不平均的現象，例如國民所得的35％至40％通常係歸於10％的家庭手中。路易士教授（W. Arthur Lewis）將此種現象作如下的明確陳述：

「假若一國有意儲蓄，它絕不會貧窮到不能儲蓄其國民所得的12％；貧窮從未阻止各國參與戰爭或以其他方式浪費其資源。這些國家最少還可以貧窮作為不儲蓄的藉口，實際上其國民所得的40％左右係由10％依賴地租而過奢侈生活的高所得收入者所浪費掉。」[1]

路易士教授及其他學者曾經指出，這些國家民間儲蓄比率

1　W. Arthur Lewis, The Theory of Economic Growth, Homewood Ill. : Richard O. Irwin, Inc., 1955, p. 236

偏低的主要理由是：資本主義機構與態度的缺乏或落後。這種現象，部份反映在公司企業的不受重視，而公司企業則是已開發國家民間儲蓄的主要來源。此種現象亦部份反映在許多國家的高所得階層似乎缺乏高儲蓄傾向，而此種高儲蓄傾向則是已開發國家之資本家的特徵。

　　開發中國家的政府得以其大量儲蓄來彌補民間儲蓄之不足。政府儲蓄的方式，係課稅收入及政府企業淨收入遠大於其經常消費支出。此項儲蓄即可用於融通政府投資或從使民間投資得以實現。然而，許多此類國家的政府儲蓄與其投資需要相較，其數量極其微小，若干國家甚至沒有政府儲蓄。開發中國家的租稅，不論平均每人課稅額或佔其國民所得的比例，均遠較已開發國家為低。在美國、英國等許多已開發國家，租稅常佔國民所得的 25％至 30％。然而，開發中國家租稅佔國民所得的比例極少超過 10％者，若干國家則較 10％低得多。在平均每人所得正在提高中的開發中國家，政府通常無法提高其所得增量的課稅比例。所得增量大部份歸民間部門享有，且常係增加消費。

　　倘若有人建議加重課稅，以提高國民儲蓄水準。政府通常是以他們已經到達課稅能力的界限作為回答。曾經對這一命題作仔細研究的各國專家，都反對此項命題。這些專家承認：在多數開發中國家的環境下，低所得家庭佔較大比例、農民所得佔所得的大部份、未有帳簿記錄的小型企業居多數等等，徵收較多的稅收實有特殊困難。因此，他們承認開發中國家的政府，實際上不可能獲有國民所得之 25％的收入。但是他們認

為在合理的努力下，多數國家的政府收入可達到國民所得的12%至15%。

許多政府亦不曾開發其他潛在而豐富的儲蓄財源 — 公營企業的利潤。將公營企業產品的價格訂在成本或成本以下，固有良好的社會公平意味，然卻幾無利潤可圖。例如，對該項產品的全部消費者可能應予補助，然而此項政策將減少總國民儲蓄。一種方式是公營企業維持營利的原則而保留在政府部門中，以其利潤融通企業自身或其他投資需要。另一種方式是將公營企業移轉給以營利為目的的民間部門，其利潤一則可課稅，再者亦成為民間儲蓄之財源。不論政府在推動其他目標上做得如何有聲有色，只要是縮小民間部門的活動範圍及使公營事業遭受損失，都必然無助於國民儲蓄。

政府及民間儲蓄較其意願投資率為低，通常導致中央銀行及商業銀行強烈的信用擴張壓力。政府意欲藉中央銀行擴張貨幣及信用，以滿足其不願藉租稅及經營其企業所要滿足的需要，迫使該國人民降低其真實消費比例，並提高真實儲蓄比例。

六、落後的金融制度

開發中國家的貨幣政策，也受到其經濟社會的另一共同特徵，即其金融機構與金融市場的落後情勢的影響。在多數已開發國家中，中央銀行乃係整個國家中已有良好發展的金融結構的領袖。幾乎每一個人至少都與商業銀行或其分支機構有往來，也有其他金融機構，諸如儲蓄銀行、保險公司、建築組合、

農業信用機構等網狀組織，也有一個每天有大量交易的政府債券市場。若干國家的金融結構甚至更為複雜。這些機構不只是可供利用，而且實際上通常係供大部分人民利用。

若認為這些機構極其和諧地執行其機能，當然是過甚其辭。不過，他們可說是儲蓄的有效動員者與分配者。他們創造了可供利用的各種金融債權，其中多種具有高度流動性與安全性，因而吸引了全國各類儲蓄者的儲蓄。這些儲蓄便經由金融市場而流入各地區的各種產業中。

這些國家的中央銀行發現他們較易於從事公開市場活動，以管制銀行準備數量及全國的流動性。因參與已被全國金融機構及個別投資人廣泛利用之組織良好的政府債券市場，中央銀行能迅速購買大量政府債券，藉以提高銀行準備金及流動性。中央銀行也能迅速售出大量政府債券，以降低銀行準備金及流動性。尤有進者，中央銀行可根據其注入或抽回的資金，而預期其放鬆或限制的影響將擴散及整個金融體系，雖然此項擴散過程須經歷一段時間，且其最終影響頗不平均。

由於各國的情勢有極大的差異，故難以將開發中國家的金融結構與實務作一般化的分析。例如，印度的金融制度已有較良好的發展。而若干實際上未有金融機構的國家，近年來金融發展已有實質的進步。然而，下列情況可說是多數開發中國家的共同特徵：商業銀行體系的落後性。銀行行址通常只設置在大城市，使得大部分的鄉村及大多數的人民不能享有銀行的設施。即使在城市內，多數人民仍未有與銀行接觸的習慣。約三分之二的貨幣供給額係鑄幣與銀行券的形式，大家只願意以存

款貨幣形式保有三分之一的貨幣供給額。有時大家也同樣不願持有大量的儲蓄存款。

因此，銀行累積資金的能力，受到其有限的營業範圍、與大眾保有活期及儲蓄存款的有限意願的限制。在運用其有限的貸放能力上，銀行常是保守的與墨守成規的。他們願意貸款給對外貿易的資金融通、城市間的商業資金融通及大工業的短期資金需要。但是他們常不願融通許多與經濟成長關係密切的資金需要 ─ 工業的中長期資金需要、中小型製造業的資金需要及農業的資金需要。

商業銀行所遺留下的空白，亦未由其他金融機構予以彌補。通常也同樣地缺乏諸如儲蓄銀行、農業信用機構、建築組合、保險公司等動員儲蓄及有效運用儲蓄的其他金融機構。

開發中國家的另一項缺點，是缺乏一個組織良好，且圓滑運作的政府債券市場。以美國的術語來說，政府債券市場缺乏「深度、廣度及彈性」。中央銀行或個人通常易於購取政府債券。但若要迅速且不大量削價而大量銷售政府債券，則相當困難。這種缺點通常歸罪於市場組織本身，即歸罪於扮演中間機能的經紀人及零售商。惟其問題通常係更為基本的：即作為最終民間投資者的個人與機構，常不願持有政府債券，至少不願意以政府發行條件而接受之。

由上述各點的結果，使得多數開發中國家的大部分人民，不能與有組織的金融部門保持有效地接觸。他們必須仰賴固有的貨幣貸放業者及商人所提供的資金。

開發中國家的中央銀行及中央銀行政策，經由許多方式，

受到其金融機構及金融市場之落後性的影響。由於政府債券市場的落後情勢，增加中央銀行保有大量政府債券的壓力，故擴大了貨幣基礎。已開發國家的中央銀行家，固然亦遭受相同的壓力，但是他們能對其財政部長建議說：「您為何不將您的債券出售給民間的購買者？只要您將債券價格作合理的安排，您即可找到願意購買的有錢人及有大量資金的大金融機構。」這即使在多數已開發國家，此項理由猶常不足以說服財政部長，若對開發中國家的財政部長去說，更是缺乏說服力。他們大多相信，不須提高利率即可大量提高民間對政府債券的需要。

政府債券市場的落後情勢，也使得中央銀行更難以運用公開市場活動充當伸縮性貨幣政策的工具。這種情勢，並非實現貨幣擴張的重大阻力。中央銀行有許多擴張信用的途徑：可以降低銀行的準備率、降低再貼現率、說服銀行多借款、甚至自財政部或民間市場購得政府債券。若無法購到適量的政府債券，也沒有理由阻止中央銀行購進各種資產。其唯一的限度是中央銀行為採行限制貨幣與信用措施，而拋售政府債券的能力。假若中央銀行意欲大量而迅速地拋售政府債券，就只好巨幅降低其價格。

部分人士認為：由於政府債券市場，有不易拋售債券的落後性，開發中國家的中央銀行，幾乎必然較其他中央銀行更無力於限制貨幣及信用。我個人反對此項意見。因為這些中央銀行仍擁有提高貼現率及將信用分配給借款者的權力。尤有進者，幾乎所有中央銀行均擁有限制信用的另一有力武器 — 有權提高銀行的法定準備率，及規定特別流動性及現金準備比

率。假若問題只在限制民間信用，及假若中央銀行不藉買入政府債券，以彌補政府赤字與阻止政府債券價格下降，則各種政策俱能合理地實現信用限制目的。真正的問題不在於缺乏有效的限制措施，而在於諸目標的衝突性及不願意看到利率提高。任何中央銀行即使是擁有最完整的貨幣政策工具，及最高度發展的貨幣市場的中央銀行，在通貨膨脹的情勢下，都不能同時成功地實現有效的信用限制，及維持低利率的並存局面。

開發中國家之中央銀行，另一項共同機能是促進金融機構及金融市場的發展。若干場合須從頭做起，但部分則已有若干基礎，惟仍須迅速擴張去金融工作的範圍與種類。為著實現這些目標，他們已經做了許多事情。許多中央銀行本身執行商業銀行的任務，不但為政府及其機關服務，而且也對部分民間部門營業。許多中央銀行推動設立新商業銀行及原有銀行增設分行的工作。同時，他們也正促進其他金融機構的設立，諸如儲蓄銀行、農村信用機構、抵押銀行、開發銀行、中小企業銀行及對大型企業提供中長期資金的銀行。此外，其中若干中央銀行正盡力發展更健全而有效的政府債券市場。

這種金融體系的發展，顯然是為經濟成長與效能而展開的。由於公共部門所提供的資產更具有安全、流動性、收入及便利等有利的吸引力，社會的儲蓄可望增多。儲蓄可望獲得更有效的運用，其地理上及產業上的移動性亦可能增大。中央銀行在這些金融機構的發展上，扮演著重要角色，乃係因為組成中央銀行的專才、正直及威望等並不多見。

然而，中央銀行固須促進新金融機構的建立、監督及考

核，協助訓練人員及推動展開效能及信用。然中央銀行有時須繼續不斷地負責對此類機構融通資金。這些機構常被授權向中央銀行借款，或將其債券售予中央銀行。若干中央銀行依法必須貸借此等款項或購進此類債券；有時雖無法令的強制，中央銀行常感受政治上的壓力而不得不給予融通。部分此類貸款，負有與市場率相同的利息；然最常見的是享有優惠的低利。最常見的是，最初出現好似營利性的新增信用，不久就轉形而成補助性的計劃了。

有人或會檢討這些過度依賴低廉的中央銀行信用的農村信用組織，及其他類似機構，是否能夠變成真正獨立而自足的機構。惟中央銀行繼續負責對這些機構融通資金，無疑地將加重有效信用限制的困難。來自各國的報告指出，中央銀行為對抗通貨膨脹所需的限制信用能力，已因下列情勢而嚴重地減弱：在對政府貸款之外，法令強制或其他特殊借款人及特殊目的的資金需要，均有強烈的壓力。在許多場合下，供作信用限制的領域的確過於狹小。

七、結論

以上我已經將促進經濟成長成為最重要目標的戰後時期中，中央銀行所面對的處境與難題作綱要式的說明。就大多數開發中國家而言，這是新的而無經驗的中央銀行，在與 30 年前的中央銀行所面對的不同情勢下，尋求發展與實施政策的記錄。由於國內貨幣對黃金兌換性的放棄，及由於各國均較不介意放棄固定匯率與國際貿易、資本及支付移動的自由，這些中

央銀行擴張貨幣與信用的權力已增大。由於政府已獲有較多貨幣政策的權力，及較願意利用此項權力，故中央銀行的獨立性已大為降低。

　　然而，變化最多的是國家的希望、價值與目標，中央銀行乃依據這些目標而選擇其政策。各國依然承認過去中央銀行的最主要目標，即保護該國幣制的統一。任何國家均不願意有國內通貨膨脹或國際收支困難。然這些目標的份量已經降低，其他目標的份量則已顯著地提高。

　　其中最顯著的是希望實現高經濟成長，惟這並不是中央銀行所期望的唯一目標。許多國家的中央銀行仍希望：第一，繼續維持低利率，最好維持在資金最豐裕國家的利率水準上；第二，確保政府能在低利下獲得必要的資金融通，不論政府赤字金額的大小，也不論其財政政策是否正確；第三，強迫社會將其真實所得的較大部分儲蓄下來，雖然不願意以政府課稅權力來實現此項目標；第四，建立長久性的政府債券市場；第五，拓展金融機構的體系；第六，對民間的最惠借款人提供優惠低利的信用。

　　以上仍係意欲由貨幣政策同時推動的各項偉大的目標，尤其是如果其他經濟政策不能實現時，更是偉大。惟即使各項目標並未互相衝突，這些目標亦未必能互相一致。例如，若干目標顯然與物價安定及高度經濟成長相互矛盾。因此，各項目標必須依據實際的評價而有所選擇。

　　【《臺灣經濟金融月刊》，第 5 卷第 12 期，1969 年 12 月。

本文作者 Lester V. Chandler, 譯自 Readings in Money, National Income, and Stabilization Policy, eds. by W. L. Smith and R. L. Teigen, Homewood, IL.：Richard D. Irwin, Inc., 1965, pp. 429-440.】

貨幣政策有效性的論爭

引言

1936 年凱因斯出版其《就業、利息與貨幣的一般理論》（The General Theory of Employment, Interest and Money）後，有一段時期經濟學者很少討論貨幣理論，而貨幣政策也被認為附屬於財政政策，貨幣理論與政策的發展顯得遲滯不進。1949 年美國國會的 Douglas -Patman 聽證會建議運用貨幣政策穩定價格；1951 年美國有聯邦準備制度與財政部之協定（Federal Reserve and Treasury Accord），使聯邦準備制度在運用貨幣政策以實現經濟目標上有更多的伸縮性，由是展開貨幣理論與政策新發展的序幕，貨幣學者稱之為貨幣的復活或貨幣的再發現。

1960 年，美國民間組織的貨幣與信用委員會（The Commission of Money and Credit）對美國貨幣及金融制度作客觀的深入研究，並自 1961 年開始刊行一連串由專家學者執筆的研究報告，掀起貨幣政策研究的熱潮。同時，各大學與研究機構的專家學者對貨幣問題的研究興趣也大為提高，甚至產生諸如 Federal Reserve MIT Model、Brookings Model 等大型預測模型。尤有進者，此項發展不只限於美國，1959 年英國有 Radcliffe Report、1964 年加拿大有 Report of the Royal Commission in Canada。1960 年代可說是貨幣經濟學大量發展

時期，而且此項發展正是方興未艾，尚在繼續擴大之中。

在這貨幣經濟學顯著復活的年代中，由於實證研究的興起，使得復活中的貨幣充滿著爭論。爭論的範圍甚廣，從貨幣的定義、貨幣政策的作用、貨幣政策的指標，一直到貨幣政策的有效性都有爭論，而且爭論甚烈。甚至過去一向被經濟學界所共認的中央銀行對貨幣供給量的控制能力也有新的懷疑。[1]因此，現代貨幣經濟學只能說尚處於百家爭鳴的階段，若干學說尚在草創時期，距自成體系仍有一段距離。

在這些爭論中，貨幣政策的有效性屬於熱門問題之一，因為政策的目的在解決經濟問題，不論財政政策或貨幣政策的主張者，都希望其政策能付諸實施。惟若要使政策能發揮效果，政策的決定者事先必須先瞭解各該政策的有效程度，才能開出最正確的處方；而在政策實施後，也需要隨時檢討其實際效果，以便繼續改善政策的有效程度。因此，近十年來貨幣政策論者及財政政策論者都積極研究各該政策的有效性，以支持其政策主張，或反駁對方的攻擊。同時，主張「貨幣重要」（money matters）的諸學者彼此對貨幣政策的有效程度亦有爭論，惟以實證研究的進步，彼此間的意見也較容易融合，故貨幣政策的

1　關於這些論爭及其發展當然以 Harry G. Johnson 的評論論文最具權威，其中最值參考者有三篇："Monetary Theory and Policy", American Economic Review（June 1962），pp. 335 -384; "Recent Development in Monetary and Policy" in Essays in Monetary Economics, Chapter 2; "The General Theory after Twenty Five Years", American Economic Review（May, 1961）。較新的檢討論文則有 Allan H. Meltzer, "Money, Intermediation and Growth", Journal of Economic Literature（March 1969），pp. 27 -56.

有效性已不被懷疑，但有關其有效程度則有各種不同的看法，這便是有效性問題。

　　貨幣政策的有效性可分下列四項討論：一、檢討貨幣政策是否足以充分實現其目標，即數量效果（magnitudinal impacts）問題；二、檢討貨幣政策對各經濟部門的影響程度，即品質效果（differential impacts）問題；三、檢討金融制度對貨幣政策效果的影響，即制度因素（institutional factors）問題；四、檢討貨幣政策的預測能力，即時間落後（time lag）問題。

貨幣政策的數量效果

　　貨幣政策的數量效果通常指貨幣政策效果的強度。因為貨幣政策通常必須透過若干貨幣變數，才能影響真實經濟社會的運作，故貨幣政策能否發揮應有的效果，首先必須考察貨幣政策發生作用過程中所存在的各項貨幣變數間是否有函數關係存在？其次，假若已有這些函數關係存在，再探討這些函數關係究竟密切到何種程度？最後，更必須考察這些函數關係是否穩定？

　　貨幣政策必須經由若干變數的連鎖反應才能發生作用，雖然這些作用過程相當複雜，學者間迄未能有一致的見解，惟大部分貨幣論者都承認：不論使用何種貨幣政策工具，通常先影響準備金的數量，經由準備金數量變化導致貨幣數量發生增減變化。貨幣數量變化後，透過貨幣需要之利率彈性的作用，引

2　George G. Kaufman, Current Issues in Monetary Economics and Policy; A Review (New York, 1969), pp. 21 -23.

起貨幣市場利率的升降波動。最後，因貨幣市場利率之變動而改變對真實資產的需要，進而影響真實經濟社會的運作。[2] 從政策變化到貨幣數量變化的作用過程大致已無爭論，而最後兩個階段的作用則有相當熾烈的爭論，且對貨幣政策的強度影響甚巨。

原則上說，貨幣政策的強度與貨幣需要之利率彈性成正此；此項利率彈性愈大，只要輕微增減貨幣數量即能使利率發生升降變化，貨幣政策的強度愈大。反之，若此項利率彈性愈小，必須巨幅增減貨幣數量才能產生利率效果，則貨幣政策的強度自然較小。同時，貨幣政策的強度與真實資產需要之利率彈性亦成正比，此項利率彈性愈大，只要輕微的利率升降即足以誘引大眾調整其對真實資產的需要，貨幣政策的強度自然甚為顯著。反之，若此項利率彈性愈小，即使巨幅調整利率，也不一定能大量地影響大眾對真實資產的需要，貨幣政策的強度便值得懷疑。

因此，高貨幣需要彈性與高真實資產需要彈性的配合，可以產生相當高的貨幣政策強度。因為在這種場合下，必須依賴貨幣政策以造成利率變動效果，而只要輕微的利率變動，即足以產生真實資產供需缺口，誘使物品與勞務的供給發生變化，真實經濟社會所受影響就相當大。反之，低貨幣需要彈性配以低真實資產需要彈性，則貨幣政策的強度乃相當微弱，因為在這種場合下，即使加強貨幣政策，誘使貨幣數量產生巨幅變動，利率所受影響仍然不大，而利率對真實資產需要的影響又非常有限，對真實經濟社會的影響自然就很微弱了。

　　然而，在現實經濟社會中，這兩項利率彈性的高低程度
究竟如何？就須作實證研究才能測知，在貨幣需要之利率彈性
方面，在實證研究中關於利率的定義頗有爭論，或者使用長期
利率，或者使用短期利率，其結果是使用短期利率者低估了彈
性。關於貨幣的定義是否應該包括定期存款亦有爭論，惟使用
包括定期存款定義者通常亦低估了彈性。雖然如此，近 10 年
來美國各著名學者的實證研究指出：貨幣需要的利率彈性大致
介於負的 0.1 至負的 0.9 之間。[3] 換句話說，貨幣政策有相當
強烈的效果。在真實資產需要的利率彈性方面，因為各項真實
資產互有極大差異，分別適用長短期利率，其彈性大小差異甚
大，但大體上仍可證明貨幣政策有相當強烈的影響（本文下節
論品質效果時將詳細說明）。

　　實證研究中雖然足以證明貨幣政策的效果有相當強度，
但問題在於前述兩項彈性是否具備穩定性，及過去的實際情勢
是否能適用於將來？眾所周知，貨幣需要非只決定於利率，
即使在傳統貨幣數量學說的簡單模型中，價格水準與國民所得
亦能影響貨幣的需要。假若貨幣政策意欲藉增加貨幣數量以降
低利率，在貨幣數量增加後極易引起這些影響貨幣需要因素的
變動，則當初所期望實現的利率效果極可能受到影響。尤有進

3　　關於 1960 年代美國方面的實證研究及其結果，請參閱 Thomas Mayer,
Monetary Policy in the United States（(New York, 1968），pp. 124
-125, note 16. 我國貨幣需要之實證研究尚在萌芽階段，關於貨幣需要之
利率彈性更未有具體的研究，請參閱：柳復起，〈臺灣之貨幣需求〉，中
央研究院經濟研究所經濟論文專著選刊之 9，1970 年 6 月出版。

4　　Edward C. Ettin, "The Development of American Financial.
Intermediaries," Quarterly Review of Economics and Business
（Summer, 1963），pp. 51 -65.

者，第二次世界大戰結束後，商業銀行以外之金融機構的相對重要性已逐漸提高，[4] 這些金融機構對貨幣政策每有極敏感的反應，常有抵銷貨幣政策效果的現象，使貨幣需要之利率彈性呈不穩定現象，關於這一點將在制度因素中詳細討論。

　　另一項重要因素是預期因素的作用，在調整貨幣政策之際，不論是持有證券資產者或持有真實資產者，都不免要對該項貨幣政策的持續性及繼續發展可能性作某種程度的評估。例如，採取緊縮政策，減縮貨幣供給量使利率提高，這些資產的持有者不免要問：提高利率是否為暫時性的現象？將來會不會回降或是否有繼續上升的可能性？諸如此類的心理預期因素自然使得本節所論的兩項彈性呈不穩定現象。當然，假若能對資產持有者的預期作合理預測，即可消除此種不穩定現象，惟遺憾的是，我們對於有關調整貨幣政策對預期之影響所知非常有限，故這兩項彈性都不是完全安定的。

　　由此可知，在貨幣政策發生作用的過程中，各項貨幣變數間有相當程度的密切關係，對實際經濟社會也有顯著的影響，但這些影響程度並不十分安定。雖然近年來實證研究愈來愈多，但仍未能大量改善此項缺點。

貨幣政策的品質效果

　　貨幣政策的效果固然有相當強度，但對各不同的經濟部門是否會產生無差別的影響？這便是貨幣政策的品質效果問題。關於這種貨幣政策作用範圍的討論可分為二項小問題：第一，貨幣政策對各經濟部門是否有完全相同的影響力？第二，假若

此項影響力有差別的話，對各經濟部門究竟能發揮多大的作用。當然，我們的經濟社會相當複雜，可以細分為甚多的經濟部門，而貨幣實證研究則尚未發展到極其精細的程度。因此本文只簡單區分消費支出、住宅支出、投資支出及政府支出等四項加以檢討。

先就消費支出來說，在目前盛行的國民所得分析中，消費支出通常都被假定是所得的函數，但不論古典學者或凱因斯理論，都承認貨幣保有量及利率水準也能影響消費支出。故貨幣政策對消費支出的影響來自兩方面，第一是由數量效果引申而來的所得水準的變化；第二是利率水準變動的結果。關於所得變化對消費支出之影響，在理論及實證研究上都已不成問題，故只要貨幣政策有相當程度的數量效果，自然能夠間接影響消費支出[5]。

至於利率變動對消費支出的影響則略有爭論。就整個消費支出來說，利率變動對消費支出的影響似乎非常微小，[6] 因為大部分個人的消費支出畢竟不是單純百分之幾的利率所能改變的。從反面來說，利率的調整對加強個人儲蓄的效果也不會很大。[7] 然而，部分消費支出則深受利率變動的影響，其中尤以

5　唯一的爭論是消費函數是否安定。假若消費函數不安定，則貨幣政策對消費支出的間接影響當然更不易測知其強度了。

6　Daniel B. Suits, "The Determination of Consumer Expenditure" Impact of Monetary Policy（Prentice -Hall, 1963）.

7　提高利率雖然不影響個人儲蓄願望，但可能誘引公司經營者減少分配股利，加強公司之儲蓄。Mayer, op. cit., p. 120.

8　Colin Wright, "Interest Elasticity of Consumption", American Economic Review（September 1967）, pp. 850 -855.

9　Michael, J. Hamburger, "Interest Rates and Demand for Consumer Durables," American Economic Review（December, 1967）, pp. 1131 -1153.

耐久消費品為然。在實證研究上，消費支出的利率彈性約只有負的 0.022，[8] 但汽車消費支出的利率彈性則高達負的 0.85。[9] 換句話說，如利率提高三分之一，自年息 6％提高為 8％，消費支出只減 0.66％，但汽車消費支出則將減少 28％，可見耐久消費品之支出與利率變動關係最為密切。尤有進者，貨幣政策上的品質管制措施 ―消費者信用更能直接干涉耐久消費品消費支出量。

然而，在實際的情形下，利率變動對耐久消費品支出之影響通常要有時間落後現象，約落後一年半左右。[10] 其理由可歸納為二點：第一，廠商分期付款利率之調整通常較貨幣市場利率調整落後一段時期；第二，廠商的市場推銷活動會抵銷貨幣政策之影響，尤其是廠商的廣告支出並非按銷售額計算，而係整個時期購進者。因此，除非是長期利率調整趨勢，短期利率變動大致不會影響耐久消費品的消費支出。

其次，就住宅支出來說，若干經濟學者有時將耐久消費品及住宅支出當作投資來處理，其主要原因是這些支出通常是以分期付款方式進行，且利率彈性甚大。惟本文仍單獨討論，主要原因是這些支出對經濟發展有甚大的影響，尤以住宅為然。新住宅的價格通常此較昂貴，且常以抵押貸款方式獲得資金的融通，其貸款償還期限相當長久，故即使利率只作輕微調整，例如自年息 10％提高至 11％，常使有意購置房屋者增加相當大的負擔，以致降低其置產的興趣。

---

10 Lawrence S. Ritter and William L. Silver, Money (New York, 1970), p. 62.

尤有進者，正如耐久消費品一樣，提高第一次付款金額或降低貸款比率與縮短分期付款期限等信用管制政策，對住宅支出也有相當影響力。因此，貨幣政策對住宅支出有極大的影響力，若干經濟學者，如 Leon Keyserling, J. K. Galbraith 和 S. E. Harris 等人，且據以認為貨幣政策具有不公平性，不宜採納作為反循環波動的政策。[11]

然而，另外也有一些相反的看法。有人認為影響住宅產業開發的因素甚多，諸如人口及其變動、一般經濟情勢、消費者所得及資產情況、住宅價格與成本、已建未售住宅及其供給變動的可能性、信用供給可能性（Credit availability）及成本、消費者偏好等都有影響力，利率只是許多影響因素之一。[12] 因此，在信用收縮之初，固很快地使住宅需要略見減少，但數月後其影響力則減退。甚至從反面來看，在放寬信用之時，利率固然降低，但卻因價格及工資上升而導致住宅需要之減少。[13] 雖然如此，多數學者仍然認為利率與信用供給可能性為住宅需要的決定因素，一般實證研究也支持此項觀點，[14] 而這兩項因素正是中央銀行所能操作者，故貨幣政策對住宅支出之影響甚大。

---

11 John K. Galbraith, "Inflation, Recession or Controls" in Economics, Peace and Laughter（Boston 1971）, pp. 88 -99.

12 Nathaniel H. Rogg, "Another Look at Some Factors in Determining Housing Volume," in Reading in Financial Institutions, ed. by Ketchum -Kendall,（Boston, 1965）, pp. 327 -345.

13 Norman N, Bowsher, and Lionel Kalish, "Does Slower Monetary Expansion Discriminate Against Housing," Federal Reserve Bank of St. Louis Review,（June 1968）, pp. 5 -12.

14 Dwayne Wrightsman, An Introduction to Monetary Theory and Policy（New York, 1971）, pp. 219 -220.

第三，就投資支出來說，在過去的歷史記錄上，投資活動的盛衰常與利率水準的低高作同方向的變動。惟同方向並不必然表示兩者有積極的相關性，因為除利率外，投資活動尚受銷售預期、預期利潤率、同業競爭程度、現有設備利用率、可供利用之內部資金（未分配盈餘與折舊準備）、預期工資成本、預期通貨膨脹率等因素之影響，利率之上升固然能使投資減少，但若其他因素有利於投資，且抵銷利率成本而有餘，則投資且可能增加。因此 1930 年代牛津經濟學者研究小組（Oxford Economists' Research Group）對英國領導性企業家所作的訪問調查報告指出：利率變動對投資的決定幾無影響。[15]

尤其是經濟學者在理論方面作如下的推論：短期投資只持續數年，利息成本不屬重要成本因素。利息成本在長期投資中為重要因素，且預期收益折成現值亦深受利率高低之影響，但長期投資的其他成本及產品價格都不穩定，故利息的相對重要性降低。尤有進者，長期投資大多仰賴內部資金，利息自然不列為重要因素。因此，1960 年以前的學者大多同意利率變動不影響投資活動。

然而這些投資支出利率彈性高低的爭論，在 1960 年代以後作了 180 度的大轉變，許多實證研究經由推估方法的改良，證明投資支出的利率彈性仍相當高。就機器設備投資來說，最保守的估計利率彈性也有負的 0.15。[16] 同時，利息成本佔總生產成本的比率固然低，但佔利潤的比率則相當高，以追求利潤

15　H. D. Henderson, "The Significance of the Rate of Interest," Oxford Economic Papers, No. 1（1938）, pp. 16 -27, Reprinted in Monetary Policy, ed. by William Hamovitch,（New York, 1966）, pp. 13 -26.

為目的之企業家，當然不能忽視利率變化的影響。惟就存貨投資來說，似乎不能證明貨幣政策有多大的影響力。[17] 就總投資來說，利用計量經濟模型將利率以外之因素孤立，所得到的投資利率彈性則高達負的 0.5，[18] 顯示投資活動實在與利率變動有密切的關係。

　　最後，就政府支出而言，中央政府支出是否受到利率變動的影響，迄未有實證研究可資證明。惟美國地方政府的投資支出則顯然深受利率變動的影響，尤其是美國若干州及地方政府舉債均有利率高限之限制，高利率之緊縮政策自然要影響地方政府的投資支出。因此，John K. Galbraith 也認為高利率政策為造成學校教室及其他基本設施不足的罪魁。不過，眾所周知，貨幣政策並非經常維持高利率現象，且在高利率時期政府亦可設法給予必要的補助，則政府支出當然可以避免反循環波動之緊縮貨幣政策的影響。[19]

　　根據以上所述，貨幣政策因對各經濟部門有不同的影響力，必將改變資源的運用狀況。因此，由品質效果所引起的問題是：足以改變資源運用狀況的貨幣政策是否為優良的經濟政策？雖然本文不擬討論此項問題，但可列出討論標準供作進一步研究的基礎：第一，資源運用移轉程度的大小；第二，改變

16　　Mayer. op. cit., pp. 120 -123.

17　　Michael J. Hamburger, The Impact of Monetary Policy. A Selected Survey of the Recent Empirical Literatures, (Washington D. C., 1967)。 又 可 參 見 Jimmie R, Monhollon, "Manufacturers' Inventory Investment and Monetary Policy," FR Bulletin, (Jan. 1966) , pp. 9 -10.

18　　Thomas Mayer, op. cit., pp. 120 -123.

19　　 Ibid., pp. 169 -170.

後的資源運用方式是否較未改變前有利於經濟開發？第三，財
政政策也會改變源運用狀況，貨幣政策所帶來的結果是否較財
政政策不利？

　　總之，貨幣政策對多數經濟部門都有相當程度的影響力，
但影響程度不同，若干部門固然深受貨幣政策變動的影響，但
其他各經濟部門所受的影響力則較低，故貨幣政策的品質效果
是不均勻的。

制度因素對貨幣政策的限制

　　貨幣政策固然透過諸貨幣變數的作用，對各個經濟部門施
以不同程度的影響，但這些作用大多在金融市場上進行，故金
融市場及參與金融市場活動的金融機構等制度因素，對貨幣政
策的有效性亦有相當程度的影響力。尤其是前兩節的討論大致
假定著一個完全的貨幣市場，而實際社會裏的貨幣市場則是不
完全的。不但資金供給量有限，而且參與活動的金融機構也有
變化。這些現象當然會影響貨幣政策的有效性，這便是制度因
素對貨幣政策的限制。

　　在現實經濟社會裏，在某一利率水準下，金融機構所能
提供的資金仍屬有限。在信用緊縮之際，金融機構更將採取分
配信用措施，以致排擠若干有意借款者；在放寬信用時，原
來無法借入資金者，則可獲得融通機會。因此，與其重視利率
及投資支出的利率彈性，不如重視金融市場上的信用供給可能
性。這便是美國聯邦準備制度與財政部成立協定時，由 J. H.
Williams 教授與 Robert V. Roosa 博士所提出的著名理論基礎 ─

供給可能性學說（availability doctrine）[20] 也是制度因素爭論的
開端。

供給可能性學說認為只要輕微地提高利率，經由各種金
融機構資產調整反應，限制信用供給可能量，足以消除通貨膨
脹，而當時美國政府所發行的大量政府債券，不但不會妨礙貨
幣政策的操作，而且甚至將有助於使貨幣政策發揮較強烈的效
果。在這一理論提出以前，美國聯邦準備制度不得不採取支持
政府債券的低利率政策，[21] 限制了貨幣政策的發揮。有了這一
理論，貨幣政策便可復活了。

實際上，這一理論係以美國複雜的金融機構與金融市場
對提高利率的許多假設的反應為基礎，其中至少包括五項：第
一，提高利率後，債券餘額的價值下降，使持有債券的金融
機構流動性下降，而減少放款，以維持其原有的流動性，稱為
資產效果（portfolio effect）。第二，債券價格下跌後，持有
債券者不願因出售債券而發生損失，故繼續持有債券，稱為套
住效果（locking -in effect）。第三，利率提高後，債券價格下
跌，但放款利率及民間債券利率上升常落後一段時期，故短
時期內可提高保有政府債券的興趣，稱為差別收入效果（yield
differential effect）。第四，放款者與借款者對利率的預期反應

20　Robert V. Roosa, "Interest Rates and the Central Bank," in Money,
　　　Trade, and Economic Growth,（New York 1951）, pp. 270 -295.

21　其理由有三：第一，美國財政部擔心提高利率使政府債券價格下跌，增加
　　　金融機構營運困難，甚至可能發生倒閉現象；第二，自 1933 年以後，利
　　　率即已釘住在低水準，金融機構對伸縮性貨幣政策已不甚習慣；第三，當
　　　時一般學者都認為投資支出的利率彈性甚低，提高利率不足以減少投資支
　　　出，當然不能對抗通貨膨脹。

有別，前者預期利率將繼續提高，後者則預期利率會下降，其結果是資金供需曲線均往左方移動，減少投資支出，稱為預期效果（expectation effect）。第五，在提高利率時，投資銀行代銷證券的意願降低，使投資支出減少。

以上五種反應中，前三項提高保有政府債券之意願，可避免大量政府債券對經濟安定的不利影響；後二項減少投資支出，可壓低社會的有效需要，均能產生反通貨膨脹的效果。依據此項理論，似乎金融制度有助於貨幣政策的推行。然而，在1960年代，此項見解則產生了若干其有革命性的爭論。

第一，由於政府的債券發行餘額甚大，容易使休閒貨幣餘額轉入活動貨幣，因而提高貨幣的流通速度。[22] 例如，若顧客願意舉借，商業銀行可出售其政府債券，而人民亦因利率高而樂意放棄其休閒貨幣；尤其是提高利率時，商業銀行以外的金融機構亦提高其存款利率，吸引休閒貨幣，增加其融通數量，而這些其他金融機構尚未列入聯邦準備制度管制之列，其抵銷貨幣政策的情形更為嚴重。

第二，在中央銀行採取提高利率的信用收縮政策時，貨幣市場上常有創新性的新資金融通工具出現，例如可轉讓的定期存單（negotiable certificated deposits）、金融債券（debentures）

---

22 關於這方面的著作甚多，具有代表性的有：John G. Gurley and Edward S. Shaw, "Financial Intermediaries and the Saving -Investment Process," Journal of Finance（May 1956），pp. 257 -256; Warren L. Smith. "Financial Intermediaries and Monetary Controls," Quarterly Journal of Economics,（Nov. 1959），pp. 533 -553; James Tobin, "Commercial Banks as Creators of Money" Banking and Money Studies, ed. by Deane Carson（New. York, 1963），pp. 408 -419.

等，使得每單位貨幣的週轉效率提高，因而抵銷貨幣政策的效果。尤有進者，在中央銀行取消信用收縮政策之後，這些新工具依然存在，且繼續發生作用，因而加重放寬信用的膨脹效果。[23] 這當然是不利於貨幣政策的有效性。

第三，第二次世界大戰以後，商業銀行以外的民間金融機構迅速抬頭，[24] 存款亦逐漸自活期存款轉入定儲存款，因而提高貨幣流通速度，並提高金融機構創造信用的能力，貨幣政策的效果不免逐漸被削弱。

以上三項抵銷貨幣政策效果的制度因素的發展通常以 Gurley -Shaw Thesis 為名，並且據以主張將中央銀行貨幣政策的管制範圍擴及商業銀行以外的其他金融機構，甚至更進一步主張將貨幣定義所包括的範圍擴及全體金融機構的各種存款，才能靈活運用貨幣政策。

貨幣政策的時間落後

一個國家的中央銀行根據當時經濟金融情勢的需要，有權採取影響銀行準備金、貨幣供給量、利率水準及信用供給可能量等的貨幣政策，以改變當時的經濟金融情勢，使朝向中央銀行所希望實現的目標發展。但是此項中央銀行政策實施之後，

---

23 Hyman Minsky, "Central Banking and Money Market Changes" Quarterly Journal of Economics （May 1957）, pp. 171 -187; M. Nadler, New Tools of Credit Control（New York, 1964）.

24 這種見解當然並沒有爭論。例如，Joseph Aschheim 就認為（1）若包括公營銀行在內，其他金融機構資產所佔的比例就未有提高現象；（2）即使其他金融機構帶來了流通速度及信用創造乘數問題，中央銀行仍然有力克服這些問題。Joseph Aschheim, Techniques of Monetary Control（Baltimore, 1961）, Chapter 7.

究竟要經過若干時間才能產生效果？是否可預測此項時間落後的程度？這便是貨幣政策的時間落後問題。

　　假若貨幣政策的時間落後程度有限，且非常均勻而可作預測，貨幣政策自然能夠發揮應有的作用。但假若貨幣政策有長期且不安定的時間落後，則因為時間落後不能預測，貨幣政策或將在錯誤的時間發生作用，或者將使經濟金融情勢更加惡化，則權衡性的貨幣政策（discretionary monetary policy）自然不能信賴。因此，貨幣政策的時間落後及其可測性與其有效性便有密切關係。

　　關於時間落後可分二部分來瞭解：其一是時間落後的性質，其二是時間落後的長度及其變異程度。先就時間落後的性質來說，因為貨幣政策的作用過程仍然相當複雜，經濟學者依然不能充分瞭解，故只能區別若干可能發生的時間落後現象，作簡單的討論。如表 1 所示，Smith 與 Teigen 兩位教授將時間落後區分為三大類：[25]

表 1　貨幣政策之時間落後

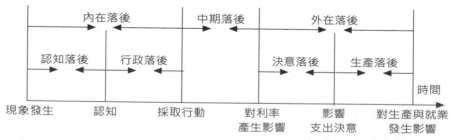

25　Warren L. Smith and Ronald L. Teigen.　"The Theory of Income Determination."　in Readings in Money, National Income and Stabilization Policy (revised edition, 1970), pp. 1 -43. John Kareken and Robert M. Solow.　"Lags in Monetary Policy,"　reprinted in Monetary Policy, ed. by William Hamovitch, pp. 117 -127.

（一）內在落後（inside lag）

自經濟現象發生變化，需要採取對策加以矯正，以至中央銀行實際上採取對策的時間過程，又可分為兩部分：第一，認知落後（recognition lag），即當經濟現象發生變化，應採取矯正措施，然而由於經濟資料欠缺，有關當局不能明確瞭解此項經濟變化的意義及其可能的影響。直到經過若干時間後，中央銀行才能獲取較明確資料，決意研究對策，這段時間過程就是認知的落後。第二，行政落後（administrative lag）或行動落後（action lag）：中央銀行認識經濟時勢變化之後，將立即對此項經濟情勢研究可行的對策，但研究與行動都需耗費時間，在決定實施何種政策之前的時間過程稱為行政落後。

整個內在落後所需時間長度決定於中央銀行收集資料、研究情勢及採取行動的效率。但是也決定於當時的政治與經濟目標，尤其是所希望實現的目標較多，必需對其優先順序有所選擇時，更將花費較多時間去決定取捨何種政策。

（二）中期落後（intermediate lag）

嚴格地說，中期落後屬於廣義的外在落後的一部分，由於其情況較特殊，故不妨單獨提出討論。簡單地說，所謂中期落後是：自中央銀行採取行動以至對金融機構產生影響，使金融機構改變其利率或其他信用情況，以便對整個經濟社會產生影響力的時間過程，故也可稱為信用市場落後（credit market lag）。這段時間的長度決定於商業銀行及其他金融機構的反應以及金融市場的敏感程度，已經不是中央銀行當局所能操縱

者。

（三）外在落後（outside lag）

自金融機構改變其利率或其他信用情況後，以至對真實經濟社會產生影響，稱為外在落後。這又可分為兩段時距：第一，利率或信用條件改變後，個人與廠商面對新情勢，當然會改變其支用習慣或支用行為，在支用單位採取支出決定之前稱為決意落後（decision lag）。第二，支用單位決定其支出意向後，對整個社會的生產與就業就會發生影響，這段影響過程所需的時間稱為生產落後（production lag）。

外在落後因經濟結構及行為因素都不是穩定而可預測者，故其時間落後的長度變易甚大。嚴格地說，前述品質效果即屬外在落後的一部分，我們已經知道各經濟部門對貨幣政策的反應不一，所受影響有極大差異，故可知外在落後實是貨幣政策有效性的主要問題所在。[26]

自 1960 年代以來，經濟學者對貨幣政策的時間落後有甚多的實證研究，根據 Dwayne Wrightsman 教授的研究，將主要研究結果列於下表：[27]

---

[26]　Thomas Mayer, "The Inflexibility of Monetary Policy," Review of Economics and Statistics（Nov. 1958）, pp. 358 -374.
[27]　Wrightsman, op. cit., p. 227.

表 2　貨幣政策時間落後長度之實證研究　單位：月

時間落後之性質與研究者	發表時間	平均長度	時間落後之性質與研究者	發表時間	平均長度
內在落後			Fromm and Klein	1965	15
Mayer	1958	6	Jorgenson	1965	15
Kareken and Solow	1963	5.75	存貨投資		
Bruner and Meltzer	1964	2	Mayer	1958	1
Willes	1967	1.5	Kareken and Solow	1963	8.5
中期落後			住宅		
Horwich	1957	2	Muth	1960	12
Mayer	1958	2	Liu	1963	12
Rangarajan and Severn	1965	2	Maisel	1965	6
Bryan	1967	2	消費		
外在落後			Hamburger	1967	12
製造業設備投資			總外在落後		
Mayer	1958	8.5	Friedman and Schwartz	1963	14
De Leeuw	1962	18	Liu	1963	18
（續見右欄）			Evans	1966	30

由表 2 可知：第一，貨幣政策的中期落後此較穩定而可預測。第二，內在落後的長度較小，但是由於研究方法不同，各學者所得的結果有相當大的差異。惟大體上說，此種差異發生的原因是研究時期不同，及對決策與問題發生時間的見解有異而產生，多數經濟學者通常承認貨幣政策的內在落後長度有限。[28] 第三，外在落後的時間甚長，而且各經濟部門受影響的時間落後程度不同。[29] 由於政策的目標在於迅速影響生產等經濟活動，即在於使外在落後時間縮小。貨幣政策的外在落後較長，便不能稱為優良的政策了。

假定貨幣政策的時間落後只是平均時間較長的問題，對

---

[28]　Mark H. Willes, "The Inside -lags of Monetary Policy: 1952 -1960," The Journal of Finance（Dec. 1967），pp. 591 -593.

[29]　註 26 所引文，有詳細說明。但這並非普遍發生於世界各國的共同現象，例如，日本學者甚至不認為日本的貨幣政策有外在落後現象。Thomas Mayer, Monetary Policy in the United States, p. 188.

貨幣政策的有效性不會產生致命性的影響。因為不論時間長度如何，只要有一確定的範圍，中央銀行便能根據預期落後時間差距，預先採取影響將來某一時期之經濟情況的貨幣政策。但遺憾的是，貨幣政策的時間落後有甚大的變異性，其最短者固只有 6 個月，而最長者達 18 個月，因而使得中央銀行的權衡性政策常不能實現預期目標，甚至於造成與目標背道而馳的惡劣結果。因此，Milton Friedman 教授遂主張放棄權衡性貨幣政策，採行貨幣法則。[30] 此外，鑑於貨幣政策的外在落後時間長於財政政策，而財政政策的內在落後時間又長於貨幣政策，且內在落後係制度問題，可人為地加以改善，故有主張財政政策優於貨幣政策者。[31] 要而言之，若不能預測貨幣政策的時間落後，貨幣政策的有效性便有問題，故最好能夠加強此項時間落後的研究，才能使貨幣政策發揮應有的功能。

結論

在貨幣復活後，隨著實證研究的展開，貨幣經濟學有顯著的發展。在其發展中，雖有許多爭論，但多數貨幣學者都肯定了貨幣政策的有效性，使得貨幣政策在 1960 年代能夠在我們的經濟社會中扮演更積極的角色。

惟以供作實證研究的資料、方法及技巧仍有缺憾，有關貨幣政策之有效性的程度及作用範圍，甚至發生作用的時間落後程度，都有相當熾烈的爭論。是以 1960 年代多數學者在承認

30　請參閱拙著：《弗利德曼貨幣理論與政策的研究》，1971 年 5 月初版，第 3 章。

　　貨幣政策有效性之餘，都傾向於貨幣與財政的混合政策，希望籍混合政策維持經濟社會的穩定發展。而少數學者，如 Milton Friedman, Edward, S. Shaw 等人則對貨幣政策時間落後時距的不穩定性感到不滿意，因而反對貨幣當局的權衡性貨幣政策，主張「以法則替代權衡」（rule instead of authority），主張消極地維持貨幣數量增加速率，以避免人為的錯誤產生經濟不安定。所以，在貨幣政策有效性逐漸趨向同意之際，復產生小歧見，掀起「貨幣法則」的爭論。

　　要而言之，復活的貨幣仍只處於再生的階段，而實證研究則是其新生機；其成長乃至臻於成熟，有待貨幣學者繼續努力。

　　【《美國研究》，第 1 卷第 4 期，1971 年 12 月。】

31　財政政策之時間落後問題以行動落後為主（如下表，單位月），若能改善立法程序，即能使財政政策在短期內發揮應有的效果。Mark H. Willes, "Lags in Monetary and Fiscal Policy," Federal Reserve Bank of Philadelphia Business Review. （March 1968），pp. 3 -10.

政策	內在落後		外在落後	總落後
	認知	行動		
貨幣政策	3	0	1-20	4-23
財政政策	3	1-15	1-2	5-21

試論貨幣政策的工具

一、引言

　　為著實現貨幣政策的目標，貨幣當局必須要有足夠的工具供其操作。而貨幣政策的目標常與經濟情勢的演變有密切的關係。例如，1929 年以前，維持經濟安定可說是貨幣政策的唯一目標，而 1930 年代的大恐慌及 1960 年代美國國際收支惡化，使得充分就業、經濟成長及平衡國際收支等目標也成為貨幣政策的任務。同時，為著克服經濟問題，當然必須在實際操作經驗中展開新的政策工具。在某種經濟情勢下，固然有某種貨幣政策工具會發揮相當威力，但卻不能長遠地作為應付各種經濟局面的唯一工具。直到目前為止，經濟情勢仍續有演變，有關政策工具仍有許多爭論，且新政策工具的主張屢見不鮮，故討論政策工具時，當然不宜以目前的政策工具為已足。

　　最早時期，貨幣當局所能操縱的政策工具為再貼現率政策。在 1930 年代經濟恐慌的侵襲下，相繼產生存款準備率政策、公開市場操作及規則 Q 等政策。而為著克服 1950 年代以來的通貨膨脹情勢，各種選擇性信用管制措施也一一出現。在 1960 年代，如眾所周如的停滯膨脹（Stagflation）時代來臨，不但貨幣政策與財政政策的爭論成為熱門問題，而且各種貨幣政策的有效性也都有許多的檢討。在檢討過程中，甚且有許多改進意見出現。因此，貨幣政策工具逐漸呈現多樣化的面目。

尤有進者，緊隨著政府債券數目的增加，財政部的換債操作與中央銀行的公開市場操作間，遂又有如何配合的爭論，這便是國債管理的問題。

面對著眾多的政策工具與四項主要貨幣政策目標——經濟安定、充分就業、經濟成長及平衡國際收支，一旦經濟情勢發生變化，究竟應該採用何種政策工具，才能解決經濟問題，便成為貨幣當局難以取捨的難題。因此，必須對各主要政策工具作深入考察。但是要考察政策工具的作用，當然必須先討論作為比較的標準，然後才能逐項檢討各項政策工具的效果及其優劣，並進而說明各種改進的主張。

二、貨幣政策工具的比較標準

作為貨幣政策工具比較標準的項目甚多，其中較重要者有五項：[1] 控制貨幣供給量的能力、對利率結構的影響、伸縮性、對大眾預期的影響及對商業銀行行為的強制影響。

（一）控制貨幣供給量的能力

由於貨幣供給量的增減變動能直接影響總支出量，且也能影響信用市場的鬆緊，甚至影響利率及資產重估，再間接影響整個經濟活動，故貨幣政策工具當以控制貨幣供給量為首要任務。優良的貨幣政策工具對貨幣供給量的控制力愈強，對貨幣

1　Dwayne Wrigtsman, An Introduction to Monetary Theory and Policy, New York ： The Free Press, 1971, Chapter 10。Wrightsman 共列有七項標準，其他二項為（1）地域性影響及（2）對商業銀行利潤之影響。作者認為這二項標準不重要，故未加討論。

供給量控制力愈弱的政策工具，通常著重於其他特殊任務，而較少使用。

當然，貨幣政策工具不能完全控制貨幣供給量，商業銀行及一般大眾對貨幣供給量都多少有其影響力。[2] 但貨幣當局所能操縱的政策工具有較大的影響力，而且各項政策工具的影響力高低有別。

（二）對利率結構的影響

利率是信用市場上的價格，利率水準的變動多少會影響支出決意，故貨幣政策工具的任務之一是影響利率水準，藉以影響經濟活動。

惟各項貨幣政策工具不但對利率水準的影響力有別，而且常會影響長短期利率的結構變化，因而影響資源的利用方向。大體上說，提高短期利率，將減少大眾保有貨幣及向銀行借款的需要；提高長期利率，因壓低資本資產的現值，產生長期投資支出趨減的效果。但提高利率通常會吸引若干國外資本流入，改善國際收支，並提高國內支出能力。因此，利率高低及長短期利率結構之變動都宜注意。

（三）伸縮性

貨幣政策固以解決經濟問題以實現其目標為任務，然經濟情勢隨時發生變化，有時貨幣政策必須隨此項變化而調整，以適應新經濟情勢的需要。因此，貨幣政策工具最好能具備充分的伸縮性，可以根據任何新經濟情勢而隨意調整。而遺憾的

---

2 請參閱拙稿：〈貨幣供給理論簡介〉，《臺北市銀月刊》，第 3 卷第 1 期。

是，各項貨幣政策工具通常缺乏充分的伸縮性，且各項工具的伸縮程度相差甚多。甚至於若干政策工具一經實施可能產生相當嚴厲效果，若其伸縮性很大，將使受影響的經濟部門無所適從。

（四）對大眾預期的影響

往某種方向進展的經濟社會，突然遭遇到貨幣政策的干擾，或者壓制其運行方向，或者改變其運行速度，這種變化當然會影響在經濟社會中從事實際經濟活動的個人及企業家，產生心理預期變化，以致加深或抵銷貨幣政策所應具有的效果。若干貨幣政策工具甚且在一經宣佈之際，就已產生「告示效果」（announcement effect），對大眾及企業家發生心理影響。然而，有心理影響或快速產生心理影響的政策工具是否即為優良的政策工具？事實並不必然如此。因為心理影響有正反二個方向，須視其影響方向而定。

（五）對商業銀行行為的強制影響

貨幣政策工具是中央銀行為著大眾利益，對商業銀行業務施壓力，使之與大眾利益相配合的一種手段。假若商業銀行的利益與大眾的利益相一致，商業銀行當然樂於接受貨幣當局的決定。假若商業銀行與大眾的利益相互衝突，商業銀行不免要設法避免其不利影響，故貨幣政策工具的強制影響力遂成為貨幣政策效果的必要條件之一。惟最良好的貨幣政策工具不宜因大眾利益而犧牲商業銀行的利益，而應同時兼顧商業銀行的立場，使其所感受的不利影響減至最低的程度。

三、再貼現率政策

　　再貼現率政策是貨幣當局最初所擁有的貨幣政策工具。在正常的情況下，商業銀行在準備金過少時，得以其對顧客貼現所得的商業票據，請求中央銀行給予再貼現，以增強其準備力量。在尚未採行再貼現率政策之前，中央銀行通常對商業銀行的再貼現行為管制其信用品質，即規定得以持向中央銀行再貼現的票據以確實有價值的真實票據（real bills）為限。真實票據因期限短，且有償性，故易於被中央銀行接受；股票等金融交易的商業票據則不受中央銀行的歡迎，這種情勢與 19 世紀末至 20 世紀初年所風行的真實票據學說（real bills doctrine）有關。[3]

　　時至今日，再貼現的觀念業已改變，商業銀行已經不再持顧客的商業票據向中央銀行請求再貼現，而係以其他方式向中央銀行請求融通資金。例如，我國中央銀行規定，除再貼現外，尚有質押放款融通、公債質押融通、外銷貸款融通等。因此，再貼現政策乃自管制信用品質逐漸走向以再貼現率為主要的數量管制，其內容包括兩項：第一，再貼現率的調整，第二，決定何種票據有再貼現的資格。

　　先就調整再貼現率來說，中央銀行變動再貼現率的主要目的有二：第一，影響商業銀行的資金成本，藉以影響商業銀行

3　真實票據學說甚至可追溯至 19 世紀初年，金塊主義與反金塊主義的爭論，在通貨主義與銀行主義爭論時則具體化地表現出來。在通貨主義取得表面上勝利時，真實票據學說卻在銀行實務中扮演著重要角色，甚且為美國聯邦準備制度立法的基本精神之一。請參閱拙稿：〈貨幣主義者與非貨幣主義者的論爭〉（未發表）。

的資金融通決意。提高再貼現率，使商業銀行資金成本提高，減少其借入資金量。第二，產生告示效果，以影響商業銀行及大眾的預期。

其次，就決定再貼現票據的資格來說，主要的目的在於影響資金的運用方向；同時，也可避免商業銀行藉再貼現而行套利的行為。例如，若公債年息為 9.4％，公債質押融通利率為 9％，則商業銀行可向中央銀行請求再貼現，再買進公債，當然可以套得若干利益。而目前我國中央銀行規定公債質押融通利率為 10.25％，即在於防止此項套利行為。

因為再貼現率政策有這種目標，我們可以用上節所述的五項標準作一簡單的評述。先就貨幣供給量的控制來說，再貼現率政策並不是良好的控制工具，因為提高或降低再貼現率祇能產生間接的效果，其成功與否決定於商業銀行的反應。例如，在中央銀行降低再貼現率的場合，商業銀行不願意增加借入準備金，則中央銀行就不能達到增加貨幣供給量的目的。

其次，就對利率結構的影響來說，調整再貼現率通常不能改變利率結構，只能影響整個利率水準。惟目前在實行複式再貼現率的情況下，將再貼現率與品質管制混合在一起，則中央銀行仍能操縱部分利率結構。

第三，就伸縮性來說，調整再貼現率常引起利率升降變動，若隨時調整，常使大眾及商業銀行無所適從。在正常情況下，再貼現率政策遂不宜隨時操作，以致缺乏伸縮性。例如，我國中央銀行在臺復業已滿十年，祇調整了 7 次的再貼現率。

第四，再貼現率政策具有告示效果，足以影響大眾產生預

期及心理影響為不可否認的事實，惟問題是我們迄不能測知其
預期影響的程度，也不能確定預期影響對經濟社會究竟有利或
不利。

　　第五，調整再貼現率不能直接干涉商業銀行的經營決意，
故對商業銀行缺乏積極的強制影響，尤其是即使某一銀行受到
影響，也不必然影響其他銀行。

　　根據以上所述，中央銀行調整再貼現率政策並不能主動
地影響經濟情勢，並不是最優良的貨幣政策工具，故近年來
有若干改革計劃出現。其中比較重要者有三[4]：第一，Milton
Friedman 主張根本放棄再貼現率政策，認為其所擁有的效果
都可由公開市場操作來代替，不必再有此項政策工具。第二，
James Tobin 主張強化再貼現率政策，強化的辦法是：（1）對
超額準備支付與再貼現率相等之利息；（2）廢棄對活期存款
不付利息及定儲存款利率高限的限制。第三，Warren L. Smith
主張將再貼現率與國庫券利率緊密結合，增加再貼現率的伸縮
性。

四、存款準備率政策

　　中央銀行規定商業銀行對其存款負債必須繳存若干百分比
的準備金於中央銀行，原始目的在於保障客戶存款的安全，自
1935 年美國銀行法案規定，中央銀行開始享有調整存款準備
率的權力開始，它才成為控制貨幣供給量的工具。因此，對於

4　Warren L. Smith, "The Instruments of General Monetary Controls,"
　　reprinted in Monetary Economics, ed. by A. D. Entine, Wadsworth
　　Publishing Company, Inc., 1968, pp. 97 -134.

未規定存款準備率的國家，如英國，其中央銀行就未有此項權力。而即使訂有存款準備率的國家，容許調整的幅度也有很大的差異。例如，美國聯邦準備制度對於準備銀行活期存款存款準備率之調整權限為：低限 10％至高限 22％之間。而我國中央銀行對商業銀行活期存款存款準備率之調整權限為（包括付現準備與保證準備）：低限 25％至高限 30％之間，其權力大小可想而知。

嚴格地說，存款準備率政策本質上是影響貨幣供給量的強有力政策，因為調整存款準備率不但影響商業銀行的超額準備，而且也影響商業銀行貨幣創造乘數的大小。例如，若商業銀行有存款 10 億元，當時的存款準備率為 25％，商業銀行有準備金 3 億元，其超額準備為 5,000 萬元，若不考慮其他因素[5]，商業銀行能創造新增存款 2 億元，貨幣創造乘數為 4。若中央銀行將存款準備率降為 20％，則不但商業銀行的超額準備增至 1 億元，而且貨幣創造乘數亦提高為 5，商業銀行所能創造的新增存款不是增為 4 億元，而是增至 5 億元了。故存款準備率政策對貨幣供給量之影響至深且鉅。

透過貨幣供給量的控制，存款準備率政策也能間接影響利率水準。但與再貼現率政策相似，它不能影響利率結構，只能影響全面利率水準。同時，存款準備率政策也缺乏伸縮性，其理由有三：第一，即使只調整 0.5％的存款準備率，對超額準備及貨幣創造乘數都有大影響，故不宜隨時調整。第二，提高存款準備率時，未保有超額準備的商業銀行常被迫出售其流

5　請參閱拙著：《貨幣銀行學》，1971 年 9 月 3 版，第 9 章 信用創造論。

動性資產或增加借入款，銀行當局不喜歡提高存款準備率。第三，基於前二項原因，中央銀行在提高存款準備率之前，通常須先通知商業銀行，以致使得此項政策成為收效緩慢的工具。雖然對這三項理由仍有反對意見，[6] 但仍不能增加存款準備率政策的伸縮性。

此外，存款準備率政策因對超額準備、貨幣創造乘數及貨幣供給量均有強烈的影響，故對大眾預期及心理影響及對商業銀行的強制影響都非常顯著，甚至對商業銀行的利潤也有極大的影響力。基於這些原因，存款準備率通常較少使用，以我國為例，自民國 37 年 7 月迄今只不過調整 9 次而已。

由以上可知，存款準備率政策有其優點，也有缺點。為著使貨幣政策更能發揮效果，歷來便有許多改革方案希望改善存款準備率政策的效能。其主要者有六項 [7]：第一，主張以 100％準備制度 [8] 替代現行部分準備制度。第二，主張對銀行資產總值設準備率，放棄對存款餘額設準備率，其優點是可以影響商業銀行的資產結構。第三，同意第二項改善方案，但要求對政府債券設定較低的準備率，其優點是可以緩和經濟繁榮時期可能發生的通貨膨脹趨勢。第四，對與流通速度有關的商業銀行帳上貸方設準備率，以控制總支出流量。在流通速度提

6　在降低存款準備率時，第二及第三項理由就不成理由了。對於第一項理由，則有人主張不防將調整幅度用小數點以下的單位來表示，例如 0.1％，則能避免此項缺點，且也能減弱第二及第三項理由。請參閱 Joseph Aschheim, Techniques of Monetary Control, Baltimore, 1961, p. 20.

7　Thomas Mayer, Monetary Policy in the United States, New York：Random House, 1968, pp. 43 -46.

8　關於 100％準備制度的簡單說明，請參閱拙稿：〈弗利德曼論以法則替代權衡〉，《臺北市銀月刊》，第 2 卷第 3 期。

高時，減少貨幣供給量，以便安定社會總支出。第五，對規模
大小不同的銀行採行不同的準備率及不同的調整幅度，以減少
對小銀行的不利影響。第六，前述 Tobin 的建議，對超額準備
支付利息，以安定超額準備，加強中央銀行控制貨幣供給量的
能力。

五、公開市場操作政策

　　公開市場操作政策幾乎與存款準備率政策同時產生，但是
要使公開市場操作發生真實效果尚需要若干實質的條件，諸如
需要有可供操作的工具，而且數量、期限、種類都須達到某種
水準，一般開發中國家都缺乏充分的實質條件，故雖然期望實
施公開市場操作，但都不容易發揮應有的效果。例如，我國中
央銀行自民國 60 年 7 月設立「公開市場操作室」，但因實質
條件不足，尚未見具體成效。

　　在一般先進國家，公開市場操作已成為藉改變商業銀行準
備金而實現其貨幣政策目標的主要方法。其實際所能發揮的作
用得先以中央銀行向商業銀行及大眾買進政府債券為例，分別
作簡要的說明。

　　假若中央銀行向 Alpha 商業銀行買進 100 萬元的政策債
券。中央銀行固然增加 100 萬元的政府債券資產，但因付給
Alpha 商業銀行 100 萬元的支票，Alpha 商業銀行將它存在中
央銀行，故其存款負債也增加 100 萬元。在 Alpha 商業銀行方
面，其政府債券資產固然減少 100 萬元，但在中央銀行的存款
資產卻增加 100 萬元。其變動情勢如下：

中央銀行資產負債表　　　　單位：萬元

資產	負債與淨值
政府債券 (+)100	Alpha 商業銀行之存款　(+)100

Alpha 商業銀行之存款　　　　單位：萬元

資產	負債與淨值
政府債券　(-)100 在央行存款　(+)100	（無變化）

　　在這種情況下，Alpha 商業銀行的超額準備增加，倘若該銀行意願持有此項超額準備，則貨幣供給量將不致受到影響。倘若該銀行願意利用此項超額準備擴張其信用，若不考慮各種現金外流情況，（同註 5）在 20% 存款準備率下，該銀行新增加的超額準備可使貨幣供給量增加 500 萬元。同時，Alpha 商業銀行在利用新增超額準備擴張信用時，通常必須壓低放款利率，才能吸引借款人的興趣，故貨幣供給量之增加與利率之下降同時展開。

　　假若中央銀行向李四買進政府債券 100 萬元，而付給李四一張支票。李四將此張支票全數存進 Beta 商業銀行，而 Beta 商業銀行又轉存入中央銀行，則中央銀行、Beta 商業銀行及李四的資產負債表分別有如下的變化：

中央銀行資產負債表　　　　單位：萬元

資產	負債與淨值
政府債券 (+)100	Beta 商業銀行之存款　(+)100

Beta 商業銀行之資產負債表　　　　單位：萬元

資產	負債與淨值
政府債券　(-)100 在 Beta 商業銀行之存款 (+)100	（無變化）

| 李四資產負債表 | 單位：萬元 |

資產	負債與淨值
在中央銀行存款 (+)100 存款準備金 (+) 20 * 超額準備金 (+) 80 * 假定準備率為 20%	李四存款 (+)100

在這種情況下，Beta 商業銀行增加 80 萬元的超額準備，倘若該行意願持有此項超額準備，則貨幣供給量只增加 100 萬元（即李四在 Beta 商業銀行之活期存款）；倘若 Beta 商業銀行願意利用此項超額準備進行擴張信用，則因超額準備數量較前一情況為低，其信用擴張高限只有 400 萬元。惟就對整個貨幣供給量來說，其影響完全相同。但因信用擴張力較低，故利率所受影響較小。

他方面，假定李四出售政府債券給中央銀行，並取得中央銀行之支票後，領出現款，則只有中央銀行及李四的資產負債發生變化。在中央銀行方面，資產（政府債券）增加 100 萬元，負債（通貨發行）增加 100 萬元。在李四方面，資產（政府債券）減少 100 萬元，資產（通貨持有）增加 100 萬元。因此，貨幣供給量增加 100 萬元，而銀行信用創造能力不受影響。同時，中央銀行為買進政府債券，改變李四的資產結構，必須抬高債券價格，即壓低債券利率，故利率至少受到輕微之影響。

由上述情況可知，中央銀行之公開市場操作足以影響貨幣供給量及利率水準。尤有進者，在債券種類較多的國家，公開市場操作且能影響利率結構。例如，中央銀行在公開市場上買進 100 萬元的政府長期公債，同時賣出 100 萬元的短期國庫券，此時貨幣供給量將不受影響，但長期利率趨降，而短期利率趨

升。這是有名的 operation twist。然而，在實際操作過程中，中央銀行對長短期利率之影響力並不顯著，這就表示諸如大眾的預期情況及金融市場上各種長短期資產之相對供給變化，有更大的影響力。

　　除對貨幣供給量及利率結構之影響外，公開市場操作因可隨時進行，具有最大的伸縮性。此項伸縮性足以使中央銀行運用公開市場操作，進行防衛性操作，以控制商業銀行的準備金數量，進而影響貨幣供給量。換句話說，倘若因外匯存量變化、政府存款資金移轉、大眾保有通貨習慣改變等現象，俱可用公開市場操作以抵銷其可能的影響。

　　雖然如此，公開市場操作政策對大眾預期的影響及對商業銀行行為的強制影響均甚微弱。在對大眾預期的影響方面，雖然對中央銀行買進或賣出各種政府債券加以觀察，大致可以看出中央銀行的政策趨向，以影響大眾的預期心理。但是一則由於公開市場操作是持續發生，隨時可以改變；二則由於中央銀行的公開市場操作究竟是抵銷其他影響的防衛性操作（defensive operation）或改變政策的動態操作（dynamic operation），頗不易區別，故其告示效果不大。在對商業銀行行為的強制影響方面，中央銀行雖決意買這或賣出政府債券，但商業銀行仍有自己的意願，不受直接的強制影響，只有間接的影響。

　　綜上所述，公開市場操作政策大致有五項優點：第一，中央銀行能以此項政策影響商業銀行的準備金情況；第二，雖然不能有立即直接影響，中央銀行有主動能力。第三，可以作微

細量的操作。第四，可以繼續操作。第五，萬一發現情勢改變，能迅速作反方面的操作。惟其主要缺點在於：公開市場操作因金融市場上其他民間債券增加而減輕其影響力。甚且操作之影響可能有不均勻的時間落後現象存在。

六、規則 Q

在 1933 年美國的銀行法案中，就已經有了規則 Q — 限制會員銀行對定期及儲蓄存款所能支付的利率高限的規定。但自 1936 年元旦設定高限以迄 1957 年元旦的 21 年間，規則 Q 的利率高限不曾調整，以致不曾發生作用。而自 1957 年以後，調整次數頻繁，對銀行資金來源與去向都發生了顯著影響，因而也產生了規則 Q 存廢問題的爭論。

從表面上來看，規則 Q 既是用來改變銀行定儲存款的利率高限，其主要影響當然在於利率結構上。然而，由於規則 Q 之變動將改變銀行資金來源及去向，進而仍將會影響銀行信用供給能力與貨幣供給量。例如，自 1957 年以來，美國聯邦準備制度改善會員銀行與其他金融機構間資金吸收競爭力，不斷地提高利率高限。其結果是定儲存款在商業銀行資金來源中的比重日漸提高，而由於定儲存款的存款準備率較低，故貨幣供給量之增加也比較顯著，同時銀行資產中的第一準備金與第二準備金比率也逐漸下降。

惟以利率高限不宜隨時調整，故規則 Q 缺乏伸縮性及對商業銀行資金來源有強制性影響，然卻因而造成商業銀行為爭取可供利用之資金，而發行各種不受規則 Q 限制的金融

市場工具，諸如可轉讓的定期存單（Negotiable Certificate of Deposit）及資本債券（capital debentures）等，造成金融市場工具的繁雜化。此外，由於每當提高利率高限，若干資金將會自其他金融機構轉入商業銀行，使得信用市場利率提高，故對大眾之預期影響甚為顯著。基於這些特性，我們可以明瞭規則Q對經濟社會有深遠之影響，但其影響是否得當則頗有爭論。**9**

　　主張繼續維持規則Q的人認為：倘若不對商業銀行的主要資金來源的成本加以限制，銀行可能競相以高利率吸引大眾存款，增加其成本負擔，必然將使其放款與投資的品質惡化，提高風險性，甚至因而造成銀行倒閉的風險。反對維持規則Q的人認為：第一，就理論上來說，在自由經濟裏，資源利用最好根據價格機能而分配，利率既然也是一種價格，資金用途的分配最好也是讓利率來扮演主要角色。第二，就實際情形來說，放棄了規則Q，銀行是否會不顧市場利率情況而盡情提高定儲存款利率，頗值考慮。

　　在這些爭論中，擔心銀行倒閉仍為主要的憂慮，故改善規則Q的方式不外：第一，平時不實施規則Q，只針對金融市場情勢，偶一為之。第二，將與商業銀行競爭資金來源的各種金融機構均納入規則Q的管理範圍內。第三，甚至將具有競爭性的各種貨幣市場工具均納入規則Q的管理範圍內。

---

9 L. S. Ritter, "Regulation Q: Issues and Alternatives," reprinted in Monetary Economics, pp.188-208.

七、選選性信用管制

　　前述各種貨幣政策工具的目的都在於影響銀行的準備金以及經濟社會的總需要。但是選擇性信用管制的目的則在於影響特殊信用市場，因而並沒有一般貨幣政策的中立性。在美國貨幣政策史上，最早出現的，而且目前尚繼續存在的是保證金比率（margin requirement）。在 1927 -1929 年間股票市場空前繁榮及其崩潰的經驗，聯邦準備制度根據 1934 年證券交易法（The Security and Exchange Act in 1934），設置了規則 A 及規則 T、U、G 等選擇性管制工具。規則 A 規定得以向聯邦準備再貼現的票據，限制銀行資金融通，亦為選擇性信用管制之一，但非本節的主題。

　　規則 T、U、G 分別規定證券經紀人、銀行及其他貸款者對股票市場的信用限度。亦即對股票交易或抵押借款，規定最低付款額或最大資金融通額。例如，若保證金比率為 60%，則購買證券之最低付款額為 60%，只能融通其價款的 40%；以股票抵押借款時，最多只能作 40% 的融通。中央銀行可視信用市場情況，隨時調整此項比率，最高可達 100%。由於保證金比率只影響股票資金融通，其高低調整對其他經濟部門不發生直接影響，故並非中立性的。**10**

10　貨幣政策的中立性與貨幣的中立性有別。貨幣政策的中立性有兩種意義：第一，中立性政策要對各經濟部門都有幾乎相同程度的影響。第二，中立性政策要讓自由市場自由決定其需要究應如何受到影響。選擇性信用管制措施顯然不合乎這二項要求。關於貨幣中立性不屬本文的範圍，請參閱 Harry G. Johnson, "Monetary Theory and Policy", reprinted in Essays in Monetary Economics, 1967, Chapter 1.

在第二次世界大戰期間及韓戰期間，為著合理使用可供利用的經濟資源。美國聯邦準備制度另設置規則 W 及規則 X 二項選擇性信用管制措施，前者為消費者信用管制（consumer credit control），後者為不動產信用管制（mortgage credit control）。兩者的目的都是希望籍第一次付款比率及利率高低來影響耐久性消費品及不動產的需要，藉以確保經濟資源的合理利用。自 1952 年中期以後，美國聯邦準備制度已無權實施規則 W 及規則 X 的信用管制。對規則 X 固無主張恢復者，但規則 W（消費者信用管制）則有主張恢復者，爭論也算相當熱烈。

主張對消費者信用續加管制者，認為此項管制有下到五項優點：第一，信用購買量因與經濟循環一致，故消費者信用是一種不安定因素，宜加以管制。第二，消費者信用中，利率只是微小的因素，故幾乎不受利率變動的影響，以提高利率來壓制消費者信用顯然無效，卻因而防礙投資的進展。第三，以消費者信用管制來影響消費活動可收迅速收效的果實，因為耐久消費品的消費計劃不需長時期的計劃。第四，一般消費者不瞭解分期付款中究竟隱含多大利息負擔，故宜對消費者信用加以限制。第五，生產耐久消費品的生產設備常能用於生產國防物質，與國防需要競用資源，故為應付緊急需要有利用消費者信用管制的必要。

然而，反對恢復消費者信用管制者也有五項理由：第一，要管制總需要的增減變化，不宜採行影響資源分配的不公平措施。第二，即使管制消費者信用，是否真正地能減少總需要，

頗值懷疑。就機械式貨幣數量學說而言，限制消費者信用，因
未減少貨幣數量或其流通速度，故對總需要並無影響。就凱
因斯模型來說，限制消費者信用，減少借款人數，降低利率，
因而增加休閒貨幣之持有，並減少流通速度，乍看可降低總需
要。然而，卻因投資及其他支出增加，而使總需要不減少。第
三，一般貨幣政策對消費者信用亦有影響，不能說沒有影響。
第四，消費者信用造成不公平的問題，使無力支付較高的第一
次付款額及每月付款額的消費者處於不公平地位。第五，限制
消費者信用即等於限制經濟自由。

八、國債管理

　　以上所提到的貨幣政策工具都是中央銀行所享有的影響貨
幣經濟運作的策略。然而，在現代社會裏，由於財政收支偶而
免不了有赤字，補助赤字的方法又常依賴發行公債，故多數國
家公債佔國民生產毛額的比例常甚高，例如美國約為 35％，
我國在民國 60 年底只佔 4％，此項比例尚低，惟在此項比例
逐漸提高的過程中，國債管理與貨幣政策如何配合仍值事前考
慮。

　　在貨幣政策尚未復活之前，美國聯邦準備制度雖然面對著
大筆的政府債券，整個國債操作權卻操諸財政部，聯邦準備制
度只承負二項任務：第一，對已發行的債券維持其價格；第二，
協助新發行債券的銷售。在這種情況下，貨幣政策顯得無力進
行。在貨幣政策復活之後，聯邦準備制度進行公開市場操作，
但此項操作時而不免與財政部的國債管理有所衝突，為著瞭解

這兩項政策協調的重要性，首先必須對國債管理的本質有所認識。

國債管理本質上只限於對究竟發行長期或短期債券作決定，即只決定政府債務的結構，不決定政府債務的數量，因為債務數量的大小因預算之盈虧而有變化，那是財政政策的範圍。在決定國債結構時，財政部通常衡量二項目的：第一項目的是壓低國債的利息成本。第二項目的是藉操作國債以促進經濟安定。

這兩項目經常彼此互相衝突。例如，為著壓低國債的利息成本，在經濟衰退時期，宜趁機發行長期債券，以減輕利息負擔；在經濟繁榮時期，則宜發行短期債券，以免增加長期的高利負擔。可是，倘若為著促進經濟安定，在經濟衰退時期只宜發行短期債券，而在經濟繁榮時期則發行長期債券。[11] 基於這種矛盾性的存在，究竟應將國債結構作何種安排，確實是國債管理上的主要難題。

尤有進者，國債期限結構的變化會影響總需要。第一，由於短期債券流動性較高，人民手中所保有的短期債券比例提高，將使人民的支出意願提高。第二，藉著操作長短期國債結構，可以影響利率結構的變化，進而影響總需要。例如，以發行長期債券的收入作為償還短期債券的支出，使長期債券在國債結構中所佔的比例提高，將提高長期利率，降低短期利率，而使投資支出趨減。[12]

11　W. E. Laid, "The Changing Views on Debt Management", reprinted in Monetary Economics, pp. 465 -479.

12　請參閱拙稿：〈貨幣政策有效性的論爭〉，《美國研究》，第 1 卷第 4 期，頁 323 -339。

　　這種效果可說是上述促進經濟安定目的的註腳，然以它常與降低國債成本之目標相衝突，故在實際操作上，國債管理、貨幣政策及財政政策必須相互配合。若國債管理以降低成本為其目的，則貨幣及財政政策必須採取適當行動以抵銷國債管理的反安定效果。若國債管理以經濟安定為目的，則貨幣及財政政策常感受強制性壓力，一如 1951 年以前的聯邦準備政策為然，故必須考慮財政及貨幣政策的立場，以免因而不易實現預擬的安定目的。

【《臺北市銀月刊》，第 3 卷第 2 期，1972 年 2 月。】

貨幣政策的作用過程

一、引言

　　戰後以來，由於經濟金融制度的多樣化，以及經濟情勢的複雜化，貨幣政策的目標從單純地維持經濟安定，逐漸擴及充分就業、經濟成長及平衡國際收支；貨幣政策工具也有顯著的充實與增加。惟在經濟情勢變動之際，從決定採行某一貨幣政策工具，到實現具體經濟目標之間，貨幣政策究竟如何發生作用？在這些作用過程中，是否有對貨幣政策的反應特別敏銳而重要的變數？藉著控制這些變數，是否就已能確實而順利地實現所要完成的經濟目標？這些問題隨貨幣政策重要性的提高而有更為激烈的爭論。尤其是金融市場日趨複雜，與實證研究的盛行，更產生多面性的看法。要證明貨幣政策是否有效，當然必須先瞭解貨幣政策的作用過程。

　　貨幣政策既有許多可供操作的工具，也有雜多的目標，加重了貨幣政策作用過程的複雜性。為著簡化評述各種貨幣政策作用過程的理論，我們可先假定（1）貨幣政策工具首先都影響商業銀行的準備金數量。（2）貨幣政策所欲實現的目標以名目所得來代表。嚴格地說，這些假定已使真實經濟現象過度單純化，就第一項假定來說，各種工具各有其初期作用範圍，除準備金外，尚可控制貨幣、準貨幣及利率，甚且也能改變金融市場的預期狀態。[1] 就第二項假定來說，隱含著各項經濟目

標都能同時實現的假定。實際上，控制名目所得只是許多目標之一，若干目標之間，彼此具有相互衝突性，不易同時實現。[2] 作這些假定，只是希望在單純化中，便於對各種作用過程理論作比較分析。

在討論貨幣政策作用過程上，另一繁瑣問題是：反饋效果（Feedback effect）。眾所周知，貨幣政策工具對若干變數的影響，最後終將影響經濟目標的實現與否，然而，受影響的目標及變數也會反過來影響前面的變數。例如，名目所得固能因貨幣政策之調整而起增減變化，而名目所得之增減變化本身也將引申貨幣需要之增減變化，因而可能抵銷或加強貨幣政策所能發揮的作用。本文在分析各種貨幣政策作用過程之理論時，將假定反饋效果不存在；遇有必要，再陳述反饋效果所引申的影響。

根據這些假定，我們可將歷來有關作用過程的理論歸納為：傳統貨幣數量學說、原始凱因斯學說、信用供給可能性學說、銀行家的看法、新貨幣數量學說及資產選擇學說等六類。

二、傳統貨幣數量學說

廣義的傳統貨幣數量學說包括由費雪（Irving Fisher）所主張的現金交易型學說、馬夏爾（Afred Marshall）與皮古（A. C. Pigou）所領導的現金餘額型學說、及以魏克賽爾（Kunt Wicksell）為首的所得學說[3]。他們對貨幣與經濟活動之關係的

1　請參閱拙著：《貨幣銀行學》，第 37 章。
2　請參閱註 1 所引拙著，第 35 章。
3　請參閱註 1 所引拙著，第 16 章至第 19 章。

見解大致相似，但是對貨幣政策之作用過程則有不同的看法。現金交易型學說及現金餘額型學說的看法比較接近，他們都承認貨幣數量能直接影響經濟活動。而所得學說則認為貨幣數量只能間接影響經濟活動。前者稱為直接作用，後者稱為間接作用。他們的爭論乃是後世爭論的開始。

（一）直接作用

若以 R 表示準備金數量，以 M^s 表示貨幣供給量，以 Y 表示名目所得，則直接作用可作如下的表示：

$$R \to M^s \to Y \cdots\cdots\cdots\cdots (1)$$

即貨幣政策首先改變商業銀行的準備金數量，引起貨幣供給量的增減變化，最後造成名目所得的變動。

從最初的貨幣均衡出發，以現金交易型學說而言，$M^d = \dfrac{Y}{V}$；以現金餘額型學說而言，$M^s = M^d = k \cdot Y$，貨幣供給量恰等於貨幣需要量，只要中央銀行不調整其貨幣政策，經濟活動即不起任何變化。倘若中央銀行有意改變經濟活動水準，則中央銀行將調整其貨幣政策，如採行擴張性政策。在這種情況下，商業銀行的準備金數量增加，其貨幣創造能力也增強，故貨幣供給量乃逐漸增加，立即打破上述貨幣均衡，呈貨幣供給量大於貨幣需要量的失衡現象。從失衡到新均衡的作用過程，必然是調整貨幣需要的因素 $\dfrac{Y}{V}$ 或 $k \cdot Y$。

一般而言，傳統貨幣數量學說的主張者通常都認為貨幣供給量不影響貨幣流通速度 V，也不影響貨幣保有比率 k。V 或 k 均由制度等外在因素所決定，他們固然也考慮到預期價格變動、預期收入及利率水準對 V 或 k 的影響，但他們都認為

V 或 k 均具有長期安定性。因此，一旦貨幣供給量增加，最後
將使名目所得作同比例增加，才能實現新的貨幣均衡。然而，
名目所得係由真實所得 Y 及價格水準 P 的乘積所構成，名目
所得的增加究竟由若干真實所得變化及若干價格水準變化所共
同組成？他們又認為真實生產決定於可供利用的資源及生產技
術，這些因素在短期內又不易發生變動，故在充分就業的假定
下，整個貨幣數量增加的效果將全部由價格水準之調整所吸
收。

　　從貨幣供給量增加，產生貨幣供需失衡之始，個人就覺得
他手中實際保有的貨幣量遠大於其所意願保有的數量，他必然
因覺得富有而意欲擺脫多餘的貨幣，其可能方法有二：第一是
增加支出；第二是減少出售物品與勞務。就整個社會來說，並
不能擺脫中央銀行的貨幣供給量，只能暫時提高貨幣流通速度
及增加社會總支出，因為物品及勞務的生產不變，價格當然上
漲；而個人減少供給的現象更加深物價水準上漲的趨向。故貨
幣供給量之增加，必然引致物價上漲，且一定漲至上漲幅度恰
與貨幣供給量之增加成同比例時，才能產生新的貨幣均衡。

（二）間接作用

　　若以 r 表示貨幣利率，則間接作用可作如下表示：

$$R \rightarrow r \rightarrow M^s \rightarrow Y \quad \cdots\cdots\cdots\cdots\cdots\cdots(2)$$

　　即商業銀行準備金數量受貨幣政策影響之後，商業銀行固
然會改變放款意願，但除非改變利率，將不致影響存款貨幣量
及貨幣支出水準，進而對經濟活動發生影響。因此，貨幣政策
若要發揮作用，當然必須經過調整利率，才能影響經濟活動，

稱為間接作用。

在貨幣均衡下，貨幣需要量之所以等於貨幣供給量，乃是因為當時的貨幣利率恰等於當時的自然利率，社會的貨幣支出穩定不變的結果。因此，一旦中央銀行調整貨幣政策，如採行擴張政策，使商業銀行的準備金數量增加，提高商業銀行的信用創造能力。惟以當時的貨幣利率與自然利率處於相等狀態，除非自然利率提高，必須降低貨幣利率，才能提高社會的貨幣支出意願，增加存款貨幣需要，增加貨幣供給量，以達到利用新增準備金的信用擴張作用。但是那些意指真實投資所能獲有之收益率的自然利率，因受技術條件的限制，短時間內將不致於改變，故商業銀行只有降低貨幣利率一途。

貨幣利率降低之後，創造了自然利率與貨幣利率的差距，立即產生二項效果；第一，大眾將降低其儲蓄意願，增加其對物品及勞務的消費支出。第二，投資者的獲利機會增加，願意增加借款，用於購買物品及勞務等真實資本。在這種情形下，原來用於生產消費財的生產因素可能被移用於生產投資財。由於生產因素的供給彈性低，投資者又競相購取，乃抬高資本財的價格，使自然利率降低；他方面，由於貨幣支出增加及消費財供給減少，使消費財價格上漲。既然資本財及消費財價格都上漲，一般價格水準自然上漲。

同時，在商業銀行方面，在信用擴張過程中，發生現金外流現象，使其所能創造的存款貨幣逐漸減縮，而對真實資本的需要及因物價上漲而引申的貨幣需要仍相當殷切，使商業銀行不得不逐漸抬高貨幣利率，以緩和貸款需要。由於自然利率下

降及貨幣利率提高，兩種利率間的差距逐漸縮小，最後並恢復相等的局面，商業銀行的信用擴張才會停止。然而，在信用擴張過程中，貨幣數量業已增加，而經濟社會既處於充分就業狀態，物品及勞務量不會增加，物價水準當然逐漸上升，在自然利率與貨幣利率趨等之際，物價水準亦必同時與貨幣數量之增加作同比例的上漲，才能實現新貨幣均衡。

由此可知，間接作用與直接作用的最後結論相同，但對利率在作用過程中所扮演的角色給予特別的重視，此項觀點對後世貨幣理論有極其重要影響。

三、原始凱因斯學說

原始凱因斯學說否定了貨幣數量與名目所得間的直接聯繫性，帶有間接作用的傾向，認為貨幣供給量發生增減變化後，先是透過大眾保有貨幣之願望而影響利率水準，再經由利率水準的變動，才改變投資活動水準，最後才對名目所得發生作用。若以 I 表示投資水準，則原始凱因斯學說所陳述的作用過程以下式表示：

$$R \to M \to r \to I \to Y \cdots\cdots\cdots\cdots(3)$$

以 (3) 式與 (2) 式相較，可發現兩者極其相似，惟凱因斯認為貨幣政策對名目所得發生作用的程度，決定於作用過程中的貨幣需要之利率彈性 m、投資支出的利率彈性 v 及貨幣乘數等三項因素。

先就貨幣需要的利率彈性來說，凱因斯的貨幣需要函數為

$$M^d = M_o + k \cdot Y - m \cdot r \quad [4] \cdots\cdots\cdots\cdots(4)$$

其中 Mo 及 k 不變，一旦貨幣供給量增加，例如，自 Ms 增加至（1+ n）Ms。在名目所得未變以前，新增加的貨幣供給量 n・Ms 只有（- m・r）來吸收，即影響利率水準。而利率水準所承受的影響程度則決定於 m 的大小，m 愈大，貨幣供給量之增加大部分將被休閒貨幣吸收而去，利率水準將不易降低。反之，若 m 愈小，利率水準降低的幅度愈大。

就投資支出的利率彈性來說，凱因斯的投資函數為：

$$I = Io - v \cdot r（同註 4） \quad \cdots\cdots\cdots\cdots\cdots\cdots(5)$$

其中 Io 不變，故貨幣數量增加，引起利率水準下降之後，投資支出所受的影響程度取決於 v 的大小。若 v 愈小，利率變動對投資支出之影響較為輕微，貨幣政策不易發生作用。反之，若 v 愈大，貨幣政策就能發揮較大的作用。

---

4 本節所使用的凱因斯所得決定模型中的 3 式，係自 Smith and Teigen 的「所得決定論」中借用。其完整表達方式如下：

$C = C_o + c \cdot Y_d$

$Y_d = Y - T$

$T = T^* + x \cdot Y$

$I = I_o - v \cdot r$

$G = G^*$

$Y = C + I + G$

$M_d = M_o + k \cdot Y - m \cdot r$

$M_s = M^*$

$M_d = M_s$

若貨幣供給量增加△ M*，所得水準所受影響，可求解而得

$$\frac{\triangle Y}{\triangle M^*} = \frac{1}{[1 - c(1-x)\frac{m}{v} + k])}$$

請 參 閱 Warren L. Smith and Ronald L. Teigen, Readings in Money, National Income and Stabilization Policy, Revised Edition, 1970, Richard D. Irwin, Inc., Chapter 1, pp. 1 -43.

就貨幣乘數來說，貨幣數量增加所引起的所得乘數可作如下表示：

$$\frac{\triangle Y}{\triangle M^*} = \frac{1}{[1-c(1-x)\frac{m}{v}+k])} \quad \cdots\cdots\cdots\cdots\cdots(6)$$

假定邊際消費傾向 c、邊際課稅傾向 x 及交易貨幣需要佔所得的比例 k 不變，則乘數的大小取決終 $\frac{Y}{V}$ 的相對比例。m 愈大，Y 愈小；乘數愈小，貨幣政策對名目所得的影響力愈低；反之，m 愈小，v 愈大，貨幣政策愈能發揮作用。

根據凱因斯一般理論，採行擴張性貨幣政策，使貨幣數量增加，引起利率下降，經投資函數的作用，引起投資乃導致名目所得的增加，名目所得增加金額中，究竟有若干部份屬於真實所得的增加，及有若干部分屬於價格水準之上漲，則決定於當時就業的情況。在未充分就業的場合，幾乎全部都是由真實所得之增加所構成。在逐漸接近充分就業的場合，則因發生各種瓶頸現象，價格上漲傾向愈為顯著，真實所得之增加較為困難。在已充分就業的場合，則名目所得之增加將全部由價格上漲所構成，其情形一如貨幣數量學說，價格水準之上漲與貨幣數量之增加或同一比例。[5]

特別值得注意的是，在未充分就業的場合，由於真實所得的增加，產生了反饋效果，吸引了交易貨幣需要，使貨幣供給量中用於充當休閒貨幣餘額的部分逐漸減少，而利率水準亦逐漸回升，直到休閒貨幣所保持的利率水準不再引起投資支出的變動，且活動貨幣餘額恰能滿足交易需要時，才能產生新貨幣

5　J. M. Keynes, The General Theory of Money, Interest and Employment, Chapter 21.

均衡。

然而，凱因斯認為經濟衰退時期，因有流動性陷阱存在，貨幣需要的利率彈性甚低，貨幣供給量之增加幾乎全部被休閒貨幣所吸收，對利率不產生影響，當然不會影響投資支出。以交換方程式來表示，在 MV = PT 中貨幣增量幾乎被貨幣流通速度作同比例降低而抵銷，對經濟活動自然不發生影響。尤有進者，即使利率受到影響，衰退時期之投資支出的利率彈性是否足誘引大量增加投資亦頗有問題。既然 m 相當大，而 v 相當低，貨幣政策當然無法挽救經濟衰退。但是，在面對通貨膨脹的場合，採行收縮性貨幣政策，又會引致過度強烈收縮的不良後果。因此，凱因斯雖然不完全否定貨幣供給量的重要性，卻不樂意使用貨幣政策，[6] 其根本原因在於上述作用過程中，若干變數的連鎖反應不利於貨幣政策。

四、信用供給可能性學說

在凱因斯懷疑貨幣政策的有效性之際，美國總統羅斯福實行赤字財政的新政，緊接著發生第二次世界大戰，美國政府所發行的各種債券餘額逐年增加。1929 年聯邦債券淨額為 189 億美元，佔當年美國國民生產毛額的 33％；1950 年增至 2,195 億美元，佔國民生產毛額的 77％；這些債券大都係聯邦準備制度以釘住低利政策支持而發行，且大部分係由金融機構所持有。

6　Lawrence S. Ritter, "The Role of Money in Keynesian Theory," Banking and Monetary Studies, ed. Deane Carson, Richard D. Irwin, Inc., 1963, pp. 134-150.

隨著這些債券數量的增加，許多學者更加懷疑貨幣政策的可行性。其主要理由有二：第一，美國財政部擔心提高利率，使政府債券價格下跌，增加金融機構營運困難，甚至可能發生倒閉現象；第二，自 1933 年以來，利率即已釘住在低水準，金融機構已不習慣伸縮性貨幣政策；第三，當時一般學者都認為投資支出的利率彈性甚低，提高利率不足以減少投資支出，當然不能對抗戰後所發生的通貨膨脹。這時候，信用供給可能性學說（credit availability doctrine）的興起，則為貨幣政策復活的開端。

信用供給可能性學說常與紐約聯邦準備銀行的羅莎博士（Dr. Robert Roosa）的大名連在一起，[7] 也正如其名所表示，不強調利率變化對投資的直接影響，而強調利率變化對信用供給可能量的影響。這一理論特別強調制度因素與預期心理因素的重要性，因為在信用緊縮時期，銀行及資金貸出者常採行信用分配措施，對即使意願付更高利率的若干顧客也不願給予貸款，故貨幣政策的作用過程決定於銀行的信用供給可能量。若以 L 表示流動性，以 K 表示信用量，則供給可能性學說的作用過程可表示如下：

$$R \to r \to L \to K \to Y \cdots\cdots\cdots(7)$$

換句話說，當中央銀行調整貨幣政策時，在影響銀行準備金數量之外，因利率變動引起銀行資產價格變動，進而改變銀行的流動性。此種流動性變化將影響銀行決策者對信用供

7   Robert Roosa, "Interest Rates and the Central Bank," Money, Trade and Economic Growth,: In Honor of John Henry Williams, eds. Dr. D. M. Wright and R. Roosa, The Macmillian Co., 1951, pp. 270 -295.

給量的決意。經由信用供給量多寡的變化，遂影響經濟活動的運作。因此，此一理論將貨幣政策的作用過程之重點置於 r → L→ K 的連鎖反應過程。

例如，在戰後通貨幣膨脹初期，反對運用貨幣政策作為反通貨膨脹工具的另一理由是，當中央銀行在公開市場出售政府債券，以行收縮政策之時，固然使銀行準備金減少，而有產生信用收縮的可能性。然而政府債券價格下跌，可能導致銀行業冒資本損失而拋售政府債券，以增加放款，因而抵銷貨幣政策的效果。

信用供給可能性學說從理論及實務上申論不可能發生這種增加流動性及放款的現象。他們認為一旦商業銀行準備金減少及利率提高，銀行所持有的政府債券價格下跌，其流動性及放款能力均降低。在這種情形下，銀行為恢復其原有的流動性水準，必然要減少放款，當然不會冒資本損失的風險，以出售政府債券，增加放款活動，稱為資產效果（Portfolio effect）。尤有進者，持有政府債券等流動資產的企業界，因資產價值減少，將降低借款意願，稱為套住效果（Locking effect）。經由這種資產效果及套住效果的交叉作用，[8] 在利率提高之後，銀行信用供給量自然趨於減少，通貨膨脹情勢也因而獲得緩和的

8 　尚有其他效果，如差別收入效果、預期效果等，惟其重要性較低。請參閱拙稿：〈貨幣政策有效性的論爭〉，《美國研究》，第 4 期，頁 323 -339。

9 　嚴格地說，這些效果是否確實發生，完全視銀行是否願意以出售政府債券，進行信用擴張而定。W. L. Smith 教授，曾對 1947 年至 1959 年的美國商業銀行資產調整情況作實證研究，其所獲結果，正與羅莎博士主張者相反。Warren L. Smith, "Some Limitations on the Overall Effectiveness of Monetary Policy."

機會。[9]

　　由此可知，信用供給可能性學說強調債券數量增加，不但不會妨礙貨幣政策的運作，而且足以促進貨幣政策發揮應有的效果。他們將貨幣政策作用的對象，自投資人的借款意願，轉向以放款者的放款意願為主，認為放款者的放款意願為貨幣政策作用過程中的最重要的因素。

五、銀行家的看法

　　信用供給可能性學說強調信用供給量對經濟活動的影響，並且以銀行流動性作為信用供給量變動的限制因素。惟若干學者所作於實證研究結果，則發現自由準備淨額（net free reserves，簡稱 NFR）對信用供給量有相當大的影響力，[10] 我們可將其看法表示如下式：

$$R\left\langle \begin{array}{c} BR \\ ER \end{array} \right\rangle NFR \to K \to Y \cdots\cdots\cdots\cdots(8)$$

　　簡單地說，中央銀行的貨幣政策須能影響商業銀行的自由準備淨額，才會使商業銀行改變其信用供給量的決意，進而始能對經濟活動施以影響。而自由準備淨額係由借入準備金 BR 及超額準備金 ER 所構成。故中央銀行的貨幣政策應能改變借入準備金或超額準備金，才能影響經濟活動。

　　由於超額準備只是作為一種安全保證金，以預防未能預見的存款增加或準備金的流失。在其他資產收益增加之際，銀行

10　J. J. Polak and William H. White, "The Effect of Income Expansion on the Quantity of Money," IMF Staff Papers, August, 1955, pp. 398-433; A. J. Meigs, Free Reserves and Money Supply, University of Chicago Press, 1962.

當局將盡可能地節省超額準備金的數量，以增加其收入。就銀行的觀點來說，國庫券具有相當程度的流動性，與超額準備的替代關係最為密切。故超額準備金的多寡與國庫券利率的高低有相反的關係。國庫券利率提高，使銀行超額準備金減少；國庫券利率降低，使超額準備金增加。自中央銀行借入準備金袛是商業銀行準備金的短期補充來源，實際上商業銀行也能出售其資產，以補充其準備金。

　　因此，在正常情況下，若國庫券利率愈高，再貼現率愈低，商業銀行將願意增加借入準備金；反之，若國庫券利率愈低、再貼現率愈高，商業銀行將不願增加借入準備金。由此可如，自由準備淨額係由國庫券利率及再貼現率等短期利率所決定。固然長期利率與短期利率之變動有某種關聯存在，但除非短期利率受到影響，貨幣政策將不易發生作用。

　　例如，假定中央銀行在公開市場出售國庫券，藉以行收縮政策。由於國庫券利率提高，商業銀行所保有的超額準備金減少；同時，商業銀行向中央銀行的借入傾向提高，若再貼現率不變，借入準備金將要增加。因此，自由準備淨額（NFR = ER － BR）將大為減少。在這種情形下，商業銀行所願意供給的信用量也將減少，經濟活動乃逐漸趨緩。假定中央銀行在公開市場出售長期政府債券，則必須等到短期利率受到波及，才會透過自由準備淨額的變化而影響經濟活動。

　　由此可如，從銀行實務的立場，短期利率因與準備金有密切的關係，乃成為貨幣政策作用過程中最為重要的因素。

六、新貨幣數量學說

　　新貨幣數量學說當然與弗利德曼（Milton Friedman）的大名連在一起。[11] 正如傳統貨幣數量學說一樣，新貨幣數量學說強調貨幣供給量變動的重要性。惟他們藉實證研究之助，發現貨幣數量變動對真實所得有所影響，而且其影響過程極其複雜。若以 A 表示各種金融資產，以 B 表示銀行的放款與投資，以 C 表示消費財，則新貨幣數量學說所陳述的作用過程得以下式表示：

　　$R \rightarrow M \rightarrow B \rightarrow A \rightarrow C（I）\rightarrow Y$ …………(9)

　　簡單地說，在中央銀行調整其貨幣政策之後，商業銀行準備金業已受到增減變化的影響，為著增加或減少其放款與投資，商業銀行必須改變其資金融通條件——提高或降低利率。此種融資條件的改變，自放款而影響其他金融資產的價格，並且擴散而影響真實資產的價格，最後才促使名目所得發生增減變化。

　　在這種調整過程中，必須重現兩項問題，第一項問題是：必須區別名目貨幣量（nominal quantity of money）與真實貨幣量（real quantity of money），前者是以貨幣單位表示的貨幣量，為中央銀行所能控制者。後者為以真實物品及勞務表示的貨幣量，為大眾貨幣需要的表現方式。第二項問題是個人或社會的資產負債表平衡問題。不論那一時點，以貨幣單位所表示的資產負債表總是平衡的，但是個人或社會對其資產構成比例則不必然會永遠覺得平衡，即資產構成比極易有失衡現象，這便是

11　　請參閱拙著：《弗利德曼貨幣理論與政策的研究》，1971 年 5 月初版。

貨幣需要變動的根源與貨幣政策作用過程的樞紐所在。

假若我們自貨幣均衡出發，即真實貨幣需要量在資產比例上維持穩定不變的局面，且此項真實貨幣需要恰與當時的名目貨幣供給量相等。此時，若中央銀行自公開市場購進若干政府債券，其初步影響當然是使商業銀行的準備金及名目貨幣供給量，與中央銀行購進債券金額作等量增加。商業銀行準備金之增加，必將增加其買進營利資產的放款與投資活動。在社會資產負債表已處於均衡的情況下，商業銀行只有以較優厚的條件，才能打破舊均衡，達成買進營利資產的目標，這種優厚的條件不外是降低放款利率，或提高營利資產的價格，以誘使社會大眾放棄營利資產或增加借款，因而逐漸使貨幣供給量增加。

在名目貨幣量增加的過程中，大眾的資產負債表固然仍處於平衡狀態，但是貨幣供給量大於貨幣需要量，使得大眾覺得其流動性提高，且較以往富有。大眾當然希望擺脫多餘的名目貨幣量，以恢復其流動性。這時大眾的注意力將移轉至價格尚未上漲的其他資產，故引起這些金融資產價格的上漲。這種注意力的移轉以及資產價格的上漲趨勢，將逐漸自金融資產擴散至各種真實資產，包括房屋、耐久或非耐久消費財、資本財及存貨等，這種真實資產需要之增加及價格之上漲，自然將誘使生產者增加生產。

在增加生產的過程中，必須使用更多的生產因素，當然將逐漸引起生產因素及真實資產價格的上漲。而各種資產價格上漲逐漸吸收多餘的名目貨幣量，使真實貨幣需要量趨等。因為

個人固能擺脫多餘名目貨幣量，但全社會則無法擺說，故只有以價格上漲方式吸收之，直到名目貨幣量恰等於真實貨幣量，才能實現新貨幣均衡，完成貨幣政策的作用過程 [12]。

由此可知，調整貨幣政策，產生貨幣供給量的變動，經由複雜的資產調整過程，最後以生產增減及價格漲跌改變名目所得，才實現新貨幣均衡，在新貨幣均衡所實現的名目所得中，究竟價格與真實生產各受多大的影響，則因我們對上述貨幣政策作用過程的細節瞭解有限，也不知道其作用過程的確實時間落後程度，故無法區分其影響程度。我們只知道，在這種資產調整過程中，貨幣供給量扮演著極其重要的角色。

七、資產選擇學說

新貨幣數量學說將貨幣政策於作用過程歸諸於資產調整，而重現貨幣數量與名目所得的密切關聯性。另一群學者，如耶魯大學的杜賓教授（James Tobin），雖然也強調資產調整過程的重要性與複雜性，卻不以貨幣數量為重，而認為真實資產價格的相對變化，在資產調整過程中，扮演著最為重要的角色。以 P 表示一般價格水準，以 C 表示消費支出，則資產選擇理論的作用進程得以下式表示：

$$R \to M \left\{ \begin{matrix} r \to I \\ \times \\ P \to C \end{matrix} \right\} Y \qquad \cdots\cdots\cdots (10)$$

簡單地說，調整貨幣之後，因貨幣供給量的變化，改變貨幣與真實資產的相對吸引力，引起貨幣及真實資產需要的變

12　Milton Friedman and Anna J. Schwartz, "Money and Business Cycles," Review of Economics and Statistics, Feb. 1963, pp. 32 -64.

化，價格與利率水準亦隨之改變。最後激發真實資產供給的改變，其結果乃產生經濟活動水準的改變。

在這種作用過程中，對真實資產評價的改變居於領導性地位。貨幣政策因能對此種評價發生影響，但是大眾、銀行及其他經濟部門的資產偏好，可能因預期、風險及其他因素之變動而改變。因此，其調整過程極其複雜，若不直接觀察有關各項影響資產評價的變數，便不能期望易於測度貨幣政策及其他金融事件的基本影響 [13]。

在一定的時點，大眾所擁有的財富量如何分配於各種資產，係決定於當時各項資產的利率結構、價格水準及預期因素，若大眾已對貨幣、金融資產及真實資產作合理的安排，而不改變其資產比例，稱為資產平衡（portfolio balance）。從這一平衡點出發，假若中央銀行降低存款準備率，商業銀行的超額準備金立即增加，而產生增加放款與投資，以平衡其資產比例的意願。面對其他已處於資產平衡的各經濟部門，商業銀行只好降低放款利率或抬高購進資產的價格，以吸引其他部門改變其資產比例。在商業銀行買進放款與投資資產，放出貨幣數量之後，商業銀行的資產比例逐漸獲得平衡，但非銀行部門的資產比例則失去平衡。貨幣政策乃開始對經濟活動產生影響。

假定經濟社會只有兩項保值資產，貨幣與真實資產。[14] 在利率降低之際，自然會提高對貨幣及真實資產的需要。對貨幣

13 James Tobin, "A General Equilibrium Approach to Monetary Theory", Journal of Money, Credit and Banking, Feb. 1936, pp. 15 -29.

14 James Tobin, "Money, Capital and Other Stores of Value", American Economic Review, May 1961, pp. 26 -37.

需要的增加固然吸收了部分貨幣增量,其餘貨幣增量當會移轉成對真實資產的需要。在這種移轉過程中,真實資產的價格逐漸上漲,其收益率則逐漸降低,直到非銀行部門又能恢復其資產比例之平衡時,才會停止此項資產選擇的移轉過程。

然而,在真實資產市場上,由於價格上漲及收益率降低,將使其需要增量逐漸降低;卻使供給增量逐漸增加,因而乃能形成真實資產部門的平衡。在這種演變過程中,真實資產的增加固然構成了真實生產的增加,但其增加量則需比較現存真實資產市場價格的上升程度,與增加生產真實資產的成本的相對高低才能獲得較明確的知識。可是,真實資產的生產成本及其供給情況,則非貨幣政策所能直接影響者。所以,貨幣政策本身不能決定對經濟活動的影響程度。

由以上可知,大眾的資產選擇的變化決定於極其複雜的因素,即使不改變貨幣政策,只要能改變各樣資產相對價格的因素發生變動,也將引起資產調整活動,進而影響經濟活動。因此,根本重要的因素,不在於貨幣數量是否發生變動,而在於真實資產的供需價格是否已經失去平衡。

八、結論

由以上六種貨幣政策作用過程的理論可知,早期的貨幣學者常單純地將貨幣與經濟活動作直接的聯繫。戰後以來,因金融工具及金融市場的發展,使得可供作為保值工具的資產增多,以控制貨幣供給量為主的貨幣政策,與經濟活動間的關係逐漸失去明確的直接聯繫性,以致貨幣政策是否能直接實現其

所預擬的目標，便成為懷疑的對象。晚近以來，對貨幣政策作用過程的研究，大都承認作用過程的複雜性，而由於對各項變數有不同的重視程度，遂展開互有爭論的許多不同的學說。

若干學者雖已積極從事實證研究，惟其結果均尚未達到具有充分說服力的地步。在改善有關作用過程的知識之前，我們只能相信金融市場及其工具，對貨幣政策之有效與否確有影響。為使貨幣政策能發揮更佳效果，最好選擇一、二最能反映金融市場活動的變數，作為貨幣政策的中期目標，這便是貨幣政策的指標問題。

【《臺北市銀月刊》，第 3 卷第 4 期，1972 年 4 月。】

貨幣主義者與非貨幣主義者的論爭

一、基本理論的對立

傳統貨幣理論常以解釋貨幣價值變動為限，而現代貨幣理論則把視野擴及就業與所得等總體經濟部門，惟不論其研究範圍的廣狹，貨幣理論總是處理那些經濟紛擾現象。而在人類經濟史上，每當發生經濟紛擾，便有各種對立解釋出現。其中貨幣數量多寡總是一說，與生產、成本或工資等見解相對立。[1] 直到現代，對於當代經濟紛擾現象仍有貨幣因素與非貨幣因素的相對立之解釋。前者稱為貨幣主義（Monetarism），後者稱為非貨幣主義（Non -Monetarism）。

大體上說，貨幣主義者的主張可概括為下列五項：第一、貨幣與其他流動資產有別；第二，主張貨幣存量決定總支出、價格水準及名目所得水準；第三、相信中央銀行能經由對強力貨幣的控制而控制貨幣供給量；第四、懷疑中央銀行過去控制貨幣供給量的成效，認為不適當的貨幣政策為經濟紛擾的根源；第五、希望以法則替代中央銀行的權衡權力。

相反地，非貨幣主義者大體上作下列主張：第一、認為貨幣只是對總支出有重大影響力的一群流動資產（a broad spectrum of liquid assets）之一；第二、主張貨幣供給量大都是

---

1 Milton Friedman, "Inflation: Causes and Consequences," in Dollars and Deficits, Prentice -Hall Inc., New Jersey, 1968, pp. 21 -27.

一項內在變數，即主要決定於經濟活動水準、大眾對貨幣及其他流動資產的偏好；第三、至少就短期來說，中央銀行對以強力貨幣控制貨幣數量的能力微弱且不安定；第四、相信經濟紛擾主要來自非經濟因素，而非起因於不合宜的中央銀行政策；第五、認為法則過於簡單，且不足應付緊急之需，故贊同中央銀行的權衡權力。

當代的貨幣主義者與非貨幣主義者不但應用數理推論，而且兼用實證研究，加深爭論的範圍，也增加爭論內容的實質，使我們容易忽略追究貨幣理論的爭論根源。事實上，上述五項主要爭論可追溯到 19 世紀初年英國金塊主義者（Bullionist）及反金塊主義者（Antibullionist）論爭，以及 19 世紀中葉通貨學派（Currency School）與銀行學派（Banking School）論爭。

嚴格地說，每一回的論爭都與當時的經濟情勢變動有關，而且每次的論爭都幾乎帶來一套支配經濟學界的經濟理論，以及解決當時經濟問題的經濟政策。當代貨幣主義與非貨幣主義的論爭，雖是起因於第二次世界大戰後的新經濟問題，而其論爭的本質實際上是一脈相承下來，尤其是當代的論爭迄今仍未有定論，對當前美國經濟問題也未能提出解決辦法，故瞭解過去的爭論背景、內容以及結果，有助於瞭解當代貨幣理論的內容及其將來的可能趨向。

二、金塊主義與反金塊主義之論爭

英國自實施金本位制度以後，曾經多次暫停銀行券兌換黃金，但暫停兌換時期甚短，且對是否恢復兌換並無多大爭論[2]，

但 18 世紀末年，拿破崙戰爭加重英國軍費支出，加上一連數
年的農業歉收，增加額外的小麥輸入，使英國貿易收支情勢轉
惡，消耗大量英格蘭銀行的存金，以致不得不在 1797 年暫停
紙幣及存款兌換黃金。而由於暫停金本位制度及紙幣發行量巨
幅增加，同時也發生以紙幣計算的金塊、外匯及商品等價格上
漲現象 [3]，則展開金塊主義者與反金塊主義者的論爭，當時爭
論的中心問題有二：第一、英國是否發生了通貨膨脹？第二、
假若已發生通貨膨脹，其根源為何？

以李嘉圖（David Ricardo）為主的金塊主義者認為通貨膨
脹確實存在，且強調英格蘭銀行超額發行銀行券為其原因，金
塊市價相對於金幣鑄造價格的上漲，則為通貨膨脹現象的證
明；反金塊主義者則否認通貨膨脹的存在，他們認為金塊價格
之上漲並非肇因於超額發行及國內物價上漲，而係國際收支逆
差所造成，因為逆差使得英鎊對黃金及外幣的匯率下降。

然而金塊主義者則認為長期國際收支逆差的根本原因在於
國內的通貨性通貨膨脹，而非反金塊主義者則提出是農產歉收
等商品部門的紛擾所造成。由此可知，在金塊論爭中即已含有
現代貨幣主義論爭的意義：金塊主義者認為經濟失衡的根源在
於中央銀行不合宜的政策，而反金塊主義者則強調農產歉收及
海外軍費支出等非經濟因素。

由於對當時經濟現象的解釋不同，兩者所提出的政策性主

2　　嚴格地說，1695 -1696 年間，Locke -Lowndes 關於英鎊黃金價格是否
　　　應該固定的貨幣爭論。其結果使英鎊的黃金價格固定，以便控制金幣的供
　　　給量，應是後世（特別是 19 世紀）有關貨幣兌換性爭論的開端。

3　　J. A. Schumpeter, History of Economic Analysis, New York, 1954, pp.
　　　688 -698.

張也有別。金塊主義者強調：第一、貨幣供給量是價格水準的主要決定因素，貨幣數量之變動引起價格水準之變動，甚且兩者成正比例變動。[4] 第二、當時英國採紙幣多發行制，鄉村銀行亦能發行紙幣，惟除英格蘭銀行外，紙幣發行大都以英格蘭銀行銀行券為準備，故金塊主義者主張建立英格蘭銀行銀行券與鄉村銀行紙幣間密切關係，以便控制全國紙幣之發行量，此點主張與現代貨幣主義者主張強力貨幣與貨幣供給量之關係的理論相似。第三、主張英格蘭銀行不兌換紙幣之發行量應以其存金為限，此項主張與現代貨幣主義者所主張的法則相近似。

反金塊主義者則採取現代真實票據學說（real bills doctrine）的觀點，認為只要因健全商業票據之貼現而增加的新發行，因有生產增加的背景，在新生產之產品出售後，即有力清償所借貨幣，故不兌換紙幣絕不會超額發行，而且生產與貨幣數量同時增加，也不會引起物價上漲。（同註4）換句話說，他們認為銀行券發行量應與市場需要量一致，其能否兌換為黃金則非首要問題。

因為即是銀行券具有兌換性，其發行量若超過市場需要量，大眾亦將持向英格蘭銀行兌換黃金。而最糟的是若銀行券具有兌換性，則其數量將不能保證能滿足交易需要。惟他們也同意政府不兌換紙幣的增加固有引起物價上漲的效果，但卻強調英格蘭銀行銀行券若因真實票據貼現而增加，則不致發生物價上漲現象。雖然如此，他們並不反對銀行券應具備兌換性，只是他們認為在當時的英國經濟環境下，不宜要求英格蘭銀行

4 　請參閱拙著：《貨幣銀行學》，1971 年 9 月三刷，第 16 章。

銀行券應具備兌換性。

在這種論爭過程中,由於當時英國銀行券係採行多發行制度,不但如同英格蘭銀行的大銀行具有紙幣(銀行券)發行權,甚至鄉村銀行也有紙幣發行權。因而,不論金塊主義或反金塊主義者幾乎都同意只有金幣才屬貨幣,維持紙幣的兌換性就足以避免過度發行。因為就全國來說,若紙幣超額發行,其價值將降低,以紙幣兌金者增加,英格蘭銀行準備金減少,便能自動抑制超額發行。就鄉村銀行來說,若某鄉村銀行作超額發行,當地價格將上漲,當地對外的地區收支不利,該鄉村銀行準備金外流,也能抑制其超額發行趨勢。因此,在這早期的爭論中,顯然採取極其狹義的貨幣定義,且以機械式的貨幣數量學說為根據。

三、通貨學派與銀行學派的論爭

拿破崙戰爭結束後,英國於 1821 年恢復金本位制度,金塊主義者得到初步的勝利,其構想已經實現,銀行券恢復兌換性已使他們感到滿足。然而以 Robert Richard Torrens 及 Samuel Jones Lloyd (Lord Overstone)為首的通貨學派學者,雖承繼金塊主義的思想,但對限制貨幣數量的主張卻較金塊主義更為積極。就金塊主義者來說,紙幣既已能兌現,就足以確保其數量與金幣流通維持一致的關係,金幣及紙幣混合通貨制度當然能與金幣制度一樣地健全。然而,通貨學派卻不以此為滿足,他們擔心只有兌換性無以確實阻止超額發行,而超額發行必然帶來物價上漲,一旦英國國內物價漲幅較其他國家為大,即將

發生國際收支逆差、黃金流出、黃金準備耗盡等一連串不利現象，終於再造成停止兌換性的惡果。

尤其是，他們更擔心黃金外流可能導致停止兌換性的悲觀預期，使大眾競相以紙幣兌換黃金，造成黃金內流現象，加速黃金消耗的惡運。而自英國恢復金本位制度的二、三十年間，英國金融史又交替發生黃金外流，及由國內流動性危機所引起的過期性超額信用擴張等有礙維持兌換性的現象。尤有進者，在許多通貨學派學者的心目中，當時英格蘭銀行的貨幣政策呆鈍而不合時宜，以致不但不能保護黃金外流，而且甚至成為國內流動性危機的根源。

他們更進一步指出：這種可能後果的原因在於錯誤地只把金幣當作貨幣。希望依賴兌換性來調節銀行券的數量。實際上，即使兌換性具有自動調節能力，也是經過相當長時期的時間落後以致常不易收拾這種殘局。而他們希望將金幣與銀行券同視為貨幣。主張在兌換性之外，尚需管制英格蘭銀行銀行券的發行量。[5] 他們甚至認為鄉村銀行的銀行券固然可經由當地價格上漲、國內區域收支逆差及該銀行準備金減少而得到自動調節，但是其調節時期甚長，以致常影響英格蘭銀行政策的操作。因此，他們乃主張單一銀行券制度，除英格蘭銀行外，不得發行銀行券，且銀行券數量應加以限制。

通貨學派的這種主張較金塊主義更加嚴格，惟兩者仍有許多相似性。我們可把他們的主張歸納為下列四項：第一、主張

---

5 Lloyd Mints, "A History of Banking Theory in Great Britain and the United States," University of Chicago Press, Chicago, fifth ed. 1970, pp. 76 -77.

金幣與銀行券俱為貨幣。第二、鼓吹貨幣數量變化影響價格水準變化的理論，主張以黃金數量限制銀行券發行量，藉以安定物價及維護兌換性，認為只要有百分之百的黃金準備，即能自動實現匯率安定。第三、雖然當時匯票及活期存款已極普遍，通貨主義者因採取狹義的貨幣定義，認為只要能控制銀行券數量即足以控制匯票及活期存款數量，此項主張與現代貨幣主義論者主張控制強力貨幣相似。第四、希望限制英格蘭銀行的權衡性權力。

以 Thomas Tooke、John Fullarton、James Williams Gilbert 等為首的銀行學派，則承繼反金塊主義者的真實票據學說，認為只要維持兌換性即足以確保貨幣安定。他們認為對商業票據、農業票據等自償性放款，不會造成銀行券的超額發行，他們相信銀行家足以判斷正常交易需要的銀行券數量，故宜賦予權衡權力。他們甚至進一步地以回流法則（Law of reflux）作武器，認為一旦銀行券數量超過正常交易所需，大眾將不願持有此項多餘銀行券，並持至銀行兌換黃金，因而回流至英格蘭銀行。只要英格蘭銀行能維持其兌換性，大眾基於自利心而造成的銀行券回流作用，就足以自動確保合宜貨幣數量，無需對貨幣量施以任何法則的限制。

銀行學派的主張固承繼自反金塊主義者，亦為現代非貨幣主義者思想上的主要根源，其主要主張可歸納為下述三項：第一、除銀行券外，銀行存款、匯票及其他信用都屬貨幣之列；第二、貨幣與銀行券的關聯性易變且不安定，使得中央銀行不易藉控制銀行券而控制整個貨幣量。第三、最重要的是：中

央銀行不但無力控制貨幣數量，而且只能配合貨幣需要之變動而增減貨幣供給量。因為銀行學派認為經濟活動之變化先於貨幣供給量之變化，即價格、名目所得與總需要增加，貸款需要才會增加，造成銀行體系增加貨幣供給量的情勢。因此，貨幣供給量之多寡是由民間主動決定，而中央銀行只扮演被動的角色。

然而，我們不宜對這兩學派的論爭作過度區別。因為從基本出發點來說，這兩學派的主要主張者都接受了 19 世紀的自由放任思想，其基本出發點仍大致相同，故至少有兩項相同的主張。[6] 第一、這兩學派都支持金本位制度及透過黃金自由移動而進行外匯調節；第二、這兩學派都反對貨幣管理。

銀行學派固根本反對皮爾法案，但通貨學派也只要求通貨發行量與黃金存量保持一致關係，並沒有給予英格蘭銀行管理或操縱貨幣的權衡權力。由此可知，兩者意見上的根本差異與銀行操作之實務有關 ― 對中央銀行及商業銀行操作實務的意見不同所致。因此，當 1844 年英國國會通過皮爾法案時，乍看之下，似乎通貨學派取得全面性的勝利，實際上卻因商業銀行的大量發展，而使銀行學派在另一戰場獲有相當輝煌的戰果。

根據皮爾法案的規定，（1）英格蘭銀行之銀行券保證發行量以 1,400 萬英鎊為限，須以英國政府公債為其發行準備金。（2）在皮爾法案通過之前已享有銀行券發行權之其他銀行，仍得繼續發行銀行券，惟不得增加其發行數量。當其停止發

6　J. A. Schumpeter, op.cit., p. 727.

行時，英格蘭銀行可取得其發行權的三分之二，惟英格蘭銀行之此項發行須有百分之百的黃金準備。（3）英格蘭銀行之業務部與其發行部分開。[7] 根據前兩點規定，可見通貨學派獲得表面上的勝利，但第（3）點規定則留下若干漏洞，以致其他銀行逐漸放棄銀行券發行權的同時，商業銀行數量逐漸增加，且因沒有法定存款準備金的限制，商業銀行乃能藉創造信用謀利，因而單獨限制通貨發行量，是否能夠維持經濟安定便不無問題。

四、傳統貨幣數量學說的盛行

自 1844 年皮爾法案結束了通貨學派與銀行學派的論爭，通貨學派在 19 世紀後半一直是英國的正統，甚至一直到 20 世紀的 20 年代，由金塊主義與通貨學派的主張轉化而成的貨幣數量學說，在英美及歐洲大陸幾乎有普遍的優勢。雖然各家學說或者互有形式上的差異，或者因各自對特別變數作不同程度之強調而有作用過程的爭論，但他們有下列共同的特色：

第一、在這個時期，幾乎所有貨幣學說都在於解釋貨幣價值之決定及其變動的原因。

第二、他們幾乎都一致地認為貨幣數量的多寡與經濟規模（或者是交易量、或者是真實所得、或者是社會的總資源）有密切關聯；假若經濟規模不變，而貨幣數量發生增減變動，就會引起貨幣價值（價格水準之倒數）的漲跌變動。假若經濟規

7　請參閱拙著：《貨幣銀行學》，第 72 頁。

模發生變動，為維持價格水準的安定，貨幣數量宜與經濟規模作同比例同方向的變動。

第三、他們都認為貨幣數量是外在變數，中央銀行可透過其政策工具的運用而影響貨幣數量。

這些共同特色則是通貨主義的基本精神，惟 19 世紀後半葉與 20 世紀初年的貨幣數量學說，大多能夠將這些見解化成有體系的理論，並且以之與金本位制度下的國際黃金自動調節機能相聯繫，作為國際金本位制度的理論基礎之一，因而更能為當時的經濟學者所接受。

尤有進者，在皮爾法案通過之後，由於對銀行券發行的管制已甚嚴格，許多鄉村銀行逐漸地拋棄其銀行券發行權，通貨發行逐漸集中，使英格蘭銀行（各國中央銀行）更易於操縱通貨數量，因而加強貨幣數量學說的地位。惟以皮爾法案的管制僅及於通貨發行，英國以及西方國家開始大量發展商業銀行，藉創造信用而營利。由於商業銀行數量增加，支票使用與流通更為普遍，活期存款遂有與通貨相同的性質。因此，產生了貨幣價值是否與活期存款有關聯的新問題。

當時的貨幣數量學說的主張者不得不承認活期存款增加的事實，將貨幣的定義自通貨擴及活期存款，這乃是他們與通貨學派的不同之處。惟他們認為活期存款數量與商業銀行準備金之間有積極的密切關聯，只要能控制通貨量便能控制活期存款量，故即使將貨幣的定義擴大，也不影響貨幣數量學說的妥當性。[8]

8　　請參閱拙著：《貨幣銀行學》，第 17 章。

五、從聯邦準備制度到 1930 年代的經濟大恐慌

如上所述，自通貨學派獲得勝利之後，學界幾乎為貨幣數量學說的天下，惟在銀行界仍有殘餘的銀行學派的思想，這些思想在 19 世紀末年甚且逐漸壯大，最後在 1913 年乃成為美國聯邦準備法案的主要精神所在。

其主要原因有下述四項：

第一、通貨學派低估存款的重要性，在 1844 年皮爾法案中不曾管制存款，任由英格蘭在這部份貨幣存量中實施權衡政策。

第二、19 世紀後半，英格蘭銀行作為最後貸款者的地位逐漸確定，且其利用再貼現率政策以保護其黃金準備的政策相當成功，加重中央銀行權衡政策的重要性。

第三、通貨學派固希望籍黃金自動調節機能，以實現匯率之安定，但當時經濟政策重點已轉趨國內價格水準之安定問題；眾所周知，黃金自動調節機能須依賴犧牲國內安定，以維持國際安定。倘若各國政策趨於以國內安定為主，自然不容許這種情勢繼續存在，故只有以權衡性干涉措施來維持國內安定了。

第四、銀行界仍殘留著真實票據學說的思想。尤其是 1907 年美國所發生的金融危機乃是國內流動性不足的結果。為適度補充國內流動性，以免再度發生類似的危機，幾經美國專家、學者、銀行家研究的結果，1913 年乃以銀行學派的精神設立聯邦準備制度。

聯邦準備制度設立之後，美國已有中央銀行，也可實行

貨幣政策，形式上好似貨幣主義者的勝利。而如上所述，實際上卻是非貨幣主義者的勝利。而當時聯邦準備銀行唯一的政策工具是再貼現率政策，其精神為具有權衡性色彩的真實票據學說，然而卻不能充分發揮實施，以致在 1920 年代的開始及結束時，分別造成經濟危機。

1920 -1921 年的通貨緊縮，為迄當時為止美國經濟史上物價水準跌速最高者，而由 1929 年一直延續到 1933 年的大恐慌，則更打破了 1920 -1921 年的記錄。四年間，國民生產毛額銳減三分之一，而失業人數最高時曾達 1,400 萬人，為有史以來的最大經濟悲劇。當時，聯邦準備制度依法本有補充美國國內流動性的能力與權力，卻只採取降低再貼現率的權衡性措施，以致無法挽救當時的經濟蕭條，權衡性的貨幣政策失敗了。[9]

在這種情形下，本是擺脫銀行學派之影響，使通貨學派復活的良機，可是當時學界的貨幣數量學說仍停留在機械論的階段，以貨幣價值之變動為其研究對象，無法對大恐慌提出適當的解釋與對策。

1936 年，凱因斯出版其《一般理論》，將研究的課題自貨幣價值擴及至國民所得之類的總計數，並且認為當前的經濟社會價格具有相當程度的剛性（rigidity），在國民所得決定上，貨幣數量並不重要，重要的是有效需要。因此，認為能改變政府支出與稅收的財政政策才能挽救經濟蕭條，才能決定國民所得。尤有進者，接受凱因斯思想的經濟學者甚至進一步地認為

9　Milton Friedman, "A Monetary History of the United States, 1867 -1960"，第 7 章。同時請參閱拙著：《弗利德曼貨幣理論與政策的研究》，第 2 章。

通貨膨脹屬成本衝擊（cost push）現象，貨幣數量之增減並無影響力。其結果是：通貨學派不但不曾復活，而且使貨幣政策淪於不受注意的地位。

六、貨幣主義的復活與 1960 年代的新論爭

　　以凱因斯革命為基礎，財政政策取代了權衡性的貨幣政策。在 1940 年代初期，第二次世界大戰即將結束之際，經濟學家基於第一次世界大戰結束時的通貨緊縮經驗，擔心戰後再度出現經濟蕭條，故主張貨幣當局必須供給大量貨幣，將利率釘在相當低的水準，以激勵大量的投資與消費，才能阻止產生大量的失業。[10] 甚且也產生了有名的「長期停滯論」的悲觀論調。[11]

　　然而，戰後的實際情況卻是通貨膨脹，只有採取控制貨幣數量的國家，才能享有穩定的發展。同時，戰後美國政府支出成為經濟不穩定的根源，造成再重視貨幣政策的形勢，而貨幣學家對貨幣理論的再檢討，特別是真實現金餘額分析，再度強調貨幣理論的重要性。因此，飽受凱因斯革命攻擊的貨幣卻在反凱因斯革命上扮演著重要的角色。[12]

　　尤有進者，戰後由於實證研究的盛行，若干學者對 1930 年代經濟大恐慌所作的實證研究，證明當時貨幣數量與國民

10　當時曾有若干經濟學家對此項見解持異議，其中較重要的有 Milton Friedman, Gottfried Haberler, J. R. Hicks, A. C. Pigou, D. H. Robertson, Jacob Viner, Clark Warburton 等人。

11　例 如 A. H. Hansen, "Full Employment or Stagnation," New York, 1938.

主產毛額發生同時減少現象，凱因斯將 1930 年代的悲劇委之於貨幣政策的失敗顯然不妥。[13] 同時，1951 年美國聯邦準備制度與財政部之協定（Federal Reserve System and Treasury Accord）固然使貨幣政策開始恢復相當程度的彈性，但復活的卻又是權衡性的貨幣政策，並且隨之又產生些經濟紛擾。對於權衡性貨幣政策的妥當性又有新的懷疑。故 1960 年代遂掀起貨幣主義者與非貨幣主義者的新論爭。

1960 年代的論爭與早期的論爭有若干不同之處：

第一、在過去 150 年來，貨幣思想、貨幣政策及貨幣機構都有相當程度的改變與改善，權衡性政策已大為伸展其權力，其有效性與否不能與昔日的單一政策時期相比擬；

第二，戰後以來，由於統計技術的發達，與舊資料繼續不斷整理與發現，實證研究特別盛行，故爭論現象並非單純推理的問題，而且更帶有拿出證據來的性質；

第三、經濟活動不再是靜止的，經濟紛擾的範圍也已擴大，不論貨幣主義者或非貨幣主義者，都不但注意價格問題，而且涉及支出、就業、名目所得等經濟活動；

第四、由於凱因斯革命的影響，不論貨幣主義者或非貨幣主義者都多少受到凱因斯一般理論的影響；

第五、由於混合政策主張者日多，除少數學者外，貨幣主

12　Milton Friedman, The Optimum Quantity of Money and Other Essays, Chicago: Aldine Publishing Company, 1969, 第 3 章。或參閱拙稿：〈弗利德曼論貨幣〉，《美國研究》，第 2 卷第 1 期，第 67 -68 頁。

13　Milton Friedman, The Counter -Revolution in Monetary Theory, 1970, pp. 11 -12, 15 -17.

義者與非貨幣主義者的壁壘不若以往那樣明顯。例如，貨幣之重要性，就有「只有貨幣重要」、「貨幣最重要」、「貨幣較重要」、「貨幣重要」及「貨幣不重要」等主張，而極端性的主張則不多見。[14]

尤有進者，除在第一節所提及的五項基本差異之外，1960年代的貨幣主義者與非貨幣主義者都帶有強烈的政策傾向，故在貨幣政策上亦有爭執，其中最重要的爭執有三項：第一、不論貨幣與價格，總支出等經濟活動的關係是順是逆，其發生作用的過程究竟如何？第二、中央銀行採取貨幣政策措施時，究竟該以那些因素作指標，作為決定其措施行動的準繩？這當然與發生作用的過程有關。第三、貨幣政策措施是否有百分之百的效果？或者是否對每個經濟部門都有普遍的影響力？或者其效果是否可以預測？諸如此類的問題，也是 1960 年代以及今後貨幣主義者與非貨幣主義者論爭的主題。

1960 年代貨幣主義者與非貨幣主義者在貨幣理論上的論爭大體上可分為四項主流：

第一個主流是以弗利德曼（Milton Friedman）為首的「新貨幣數量學說」，強調貨幣數量的重要性，並將其定義擴及於定期存款，堅決反對權衡性貨幣政策。

第二個主流則為李昂霍夫（Axel Leijonhufvud）所揭櫫的「凱因斯之重建」，認為現代「凱因斯學派的經濟學」（Keynesian Economics）有違凱因斯之原義，必須重建凱因斯

14　Paul A. Samuelson, "The Role of Money in National Economic Policy," in Controlling Monetary Aggregates, pp. 7 -13.

之真面目。

　　第三個主流是帕廷鏗（Don Patinkin）所主張的「貨幣理論與價值理論之結合」（the Integration of Monetary and Value Theory），認為貨幣屬「外在貨幣」（Outside Money），而名目價格水準變動必會產生真實餘額效果（real balance effect）。

　　第四個主流則由杜賓（James Tobin）所倡導，強調貨幣屬「內在貨幣」（Inside Money），主張管制一般流動性及管制金融媒介機構的重要性。

　　在這些主流之下，復有若干支流，對若干問題申述不同的意見，因而使得 1960 年代的貨幣理論與政策呈百家爭鳴的現象，迄未有定論。

【《臺北市銀月刊》，第 3 卷第 7 期，1972 年 7 月。】

貨幣市場與貨幣政策指標

一、貨幣市場與貨幣管理

　　第二次世界大戰結束後，貨幣政策開始復活，其間歐洲雖有「貨幣的流動性學說」之興起，主張更積極的管制一般流動性的重要性，[1] 但多數學者都同意貨幣政策在經濟活動中能扮演相當重要的角色。惟貨幣政策究竟如何對經濟活動施展其影響力，各學派則有不同的看法，有主張貨幣直接與經濟活動發生聯繫者，有主張貨幣只能間接影響經濟活動者。[2]

　　不論貨幣主義者，或非貨幣主義者，或不論直接影響或間接影響的主張者，通常都認為貨幣政策之作用常有時間落後現象，且其時間落後程度遠較財政政策為長。[3] 這種時間落後現象係發生在貨幣市場，因貨幣政策必須透過貨幣市場才能接近其所要實現的目標，故不能避免時間落後現象。而目前我們對貨幣市場所知仍然極為有限，自然無法控制此種時間落後現象。因此，為著使貨幣政策能朝向較合理而正確的方向，必須

1　貨幣的流動性學說以英國及西德最為盛行，主張經濟單位的支出決意不只決定於其可支配的貨幣量，而且也決定於可供其支配的流動資產。在英國，其代表作為 Report of the Committee on the Working of the Monetary System (Radcliffe Report) London, 1959。在德國，則為 Günter Schmölders Geldpolitik J. C. B. Mohr (Paul Siebeck) Tübingen 1962, §§12-14。

2　請參閱拙稿：〈貨幣政策的作用過程〉，《臺北市銀月刊》，第 3 卷第 4 期，1972 年 4 月。

3　請參閱拙稿：〈貨幣政策有效性的論爭〉，《美國研究》季刊，第 1 卷第 4 期，1971 年 12 月。

對貨幣政策在貨幣市場的作用情形深入的考察，甚至進而在貨幣市場上選定可控制的中期目標，作為實現最終目標的中間站，或者選定貨幣政策的指標，俾能為貨幣決策提供良好的指針。

簡單地說，貨幣市場是銀行、其他金融機構與企業為著滿足其流動性需要而進行現金餘額及其密切替代品之交易的市場。貨幣管理（monetary management）則是中央銀行為著實現貨幣政策的最終目標，對貨幣供給量、貨幣市場及信用市場的管理。因此，中央銀行的貨幣管理通常須經歷四個階段，或操縱四類不同的經濟變數。

第一階段是中央銀行政策工具所能直接操縱者，如商業銀行準備金的成本、供給可能量；第二階段是影響自由準備、商業銀行借入款、國庫券利率等貨幣市場情勢；第三階段是影響貨幣數量、銀行信用量及長期利率；最後一個階段才能與貨幣政策的最終目標相聯繫。[4] 因此，從貨幣政策工具之調整至最終目標之實現，其間所經歷的階段大多非中央銀行所能直接影響者，且大多又係在貨幣市場上進行，故我們必須首先考察貨幣市場的均衡與失衡的概念。

---

4 Leonall C. Andersen ＂Money Market Conditions as a Guide for Monetary Management,＂ in Targets and Indicators of Monetary Policy, ed. by Karl Brunner, California：Chandler Publishing Company, 1969, pp. 66-83.

5 傳統上，貨幣管裡比較注重制度因素及歷史因素，晚近對效率問題的重視則分三方面：結構效率問題、安定政策效率問題及長期經濟政策效率問題，本文不擬討論。請參閱 Harry G. Johnson, ＂Problems of Efficiency in Monetary Management,＂ Journal of Political Economy, Sept. 1968, pp. 971 -990。

　　大體上說，在某種利率期限結構下，貨幣市場上的資金供給量恰等於資金需要量，則可稱為貨幣市場的均衡。其決定條件在於對各參與者的銀行信用供給、中央銀行對商業銀行的資金融通以及各種證券的短期利率變動，其失衡則表現資金供需間發生了缺口，其原因可能係資金供給發生變動，也可能係資金需要發生變動，前者大體上來自中央銀行政策的變動，後者則常以真實部門變化為其原因。無論如何，一旦發生失衡現象，就已產生貨幣市場壓力，且此種壓力將轉而影響貨幣增加率、信用增加率、長期利率等中期指標，進而影響整個經濟活動。倘若以最終目標作為評斷標準 — 以國民生產毛額、或失業率、價格上漲率等，若經濟活動的結果是國民生產毛額增加、失業率下降、價格上漲，則貨幣市場的壓力可稱為鬆弛的（easy）；反之；則可稱為緊俏的（tight）。

　　以這種方式所表現的鬆弛或緊俏非至最後無以表現，且其指標又係貨幣政策的最終目標，當然非中央銀行所能預先控制或正確判斷者。因此，中央銀行不能不在貨幣市場上選擇若干變數，來觀察貨幣市場的情勢，供作調整貨幣政策的參考。然而，貨幣市場上的變數甚多，且各項變數不但與中央銀行的貨幣政策有關，甚且也易於受到其他因素的影響，是否所有金融變數都能反映經濟活動的趨向，頗值懷疑，故中央銀行必須慎選其政策指標，才能增進其貨幣管理的效率，一旦不幸做了錯誤的選擇，則不但不能實現其最終目標，且也可能加重經濟紛擾。因此，當代貨幣管理特別注重效率問題。[5]

　　基於這些理由，本文首先討論準備金變動對貨幣供給量的

影響，其次，再討論貨幣供給量變動對利率的影響，最後，則列舉若干常見的貨幣政策指標，並一一詳述其作為指標的妥當性。

二、貨幣政策與貨幣供給量

貨幣政策既以操縱貨幣供給量之增減為其初步目標，然後再進而影響經濟活動。因而歷來有關貨幣政策的爭論常以貨幣供給量的爭論為出發點，此項爭論的中心論題有二項：其一是貨幣的定義，其二是貨幣供給量的決定因素。自金塊論戰以來，貨幣定義因貨幣經濟的繼續不斷演化，已有逐漸擴大現象，目前極端狹義之定義，如只視通貨為貨幣者已極少見；而極端廣義之定義，如視「付現資產」（encashable assets）[6] 為貨幣者也不多見。多數學者或者認為通貨加活期存款淨額為貨幣，或者另加商業銀行定期存款，大致不會改變有關貨幣政策與貨幣供給量之關係的討論。

而有關貨幣供給量之決定因素，傳統上則有兩項對立的觀點，第一是中央銀行自動控制能力的見解，如金塊主義者，通貨學派等都主張通貨與活期存款的密切關聯性，認為控制通貨即可控制經濟活動；第二是中央銀行只能被動地調節貨幣供給量，如反金塊主義者，銀行學派等都認為貨幣存量係由貨幣需

6　英國貨幣學家 Sheppard, D. K. 認為貨幣存量、建築會社的存款與股份、郵政儲金、信託儲蓄銀行、國民儲蓄存單、人壽保險、有獎公債及其他政府債券均可視同為貨幣，稱為「付現資產」。嚴格地說，凡是將貨幣定義擴大者，大多傾向於貨幣的流動性學說，而與英國的 Radcliffe Report 的見解較為接近。

要來決定，即健全的顧客的借款需要，造成貨幣存量的增減變動，故經濟活動決定貨幣供給量。[7]1960 年代以來，關於貨幣供給量的決定因素則掀起新的研究熱潮，擺脫單純的見解，使得貨幣政策能夠在其中扮演更為積極的角色。

當代的貨幣供給理論雖有各種不同的表達方式，[8]但大多同意貨幣供給量係中央銀行所能控制的強力貨幣（high-powered money）或稱為貨幣基數（monetary base）與貨幣乘數（monetary multiplier）的乘積所決定。貨幣乘數的大小則取決於商業銀行對超額準備（excess reserves）的態度，大眾保有通貨的願望等因素所定。因此，貨幣政策固能改變強力貨幣數量，卻不能忽視其他因素的影響。以公開市場操作為例，其對貨幣供給量的影響大抵需經歷以下各階段：[9]

公開市場操作→貨幣市場情況→自由準備→總準備→貨幣供給量 →GNP

在此項作用過程中，顯然可以看出商業銀行對準備金的態度，足以影響公開市場操作對貨幣供給量的影響程度。因為商業銀行也是一個營利單位，它當然不會因為中央銀行提供給它超額準備，就立即增加其信用供給，也不會因中央銀行不補充它的超額準備，就放棄追求利潤的機會。商業銀行是一個追求

---

[7]　參閱拙稿：〈貨幣主義者與非貨幣主義者的論爭〉，《臺北市銀月刊》，第 3 卷第 7 期。

[8]　參閱拙稿：〈貨幣供給理論簡介〉，《臺北市銀月刊》，第 3 卷第 1 期，1972 年 1 月。

[9]　Guttentag, Jack M., "The Strategy of Open Market Operation," Quarterly Journal of Economics, February 1966, pp. 1-30. reprinted in Monetary Economics, Readings on Current Issues, ed. by Gibson and Kaufman, pp. 377-396。

極大利潤的產業，在不同的價格（利率）水準下，它會對其產品（存款）提供不同的供給量。

商業銀行從事放款或購進證券的邊際收益為放款或證券所收到的利息，而其邊際成本則包括三項：獲取貸款基金的成本、準備金的成本及銀行的業務成本。基於成本和收益相對比，商業銀行不必然受到法定最低準備比率的控制。倘若利率水準偏低，以追求極大利潤為目的的商業銀行可能不會將其全部準備金耗盡，而保有若干超額準備金，[10] 尤其是利率水準甚低之際，如 1930 年代初期，美國的商業銀行甚至寧願保有大量超額準備，不願增加放款或買進營利證券。因此，所謂法定準備不必然是經濟合宜的準備。商業銀行之超額準備不但能作為現金外流的保障，而且也能在未來有利時機時加以利用。

他方面，倘若商業銀行發現有利的創造存款的環境，即使它們沒有足夠的準備金，它們也不必被動地等待存款或準備金的增加，它們能主動地採取增加準備金的行動。第一，它們能夠出售其第二準備金或其他資產；第二，它們能夠自中央銀行、聯行或聯邦資金市場借入準備金；第三，它們能夠提高定期存單利率，以加速吸收存款；第四，它們能夠發行各種債券，吸收所需的資金。[11] 雖然如此，商業銀行補充其準備金的各種方

10　超額準備金指稱銀行實際準備扣減法定準備之差額。請參閱拙著：《貨幣銀行學》，第 100 頁。

11　這些情況都是發生於美國，我國銀行制度及金融市場都尚無法使商業銀行準備金有這樣大的伸縮性，關於美國的情況，請參閱 Tilford Gaines, "Financial Innovations and Efficiency," George Horwich (ed.,) Monetary Process and Policy: A Symposium, Homewood, Ill, Richard D. Irwin, 1967, pp. 99-118. M. Nadler, New Tools of Credit Control, New York, 1964.

法，多少都受到中央銀行的控制，我們仍然不宜否定中央銀行
對總貨幣基數的控制能力。同時，我們也必須記住，中央銀行
在控制貨幣基數以進行對貨幣供給量之操縱過程中，必須考慮
來自商業銀行的可能反應。

除超額準備之增減變動外，尚有許多因素能夠改變貨幣
創造乘數，其中較重要的有四項：第一，大眾意願保有的通貨
存款比率；第二，大眾意願保有的定期存款與活期存款比率；
第三，銀行存款與其同業存款間的比率；第四，銀行意願保有
的超額準備比率。惟大體上說，這四項比率固然構成貨幣創造
乘數之漏損，使簡單貨幣創造乘數趨小，只要這四項比率維持
固定不變或變動率甚低，則貨幣創造乘數亦可安定，即貨幣創
造乘數具有可預測性，則中央銀行便能夠藉其對貨幣基數的操
縱，而達到控制貨幣供給量的目的。甚至，即使此項乘數預測
值發生誤差時，中央銀行亦能以伸縮性較大之公開市場操作來
抵銷這種可能發生的誤差，惟在此種情形下，必然會發生時間
落後現象。

由以上可知，控制準備金大致上可以控制貨幣供給量，因
此 1960 年代許多貨幣學家紛紛構設貨幣供給函數，惟在我們
進而討論貨幣供給量與利率的關係之前，我們必須注意：第一，
各貨幣學家所考慮的影響因素不同，故有許多不同的貨幣供給
函數（同註 8）；第二，若干貨幣學家仍不同意貨幣供給函數
的妥當性。[12]

三、貨幣供給量與利率

多數的經濟理論，包括凱因斯學派與古典派在內，都認為貨幣存量變動並不直接影響所得，而係先影響利率水準，再影響投資活動，最後再影響所得水準。比較重要的特殊理論是：弗利德曼將貨幣存量與所得水準之變動作直接的聯繫，不曾考慮及利率變動的作用。（同註2）雖然如此，討論貨幣政策時通常要強調利率變動，且要區分短期利率變動與長期利率變動。

先就短期利率變動來說，商業銀行準備金基數的變動常立即影響短期利率，其生效過程則因所採貨幣政策工具的不同而有不同的現象。例如，中央銀行降低存款準備率，則其生效過程只是單一的階段，因為在此種場合商業銀行將發現其準備金過多，因而提高購進短期有價證券的興趣，在購進有價證券的過程中，一方面增加貨幣供給量，一方面降低了短期利率水準。再如，中央銀行自公開市場買進短期債券，則其生效過程可分為兩個階段，第一個階段是在買進短期債券時，抬高了債券價格，降低了債券的收益率；第二個階段是商業銀行發現其準備金過多，因而擴張信用，增加貨幣供給量及降低短期利率水準。若中央銀行採行相反的措施，就可使短期利率水準上升。

中央銀行貨幣政策工具對短期利率的影響係透過對商業銀

12　他們認為商業銀行調整準備金的自主性相當大，以致不宜以貨幣乘數來表達貨幣供給函數，正文中已有討論。請參閱 T. Gains, op. cit. Lyle Gamley and Samuel Chase, Jr. "Time Deposits in Monetary Analysis," Reprinted in Targets and Indicators of Monetary Policy, ed. by Karl Brunner, Chandler Publishing Company, 1969. pp. 219-249。

行準備金基數的影響而進行，因而其先決條件在於商業銀行準
備金基數變動後，會產生改變其信用供給的意願，否則不易有
立即而顯著的影響。惟只要中央銀行有意改變短期利率，繼續
不斷增加商業銀行的準備基數，自然會對短期利率水準有所影
響。然而，這並不意味中央銀行具有絕對性的影響力，至少我
們尚須考慮下列三項因素：

第一，中央銀行能否長期支配短期利率水準頗有問題。眾
所周知，當利率下降之時，總需要隨之增加，若利率水準降得
過低，會產生通貨膨脹。價格上漲方面提高交易貨幣需要，減
少休閒貨幣，帶來利率水準上升的壓力，他方面則提高名目利
率。假若中央銀行要維持低利率政策，只有繼續不斷增加準備
基數的供給，因而導致惡性通貨膨脹的結果。[13]&[14]

第二，是否具有絕對的流動性偏好（absolute liquidity
preference）亦有問題。眾所周知，凱因斯認為在相當的利率
水準時，大眾寧願吸收任何貨幣增量，而不願意購買有價證
券，因而利率水準不會低於該水準。這項假說在理論上與實證
上都已不被支持，[15] 故即使中央銀行要壓低利率，不能不注意

---

[13]　請參閱拙著：《弗利德曼貨幣理論與政策的研究》，1971 年 4 月初版，
　　　第 26-27 頁。

[14]　若干學者認為真實利率與名目利率之區別固屬重要。但從短期來看，價
　　　格變動或價格預期並未盡有同一方式或不一致，則其區別的意義就值
　　　得懷疑。James. S. Duesenberry, "Tactics and Targets of Monetary
　　　Policy," in Controlling Monetary Aggregates, The Federal Reserve
　　　Bank of Boston, 1969, pp. 89.

[15]　在理論方面，主要的批評有：Don Patinkin., Money, Interest and Prices,
　　　New York: Harper & Row, 1965, pp. 349-355；Axel. Leijonhufvud,
　　　on Keynesian Economics and the Economics of Keynes. New York
　　　Oxford University Press, 1968, pp. 366ff, 377ff。在實證方面，主要
　　　的批評有：Martin Bronfenbrenner and Thomas Mayer, "Liquidity

此項理論與實證的結果。

第三，對國際收支的影響。眾所周知，短期利率的變動常易於引起國際短期資本的移動，提高短期利率足以引起國際短期資本的流入；降低短期利率則常造成短期資本外流的現象。在前者的場合，固然會引起國際間提高短期利率的大競賽，阻礙國際短期資本的流入；在後者的場合，則因短期資本流出而造成國際收支的問題。

就中長期利率來說，多數經濟學家都相信，中長期利率對投資的影響較短期利率為巨，尤其是對房屋建築與機器投資的影響為然。[16] 因此，貨幣政策能否影響中長期利率便是一個極其重要的問題。在討論此項問題之前，當然必須先說明各種證券為何要支付不同的利率，亦即所謂的「利率期限結構」（term-structure of interest rates）的問題。

利率期限結構理論大致可區分為兩大類：[17] 一類是預期理論（expectation theory），一類是市場分割理論（Market Segmentation Theory），預期理論常與路茲（Friedrich A. Lutz）的大名連在一起，此項理論假定貨幣市場具有完整的伸

Functions in the American Economy," Econometrica Oct. 1960, pp. 810-834；Karl Brunner and Allan Meltzer, "Predicting Velocity, Implications for Theory and Policy," Journal of Finance, May 1963, pp. 319-355；David Laidler, "The Rate of Interest and the Demand for Money -Some Empirical Evidence," Journal of Political Economy Dec. 1966, pp. 543-555。

16 請參閱拙稿：〈貨幣政策有效性的論爭〉，《美國研究》，第 1 卷 4 期，1971 年 12 月。

17 關於利率期限結構理論的詳細討論，請參閱 Joseph Conrad, An Introduction to the Theory of Interest, Berkeley: University of California Press, 1959, Part 33；Friedrich A. Lutz, The Theory of Interest, Chicago: Aldine Publishing Company, 1966. Part 4.

縮性與套利（arbitrage），故長期證券購買者對該期間的預期收益必然與繼續購買短期證券者的預期收益相等。例如，假定1年期及2年期證券的年利分別為3%及4%，1年期證券之收益率顯然較低。若某人有一筆休閒資金，預計兩年被動用，在資金休閒期間，他可買進兩年期證券；也可買進1年期證券，俟其到期後，再買另一新的1年期證券。在這種情形下，除非1年後的新1年期證券的預期年利為5%或以上，則他將捨1年期證券，而購進2年期證券。（若不考慮複利計算問題）因此，在資金休閒期間，他可獲得相等的預期收益。

　　然而，嚴格地說，長期證券與短期證券實有差異。眾所周知，各種資產流動性有別。貨幣的流動性大於證券，而1年期證券的流動性大於2年期資產的流動性。期限愈長的證券，不但常失去增加收入的機會，在期限屆滿前變現亦有資本損失的風險，大眾當然希望能避免風險 —收入風險（income risk）與資本風險（capital risk），若證券收益率相同，當然寧願保有短期證券。因此，對長期證券通常支付較高的利率，其高出的部分稱為流動性貼水（liquidity premium），或稱為風險貼水（risk premium）。流動性貼水的高低與風險預期因素有關。因此，希克斯（J. R. Hicks）的這種利率期限結構 [18] 與路茲的預期理論相似。

　　由於戰後以來金融市場日趨複雜，若干金融機構，如商業銀行，常以買進短期資產為主，若干借款者，如存貨投資者，則借入短期資金。若干金融機構，如保險公司，常偏愛買進長

18　參閱 J. R. Hicks. Value and Capital, pp. 142-144。

期資產，而房地產經營者則意願借入長期資金。固然長短期資金的供給者與需要者常因長短期利率之差異而發生長短期資金交流現象，惟長短期資金市場實有其自立性，在各個別市場決定其利率水準。

資金供給者若已確定資金運用期限，為著避免資本損失的風險，自然不會買進較資金運用期限為長的證券，卻因而擔負了收入風險。因此，資金供給者常在其運用期限的範圍內，經營其資金。至於資金需要者常係已確定需要期限，為著避免成本負擔之風險，當然會在適當的資金市場覓找其所需資金。在這種情形下，各種不同期限結構的資金市場，大致不會有太大的重疊（overlapping）現象，各個別市場當然個別決定其利率水準。這便是古柏遜（John Culberson）的市場分割論。

根據這兩項理論，中央銀行尚能藉短期利率之操作而影響中長期利率，惟其影響程度可能有限。就預期理論來說，若中央銀行藉買進短期證券而使當前短期利率下降，除非它同時造成一種預期短期利率下降的形勢，中長期利率所受之影響常不大，而且期限愈長，所受之影響愈為微小。

就市場分割論來說，短期利率降低對中長期利率略有影響。因為貨幣市場大致並未完全分割，短期利率降低後，部分資金供給者會轉入中長期資金市場，而部分中長期資金需要者則會轉入短期資金市場。故中長期資金市場上的資金供給增加，而資金需要則減少，使其利率略降。至於中長期利率下降的程度則取決於各個別市場的重疊程度，以及對收入風險及資本損失風險的預期狀態。嚴格地說，若中央銀行在公開市場上

操作中長期政府債券，可對中長期利率產生立即而有效的影響。惟中央銀行的公開市場操作似常只及於短期政府債券，[19]故大體上中央銀行對利率期限結構的影響甚微。

四、貨幣政策指標

　　貨幣市場上的活動既是非常複雜，貨幣當局不容易獲得所需要的全部資料，故常須選擇若干變數為貨幣決策的指標。目前常被提及的指標則以（1）利率 (2) 股票價值 (3) 貨幣存量 (4) 貨幣基數 (5) 自由準備等五項為主。

利率

　　若干經濟學家偏愛以利率作為貨幣政策的指標：因為利率不但能夠反映貨幣與信用的供給狀態，而且表現著需要與供給的相對變化。這種貨幣與信用的相對稀少性決定了利率水準。利率水準趨高被認為是貨幣市場緊俏，利率水準趨低則被認為是貨幣市場鬆弛。

　　惟前面提到，利率有各種不同的期限結構，且同一期限之不同資產也有不同的利率，故中央銀行常只能就其中選擇一項作為指標。大體上說，中央銀行經常使用的是貨幣市場上的國庫券利率。因為國庫券利率一方面乃是尺度著商業銀行進行其他投資或貸款的機會成本，他方面又是存款者保有現金或投資

19　中央銀行不進行長期政府債券操作的主要理由有二：其一是中央銀行相信只要藉公開市場操作而影響商業銀行準備金數量，經由商業銀行之信用創造作用，可自動地使其影響及於中長期利率；其二是中央銀行擔心因中長期政府債券之操作，增加政府債券經紀人之風險負擔，因而可能有礙貨幣市場之順利運作。

於其他流動性較低之資產的機會成本。假若商業銀行與大眾的流動性偏好提高，中央銀行未能採行補充銀行準備金或類似的滿足流動性偏好的措施，則國庫券利率與短期貨幣市場利率即將提高，則表示貨幣政策趨於緊俏。由此可知，中央銀行的各種政策工具足以抵銷商業銀行及大眾的流動性偏好，當然能夠影響庫券利率，故此項指標係中央銀行能直接控制者。尤有進者，貨幣政策的作用常係經由對利率水準之影響，才接著對經濟社會的活動發生影響。

然而，在現實的經濟社會裏，短期貨幣市場利率經常有顯著的循環波動，其升降或係來自內在因素，或係反映外在因素的變動，使政策效果與循環效果不易分開，以致利率並非合宜的貨幣政策指標。[20] 影響循環效果的主要現象有三：第一，如前面提到，名目利率與真實利率宜嚴加區別，貨幣市場利率之升降變動因受價格變動或預期價格變動之影響，可能與貨幣政策所欲操縱的利率水準有相反的方向，因而易於被貨幣當局所誤解。[21] 第二，貨幣市場利率容易因投機或短期因素之變動而變動，這種變動本非貨幣市場本身的變動，且不易自貨幣市場

20 Thomas. R. Saving, "Monetary -Policy Targets and Indicators," The Journal of Political Economy, Supplement: August, 1967 Vol, 75, No.4, Part II, pp. 446 -458.

21 這是新貨幣數量學說的主張者所重視者，在 Milton Friedman, Karl Brunner, Allan H. Meltzer 等人的著作中隨處可見。除（註13）所引拙著所介紹的弗利德曼的見解外，Allan H. Meltzer 及 Karl Brunner 的看法，請 參 閱：Allan H. Meltzer "Controlling Money," Federal Reserve Bank of St. Louis Review, May 1969, pp. 16 -24；Karl Brunner, "The Role of Money and Monetary Policy," Federal Reserve Bank of St. Louis Review, July, 1968. pp. 9 -24.

變動中區別出來。第三，現代社會的資產極其複雜，除金融資產供需之變動外，真實資產供需之變動也會引起金融資產供需之平衡，以致可能導致貨幣市場利率的變動。[22] 例如，由於預期利潤率降低，真實資產之吸引力降低，導致金融資產需要增加及收益率下降，自然不宜誤解為貨幣政策趨於鬆弛。

股票價值

基於這些理由：當代若干學者常認為利率不適於作為貨幣政策的指標，因而提出各種新見解。其中耶魯學派的杜賓（James Tobin）主張以股票價值作為貨幣政策的指標，他甚至認為道瓊股價指數（Dow -Jones Stock index）足以反映貨幣市場與貨幣政策的趨向。[23]

在現代貨幣政策作用過程論上，多數學者都已同意，貨幣政策對真實經濟部門的影響必然是要影響存貨、機器設備、房屋及耐久消費財等耐久性物品。（同註2）杜賓乃認為這些耐久性消費品的需要狀況足以反映貨幣市場與貨幣政策的情勢。倘若這些物品的吸引力增加，可認為具有擴張性或鬆弛性；反之，倘若這些物品的吸引力減少，則可認為具有收縮性或緊俏性。

然而，這些真實投資的吸引力受到兩類不同因素的影響，其一是貨幣當局的貨幣政策，其二是貨幣當局不能直接控制

22　現實經濟社會的資產大致可依其流動性的高低而分為貨幣、金融資產及真實資產，個人的財富即以三種形態而保有，若總財富不變，任何一項資產供需的變動，當然會影響其他資產供需的變動。

23　James Tobin, "Monetary Semantics," in Targets and Indicators of Monetary Policy. pp. 165 -174.

的外在因素。後者包括真實資本所有權的獲利機會的變動，對
將來價格、利潤、技術等預期的變動、對風險的評價與承受各
種風險的意願等因素。這些因素固然是貨幣當局所不能直接控
制者，卻是貨幣當局可採行適當措施改變或抵銷其吸引力的變
化。然而，現有耐久性物品市價的變動（或其股票價格的變動）
常會引起耐久性物品生產之變動，使對耐久性物品之評價與其
新生產成本趨於相等。因此，杜賓認為兩者的差異足以表現貨
幣市場的情勢，貨幣政策宜以此作為指標。

雖然如此，現實經濟社會中的真實資產種類甚多，其吸引
力不必然朝同一方向變動，因而若以股票價值作為貨幣政策的
指標，實在不易確定一項有效的指導原則。倘若採用股票價格
指數作為妥協的方式，固然不失為權宜的辦法。然而，眾所周
知，股票市場過於敏感，股價指數的漲落常有過度反映貨幣市
場情勢的現象，甚至可能有不正確反映貨幣市場情事之虞。

貨幣存量

新貨幣數量學說的主張者通常都認為宜以貨幣存量或其變
動率作為貨幣政策的指標，其主要理由有三：第一，貨幣存量
的變動能直接影響經濟活動。第二，目前我們對於貨幣市場的
知識乃非常貧乏，在我們能夠改善有關貨幣知識之前，利用其
他指標來操作貨幣政策，可能不但不能解決經濟紛擾，甚至可
能還要加重經濟紛擾的程度。[24] 第三，貨幣當局不能釘住或影
響其他指標，但卻能夠控制貨幣存量及其增減變化。[25] 這種見
解便是有名的貨幣法則（monetary rule）。他們認為貨幣存量
之增加或其增加率之上升，表示貨幣政策趨於鬆弛，貨幣存量

之減少或其增加率之下降，表示貨幣政策趨於緊俏。因此，貨幣政策宜以貨幣存量為其指標。

以貨幣存量作為指標，是否能真確地反映貨幣市場情勢？若干貨幣學者，包括梅徹的長期搭擋布蘭納在內，都曾經提出若干待解決的難題。

第一，貨幣之定義及其控制力問題。雖然已有許多實證研究，一再支持中央銀行控制貨幣存量的能力，但是貨幣存量變動與操作也是一項複雜的過程，是否能真確地作最適量的調整頗有問題。尤有進者，若貨幣供給量係包括定期存款，常忽略不同性質存量移轉的影響；若貨幣供給量不包括定期存款，則易於忽略定期存款增長的影響。（同註 23）

第二，在現實的經濟社會裏，商業銀行以外的其他金融機構成長甚速，其資產及負債都與商業銀行之資產及負債有相當密切的替代性。因此，即使商業銀行之資產及負債不變，其他金融機構資產及負債的變動，也會影響經濟活動。換句話說，所謂貨幣所得速度乃係不安定者，僅只控制貨幣存量，實無法控制經濟社會的活動。[26]

---

24 請參閱拙著：《弗利德曼貨幣理論與政策的研究》，第 3 章〈弗利德曼論以法則替代權衡〉。

25 當代多數學者對中央銀行控制貨幣存量的能力雖未有一致的見解，但大多數承認中央銀行有相當程度的影響力。請參閱拙稿：〈貨幣供給理論簡介〉，《臺北市銀月刊》，第 3 卷第 1 期，及〈影響貨幣供給之因素〉（未發表），Allan H Meltzer, op cit.

26 James Tobin, "Commercial Banks as Creators of Money," Banking and Monetary Studies, ed. Deane Carson III: Richard D. Irwin Inc., 1963, pp. 408-419。貨幣流通速度是否安定係當代貨幣主義者與非貨幣主義者爭論的主題，貨幣主義者通常認為貨幣流通速度具有相對安定性，但非貨幣主義者固然已開始承認貨幣屬重要，但卻不同意貨幣流通速度之

第三，即使貨幣當局能操縱貨幣存量，貨幣存量變動與貨幣政策間的關係並不穩定，[27] 這種不穩定有三項主要來源：其一，在貨幣創造乘數（同註 8）中含有利率變數，貨幣存量之增減變動既要引起利率水準的變動，當然會改變貨幣創造乘數的大小，因而使實際貨幣存量變動與貨幣政策所要操縱的目標有所差異。例如，採行擴張性貨幣政策，貨幣存量增加，利率趨降，而貨幣乘數隨之降低，因而實際貨幣存量之增加遂趨小。其二，眾所周知，外在變數，如財政政策也能影響貨幣供給量，因而債券操作、貨幣市場本身的變動也能影響貨幣存量的變動。其三，眾所周知，經濟活動變化後，對貨幣需要會產生反饋效果。例如，所得增加自然會增加貨幣需要，故貨幣存量之調整是否合宜便不無問題。

若干經濟學者亦主張以銀行信用為貨幣政策的指標，其缺點與貨幣存量相似，唯一的問題是銀行信用及貨幣存量究係何者易於被中央銀行所控制。

貨幣基數

既然貨幣存量是貨幣基數與貨幣乘數之積，只要貨幣乘數相當安定，或其變動趨向屬可預測者，則貨幣基數應較貨幣存量為優良的指標，因為中央銀行能夠直接而正確地控制準備基

安定性，故反對貨幣存量之絕對支配性地位。請參閱 Paul A, Samuelson, "Monetarism Objectively Evaluated." In Readings in Economics, ed. by Paul A. Samuelson 6th ed. 1970, pp. 144 -155.

27 Karl Brunner and Allan H. Meltzer, "The Meaning of Monetary Indicators," in Monetary Process and Policy: A Symposium, ed. by George Horwich, Ill. Richard D. Irwin, Inc., 1967, pp. 187 -217.

數。因此，大體上說，準備基數之增加，表示貨幣政策趨於擴張，準備基數之減少，表示貨幣政策趨於收縮。然而，所謂增加或減少應屬相對的。因為對貨幣基數的需要包括兩部分 — 商業銀行的超額準備與法定準備需要，及大眾對通貨的需要。從基本均衡 — 需要等於供給作出發點，才能看出準備基數增減變動的趨向。

前面提到，現代貨幣理論特別重視資產調整，貨幣基數既屬中央銀行所能控制的負債，在中央銀行操作貨幣基數時，大眾與商業銀行都要調整其真實資產與其他金融資產，使之達到另一新均衡位置。在從舊均衡到新均衡的調整過程中，真實資產的價格、利率水準，乃至於經濟活動都受到影響。大體上說，若貨幣基數增加，總需要增加；貨幣基數減少，則總需要亦將減少。因此，若干學者認為貨幣基數的增減變化為良好的貨幣政策指標。[28] 然而若干學者固然承認貨幣基數在資產調整上的重要地位，卻不同意它是良好的貨幣政策指標，主要理由有如對貨幣存量的批評。

自由準備

貨幣基數顯然只是一個總稱，其中大眾的現金需要雖然有長期的相對安定性，但卻非中央銀行所能控制者，故中央銀行

---

[28] 這是 Karl Brunner 與 Allan H. Meltzer 一貫的主張，較簡潔的說明請參閱 Allan H. Meltzer, "Tactics and Targets of Monetary Policy." Discussion, in Controlling Monetary Aggregates, The Federal Reserve Bank of Boston, 1969, pp. 96 -103. Leonall C. Andersen and Jerry L. Jordan "The Monetary Base — Explanation and Analytical Use," Federal Reserve Bank of St. Louis Review, August 1968, pp. 7 -11.

當局常以貨幣基數中扣除流通中通貨後的銀行準備金，特別是再扣除法定準備及借入款後的自由準備作為貨幣政策的指標。尤有進者，美國聯邦準備制度常配以「對貨幣市場的感覺」（The feel of the market），作為貨幣決策的標準。嚴格地說，「對貨幣市場的感覺」並無一定的客觀標準，故此處只討論自由準備一項。

在經濟擴張時期，市場利率趨高，商業銀行趨於出售短期債券或減少自由準備，以增加其放款，倘若中央銀行設法維持商業銀行之自由準備需要，則表示信用趨於緊俏，因為維持商業銀行之自由準備須以減少對商業銀行之融通為手段，商業銀行所能動用之準備金減少，自然必須自其他來源尋求準備金之來源。因而迫使各種短期利率趨高，因此，自由準備之減少趨向被認為是貨幣市場趨緊的現象，自由準備之增減變化遂被認為係貨幣市場的重要指標。

然而，1960 年代以來，貨幣學家對自由準備的適用性提出若干質疑，[29] 其中最為重要者有兩項：第一，自由準備不容易釘住。即使能夠釘住，將迫使中央銀行改變利率與貨幣存量的指標。例如，假定在當前的利率水準下，銀行願意保有的自由準備為 10 億元，若中央銀行意欲迫使商業銀行增加自由準備至 11 億元，而自公開市場購 1 億元之債券，商業銀行因不

29 例如，William Dewald, "Free Reserve, Total Reserves and Monetary Control," Reprinted in Monetary Theory and Policy, ed. by Richard S. Thorn, 1966, pp. 640 -654；Karl Brunner and Allan H. Meltzer, "The Federal Reserve's Attachment to Free Reserves," Reprinted in Monetary Economics: Reading, ed. by Alan D. Entine, 1968, pp. 217 -225.

願保有多餘之自由準備，故會增加放款或投資，以恢復 10 億元的自由準備，當中央銀行決意執行 11 億元自由準備之策略時，只有繼續自公開市場買進債券，因而藉利率之趨降而逐漸迫使商業銀行持有 11 億元的自由準備。此時，固然中央銀行已實現其自由準備目標，卻是改變了利率與貨幣存量。[30]

　　第二，自由準備之變動有時會使中央銀行誤解其政策的方向。例如，提高再貼現率，使商業銀行減少放款與投資，因而使其自由準備增加。從前句來看，貨幣政策屬緊俏，但若從自由準備來觀察，則屬信用鬆弛，中央銀行究竟該採何種看法呢？

五、結論

　　貨幣政策必須透過貨幣市場活動才能發生作用，而現代貨幣市場的結構及其活動則日見複雜，雖然有關貨幣政策之作用的研究逐漸被重視，且其研究技巧也改善甚多，但迄目前為止，我們仍然無法確實瞭解貨幣政策的真正作用過程。因此，中央銀行的貨幣政策與其最後目標之間缺乏具體的聯繫性，以致中央銀行不能直接控制貨幣政策的最後目標。在這種情形下，為了增進貨幣政策的效率，必須對貨幣市場作深入的考察，選擇其活動中最能表現貨幣市場情勢且易於被中央銀行控制的變數作為貨幣政策的指標，以加強中央銀行對最後目標的控制能力。

30　Lawrence S. Ritter and William L. Silber, Money, Basic Books, Publishers, New York, 1970, p. 75.

由於我們對貨幣市場的知識仍然有限，故目前貨幣學家對貨幣政策之指標雖提出各種不同的主張，各種主張且都有部分的說服力，但仍有若干尚待解決的缺點，因而有關貨幣政策指標問題的意見仍屬紛歧，有待作更深入的研究。

【《中國經濟評論》，第 18 期，1972 年 7 月。】

論貨幣、資產調整與經濟活動

一、財富與資產

在現實的社會裏，個人的所得中，總有一部份，或多或少（或為負數），未在當期支用出去，預備在將來某一時期支出（若為負數則在將來清償）。就當期來說，成為個人的儲蓄，而就若干時期的累積數來說，則成為個人的財富。在整個社會固然每一時期的儲蓄均經由各種過程轉入投資，而投資卻是為將來而生產的支出，故若干時期的投資扣除其折舊後，其累積數也成為社會的財富。因此，就某一個時點來說，過去各時期未曾消費的所得，構成了該時點社會財富存量，而各該時期所得中未消費的儲蓄流量，則成為下一時點的新增財富。

不論那一時點，個人或整個社會的財富存量都可以區分為兩大類型。第一，金融資產；第二，真實資產。第一類金融資產依其流動性可暫分為二小項：

第一項包括通貨及未付利息的活期存款或類似活期存款的貨幣資產，都有百分之百的流動性。由於隨時可以動用，且為債權債務的標準，貨幣本身不會發生資本利得或資本損失，風險甚小。惟以其購買力之高低因物價水準之跌漲而異，故其價值是否安定頗有問題。在以貨幣形態保有財富時，貨幣本身不曾產生任何誘引力。[1]

第二項包括定期存款、儲蓄存款、人壽保險、政府債券、

股票等金融及證券資產。這些資產流動性的高低與金融市場的
發達程度有關，金融市場愈發達的場合，流動性愈高；金融市
場愈不發達，則流動性愈低，惟無論如何其流動性總是不完全
的。由於流動性不完全，且市場利率時有變化，此類資產在出
讓時，可能享有資本利得，也可能發生資本損失，故有相當程
度的風險性。雖然如此，在正常情況下，市場利率變化總有某
種程度的界限，即風險程度並非最大，故其價值大致維持在某
一範圍之內。在這種情形下，證券資產當然不能不說是妥適的
保有財富的工具。尤其是，各種證券資產都有利息或類似利息
的收入，足以補償其流動性上的損失。

第二類包括家庭器具、汽車、房屋等耐久性及半耐久性資
產。這些資產大致可分為兩部分：往宅等耐久性資產雖然會因
風吹雨打而發生折舊現象，且也沒有健全發達的二手貨市場，
但因耐用時限長，設計及建築對它所提供的勞務影響有限。故
雖然因流動性小而使其急於出讓時有發生資本損失的風險，
但在正常情況下，其價值仍相當安定，卻不失為良好的保值工
具。家庭器具及汽車等耐用期限較短的耐久消費品，則或者由
於技術進步快速，或者由於必然的廢棄性，或者由於新貨與二
手貨區分界線甚明，使得這些真實資產雖然有較往宅為大的流

1　　對弗利德曼（Milton Friedman）來說，貨幣則是一種奢侈品，它的
　　　　所得需要彈性大於一。因為貨幣可提供非金錢性勞務（Nonpecuniary
　　　　services）與生產性勞務（Productive services）。前者指稱保有貨幣
　　　　的安全感與驕傲感；後者則指稱保有貨幣在日常交易上的便利。Milton
　　　　Friedman, The Optimum Quantity of Money and Other Essays,
　　　　（Chicago: Aldine Publishing company 1969），Chapter 1。同時，
　　　　亦可參閱拙稿：〈弗利德曼論貨幣〉，《美國研究》，第 2 卷第 1 期，
　　　　1972 年 3 月。

動性，但卻主要用於提供消費的勞務，保值功能只是副產品，
且保值性低。

　　上述這三項資產的流動性、風險性、價值安定性及特殊功
能可列如表 1。

表 1　各種資產的比較

	貨幣	證券資產	真實資產
流動性	100%	中	小
風險性	小	中	大
價值安定性	有問題	中	較優
特殊功能	無	利息	勞務

　　在這些資產中，就整個社會的經濟部門來說，某部門的資
產恰為另一部門的負債，因而互相抵銷，社會淨資產或淨財富
就遠較個人總財富的合計數為小。例如，通貨發行雖是民間資
產，卻是政府負債；再如，各種存款雖是持有人的資產，卻是
金融機構的負債，諸如此類不勝枚舉。因此，假若要計算一個
社會的淨資產，貨幣資產與證券資產都將與其負債相互抵銷，
只剩真實資產一類而已[2]。假定一個很單純的社會，只有政府、
商業銀行、民間及企業四個部門。資產種類只有通貨、公債、
活期存款、放款、股票及廠房設備等六樣，則可將四個部門保
有資產及負債情形列如表 2。

2　　在現實的經濟社會裏，金融資產與其負債固必然完全相互抵銷。例如，個
　　　人在銀行存款 1 萬元，銀行帳上負債亦必為 1 萬元，兩者當然相互抵銷。
　　　但是，持有證券資產者，則不必然相互抵銷。例如，某公司之股票票面
　　　金額為 1 萬元，當時市價為 1.2 萬，持有股票者及該發行公司對該股票

表 2 各經濟部門淨資產的情況

	政府		商業銀行		民間		企業	
	資產	負債	資產	負債	資產	負債	資產	負債
通貨	-	950	100	-	650	-	200	-
公債	-	500	200	-	200	-	100	-
活期存款	-	-	-	1,000	300	-	700	-
放款	-	-	600	-	-	200	-	400
股票	-	-	100	-	300	-	-	400
廠房	-	-	-	-	-	-	400	-
合計	-	1,450	1,000	1,000	1,450	200	1,400	800
淨資產	-1,450		0		1,250		600	

從表 2 可以看出，四個部門的資產與負債相互抵銷之後，整個社會的淨資產等於廠房設備 400。但是我們都知道，絕大多數的真實資產原先都係因其生產能力或消費能力足以提供的勞務而被保有，其價值儲藏功能幾乎純為副產品。

雖然如此，現代經濟社會的最顯著特色是：真實資產的這種價值儲藏副產品係以發行證券資產而與其勞務的原始功能分開，或者是將所有權與管理權分開。惟不論在何種情形下，證券資產大致上可分為兩類：一類是股權資產（equities），一類是支付承諾或債務。前者如股票，後者如公司債、存款等。因此，若不考慮政府部門，民間的淨資產應等於民間的真實資產。

除民間的金融資產外，政府也能發行金融資產。但政府的金融資產本質上與民間的金融資產大為不同。眾所周知，政府

的估價態度，就會影響社會淨資產的大小了。請參閱 R. J. Ball, Inflation and the Theory of Money, London: George Allen & Unwin Ltd., 1964, pp. 175 -177. 如下即將提及，政府負債純係社會淨資產的一部分，不宜將之與民間及企業所持有之政府負債相互抵銷。

所發行的金融資產並不以真實資產作擔保，政府債券如國庫券或公債係以政府課稅權力為擔保；通貨則以政府保證其法定債務清償的接受性而發行[3]。因此，政府所發行的金融資產成為整個社會淨資產的一部份。亦即，社會的淨資產等於真實資產加政府所發行的金融資產。[4]

嚴格地說，政府所發行的通貨，構成社會淨財富的一部份已無爭論，經濟學家且將通貨與商業銀行在中央銀行的淨準備金合稱外在貨幣（outside money）[5]。至於政府附有利息的公債是否為社會的淨資產則有爭論，若干學者認為公債既是以課稅權力為擔保，當然就構成了民間的負債，應自民間的資產中抵銷。不過，由於這種民間的課稅負債通常分攤於將來的若干年間，個人在計算其財富時總是將之列為資產，而未列計課稅負債，故我們仍將之視為社會淨資產的一部份。

金融機構也發行金融資產，惟以金融機構的資產負債總是相互抵銷，故金融機構所發行的淨資產，如活期存款、儲蓄

3　眾所周知，政府雖有其真實資產，卻不作為其債券的擔保。公營事業的股權資產或其支付承諾，則宜視為民間企業活動的一部分。同時，在現行金匯準備發行制度之下，新臺幣的發行固有黃金或外匯為準備，但持有新臺幣的人並無對黃金或外匯的請求權，故新臺幣實質上並非以黃金或外匯為擔保，而係政府保證其可接受性而發行的。

4　此處僅係就閉鎖經濟而言，若屬開放經濟則必須考慮全社會所持有的黃金淨額及國外資產淨額。本文不涉及對外貨幣關係部分，故不申論。

5　商業銀行準備金，有一部分是由中央銀行融通者，屬於其負債，故應自外在貨幣中扣除之。實際上，外在貨幣一詞並無新奇之處。當前貨幣學家各自創造用語，外在貨幣實在就是 James Tobin 的政府活期債務或靜量債務（dead weight debt）；Friedman、Schwartz、Cagan 的強力貨幣（High-powered money）；Brunner、Meltzer 的貨幣基數（Monetary base）；Anderson、Jordan 等人則稱為來源基數（Source base）；Irving Fisher 稱為貨幣。

存款、存單等，都不宜視為社會的淨資產。然而，晚近皮雪克
（B. P. Pesek）與謝芬（T. R. Saving）則主張商業銀行的活期
存款應視為社會淨資產的一部份，他們稱為內在貨幣（inside
money）[6]。例如，若銀行顧客存進 100 元，在 10% 的存款準
備率之下，銀行可進行 90 元的放款，在 10% 的利率下，銀行
多賺了 9 元。倘若股票市場的股票也以與利率水準相同的折現
率將銀行的股票資本化，則該銀行的股票總值將上升 90 元，
恰好與其放款增加相等，銀行股票價格的上漲當然應視為社會
淨資產的增加。

　　關於這種內在貨幣是否應視為社會淨資產，頗有爭論[7]，
而同樣的現象也發生於真實資產之上。真實資產種類甚多，只
好以其貨幣價值來表示社會的淨資產或總資產 ― 即以股權資
產代替真實資產。在這種場合，眾所周知，在股權資產市場上，
股權資產價格會發生漲跌波動，故即使真實資產不變，股權資
產的貨幣價值發生變動，會改變社會淨資產或總資產的貨幣價
值。嚴格地說，在一個貨幣經濟社會裏，經濟行為與貨幣係與
以貨幣表示的財富有極其密切的關係。因此，我們必須進一步

6　　B. P. Pesek and T. R. Saving, Money, Wealth and Economic Theory,
　　　（New York: Macmillan），1967. 事實上，他們所稱的內在貨幣實際上
　　　就是多數貨幣學者所稱的存款貨幣。

7　　關於這項內在貨幣，外在貨幣的爭論，為 1960 年代後期貨幣經濟學
　　　的重大發展，此處無法詳論，請參閱 Milton Friedman, and Anna J.
　　　Schwartz "The Definition of Money: Net Wealth and Neutral as
　　　Criteria", Journal of Money, Credit and Banking,（February 1969），
　　　pp. 1 -14; Harry G. Johnson, "Inside Money, Outside Money,
　　　Income, Wealth and Welfare," ibid, pp. 30 -45, Warren L. Smith, "On
　　　Some Current Issues in Monetary Economics: An Interpretation,"
　　　Journal of Economic Literature,（September, 1969），pp. 767 -782。
　　　湯慎之，〈由內邊及外邊貨幣論貨幣之中立性〉，《現代經濟金融月刊》，

分析各經濟部門為何對資產發生需要，才能瞭解資產價值變動的可能後果。

二、資產需要

現代的經濟社會不但資產種類逐漸增多，而且分工也愈為精細，以致各個經濟部門的收入來源及其經濟活動也有顯著的區別。基於收入來源與經濟活動的差異，各經濟部門對資產的需要也有顯著的不同。為著簡化起見，我們可先將經濟社會區分為民間、企業及金融機構，分別說明其資產需要。

（一）民間的資產需要

所謂民間包括薪資及自由職業等完全或幾乎完全依賴提供勞務以換取收入維生者，短時期內，他們的收入大致不會有多大的增減變動。他們有兩個途徑來提高他們的收入：其一是隨著社會生產力及生活水準的提高，而分享薪資提高的利得；其二是加強技術訓練與累積經驗，藉增進個人的生產效率，而提高其收入。然而，這兩個途徑所需時間都甚長，不能一蹴而幾。

在收入不容易增加之情形下，個人卻不能避免有意外等臨時性的支出，故手中必然要保有若干資產，以便應急之需。同時，個人的收入與支出總有若干時距，以應付日常生活之需。這些可稱為消費目的的資產需要。他方面，個人或者為了保障老年的退休生活、為兒女遺留財產、示範作用或炫耀性消費的影響、提高社會地位或財富性的名譽等原因，通常在其當期所得中，保留一部份作為儲蓄，因而構成財富目的的資產需要。

　　個人既然累積了資產，而且不必然純為短期內支用而累積，故必須對其資產作適當的安排。可供個人選擇的資產種類因不同經濟社會而異，若干已開發國家有較發達的金融資產市場，可供選擇的資產種類較多；而一般開發中國家可供選擇的資產則較為有限。無論如何，從某一時點來看，個人的財富量總是一定的，他所能保有的資產總值應以其財富量為限。因此，個人的資產需要，說好像其消費行為一樣。市場上雖然有許多物品與勞務，但他的所得是他支出的最大限度，典型的理想消費行為是把所得支用之後，可以獲得最大的滿足、或最大的效用。同理，也可應用於個人的資產選擇，務使其資產的分配能夠獲得最大的效用，或使其各樣資產的邊際效用趨於相等[8]。這樣便可獲得一個時點個人的資產需要：而所有個人的資產合計數便成為民間的資產需要。

（二）企業的資產需要

　　企業包括大小商人及公司等，他們的收入來源或為其資產的收益或為其資產的管理利得，其特性是非固定的。其資產需要與民間的資產需要有下則三項不同的因素[9]：第一，他們保有資產的主要目的在於資產的收益，且此項收益為其主要收益的泉源。第二，在企業資產累積後，其所得大致與其資產作

　　第 2 卷第 5 期。

8　J. R. Hicks, "A Suggestion for Simplifying the Theory of Money," Reprinted in Readings in Monetary Theory, American Economic Association, 1952, pp. 13 -32.

9　Tibor Scitovsky , Money and the Balance of Payments, Chicago: Rand McNally & Company, 1969, pp. 20 -21.

同比例的增加。第三，由於他們依賴他們所持有的資產維生，他們也希望他們的子孫能維持相同的地位；同時，他們更希望進增或維持他們的地位，故他們必須積極擴大其企業與累積更多的資產。其資產需要因以營業及投資為主，故可簡分為兩部份：其一是交易餘額（transaction balances）；其二是恆常資產（permanent portfolio）。

廣義地說，交易餘額可說是流動資本。因為在生產期間內，企業尚未收到銷貨收入，但必須支付要素、原料及存貨等費用，當然必須擁有若干資產，才能使其生產順利進行。在這種情形下，企業之交易餘額的資產需要，大致將與其銷售額維持適當的比例關係。但是企業與個人一樣，能夠藉短期借入而應付交易餘額的需要，倘若短期資產的收益率較低，而預期資本收益率較高，企業的資產需要當然要較低。

企業的恆常資產需要通常也與其銷售額有不可分的關係。就與當前的銷售額之關係來說，一種是單純擔心銷售額增減變動的預防動機而保有的恆常資產。這兩種恆常資產需要都可視為企業的預防動機。就與今後的銷售額之關係來說，倘若預期銷售額增加或預期收益率增加[10]，恆常資產需要將增加，尤以真實的生產性資產為然。就此項觀點來說，企業的恆常資產需要大概受市場利率及商業信用情況之影響，市場利率不但影響企業之投資行為，而且也影響企業之資產結構。而企業間的商

10　我們必須區別生產性真實資產的當前預期收益率與該資產存續期間的收益率，是否決定購進生產性真實資產係受後者的影響，但前者卻影響購進的時機。

業信用則影響企業的總資產需要，尤以在貨幣政策趨緊時為然
[11]。

（三）金融機構的資產需要

　　金融機構的主要功能是向最後借款者買進原始證券，而發行其本身的間接債務，以滿足間接放款者的資產需要。金融機構可簡分為兩類；銀行體係與非銀行的金融媒介機構，銀行體系以買進原始證券而創造貨幣；非銀行的金融媒介機構，則以買進原始證券而創造了對他自己的非貨幣性請求權 [12]。這種請求權的形式則依金融媒介機構之不同而異，有儲蓄存款、保險金、股權資產等等。雖然如此，不論銀行體系或非銀行的金融媒介機構的負債，都是民間與企業的金融資產，其創造數量取決於金融機構的決意與民間及企業的資產需要。而金融機構的資產則是其營利的來源，其資產需要則受到許多經濟因素的影響。

　　金融機構也是一個營利單位，也是追求極大利潤者，故其資產需要首先必須考慮其收益與成本。而金融機構的成本與收益都可以用利率來表示，故利率的高低扮演著極其重要的角色。同時，特別重要的是：不論銀行體系或非銀行的金融媒介機構，都要面對著維持適度的流動性的問題，即其資產中至少有若干部份必須有較大的流動性，以便應付其負債中隨時可能

11　F. P. R. Brechling and R. G. Lipsey, "Monetary Policy and Trade Credit," Economic Journal, December 1963, pp. 618 -641；idems., "A Rejoinder", Economic Journal, March 1966, pp. 165 -167.

12　John G. Gurley and Edward S. Shaw, Money in A theory of Finance, Washington, D.C.: The Brookings Institute, 1960, pp. 192 -193.

發生的提現要求。

這種流動性的高低固然與當時的金融市場情勢及經濟情勢有關，最主要的還是受到貨幣政策的影響。主要的原因是：世界各國的金融制度裏，不論銀行體系或非銀行的金融媒介機構，都採行部份準備制度，而其負債準備率的高低大多由中央銀行的貨幣政策來控制，故中央銀行的貨幣政策也能影響金融機構的資產需要。

特別值得注意的是：在部份率備制度之下，金融機構對其存款可創造出若干倍的新負債。一般貨幣銀行學教科書常提及商業銀行具有創造信用（貨幣）的功能 [13]。實際上，非銀行的金融媒介機構，在部份準備制度之下，對某一金額的存款也能創造若干倍的新負債 [14]。例如，若某一金額的休閒貨幣存入非銀行的金融媒介機構，除其中百分之若干充當準備金外，其餘則由非銀行的金融媒介機構貸放給企業或民間。企業或民間之支出增加，使國民所得增加；而國民所得增加後，國民儲蓄增加，其中必有一部份回流到非銀行的金融媒介機構，又作為進一步擴張其負債的基礎。

由此可知，非銀行的金融媒介機構所創造的新負債較其原始存款大若干倍，此項倍數的大小決定於其存款準備比率及新儲蓄的回流比率。由於存入非銀行的金融媒介機稱的休閒貨幣

13　請參閱拙稿：〈貨幣供給理論簡介〉，《臺北市銀月刊》，第 3 卷第 1 期，1972 年 1 月。

14　Gurley and Shaw, ibid; James Tobin, "Commercial Banks as Creators of Money," Banking and Monetary Studies, ed. by Deane Carson, Homewood, IL.: Richard D. Irwin, Inc., 1963, pp. 408 -419.

與存入銀行的活動貨幣之間具有交流性，而兩類金融機構的新負債創造倍數不同，故非銀行金融媒介機構的興起，造成貨幣流通速度的不安定，影響貨幣政策的可能效果。因而，現代若干貨幣學者乃主張對金融機構的資產需要作全面性的管制。

三、資產與貨幣

由以上可知，經濟社會的各部門都有其資產需要，且為避免風險，維持適度的流動性，各部門都會盡可能地將其資產作合理的分散化，而現代經濟社會日愈複雜的資產結構正滿足了此項要求。惟在資產複雜化的演變過程中，資產合理選擇的問題也愈來愈重要。原則上說，大眾所面對的資產選擇問題，實是貨幣與其他金融資產（特別是流動性資產）的抉擇，即貨幣在各種資產上仍扮演著較重要的角色。而綜上所述，在資產選擇上，大眾通常必須考慮下列三項重要因素：

第一，財富量與市場上可供選擇之資產種類與數量。財富量是個人保有資產的極限，倘若財富量甚少，應付日常支用者所佔比例相當大，則流動性較大的資產必然要佔最大的比例，資產選擇的意義就不甚顯著。而在一個發展中的社會，財富累積日漸顯著，當然必須提供更多種形式的資產，否則大眾只有貨幣、存款與真實資產可供選擇，當然會因各種資產之邊際效用相對低於當期消費，而增加消費支出，降低財富的累積速度。[15]

第二，資產的收益與交易費用。除通貨與活期存款外，所有的金融資產都有收益，這些收益造成相當的吸引力，但卻以

放棄部份流動性為代價。同時，金融資產的變現交易通常都會有交易費用或資本損失的風險，這也成為證券資產收益的抵銷因素。基於這兩項因素之考慮，即使為交易動機而保有支用資產，有一部份也會以有收益的資產形式而保有。[16]

　　第三，金融市場的發達程度。以流動性較低的資產保有財富雖然能夠變現，但變現時間是否能與預定支用時間相配合，則主要決定於金融市場的發達程度。金融市場愈發達，愈不必擔心變現的時間，對流動性較低之資產需要較大；反之，則必須保有較多的高流動性資產。

　　在高流動性資產與低流動性資產對立上，顯然可視為貨幣與其他金融資產的對立。但是，首先我們必須探究：什麼是貨幣。

　　在貨幣理論上，「貨幣」（Money）一詞的用語與日常用語上，有極其顯著的不同。就日常用語來說，貨幣有三項主要意義：第一，用於零用錢（Pocket money），指稱財富保有者的一種資產；第二，用於貨幣市場（Money market）上，則指稱信用；第三，用於賺錢（Making money）上，則指稱一個

15　這一項觀念極其重要。臺灣的經濟社會經過 20 年的努力，長期保持高速經濟成長，平均每人所得已提高甚多，可是相對上可作為儲蓄的資產型態卻增加有限，以致現有儲蓄工具的邊際效用均相對降低，不利於儲蓄。因此，在推行加強國民儲蓄運動時，最合宜而有效的辦法是向全社會提供更多的可供選擇的儲蓄資產，而不是利率高低的問題。請參閱拙稿：〈論加強國民儲蓄〉，《綜合月刊》，1972 年 2 月號。

16　W. J. Baumol, "the Transaction Demand for Cash: An Inventory Theoretic Approach, "reprinted in Monetary Theory and Policy. ed. by Richard S. Thorn, (New York: Random House), 1966, pp. 165 -177. James Tobin, "The Interest Elasticity of Transactions Demand for Cash," reprinted in Essays in Economics, Volume I Macroeconomics, 1971, Chapter 14.

人的所得。這三項用語彼此間互有關聯，信用情況會影響貨幣量，也受貨幣量變動的影響，同時更是貨幣量變動對所得產生影響的必經途徑。同理，所得是經濟循環的主要指標，既是貨幣量變動的根源，也是貨幣量變動所能影響者。

在貨幣理論的用語上，貨幣則一定指稱作為一種資產的貨幣，不是信用或收入。[17] 尤其是，作為資產的貨幣及其增減變動必然與經濟活動維持某種程度的關聯，這種關聯性且可作實證的研究。因此，金融資產中究竟那些項目屬於貨幣，在理論與實證上都有爭論。我們至少可以指出四類不同的定義。

第一，習慣上且也是被普遍採用的定義係以貨幣的交換媒介功能為基礎，將具有此項功能的金融資產視為貨幣。例如，羅勃遜說：「被廣泛地作為交換工具或償還他類營利性債務而接受的任何東西俱可稱為貨幣。[18]」根據此項定義，當前經濟社會中，通貨與活期存款才能屬於貨幣。甚至在特殊的例子裏，如在陌生地點，以支票作為支付手段，常不會被接受，活期存款的交換媒介功能就要暫時受損。惟在正常的情況下，活期存款可立即變現，其交換媒介功能不容置疑，故此項定義乃被普遍地接受。

第二，從貨幣與實際經濟活動間之關係的實證研究來說，上述狹義的貨幣定義，足以表現兩者的密切相關性。而弗利德曼（Milton Friedman）則更偏愛在狹義定義外，加上商業銀行

17　Milton Friedman, "The Monetary Studies in the National Bureau," reprinted in the Optimum Quantity of Money and Other Essays, 1969, Chapter 12.

18　D. H. Robertson, Money, reset and reprinted, 1959. p. 2.

的定期存款，以之作為較廣義的貨幣定義。其主要理由有二：
其一，商業銀行的定期存款雖附有一定的期限，且多若干利息
收入，但兩者間移轉費時甚短，且移轉費用也甚為有限，替代
性相當高。其二，最為重要的是：根據美國貨幣史的實證研究，
較廣義的貨幣定義最能表現貨幣與經濟活動的相關。[19]

　　若干經濟學者對這種以實證研究為基礎的定義曾有所批
評，例如，杜賓（James Tobin）就曾提出兩點質疑：其一，商
業銀行的定期存款既不是支付工具，為何包括在貨幣之內？其
二，若商業銀行的定期存款屬貨幣，為何相互儲蓄銀行等非銀
行的金融機構的存款不能包括在貨幣之內。[20] 基於這第二點質
疑，若干學者復把貨幣所包括的金融資產再行擴大。

　　關於這兩點質疑，早期的唯貨幣論者 Clank Warburton 早
就有所說明，他指出：利息收入並非定期存款所獨有的，1920
年代美國各商業銀行的活期存款也有利息收入；同時，更不能
因為有利息收入就認為定期存款為價值儲藏工具，實際上大眾
所保有的定期存款仍以支付工具的用途居多。至於不將其他金
融機構的存款列入貨幣的主要理由，在於這些金融機構通常對
特定階層或特定地區營業，其增減變化與經濟活動的關係並不
顯著。[21]

19 Milton Friedman and Anna Jacobson Schwartz, The Monetary Statistics of the United States, （Washington D.C. The National Bureau of Economic Research, 1970）,Chapter 4. 在該書第 3 章弗利德曼與施瓦茲對歷來各種貨幣定義有極其深入的評述。

20 James Tobin, "The Monetary Interpretation of History" American Economic Review, （June 1965） pp. 464 -485.

21 Clark Warburton, Depression, Inflation and Monetary Policy, John Hopkins Press, 1966, pp. 144 -146.

　　第三，正如上述杜賓的第二點批評，商業銀行之定期存款以外的其他非銀行金融媒介機構的若干負債，也有相當程度的貨幣替代性。尤其是若干學者對金融資產與貨幣需要進行實證研究後，發現貨幣與其他金融資產的分界線實在不易確定 [22]，既然考慮及替代性，為何不能將其他金融資產也視同為貨幣來處理。因此，葛理與蕭（John G. Gurley and Edward S. Shaw）認為除通貨與活期存款具有交換媒介功能應視為貨幣外，商業銀行的定期存款、其他金融機構的存款與負債都多少具備替代交換媒介之功能，均應視為貨幣。[23]

　　但是，眾所周知，各種金融資產的貨幣替代性並不相同，若把各項金融資產的價值加總累計，實也不能視作為測度「貨幣」的方法，故葛理建議各項金融資產按其「貨幣性」（Moneyness）大小加權後累加，便足以正確反映「貨幣」及其與經濟活動的關係。[24]

---

22 例　如，M. J. Hamburger, "Household Demand for Financial Assets," Econometrica, (January 1968) ,pp 97 -118 ； T. H. Lee, "Alternative Interest Rates and The Demand for Money : The Empirical Evidence," American Economic Review, (December 1967) ,pp. 1168 -1181.

23 Gurley and Shaw, ibid. 嚴格地說，葛理與蕭的定義完全以「流動性」為基準，與 1959 年英國的 Radcliffe 報告的見解相似，該報告認為流動性意指大眾心裡自認能控制的貨幣量...金融機構的各種放款行為。
謝巴德（D. K. Sheppard）在作 Radcliffe 報告之實證研究時，以各種「付現資產」（Encashment assets）來概稱流動性，且認為付現資產都是貨幣，而所謂付現資產則是包括貨幣存量、建築會社的存款、郵政儲蓄公債、信託儲蓄銀行、人壽保險金、國民儲蓄存單、有獎公債等，請參閱 D. K. Sheppard, "Changes in the Money Supply in the United Kingdom, 1954 to 1964, A Comment, " Economica, (August 1968) ,pp. 297 -302.

24 J. G. Gurley, Liquidity and Financial Institutions in the Postwar Period, (Study Paper, No. 14, United States Congress, Joint Economic Committee, 86th Congress, 1st Session, Washington D.C. 1960.)

　　例如，假若我們承認通貨與活期存款具有 100％ 的貨幣
性，10 張 100 元的鈔票當然就是 1,000 元的「貨幣」；假定定
期存款的貨幣性為 90％，則 1,000 元的定期存款當然是 900 元
的「貨幣」；假若公債的貨幣性為 30％，則 10 萬元的公債，
當然只宜視為 3 萬元的「貨幣」。這種以流動性或貨幣性之高
低來尺度貨幣量的定義，屬最廣義的見解，其主要問題有二：
其一，流動性的概念模糊不清；其二，各種金融資產「貨幣性」
的大小係根據何種方式算出？是否合理？[25]

　　第四，以上三種定義，其範圍固有廣狹之別，但其共同特
點在於以金融機構的負債面作為貨幣。若干經濟學家，特別是
貨幣當局，通常重視金融機構的資產面，認為金融機構信用量
的變動對總支用，乃至於整個經濟活動的影響較為密切（同註
20）。但眾所周知，金融機構種類甚多，是否每一類金融機
構的資產都可視同為貨幣？而各類金融機構都有其特殊的營業
對象，故其資產變動常對某經濟部門有較大的影響。同時，各
金融機構的資產種類甚多，各種資產變動的效果也有不同。因
此，重視信用供給可能量或將它視同為貨幣的經濟學家，通常
在貨幣政策的主張上要重視品質管制措施。

　　貨幣的定義雖有上述四種，但多數經濟學家通常乃採用第
一種定義，其主要原因有二：其一，在實證研究中，狹義定義
的貨幣與經濟活動的關係仍相當密切，他種定義的貨幣未有特
別的說服力。其二，他種較廣義的貨幣，界限仍然不甚清晰。

25　G. G. Kaufman, Current Issues in Monetary Economics, and Policy :
　　　A Review, New York University, May 1969, pp. 23 -26.

四、貨幣、資產調整與經濟活動

除少數芝加哥學派或其支持者外，多數經濟學家都認為貨幣存量變動本身不會直接影響經濟活動。他們認為經濟活動的變動與大眾對物品與勞務支出的增減變動息息相關。而大眾支出變動受下列五項因素的影響[26]：第一，所得的變動；第二，財富的變動；第三，由財政或貨幣政策所引起的大眾資產失去平衡；第四，金融機構信用供給可能量的變動；第五，由外來因素所引起的支出傾向或對各種資產偏好的變動。

除第五項因素係以非經濟因素為主因外，第一項至第三項因素必然表現著民間與企業的資產需要與供給失去平衡；第四項因素則反映著金融機構的資產需要與供給失去平衡。失去平衡的資產供需當然會引起朝向新平衡的調整行動，這種行動改變對金融資產與真實資產的需要，經由需要的變動導致生產面經濟活動的變動。貨幣既是各經濟部門資產單上的主要構成分，且又是貨幣當局所能或所希望操縱者，故貨幣遂經由資產調整行動而影響經濟活動。因此，當代的經濟學家，不論是否同意凱因斯理論，大都同意貨幣可經由經濟部門的資產調整行為，而對經濟活動產生影響。

假若某一個時點，民間、企業及金融機構的資產負債平衡表都能使各該經濟部門感覺到最大的效用或最大的利潤，即處於均衡狀態。此時倘若中央銀行調整其貨幣政策，如自公開市

---

26 Warren L. Smith, "A Neo -Keynesian View of Monetary Policy," in Controlling Monetary Aggregates, the Federal Reserve Bank of Boston, 1969, pp. 105 -126.

場上買進若干國庫券。假定出售此項國庫券者為金融機構,則金融機構的資產失去平衡,流動性已提高,在其他情形不變的假定下,金融機構必然會買進流動性較低的營利資產,創造相當數量的負債,增加信用供給量。

在金融機構信用供給量增加的場合,產生了兩項效果。第一,營利資產的市場價格因金融機構的買進行動而漲價,民間及企業的財富增加、市場利率的下降,都產生支出增加的效果。第二,民間及企業所保有的貨幣量增加,資產單也失去平衡,必然引起購買其他資產的行為,加重第一項財富增加的效果。民間及企業對其他資產需要的增加,大體上係自短期流動資產而長期債券或股權資產,最後再及於各種真實資產,各項資產的調整幅度決定於相對價格變動的程度及其需要彈性。

嚴格地說,在股權資產價格上漲時,假定資本資產的邊際生產力未變,資本資產的供給價格與其需要價格之間已有差距,資本資產的需要增加,提高真實投資的吸引力,再經由乘數的作用,必然引起所得及支出增加,最後導致各種生產因素需要增加及價格上漲的結果。因此,在生產增加的過程中,真實資產(包括投資資產)的價格必然會上漲,才能使失衡的資產負債表逐漸恢復平衡。

這種調整行動必然要到各經濟部門又對其新資產負債表感到效用最大時,才會停止。但在調整過程中,經濟活動已有顯著變動。由此可知,作為最重要金融資產的貨幣,或許並不直接影響經濟活動,但實際上卻間接地扮演著重要的角色。

基於這種理由,自 1950 年代以後,貨幣政策復活,並在

經濟活動上施展其影響力。然而復活的貨幣政策帶來了許多爭論，重要的爭論有三項：第一，貨幣當局究竟能否正確地控制貨幣供給量的變動；第二，大眾為何需要貨幣，其需要之變動是否能作合理的預測；第三，貨幣量與支出量之間是否具有可預測的關聯？假定一項及二項的爭論答案是肯定的，第三項答案也必將是肯定的。這便是當代貨幣理論的主要研究課題。

【《現代經濟金融月刊》，第 2 卷第 8 期，1972 年 8 月。】

論美國經濟大恐慌（書評）

American Monetary Policy, 1928 -1941, by Lester V. Chandler. New York: Harper & Row, Publishers, 1971. viii+371 pp.

發生在 1930 年代的美國經濟大恐慌，前後持續達 10 年之久。在其最嚴重的時期，美國的名目國民所得（nominal national income）銳減 50 ％；真實國民所得（real national income）減少三分之一；四個工人之中，有一個人失業，有工作的工人大多只屬臨時性工作而已。不但如此，藉著美國調整國內經濟金融政策及其對外貿易關係，美國復將此項經濟大恐慌輸出到世界各地，引起世界性的經濟大恐慌，終至釀成有史以來人類最大的經濟悲劇。

這項經濟悲劇有多面的影響，在經濟理論方面且是作為新經濟學的實證基礎。長久以來，經濟學家都相信，關於經濟大恐慌已有正確不移的解釋，即貨幣政策不宜作為挽救經濟蕭條的工具，而應以財政政策取代貨幣政策的早期地位。可是，1963 年，弗利德曼（Milton Friedman）和施瓦茲女士（Anna Jacobson Schwartz）刊行 1867 年至 1960 年美國貨幣史（A Monetary History of the United States, 1867 -1960）[1] 後，原被認

1　我對這本鉅著以及其他三冊討論美國貨幣史的重要著作皆曾有所評述。請參閱拙稿：〈唯貨幣論者的貨幣史觀〉，《美國研究》，第 2 卷第 2 期（1972 年 6 月），頁 184 -207。

為已屬定論的解釋，開始動搖，經濟學家對 1930 年代經濟大恐慌的研究，重又燃起新的興趣。尤其是，美國貨幣史刊行後，美國聯邦準備局繼續發表許多有關這一時期理事會的議事錄及其他有關檔案，增加了研究的素材，使得經濟學家能更深入研究這段時期的貨幣史，修正或補充弗利德曼和施瓦茲所提出的解釋。

1971 年，錢德勒（Lester V. Chandler）刊行 1928 年至 1941 年美國貨幣政策（American Monetary Policy, 1928 -1941）一書，便是根據已有的最新材料，對經濟大恐慌期間美國貨幣政策作更深入的檢討。雖是以較新的材料，以不同的研究方法，錢德勒教授的結論與弗利德曼卻極其相似。這段期間經濟大恐慌的形成原因，不在於貨幣政策不能挽救大恐慌，而在於一連串錯誤的貨幣政策。甚至，如下文即將詳細說明，羅斯福總統所推行的「新政」（New Deal）— 這一向被視為財政政策成功的例證 — 究竟是否曾經有助於解決當時的經濟蕭條也有新的評價。因此，這本書將是研究 1930 年代美國經濟問題的重要參考書之一。

經濟大恐慌的三個階段

本書由三部分所構成。第一部分稱為「新時代的後期」（"Last Years of the New Era"），包括 1927 年的膨脹政策至 1929 年 10 月美國股票市場的崩潰。其中心命題在於說明聯邦準備局無法在避免有礙國內外經濟進展下，遏制股票市場的投機。第二部分稱為「1929 年至 1933 年的大崩潰」（ "The

Great Slide, 1929 -1933"），敘述這一期間，美國聯邦準備局錯誤的政策，造成美國國民所得、就業量及價格水準的急速下降，而以 1933 年 3 月初，美國銀行制度的崩潰為其表徵。第三部分稱為「新政之下的貨幣政策」（"Monetary Policies under the New Deal"），包括自 1933 年 3 月至 1941 年底的新政實施期間。這段期間，在 1940 年美國加速重整軍備之前，失業量及未利用設備為數仍相當可觀。甚至在 1939 年以前，美國真實國民所得未能恢復 1929 年的水準。

　　不過，第三階段與前兩階段不同。在前兩個階段，美國聯邦準備局在舞臺上扮演主角的角色，聯邦政府幾乎不干涉貨幣政策；在第三階段，聯邦政府不但採取主動而且設置很多新金融機構，以致影響貨幣信用體系的運行。因此只宜說聯邦準備局的部分失敗而已。在深入分析每一階段情勢的演變之前，本文擬先說明錢德勒對這三個階段的評價。

　　關於第一階段，傳統上，美國的貨幣學家大多認為，1920 年代屬通貨膨脹及超額信用供給的時期；他們並且也相信，聯邦準備當局宜運用其管制工具，阻止對股票市場的信用供給的膨脹。可是，錢德勒反對這兩項見解，他甚至認為 1929 年聯邦準備銀行收縮對其會員銀行的信用的「直接行動方案」（Direct Action Program），大概無以阻止會員銀行的投機放款。尤其是，他認為股票價格的高低，非關貨幣當局的業務，貨幣當局對抗股票投機的行動，因提高利率而壓制一般投資，[2] 可

2　這項因提高利率而妨礙投資進行的推論，屬弗利德曼所稱的信用政策。弗利德曼則認為其原因應在於貨幣當局不當地使貨幣存量減少。這是兩人最主要的不同看法。

說是經濟大恐慌的根本原因。

　　關於第二階段，錢德勒認為經濟崩潰之演變成經濟大恐慌，基本上有三項理由。第一，當時流行的經濟理論錯誤，貨幣當局的多數決策官員相信這些經濟理論，以致所採政策不能解決當時的經濟問題。譬如說，當時聯邦準備局的多數官員認為短期利率的降低及會員銀行借入款的減少均足以表示信用情況相當合理，他們反對繼續降低利率。第二，1931 年 9 月英國宣佈放棄金本位制度。如下文即將深入討論，聯邦準備局明知提高利率會增加經濟恐慌的嚴重性，卻不得不提高再貼現率，以阻止可能發生的黃金外流現象。第三，自 1931 年以後，由於價格水準下降，美國的投資儲蓄過程已經惡化，即使採行公開市場買進及降低再貼現率的行動，也無法加以挽救。這種投資儲蓄過程的惡化表現在：企業休閒設備的增加，潛在借款者的信用評價降低，以及對流動資產需要增加。在這種清況下，發生了競提存款現象，可是聯邦準備局卻不曾採行對抗的補救措施。因此，銀行及全社會的流動性繼續降低，乃發生一連串的銀行倒閉現象，並使經濟恐慌繼續惡化。

　　關於第三階段，錢德勒教授認為，除 1933 年 3 月至該年年底，聯邦準備局曾主動大量自公開市場購進政府債券，並數度降低再貼現率外，自 1934 年 1 月美國宣佈貶值後，在整個新政期間，聯邦準備局的貨幣政策大多屬被動性質，財政政策及新設置的政府金融機構對貨幣政策干預甚多，尤以美國財政部當時所採行的解禁黃金（desterilizing gold）及白銀貨幣化（monetization of silver）政策，使財政政策也能影響銀行準備

金，聯邦準備局當然不能有主動政策。因此，在這一階段，經濟復甦進展遲緩應由貨幣及財政政策的失敗共同負責。

制止股票投機和維持金本位制度

美國聯邦準備局係於 1913 年底根據《聯邦準備法案》（Federal Reserve Act）而設立，在 1914 年 11 月，各聯邦準備銀行開業後，始告正式成立。在 1907 年至 1913 年，該法案研究及討論期間，正是國際金本位制度的黃金時代，因而聯邦準備局的營業精神深受金本位制度，以及該制度下的國際黃金自動調節機能的遊戲規則（rule of game）的影響。

殊不知，在 1914 年 8 月第一次世界大戰爆發後，舊的國際金本位制度已成為歷史陳跡，永不再回頭，以此項事實上不存在的國際金本位制度來指導其貨幣政策，當然是不妥當的。尤其是，在聯邦準備局正式開業時，世界大戰業已爆發，美國經濟進入一種特殊狀況，使得該局官員既無法確立政策目標，也無法有效運用其政策工具，尤以 1917 年 4 月美國參戰後為然。因此，直到戰爭結束後，聯邦準備局才開始有其學步的階段。

整個 1920 年代，對聯邦準備局來說，具有「正常而和平的情況」（normal peacetime condition）來發展其貨幣政策。可是，聯邦準備局的官員發現，他們的處境與該局設立時大為不同。

其主要者有三項：第一，美國變成了國際貨幣制度裏的主角，為世界的主要債權人，且擁有當時世界貨幣性黃金存量的

40％。而在戰前，也就是聯邦準備局設立之前，美國在國際金融地位仍相當低微，對其他國家仍有若干淨債務，而且對國際貨幣金融事務的知識和經驗極其有限。第二，戰爭結束時，美國可說是唯一維持金本位制度的國家，黃金也不斷湧入美國；假若仍依前議，要以國際金本位制度的遊戲規則來指導其貨幣政策，美國便須付出相當高的通貨膨脹的代價，因而聯邦準備局開始排拒遊戲規則，採行凍結黃金措施。第三，根據聯邦準備法案，準備銀行對其會員銀行的資金融通係以商業票據（commercial papers）為基礎，且其公開市場操作亦大多限於銀行承兌票（bank acceptances）。主要理由是聯邦準備法案係根據真實票據學說（real bills doctrine）[3] 而設立；此外，在該法案制定之際，政府債券存量相當微小，也是理由之一。

可是，在戰爭結束時，美國政府債券發行餘額已高達 250 億美元，且普遍被個人及金融機構所持有，這當然使得準備銀行的資金融通及其公開市場操作政策起變化。這三項新情勢導致聯邦準備局不得不為「新時代」確立其貨幣政策的目標。

由於經濟情勢時常變易，故有關 1920 年代指導美國貨幣政策的目標，大體上是 1922 年至 1924 年間逐漸建立的。這些目標有三：第一，促進價格水準的安定與商業活動的穩定發展；第二，推動外國恢復並維持金本位；第三，阻止對股票市場的投機資金的融通。在這三項目標中，價格安定與商業發展屬恆

3　所謂價實票據學說，簡言之，係指稱祇要銀行從事商業放款，因此項放款有實物之基礎，故貨幣供給量即不會超過其需要量，也不致因而導致價格上漲。

常的貨幣政策目標，各時期，各個國家都必須以之作為指導原則，不宜說它會導致美國貨幣政策之新時代的結束。而後兩項目標，則是這一時代所特有，且易於造成國內外政策的矛盾，錢德勒認為是經濟大恐慌的基本原因。

先從推動外國恢復金本位來說，當時聯邦準備局的官員們認為匯率安定為促進國際貿易與資本移動所不可或缺的條件，捨金本位制度則無法建立安定的匯率制度。他們甚至認為，恢復金本位制度可使貨幣政策再受國際金本位制度之遊戲規則的約束，增進各國的安定與繁榮。此外，尚有美國自利心的因素存在，因為他們相信外國的安定與繁榮可促進美國的出口與繁榮，尤以美國的農業出口為然。

為著促使外國恢復金本位制度，美國聯邦準備局採取三項措施：第一，對外國中央銀行給予黃金或美元的安定基金貸款；第二，當外國通貨在外匯市場趨於疲弱時，則購進該國通貨，支持其匯率。這兩項支助措施一方面為受支助之中央銀行建立信心，避免資金外流，甚且導致資金回流。更重要的是，使外國民間有信心對該國政府給予資金融通。可是為著支持此項資金融通計劃，美國的確付出相當的代價，其情況如表 1。

表 1 美國聯邦準備局對各國中央銀行貸款

年	接受貸款銀行	貸款金額（千美元）*
1925	Bank of England	200,000
1925	Banking Office of the Ministry of Finance of Czechoslovakia (approx.)	5,000
1925	Bank of Poland	10,000
1925	National Bank of Belgium	10,000
1927	Bank of Poland	5,250
1927	Bank of Italy	15,000
1929	Bank of Romania	4,500
1929	National Bank of Hungary	2,000
1931	National Bank of Australia	1,083
1931	National Bank of Hungary	5,000
1931	German Reichsbank	25,000
1931	Bank of England	125,000

* 當時 1 盎斯黃金的官價為 20.67 美元

　　可是，最重要的是第三項支助措施。為著支持各國恢復金本位制度，當然要使各國易於獲得黃金或外匯，因而美國聯邦準備局乃放鬆信用管制，一方面藉美國經濟擴張，增加美國之進口，緩和美國之出口。他方面則構成利率差距，增加美國資金之外流，減少資金之內流。基於此項措施，自然地可幫助其他國家維持金本位制度。關於此項措施對其他國家的助益包括貿易差額、短期資本及長期資本三項，我們可以表 2 所列外國證券在美國發行金額得知其梗概。

表 2 外國證券在美國發行金額

時期	新發行	操作發行	合計數	美國黃金存量之變動
1924 上半年	270	94	364	+ 244
下半年	700	153	853	+ 11
1925 上半年	449	109	558	- 139
下半年	636	124	760	+ 39
1926 上半年	529	92	621	+ 48
下半年	597	72	669	+ 45
1927 上半年	682	103	785	+ 95
下半年	655	137	792	- 208
1928 上半年	858	192	1,050	- 270
下半年	405	34	439	+ 32
1929 上半年	460	19	479	+ 183
7-9 月	80	1	81	+ 48
10-12 月	134	14	148	- 88

　　在美國聯邦準備局支助之下，1925 年英國率先回到金本位，至 1928 年初，各主要國家幾乎都已回到金本位制度。可是，這時候的金本位制度與早期的金本位制度大不相同，幾乎無助於遊戲規則，因而乃種下經濟大恐慌加深的惡因。

　　因此，我們必須先說明這一新金本位制度的基本特色。第一，除了美國以外，金幣本位（gold -coin standard）[4] 幾乎已經消失，金匯本位（gold -exchange standard）成為普遍現象。在金匯本位下，各國在主要國際金融中心（倫敦和紐約）存有為數可觀的短期國際資金。這些資金對利率差距極其敏感，使得作為金融中心之國家常有黃金外流之虞，其金本位制度乃潛伏著崩潰之危機。第二，在十年脫離金本位制度期間，各國貨

4　金本位制度有三類：金幣本位、金塊本位與金匯本位。其中祇有金幣本位才是完全的金本位制度，其餘兩類制度都無金幣流通，且有各種規定限制紙幣兌換黃金。當時美國採金幣本位，易於導致黃金外流現象。

幣當局已習慣於加強貨幣管理，不大願意遵循「遊戲規則」，故恢復金本位制度後，經常採取「抵銷」（offsetting）與「凍結」（sterilizing）行動，使國際金本位制度之運行受阻。第三，在回復金本位制度時，有些國家低估幣值，有些國家高估幣值，本身已帶來不平衡的情勢。這些現象是主張支助恢復金本位制度者所始料不及者。

次就阻止對股票市場投機資金的融通來說。事實上，早在聯邦準備法案中，即已明白規定紐約拆款市場（the New York call -loan market）之重要性，以及導股票投機資金於正常商業用途為該局的主要目的。因此，貨幣當局對股票資金融通常有限制的傾向，而當時貨幣當局卻尚未發展品質管制的貨幣政策（monetary policy of qualitative controls），[5] 沒有合適的工具來管制股票市場的信用，只好訴諸於一般性的信用管制，其結果不免要影響正常經濟活動的運行，這才是 1929 年美國經濟大崩潰的主要原因。

嚴格地說，1920 年代美國股票市場的發展，待別是該年代的後半，戲劇性的成分遠較值得解析的成分為濃。一般經濟學家在討論這個年代的經濟發展與股票市場的崩潰時，通常都要認為：人的天性中帶有不勞而致富的成份，因而熱中於投機和賭博，在股票市場上買空賣空，配以報紙作大標題的報導，掀起股票價格的猛漲，最後乃導致股票市場的崩潰。錢德勒認

---

5 貨幣政策工具有兩類：一類為數量管制，直接影響銀行信用創造數量，如再貼現率、公開市場操作等；一類為品質管制，則以影響各不同經濟部門的信用活動為主體，如各種選擇性信用管制。後者主要係 1933 年後才設置的；在此之前，貨幣當局所能操作之工具常限於前者。

為這種見解雖不無道理，卻過份誇大投機因素，忽略 1920 年代美國經濟繁榮確實能支持股票價格之上漲。假若僅只單純的投機因素，為何股票市場的崩潰同時也產生經濟崩潰？因此，他必須回頭檢驗當時的股票價格是否過高。

　　1928 年及 1929 年之際，聯邦準備局的官員們也為著當時的股票價格是否合理而煩惱。依常理，股票價格的合理性宜以當期價格與其將來的股利或盈利能力作比較，才能獲得有意義的結果。可是，如眾所周知，將來非屬已知，故平常只宜將當期股價與當期股利或盈利作此較。我們可將 1915 年至 1929 年的情況列如表 3。

表 3　普通股股價、股利與盈利率

年　度	普通股價格指數 *	股利率 (%)	盈利價格比率 (%)
1915	66.2	4.96	10.57
1916	76.2	5.62	16.17
1917	68.3	7.90	15.11
1918	60.7	7.24	13.15
1919	70.7	5.75	10.63
1920	64.2	6.13	10.08
1921	55.2	6.49	4.22
1922	67.7	5.80	8.25
1923	69.0	5.94	11.38
1924	72.8	5.87	10.27
1925	89.7	5.19	11.19
1926	100.0	5.32	10.05
1927	118.3	4.77	7.57
1928	149.9	3.98	7.30
1929	190.3	3.48	6.23
1929 年 9 月	238.0	2.92	-

* 年平均數：1926 =100

　　根據該表可以看出，1920 年代初期，股票價格的發展顯然非常正常。可是最後幾年則有顯著上升現象，特別是 1928 年 6 月至 1929 年 9 月間，股價的漲速是前所未見的。因此，聯邦準備局的官員們不得不評價這種發展情勢，可是他們所面對的問題是令人困惑的；究竟股票合理價格為何？在何種情況下，股票價格才算過高？所以，當時的聯邦準備局的官員們一再聲稱，他們不是關心股票價格本身，而是關心金融機構資金融通中的投機用途部分，因為只有這一部分可能使股票價格趨於不合理。可是他們又必須面對另一問題，究竟合理的投機資金融通量的界限在何處？假若超過此項界限究竟又應如何限制投機資金融通？

　　同時，如前所述，由於膨脹性的經濟政策，1927 年下半年美國黃金外流量大增。雖然此種現象有利於促進國際金本位制度的運作，可是就國家本位來說，終究不是好現象，於是開始有收縮信用的措施。自 1927 年底開始大量賣出美國政府債券。可是由於當時美國政府債券發行量仍然不高，至 1929 年 6 月，聯邦準備局所持有之政府債券餘額只剩 1 億 4,700 萬美元，公開市場操作的作用大為降低，於是乃出現其他一般性的信用管制，一方面訴諸於直接行動，試圖以道義說服各會員銀行減少投機放款；一方面提高再貼現率，以紐約聯邦準備銀行為例，1927 年的再貼現率為 3.5%，至 1929 年 8 月已提高至 6%。前一項直接行動可說並無效果，因為只要投機放款有利，未對準備銀行負債的會員銀行就大可不受道義說服的拘束。但是，後者因收縮信用及提高再貼現率的結果則帶來經濟衰退的

危機。這可分國內外兩方面來說明。

　　在國內方面，在沒有直接干涉證券信用的管制政策下，收縮信用固然可以減少投機信用，緩和股票價格上漲，但卻同時帶來不幸的後果。如眾所周知，提高利率使新投資趑趄不前，企業前途趨於悲觀，預期利潤率降低，乃造成股票市場崩潰的局面。

　　在國外方面，提高再貼現率及收縮信用，固然使得美國黃金外流之勢停止，並且也轉成黃金內流的局面。但如前所述，1925 年以後所恢復的國際金本位制度與 1914 年以前的金本位制度大為不同，在美國收縮政策下，使得其他金本位制度的國家的經濟情勢大為減弱，甚至也趨於經濟收縮，導致經濟衰退的局面，其結果是原來被美國支持而恢復的國際金本位制度復陷於崩潰的邊緣，不久也就停止其機能。

　　由此可知，美國股票市場的崩潰只不過是 1930 年代經濟大恐慌的表象。實際上，那是由於不適當的貨幣政策，導致國內外經濟局勢惡化的結果。

金本位制度之崩潰

　　錢德勒教授認為，在股票市場崩潰之時，假若美國聯邦準備局能夠迅速放棄收縮信用政策，代以信用擴張政策，則數月之內將能立即使經濟景氣復甦。但是，該局錯誤地延緩應該採行的行動，雖然 1930 年初再貼現率已降至 4.5％，甚且 1931 年 5 月更降至 1.5％，仍不能阻止經濟衰退。這時候各主要國家紛紛捨棄金本位，美國聯邦準備局又採行錯誤的應變措施。

因此，經濟衰退乃演變成經濟大恐慌。

根據錢德勒教授，這一期間國際金本位制度之崩潰可歸納為下列三項因素：

第一，美國真實所得及價格水準急速下降，降低其進口需要及進口價格，使得對美國出口之國家的出口減少，外匯收入能力降低，尤以原料出口國為然。這些國家面對著國際收支困難，不得不採行保護其黃金及外匯之措施。

第二，在美國採行緊縮政策之後，美國對外貸款幾乎陷於停頓狀態。如前所述，1920 年代後期各主要國家所恢復的金本位制度，依賴美國對外貸款加以支持。可是自從美國採行緊縮政策之後，此類貸款大為減少。甚至在 1931 年及 1932 年，美國長期資本外流轉為負數。因此，多數國家在外匯收入減少時，尚需支付其原先之借款本金及利息，使其國際收支困難更為嚴重。

第三，除長期貸款外，當時若干國家繼續不斷增加其短期國際借款，以維護其國際收支及金本位制度。同時，如前所述，1920 年代後期的金本位制度的特色在於各金本位制度國家間，彼此互有大量的短期存款，特別是在各國際金融中心互有大量存款，因此一旦某一國家發生國際支付危機，或有停止金本位制度的危險，便易於演變成國際性的金本位制度的危機。事實上，1931 年 5 月，奧地利最大的銀行 Credit -Anstalt 關閉，導致猜疑，各國紛紛提回存款及收回短期貸款，使奧地利不得不停止金本位制度；同年 7 月，德國停止金本位制度，大量短期國外信用被凍結在德國；同年 9 月，英國乃不得不停止金本位

制度。勉力恢復並維持的國際金本位制度乃宣告終結。

我們可將一、二兩項所提及的美國外匯支出減少情況列如表 4。

表 4　美國外匯支出及資本外流

年別	物品及勞務進口支出	長期資本外流淨額	合計
1926	5,555	696	6,251
1927	5,383	991	6,374
1928	5,465	798	6,263
1929	5,886	240	6,126
1930	4,416	221	4,637
1931	3,125	- 208	2,918
1932	2,067	- 251	1,816
1933	2,044	- 70	1,974

自英國宣佈放棄金本位制後，許多國家紛紛跟隨英國的行動。至 1932 年 6 月，全世界有 45 國放棄金本位制度。可以說，除美國及南非聯邦之外，已沒有金本位制度的國家。這種劇烈的變化，至少對美國產生兩項不利影響：

第一，美國黃金大量外流。僅只 1931 年 9 月至 1932 年 7 月間，流入法國者為數達 512 百萬美元；流入荷蘭、瑞士及比利時者亦分別為 143 百萬美元、138 百萬美元及 99 百萬美元。

第二，各國為保護其黃金及克服其國際收支困難，在放棄金本位制度之同時，更採行貶值措施。在 1932 年底，多數國家對美元匯率都貶值 30％以上。其結果是減少美國之出口及增加美國之進口，減少美國的貿易順差。這種情形如發生在正常年代，或者不會有很大的影響，但是在美國經濟衰退期，美國出口之減少，使經濟衰退程度加深，進而減少美國之進口，

各國的經濟衰退當然不能解決，因而導致全世界性的經濟恐慌。各國不得不繼續貶值，進而產生貶值競賽，而使經濟衰退發生惡性循環現象，最後乃迫使美國放棄金本位制度及美元貶值。這種貶值得以表 5 表示。

表 5 各主要國家美元匯率指數

國家別	各國通貨之匯率指數				1932 年 12 月美元相對升值程度
	1930 年平均	1931 年平均	1932 年平均	1930 年 12 月平均	
英　　國	100	93	72	68	47
澳　　洲	95	73	58	54	85
印　　度	100	93	73	69	47
丹　　麥	100	94	71	64	56
瑞　　典	100	94	69	67	49
阿 根 廷	88	70	61	62	61
加 拿 大	100	97	89	87	15
日　　本	107	106	61	45	122
中　　國	71	54	52	47	113

銀行假期

在國際金本位制度崩潰的浪潮之下，美國當然必須採取合宜的應變措施。可是，錢德勒教授認為，當時美國聯邦準備局的政策顯然錯誤，以致不但不曾解決金本位制度崩潰對美國經濟的不利影響，甚且促使經濟衰退演變成經濟大恐慌。

在英國放棄金本位制度後，如上文所述，美國開始出現大量黃金外流現象；同時，由於擔心美國金本位制度的前途及物價水準仍繼續下降，一般人民大量自銀行體系提出現金，即銀行體系黃金外流現象，自 1931 年 8 月至 1932 年 2 月，黃金外流淨額達 7 億美元。在金本位制度的時代，黃金為銀行體系的準備貨幣，其數量之減少將產生信用收縮。原則上說，貨幣

當局應採行公開市場買進措施，以補充銀行體系的準備金，可是當時美國聯邦準備局並未採取行動，會員銀行雖然增加借入款，但仍不能避免準備金之減少。因此原已降低至1.5％的再貼現率，復又逐漸提高至 1932 年 2 月的 3.5％，產生信用收縮現象。

　　聯邦準備局之不願意採行公開市場買進措施，終於迫使再貼現率上升的基本原因，在於制度因素。根據當時美國聯邦準備法案的規定，聯邦準備銀行券的發行至少須有40％的黃金準備，其存款負債亦須有 35％的黃金準備。當時美國黃金存量尚稱充裕，抵充這些準備並無問題，即使在 1931 年 9 月後，開始有大量黃金外流，暫時亦不致損及黃金準備之地位。可是，同一法案規定，黃金準備之外的銀行券發行及存款須有會員銀行再貼現之商業票據作準備，假若商業票據準備不足，仍須有黃金準備。因此，若當時聯邦準備局採行公開市場買進政策，會員銀行將可減少其借入款，準備銀行所持有之商業票據當然會減少，黃金準備部分隨之增加，所謂「自由黃金」（free gold）將減少，對聯邦準備局就有莫大的壓力。[6] 如表 6 所示，自 1931 年底自由黃金銳減，當然不宜採行公開市場操作政策了。[7]

表 6　美國聯邦準備局自由黃金

年別	月底	自由黃金（百萬美元）
1931	7 月	747
	8 月	656
	9 月	578
	10 月	606
	11 月	571
	12 月	357
1932	1 月	469
	2 月	397

　　基 於 此 項 理 由，1932 年 2 月 底 美 國 國 會 通 過 Glass -Steagall 法案，同意聯邦準備銀行以政府債券作為銀行券的發行準備，始把原來可能發生效果的公開市場操作政策解凍出來。嚴格地說，Glass -Steagall 法案包括下列三項主要條款：

6　事實上，自由黃金不但減少，而且因其分配極其不平均，故若干規模較小之聯邦準備銀行所感受的壓力更大。這一期間自由黃金之分配有如下表：（單位：百萬美元）

聯邦準備區	1931 年 10 月 31 日	1932 年 2 月 15 日
Boston	21	9
New York	437	266
Philadelphia	34	31
Cleveland	27	33
Richmond	12	12
Atlanta	10	7
Chicago	44	30
St. Louis	15	11
Minneapolis	10	2
Kansas City	21	16
Dallas	11	4
San Francisco	21	22
合　計	663	444

7　弗利德曼與施瓦茲認為在那情形下，聯邦準備局仍有兩項可採而未行的政策：第一，可自公開市場中大量購入商業票據；第二，可鼓勵會員銀行持合格商業票據來貼現。因為商業票據在當時不但可作公開市場操作，而且也可充當銀行券及存款負債之發行準備。可是，聯邦準備局並未採行此項行動，以致自由黃金日減，請參閱 Milton Friedman and Anna Jacobson Schwartz, A Monetary History of the United States, 1867 -1960 (Princeton: Princeton University Press, 1963). pp. 404 -406.

第一，在聯邦準備理事會管理與監督下，準備銀行得以政府債券充當其銀行券的發行準備；第二，在理事會七分之五票數同意下，得對五個或以上的會員銀行進行資金融通；第三，在理事會七分之五票數同意下，得對原屬不合格之再貼現票據作資金融通，但其再貼現率較合格票據高 0.5％。由此可知，解除信用收縮仍是附有條件的，且遲至當年 5 月才獲得理事會之同意而執行。

　　自 Glass -Steagall 法案通過後，聯邦準備局開始大量從事公開市場買進之操作。在 1932 年 2 月底，其政府債券持有量為 740 百萬美元，至該年年底持有量增至 1,855 百萬美元，此項大量買進政府債券的操作，不但使會員銀行借入款減少，而且增加（補充）其準備金，緩和信用市場之緊俏情勢，紐約聯邦準備銀行甚至將其再貼現率自 3.5％逐漸降至 2.5％。銀行倒閉家數自 1931 年的 2,293 家減至 1932 年的 1,453 家（若扣除 1 -2 月倒閉之 561 家，Glass -Steagall 法案通過後，1932 年的 10 個月只倒閉 892 家）。

　　從表面上看來，銀行倒閉家數之減少，表示新貨幣政策業已成功。不過，實際上，這種安定局面並不穩定，許多銀行在接受存款時，已採行類似放棄到期前提款，或只能分梯次提款等「存戶協定」（depositor's agreement），降低存款提出率。更嚴重的是，美國經濟情況一直未有復甦跡象，真實所得及價格水準繼續下降，金融資產價格下降，使得各銀行即使未宣告破產，也陷於流動性不足的情況。早在 1932 年 11 月，Nevada 州就宣佈全州的銀行假期（Banking Holiday），全州銀行停業，

避免存戶提款所帶來的銀行倒閉的危機。即使如此，仍然無法
解決問題，銀行流動性不足如舊；進入 1933 年銀行倒閉家數
增加，由小銀行牽連大銀行。

　　1933 年 2 月，Detroit 最大的銀行 Union Guardian Trust
Company 倒閉，迫使 Michigan 州長於 2 月 14 日宣佈為期 8 天
的銀行假期。此項危機迅即散佈至各州，3 月 4 日各州都已宣
佈銀行假期，銀行存款再也無法提現。羅斯福總統不得不於 3
月 6 日宣佈為期 4 天的全國性銀行假期，以承認既存的事實，
並研究對策。這一階段最顯著的特色是：黃金及通貨外流，美
國貨幣性黃金減少 250 百萬美元，銀行體系現金外流量幾近
20 億美元，倘若未宣佈銀行假期的話，恐怕不知要嚴重若干
倍。1933 年 1 至 3 月各聯邦準備銀行的準備情形列如表 7。

表 7　各聯邦準備銀行準備金 (1933 年 1 至 3 月)

日　期	存　款	銀行券流通量	存款與銀行券合計	準備金	準備金比率%
1 月 4 日	2,587	2,738	5,325	3,436	64.5
1 月 11 日	2,644	2,687	5,331	3,509	65.8
1 月 18 日	2,608	2,697	5,305	3,522	66.4
1 月 25 日	2,587	2,706	5,293	3,547	67.0
2 月 1 日	2,540	2,730	5,270	3,535	67.1
2 月 8 日	2,500	2,773	5,273	3,522	66.8
2 月 15 日	2,376	2,891	5,267	3,461	65.7
2 月 22 日	2,399	3,000	5,399	3,378	62.6
3 月 1 日	2,157	3,580	5,737	3,134	54.6
3 月 8 日	1,951	4,215	6,166	2,857	46.3

　　1933 年 3 月 9 日，美國國會在 9 小時內匆匆通過《緊急
銀行法案》（the Emergency Banking Act），作為第二天全國
銀行復業的基礎。根據該法案，總統有權控制並改組銀行，以

保護存戶存款的安全；投資銀行與商業銀行分離；禁止對活期
存款付利息；對定儲存款設利率高限；賦予聯邦準備局調整存
款準備率等對銀行活動限制。此外，1934 年的《證券法案》
（Securities Act）對新證券發行採管制措施；同年的《證券交
易法案》（Securities Exchange Act）則管制證券交易。後來，
在 1935 年的銀行法案中，並將這些規定的基本精神正式融入
其中，因而給予聯邦準備理事會更大的責任與權力，且政府對
聯邦準備局的影響力已加深。因此，自全國銀行復業至 1940
年代結束，美國政府對貨幣政策有相當大的影響力，聯邦準備
局則淪於被動的角色。

新政之下的貨幣政策

　　傳統上。經濟學家認為羅斯福總統的新政帶來美國經濟的
復興。事實上，錢德勒教授認為這種復興仍有其限度。如表 8
所示，自 1934 年以後，美國的國民生產毛額固然已經開始恢
復成長，但在 1939 年之前幾乎未曾恢復 1929 年的水準。尤
其是，若以實際國民生產毛額佔潛在國民生產毛額（potential
gross national products）的比例來觀察，此項此例一直低於
80％。此外，若以失業率來觀察，在整個新政期間，失業率從
未低於 14％，實際改變美國經濟恐慌情勢的應是 1941 年的參
戰，那一年實際國民生產毛額佔潛在國民生產毛額的比例高達
92％，失業率亦降至 10％以下。

表 8 美國國民生產毛額及失業統計

年別	以 1929 年價格表示的實際 GNP(10 億美元) (1)	(1) 項的指數 1929 年 =100 (2)	以 1929 年價格表示的潛在 GNP(10 億美元)(3)	實際 GNP 佔潛在 GNP 的比例 (%) (4)=(1)/(3)	失業人數（百萬人）(5)	失 業 率（%）(6)
1929	104.4	100	104.4	100	1.6	3.2
1930	94.4	90	107.5	88	4.3	8.7
1931	87.8	84	110.7	79	8.0	15.9
1932	74.8	72	114.0	66	12.1	23.6
1933	72.7	70	117.4	62	12.8	24.9
1934	79.5	76	120.9	66	11.3	21.7
1935	87.8	84	124.5	71	10.6	20.1
1936	99.5	95	128.2	78	9.0	16.9
1937	105.3	101	132.2	80	7.7	14.3
1938	100.5	96	136.0	74	10.4	19.0
1939	108.7	104	140.1	78	9.5	17.2
1940	118.1	113	144.3	82	8.1	14.6
1941	136.4	137	148.6	92	5.6	9.9

　　新政期間，美國經濟復甦緩慢的原因是貨幣政策受到財政政策過份的影響。錢德勒教授認為其中最重要的有三項：第一，新政期間，政府設置許多新金融機構，直接從事於金融管制活動。第二，1934 年美元貶值及放棄金幣本位。第三，美國財政部的白銀貨幣化政策。

　　第一，先就政府金融機構來說。在 1932 年 2 月設置的復興金融公司（Reconstruction Finance Corporation），在這時期更積極直接或間接從事對銀行及其他銀行提供貸款及其他資金。1935 年設置的聯邦存款保險公司（Federal Deposits Insurance Corporation）及聯邦互助儲蓄保險公司（Federal Savings and Loans Insurance Corporation），分別從事於商業銀行及互助儲蓄銀行之存款的保險業務。

此外，諸如對農人貸與商品的商品信用公司（Commodity Credit Corporation）、從事房地產放款業務的房屋所有者貸款公司（Home Owners' Loan Corporation）、聯邦農場房地產公司（Federal Farm Mortgage Corporation）、聯邦住宅局（Federal Housing Administration）、聯邦全國房地產協會（Federal National Mortgage Association）等都是在 1935 年前後設置。由此可知，即使將貨幣政策只視為管制貨幣基數及貨幣供給量，聯邦準備局的貨幣政策地位已相對降低，更不用說貨幣政策的管理範圍並不限於這兩項狹義金融數量了。

第二，談到美元貶值及放棄金幣本位制度。前面已經提到，各主要工業國家放棄金本位制度及對美元貶值，嚴重地打擊美國的國際收支地位，美國政府當然必須謀求對策。因此，在 1933 年 5 月的《農村救濟法案》（Farm Relief Act）中，就賦予美國總統若干特權，其中最重要且後來產生許多重大影響的有兩項：其一，在貶值 50% 的範圍內，重新固定美元的黃金價值；其二，在總數 2 億美元的範圍內，可自外國政府手中以每盎斯 50 美分以下的價格，接受白銀作為償還債務的支付。前者為 1934 年 1 月美元貶值的前奏，後者則為 1934 年《購銀法案》（Silver Purchasing Act）及白銀貨幣化（monetization of silver）的先聲。

自金本位制度崩潰，且多數國家從事貶值競爭之際，維持金本位制度的美國，當然處於不利的地位，美元宜對黃金貶值，以維護其國際競爭力量。可是究竟應該貶值若干幅度才屬合理？這便成為當時主要的爭論所在。為著促進美國的國際

競爭力量，並阻止黃金外流之勢，在 1933 年 3 月 6 日宣佈全國性銀行假期的同時，且關閉外匯市場及禁止黃金及金券的輸出。在銀行復業後，暫時停止的國內黃金兌換性則迄未恢復，外匯匯率則准予暫時浮動。因此，1933 年 2 月，每英鎊可換 3.42 美元，每法郎可換 3.92 美元，至同年 8 月已分別升至 4.50 美元及 5.37 美元，亦即英鎊與法郎對美元分別約升值 37％及 32％。這當然對美國有利，但其間引致惡性貶值競爭的危機，1933 年 6 月乃有倫敦經濟會議（The London Economic Conference），廣泛地討論各國有關金融及貿易政策的合作，且曾試圖討論恢復金本位制度。

但美國的羅斯福總統認為當時最為迫切的問題在於如何提高商品價格，以恢復美國的經濟景氣。同年 9 月，美國財政部開始按當時最高市價購進國內新生產之黃金，金價已自原來的每盎斯 20.67 美元升至 10 月 24 日的 29.80 美元。10 月 25 日羅斯福總統命令復興金融公司逐漸提高價格無限制買進黃金，至 1934 年 1 月底，每盎斯價格已提高至 34.45 美元，較原來價格高 67％。同日，美國國會通過《黃金準備法案》（Gold Reserve Act），規定每盎斯黃金價格為 35 美元，即貶值 40.94％。同時，停止鑄造金幣，規定黃金國有，有關其持有、輸送、輸出入須受財政部之管制。自此，金幣本位宣告結束，美國所恢復者為金塊本位。

在美元貶值後，由於舊有黃金存量之貨幣價值提高，且黃金自外流轉為內流，使得美國貨幣供給量有大量增加的趨勢。為著應付這種局面，自 1936 年 8 月至次年 5 月，聯邦準備局

分三次將存款準備率提高至法定最高限。同時，財政部開始對新流入之黃金採行凍結措施，為執行此項凍結行動乃發行大量政府債券，展開公開市場操作的新頁。事實上，這兩項措施都是美元貶值的後果，其結果是收縮信用，使經濟復甦趨慢。

第三，白銀貨幣化。在 1932 年底，每盎斯白銀價格降至 24.6 美分，大為損害白銀生產者的利益。因此，他們認為白銀價格降低，使採行銀本位制度的東方國家購買力降低，加重美國的經濟不景氣，據此要求提高銀價。1933 年底，羅斯福總統批准倫敦白銀會議（London Silver Conference），命令美國財政部以每盎斯白銀 64.64 美分的價格，買進國內生產的全部白銀。此項價格較當時市價高 50%以上。

同時，1934 年年初通過的《購銀法案》明白規定，美國貨幣存量之準備中，黃金與白銀之比例為三比一，且白銀之法定貨幣價值為每盎斯 1.29 美元。在白銀存量未達黃金存量三分之一，以及白銀市價未達 1.29 美元之前，財政部必須逐漸提高銀價及購進白銀。如前所述，這一階段的黃金已開始同流美國，黃金存量增加，白銀存量當然也須增加。因此，自《購銀法案》通過至 1940 年間，自外國購入的白銀為數達 40 億盎斯。

此項白銀政策原來希望藉提高銀價，提高採行銀本位制度國家之購買力，以刺激美國之出口，加速經濟復甦。其結果適得其反，因為銀價提高，銀本位制度國家出口能力大為降低，共產業發展受阻，進口能力反而降低，最後且不得不放棄銀本位制度，改採紙幣本位制度，[8] 對美國經濟復甦一無貢獻。

　　由此可知，這個階段經濟復甦進展緩慢的主要原因實在於財政政策對貨幣政策干涉太多，不當的財政政策導致不當的貨幣政策，其結果是美國經濟忍受較長期的經濟衰退。

結語

　　1930 年代的經濟大恐慌不但是美國的經濟悲劇，而且也是全世界的經濟悲劇。錢德勳教授認為，回顧這段期間的經濟史和經濟政策，增加我們對當時錯誤的經濟政策的瞭解，並且給我們許多教訓。我們當然不會重蹈覆轍，今後可能發生的錯誤或將是另一類型，但對 1930 年代的瞭解，或者將有助於使人類避免再遭受類似的嚴重悲劇。

　　1960 年代美國國際收支呈現大量赤字，這是戰後由美國領導而建立的國際貨幣制度所造成的。基於這項問題，兩三年來，國際經濟局勢有很大的變動，國際貨幣經濟會議頻繁，似乎是第一類型經濟問題的徵兆。對 1930 年代的深入瞭解，或將有助於處理 1960 年代以來美國以及國際貨幣的問題。因此本書特別值得一讀。

　　【《美國研究》，第 2 卷第 4 期，1972 年 12 月。】

8　我國屬受害最嚴重的國家之一。1933 年 3 月，我國剛實行銀本位制度。不久，美國即開始提高銀價，我國貨幣之對外匯率上升，不利於出口，而有利於進口，導致白銀不斷外流，僅 23 年一年即輸出白銀 4 億元。至 1935 年 11 月 4 日乃不得不放棄銀本位制度，改行法幣改革。

論對當前貨幣政策的幾種看法

一、前言

傳統上，貨幣理論是以貨幣價值理論為名，貨幣政策便順理成章地成為處理貨幣價值變動的主要政策措施。1930 年代，歐美各國的經濟大恐慌，產生了新經濟學，貨幣政策暫時被擱置一旁，可是，新經濟學所主張的財政政策不能有效控制戰後的長期持續通貨膨脹。因此，二十年來，世界各國每當發生價格水準異常上漲時，各國貨幣當局莫不動用貨幣政策，希圖以控制貨幣供給量的增加率、或信用擴張率、或利率水準，來抑制通貨膨脹的擴散，進而維持經濟社會的穩定與發展。可是，在新經濟學已成為經濟理論的主流之後，一旦動用貨幣政策，便立即要產生對貨幣當局的貨幣政策效果表示懷疑的看法，甚至貨幣當局也難以決定，究竟該在何時扭轉其政策方向。

在我國，也不例外。過去的早就被人們淡忘了。而本（1974）年 1 月底，貨幣當局宣佈「緊縮信用」及提高利率以後，姑不論貨幣政策是否真的「緊縮」了，政府官員、輿論、企業界、學者專家們，至少表達了三種不同的看法。一種是沿襲自傳統的貨幣智慧，經濟過分擴張而有通貨膨脹的危險時，必須採用緊縮性的貨幣政策，抑制經濟景氣的過熱，避免導致惡性通貨膨脹的危險。一種是源自新經濟學的信用放寬論者，擔心「過度緊縮」會產生嚴重的經濟衰退。一種是由新貨幣數

量學說引申出來的「貨幣法則」主張，認為長期間適當地控制
貨幣存量的增加率，雖然不能避免小幅的經濟波動，卻能防止
巨幅的物價上漲及真實生產增加率的變動。

　　這三種看法各有其堅實的理論基礎，也有實證資料的佐
證，甚至部分看法尚有國內實證資料的支持。可以說，都言之
有理，因而使人無所適從。

　　雖然如此，我們從來很少把這些看法的論據並列在一起，
才感覺到問題好似很複雜。事實上，道理是很簡單的。這篇文
章的目的之一是：把這三種看法的基本論據列舉出來，討論其
有利論據及其基本假定，以供讀者比較分析。然後，討論處於
「緊縮」政策實施期內，當前貨幣政策的真實問題所在。

二、信用緊縮論者

　　大體上說，世界各國的貨幣當局面對通貨膨脹情勢時，都
成為信用緊縮論者。他們都傾向於把他們所能控制的利率及信
用供給可能量的武器，與經濟景氣作反面的調節。亦即，當經
濟景氣繁榮（物價上漲率趨高）時，限制信用供給可能量及提
高利率。當經濟景氣衰退時，則降低利率及增加信用供給可能
量。這種政策態度，不但是貨幣當局的傳統作風，而且也獲得
多數銀行家及經濟學家的支持。這些支持者認為，這種政策態
度至少有下列三項優點：

　　第一，根據新經濟學，利率和信用供給可能量固然不是
企業家投資決意的主要決定因素，但是至少仍會有相當程度的
影響。換句話說，提高利率及限制信用供給量，多少會使投資

支出減少。同時，他們仍然相信，利率高低會影響消費者的消費決心。提高利率，會使一般人抑制消費支出，增加儲蓄。由於投資及消費支出的增加率趨緩，整個社會的有效需要不會增加太快，當然會抑制過分的經濟擴張，產生緩和物價上漲的效果。

第二，一般來說，世界各國都因為立法程序的問題，使得財政政策的行動比較遲緩。因此，在比較緊急的巨幅物價上漲期間，行動迅速的貨幣政策，可以先期控制經濟情勢，避免它繼續惡化。

第三，緊縮的貨幣政策固然不能獨力控制通貨膨脹情勢，但是若能適時配以緊縮的財政政策，例如加稅、相對減少政府財政支出（產生財政收支盈餘），則能在短期間內收經濟安定之效。

這種看法的成功條件有兩項：第一、必須是面對需要拉力型的通貨膨脹。因為這種政策措施的意向，絕大部分都在抑制有效需要的繼續快速擴張，若經濟社會所面臨的情勢並非需要拉力型的通貨膨脹，其效果便有問題。第二、須真正「緊縮」。「緊縮」的確實定義是貨幣存量的增加率趨緩，而不是利率提高。去年我們看到貨幣當局說已採行了「緊縮」政策，但是貨幣存量增加率創造了新紀錄，以致沒有實現預期的效果，這是「專案放款」太多的結果。今年的「緊縮」，是否為真的，在一兩個月內，當可看出端倪。

三、放寬信用論者

在自由經濟體系下，企業與經濟的長期持續擴張，與防止通貨膨脹具有同等重要性。因此，一般來說，立法機構、企業家及部分經濟學家，都主張放鬆信用，以利企業的擴張。嚴格地說，放鬆信用論者並不反對控制信用，但是他們認為，在任何時期，利率水準都不宜太高。換句話說，宜避免過分「緊縮信用」，他們的論據有四項：

第一、通貨膨脹係以「成本衝擊」為原因，而不是「需要拉力」的結果。譬如，我們常說，去年物價上漲係源自國際物價上漲的衝擊，證明根本原因非在需要拉力。因此，緊縮信用不但不能解決目前的物價巨幅上漲（以年率來計算），而且會產生衰退與失業問題。特別是，他們認為，利率是重要的生產成本，提高利率等於提高生產成本，進而會引起價格上漲，故提高利率反而加重了「成本衝擊」的通貨膨脹。

第二、即使通貨膨脹的原因係來自需要拉力。由於投資的利率彈性較低，投資支出減少不多（但假若限制信用供給量，則投資支出必然會受到影響）。此外，在現代金融制度下，信用緊縮時，貨幣流通速度自然會提高，以致提高利率（甚至降低貨幣供給量的增加率），也不足以減少支出流量。在這種情形下，需要拉力型的通貨膨脹也不能藉信用緊縮來解決。

第三、若緊縮信用幅度甚大，且持續甚久，他可能不減少消費，而減少投資，因而長期間降低投資及經濟成長率，形成長期經濟衰退問題。

第四，緊縮信用對若干經濟部門（例如，住宅建築），有

不公平的影響，因而影響資源的利用方向，甚至加重所得分配的不平均。

這種看法的成功條件有三項：第一，必須是面對著成本衝擊型的通貨膨脹，放寬信用才不致於加重太大的物價上漲壓力。第二，在放寬信用之際，該經濟社會須有充裕的休閒資源可供利用。假若休閒資源有限，則放款信用會加重成本衝擊型的通貨膨脹。第三，放寬信用與增加生產之間的時間落後程度不宜太長，否則在增加生產之前，就會產生需要拉力的通貨膨脹。

如眾所周知，去年的物價上漲固然源自國際物價上漲，其後期的發展似乎摻揉了上述兩種型態的通貨膨脹，故單純放寬信用固然立即挽救經濟衰退，是否能收抑制物價上漲之效，則頗有疑問。

四、貨幣法則論者

以上兩種態度，對貨幣政策的「風向」固然有不同的看法，但是他們都同意，貨幣當局有權衡性的貨幣權力。可是，貨幣法則論者則不相信貨幣當局的權衡措施，他們主張宜長期間保持固定的或接近固定的最適貨幣存量增加率，貨幣當局的唯一任務便是操作其政策工具，使貨幣存量增加率維持著最適增加率的水準。至於最適貨幣存量增加率水準究在何處，則每一國家因其經濟成長潛力及貨幣流通速度變動率不同，而有不同的水準。他們相信，只要能使貨幣存量保持此最適水準，雖然仍不能消除短期偶發的經濟小病，卻能防止長期而嚴重的經濟問

題。他們的主要理由有三項：

第一、經濟理論的研究雖然已有神速的進展，但是迄目前為止，經濟學家對貨幣市場的知識仍非常有限，特別是，根據多數國家的貨幣措施經驗，貨幣政策對經濟活動的影響須經歷相當長久的時間，而且此項時間長度並不穩定。換句話說，我們仍然不能預知一項政策措施究將在何時產生應有的效果。在出現效果的端倪之前，貨幣當局免不了要徬徨而調整其政策，以致使早先的貨幣政策無效。

第二、由於貨幣當局不能等待政策措施的效果出現，基於責任感而經常調整其貨幣措施，易於增加經濟紛擾，使工商企業無所適從。假若實施貨幣法則，則貨幣當局的責任非常單純，工商企業及人民也能輕易明白貨幣政策的意向，減少不定期扭轉貨幣政策「風向」的困擾。

第三、如眾所周知，經濟政策的目標是多元的，若干目標之間常有彼此相互衝突的現象。一項政策措施甚難同時實現兩項以上的目標。因此，貨幣當局經常要處於兩難之間，不知道究竟該如何選擇，才是合宜的。例如自去年以來，我國至少已面對了經濟成長與經濟安定的抉擇：緊縮有助於經濟安定，卻有產生經濟衰退的危險；放寬信用固可避免衰退，卻有礙於經濟安定。整個經濟社會究竟能忍受多大程度的物價上漲？又能承負多大的經濟衰退？這是貨幣當局的難題。法則論者認為，採行貨幣法則後，不會有這樣尖銳的難題，貨幣當局就不致難於決定其政策目標了。

事實上，貨幣法則的主張已有 60 年的歷史。在過去，經

濟學家較少注意；在現代，新貨幣數量學說的主張者在美國貨幣史的實證研究的支持下，給予新的生命，並廣為鼓吹；同時，也招致很多的反對論，在這通俗的文章裡，當然不便討論。但是，我們應當注意的是：就目前的環境來說，法則論者至少也面對三項難題：

第一、他們必須計算出能令人信服的最適貨幣存量增加率。事實上，若要被一般人接納，最好是有一個實驗的時期，證明貨幣法則的妥當性，可是，貨幣法則又那會有實驗的機會呢？

第二，在緊接著巨幅貨幣存量增加率的年份之後，須有一段過渡時期，才能扭轉到最適貨幣存量增加率。這段過渡時期究竟多長？過渡時期的貨幣存量增加率該是多少，貨幣法則並未給我們這項知識。因此，若貿然立即扭向最適貨幣存量增加率，必然是大衰退的來臨。

第三，也是最重要者。我們不能忘記，貨幣法則的基本功用在於消除長期間的經濟波動。這項功用令我們回味故經濟學大師凱因斯所說的：「長期間，我們都已不在人世了。」那麼，又有多少人士會對長期間經濟問題感到興趣呢？

五、當前四項實質問題

以上所討論的三種看法大概是國內對當前貨幣政策的主要態度，其他看法容或與這三種有輕微差異，總可把他們歸併到這三類裡的一類。由此可知，這些看法多少是相互對立的，他們的爭論或許對今後貨幣政策的操作有所幫助，卻不必然能解

決當前的問題，因為，事實上貨幣當局現在已經採行了「緊縮」政策。所以，我認為，在「緊縮」政策之後，所要處理的是四項實質問題：

第一，「緊縮信用」不等於提高利率。嚴格地說，在現行利率水準下，假若不限制信用供給量，仍會有大量的貸款要求，以致不能有效地控制貨幣供給量的增加率，使之轉變成為「非緊縮的政策」。因此，在當前的經濟環境下，貨幣當局既缺乏足夠的政策工具，只有先擬訂緊縮的目標，限制信用供給量，才能助長政策目標的實現。緊縮目標究竟在那一位置，則係由貨幣當局權衡經濟情勢而決定。

第二，在限制信用供給量中，必然會產生以資金分配影響資源利用的方向問題。在去年，雖然緊縮信用，但因專案放款太多，以致未見實質的緊縮。在今年，因去年產業擴張過於快速，資金需求將更多，資金分配必然更為困難。因此，資金分配更應考慮整體經濟發展的需要及資源利用程度。否則，或者會導致有限資源的不當利用，或者仍會再度助長貨幣供給量的巨幅增加率。關於前者，目前似乎尚無可信賴的指導原則；關於後者，銀行存放款比例的繼續提高，不免要令人擔心，是否會有重蹈覆轍的情形。

第三，如眾所周知，「緊縮」政策是短期的權宜措施，並非長期的良圖，總有扭轉政策「風向」的時點。換句話說，必須在最適當的時點，調整緊縮的程度。可是，如果調整時點過早，或許會影響經濟安定；如果調整時點過晚，則會產生較嚴重的經濟衰退。因此，就目前來說，宜及早研究，最適當的調

整時機及其調整幅度（或方式）。

第四，面對物價巨幅上漲的情勢，並不是貨幣政策所能單獨解決的，這應是一個總體經濟政策問題。特別是，在現有的貨幣知識之下，尚沒有一套可信賴的政策理論能引導我們找到最適當的調整時機及調整幅度，而調整是遲早必然要來臨的。所以，即將來臨的貨幣政策調整應是一個嘗試與修正的過程，這個過程或者很短、或者須經歷一段時期。萬一發生誤失最適時機的情況，最好須有其他經濟政策來穩住局面，以免經濟情勢另生枝節，而延緩恢復穩定成長的時間。因此，調整貨幣政策並非只是貨幣政策問題，而是總體經濟政策問題。

六、結語

這是一篇通俗的文章，目的在介紹對當前貨幣政策的幾種看法。我已盡量把各種看法的基本論據及假定作淺近的說明。同時，並指出作者所感受的當前的若干實質問題。在行文間，我已盡量規避過分理論化，希望這樣的表達方式，仍能將各種主張作比較客觀而正確的說明。

事實上，當前的貨幣緊縮是否過分，現在是不容易判斷的。目前我們所知道的是，緊縮措施終將解除。但是，究竟該在那一時點，以那種方式，作何種幅度的調整，這才是經濟學家們貢獻其智慧的領域。

【《聯合報》，1974 年 4 月 29 日及 4 月 30 日。】

二、貨幣學派：
弗利德曼

弗利德曼論「以法則替代權衡」

多數經濟學者共同認為基本長期目標為政治的自由、經濟的效率與經濟力量的確實平等…。我相信這三項目標最好能依賴以「競爭原則」組織經濟資源的利用而實現。…在這項主張之下的許多命題中，三類特別有關聯：第一，政府應為競爭原則提供一個貨幣結構…；第二，這個貨幣結構應依「法則」而運作…；第三，社會宜繼續減低不平等的程度。[1]

—— 弗利德曼

一、歷史驗證—人為的錯誤產生經濟不安定

弗利德曼的貨幣理論與貨幣政策的主張大多師承自芝加哥學派，尤以西門斯（Henry C. Simons）為多。然而，弗利德曼雖然同意西門斯對貨幣理論的主張，卻對西門斯的貨幣政策不表同意[2]。尤有進者，西門斯的理論與弗利德曼的理論相較，

1　Milton Friedman "A Monetary and Fiscal Framework for Economic Stability" in Essays in Positive Economics , pp. 134.

2　Milton Friedman "The Monetary Theory and Policy of Henry Simons," in The Optimum Quantity of Money and Other Essays, pp. 81 -93.
關於西門斯的理論與主張當然以他的主要論文集最重要。Economic Policy for a Free Society, Chicago, IL. : University of Chicago Press, 1948. 本文作者遺憾地未曾涉獵，惟西門斯的主要見解仍可自其論文 "Rules Versus Authorities in Monetary Policy" 窺得大概，該論文除集印在前引書外，尚可參閱 American Economic Association, Readings in Monetary Theory, pp. 337 -368., 或 E. J. Hamilton, A. Rees, and H. G. Johnson (eds.), Landmarks in Political Economy, pp. 199 -228.

在歷史驗證上比較貧乏，所以弗利德曼雖使西門斯的若干理論
復活，目前我們也無需求證弗利德曼理論中那些部分是西門斯
的理論或那些見解的線索可追溯至西門斯，我們姑且都視同弗
利德曼的基本理論，而談論弗利德曼的理論則必須從歷史的驗
證著手。[3]

　　美國的貨幣制度史可概略地區分為兩個時期，其分水嶺
為 1914 年美國聯邦準備制度的創立。前期（南北戰爭結束至
1914 年）美國貨幣制度大抵以金本位制度的原則來運行；後
期（向 1941 年以來）則不論金本位制度名義上是否存在，貨
幣結構上已架上一個具有權衡權力的貨幣當局。因而，這兩時
期的貨幣政策的運作係以不同的方式進行，其結果自然也大為
不同。簡單地說，不論就貨幣存量、價格或產出的波動來觀察，
後期總是比前期不安定。

　　根據弗利德曼實證研究的結果，自南北戰爭結束以來，美
國較大的貨幣紛擾共有 7 次[4]。其中 3 次發生在前期，4 次發
生在後期。前期已包括南北戰爭結束後的通貨緊縮，1880 年
代及 1890 年代初期白銀運動的紛擾所帶來的通貨緊縮及 1907

3　弗利德曼在論述其理論與主張時，幾乎平均列舉美國貨幣史的例證，故下
　　述各項例證幾乎隨處可見。本文主要引用者為 Capitalism and Freedom,
　　Chapter 3; A Program for Monetary Stability, Chapter 1。必要時，當
　　註明其他出處。

4　Milton Friedman, "The Lessons of U.S. Monetary History and Their
　　Bearing on Current Policy," in Dollars and Deficit, pp. 126 -152.
　　在南北戰爭前，尚有 1812 年的戰後緊縮及 1840 年的大緊縮。嚴格地說，
　　1966 -1967 年間尚有衰退發生；而 1969 年以來且出現了停滯膨脹的現
　　象。惟此處所引論文係弗利德曼於 1965 年寫成，故未提及。

年的銀行恐慌。後期包括 1920 至 1921 年的通貨緊縮，為美國
歷史上物價跌速最高者；1929 至 1933 年的世界大恐慌；1937
至 1938 年的經濟衰退；1960 至 1961 年的經濟衰退。

這些紛擾發生的基本原因是貨幣數量發生變化。在 1914
年以前，美國貨幣雖非自動金本位制度（見上述），但貨幣數
量之調節受貨幣當局的影響較微；而 1914 年以來，不論採取
何種形式的金本位制度，貨幣數量的變化已受貨幣當局的權衡
權力的影響。所以，前期所發生的紛擾可歸罪於自動金本位制
度，而美國聯邦準備制度對後期的紛擾則難辭其咎。

簡單地說，南北戰爭結束後的通貨緊縮，乃是 1873 至
1879 年以戰前兌換率恢復金本位制度的結果。為著達到這個
目的，物價水準約需降 50%。在 1980 年代白銀運動中，大眾
懷著美國將要脫離金本位及美元對外價值即將跌落的恐懼，以
致形成了經濟緊縮。1907 年的恐慌發生在銀行拒絕存款提現
所造成，顯示貨幣當局無力融通或管制信用貨幣。在這一階
段，雖然有經濟紛擾，但是與下一期比較起來，仍是較為安定
的階段。以貨幣供給量 M2 來說，平均年增加率約為 6%，最
高的一年為 11%，最低一年為 1%。以物價水準來說，雖有漲
跌波動，除 1914 年外，每年漲跌幅度均在 3% 以內。

1919 年底美國聯邦準備制度為緩和當時物價上漲，在其
後 8 個月將貼現率自 4% 提高至 7%，造成 1920 年物價暴跌的
悲劇，在 1930 年銀行倒閉現象開始顯著出現，以防止銀行倒
閉為目的而設立的美國聯準制度竟拿不出一套辦法來，於是
造成美國貨幣數量銳減三分之一，並造成歷史上最嚴重恐慌的

悲劇。在這一次大恐慌的教訓下，所謂存款準備率政策開始成為聯邦準備制度的貨幣政策的一份子，這個新工具的不當運用造成了 1937 至 1938 年的衰退，其原因即為存款準備率在一年內突然提高了一倍。而 1960 年前後，為了挽救 1957 至 1958 年的衰退，以降低貼現率與存款準備率為手段，形成了 1958 至 1960 年的擴張，而擔心通貨膨脹的心理負擔扭轉貨幣政策，造成了 1960 至 1961 年的衰退。

這階段經濟紛擾顯然是操縱貨幣政策的人為問題了，人為操縱所造成的經濟不安定程度可由下列數字看出：貨幣供給量 M2 猛增暴減，最高時年增加 14％；最低時年減少 3％，因此，物價水準亦升降頻繁，最高時年漲 11％，而下跌時則年跌 5％。尤有進者，在前期維持穩定增加狀態的真實所得，在後期亦時增時減。從這種前後期經濟活動的比較可以看出，後期美國經濟活動確實較不安。

弗利德曼甚至進一步指出，即使扣除兩次世界所造成的經濟紛擾，後期仍較不安定，特別值得注意的是較大的三次紛擾居然發生在一、二次大戰結束後的和平年中。在這些和平年中，美國聯邦準備制度正在學步，對政策的操縱技巧不高明，才造成了經濟不安定。而二次大戰後，弗利德曼認為情形依然未見有效改善，所以從歷史驗證上可以看出：經濟安定與否受貨幣安定與否的影響，而貨幣不安定則常是人為的錯誤。

二、以法則替代權衡

依據這些歷史經驗，政府當局對貨幣事務應當承負一些

責任，為使這種政府責任明確而具體，宜在貨幣制度上作適當的安排。弗利德曼認為在這種制度安排下，政府應足以執行其貨幣責任，但應使之在不削弱且能強化自由社會的原則下，限制賦與政府的貨幣權力。在貨幣史上曾經被提及的符合這一原則的貨幣制度可歸納為三項：第一，自動商品本位（automatic commodity standard）；第二，超然的中央銀行（independent central bank）；第三，以法則控制貨幣數量的政策[5]。弗利德曼「以法則替代權衡」的主張係從批判第一項及第二項主張的不可行出發，進而主張在目前的知識水準下，「以法則替代權衡」為最妥適的辦法。

以黃金、白銀、黃銅、香煙、酒等商品充當交換媒介的情況，在早期人類經濟生活上曾扮演著重要角色。假若當時社會的交易媒介物全係由此類商品所組成，貨幣事務無需政府干預，弗利德曼稱為自動商品本位。在這種情形下，社會上的貨幣數量取決於生產貨幣商品所需的成本；而貨幣數量的變動則決定於生產貨幣商品之技術條件的變動與貨幣需要的變動。典型的且為許多人所夢寐以求的是所謂自動金本制度。

在自動金本位制度下，全社會的貨幣都由黃金做成，政府無法進行干預，即能有效地防止政府對通貨作不當的補充，也能有效地防止政府不一定妥適的政策。假若這種自動金本位制度能夠實行的話，當然能夠提供一個能避免政府不一定妥適的貨幣權力操作的危險的貨幣結構。可惜的是，歷史上幾乎從未

5　Milton Friedman, "Should There Be An Independent Monetary Authority？" in Dollars and Deficits, pp. 173 -194. Capitalism and Freedom, Chapter 3.

實現這種理想的制度。因為在商品貨幣使用的階段，由於商品
貨幣本身帶有若干缺點，如不便攜帶，不便儲存等，常導致諸
如銀行券、銀行存款等信用發行，因而形成混合制度。這種混
合制度便破壞了自動金（商品）本位制度的優點。

　　自動商品本位的最大缺點是必須以真實資源來增加貨幣
存量，即必須用人力與其他資源生產黃金、白銀或其他充當商
品貨幣的商品，在一個動態進展的社會，貨幣量應隨生產增加
而增加，這種貨幣性商品存量增加的負荷相當沈重而且沒有意
義。南非工人辛勤自地下開採黃金，結果是運往美國諾克斯堡
（Fort Knox）或其他類似地方重新埋儲，這種每年新增資源需
要之負擔在 1958 年約等於美國國民生產毛額的 2.5%。[6]

　　由於商品本位必須使用真實資源，大眾自然要設想一種能
減少或甚至根本取消真實資源之使用且能使交易進行圓滑的方
法，這就是近代銀行券的起因，而銀行券發行後，混合制度即
滲入貨幣社會。此種銀行券等信用貨幣因有保證支付的承諾，
因有限制數量的必要，在歷史發展上便交由政府管理，為管理
這種貨幣制度便演變而成了許多工具，結果混合制度最後仍又
降格為紙幣本位了。

　　除使用真實資源的缺點，使自動金本位制度成為我們不願
企求的制度外，現代各國夢想中的金本位制度，似乎仍僅限於

6　Milton Friedman, A Program for Monetary Stability, p. 5. 假若臺灣現
　　在採用自動金本位，且每年貨幣存量增加 15%，則 1971 年新增貨幣性
　　黃金需要將為 128 億元（為 M2，若 M1 則為 53 億元）。相當於國民生
　　產毛額的 5.9%。同時，1970 年外匯資產增加 73 億元，也可視同以相等
　　於當年國民生產毛額之 3.4% 所換取而轉存於他國者。

30 年代的假金本位制度,而在政策上則表現著歡迎黃金流入,不歡迎黃金流出的態度,或者是不願將國內景氣配合國際景氣作適度調整。在這種意念下,自動金本位制度根本不可能實行了。

　　既然完全的自動金本位制度不可行,便有人建議超然的中央銀行制度。然而,所謂「超然」有許多不同的解釋,例如財政部下的賦稅署,在某種意義上也是超然的;在另一極端是在立法、司法及行政三權之外,另置一個足以控制貨幣的超然中央銀行。歷史上,戰前原是民營的英格蘭銀行尚具有此種四權分立的超然中央銀行的意義。現存的聯邦準備制度只有在政策操作上未與其他政府部門發生衝突時才有超然的意識。而弗利德曼所討論的是不受立法當局直接管制的超然中央銀行,基於政治上的與經濟上的理由,他認為類似這種制度也不可能實現。

　　就政治上的理由來說,若要將類似貨幣管理這樣重大的權力交給一個不受直接政治管制的機構,實在不容易實現。尤其是法律通常不能將各樣事務作完全清晰的規定,若將中央銀行的重任交由少數人去操作更易引起爭端。

　　就經濟上的理由來說,第一個遭遇的難題是責任分散。目前中央銀行的任務不僅限於 19 世紀的貨幣對外價值的穩定,而國內又有許多機構擁有貨幣權力,一旦發生貨幣紛擾,則責任很難分清楚。因此,實質的超然中央銀行宜擁有國債管理權與政府創造貨幣權,惟這些能影響貨幣的權限不免要侵犯財政部的任務。既然不能獲得這些權限,超然中央銀行也只是形式

的了。

　　第二個難題是超然的中央銀行政策常取決於領導該行的個人的決意。50 餘年來美國聯邦準備制度的政策史充滿了個人決意的影響，最為顯著的對 1960 年代美國貨幣問題的政策，在布恩斯教授上台後，與其前任馬丁的決策相較，曾做了很大的轉變，這種形態的超然中央銀行須有極大的問題了。

　　第三個難題是貨幣政策與信用政策的對立性。貨幣與信用間的關係因時因地而有極大的差異，中央銀行的貨幣措施能影響貨幣，也能影響信用市場的情勢。目前美國聯邦準備制度的權力固能對貨幣數量作絕對的支配，但因該制度在技術上係由其會員舉行所擁有，故銀行界的意見對聯邦準備制度的政策操作便有強烈的影響，而銀行界對信用市場比較關切，因而聯邦準備制度的政策便不免偏重信用效果，對貨幣效果較不注意。基於這些經濟原因，超然中央銀行也就不可能了。

　　既然這兩種方式在目前都行不通，弗利德曼便建議經由立法程序規定一項法則作為貨幣政策的指針。因為目前聯邦準備制度的貨幣政策都是應付個別經濟情況而作人為的操縱，缺乏對全面性累積影響的關切，就成為經濟紛擾的根源。究竟應當採取何種方式的「法則」？許多人通常主張採取「價格水準法則」，即經立法程序規定中央銀行應當採行合宜的政策以維持價格水準的安定，這正是目前許多國家中央銀行立法上所揭櫫的重要目標之一。但是中央銀行真能承負此項任務嗎？

　　弗利德曼認為貨幣政策固與價格水準有密切關係，但是並未密切到價格水準之安定可作為中央銀行政策之指導原則的程

度。尤其是，前面已經提到，目前貨幣管理的責任是分散的，假若價格水準並不安定，許多機構均有逃避責任的餘地。所以，就目前已知的知識來說，應以規定貨幣存量之變化的法則為宜。因為根據弗利德曼對美國貨幣史的研究，貨幣存量的變化與價格水準、名目所得、利率等的變化有直接的密切關係，而聯邦準備制度又有絕對權力支配貨幣數量的變化，只要確定貨幣數量變化的法則，這些名目經濟變數的變化就能有效控制。

貨幣數量的法則必須確定三項原則，第一，要確定貨幣數量的定義；第二，要選擇一個變動的百分比；第三，季節變動的操作問題。[7]

關於貨幣的定義，弗利德曼一向主張廣義的貨幣，即通貨淨額加商業銀行的活期存款與定期存款，其主要原因是定期存款所具有的貨幣性相當高，不容易將貨幣與準貨幣的界線劃分清楚。

關於變動的百分比問題，弗利德曼根據過去美國 90 年貨幣史的平均數字推算，認為 3％的年貨幣數量增加率足以配合實質生產增產所需的交易性貨幣需要；而 1％的年貨幣增加率能夠滿足長期流通速度降低的貨幣需要，即交易性以外的貨幣需要。兩者合計為 4％的年貨幣增加率。依據此項經驗來判斷，年貨幣增加率若能維持 3％至 5％的水準，大致將能確保美國經濟的穩定，即能實現穩定成長的目標。

至於貨幣量的季節變動問題，弗利德曼也承認不易處理，

7　　Milton Friedman, A Program tor Monetary Stability, Chapter 4.

惟他認為若能獲有確實的資料，作逐月或逐日調整亦無困難。[8]

　　換句話說，貨幣數量按一定年增加率，甚至逐月或逐週作適當增減變化即能維持經濟穩定，而透過中央銀行對強力貨幣（high powered money）的操縱而影響貨幣數量的變化，至於強力貨幣的大小則是中央銀行能確實掌握者。

　　嚴格地說，所謂貨幣數量的法則只是弗利德曼的簡易說服工具，他以這種單純的法則吸引大眾的瞭解與支特。實際上，貨幣數量法則必須伴以他所主張的銀行改革與國債乃至於政府收支的自動結構。前者的主要目的在於管理貨幣替代物（money substitutions），以免影響對貨幣的需要；後者的目的則在於使政府財政收支的變動與貨幣數量的變動結成一個自動影響的體系。

　　這便是弗利德曼「經濟安定的貨幣與財政結構」的理想目標。

三、銀行改革與 100％準備制度

　　弗利德曼銀行改革建議的核心是 100％準備制度[9]，即放

8　例如，弗利德曼在一篇與勒納（Abba P. Lerner）辯論的論文中提到，每月1％的三分之一或每週1％的十二分之一的貨幣存量增加率。顯然地，他把年變動率平均分攤於各月乃至於各週，未曾周詳地考慮季節性貨幣需要的變化。請參閱 Milton Friedman, "A Program for Monetary Stability" in Readings in Financial Institutions, ed. by Ketchum and Kendall, Boston：Houghton Mifflin Company, 1965, pp.189 -209.

9　為配合 100％準備制度，尚需放棄存款利率限制的規定及聯邦準備制度對銀行的技術上的監督權，以下將有說明。

棄目前所採行的部分準備制度，使存款向通貨看齊，同樣保
有十足準備。因為目前的通貨是政府的直接債務，保有十足準
備，同時為貨幣及強力貨幣，若金融機構接受存款時保有等額
的強力貨幣或政府債務，即十足準備，可確保存款安全，也便
於貨幣管理，目前貨幣數量不穩定的現象即可消除。

　　100％準備制度的建議形成於 1930 年代，美國銀行界在
倒風侵襲下呈不穩定狀態之時，係由西門斯教授所領導的芝加
哥方案（Chicago Plan）的主體，當時若干美國學者也有類似
的主張，甚至費雪教授（Irving Fisher）也表示強烈支持。其
主要目的有三 [10]：第一，可以避免因銀行倒閉而使銀行存款減
少的風險，因銀行存款之減少不但使存戶受損，而且使貨幣數
量迅速減少，引起貨幣紛擾。這項目的在 1935 年設置聯邦存
款保險公司（Federal Deposit Insurance Corporation）之後業已
消失。第二，在 100％準備制度下，因銀行須以通貨或政府債
務為其存款之準備，故必須大量吸入通貨，因而可消除大部分
國家債務。第三，可以實現真正有效的貨幣管理。一般學者均
強調第三項目的。弗利德曼的最適貨幣法則即與第三項目的結
合，而將第二項目的當作從部分準備制度過渡到 100％準備制
度操作上的附帶產物。

　　在 100％準備制度下，目前實存的若干對商業銀行的貸款
與投資活動的管制，如存款準備率已無需存在，而銀行因失

10　請參閱 Albert G. Hart," The Chicago Plan of Banking Reform," in Readings in Monetary Theory, ed. by The American Economic Association, 1952, pp. 437 -456.

去信用創造的能力，盈利業務也必須轉變。因此銀行的機能也必須區分為兩個大部門：第一個部門是存款機構（depository institutions），這個機構的基本任務是為存戶保管貨幣及移轉支票債務的服務。由於已轉變為100%準備銀行，等於其存款總數的資產須由政府債務包括通貨、在聯邦準備銀行的存款所組成。即已將資產限定為政府債務，對商業銀行投資與貸款活動的限制自然是多餘的，假若它要進行投資或貸款活動當然只有利用自己的資金，所以它與現代一般商業銀行大不相同。應付存款利息及利潤來源均大成問題。

　　對如何彌補此項損失，有主張加重代收費（支票移轉服務費等）者，也有主張由政府對此類機構在聯邦準備銀行的存款支付利息。弗利德曼贊同政府支付利息說，並提出有三項理由給予支持：其一是若對此類機構的存款準備不支付利息，則該機構對其存款也不支付利息，則大眾保有存款的意願將受到影響。其二是防止將交易性存款轉入準貨幣存款，妨礙100%準備的操作。其三是政府債務即需付息，由存款機構所轉存者亦應支付利息，尤其是自部分準備轉至100%準備中，政府可獲得相當的利益，故由政府支付利息更是理所當然。尤有進者，弗利德曼更進一步地主張此項利率應與政府短期債券的利率保持某種關聯。

　　第二個部門是類似目前投資信託基金或公司的機構，以股票、債券等方式吸收投資信託基金，用於投資或放款等活動，此一部門乃成為銀行的主要盈利部門。惟由於這一部門沒有信用創造的能力，在貨幣管制方面自然可以免除目前各金融機構

即需接受的管制。

　　自部分準備制度過渡到 100％準備制度，弗利德曼認為得分期進行，每期加重準備比率，最後一期實現十足準備。每期所需增加的準備。應由聯邦準備銀行在公開市場陸續購進政府債券補充之。在這種補充準備的過程中，一則可避免貨幣數量之減少，二則可以藉此機會將市場上既經存在的政府債券回籠。因此，消除國家債券乃成為附帶實現的目的。惟若干學者對這種過渡時期是否能順利進行不免有所擔心 [11]，尤其是過渡時期貨幣需要的意願可能會有轉變，因而影響到經濟安定。

　　較 100％準備制度建議的重要性略低的是關於存款利率的規定。目前美國聯邦準備制度規定活期存款不得支付利息，而定期存款的利率有法定高限，且此項高限隨時在調整。在這種情形下，每當定期存款利率調整，不論調整幅度大小，總是要使活期存款與定期存款間發行交流現象，即活期與定期存款間的比率呈極度不穩定狀態，這種不穩定為經濟不穩定的原因之一，而且係人為規定的結果。只要極小的改革，即拋棄這種免利息與利息高限的規定，卻能增進貨幣管理的便利。

　　此外，弗利德曼認為目前聯邦準備制度的權限混雜，宜放棄技術上的監督權，將其主要任務放在貨幣權力的操作。關於對一般會員銀行的監督，目前美國是由財政部錢幣司、聯邦存款保險公司、州銀行委員會、聯邦準備制度等執行，弗利德曼認為聯邦準備制度宜自此退出，將此項工作交由其他三機構之一執行即可。至於貨幣權力，弗利德曼認為存款準備率政策及

11　請參閱 A. G. Hart, ibid, pp. 447 -455.

再貼現率政策都是效果不佳的政策，而且公開市場操作也能產生這兩項政策所能獲得的後果，所以聯邦準備制度最好取消這兩項政策，只採取公開市場操作政策即可。

然而，公開市場操作與國債管理關係極為密切，而國債管理為財政部的主要工作之一。目前美國公開市場操作的機能係分散於聯邦準備制度與財政部。這兩個機構的政策觀點經常不一致，結果使得聯邦準備制度的貨幣管理不易實現其預擬目標。

所以，弗利德曼更進一步希望財政部不要在其債務處理上干擾貨幣情勢，其辦法有二：其一是財政部將國債管理權交給聯邦準備制度，這一辦法大概行不通。其二是財政部的國債管理採取安定而可預測的方式。即財政部國債管理至少應採下則三項原則：第一，所有政府債券出售方式均以拍賣方式進行，第二，將國債種類減為短期與長期兩種；第三，定期定量且事前公告所欲出售的國債種類與時間。至於公開市場上的舊國債應交由聯邦準備制度的公開市場操作政策配合經濟社會的需要來進行。

四、經濟安定的貨幣與財政結構

以 100% 準備制度改革銀行對貨幣經濟的影響，主要是要消除貨幣當局對貨幣存量的權衡權力。然而，通貨既然是政府的負債，政府收支的變動當然就能影響通貨數量，而政府收支的大小乃是財政當局權衡權力所能影響者，消除貨幣當局的權衡權力，當然也要盡可能避免財政當局的影響，所以就要減縮

政府支出的範圍。這種財政與貨幣的自動安定結構便是弗利德曼的理想模式。[12]

　　弗利德曼的自動安定結構以四項基本建議為基礎：第一項建議為 100％準備制度，已在前節說明過。第二項建議為政府支出（各種移轉支出除外）應以社會意願對公共服務的支出為基礎，除此項社會意願改變外，政府支出不應增減。第三項建議為預擬一項固定的移轉支出計劃，該計劃不宜因經濟景氣之變動而變動，但絕對支出金額則自動改變。第四項為以個人所得稅為基礎的累進所得稅，租稅結構不因經濟景氣改變而改變，但實際稅收則自動改變。

　　這四項建議的基本原則是將貨幣與財政結構都化成與經濟景氣結合的自動調整體系。貨幣數量的增減由政府決定，而此項決定又係財政收支的結果。在財政收支上，政府保有兩種預算，一種是以充分就業預期所得水準為基礎而編擬的安定預算（the stable budget）；一種是以實際財政收支為準的實際預算（the actual budget）。

　　由於政府的消費支出、移轉支出及租稅結構固定，但實際收支金額因經濟景氣變動而變動，但經濟衰退時，稅收減少，移轉支出增多，財政收支有赤字，將對貨幣數量發生影響；反之，在經濟繁榮時，稅收增加，移轉支出趨減，財政收支有盈餘，對貨幣數量也有影響。經由貨幣數量的變化，可對經濟景氣產出調節的功能。惟在我們繼續申論這種自動調節過程之

12　本節所敘述的「經濟安定的貨幣與財政結構」係摘自 Milton Friedman, "A Monetary and Fiscal Framework for Economic Stability."

前，必須補充說明的是，財政收支結構並非一成不變，若要增加政府公共服務與移轉支出的費用，同時必須依上述預期充分就業的所得水準而增加稅收，即改變租稅結構，其結果是不影響安定預算。

這些建議的本質是運用政府對經濟社會總合需要的自動調節作用，以改變總合需要及維持或改變適量的貨幣。依據這些建議即可消除目前那些應付經濟景氣的權衡行動，而政府支出只有兩種資金來源：其一是租稅；其二是創造貨幣。應避免以政府債券籌措資金的方式，因而聯邦準備制度也可不干預公開市場的活動。當然，在某些場合仍需發行政府債券，例如在通貨膨脹壓力甚大，不足以用課稅方式緩和此種壓力時，當然可以發行有利息負擔的政府債券；或者在經濟衰落時，發行有利息負擔的政府債券較課稅的緊縮效果為低 [13]。在這類情況下，政府唯一的權衡行動在於決定安定預算所需的充分就業的預期所得水準，即決定經濟發展的目標。

在這些建議下，政府財政收支的盈絀立即反映著貨幣數量的變化；相反他，貨幣數量之變化只是財政收支盈絀的結果。財政赤字意味貨幣數量的增加；而財政盈餘則使貨幣數量減少。而財政收支的盈絀則是經濟景氣變動的自動結果。

若國民貨幣所得趨高，課稅增大，移轉支出趨小，產生財政盈餘；而所得水準愈高，財政盈餘愈大。在此種情形下，

13　弗利德曼認為即使在不得不發行政府債券的場合，仍不宜將債券利率釘住在甚低的水準。同時，他復認為對付衰落與失業的場合，發行貨幣的緊縮效果更少。

總合需要趨小，貨幣數量亦減，因而可使所得水準趨向正常水準。若國民貨幣所得趨小，課稅趨小，移轉支出增大，產生財政赤字，所得水準愈低，財政赤字愈大。財政赤字增大貨幣數量，補充總合需要，以免所得水準繼續減少。

這種自動調整的結構是一個理想的模式，在其自動調整過程中，若干因素可能會干擾這一自動結構的順利運作，因而產生不安定的局面，或者使調整過程發生遲緩現象。諸如政府財政收支佔總所得水準比例的大小，可決定政府對經濟安定的決定力量。然而影響最大的是這個自動調整結構必須假定價格與工資的伸縮性，及各種時間落後，如大眾對價格與工資變化反應的時間落後，貨幣政策的時間落後等的確定性，只有這些反應的幅度或時間距離都與預期一樣，或都能作正確的預期時，自動調整結構才能順利發生作用，實現所謂的經濟的正常安定成長。否則，在自動調整過程中可能要發生一些困擾，以致助長或產生經濟波動。

以上所陳述的貨幣與財政的自動安定結構係以長期穩定發展為目標，已避免對經濟景氣作人為的權衡反應，同時這些自動安定結構的建議也只能適用於國內經濟安定。同一貨幣數量的變動率不易同時實現維持經濟安定與國際貿易平衡的目標，若這兩項目標互有衝突，其中某項目標當然成為主要目標。弗利德曼在本節所述的自動安定結構中即以國內安定為目標，為配合此項目標與國際貿易的順利發展，在國際貿易與收支上當然必須採取能適應國際貿易情勢之變化的措施，這項措施便是弗利德曼慣常主張的伸縮性匯率（flexible exchange rate）[14]。

經濟安定的貨幣與財政結構及伸縮性匯率結構都只是法則，其中人為的權衡行動極少發生作用，這兩項結構的結合與同時運行，則有助於同時實現國內安定與國際貿易的平衡。

五、結論

談到弗利德曼，許多人立即想起他在貨幣理論方面對貨幣數量學說的新解說，以及他在貨幣政策方面對「以法則替代權衡」的主張。同時，若干人士或若干國家的貨幣當局，在他們討論或研擬貨幣政策時，經常受到類似上述弗利德曼之主張的影響。例如，晚近若干年來，在臺灣即經常看到要求每年貨幣增加率不要超過百分之若干的主張，其看法與弗利德曼相似，而若干新經濟學的門徒則視之為傳統貨幣數量學說的復辟。其間所存在的主要問題是：「以法則替代權衡」是否妥當？強森教授（Harry G. Johnson）曾表示反對以法替代權衡的命題，其理由有三：[15]

第一，弗利德曼的貨幣數量法則只是一項自由競爭的理想經濟模型內的一部分，在整個模型不能完全實現之前，此項法則能否與其他各部門配合頗有問題，甚至整個競爭制度的模型是否能充分地發揮理論上的作用亦有問題。第二，弗利德曼的法則中最主要的假定是貨幣需要為所得的函數。假若有其他因

14　關於弗利德曼伸縮性匯率的主張，請參閱 Milton Friedman, "The Case for Flexible Exchange Rates," in Essays in Positive Economics, pp. 157 -203.

15　Harry G. Johnson, "Independent Monetary Authority" in Readings in Macroeconomics, ed. by Keiser, 1970, pp.354 -357.

素介入，或兩者之間的函數關係呈不安定狀態，則弗利德曼法則的命題便大有問題了。第三，前面提到貨幣數量的法則需與伸縮性匯率結合在一起，而後者常是國際不安定因素的傳播橋樑，所以採用弗利德曼法則將增加國內不安定的壓力。

　　雖然如此，以法則替代權衡的主張在推理上以及歷史驗證上仍有其妥當性，所以儘管有若干嚴苛的批評，在 1970 年乃能在美國經濟內實施了部分弗利德曼的主張，這項試驗為期尚短，我們仍不能具體證明其成效 [16]。此外，特別要注意的是弗利德曼並不認為貨幣數量法則是最完美的經濟安定的自動裝置，他一再強調這一法則只是在目前的知識水準中的較好的辦法，在這項法則實施過程中，我們仍可繼續改善，使之趨於至善，也希望能產生至佳的結果。

　　【《臺北市銀月刊》，第 2 卷第 3 期，1971 年 3 月。】

16　自 1970 年 3 月美國聯邦準備制度改採弗利德曼貨幣法則後，至 1970 年底停滯膨脹現象似未消除。所以，本年年初，美國尼克森總統又轉趨新經濟學。對於這個問題，弗利德曼本人認為他的政策正在發揮作用，扭轉政策是不智之舉。請參閱 Milton Friedman, "Needed—More of the Same" Newsweek, February 15, 1971, p.46.

弗利德曼論國際收支

　　回復真正金本位該是令人嚮往的，但目前卻屬不可能。它需各國拋棄運用貨幣政策作為影響國內就業或價格水準的工具。以假金本位替代現行的假金匯本位固可望有一些裨益，但裨益甚小。正如現行本位一樣，它含有對國際貿易與收支及偶發性大恐慌的政治干涉主義，也要阻礙各種朝向自由貿易的真正移動。目前適切的替代方式是黃金不扮演特殊官方角色下的自由浮動匯率制度。對黃金所有權，移轉或價格的各種現行限制應予消除，黃金成為真正的自由市場商品。[1]

——弗利德曼

一、國際收支與國際貨幣制度

　　貨幣問題有國內與國際之分，一般國家通常對國內貨幣問題有較大的自主力；對國際貨幣問題則通常仰賴國際合作。因為一個國家的貨幣在各自的領域內行使，儘管因運費或資源移動問題，使得不同地區的物價水準互有輕微差異，但因用同一貨幣表示，物品與勞務的流通並不發生困難，不同地區也不致發生收支結算的困難。但是兩個以上的國家，相互間互有物品

---

[1] Milton Friedman, "The Political Economy of International Monetary Arrangements," in Dollars and Deficits, pp. 278 -279.

與勞務的需要，不同單位貨幣應以何種交換比率作為計算的基礎，將影響以外幣表示的價格水準與供需的數量。

同時，因各國相互供需的不平衡，也將產生支付的問題，而支付問題的中心也以兩種貨幣的交換比率為基礎。所以，自各國間開始發生相互的需要以來就產生國際收支問題，也經常發生國際收支失衡的現象。各國貨幣當局因而干預本國貨幣與外國貨幣的關係，這便是國際貨幣制度問題。

在 1930 年代以前，因多數國家採取金本位制度，不論是真正本位制度或假金本位制度，各個貨幣的匯率可透過含金量而決定；同時，各國大多遵循國際黃金自動調節機能的運作，國際貨幣問題較不嚴重。但 1930 年代，各國相繼拋棄金本位制度，且發生競相貶值的現象，即使黃金價格被釘住，且仍扮演著國際貨幣的角色，但是仍造成了國際貨幣的紛擾，因而開啟了國際貨幣合作的大門，使各國貨幣當局對貨幣的權衡權力自國內擴大至國外。

撇開以下我們即將討論的真金本位與假金本位及其運作情形不談，自從 1930 年代後期展開國際合作之後，釘住匯率的觀念較為盛行，也因釘住匯率而使國際收支問題日趨嚴重，進而造成國內貨幣政策與國際貨幣政策的衝突。面對這種情勢，對國際貨幣制度的基本態度大致可區分為三類：[2]

第一類主張維持各國通貨對黃金的形式聯繫與各國通貨間

2　Milton Friedman, "Real and Pseudo Gold Standard," in Dollars and Deficits, pp. 247 -248.
　　本文不擬涉及對當前國際貨幣基金改革的方案，故以下所述只談到基本主張。關於前者請參閱拙著：《貨幣銀行學》，第 32 章。

的固定匯率。黃金官價加倍，甚或作一倍以上的升值，與逃避黃金紀律的政府措施。這一主張對金幣是否充當流通媒介並無偏好，以金塊本位而自足。

　　第二類也主張維持各國通貨對黃金的形式聯繫與各國通貨間的固定匯率，但是強調金幣作為國內貨幣與國際支付的工具。這一主張認為無需改變現行黃金官價，且以金幣本位為目標。

　　第三類主張黃金政策與匯率政策分家。在匯率方面，主張拋棄現行固定匯率，代以由民間逐日交易所決定的浮動匯率制度（a system of floating exchange rate）。在黃金方面，意見略有不同，但多數人主張拋棄政府依固定價格買賣黃金的政策，拋棄政府通貨發行的固定黃金準備制度，以及撤銷民間買賣黃金的禁令。

　　弗利德曼認為前兩類對黃金與各國通貨聯繫的主張，顯然混同了真金本位（real gold standard）與假金本位（pseudo gold standard），前者係黃金充當貨幣使用，其運作一如浮動匯率最符合自由原則；後者係政府固定黃金價格，由各國中央銀行聯合支持，完全與自由原則相背。弗利德曼本人基於對自由原則的信念，當然是希望能實現真金本位，現實環境既不可能回復真金本位，只好退而求浮動匯率的主張，所以他是屬於第三類的一份子。

　　弗利德曼認為現行釘住匯率是國際收支問題的根源，而黃金官價則是黃金風潮的主因，必須放棄釘住匯率與恢復黃金自由才能解決這些問題[3]。惟在我們討論弗利德曼這些基本主張

之前，我們先應分析真金本位與假金本位的區別及假金本位為
何帶來貨幣紛擾的局面，以及在發生國際貨幣紛擾之際，究竟
有那些對策。

二、真金本位與假金本位

　　真金本位與假金本位的主要區別在於黃金價格是否被以
人為方式釘住。在黃金流通的金幣本位時期，儘管各金本位制
度國家的貨幣有不同的名稱，有互異的含金量，各地以黃金表
示的商品價格固因商品與黃金運輸費用不同而有差異，兩國間
貨幣的匯率也可能有高低變動，但是其變動範圍只限於運輸費
用，所以雖無人為操縱，匯率仍相當安定。

　　由於儲藏、輸送等問題，由民間或政府發行可兌現紙幣的
替代物在金本位制度初期即已出現。惟由於某種因素發生，紙
幣或者暫停兌現；紙幣的市價將與其所代表的含金量脫節，大
眾對將來紙幣兌現的時間固有不同的看法，但將來可兌現的預
期總是存在。所以，紙幣與黃金的兌換比率時而發生變化，但
是黃金有其自由市場，紙幣的價值由該市場決定，這便是浮動
匯率的雛形。

　　自 1914 年發生第一次世界大戰，各國暫停兌現以後，即
使若干國家以各種形式恢復金本位制度，但是已逐漸背棄了真
金本位。恢復以後的金本位制，先是黃金自流通界消失，稍後
則是釘住黃金價格，更進而有禁止民間持有與轉讓的情事，這

3　　Milton Friedman, "A Dollar is A Dollar," Newsweek, May 15, 1967.
　　　　"The Price of Gold," Newsweek, January 1, 1968.

便是假金本位。假金本位有兩項特色：第一、政府固定黃金價格；固定匯率；第二、依賴中央銀行或財政部的權衡性措施來操縱。**4**

在假金本位制度之下，各國貨幣實際上已背離黃金，兩國貨幣間的匯率再也不能以其含金量來比較，而須由自由市場或具有權衡權力的貨幣當局來決定。自假金本位以來，國際上黃金價格與主要國家的匯率相當安定，並不是各國外匯供需均衡的結果，而係各國政府採取釘住黃金價格與釘住匯率的政策使然。由於釘住政策逐漸產生若干不良的影響，使得貨幣當局增加干涉性措施。

例如，美國在 1934 年將黃金價格自每盎斯 20 美元提高為 35 美元，新黃金價格較當時自由市場金價為高，結果不但促進美國與世界的黃金生產，而且使得大量黃金湧入美國財政部。自 1933 年至 1940 年，財政部黃金存量自 2 億盎斯增至 6.3 億盎斯，其增加量較同一期間世界黃金產量高出 75%。而自二次世界大戰開始，其他物品價格均已上漲，唯獨黃金官價不變，自由市場的金價逐漸超過官價；終於引起黃金風潮，也增加政府干涉國際收支的行動。在黃金風潮之後。美國黃金存量銳降為 3 億盎斯，已不及其戰時最高存量之半。而且這 3 億盎斯存量還是以干涉政策及各國中央銀行同意不將其所持有美元兌換為黃金的君子協定勉力維持的。

在這種情形下，曾經有人建議將黃金價格提高一倍或若干倍。事實上，這種改變黃金價格的措施只能重演 1933 年以

---

4   Milton Friedman, Dollars and Deficits, p. 264.

來的歷史，不能根本解決問題。不過，假若繼續將黃金價格固定在當前的官價，國際收支問題可能更趨嚴重，而官價與自由市場金價的距離也將愈來愈遠，因而將增加貨幣當局更進一步地干涉國際收支及其有關交易的藉口，也因而背離經濟自由愈遠。

　　自從採行假金本位制度之後，由於黃金自動調節機能已失去了作用，而且各國貨幣當局又必須勉力維持釘住匯率，所以國際收支失衡的情勢日趨嚴重，也因而展開了許多人為的國際收支對策。這些國際收支對策是否能真正解決國際收支問題呢？

三、國際收支失衡的各種對策

　　不論國際貨幣制度係以何種方式構成，各國的國際收支情勢必不能常保平衡狀態，或者發生順差失衡，或者發生逆差失衡。造成這種失衡現象的基本原因有兩類：第一類為氣候、生產技術、消費者偏好等影響國際貿易之因素的變化；第二類為各國國內膨脹或緊縮程度之差異的貨幣因素的消長。

　　惟不論失衡的原因為何，一旦發生失衡則必須採取適當的對策。這些對策可概括為四類：第一、調整匯率；第二、調整國內價格或所得；第三、直接管制外匯交易；第四、調整外匯準備。失衡發生時，必須採取這四類措施之一或兼採若干種措施，且只有這四類措施可供選擇。[5]

5　Milton Friedman, "The Case for Flexible Exchange Rates," in Essays in Positive Economics, pp. 157 -203.

（一）調整匯率

以調整匯率作為維持國際收支平衡的手段，有兩種不同的情況：即民間自由市場的伸縮性匯率的場合與官方固定匯率的場合。

在伸縮性匯率的場合。若發生順差失衡，本國貨幣的價格將立即上升，即匯率下跌 [6]。惟匯率變動常會發生投機活動，若干人或會認為此種下跌情勢為偶發的因素使然，故願意提供本國貨幣，以待將來買回，因而緩和匯率下跌。若匯率下跌被認為係長期的基本因素所造成者，則下跌情況最後將會穩住而成定局。在這種情勢下，若本國及外國的物品與勞務價格未變，則以本國貨幣所表示的輸入品價格將較低廉，可增加輸入；同時以外國貨幣所表示的本國物品的價格將較昂貴，將使輸出減少。因此，順差失衡可逐漸消失，國際收支可恢復平衡。

在官方固定匯率的場合，調整匯率對恢復國際收支平衡的作用過程，亦係透過以本國貨幣所表示的外國物品價格及以外國貨幣所表示的本國物品價格的相對變化而進行。但是由於調整時間及幅度均由政府決定，所以所產生的結果便有差異。這種差異的基本原因是匯率既是由政府決定，在發生變動原因的相當期間後，匯率才會調整，同時調整匯率的行動也是不連續的。

因此，自順差失衡發生以至升值的間隔期間，必須採用下述三種措施或其中之若干措施（調整國內價格、直接管制或調

6　本文所用「匯率」一詞指稱：每一單位外幣需用若干本國貨幣兌換。故匯率上升，即貶值；匯率下降，即升值。

整外匯準備），及至無法壓制時才升值，所以投機方向甚明，投機者並無本金損失的風險。此外，由於匯率調整的不連續性，政府無法探明調整幅度，在調整前後常不免有些困擾。

（二）調整國內價格或所得

原則上說，調整國內價格與調整匯率對貿易的影響並無二致。例如，本國物價上升 10%，而匯率不變；與匯率下跌 10%，而本國及外國物價不變，都將使輸出減少，使輸入增加，以緩和順差失衡。同理，國內價格的變化與匯率的調整對投機有類似的影響。

若國內價格與匯率一樣地具有伸縮性，其經濟效果應無二致。但是在當前的世界情勢中，國內價格常缺乏高伸縮性，特別是向下調整為然。其主要原因之一是工資不易向下調整。因此，一旦偶然發生逆差失衡，常發生失業，而少見工資減少。藉失業與真實所得之減少，以消除逆差失衡。惟若失衡情勢係持續性且相當嚴重者，只有導致嚴重的蕭條才能實現這項目標，這是何等不能容忍的事。

調整利率也屬調整國內價格之一，利用利率差距吸引資本移動，也可消除國際收支的失衡，特別是在金本位制度時代，利用黃金自動調節機能，以黃金增減影響貨幣數量增減，再影響利率高低，自然可以獲致此項效果。

在 19 世紀的金本位制度時代，西方主要國家的經濟政策中，政府干涉成份較少，將自由貿易置於國內安定之上，且實行真金本位制度，所以對調整國內價格的政策依賴甚重。目前世界各國大多以充分就業、國內經濟安定與加強政府干涉為

主，所以通常不利用此項措施。

（三）直接管制外匯交易

　　直接管制輸入、輸出與資本交易，也能達成前述兩種方式所意欲實現的貿易與國際收支的平衡。惟以管制措施所實現的平衡係人為的假平衡，其結果也將改變貿易結構。尤有進者，管制的目的是否能實現，大體要視預測實現的目標能否真確的實現。就通常的情形而言，預期目標常不易實現，所以常須加深管制。例如，外匯需要固可依定量分配之原則而實現，但外匯供給則不易把握，以致仍不能實現平衡的目的。在民國47年以前的臺灣外匯管理上，即可找出顯著的不得不繼續貶值的例子。

　　惟管制外匯交易的最重要缺點有二：第一、因使價格機能失卻作用，必然會造成資源的誤用。在正常情形下，對輸入品的外匯配額有兩項主要問題：其一是那些物品為必需品，那些物品為次要品；其二為獲得准許輸入品的輸入成本通常要較市場價格低得多。因此不免要引起決定外匯配額的困擾，以及使國內可供利用資源用於不一定為有利用途的管制品的生產上，以致形成資源的浪費。第二、管制外匯交易；有時雖然伴隨有鼓勵輸出措施，但是輸出產業可能不易充分發揮應有的發展潛能。其主要原因是在外匯管制下，若干進口替代性產業吸收了大部分可供利用資源，而輸出產業所獲取之外匯的用途又受到限制，所以輸出產業不易發展，以致只有維持管制，甚至必須加深管制。

　　此外，外匯交易的管制本來已須使用甚多的人力與設備，

這也是資源誤用之一。在管制之後，通常要發生逃避管制的事情，就須加強行政上的管理，人力與設備的誤用就更為嚴重。

（四）調整外匯準備

在發生逆差失衡時，任由外匯準備減少，在順差失衡時，任由外匯準備增加，也不失為一個調整國際收支失衡的辦法。惟就逆差失衡的場合來說，些許而偶然的逆差失衡或可勉力維持，若長期巨額的逆差失衡，則不是有限外匯準備所能融通者。所以，調整外匯準備的措施須視當時環境而有所取捨。

大體上說，如前所述，金本位制度時代，各國都聽任黃金自動調節機能的運作。外匯（黃金）流入，自動引起貨幣數量擴張，壓低國內利率與提高國內價格，使國際收支自動產生調節的作用。外匯（黃金）流出，自動使貨幣數量減少，導到國內利率上升與國內物價下跌，因而也能調整業已發生的逆差均衡。惟由於目前價格與工資已經缺乏往下調整的伸縮性，及各國經濟哲學亦以充分就業與經濟安定為主，自動調節的作用業已不復存在，所以外匯準備增加固然可喜，而外匯準備之減少就不免要引起其他干涉措施了。

即使是外匯準備增加的場合，多數國家均已採行凍結外匯措施，或採取反通貨膨脹措施，以阻斷外匯增加對國內經濟安定的壓力。反之，在外匯減少的場合，除干涉性措施外，多數國家也不願意因外匯減少而壓低國內價格與減低真實所得，故常伴以膨脹性措施，以維持國內價格與生產水準。因此，基本情勢未改變，順差與逆差成為長期持續性者，最後只好以其他干涉性措施來補救。例如，1960 年代，英國及美國的長期逆

差失衡，與西德的長期順差失衡針鋒相對。最後，英國及西德分別調整匯率，而美國則增加不少干涉性措施。

綜上所述，解決國際收支失衡的各種對策中，動用外匯準備屬不可行者，因為面對長期逆差失衡時，沒有充裕的外匯以資挹注；面對長期順差失衡時，不易處理大量外匯準備對國內貨幣供給的壓力。直接管制既繁瑣又缺乏效率，不符弗利德曼自由社會的要求。調整國內價格與所得，因國內價格缺乏彈性與充分就業政策的出現而不可行。所以，弗利德曼認為在當前經濟情況下，惟有伸縮性匯率是調整國際收支失衡的最佳良策。

四、伸縮性匯率的作用

在調整國際收支失衡的對策上，能符合自由市場與自由經濟原則的制度有二；其一是完全自動的國際金本位，其二是純粹由民間在市場交易所決定的伸縮性匯率。在當前的經濟情勢上，已不可能恢復金本位制度[7]，故只有伸縮性匯率制度能夠促使實現國際收支的長期而安定的平衡。假若不採取伸縮性匯率制度，當前各類固定匯率所造成的國際收支失衡，只有加深貿易管制的深度，以及妨礙自由貿易的發展。

弗利德曼所稱的伸縮性匯率（flexible exchange rate），有時又常稱為自由浮動匯率（free floating exchange rate）[8]，大意是希望政府放棄對匯率的干涉，讓一國貨幣的對外價值，由

7　請參閱拙稿：〈弗利德曼論以法則替代權衡〉。
8　嚴格地說，在 1960 年以後的論著中，弗利德曼常用「浮動匯率」一詞。

民間的自由市場依據供需原則來決定。因為自從放棄金本位制
度，且紙幣成為不兌現紙幣，與黃金釘住價格與市場價格背離
之後，兩國通貨間的交換比率已不能直接透過含金量折算。由
政府決定其交換比率，不如由民間根據對該通貨的供需均等而
決定應有的均衡價格 ─ 匯率。

　　在典型的伸縮性匯率下，匯率的變動將經由輸出與輸入貿
易的調整、短期資本移動或國內經濟景氣的變化，而使失衡的
匯率與國際收支恢復平衡。換句話說，一旦國際收支發生順差
或逆差，都首先影響匯率。國際收支順差，使匯率下降；國際
收支逆差，使匯率上升。而匯率的變動將轉而影響物品與勞務
的移動，以及資本的移動，即改變國際收支情勢。

　　假若一國發生國際收支逆差失衡，其匯率上升，即該國
貨幣貶值。貶值國家的商品與勞務的貿易將因相對價格的改
變，即貿易條件惡化，而改善貿易差額。在輸出方面，以外幣
表示的本國產品的價格下降，或以本國貨幣所表示的輸出價格
上升，均有利於減少國內消費，增加輸出。在輸入方面，以本
國貨幣表示的輸入品價格上漲，或以外幣表示的輸入品價格下
跌，若國內存在著進口替代產業，將足以增加對國內之購買，
減少自國外的輸入。因此，可以緩和貿易逆差。

　　惟經由相對價格變化來改善貿易差額，並不能迅速實現。
其調整速度的快慢因價格變動幅度、有無休閒設備、資源移動
之難易、消費習慣改變之難易等因素之不同而異。由於這些因
素的反應都比較遲鈍，為在短期內平衡外匯供需，貶值幅度通
常較大，以致長期上可能產生順差而使匯率下降。由於匯率上

升後，有回降的可能性，故常會引起短期投機資金的移動，此項短期資金移動反過來使最初貶值幅度趨小，且易於使逆差國恢復平衡。投機活動因而成為伸縮性匯率中的安定因素之一。

關於投機活動是否安定，以及伸縮性匯率是否安定的問題，下一節即將討論。主張伸縮性匯率的學者大多同意上述匯率變動對國際收支失衡的調節作用，但對於投機活動是否需要加以干涉，則有不同的意見。就弗利德曼來說，既然是一個自由私人企業的經濟社會，政府干涉愈少愈好，所以不宜將外匯投機操作交給少數人，民間的投機者也一樣地能實現使匯率穩定的任務[9]。雖是如此，只能說明伸縮性匯率也能作為調整國際收支失衡的對策，我們尚需舉證伸縮性匯率的特殊優點。弗利德曼曾指出四項主要優點：[10]

第一、平衡國際收支，消除匯率壓力。伸縮性匯率足以消除國際收支問題，外匯供需可獲平衡。固然匯率可能有某種程度的波動，但絕不會發生國際收支順差或逆差，也不致對匯率產生壓力。因此，採行伸縮性匯率之後，各國財政部長及中央銀行總裁等高級金融官員就無須常集會，談論國際貨幣危機與改革問題，也無須半夜電話商討緊急貸款支持問題。

第二、無需官方外匯準備，所謂國際流動性問題自然不存在。在伸縮性匯率下，政府不操作外匯安定基金，故無須保有外匯準備，民間依其自利心，可經由正常交易及短期投機行為

9　Milton Friedman, "The Case for Flexible Exchange Rate," in Essays in Positive Economics, pp. 187 -189.

10　Milton Friedman, "Free Exchange Rates," in Dollars and Deficits, pp. 228 -230.

而影響匯率及外匯持有量，但所決定的匯率及外匯存量將恰為本國所需，政府無須干預。目前國際流動性不足的問題係固定匯率及政府干涉波動幅度的結果。採行伸縮性匯率之後，目前所謂補充國際流動性的談判、政府的利息平衡稅、外匯管制等干涉行動俱可取銷。

第三、提高國內政策的自主性。在伸縮性匯率之下，由於國際收支平衡與否將直接導致匯率變動，且可自動實現平衡的目標。所以，在決定國內政策時，可不考慮對國際收支之影響及其反響，使決定國內政策不受國外經濟情勢的影響。換句話說，伸縮性匯率使得國內貨幣政策更易於協調，更易於實現經濟安定的目標 [11]。尤有進者，由於國內安定政策對國際收支特有影響，故伸縮性匯率以促進國內政策為始點，間接促進自由貿易的圓滑運作。

第四、促進自由貿易的實現。減少貿易保護，增進貿易自由固是國際經濟上所努力追求的主要目標之一。但是在現行固定匯率下，降低關稅先是使輸入增加，而對輸出未能產生立即效果，以輸入品替代國內產品的結果是增加國內的失業。固然輸入增加將能誘致擴大輸出的效果，消除上述失業壓力，但是從輸入增加至輸出擴大所需經歷的時間可能甚長以致不易實現。

在伸縮性匯率下，降低關稅固也產生增加輸入的願望，但進口商只有在取得外匯時，才能實現這項願望。為了取得外

---

[11] Milton Friedman, "The Case for Flexible Exchange Rate," in Essays in Positive Economics, pp. 198 -200.

匯，便將促使匯率提高，因而使輸出得到激勵的因素。因此，降低關稅經由提高匯率，同時使輸出與輸入增加，不致引起暫時性的失業，實現自由貿易的目標。

　　伸縮性匯率的主張就好像節省夏令時間一樣。在夏天，將鐘錶撥快一個小時與每一個人改變生活習慣，樣樣生活都提早一小時，結果相同，但後者比較繁瑣且不容易實現。在匯率的場合，若匯率沒有伸縮性，則影響國際收支的其他因素，如價格水準，外匯貿易政策均須加以干涉，否則不能維持國際收支之平衡，而伸縮性匯率比較單純，當然是採用伸縮性匯率為宜。

　　在伸縮性匯率之下，各國貨幣的對外價值決定於其對外國貨幣的供給與需要，各國政府無須操縱，也因而無保有外匯準備。所以，各國政府同時可擺脫黃金的儲存，擺脫對黃金價格的人為操縱，解除對黃金交易、儲存的各項管制，使黃金成為自由市場的商品。

五、反對伸縮性匯率的理由

　　根據弗利德曼的看法，反對伸縮性匯率的理由有五：（1）伸縮性匯率加添匯率的不確定感；（2）加添國內政策的不安定；（3）是否具備調整的條件；（4）使一國失去成為金融中心的吸引力；（5）不容易使各國同時拋棄釘住匯率。[12] 弗利德曼

12　Milton Friedman, ibid, pp. 173 -187. Milton Friedman, Dollars and Deficits, pp. 230 -233.

對這些理由一一列舉評述，認為理由不夠充分。

首先就加添匯率的不確定感來說。對伸縮性匯率造成不確定感的來源有多種說法：

1. 伸縮性匯率經常波動，本是不安定的。問題是伸縮性匯率以自身輕微的波動，消除了其他經濟變動；而固定匯率則需犧牲其他國內政策的不安定而實現國際收支的平衡。

2. 伸縮性匯率的波動使得進出口商對其貿易上的應收應付款產生不確定感。由於伸縮匯率制度下的匯率隨時發生變化，使得貿易商對將來匯率的變化負有風險。不過，弗利德曼認為即使有這種風險，貿易商可不擔憂外匯供給量及其分配制度的變化。換句話說，在固定匯率下，匯率成本雖然不變，但貿易商對國內經濟情況及可用外匯供給量將產生不確定感，尤其是貶值或升值的時間或幅度均屬懸疑狀態。

3. 投機活動使伸縮性匯率呈不穩定狀態。匯率投機產生不安定的見解係以奴克斯（Ragnar Nurkse）國際通貨經驗（International Currency Experience）中所討論的第一次世界大戰後的匯率不安定為基礎。弗利德曼認為投機者在伸縮性匯率下，對匯率上升或匯率下降均有投機行為，除非匯率變動情勢甚明，投機反而是安定因素。反之，在固定匯率下，匯率變動雖少，但變動方向甚明，投機者對單方向的投機無損失之虞，才會加深匯率的不安定。尤其是，戰後蔣碩傑教授對二次戰後伸縮性匯率

的實證研究，證明投機活動大體並未造成不安定。[13]

4. 伸縮性匯率可能帶來通貨膨脹。由於匯率上升常被認為
是通貨膨脹的象徵，當採行伸縮性匯率時，任由匯率上
升，使政府可避免採行反通貨膨脹的政策，以致匯率因
通貨膨脹而繼續上升，成為不安定狀態。嚴格地說，伸
縮性匯率因匯率隨時變化，足以為貨幣當局提供一款最
顯著的通貨膨脹指標，促使及早採行反通貨膨脹政策，
以免因通貨膨脹而使匯率作劇烈的調整。

第二、加添國內政策的不安定。這項反對理由與上述通貨
膨脹的理由有關。因為在國際收支逆差失衡時，匯率上升，以
本國貨幣表示的輸入品價格上漲，使得本國生活費上漲，成為
工資上漲的理由，因而引起「工資價格螺旋型上漲」的現象。
因此，又使本國價格較外國價格為高，再度形成國際收支逆差
與匯率上升的現象。只有若干特殊情況或特殊經濟結構才會發
生這種現象，例如糧食輸入比例甚大的國家，或只能適用於貶
值的場合。尤有進者，工資上漲常會發生失業，產生所得減少
與輸入減少的壓力，並不必然會帶來匯率上升的壓力。此外，
即使是固定匯率的場合，發生這些特殊現象，將導致更不安定
的結果。

第三、是否具備調整的條件。因國外情勢改變而調整匯
率的目的是：希望藉以改變生產因素的分配及消費與投資的比
例等。這些改變過程並不能在短時間內實現，尤其是資源移動

---

13 Clement, Pfister and Rothwell, Theoretical Issues in International
Economics, pp. 268 -269.

性、消費習慣，國外市場建立、國內產業改變等都需要一段長時間才能完成，不論是固定匯率或伸縮性匯率制度，都將遭遇這些難題。而在伸縮性匯率下，因在調整程序尚未完成之前，匯率仍不安定。投資與短期資本移動可能躊躇不前，加添調整過程的困難。惟如前所述，伸縮性匯率不必然是不安定的，所以也不必然會有調整的困難。

第四、是否會失去成為國際金融中心的地位。弗利德曼認為伸縮性匯率當然會失去這項吸引力。但是由於（1）國際金融業務並非美國的主要產業；（2）近年來的利息平衡稅、自動限制放款等措施已阻礙國際金融中心的發展，（3）展開「美元集團」及擴大美元的國際貨幣任務仍大有可為。所以，弗利德曼認為伸縮性匯率與解除管制為加強紐約作為國際金融中心的任務的最有效辦怯。

第五、不容易使各國同時拋棄釘住匯率。現行釘住匯率是各國通貨彼此釘住匯率，若要採行伸縮性匯率，必須釘住匯率的雙方同時解除釘住的價格。弗利德曼認為即使美國單獨採行伸縮性匯率，對美國也不致有害。

既然各種反對伸縮性匯率的理由都不成為理由，那麼為什麼國際貨幣制度仍不採用伸縮性匯率，而採用的是固定匯率，弗利德曼曾列舉四項理由如下：[14]

第一、維持現狀的固執性。美國的總統以及高級官員們一再宣稱目前的釘住匯率政策是戰後的一大成就，美國將極力維

14　Milton Friedman, Capitalism and Freedom, pp.67 -69. Milton Friedman, Dollars and Deficits, pp. 233 -234.

護此項制度，既然已作這種聲明，只好維持現狀了。

　　第二、混同真金本位與假金本位。許多人認為現行釘住匯率就是真金本位下的固定匯率，因而支持釘住匯率。其錯誤已如前述。

　　第三、將貶值與伸縮性匯率混為一談。現行的釘住匯率是可調整的。這種可調整的釘住匯率既沒有真正固定匯率的確定性，也缺乏浮動匯率的伸縮性，容易引起不安定的投機，實不能與伸縮性匯率混為一談。

　　第四、阿里桑那效果 [15]。在過去的歷史上，各國在金融危機惡化到極點，各種方法都沒有效果時，才會試用伸縮性匯率，所以伸縮性匯率的名聲當然不佳，當然有令人談虎色變的印象了。

六、結論

　　1960 年代，美國的國際收支逐漸惡化。最初的景象是美元外流，而其他國家願意保有美元資產的數量終究有其限量，終於導致了多次的黃金風潮與美元危機。面對這種情勢，在金本位制度下，當然利用調整國內貨幣數量、所得與價格的自動調節機能來處理問題。而在目前的中央銀行制度不，中央銀行以其管理貨幣機能，也能控制貨幣數量、緩和所得增加率與價格上漲率。然而，這種策略不免與流行的充分就業政策相違

15　據稱阿里桑那州肺病死亡率冠於美國各州，有肺病的人當然不宜去阿里桑那州居住，弗利德曼稱為阿里桑那效果，以此比喻金融危機時，各項匯率政策都沒有效果，而伸縮性匯率只有在這種場合嘗試，其成功機會當然甚微。

背。尤其是，美國對外貿易的依賴度甚低，若因 5%的對外貿易不平衡而要調整其餘 95%的國內經濟，未免有小題大作之譏，所以貨幣當局就不得不採取其他方式來處理國際收支失衡的問題。

在現行釘住匯率制下，既想維持匯率安定與堅守黃金的美元價格，唯一的辦法當然是直接或間接地管制外匯。所以就有所謂利息平衡稅、對外投資及貸款的自動限制計劃、限制出國旅行、購買美國軍備等節省美元的措施。這些外匯管制措施不但違背了自由貿易的原則，而且也等於美元作了選擇性的貶值。例如，對購買外國證券的美國人來說，利息平衡稅就是美元貶值 15%的象徵 [16]。雖以這些嚴苛的方式來管制外匯，美元的危機始終不曾解決。到了這種境地，除非想繼續加強外匯管制，唯一的辦法是採行伸縮性匯率，並解除美元與黃金的直接聯繫。

擺脫釘住匯率的困擾，各種國內經濟情勢都能維持國際收支的平衡，各國政府當然可以自主地決定其國內貨幣政策。若要維持國內經濟安定。緩和不必要的經濟波動，弗利德曼曾建議採行「最適貨幣量法則」，以固定貨幣增量減緩國內經濟景氣變動的幅度。如此，則能維持國內經濟安定與國際收支平衡。

要言之，伸縮性匯率與最適貨幣量法則是弗利德曼理想市場經濟模型中的兩項支柱，缺少其中任何一項，理想模型便不能順利運作，只有兩項同時運作時，才能發揮應有的功效。

16　Milton Friedman, Dollars and Deficits, pp. 227.

作者

　　密爾頓・弗利德曼（Milton Friedman,1912 -2006），美國哥倫比亞大學經濟學博士。1951 年美國經濟學會克拉克獎章得主；1967 年美國經濟學會主席；日本東京大學榮譽經濟學博士。1968 年尼克森競選總統時之經濟顧問。現任美國芝加哥大學教授，為現代芝加哥學派之領導人。（**編按：該篇論文發表於 1971 年，弗利德曼於 2006 年去世**）

　　弗利德曼教授的經濟思想屬自由主義，主張貨幣重要。認為穩定的貨幣數量增加率與伸縮性匯率足以維持經濟的穩定成長。其「反凱因斯革命」的經濟思想，對 1960 年代後期美國經濟學界有相當大的影響。尤其是 1970 年 3 月，其大學時代的老師布恩斯教授（Arthur F. Burns）就任美國聯邦準備制度理事會主席後，弗利德曼教授對美國經濟政策的影響力大增，過去一年美國貨幣政策幾乎是試驗部分弗利德曼的理論，惟具體效果則尚未顯露。

　　本文討論弗利德曼教授以伸縮性匯率為中心的國際收支政策。此項政策主張與目前國際貨幣基金的可調整的釘住匯率相對立，在短期內雖無實現之可能，但對目前擬議中的擴大匯率調整彈性不無影響。

　　【《國際貿易月刊》，第 16 卷第 4 期，1971 年 4 月。】

弗利德曼論貨幣

The Optimum Quantity of Money and Other Essays, by Milton Friedman. Chicago: Aldine Publishing Company, 1969.

　　在貨幣思想史上，自 19 世紀初年英國的金塊主義與反金塊主義論爭（the Bullionist - Antibullionist Debate）以來，就產生了貨幣主義與非貨幣主義論爭（the Monetarist - Nonmonetarist Debate）。1936 年，凱因斯（J. M. Keynes）出版其《就業、利息與貨幣的一般理論》（The General Theory of Employment, Interest and Money）後，非貨幣主義者取得絕對的優勢。1950 年代以來，在實證研究的支持下，貨幣主義在美國復活並日漸壯大。弗利德曼（Milton Friedman）是當代貨幣主義的主要代表人物，以主張新貨幣數量學說，領導反凱因斯革命而著名。[1]《最適貨幣量論文集》（The Optimum Quantity of Money and Other Essays）一書，收集 1952 年至 1969 年間，弗利德曼主要貨幣論文 13 篇，最足以代表弗利德曼的貨幣思想。[2]

1　孫震：〈凱因斯革命的反革命〉，《美國研究》第 1 期，第 25 頁至 42 頁，對反凱因斯革命有詳細的分析，請參閱。

2　除本書外，弗利德曼曾在 1968 年刊行 Dollars and Deficits 一書，收集若干淺近的論文，介紹其對貨幣理論及當代美國貨幣政策的意見。在支持其理論的實證研究方面，已刊行的有 A Monetary History of the United

　　除第 13 章與弗利德曼貨幣理論關聯性較少外，其餘 12 章大致可分為四類：第一類包括第 3 章至第 5 章，主題在說明貨幣理論研究的發展過程。第二類包括第 6 章及第 7 章，討論貨幣需要理論。第三類包括第 8 章至第 12 章，分析貨幣對物價、生產及經濟活動的影響。以上 10 章都是在期刊上發表過的論文。第四類包括第 1 章及第 2 章，後者為〈貨幣數量學說之新解說〉（"The Quantity Theory of Money － A Restatement"），於 1956 年發表後，掀起貨幣理論的新研究熱潮，弗利德曼在本章中已提出其貨幣需要論的架構；前者是首次發表且作為書名的論文 －〈論最適貨幣量〉（"The Optimum Quantity of Money"），以極其抽象而精微的方式，分析一個社會保有真實貨幣量的決定因素，以及影響保有量之政策所具有的福利意義。這兩章代表弗利德曼貨幣理論的基本結構，[3] 則留待最後討論。

貨幣理論研究的發展過程

　　原發表於 1964 年的第 3 章，〈戰後貨幣理論與政策的趨向〉（"Post -War Trends in Monetary Theory and Policy"），對凱因斯革命及反凱因斯革命的發展過程作簡要的說明。弗利德

States, 1867 -1960 (1963), Monetary Statistics of the United States (1970)，即將刊行的有 Monetary Trends in the U. S. and the U. K.

3 　嚴格地說，這一章仍著重貨幣需要分析。在本書問世後，弗利德曼陸續在 Journal of Political Economy 發表了兩篇論文： "A Theoretical Framework for Monetary Analysis" (March / April 1970); "A Monetary Theory of Nominal Income" (March / April 1971)。試圖根據貨幣數量學說，導出名目所得的理論，使其理體系更趨完備。

曼首先指出：雖然凱因斯不否認貨幣方程式的妥當性，但是他認為貨幣數量學說有三項基本錯誤：第一，強調長期的充分就業均衡；第二，在未充分就業的情況下，貨幣流通速度極其不安定，會抵銷貨幣數量增減變化的效果；第三，貨幣數量增減變化，雖能改變利率水準，但不影響投資支出。貨幣政策不能引導未充分就業至充分就業的境界，財政政策直接干涉有效需要，具有最佳的效果。

　　弗利德曼認為凱因斯的攻擊屬於實證研究的問題，戰後的實際經驗卻與凱因斯革命不符合。在二次大戰即將結束時，多數經濟學家認為：戰後的經濟問題將是蕭條與失業，必須激勵大量的投資與消費，才能阻止大量的失業，故貨幣當局必須供給大量貨幣，將利率釘在相當低的水準。然而，戰後實際情況卻是通貨膨脹，只有採取控制貨幣數量的國家，才能享有穩定的發展。同時，戰後美國政府支出成為經濟不穩定的根源，造成再重視貨幣政策的形勢。而貨幣學家對貨幣理論的再檢討，特別是真實現金餘額（real cash balance）分析，再度強調貨幣理論的重要性。因此，飽受凱因斯革命攻擊的貨幣，卻在反凱因斯革命上扮演重要的地位。

　　在貨幣理論的發展方面，有兩項主要的現象。第一，包括凱因斯學派的學者在內，經濟學家都重視實證研究，而貨幣學者則強調貨幣與所得間的關聯，較之投資與所得間的關聯，更具有安定性，即貨幣對所得的影響最為顯著。第二，對貨幣數量學說的新解說，接受凱因斯流動性分析的影響，強調貨幣的資產功能（asset function），因而導致貨幣定義的擴大及貨幣

需要分析的改善。

　　在貨幣政策的發展方面，有兩項大的轉變：第一，從強調信用政策（credit policy）轉變為強調貨幣政策（monetary policy），凱因斯重視利率的作用，但實證研究則證明貨幣存量較具影響力，故政策上遂從影響利率、信用條件等品質管制的信用政策，轉趨於影響貨幣存量等數量管制的貨幣政策。第二，由於美國國際收支的惡化，貨幣政策重新重視國內安定及對外安定問題。

　　雖然在實證研究中，使得貨幣理論與政策復活。在本書第 5 章，〈貨幣政策的任務〉（“The Role of Monetary Policy”），原係 1967 年就任美國經濟學會主席的講稿，弗利德曼則對貨幣政策的有效性提出質疑。弗利德曼對貨幣政策的懷疑乃是認為貨幣重要，且貨幣數量與所得間的密切關係較諸所得與支出的關係更安定，但貨幣存量變化對所得的影響，常有相當長久且不安定的時間落後（time lag）。美國聯邦準備制度的權衡性貨幣政策（discretionary monetary policy）既不能預測此項時間落後程度，且又以釘住利率為手段，當然就會造成 1930 年代的大經濟恐慌，聯邦準備制度應對該次的大經濟恐慌負責。其主要理由是：貨幣政策固能釘住利率水準，但超過一定期限就失去釘住的能力；同理，對失業率也只能在極短期限內產生影響力。然則，貨幣政策究竟能扮演什麼任務？

　　弗利德曼繼續指出：貨幣政策所能扮演的任務有三：第一，能夠阻止貨幣成為經濟紛擾的根源；第二，能夠為經濟社會提供一個安定的環境；第三，能夠抵銷由其他因素所導致的經濟

紛擾。

　　為使這三項任務順利完成，貨幣當局在決定貨幣政策時，必須符合兩項要求：第一項要求是慎選它能控制的指標。弗利德曼認為貨幣當局不能控制利率、失業率，只能控制匯率、貨幣存量及價格水準，而匯率並不是美國所必有指標，故宜選用價格水準作為指標，籍調整貨幣存量而影響價格水準。第二項要求是不要經常激烈調整貨幣政策。因為在人類尚未改善其對貨幣政策時間落後的預測技巧與知識之前，經常激烈地調整貨幣政策只有增加經濟紛擾。而根據第一項要求，貨幣存量與價格水準又有密切關係，故貨幣當局最好放棄權衡性貨幣政策，採行貨幣法則（monetary rule），讓貨幣數量保持穩定的成長率。

　　這種貨幣重要及貨幣法則的思想，並非弗利德曼所首創。我們可在本書第 4 章，〈西門斯的貨幣理論與政策〉（"The Monetary Theory and Policy of Henry Simons"）發現這種貨幣思想之來源的線索。弗利德曼自稱他的貨幣理論是芝加哥大學口述傳統（oral tradition）的繼續發展。[4] 在 1930 年代及 1940 年代，凱因斯理論盛行的年代中，芝加哥大學講壇上，西門斯、

4　對弗利德曼與芝加哥傳統的聯繫性，以及芝加哥大學傳統的本質，一位芝加哥大學出身的以色列籍經濟學家帕廷金（Don Patinkin），曾提出不同的看法。請參閱 Don Patinkin "The Chicago Tradition, The Quantity Theory, and Friedman," Journal of Money, Credit and Banking （February 1969）, pp. 46 -70。另一位芝加哥出身的經濟學家布朗蘭納（Martin Bronfenbrenner）也指出，芝加哥大學既未形成芝加哥學派，也未見有這種口述的傳統。請參閱 M. Bronfenbrenner. "Observations on the Chicago School(s)," The Journal of Political Economy （February 1962）. pp. 72 -75.

敏茲（Lloyds Mints）等人依然講授貨幣理論，當時所講授的學說已經擺脫機械式的貨幣數量學說，而與一般價格理論結合成一種能夠解釋經濟活動現象，及提供政策建議的分析工具。

這些見解散見於西門斯及敏茲著作的字行間，他們特別強調貨幣的重要性，倘若忽略貨幣變動及不說明大眾為何願意在手中保有若干名目貨幣量，就無法正確地解釋經濟活動的短期波動。就西門斯來說，1930 年代的經濟大恐慌應該歸罪於下列二項因素：第一，工會團體的壓力：勞動市場上的工會團體施展其獨佔力量，不讓貨幣工資下降；第二，貨幣制度不安定，造成商業銀行扮演被動角色，導致商業信心崩潰，其結果是貨幣數量與貨幣流通速度降低。為著要挽救經濟大恐慌，宜採 100％準備制度，讓貨幣當局完全控制貨幣數量；尤有進者，為著避免貨幣流通速度變化而導致的抵銷作用，最好保持固定不變的貨幣量，西門斯的這種貨幣思想當然對弗利德曼有極其深遠的影響。[5]

貨幣需要理論

本書第 6 章，〈論貨幣需要〉（"The Demand for Money: Some Theoretical and Empirical Results"），原發表於 1959 年，

5　羅賓遜（Joan Robinson）認為弗利德曼幾乎只是引申了西門斯的貨幣理論與政策的主張。請參閱 Joan Robinson, "Quantity, Theory, Old and New, A Comment," Journal of Money, Credit and Banking（November 1970）, pp. 504 -512. 惟弗利德曼在本章中則申論他與西門斯的主張有相當顯著的差異，因為西門斯曾大受凱因斯的影響，且只主張維持固定不變的貨幣量，而他所主張的是貨幣數量的固定增加率。帕廷金也列舉證據說明凱因斯的影響，講參閱註 4 引文。

是現代貨幣重要理論之證實研究的創始者。弗利德曼運用他的恆常所得（permanent income）假設，就平均每人真實貨幣需要量進行理論分析，其主要結論有三：第一，懷疑凱因斯將貨幣需要分為交易動機（transactional motive）、預防動機（precautionary motive）與投機動機（speculative motive）的有用性；第二，貨幣流通速度具有相當程度的安定性；第三，貨幣需要彈性大於一，貨幣為奢侈品，利率變動對貨幣需要的影響甚小。

自弗利德曼這篇具有創導性的論文發表之後，貨幣需要的實證研究極其風行，惟所獲結論每與弗利德曼不同。特別是利率對貨幣需要究竟有否影響，為爭論的焦點。[6] 其中最主要的問題是：弗利德曼所使用的貨幣定義係包括定期存款在內，而其他學者則只包括通貨及活期存款。定期存款本身受到利率變動的影響，將它包括在貨幣之內，當然可排除利率對貨幣需要的影響。雖然如此，根據梅徹（Allan H. Meltzer）及布倫納（Karl Brunner）的實證研究，弗利德曼貨幣需要模型所測度的貨幣流通速度仍較其他學者的模型更具安定性；惟弗利德曼模型的顯著缺點在於排除利率的影響。[7]

在原發表於 1966 年的本書第 7 章，〈利率與貨幣需要〉（"Interest Rates and the Demand for Money"），弗利德曼對利

---

6   Harry G. Johnson, "Monetary Theory and Policy," American Economic e Review（June. 1962）, pp. 354 -357.

7   Karl Brunner and Allan H. Meltzer, "Predicting Velocity: Implications for Theory and Policy," Journal of Finance（May 1963）, pp. 319 -354.

率與貨幣需要的關係，及針對其與施瓦茲女士合著之《1867
年至 1960 年美國貨幣史》（The Monetary History of the United
States, 1867 -1960）的評論，均有所答覆。弗利德曼從理論檢
討貨幣需要之利率彈性與貨幣中立性（neutrality）的關係，繼
續申論貨幣需要與利率無多大關聯。並且主張：在貨幣理論與
政策上，最重要的問題是以最正確的方式，將極少數的變數來
表示一項合理而安定的貨幣需要函數，是否將各種利率的可能
影響包括在內，並不重要。關於利率與貨幣需要的關係這一
點，後來弗利德曼也承認錯誤，而同意利率變動對貨幣需要確
實有所影響。[8] 即使在這方面有所爭論，仍然無損於弗利德曼
在貨幣需要的實證分析上的創導性地位。

貨幣對物價、生產與經濟活動的影響

自第 8 章以後，幾乎完全是貨幣實證研究的說明，弗利
德曼有關貨幣理論與政策的主張，在各章中逐一出現。在原發
表於 1952 年的第 8 章，〈三次戰爭期間價格、所得與貨幣變
動〉（"Price, Income, and Monetary Changes in Three Wartime
Periods"），檢討美國南北戰爭、第一次世界大戰及第二次世
界大戰期間，美國貨幣、價格及所得變動的關係，為弗利德曼
從事貨幣實證研究及貨幣數量學說新解說的開端，並且也預告
其後續作貨幣與物價及生產之因果關係的研究。

在本章，弗利德曼經實證研究後，發現三次戰爭期間的貨

---

8 Milton Friedman, "A Theoretical Framework for Monetary
Analysis," p. 216.

幣與所得變化若用貨幣數量學說來解釋，要較用凱因斯所主張
的所得支出說來解釋更為適當。認為若要控制價格與所得，必
須控制平均每單位生產的貨幣存量，即認為貨幣政策與經濟活
動較有密切關係。同時，弗利德曼發現，三次戰爭期間美國中
央銀行控制貨幣存量的能力頗值懷疑。而所有這些發現只限於
三次戰爭期間，是否能全部應用於整個美國貨幣史。當然必須
繼續擴大實證研究，才能得到證明。

　　對美國貨幣史擴大研究的結果，首次摘要發表於 1958 年，
也就是本書第 9 章，〈貨幣供給量及價格與產出之變動〉（ "The
Supply of Money and Changes in Prices and Output" ）。在本章，
弗利德曼幾乎已完整地陳述他對貨幣與所得及價格變動間長期
關係的基本觀點。弗利德曼指出，就長期來說，貨幣變動率通
常較經濟活動的變動率早若干時間，為著保持價格水準的長期
安定，貨幣存量宜與產出及人口的成長率維持一定的關係。

　　任何超額貨幣存量成長率，都將造成通貨膨脹，而不能
實現促進產出增加的效果。而即使保持貨幣存量的固定成長
率 — 就美國貨幣史的經驗來說，此項貨幣存量每年成長率為
3%至 5% — 也不能保證完全消除經濟波動。這乃是因為在我
們現階段所擁有的知識中，貨幣與短期經濟活動的關係、貨幣
存量變動對經濟活動的影響過程，以及貨幣政策時間落後的性
質，都尚曖昧不明所致。

　　在原發表於 1961 年的第 11 章，〈貨幣政策效果之落後〉
（ "The Lag in Effect of Monetary Policy" ），弗利德曼就是企圖
對貨幣存量變動對經濟活動的影響過程與貨幣政策時間落後的

性質作進一步的說明。弗利德曼認為貨幣存量變動之初，先影響社會大眾的資產負債表上的貨幣與其他資產的比例。在該表上，貨幣面固然仍處於平衡狀態，但因貨幣與共他資產比例的變動，必將導致社會大眾調整其資產形態，在此項調整過程中乃對經濟活動發生影響。

在貨幣存量增加的場合，大眾所保有的貨幣大於其所需，將以其超額貨幣購買其他資產，以恢復資產比例之平衡。對其他資產需要之增加，引起其他資產價格之上漲；在其他資產需要增加自貨幣資產擴散至真實資產，如房屋、非耐久消費財、耐久財時，因價格上漲而導致真實資產的供給增加，引致經濟繁榮現象。反之，在貨幣存量減少或增加率趨減的場合，則導致經濟衰退現象。這種調整過程因自資產負債表開始，而至真實資產之生產受影響為止，其間經歷相當多的階段，故貨幣政策發生效果的時間落後程度遂相當長久且不穩定。

在原發表於 1963 年的第 10 章，〈貨幣與經濟循環〉（"Money and Business Cycles"），弗利德曼除根據實證研究結果，繼續申論上述主張外，更進一步地解說貨幣與短期經濟活動的關係。在對過去百年美國貨幣史作深入研究之後，弗利德曼發現美國的貨幣存量一直呈長期增加現象，而其變動率通常與經濟活動變動率維持一致的趨向。貨幣變動率的高峰（peak）早於經濟活動的高峰；貨幣變動率的低谷（trough）也早於經濟變動率的低谷。這些結果，使他深信貨幣在經濟活動中扮演著重要的角色。

緊接著在原發表於 1964 年的第 12 章，〈國家經濟研

究局的貨幣研究〉（"The Monetary Studies of the National Bureau"），弗利德曼對上述實證研究結果再作摘要說明，並強調我們對貨幣問題的知識依然有限，應更積極而深入地研究。

論最適貨幣量

弗利德曼在本書的序言中說：「貨幣理論如同一處日本庭園。它擁有由多變化中脫穎而出的和諧之美；純樸的外表蘊藏著複雜的內容；單純的表面現象卻具有可耐人尋味的事理。只有從許多不同的角度來觀察，與只有從容而深入地研究，才能充分欣賞這兩者。兩者都擁有能夠單獨賞悅的成分；然而只有作為整體的一部分才能充分體會其美。」作為本書主題的第 1 章，弗利德曼意欲對庭園作全貌的描述 — 希望將各貨幣理論的重要命題都兼容在內，以抽象而精微的方式表現出來。

弗利德曼認為在貨幣理論上，最重要的基本原則是區分名目貨幣量（nominal quantity of money）與真實貨幣量（real quantity of money）。前者由貨幣當局所決定，後者則由需要所決定。最適貨幣量就是指稱供給恰能滿足需要。然而，大眾為什麼需要貨幣。弗利德曼認為貨幣可提供非金錢勞務（non-pecuniary services）與生產勞務（productive services）。前者指稱保有貨幣的安全感與驕傲感；後者則指稱保有貨幣在日常交易上的便利。基於這兩種特殊勞務的優勢，大眾在手中就要保有一部分貨幣，但究竟要保有若干真實貨幣量呢？

弗利德曼繼續指出，社會大眾保有真實貨幣量的大小大致

可歸納為二類因素：第一類是社會大眾所擁有之財富的大小，第二類是保有貨幣的成本。因為貨幣只是個人的許多資產之一，財富愈大，以貨幣形態保有部分愈大，但究竟大到什麼程度，則取決於貨幣所提供的勞務，與持有其他資產的收益，如利息、紅利、股息等（即保有貨幣的成本），作比較才能決定。因此，必須對貨幣需要作效用分析，可惜弗利德曼並未提供令人滿意的答案。[9]

　　倘若在當前的價格水準下，真實貨幣供給量與真實貨幣需要量不一致，則貨幣均衡將發生變動。在名目貨幣量增加的場合，真實貨幣供給量必大於真實貨幣需要量。則個人覺得自己較以往富有，必將急於擺脫超過其真實貨幣需要量部分的名目貨幣量，以之購買其他資產。個人固能擺脫多餘名目貨幣，但全社會則無法擺脫多餘名目貨幣，因為甲的支出形成乙的所得，乙也要擺脫多餘名目貨幣。其結果是，在大眾爭購其他資產的過程中，其他資產的價格逐漸上漲，一直上漲到真實貨幣供給量恰又等於真實貨幣需要量時為止。由於其他資產價格的上漲，社會大眾的真實所得自然要較以往為低，亦即其福利受損。在名目貨幣量減少的場合，則有相反的結果。

　　雖然從理論上來說，長期必然會帶來新均衡的結果，但是在調整過程中必然會帶來經濟波動，尤其是長期持續性而可預

9　F. H. Hahn. "Professor Friedman's View on Money," Economica（February 1971）, pp. 61 -80. 事實上，自 J. R. Hicks, "A Suggestion for Simplifying the Theory of Money," Economica（February 1935）提出貨幣理論的邊際革命（marginal revolution）以來，貨幣學者所作的貨幣效用分析都尚未能令人滿意。

期的通貨膨脹，則不會有最後的均衡。因此，最好是真實貨幣供給量與真實生產增加率保持一致的關係，才能維持經濟活動的穩定發展。

前述弗利德曼的實證研究，幾乎完全都在於研究貨幣失衡的調整過程，以及最適貨幣量的貨幣法則。對於弗利德曼的研究固有許多批評，其中最主要的還是他的統計分析方法過於單純，[10] 其結果當然不能完全被經濟學者所信服，甚至弗利德曼本人都認為必須繼續加強貨幣實證研究，才能充實我們的貨幣知識，為我們的經濟社會提供更完美的貨幣政策。

【《美國研究》，第 2 卷第 1 期，1972 年 3 月。】

10　Gregory C. Chow, "Friedman on Money," Journal of Finance, (June 1970), pp. 687 -689.

唯貨幣論者的貨幣史觀

A Monetary History of the United States, 1867, by Milton Friedman and Anna Jacobson Schwartz. Princeton: Princeton University Press, 1963. xxiv+814 pp.

Determinants and Effects of Changes in the Stock of Money, 1875-1960, by Phillip Cagan. New York: National Bureau of Economic Research, 1965, xxviii+372 pp.

Depression, Inflation, and Monetary Policy, Selected Papers, 1945 -1953, by Clark Warburton. Baltimore: The John Hopkins Press, 1966. xv+414 pp.

The Supply and Control of Money in the United States, together with A Proposed Revision of the Monetary System of the United States Submitted to the Secretary of the Treasury, September 1934, by Lauchlin Currie. New York: Russell & Russell. xliv+226 pp.

　　經濟學家在討論經濟現象時，通常比較重視真實因素，諸如人口、自然資源、資本、投資、消費、輸出入等；當其把各真實因素合併考慮，以解釋經濟發展過程時，通常又演變為經濟發展階段論。從舊歷史學派諸經濟學家以至 1950 年代的 Walt Whitman Rostow，儘管他們所展示的經濟發展法則互有不

同，他們通常將經濟發展過程區分為幾個階段，指出每一個階段各有其一項或多項的重要支配因素，甚至認為各階段幾乎都有極其明顯的界線。

晚近，美國經濟學家 Milton Friedman 對近百年來的美國貨幣與經濟活動的關係，作深入的研究後，指出貨幣數量為長期間價格波動與短期間經濟波動的主要決定因素；同時，大眾對貨幣的需要相對上甚為安定，只要控制貨幣數量，便能維持經濟社會的安定成長。不以階段論來說明經濟發展過程，並且強調貨幣存量為最重要因素，與過去經濟史家的理論完全不同。由於特別重視貨幣與經濟活動的關係，故 James Tobin 稱之為「貨幣史觀」（The Monetary Interpretation of History）[1]。

重視貨幣與經濟活動之關係的經濟思想由來已久。19 世紀初年至 1920 年代一脈相承的金塊論者（Bullionist）、通貨學派（Currency School）及貨幣數量學說，都主張貨幣重要。[2] 凱因斯革命後，唯貨幣論者幾近全部銷聲匿跡。在這唯貨

1　James Tobin, "The Monetary Interpretation of History," American Economic Review（June 1965）, pp. 464 -485. James Tobin 在 本文中，對 Friedman 與 Schwartz 合著的美國貨幣史提出極其嚴苛的批評，其評論要點集中於貨幣供給量的控制能力及流通速度的安定性兩項問題。對 F-S 的書評另有 Robert W. Clower, "Monetary History and Positive Economics," Journal of Economic History（September 1964）, pp. 364 -379，評 F-S 的 方 法 論。Harry G. Johnson, "A Quantity Theorist's, Monetary History of the United States," Economic Journal（June 1965）, pp. 388 -396，以檢討理論與政策問題為主。另有本文作者已知而未見的評論：Allan H. Meltzer, "Monetary Theory and Monetary History," Schweizerische Zeitschrift fur Volkswirtschaft und Statistik（Vol. 101, 1965）。

2　請參閱拙稿：〈貨幣主義與非貨幣主義之論爭〉，即將發表在《臺北市銀月刊》，第 3 卷第 7 期，1972 年 7 月。

幣論的暗淡時期，哈佛大學的 Lauchlin Currie 於 1934 年刊行《美國的貨幣供給與控制》（The Supply and Control of Money in the United States）一書，以 1920 年至 1932 年的美國實際貨幣資料，繼續主張貨幣在經濟活動中扮演著重要的角色。1945 年至 1953 年間，美國聯邦存款保險公司（Federal Deposit Insurance Corporation）的 Clark Warburton，繼續不斷以 1915 年至 1950 間的美國貨幣實證研究（empirical study），發表許多支持貨幣重要的論文；這些論文大部分集印在 1966 年刊行的《蕭條、通貨膨脹與貨幣政策》（Depression, Inflation, and Monetary Policy）。

　　二次世界大戰以後，以 Milton Friedman 為首，包括 Phillip Cagan、David Meiselman、Anna Jacobson Schwartz、Richard T. Selden 等經濟學家，在美國全國經濟研究局的支持下，作更大規模的貨幣實證研究。於 1963 年及 1965 年分別刊行《1867 年至 1960 年美國貨幣史》（A Monetary History of the United States, 1867-1960），及《1875 年至 1960 年貨幣存量變動的決定因素及其影響》（Determinants and Effects of Changes in the Stock of Money, 1875 -1960），對美國貨幣史，特別是 1930 年代經濟恐慌時期的貨幣現象，提出新解說，強調貨幣變動率支配名目所得變動率。

　　同時，他們認為目前我們對貨幣、價格與產出之間的關係的知識仍屬有限，因而主張拋棄權衡性貨幣政策（discretionary monetary policy），採行貨幣規則（monetary rule），以維持經濟社會的穩定成長。這四本研究貨幣實情的著作，刊行年代雖

有差距，研究範圍亦有廣狹之分，卻都以美國貨幣與經濟活動之關係為主題，主張貨幣重要，故成為貨幣史觀的重要文獻。[3] 這些學者也因而被稱為唯貨幣論者（Monetarist）。

本文的主要目的係根據這四本有間美國貨幣史的著作，特別是 Milton Friedman 與 Anna Schwartz 的《1867 年至 1960 年美國貨幣史》，檢討和分析貨幣史觀的理論及其對貨幣理論與政策思想的影響。第一節敘述美國的貨幣變動與經濟活動之關係的貨幣史。第二節則說明由此種貨幣史所導出的貨幣理論與政策。第三節則檢討關於貨幣存量的定義及其控制可能性問題。第四節討論貨幣流通速度的安定性及其在貨幣史觀上所扮演的角色。第五節分析貨幣政策之時間落後性及貨幣規則的妥當性。最後，則分析貨幣史觀的思想對 1960 年代以來經濟思想的影響。

一、美國的貨幣變動與經濟活動的關係

貨幣與經濟活動間是否有密切的關係，當然不應只是推理的問題，最重要的還是在於是否能獲得以實際資料所作的實證研究的支持，可是早期的經濟學家較不重視實證研究，經濟資料自然較不齊全，尤以研究貨幣與經濟活動所需的貨幣存量與國民所得等兩項重要資料為然。在貨幣存量方面，200 年來金

3　除這四本書以外，Milton Friedman, ed., The Studies in the Quantity Theory of Money（Chicago: The Chicago University Press, 1956）；Milton Friedman and Anna Jacobson Schwartz, Monetary Statistics of the United States（National Bureau of Economic Research, 1970）以及 Karl Brunner、Allan H. Meltzer 等學者在 1960 年代所發表的貨幣論文，都是研究貨幣史觀時，值得參考的文獻。

融機構種類、數量和結構有相當顯著的變遷，且在早期紙幣多發行制度時期（decentralized issues system），紙幣發行量統計甚不完備，故較完整的貨幣存量估計數僅能溯及 1867 年。在國民所得統計方面，自 1930 年代 Simon Kuznets 開始推估以來，也只能追溯至 1869 年。因此，整個美國貨幣史的實證研究最多只能概括最近的 100 年左右。

在這近 100 年的貨幣史中，每年貨幣數量變動率與名目所得或真實所得或價格水準的變動率，都有密切的關聯，尤以名目所得為然，因為名目所得係價格水準與真實所得的乘積，能夠消除兩者的偶然變動。不論用狹義貨幣定義 M1，或廣義貨幣定義 M2 來測度，[4] 這種密切關係都相當顯著。尤有進者，不論就長期趨勢或就循環週期來看，這種密切關係始終不變。

在實證研究上雖然發現貨幣數量變動的不安定性與名目貨幣存量變動率的不安定性之間，有密切的關聯，但是貨幣變動永遠是領先於名目所得的變動。就循環週期來說，在經濟擴張期，或名目所得增加率較快時，貨幣存量常趨減或其增加率降低；在經濟衰退期，或名目所需減少或增加率趨低時，貨幣存量增加率較高。因此，經濟衰退期的高貨幣增加率，成為若干時間後之經濟擴張的根源。而經濟擴張期的低（或負）貨幣增加率，在若干時間後則導致經濟衰退。[5] 這種貨幣變動對經濟

4　目前習用的貨幣定義有四種：M1 指稱通貨發行淨額加活期存款淨額；M2 指稱 M1 再加上商業銀行的定期存款。第三種定義則在 M2 之外，尚包括其他金融機構的存款負債。第四種定義則指稱銀行信用量。請參閱 George G. Kaufman, Current Issues in Monetary Economics and Policy: A Review（New York University: The Bulletin, May 1969），pp. 30 -35.

活動之影響的時間落後程度，雖非固定不變，但大致約在 6 個月至 18 個月之間，尚屬有規則可循，惟長短差距仍相當大。

由於貨幣的所得流通速度（income velocity of money）係名目所得被貨幣存量所除而得，[6] 假若名目所得的變動與貨幣存量之變動有上述的密切關係，且貨幣存量變動領先名目所得變動若干時間，則貨幣的所得流通速度也必然呈相對穩定狀態，在經濟擴張時期，流通速度常上升，而經濟衰退時期，流通速度常下降。

在實證研究上，Friedman 和 Warburton 都證明流通速度在長期下降趨勢中呈安定狀態。Friedman 甚至進一步指出：自1869 年至 1960 年間，美國流通速度平均每年約下降 1%。這種現象表示：在所得增加的過程中，大眾手上所保有的貨幣餘額增加更快，即貨幣需要的所得彈性大於一，貨幣屬奢侈品。雖然有這種長期的相對安定性，但各年間流通速度變動率仍然

5　這種情況也能作反面的解釋，即經濟活動領先貨幣存量而變動。經濟擴張在若干時間後導致高貨幣存量增加率，經濟衰退在若干時間後使貨幣存量趨減。而經濟活動的變動則受貨幣以外的真實因素的影響。Friedman 也承認短期間可能發生此種現象，不過他進一步指出，當貨幣存量發生被動增減變化後，會對真實因素另施以主動影響，故他認為正文所述的影響方向與實情證據相符。請參閱 Milton Friedman and Anna Jacobson Schwartz. A Monetary History of the United States, 1867-1960, p. 695; Milton Friedman, "The Monetary Studies of the National Bureau," reprinted in The Optimum Quantity of Money and Other Essays（Chicago: Aldine Publishing Company, 1969）, Chapter 12.

6　根據 Richard T. Selden 的研究，為分析所得變動，計算貨幣的所得流通速度時，分子最好是以國民所得或國民生產淨額或個人所得，扣除其非貨幣因素，加入政府部門的所得來表示；分母最好是以 M2 加上在中央銀行的政府存款來表示。請參閱 Richard T. Selden, "Monetary Velocity in the United States," in Studies in the Quantity Theory of Money, Chapter V。可是，由於不易獲取所需要的分子資料，習慣上計算貨幣的所得流通速度並未按此項標準方式進行。

甚大，且有兩個顯著的例外：1930 年代經濟大恐慌前後，流通速度下降甚速，及第二次世界大戰結束後，流通速度又回升，其中爭論最多的是 1930 年代流通速度的快速下降現象及其意義，也是 Currie、Friedman 及 Warburton 討論的重點。

自 1899 年至 1929 年，美國貨幣的所得流通速度最高為 3.35，最低為 2.72，其變差只有 25％。但自 1929 年以後，流通速度急速下降，整個 1930 年代都低於 1929 年的 70％。在 1929 年至 1947 年間，最高為 3.20，最低為 1.49，其變差甚大，流通速度的安定性受到懷疑，乃成為經濟學上凱因斯革命的主要攻擊目標之一。[7] 根據凱因斯學派的說法，貨幣需要具有相當程度的利率彈性，利率愈低，貨幣需要量愈大，但當利率降至某一程度時，就不會再下降，因為在這利率低限時，貨幣需要量增至無窮大，這便是流動性陷阱（liquidity trap）。[8]1930 年代流通速度的急速下降被認為是流動性陷阱的現象，因而當時幾乎普遍地相信，貨幣政策不能挽救經濟大恐慌，貨幣政策

---

[7] Henry H. Willard, "Monetary Theory," in A Survey of Contemporary Economics, ed. S. E. Ellis（Richard D. Irwin. Inc., 1948）, Vol. I, Chapter 9.

[8] 1960 年代的實情研究都否定此項流動性陷阱的理論，較重要的有 Martin Bronfenbrenner and Thomas Mayer. "Liquidity Functions in the American Economy," Econometrica (October 1960）, pp. 810 -834; Karl Brunner and Allan H. Meltzer, "Predicting Velocity—Implications for Theory and Policy," Journal of Finance（May 1963）, pp. 319 -355; David Laider, "The Rate of Interest and the Demand for Money—Some Empirical Evidence," Journal of Political Economy（December 1966）, pp. 543 -555. 晚 近 Axel Leijonhufvud，甚至指出凱因斯在《一般理論》中根本不曾有流動性陷阱的假設。請參閱 Axel Leijonhufvud, Keynes and, the Classics（London: The Institute of Economic Affairs, 1969）.

失敗了。因為當時貨幣當局已經盡力而為,自公開市場買進大量債券,補充商業銀行的準備金,可是商業銀行不增加放款;繼續不斷降低再貼現率,可是商業銀行也不增加放款;貨幣政策只能將馬牽到水旁,卻無法強迫該馬飲水。換句話說,貨幣當局已經把貨幣政策放鬆到相當程度,可是經濟蕭條依然繼續惡化,經濟政策只好改弦更張了。

可是,在這經濟理論大革命的湍流中,Currie 孤獨地為貨幣政策辯護。他從當時商業銀行超額準備(excess reserves)的情況作判斷,發現錯誤不在貨幣政策本身,而是貨幣當局誤用了貨幣政策,特別是沒有體會到貨幣政策作用的時間落後性,以致所採貨幣政策的時間每不合時宜,甚至使經濟紛擾更為嚴重。這種見解,在 1950 年代及 1960 年代,分別由 Warburton、Friedman 及 Schwartz 續加發揮。如下即將提及,這些唯貨幣論者根本認為利率是不妥當,而易被誤解的貨幣政策指標。[9] 1930 年代經濟大恐慌時,貨幣當局降低利率(再貼現率),並不意指貨幣政策放鬆,貨幣政策的鬆緊宜由貨幣存量的增減變動作為指標。根據這種見解,他們發現 1930 年代美國貨幣當局的貨幣政策錯了。

自 1929 年至 1933 年,也就是經濟大恐慌的持續期間,美國的貨幣存量銳減三分之一,躉售物價約下跌 30%,名目的國民生產毛額約減一半,而真實國民生產毛額約減 30%,失業人數高達 1,400 萬人。貨幣存量銳減與經濟活動的嚴重衰退

---

9   請參閱拙稿:〈貨幣市場與貨幣政策指標」〉即將發表在《中國經濟評論》,第 18 期,(1972 年 7 月)。

同時並存，凱因斯學派認為那是由於投資機會缺乏，故即使有降低再貼現率與公開市場大量買進的貨幣行動，企業家不願意進行投資，銀行放款減少，才導致貨幣存量之減少。可是新的貨幣實證研究指出：彼時美國的貨幣當局，根據其立法精神，原有補充各銀行流動性的義務，卻不曾盡其應盡的義務。

自 1929 年 10 月，美國證券市場崩潰後，開始發生銀行倒閉現象，一般大眾擔心其存款的安全，紛紛到銀行提現，使這一段時期美國的通貨比率（currency ratio）— 通貨佔貨幣存量的比率大為提高。在部分準備制度（fractional reserve system）之下，除非對銀行大是補充通貨（準備金），當然要降低銀行的流動性，甚且要導致銀行倒閉的現象。尤有進者，因大眾提現，且銀行得不到準備金的補充，銀行只好出售其所持有的政府債券，進而導致政府債券價格的下跌。債券價格下跌後，銀行的資產價值降低，流動性繼續下降，倒閉的危機愈為嚴重，尤其是循規蹈矩的銀行吃虧更大。

因為守規矩且較健全的銀行，政府債券在其資產上佔相當大的比例。政府債券有其市場，且市場價格繼續下跌，聯邦準備銀行金融檢查單位的官員必然要迫使銀行按政府債券的市價壓低其資產價值，增加其倒閉的風險。而較不健全的銀行則從事風險大的放款，此類放款並沒有交易的市場，沒有市價，其流動性反而獲得保障。在這種情形下，銀行倒閉家數當然逐年增加；計 1929 年倒閉 439 家，1930 年 534 家，而 1933 年則約有 4,000 家倒閉。最嚴重時，即 1933 年 3 月 6 日，美國全國銀行停業，迫使國會迅速於 3 月 9 日通過緊急銀行法案

（Emergency Banking Act of 1933），採取救濟措施，加強聯邦準備制度的權責，始於 3 月 10 日復業，成為著名的銀行假日（Bank Holiday）。在這段期間美國貨幣存量減少三分之一，而銀行家數恰也約減少三分之一，不能說是偶然的巧合。

在銀行倒閉的經驗下，產生了另一項阻止 1930 年代後期美國經濟大量繁榮的心理因素 — 銀行為擔心大眾的提現要求，必須維持較高的流動性，大量累積其超額準備。1934 年間，Currie 發表其大作時，美國經濟已開始復甦，但 Currie 已經發現這種現象；Warburton、Friedman、Cagan 等人，在戰後作事後研究時，繼續指證這種大量累積超額準備的現象，降低銀行信用擴張的意願，抵銷貨幣當局貨幣政策應有的效果。

然而，為什麼會發生這種現象？這些唯貨幣論者都認為當時聯邦準備制度的政策哲學顯然是錯的。因為當時聯邦準備制度官員認為貨幣政策的鬆緊，即貨幣政策的指標，可以用利率來表示。因此，只要繼續不斷地降低再貼現率，儘管貨幣存量繼續減少、生產繼續萎縮、物價水準繼續下降，他們還說已經採取了鬆弛性的貨幣政策，他們已經盡最大的努力，可是馬兒到了水旁而仍不飲水，他們當然無能為力。

既然用這種錯誤的指標來指導貨幣政策，所以儘管當時美國經濟社會迫切需要有貨幣政策，阻止貨幣存量的減少，甚或維持貨幣存量的穩定增加，而美國的貨幣當局卻不會嘗試貨幣政策，[10] 怎麼能說貨幣政策失敗了呢？ [11] 因此，這些唯貨

---

10 這些唯貨幣論者都強調貨幣政策（monetary policy）與信用政策（credit policy）有別。前者重視貨幣存量；後者關心利率和信用供給可能量。當時美國聯邦準備制度所採取的應是信用政策，而非貨幣政策。這兩者原來

幣論者重視以貨幣存量及其變動作為貨幣政策指標，建議貨幣
當局要隨時注意貨幣存量的增減變化。他們認為，假定當時美
國的聯邦準備制度能適時而合宜的控制貨幣存量，即或發生經
濟衰退，也不致於演變成那樣嚴重，更不會持續那樣長久。
Friedman 甚至認為，假定凱因斯知道了這些當代實證研究的事
實時，他或者會改變他的主張。[12]

　　貨幣存量的變動既然在經濟活動中扮演著這樣重要的角
色，問題在於貨幣存量變動是否有其自主的根源，貨幣當局能
否控制貨幣存量的變動。這些唯貨幣論者在其實證研究的結
果中，明白地表示貨幣存量的變動確有其自主的根源，且貨幣
當局也有能力控制或預測貨幣存量的變動。Currie、Friedman
-Schwartz 與 Cagan 甚至導出貨幣供給方程式。[13] 他們當然也
承認短期的經濟循環變動也會影響貨幣存量的變動；不過，他

是混淆在一起，但戰後以來，已經開始加以區分，並且貨幣當局所關心
的已自信用政策漸趨貨幣政策了。請參閱 Milton Friedman, "Post-War
Trends in Monetary Theory and Policy," in The Optimum Quantity
of Money and the Other Essays, Chapter 3.

11　類似這種看法，Wicker 有詳盡而清晰的分析。請參閱 Elmus R. Wicker.
Federal Reserve Monetary Policy, 1917 -1933（New York: Random
House, 1966），Chapter 12.

12　Milton Friedman, The Counter Revolution in Monetary Theory
（London: The Institute of Economic Affairs, 1970 ），p. 17. 這種看法
當然無法證明，正如 Robinson 在 1960 年代初期認為：假定沒有凱因斯，
1930 年代或不會有凱因斯革命一樣地無法證明，因為過去的畢竟不會再
回頭了。請參閱 E. A. G. Robinson, "Could There Have Been a 'General
Theory' Without Keynes," in Keynes' General Theory. Reports
of Three Decades, ed. Robert Lekachman （New York: St. Martin's
Press. 1964），pp. 87 -95.

13　Currie 的原著係以文字的方式討論貨幣當局對貨幣存量的控制能力，原
無所謂貨幣供給方程式的構想。在 1968 年的新版本中，Karl Brunner
則將 Currie 的見解，以現代貨幣供給理論的表達方式，編製一項貨幣供

們相信即使貨幣存量作了這種被動的變動，它仍會進一步去影響價格、名目所得。[14] 因此，貨幣存量的變動具有主動性。

從近百年來的美國貨幣史來觀察，影響貨幣存量巨幅變動的主要因素有五類：戰爭、通貨膨脹、[15] 發現金礦或黃金巨量流出流入、財政赤字[16] 及充分就業政策。在金本位制度時期，黃金存量的變動直接影響通貨數量，有最大的影響力；在二次世界大戰後，充分就業政策盛行，造成戰後通貨膨脹現象。事實上，他們認為即使有這些外在力量可以影響貨幣存量，聯邦準備制度也仍能在其權力範圍內，控制強力貨幣（high-powered money）[17]，以抵銷這些外在力量的作用，而保持貨幣存量的穩定增加。如上所述，貨幣存量與經濟活動之間有密切的關係，保持貨幣存量的穩定增加，當可促進經濟社會的穩

給模型。請參閱 Karl Brunner, "On Lauchlin Currie's Contribution to Monetary Theory", in The Supply and Control of Money in the United States, Lauchlin Currie, pp. ixxxxv. 關於這些唯貨幣論者的貨幣供給理論，下文將有詳細的討論。

14　請參閱註6。

15　嚴格地說，唯貨幣論者認為通貨膨脹總是貨幣現象，只要控制貨幣存量的變動率，不使之增加過速，就不會發生通貨膨脹。但是，一旦發生通貨膨脹，由於大眾產生了預期價格上漲的心理，交易的貨幣需要增加，貨幣當局只好被動地增加貨幣供給量，以滿足交易需要。惟如正文所述，這種被動的貨幣存量增加乃是通貨膨脹繼續存在的根源。請參閱 Milton Friedman, "Inflation: Causes and Consequences." reprinted in Dollars and Deficits（New Jersey: Prentice-Hall, Inc., 1968）, Chapter 1.

16　Friedman 認為政府彌補其財政赤字的方式有二：其一是課說，其二是借入款。傳統上將增加通貨發行，視為第三來源是錯誤的。因為若增加貨幣發行而未引起物價上漲，應視同為借入款；若因增加發行而引起物價上漲，應視同為課稅，即通貨膨脹稅。故財政赤字不必然會使貨幣存量發生變動，只能說是可能原因之一。請參閱 Friedman, op. cit., p. 35.

17　強力貨幣又稱貨幣基數（monetary base），由中央銀行的通貨淨額及商業銀行在中央銀行的存款所構成。

定發展，這乃是美國近百年貨幣史的實證研究的主要結論。

二、唯貨幣論者的貨幣理論與政策

　　根據上述的美國近百年貨幣史的研究，這些唯貨幣論者所提出的有關貨幣理論與政策的主張，可歸納為下列四項：

　　第一、貨幣存量變動率與名目所得（經濟活動）變動率之間，有相當密切的關係，貨幣存量變動率對名目所得變動率有所影響。不幸的是：這種影響帶有相當程度的時間落後，貨幣存量變動後，大約經過 6 至 18 個月，才會影響名目所得的變動。而迄目前為止，經濟學家雖然對這種影響過程作了許多實情的研究，但是由於現代金融制度及經濟活動的複雜性，我們對這些影響過程以及時間落後程度的知識仍然有限，既不能正確預見貨幣存量變動的作用過程，也無法預測發生作用的時間。

　　第二、他們都認為過去貨幣政策的失敗，主要原因在於貨幣當局過度重視利率、信用供給可能量等數值的變動，並且以之作為指標，而忽視貨幣存量變動的可能後果，以致常將貨幣情勢作錯誤的解釋。Friedman 與 Warburton 甚至進一步認為，即使貨幣當局已能重視貨幣存量變動的重要性，他們卻往往忽略上述的時間落後現象，以致常發生矯枉過正的弊病。例如，在經濟衰退時，增加貨幣存量，發現經濟活動並未復甦，乃繼續大量增加貨幣存量。經由此種過程而大量增加的貨幣存量，在若干時間之後，卻成為通貨膨脹的原因。

　　第三、他們都相信貨幣當局有能力控制貨幣存量，且認為

這種控制能力係以控制強力貨幣為基礎。因為他們認為貨幣存量是強力貨幣與貨幣乘數（money multiplier）之積，而貨幣乘數大致相當安定，或多少具有可預測性，故只要能夠控制強力貨幣，貨幣存量的增減變動就能操縱自如。他方面，他們也認為貨幣流通速度具有相當程度的安定性或可預測性。因此，控制貨幣存量同時控制了支出流量，對經濟活動就有極大的影響力。

　　第四、究竟應該如何來控制貨幣存量，則有不同的見解。大體上說，Currie 認為貨幣當局可以在適當時期，採取措施，調節貨幣存量，以消除經濟循環波動。[18] 這也就是說，Currie 仍然同意貨幣當局可以擁有權衡性的權力（discretionary power）。而 Cagan、Friedman -Schwartz、Warburton 則強調至少目前貨幣當局對經濟社會的貨幣知識仍屬有限，不宜給予權衡權力。故他們主張「以規則替代權衡」（rule instead of authorities）。他們認為，在貨幣當局能增進其貨幣知識之前，最好經由國會制定「貨幣規則」（monetary rule），要求貨幣當局必須依規定維持貨幣存量的穩定成長率。例如，每年貨幣存量增加率為 3% 至 5% [19]。他們認為貨幣規則雖不必然能保證經濟社會的長期穩定發展，同時可能發生輕微的經濟紛擾，

18　Lauchlin Gurrie, The Supply and Control of Money in the United States, Chapter XIV. （New York: Russell & Russell, 1934）.

19　貨幣規則的主張由來已久，通常被認為是 Chicago 大學的傳統見解之一，1936 年 Henry Simons 的論文 "Rules versus Authorities in Monetary Policy," in American Economic Review（1952）, reprinted in Readings in Monetary Stability, pp. 337 -368，常被認為最主要的經典著作。而 Milton Friedman, A Program for Monetary Stability（New York: Fordham University Press, 1960）, 則有詳盡的發揮。

但絕對可以消除那些類似 1930 年代的嚴重經濟紛擾。由於不能避免小規模的經濟紛擾，Friedman 與 Warburton 在貨幣規則上的主張乃有若干差異。

先就 Friedman 來說，他認為貨幣當局應放棄權衡權力，維持貨幣存量的穩定增加率。因為根據美國貨幣史的實證研究，在 1914 年聯邦準備制度設立後，有一權衡力的貨幣當局為著要實現許多彼此互相衝突的目標，反而使經濟紛擾情勢更加嚴重。抑有進者，前面提到貨幣存量變動對經濟活動的影響常有不穩定的時間落後現象，在我們能獲致有關這種作用過程的貨幣知識之前，權衡政策只不過徒然加重經濟紛擾而已。

因此，他認為貨幣存量每年宜增加 4％，其中 3％係滿足 3％真實所得增加的貨幣需要，1％係抵銷流通速度長期下降的作用。他認為執行貨幣規則，可以減輕政府的經濟干涉，增進企業及大眾的經濟信心。嚴格地說，貨幣規則只是 Friedman 自由競爭的理想經濟模型內的一個環節，對內必須放棄現行部分準備制度，改採 100％準備制度，對外則必須放棄現行固定匯率，改採浮動匯率，才能使貨幣規則發揮應有的作用。[20]

在 Chicago 以外，較著名的主張貨幣規則的經濟學家有：James W. Angell, "Appropriate Monetary Policies and Operation in the United States," Review of Economics and Statistics（August 1960）, pp. 247 -252; Edward S. Shaw, "Money Supply and Stable Economic Growth," in United States Monetary Policy, rev. ed., Neil H. Jacoby（New York: Praeger. 1968）, revised edition, pp. 73 -93，惟各學者對貨幣規則的見解有相當程度的差異。如 Angell 主張貨幣當局宜控制銀行準備金，使之每年維持固定增加率；Chicago 諸學者則主張控制貨幣存量之增加率；Shaw 則認為不論以何種貨幣總計數（monetary aggregate）來表示，都應維持固定增加率。

20 請參閱拙著：《弗利德曼貨幣理論與政策的研究》，第 3 章〈弗利德曼論以法則替代權衡〉。

就 Warburton 來說，[21] 他固然也主張貨幣規則，希望貨幣存量每年固定增加 3%，但是他懷疑是否一定要配以浮動匯率及 100% 準備制度。同時，他相信產出與流通速度都可能會發生異常的變動，在此種場合，就應給予貨幣當局權衡權力，改變貨幣存量增加率，以抵銷偶然變動的經濟紛擾。

由以上可知，根據美國貨幣史的實證研究，這些唯貨幣論者對美國經濟現象的解說，大體上非常接近，但在根據這些解說而對政策作建議時，他們的意見就開始分歧。而這些見解，當然免不了要面對許多苛評。

三、貨幣存量的定義及其控制的可能性

這些唯貨幣論者既然主張貨幣存量在經濟活動中扮演著最為重要的角色，當然首先就要為貨幣下定義。然而，不論在理論上或實證研究上，貨幣總是不易作令人滿意的界說。因為近百年來，貨幣制度與銀行制度有相當顯著的變化，貨幣既是金融機構的負債之一，當然就要隨著金融制度的變化而變化。因此，唯貨幣論者的貨幣史觀所面對的第一個批評是：什麼是貨幣。

Currie 在 1934 年對 1920 年代美國貨幣供給之研究中，係採取狹義的定義。當時也有人主張定期存款屬貨幣之一，但他

21　Clark Warburton, Depression, Inflation and Monetary Policy, Chapters 17 and 18.　Richard T. Selden, "Stable Monetary Growth," in In Search of a Monetary Constitution, ed. Leland Yeager（Cambridge, Mass.: Harvard University Press, 1962），pp. 326 -331，對 Warburton 的貨幣規則主張有詳細的分析。

寧願把定期存款除外。[22]Warburton 認為不論廣義或狹義的貨幣定義，都能表現貨幣與經濟活動的關係，但他特別指出：在1914 年聯邦準備制度設立之前，各商業銀行的定期及活期存款統計並未分開，在作長期貨幣實情分析時，不得不將商業銀行的定期存款列為貨幣。[23]

　　Friedman -Schwartz 所作的長期貨幣實證研究，因為研究期間尚追溯至 1867 年，故使用包括定期存款在內的貨幣。不過，他們認為使用較廣義的貨幣定義，另有兩項主要理由：其一、商業銀行的定期存款雖附有一定的期限，並較活期存款多若干利息收入，但兩者間移轉費時甚短，且移轉費用也甚為有限，替代性相當高。其二、最為重要的是：根據美國貨幣史的實證研究，廣義的貨幣定義最能表現貨幣與經濟活動的關係。[24] 大體上說，這些唯貨幣論者常偏愛廣義的貨幣定義，惟在作政策建議時，則常使用狹義貨幣定義，以提高其被接受的可能性。

　　若干學者對貨幣史觀的主要批評，係以反對廣義的貨幣定義為其出發點。他們特別指出兩項質疑：其一、商業銀行的定期存款既有利息收入，大體上是一種價值儲藏工具，並非支付工具，不宜把它視為貨幣；其二、假若商業銀行的定期存款是貨幣，為何相互儲蓄銀行等非銀行的金融機構的存款不包括在

22　Currie, op. cit. pp. 10 -18
23　Warburton, op. cit., p. 301.
24　Milton Friedman and Anna Jacobson Schwartz. The Monetary Statistics of the United States （Washington D. C.: National Bureau of Economic Research, 1970）, Chapter 4.
25　Tobin, op. cit.

貨幣之內。[25] 唯貨幣論者認為利息收入並非定期存款所獨有，1920 年代美國各商業銀行的活期存款也有利息收入；同時，更不能因為有利息收入就認為定期存款為價值儲藏工具。實際上，大眾所保有的定期存款仍以支付工具用途的動機居多。

至於不將其他金融機構的存款列入貨幣的主要理由為：這些金融機構通常對特定階層，或在特定地區營業，其增減變化與經濟活動變動的關係不顯著。[26] 嚴格地說，經濟社會中的金融機構和個人經濟行為在長期間常免不了會發生變化，19 世紀初年，經濟學家才把紙幣視為貨幣；19 世紀即將結束之際，活期存款才正式被認為是貨幣。1950 年代以來，將貨幣定義再行擴大，似乎尚能符合當前經濟社會的現象。事實上，Friedman -Schwartz 認為不論採用廣義定義或狹義定義的貨幣存量，都不會改變其對經濟活動之影響的結論。因此，根本的問題在於貨幣當局能否控制貨幣供給量。

這些唯貨幣論者都特別注意貨幣當局對強力貨幣的控制，因為貨幣存量 M 常被認為是強力貨幣 H 與貨幣乘數 m 的乘積，即：

(1)　$M = H \cdot m$

只要貨幣乘數屬安定不變或變動幅度不大，且強力貨幣是貨幣當局可操縱者，貨幣當局當然可以控制貨幣存量的增減變動。抑有進者，根據 Cagan 的研究，過去百年間，美國貨幣存量的變動幾乎有 90％能單獨由強力貨幣來解釋，故強力貨幣最為重要。

26　Warburton, op. cit., pp. 144 -146.

James Tobin 認為強力貨幣因（1）黃金的貨幣化，（2）政府支出及（3）聯邦準備信用供給可能量等之變動而變動。除（3）項外，都非貨幣當局所能自主操作者。[27] 多數唯貨幣論者都相信貨幣當局能採行防衛性措施抵銷來自（1）及（2）項的變化。因此，強力貨幣乃屬可控制者。[28] 他們較為擔心的是貨幣乘數的安定性，故他們對貨幣乘數曾作極深入的分析，尤以 Cagan 的鉅著，幾乎有三分之二的篇幅都在探討此項問題。

Friedman -Schwartz 及 Cagan 所推論的貨幣供給方程式分別如 (2) 式及 (3) 式：[29]

$$(2)\quad M = H \cdot \frac{\dfrac{D}{R}(1+\dfrac{D}{C})}{\dfrac{D}{R}+\dfrac{D}{C}}$$

$$(3)\quad M = H \cdot \frac{1}{\dfrac{C}{M}+\dfrac{R}{D}-\dfrac{C}{M}\cdot\dfrac{R}{D}}$$

其中，D 表示存款貨幣，R 表示銀行的總準備金，C 表示通貨。

$\dfrac{R}{D}$ 為存款準備金比率，$\dfrac{D}{C}$ 為存款通貨比率，$\dfrac{C}{M}$ 為通貨比

27　Tobin, op. cit., pp. 468 -469.

28　請 參 閱 Allan H. Meltzer, "Controlling Money," Federal Reserve Bank of St. Louis Review（May 1969）. pp. 16 -24.

29　請參閱拙稿：〈貨幣供給理論簡介〉，《臺北市銀月刊》，第 3 卷第 1 期。Kar1 Brunner 將 Currie 的構想化成甚為複雜的貨幣供給函數。其中存款貨幣 D 係由下式所決定，$D=\dfrac{1}{1+c+t}E+\dfrac{1}{1+c+t}B^a$。共中 E 表示銀行的營利資產，$B^a$ 表示已調整的強力貨幣，c 表示通貨比率，即正文中的 $\dfrac{C}{M}$，t 表示定期存款佔活期存款之比例。$\dfrac{1}{1+c+t}$ 可視為貨幣乘數，與正文所討論的 Cagan 貨幣供給等式相近，茲不贅述。

率，$\frac{R}{D}$ 準備金存款比率。由於 $\frac{C}{M}$ 及 $\frac{R}{D}$ 必然小於 1，且必然大於 $\frac{C}{M}\cdot\frac{R}{D}$，故 $\dfrac{\frac{D}{R}(1+\frac{D}{C})}{\frac{D}{R}+\frac{D}{C}}$ 及 $\dfrac{1}{\frac{C}{M}+\frac{R}{D}-\frac{C}{M}\cdot\frac{R}{D}}$ 雖都屬貨幣乘數，但後者使貨幣乘數的變動有一定的脈絡可信，$\frac{C}{M}$ 及 $\frac{R}{D}$ 或其中任何一項發生變動，必然使貨幣乘數往反方向變動。例如，$\frac{C}{M}$ 或 $\frac{R}{D}$ 提高，貨幣乘數一定趨小。因此，我們就以 (3) 式為基礎，討論貨幣乘數的安定性問題。

嚴格地說，貨幣當局決定強力貨幣數量，銀行獲取強力貨幣以充當存款準備金及所希望的超額準備金，大眾則從強力貨幣中汲取通貨以滿足其貨幣需要。由於強力貨幣的供給有限，故銀行及大眾必須競取自貨幣當局所提供的有限的強力貨幣，其競爭情況表現於通貨比率及準備金存款比率，然而，這兩項比率並非固定不變，通貨比例主要由大眾所決定，受所得、制度、習慣等因素的影響，長期固有下降的趨勢，短期內也較少變動。但主要由銀行決定的準備金存款比例，因受法定存款準備率調整及銀行對超額準備需要變動的影響，呈較不安定的狀況。

因此，Currie、及 Warburton 特別重視超額準備與銀行業務的分析，希望藉操縱銀行超額準備而達到控制貨幣供給量的目的。基於此項考慮，我們可以看出：貨幣乘數並非相當安定，在運用唯貨幣論者的貨幣供給方程式來控制貨幣存量詩，不能不謹慎從事。最近的實證研究也指出：貨幣乘數是否安定，端視其各項內在與外在變數能否作合理預測而定，在當前的知識

水準下，頗不易作這種合理預測。[30]

四、貨幣流通速度的安定性

對這些唯貨幣論者的第二項主要批評在於，貨幣流通速度是否安定，或是否可以預測其動向。這些唯貨幣論者認為：控制貨幣存量可以控制經濟活動的變動，乃是以貨幣數量學說為基礎。

以標準形式來說：

(4)　$Y = MV$

其中，Y 表示名目所得，V 表示貨幣流通速度。若要使等式右方的 M 變動能引起等式左方的 Y 作同方向同幅度的變動，必然要先假定 V 具有相當程度的安定性。

大體上說，貨幣流通速度受到許多因素的影響，諸如所得、嗜好、預期心理、貨幣替代物及補充物的成本、經濟結構、所得分配、貨幣的運輸速度等。[31] 若以 r_m 表示保有貨幣的成本，r_{ms} 表示貨幣替代物的成本，y 表示真實所得，E 表示預期心理，U 表示嗜好，則可以下式表示：

(5)　$V = V（y，r_m，r_{ms}，E，U）$

在這些因素中，通常假定 E 及 U 不變，在其餘三項因素中，大多數經濟學家都同意真實所得與貨幣流通速度有極其安

30　請參閱 Deena Khatkhate and Delano P. Villanueva. "A Behavioral Theory of the Money Multiplier in the United States: An Empirical Test," IMF Staff Papers（March 1972），pp. 125 -141.

31　請參閱拙著：《貨幣銀行學》，1971 年 9 月 3 版，第 21 章第 1 節〈流通速度理論〉。

定的密切關係，因為幾乎大家都同意貨幣需要的所得彈性等於
1 或稍大一點。但是，r_m 中包括價格與利率變動，r_{ms} 為各種金
融資產的收益率（利率），他們對貨幣流通速度的影響則有爭
論，尤以利率為然。

　　許多學者懷疑流通速度的安定性都是認為貨幣需要有相
當程度的利率彈性，而利率水準又經常有所變動，當然要影響
貨幣流通速度的安定了。[32] 戰後以來，有關貨幣需要之利率
彈性的研究，大多證明貨幣需要的利率彈性相當大，[33] 即使
Friedman 最近也不能不承認此項實證研究結果的妥當性。[34] 不
過，根據 Brunner 與 Meltzer 的研究，即使考慮利率變動在內，
貨幣流通速度仍相當安定而具有可預測性。[35] 然而，不論流通
速度的安定程度如何，根本重要的問題是它與凱因斯所主張投
資（政府）乘數相較，究竟何者較安定、較具有預測能力。

　　前面提到，以 1930 年代貨幣流通速度急速下降為基礎，
產生凱因斯革命，而形成所得支出學說。這一學說的主張者強
調總支出與當期所得的密切關係；他們認為自動投資 A 的變
動，因其乘數 K 較具有安定性，故對經濟活動的變動有較大
的影響力。因此，兩種學說究竟以何者較優，乃以比較下列兩

32　Tobin, op. cit., pp., 473 -485. Johnson, op. cit., p. 395.

33　Harry G. Johnson, Essays in Monetary Economics (Cambridge: Harvard University Press, 1967), pp. 38 -39, 91 -96.

34　Milton Friedman, "A Theoretical Framework for Monetary Analysis," Journal of Political Economy (March / April 1970), p. 216.

35　Karl Brunner and Allan H. Meltzer, "Predicting Velocity: Implication for Theory and Policy," Journal of Finance (May 1963), pp. 319 -354.

式的預測能力為其基本問題：

(6)　$\triangle Y = V \cdot \triangle M$

(7)　$\triangle Y = K \cdot \triangle A$

(6) 式是唯貨幣論者的主張，(7) 式是所得支出說的一般形式；前者主張貨幣當局可控制$\triangle M$，後者主張政府可控制$\triangle A$。故問題的中心便在於比較 V 與 K 的安定程度。

根據 Friedman -Schwartz 研究的結果，貨幣流通速度不但具有長期下降的安定趨勢，而且在他們研究的 91 年中，流通速度變動率低於 10% 者，共 78 年。13 次較大的變動中，半數係發生在大恐慌或兩次世界大戰期間，其中最大的年變動率為 16%。以長期趨勢的百分比觀察，流通速度介於 90 至 110 者，共 53 年；85 至 115 者，共 66 年。其餘 26 年中，12 次發生在所得資料不完整的最初 15 年內，16 次發生大恐慌及兩次世界大戰期間。[36] 這種安定程度當然不是絕對性，爭論在所難免。因此，Friedman 和 Meiselman 根據 (6) 及 (7) 兩式，另作實證研究。[37] 他們發現，儘管流通速度的安定程度並不令人滿意，但自動支出乘數的變動幅度更大。在對經濟活動的預測能力上，還是以唯貨幣論者的主張較妥。

這類發現當然引起相當嚴苛的批評。不過，我們對這些唯貨幣論者的這種預測能力的主張宜有下列兩點認識：第一、他

36　Friedman and Schwartz, op. cit. p. 682,

37　Milton Friedman and David Meiselman, "The Relative Stability of Monetary Velocity and the Investment Multiplier in the United States, 1897 -1958," in Stabilization Policies, Prepared on Commission on Money and Credit (New Jersey: Prentice-Hall, Inc., 1963) , pp. 165 -268.

們主張根據簡單而安定的理論關係，以小量變數來預測大量的經濟活動；(4) 式和 (6) 式便是這種簡單而安定的理論關係。第二、他們強調這種可預測的行為關係，不應受制度或歷史因素的影響，故他們都用長期資料作分析。[38] 同時，他們也強調個別情況要作個別的考慮。[39]

五、時間落後與貨幣規則

　　另一項重要的批評，同時也是爭論甚多的問題，是時間落後和貨幣規則。如上所述，這些貨幣主義者在他們的實證研究中，大致多同意貨幣存量變動對經濟活動的影響有其時間落後的存在，且也希望貨幣當局採行貨幣規則，以消除經濟紛擾。[40] 這些見解在 1960 年代初期，甚至產生是否應有貨幣憲法（monetary constitution），使貨幣成為「四權分立」的第四權的爭論。[41] 甚至美國國會在聯邦準備制度 50 年的聽證會中也討論「超然中央銀行」（Independent Monetary Authority），探求超然中央銀行的可行性，[42] 並且也曾經通過執行貨幣規則的建議。可見貨幣規則的建議，確實產生相當程度的影響力。

　　根據這些唯貨幣論者的看法，貨幣當局既擁有改變強力

38　Harry G. Johnson. "Recent Development in Monetary Theory—A Commentary," in Britain 1959 -1969, eds. by David R. Croome and Harry G. Johnson (Oxford University Press, 1970) , pp. 86 -87.

39　Milton Friedman and David Meiselman, op. cit., pp. 214 -215.

40　如正文所述，Currie 固然是唯一的例外，主張適時合宜地調節貨幣政策，但他只以短期實情研究為基礎，若考慮長期實情研究的結果，我們毋寧認為貨幣規則屬這些唯貨幣論者的共同主張。

41　Yeager, op. cit.

42　通常超然中央銀行意指不受立法當局直接管制的中央銀行制度。

貨幣的權力與工具，貨幣政策的內在落後就相當短；但從採取行動，影響貨幣存量的增減變動，以至於對各經濟部門之活動產生影響的外在落後，則費時甚長，且其時距頗不安定。1960年代以來，許多學者所做的實證研究大致上都支持這種看法。[43] 但是，在這種情形下，是否就必然要採行貨幣規則？或者貨幣規則是否就能保障我們所生活的經濟社會的安定？關於這些問題，大致有下列四項批評：

　　第一、貨幣規則是自由競爭的理想經濟模型的一部分，單獨實施不必然有良好的後果。[44] 例如，若由國會立法規定每年貨幣存量的增加率，而如上所述，聯邦準備制度固能控制強力貨幣，卻無力控制貨幣乘數，故無法釘住貨幣存量之變動率，因而必須採行 100％ 準備制度，使商業銀行放棄信用創造能力，聯邦準備制度才能完全控制貨幣存量的變動。同時，即使聯邦準備制度已能控制貨幣存量的變動，也不能確保美國經濟的安定。因為別的國家並未採行貨幣規則，其經濟安定與經濟

Friedman 並不贊成這種制度，其理由有三：第一、責任分散。現代中央銀行所追求的政策目標甚多，且國內又有許多機構擁有貨幣權力（如財政部），一旦發生貨幣紛擾，則責任很難分清楚。第二、超然中央銀行常取決於該行負責人的個人決意。第三、貨幣政策與信用政策有對立性，貨幣存量與信用供給可能量的變動因時因地可能發生差異，超然的中央銀行易受其會員銀行的影響，而會員銀行所關心的是信用市場，不是貨幣存量，故超然中央銀行會忽視貨幣效果。 Milton Friedman, "Should There Be An Independent Monetary Authority?" reprinted in Dollars and Deficits, pp. 173 -194.

43　請參閱拙稿：〈貨幣政策有效性的論爭〉，《美國研究》，第 4 期，頁 334 -338。

44　Harry G. Johnson, "Independent Monetary Authority." reprinted in Readings in Macroeconomics, Theory, Evidence and Policy, ed. Norman F. Keiser（New Jersey: Prentice -Hall Inc., 1970），pp. 354 -357.

成長情況與美國有別，不免要影響美國的國際收支情勢，故同時更應配以浮動匯率，才能避免國際收支的失衡。可是，在當前的情勢下，浮動匯率與 100％準備制度都是無法實施的，貨幣規則當然也就難有所作為了。

　　第二、近 60 年來，美國聯邦準備制度的效率已大有改善。[45] 若干學者認為：禁止未成年人駕駛汽車，而不禁止成年人駕車，乃是因為成年人的知識和技術足以控制汽車。我們不能因為兒時的錯失，就不准成年人駕駛汽車。聯邦準備制度設立之初期，固然有許多錯失之處，但那只是學步階段的必然現象。在那些錯失的經驗中，他們必能獲得教訓而加以改進。改進後的貨幣行動自然較能應付經濟社會的需要。對我們來說，過去的成敗經驗都已成為過去，只能作為改善現在與將來的借鏡。過去貨幣政策的失敗正足以改進現在與將來的貨幣政策，那麼聯邦準備制度的效率已有改善，何必乞諸於規則呢？

　　第三、貨幣規則必須規定貨幣存量的增加率，可是此項增加率頗不易規定。這些唯貨幣主義者大致上都根據過去貨幣史的實證研究，希望貨幣增加量能滿足國民生產增加的交易需要及抵銷流通速度變化的保有需要。因此，Currie 曾暗示此項貨幣增加率應為每年 4％，Friedman 與 Schwartz 認為 3％至 5％，Warburton 則指出以 3％為宜，但變動界限不得超過 1％至 5％。所有這些建議都是根據過去的經驗而設定的。問題是：過去的經驗是否能適用於將來的情況？如眾所周知，50 年前的經濟

45　Thomas Mayer, Monetary Policy in the United States（New York: Random House, 1968）, p. 207.

社會情勢及制度與現在大有不同，那麼我們如何能證明這些規則也必能適用於現在與將來？ [46] 最顯著的例證是：1940 年代以前，流通速度呈長期下降現象，但戰後則又回升了。假定將 1940 年代以前的經驗所導出的貨幣規則，應用於戰後的貨幣管理，便極可能導致通貨膨脹的局面。

　　第四、唯貨幣論者認為貨幣規則可以避免政府的干涉。實際上，貨幣規則既是由中央銀行來執行，這也是一種干涉。抑有進者，在金本位制度時期，曾經實行黃金與貨幣存量間的自動規則，可是卻常帶來經濟不安定。 [47] 過去的這種經驗足以告訴我們：規則並不是萬應靈藥，權衡性的貨幣政策仍有其可取之處。

　　要言之，這些唯貨幣論者的實證研究，雖然能支持貨幣存量對經濟活動的影響、貨幣當局能控制貨幣存量、與貨幣流通速度的相對安定性等基本論據，但貨幣規則本身仍屬懸想過高的經濟政策理想，在當前的情形下，實不易被接受。

六、結論—貨幣史觀對 1960 年代經濟思想的影響

　　自從 1936 年凱因斯革命後，1940 年代及 1950 年代是凱因斯學說最為盛行的年代。在第二次世界大戰即將結束之際，

46　Daniel Ahearn, Federal Reserve Policy Reappraised, 1951 -1959(New York: Columbia University Press, 1963) , pp. 226 -233.

47　Jacob Viner, "The Necessity and Desirable of Discretion to be Allowed to a Monetary Authority," in Yeager, op. cit., pp. 244 -274.

經濟學家根據上次世界大戰的經驗認為：大戰結束後，即將來臨的最嚴重的經濟問題，將是失業與蕭條問題。凱因斯學說正是以失業與蕭條為基礎，因而定能用來處理戰後的經濟問題。於是，經濟學家建議貨幣當局必須供給大量貨幣，將利率釘在相當低的水準。可是，戰後面臨的卻是通貨膨脹，而不是失業和蕭條，採取擴張貨幣存量的國家，都繼續不斷地發生通貨膨脹；採取低利率政策的國家，卻發現在價格上漲過程中，利率無法加以釘住，因而不得不放棄釘住利率政策。由此可見，戰後的經濟問題與凱因斯學說所要處理者並不相同。

特別是，在發生通貨膨脹後，以真實分析為基礎的凱因斯學說，更試圖以真實有效需要的變動與 Phillips 曲線來說明通貨膨脹現象。嚴格地說，凱因斯雖然體認生產瓶頸現象中的成本衝擊（cost-push）現象，但戰後的通貨膨脹卻是貨幣現象，以真實分析為基礎而提出的解決辦法，當然無法解決實際的經濟問題。在這種情形下，唯貨幣論者以貨幣分析來處理經濟問題，自然逐漸取得優勢。

抑有進者，戰後以來，由凱因斯革命產生的總體經濟的一般均衡模型，與對實際經濟社會之計量經濟模型的估計，均已逐漸定型。新進經濟學家無處發揮其雄心壯志，於是若干經濟學家乃認為凱因斯已成為可攻擊的新正統（new orthodox）。[48] 要攻擊新正統，必須先有武器。自 Currie 此來，Warburton、Friedman 等人所揭櫫的貨幣分析，正是與凱因斯

48　Harry G. Johnson, "The Keynesian Revolution and the Monetarist Counter -Revolution," American Economic Review（May 1971）, pp. 1 -14.

真實分析相對抗的另一利器。於是，許多年輕的學者紛紛從事貨幣分析，乃逐漸匯集而成以貨幣分析為基礎的反凱因斯革命的潮流。

嚴格地說，自 Currie 以來，這些唯貨幣論者在繼續不斷的貨幣實證研究中，至少指陳下列三項事實：[49]

第一、如上所述，貨幣學家對 1930 年代經濟大恐慌重新作實證研究之後，發現貨幣政策本來能夠挽救或阻止當時的經濟蕭條，可是當時美國聯邦準備制度採行錯誤的政策，使 1929 年至 1933 年間，美國的貨幣存量銳減三分之一，以致蕭條期間更為長久，更為嚴重。

第二、如上所述，貨幣學家發現貨幣存量與價格、所得及利率之間有相當安定的關係。以 1929 年至 1933 年貨幣存量銳減時期來說，真實生產、價格水準、利率水準都隨之銳降，甚至貨幣流通速度也是銳降的。這當然與斯因斯流動性陷阱的說法不相符合。

第三、在 1960 年代初期，甘迺迪政府推行新經濟學的經濟政策 — 以財政政策來對付經濟問題，以利率作為貨幣政策的指標。而事實證明，新經濟學的經濟政策無法解決 1960 年代的美國經濟問題。[50] 貨幣政策乃有取代財政政策的趨勢。

基於這些事實，加上戰後以來美國的長期通貨膨脹情勢，

49　Milton Friedman, The Counter Revolution in Monetary Theory (London: The Institute of Economic Affairs, 1970) , pp. 15 -18.

50　Milton Friedman and Walter W. Heller., Monetary vs. Fiscal Policy, A Dialogue (New York: W. W Norton & Company, 1969) , pp. 43 -62.

這些唯貨幣論者的主張已經具備了反凱因斯革命所必備的條件 — 新社會的經濟問題。因此，1960 年代以來，當代的唯貨幣論者一方面忙於作更深入的實證研究，證明貨幣的重要；他方面則忙於說服政府、學界及人民，使他們能認清通貨膨脹為重大問題，要解決此項問題，凱因斯學派已無能為力。唯貨幣論者則能提供合理的解釋與可行的解決辦法。他們甚至在 1970 年更普遍地高呼貨幣理論的反凱因斯革命。[51] 由此可知，自 1960 年代以來，唯貨幣論者的見解已經開始擺脫少數派的劣勢，對當代經濟思想展開較大的影響力。這種局勢的造成，Currie、Warburton、Friedman -Schwartz 及 Cagan 在早期所做的努力，實在功不可沒。

特別是，1967 年美國國會的聯合經濟委員會（the Joint Economic Committee），多數同意 3％至 5％的貨幣供給量穩定成長規則；若干保守者甚且主張 2％至 4％的更狹小的貨幣規則。可見當時美國國會已開始受到唯貨幣論的影響，而早在 1968 年，Friedman 就已擔任尼克森競選總統時的經濟顧問。1970 年 3 月美國開始試行唯貨幣論者的貨幣政策主張，可說是唯貨幣論的極盛時期。

---

[51] Milton Friedman 在 其 1956 年 的 論 文 "The Quantity Theory of Money—A Restatement" , reprinted in The Optimum Quantity of Money and Other Essays, Chapter 2, 首先倡導反凱因斯革命。在 1970 年及 1971 年，除註 48 及註 49 所列的 Harry G. Johnson 及 Milton Friedman 的演講稿外，作者已知而未見的論文尚有 Karl Brunner, "The Monetarist Revolution in Monetary Theory," Schweizerische Zeitschrift fur Volkswirtschaft und Statistik, （1971）; David. I. Fand, "Monetarism and Fiscalism," Banca Nazionale del Lavoro Quarterly Review（September 1970）. pp. 275 -289.

　　在幾近一年的實施貨幣政策之後，1970 年美國真實國民
生產毛額尚較 1969 年為低，且物價水準的上漲速度未減，失
業率繼續自年初的 5% 提高至年底的 6%。可見唯貨幣論者的
辦法也不能解決美國當前的經濟問題，使得尼克森不得不在
1971 年年初，自稱他屬凱因斯學派，甚至不顧 Friedman 的呼
籲[52]—再給予若干時間，以矯正時間落後的影響 — 於 1971 年
8 月 15 日斷然地採行管制工資與物價的新經濟政策。

　　由此觀之，在 1960 年代後期，唯貨幣論者雖曾一度對美
國經濟政策發生相當程度的影響力，惟此項影響力似已逐漸趨
弱，尤以尼克森實施新經濟政策以後為然。[53]

【《美國研究》，第 2 卷第 2 期，1972 年 6 月。】

---

[52]　Milton Friedman, "Needed—More of the Same." Newsweek
　　（February 15, 1971），p. 46.

[53]　雖然如此，1971 年 8 月 15 日開始實施的新經濟政策也並不能解決美國
　　的經濟問題。這一年來，唯貨幣論者曾經繼續不斷地給予嚴苛的批評，
　　最近且最深入的批評，請參閱 Leonall C. Andersen, "A Look at Ten
　　Months of Price -Wage Controls," Federal Reserve Bank of St. Louis
　　Review（June 1972），pp. 13 -16.

弗利德曼的反凱因斯革命淺說

　　本（1976）年的諾貝爾經濟學獎頒給了美國芝加哥大學的弗利德曼教授（Milton Friedman），讀過現代經濟學的都知道弗利德曼教授的大名，多少能敘述他的學說的梗概，也聽說過20年來他所倡導的貨幣理論與反凱因斯革命，他對消費函數及美國貨幣史研究的貢獻便是作為反凱因斯革命的主要武器，本文就以反凱因斯革命為題，對弗利德曼的貨幣理論作淺近的說明。

一、凱因斯革命發生的背景及其內容

　　既然談反革命，當然需先有革命存在，也就是有所謂經濟理論上的凱因斯革命。為瞭解反革命，當然須先瞭解，凱因斯革命發生的背景及其內容。

　　簡單地說，20世記的30年代以前，貨幣數量學說是總體經濟學的主要構成份，經濟學家們普遍相信貨幣數量學說的妥當性。他們不但相信，貨幣數量變動會反映在價格或生產的變動；他們也相信，經濟社會的短期經濟波動是貨幣數量變動的反映；他們更相信，長期間價格趨勢是貨幣數量行為的反映。因為在理論上承認貨幣數量的重要性，故經濟政策上也承認貨幣政策是安定經濟的最主要工具。同時，經濟學家們也都認為，貨幣政策宜以再貼現率及公開市場操作政策為主。甚至，

在刊行貨幣政策改革論及貨幣論時期的凱因斯也是接受這項理論及政策主張。

　　凱因斯革命發生在 1930 年代的經濟大恐慌時期。這個時期，在英國是始於 1925 年的恢復金本位，而以 1931 年脫離金本位時為止；在美國則始於 1929 年的股市崩潰，而以 1933 年脫離金本位時結束。就美國來說，四年間國民生產毛額約銳減三分之一；這當然是嚴重的經濟蕭條，可是貨幣當局說，他們已經盡了力，他們把利率降得很低，但經濟狀況無法改善，因而使人們相信貨幣政策無法挽救當時的經濟悲劇。在這個時候，凱因斯對這種現象提出解說，且根據此種解說提出新的政策主張，因而博得凱因斯革命之名。

　　凱因斯對經濟蕭條的解說，也可以說是對貨幣數量學說的攻擊。主要的論點有二：第一，人們的貨幣需要並不穩定，表現這種不穩定的是每一單位貨幣在一定期間的轉手次數，也就是貨幣流通速度是不安定的。在貨幣當局增加貨幣供給量之際，常伴隨貨幣流通速度的降低，以致幾乎不改變社會總支出流量，其結果是貨幣政策不能發揮對經濟活動的影響，貨幣數量乃處於不重要的地位。第二，在現代經濟社會中，價格比較固定，而數量則易於調整；因此，一旦支出流量發生變化，其主要引申變化將發生在生產量，只有經過一段時間才會波及價格。根據這種解說，1930 年代的經濟恐慌乃係投資機會缺乏，使投資需要減少，再透過乘數作用而引起所得減縮的現象。

　　對經濟大恐慌的這種解說，在經濟政策上產生了三項重大的轉變：第一，貨幣政策不重要，其唯一的任務是壓低利率，

以減輕政府的債務負擔，並激勵投資。第二，貨幣政策既不能
在經濟安定中扮演其角色，調整政府支出及租稅的財政政策便
取而代之。第三，後期的經濟學家根據凱因斯學說引申出：通
貨膨脹為成本衝擊現象的解說，因而產生了所得政策的主張。
在第二次世界大戰結束後，這些理論與政策主張被大部分經濟
學家所接受，且若干國家也或多或少執行這些政策。在美國，
甘迺迪政府時期可說是實施凱因斯政策主張的高潮；1964 年
的減稅政策則實際上兼容了上述三種經濟政策。

二、反凱因斯革命的根據

　　在第二次世界大戰結束以後，絕大多數國家的實際經濟情
況及對經濟活動所作的許多實證研究結果，都與凱因斯理論及
其預期情況相背，乃成為反凱因斯革命的根據。

　　在實際經濟情況方面，第一，以凱因斯學派之分析為根
據，經濟學家們都預期第二次世界大戰結束後，會出現另一次
的大蕭條。可是，不但大量失業及大衰退不曾出現，而且實際
上卻出現了通貨膨脹。第二，根據凱因斯理論及預期情況而採
取低利率政策的國家，都因未能抑制貨幣數量的高速增長，而
使通貨膨脹情勢惡化。只有放棄低利率政策，抑制貨幣供給量
增加速度的國家，才能控制通貨膨脹的情勢。

　　在經濟活動的實證研究方面，弗利德曼教授的辛勤努力，
列舉了許多證據，指證凱因斯對 1930 年代的經濟大恐慌作了
錯誤的解說，且對貨幣政策的效果作了不妥當的評估。在此
處，我們可列舉兩項比較重大的實證證據。

　　第一，根據弗利德曼對 1930 年代經濟大恐慌的新解說，他指出經濟大恐慌持續的 1929 年至 1933 年間，美國的貨幣存量銳減三分之一，躉售物價約下跌 30%，真實國民生產毛額約減少 30%，名目的國民生產毛額約減少一半，失業人數最高時曾達 1,400 萬人，貨幣存量銳減與經濟活動的嚴重衰退同時並存。如前所述，凱因斯認為那是由於投資機會缺乏，故即使有降低再貼現率及公開市場大量買進的貨幣行動，企業家不願意進行投資，銀行放款減少，才導致貨幣存量減少。可是，弗利德曼教授卻認為，當時的美國貨幣當局根據其立法精神，原有補充各銀行流動性的義務，卻不曾善盡其應盡的義務。換句話說，美國的貨幣當局當時並未採行貨幣政策，如何能說貨幣政策失敗了呢！

　　第二，凱因斯學派指稱貨幣需要並不穩定，貨幣流通速度的反方向變動常會抵銷貨幣數量變動的後果，且進而主張消費函數及投資（支出）乘數的穩定性，因而乃以財政政策取代了貨幣政策。根據弗利德曼的研究，儘管貨幣流通速度的安定性並非十分令人滿意，但支出乘數的變動幅度則更大。特別重要的是，根據實際資料所作的研究，貨幣流通速度與貨幣數量不但不作反方向變動，而且係作同方向變動，因而不但不抵銷貨幣政策的作用，而且有強化貨幣政策的效果。

　　最後，而且也是最為重要的是，1960 年代數次美國重大經濟政策的預測及其結果，對弗利德曼的理論多少是有利的。例如，1967 年美國政府財政支出擴大，但最後三季貨幣供給量卻幾無增加；凱因斯學派認為，1967 年會有快速的經濟擴

張，但弗利德曼則認為，此種緊縮的貨幣政策會帶來經濟成長率的降低，結果一如弗利德曼的預測。再如，為對抗通貨膨脹，1968 年美國國會通過詹森政府的 10%所得稅附加稅，凱因斯學派認為這樣已足以抑制通貨膨脹；但弗利德曼則認為，繼續快速成長中的貨幣供給量會使通貨膨脹繼續下去，其結果亦一如弗利德曼所料。弗利德曼甚至認為 1964 至 1965 年間美國減稅所產生的充分就業局面，乃係 1962 年至 1963 年間貨幣供給量增加率上升的結果。

三、反凱因斯革命的理論及政策主張

根據以上的實證研究與戰後的實際經濟情況，弗利德曼認為，貨幣數量的增加率與名目所得成長率之間有一致的變動關係。換句話說，貨幣數量增加率的快慢會影響名目所得成長率的快慢。但是，這種關係並非同時發生 — 本時期的貨幣數量增加率並不與本時期的名目所得成長率有密切的關聯，本時期的名目所得成長率係過去某時期的貨幣數量變動的結果，而本時期的貨幣數量變動則影響未來某時期的名目所得變動。簡單地說，貨幣數量變動與名目所得變動之間有時間落後（time lags）關係，且貨幣數量之變動係居於領先的地位。

在實證研究中，這種時間落後程度長短不一。弗利德曼指出，就其平均數來說，貨幣數量增加率變動後的 6 至 9 個月後，就會產生貨幣所得的變動，而此項貨幣所得的變動主要係反映在生產的變動，價格水準所受影響較輕。例如，假若貨幣數量增加率趨降，則 6 至 9 個月後，生產水準將趨減，價格水準變

動率所受影響不大，只有在實際生產與潛在生產之間產生缺口時，價格才開始受到影響。由於此項缺口須經歷一段時間才會出現，就其平均數來說，在所得及生產受影響後的6至9個月，價格水準才會受到影響。所以，貨幣數量增加率與名目所得成長率之間的關係約有12至18個月的時間落後。

　　弗利德曼並進一步指出，在我們現有的貨幣知識之下，貨幣數量變動與名目所得變動之間的這種時間落後關係，仍有許多未定的問題；第一，我們無法確定貨幣數量變動後，究竟將在那一個時點對經濟活動施展其影響力。第二，在名目所得受影響而發生變動後，究竟有百分之幾反映於生產的變動，有百分之幾反映於價格水準的變動，則是無法確定的。第三，貨幣數量變動究竟經由何種過程而影響名目所得的變動，以致會有那樣漫長的時間落後？

　　這三項問題當然都有待經濟學家繼續研究，弗利德曼對第三個問題的初步看法是這樣的：貨幣數量的變動最初並不直接影響所得，而係先影響債券、股權資產、房屋及其他實體資產等舊資產的價格。在貨幣供給量增加的場合，反映著超額貨幣供給，因而舊資產的需要增加，其價格上漲，刺激增加生產的意願，其結果才是生產增加與價格水準上升，但是其影響時點及比例則仍無法解決。

　　由於體認貨幣數量變動對經濟活動之演變有重大且密切之影響，故弗利德曼乃主張以貨幣數量為指標之貨幣政策最為重要。同時，更鑑於貨幣數量變動影響力之時間落後並不穩定，且尚無法預測，故他主張貨幣當局應長期間保持穩定的最適貨

幣數量增加率，採用這種策略雖然不能避免經濟社會偶然會發生的小型循環波動，但卻能阻止大型的經濟災害。

但是，最適貨幣量增加率又該如何制訂？制訂後又該如何操作？弗利德曼認為，每一個國家都宜根據其貨幣史的實證研究，訂出其最適貨幣量增加率。不過，共通的原則是：最適貨幣量增加率除滿足與真實生產作同比例增加的交易性貨幣需要之外，尚應能滿足貨幣流通速度長期下降的休閒貨幣需要，及長期間物價水準變動趨勢的額外交易性貨幣需要。

例如，假若臺灣地區每年經濟成長率為 10%，貨幣流通速度平均每年下降 5%，而物價水準每年約有上升 5%的趨勢，則最適貨幣量增加率約為 20%。至於制定後的操作問題，弗利德曼則認為，最好是放棄現有的部分準備制度的銀行制度，以 100%準備制度取代之。這種構想在短期間實無實現的可能性，故他主張由立法機關把最適貨幣量增加率制訂為法律，由貨幣當局動員其各種政策工具進行控制。

由於這種貨幣政策構想係以數量控制為中心，為避免數量控制可能遭遇困難，故他同時主張利率宜由貨幣市場決定，匯率宜自由浮動，也就是政府應使其對各種價格之干涉活動降至最低的程度。

四、反凱因斯革命爭論甚多

以上已把弗利德曼反凱因斯革命的背景、理論及政策主張作淺近而扼要的說明。我們應當注意的是，這種理論與政策主張並非定論，爭論與反對意見仍然甚多。甚至，弗利德曼本人

亦一再強調，目前我們對貨幣的知識依然有限，我們必須在繼續加強研究的過程中，擴大我們對貨幣的瞭解，才能創造更有用的政策與更安定的經濟環境。

雖然如此，他認為，反凱因斯革命的證據甚為充分，倘若現在凱因斯仍然活在世上，凱因斯本人也會站在反革命的最前線，這項虛擬說法當然不會被凱因斯學派所接受。因此，弗利德曼說：「我們不要以大師的弟子們來評斷大師。」這或者反映著，反凱因斯革命的障礙在於凱因斯的弟子們，而這些弟子們大多係當前的經濟巨匠，故如弗利德曼的反凱因斯革命屬正確途徑的話，其真正完成恐怕仍需有一段時間的爭論吧！

【《中國論壇》，第 3 卷第 4 期，1976 年 11 月。】

三、金融環境與金融情勢

從貨幣供給看 1964 年的金融情況

一、臺灣貨幣供給額激增未影響物價

　　一個社會究竟需要多少貨幣才能使貨幣經濟圓滑地運作，並沒有一定的標準。它通常受人口增減、生產多寡、貨幣經濟結構的變動、消費傾向是否安定、商業景氣的盛衰等因素的影響。因此單從貨幣數量的變動本身判斷一個社會是否處於通貨膨脹或通貨緊縮，常會發生以偏概全的謬誤。

　　民國 52 年以來，臺灣貨幣供給額激增，若干人士因受貨幣數量學說影響，便一再地急敲「通貨膨脹」的警鐘，然而兩年的時間很快地過去，除開金鈔黑市及證券市場曾偶有投機性的風浪外，臺灣經濟的動作仍在平穩中蓬勃地發展，「通貨膨脹」的陰影人似未出現。以 53 年為例，53 年平均貨幣供給量較 52 年增加 37.4%，實質國民生產毛額僅增加 10.2%，依照貨幣數量學說的分析方法，物價水準應漲 24.7%，[1] 實際上物價僅上漲 2.5%，而且此一上漲率根本可說是正常的，貨幣數量對物價的影響微乎其微。因此，雖然 54 年已過了一季，對

1　若以年底數字比較，則 53 年的貨幣供給量僅增加 31.7%，惟由於國民生產毛額是全年的時期產量，所以採用全年各月底貨幣供給的平均數比較合理，故貨幣供給的增加率便高達 37.4%。至於物價水準應漲 24.7%，則可根據 Robertson 的數量方程式 M = kPR 算出。其中 M 為貨幣量，k 為保有比例，P 為價格，R 為所得或國民生產毛額，假定前期的 M 及 P 均為 100% 並且假定保有比例 k 不變，則貨幣增加後的數量方程形式為 137.4 / 100 = (110.2 / 100) P，所以 P = 124.7%。

於 53 年的若干金融現象作事後的分析，或者可澄清若干誤解，
這是本文的寫作動機。

二、臺灣處在通貨性通貨膨脹中

簡單地說，英文 Inflation 一詞的原意係指由於貨幣供給增
加，引起一般物價水準一連串超乎正常的上漲狀態，並且同時
使貨幣的購買力急速下降，因此將它譯成「通貨膨脹」原甚恰
當，惟卻常引起誤會，以為一旦「通貨」「膨脹」便是「通貨
膨脹」。事實上，「通貨膨脹」並不能任意斷章取義，任意加
以附會曲解。我們至少必需嚴格區別兩種不同的膨脹現象。一
種是單純由貨幣供給增加所引起的通貨性通貨膨脹（Currency
inflation），另一種是價格上漲不停的價格性通貨膨脹（Price
inflation）。前者的主要現象是貨幣供給急速增加，但不一定
會導致價格一連串的上漲；後者則指稱價格的連續上升現象，
且必然會引起通貨性通貨膨脹。[2] 我們經常所用的「通貨膨脹」
一詞係指價格性通貨膨脹而言，其特徵是貨幣供給增加，物價
水準上升，使因物價上漲而處於不利地位的人們產生防衛性反
應（Defensive reaction），然後引起物價水準一連串的上漲現
象。[3]

就上述標準而言，52 年以來，貨幣供給雖然激增很多，
但是物價水準則相當平穩，與其說這兩年來的臺灣經濟已處於
價格性通貨膨脹的狀態或頻於「通貨膨脹」邊緣，我們毋寧稱

2　　A. J. Brown, The Great Inflation, 1937-1951, 1956 , pp. 1-3.
3　　Day and Beza, Money and Income, 1962 ,Chapter 20.

目前臺灣正在通貨性的通貨膨脹中。因此我們必先要究明53年貨幣供給量因何增加，物價水準為何不因貨幣供給增加而上漲，才能瞭解53年臺灣物價為何不會發生太高的上漲率。

三、貨幣供給增加的主要因素

如表1所示，53年底的貨幣供給量較52年底增加32億3,300萬元，其膨脹因素以對民營事業債權增加居首，共計帶來45億1,400萬元的膨脹壓力；其次則以銀行國外資產增加，使貨幣供給增加26億2,000萬元，往年常為貨幣增加之主因的財政因素，本年只有3億9,500萬元的壓力。至於收縮因素方面，則以定期儲蓄及外幣存款增加為主，53年全年共使貨幣供給收縮42億1,400萬元，其次則以美援存款增加使貨幣供給收縮9億300萬元，對臺灣經濟安定有較大的貢獻。

就全年而言，上述各項影響貨幣供給的因素對貨幣供給的影響，可分成截然不同的兩個時期。6月底以前為第一期，國外因素帶來凌厲的膨脹壓力，同時不但定期儲蓄外幣存款的收縮力甚強，且財政面亦有相當大的收縮力，7月以後，降低利率的效果已漸顯著，對公民營事債權增加及財政壓力成為膨脹因素，國外因素轉為收縮因素，同時定期儲蓄及外幣存款的收縮力已大為降低，成為貨幣供給的收縮因素，同時定期儲蓄及外幣存款的收縮力已大為降低，因而貨幣供給的膨脹雖稍稍減少，但仍存有相當壓力。

就第一期而言，因為若干重要的輸出產品：如糖、香蕉等，大部分集中於此期輸出，國際貿易態勢有極高的順差值，再加

上外貿流入及移轉收入,使金融機構的國外資產增加甚多。因而 6 個月內,對通貨供給增加 35 億 9,300 萬元的壓力。對民營事業的債權,雖然增加 16 億 7,400 萬元,但大體上僅維持如同往年同樣的速率。對公營事業的債權則因公營事業的盈餘稍增,向金融機構的融通需要減低,所以對通貨供給的影響不大。至於收縮因素方面,一方面由於輸出繁榮,企業及個人存儲能力增強,他方面由於經濟情況甚為安定,因此巨額的短期(6 個月以內)的定期存款增加頗多,對貨幣供給施以 29 億 4,700 萬元的收縮力;至於財政方面,因公庫收入總存款增加 7 億 4,800 萬元,所以其收縮力亦有 6 億元之鉅。要言之,上半年貨幣供給增加的主要原因是貿易順差及外資的流入。

表 1 民國 53 年影響貨幣供給之因素對貨幣供給的影響情況

單位:新臺幣百萬元

項　目	53 年 6 月底與 52 年底比較	53 年底與 53 年 6 月底比較	53 年底與 52 年底比較
一、有關國外交易方面			
國外資產淨額	3,593	- 973	2,620
二、有關財政方面			
對政府債權	95	733	828
公庫收入總存款	- 748	361	- 387
政府機關存款	54	-8	46
三、有關美援方面			
美援存款	- 281	- 622	- 903
四、一般金融方面			
對公營事業債權	103	522	625
對民營事業債權	1,674	2,840	4,514
定期儲蓄及外幣存款	- 2,947	- 1,267	- 4,214
五、其他因素及統計誤差	251	- 147	104
貨幣供給增加	1,794	1,439	3,233

資料來源:中央銀行,《金融統計月報》。
說　　明:(-) 表示使貨幣供給減少。

　　就第二期而言，為順應銀行存款遽增及加強鼓勵投資的新情勢，53 年 3 月 1 日曾降低部分存放款利率。因此，雖然臺灣的投資對利率變動的敏感度不高，但由於內外銷增加的刺激，使企業借款擴充的興趣提高，在該期間內民營企業對金融機構的負債增加 28 億 4,000 萬元，公營事業則增加 5 億 2,200萬元，因此金融機構對公民營企業債權增加，成為膨脹壓力的主要因素，同時，財政因素開始有較高的膨脹傾向，財政上的融通及公庫存款減少共使貨幣供給增加 10 億 8,600 萬元。

　　他方面，7 月以後，經常性的貿易逆差季節已經來臨，美援復已開始減少，因此金融機構的國外資產減少 9 億 7,300 萬元，成為下半年的主要收縮因素之一。至於定期儲蓄及外幣存款亦受貿易逆差及降低存款利率的影響，其增加速率已見減低，收縮力只有 12 億 6,700 萬元，尚不及上半年的一半。要言之，下半年貨幣供給增加的主要原因除對民營企業債權增加外，尚帶有若干通貨膨脹的意味，惟因貿易逆差的收縮影響，其膨脹力未及上半年。

　　總之，53 年貨幣供給增加的主要因素有二：其一是對公民營事業債權增加，其二是金融機構的國外資產增加。前者與投資及生產提高息息相關；後者則大部份流回金融機構，使金融機構債權減少及存款增加，本身即帶有若干收縮力。至於財政膨脹，則相當輕微。

四、貨幣的需要大量增加

　　人們所以願意在手中保有貨幣的目的不外是（1）為交易

上的需要；（2）為預防未來可能發生的事故；（3）為預期
市場波動從中賺取差額利得的投機動機；[4]（4）尚未決定作何
用途而暫存手中。因此，假定在貨幣供給發生變動之前的貨幣
保有已處於均衡狀態，亦即全社會意願保有的貨幣總量恰好等
於當時社會的貨幣供給總量。那麼貨幣的增加量必定要等於新
增的意願保有量，否則便會發生諸如價格上漲等經濟失衡或價
格性通貨膨脹現象。基於這種分析方法，雖然目前無法搜求交
易、預防、投機、消費傾向等資料，但仍可就理論方面對 53
年臺灣金融作如下解釋：

（1）53 年臺灣實質經濟成長率高達 10.2%，其中工業生
產增加 25.8%，農業生產增加 8.9%，實質物品與勞務的供給
量大為增加，因此交易上所需要的貨幣保有也隨之增加。雖然
53 年臺灣輸出貿易甚為繁榮，輸出價值較 52 年增加很多，但
物品的流出量並不多，因為除若干工業產品外，輸出值增加的
主要因素仍在於國際糖價高漲及香蕉輸出量增加；同時輸入物
品亦增加很多，物品的供給量亦大為增加。因此，我們可以說，
53 年國內物品及勞務的供給量較 52 年增加很多，吸收了一部
份貨幣增量。

（2）近年臺灣經濟結構已逐漸改變。就國內生產淨額而
言，農業生產淨額所佔的比例已從 27% 降至 26%，而工業生
產淨額則自 28% 提高至 33%。由此可以看出臺灣經濟從農業
社會步入工業社會的傾向更加明顯，工業社會對於貨幣的需
要較多，一方面因為工業產品有很多是中間產品，在製成產品

4　J. M. Keynes, General Theory, 1936, pp. 194 -195.

之前，通常還經過若干交易程序，而農業產品大部份是直接消費品，所需的交易次數有限；他方面因為工業產品對中間商人的依賴性較高，一件產品從出廠到消費者手中，常需經過較多的交易次數，亦即其商品交易速度較高。所以因經濟結構的轉變，對於貨幣的需要自亦增加。

（3）經濟安定。過去幾年，因為剛擺脫「通貨膨脹」不久，人民心中尚存有「通貨膨脹」的陰影，對於幣值的信心尚弱，不願在手中保有較多的貨幣，因此貨幣供給量對國民生產毛額的比例偏低，即貨幣流通速度偏高。45 年以來，由於臺灣經濟情況已逐漸安定，甚且在快速中成長，人民的幣信心增強，自然願意在手中保存較多的貨幣以滿足他們過去未曾滿足的保有願望，因此使貨幣供給量對國民生產毛額的比例降低。如表 2 所示，53 年的貨幣所得速度已降至 7.9，即可就事後看出，人民幣信心增強所吸收的貨幣量之鉅。

表 2 歷年臺灣之貨幣所得速度

年　別	平均貨幣供給量 （百萬元）	國民生產毛額 （百萬元）	貨幣所得速度
45	2,721	32,297	11.87
46	3,468	37,986	10.95
47	4,156	41,650	10.04
48	5,168	48,675	9.42
49	5,696	59,929	10.52
50	6,430	66,334	10.32
51	7,462	72,375	9.70
52	8,655	82,248	9.50
53	11,894	94,331	7.93

資料來源：貨幣供給量：中央銀行《金融統計月報》。
　　　　　國民生產毛額：行政院主計處《中華民國國民所得》。

（4）投機需要增加。最近數年，各種投機市場的活動甚為安定。惟 53 年的投機活動則非常活躍。53 年的證券交易、金鈔波動、砂糖棧單等投機活動均吸收了相當數量的貨幣，尤以證券交易總數從 52 年的 99 億增至 53 年的 355 億所吸收的投機需要的貨幣為數最大。

（5）就貨幣供給量增加的原因來看。貨幣供給增加有一部分是因投資增加及商業景氣所起。如前所述，3 月 1 日降低放款利率後，金融機構對民營企業的債權即增加，多多少少顯示民間投資活動逐漸增強，投資活動增強後，自會增加物品供給，當能吸收一部分貨幣。其次，就貨幣形態而言，53 年的貨幣增量中，通貨增加比例較低，存款貨幣則大量增加。由於存款貨幣通常是作為商業或投機活動用，所以並未構成如其增加率一樣大的有效需要增量。

（6）人口增加亦會吸收一部分新增貨幣。[5] 根據臺灣省政府民政廳戶籍統計，53 年臺灣人口增加 3.1%，自亦增加對貨幣的需要。

由上述各點可知，儘管 53 年臺灣貨幣供給增加很多，但是對於貨幣的需要亦大量增加。因此，貨幣供給增加才不致於誘引物價上漲。

五、投機活動活躍吸引大量休閒資金

就事後觀察，雖然由於臺灣經濟在正常中發展著，因而能吸收大部份的貨幣量。惟在貨幣增加過程中，若干敏感人士未

5　K. Wicksell, Lecture Notes on Political Economy, vol. II.

能免除貨幣幻覺，對「通貨膨脹」復起敏感的反應，所以投機活動甚為活躍。最足反映這種貨幣幻覺的便是 53 年 3 月底以來的金鈔黑市價格的波動及證券市場的風波。

（1）黃金與美鈔習慣上被用作「通貨膨脹」時期的保值工具。53 年初，由於貨幣供給量繼續增加，加上傳聞中的僑資進口物資所售臺幣的不正當出路，引起投機性的上漲，接著貨幣幻覺使上漲程度加深。如表 3 所示，53 年初。美鈔黑市價格仍僅 42.78 元，4 月份突破 44 元大關以後，即一直上漲至 6 月份的 46 元，最高時曾達 47 元。其後因物價水準相當平穩，上漲之拉力疲弱，其價格大致上已安定下來。至於飾金價格，因與美鈔具有相同的投機與保值性質，所以 4 月美鈔上漲時，即復跟漲，接著由於蔗農、蕉農收益急速增加，農村金融機構未能迅速吸收此一新增所得，素以黃金作保值或儲藏購買力之工具的農村便加入飾金市場，因此後期飾金的上漲便具有保值及投機的雙重因素，但下半年以來。其價格亦頗安定。

表 3 民國 53 年臺北市金鈔黑市價格之波動

單位：新臺幣元

年 月 別	飾金（每兩）	美鈔（每美元）
53 年 1 月	2,020	42.78
53 年 2 月	2,019	42.83
53 年 3 月	2,020	43.18
53 年 4 月	2,045	44.13
53 年 5 月	2,047	44.62
53 年 6 月	2,109	45.66
53 年 7 月	2,114	45.56
53 年 8 月	2,142	45.74
53 年 9 月	2,114	44.82
53 年 10 月	2,133	44.57
53 年 11 月	2,152	45.08
53 年 12 月	2,160	45.88

資料來源：臺北市政府主計室。

（2）自從 52 年中期，國際糖價直線上漲及政府不斷拋售臺糖股票以後，證券市場的交易活動即呈蓬勃狀態，證券交易總值不斷增高，惟 80％以上均係臺糖股之交易值，可見因預期市場波動的投機大部分集中於臺糖股票。自從 52 年 12 月 16 日修正的例行成交差別保證金辦法中規定臺糖股的例行交易保證金從 15％提高至 30％（其他股票之保證金仍為 15％），投機活動即稍稍緩和。53 年初的交易總值即較 52 年底減少甚多。

雖然提高臺糖保證金暫時地緩和投機活動，但是證券市場上的看漲情緒遠高於看跌情緒，所以投機對象仍逐漸擴及其他股票。3 月 1 日降低存放款利率後更刺激看漲情緒，因而多數休閒資金（idle cash）紛紛湧進證券市場，證券市場的投機活動復又活躍，在 4 月份中，除少數股票外，多數股票莫不上漲，漲得最多的中國人造纖維公司股票一連有 18 個漲停板，從 293 元漲至 571 元幾乎漲了 1 倍。這種上漲態勢一直維持到該月 21 日達到上漲的頂點，且同日之中有五種股票漲停板及跌停板互見，可見當時人心在狂漲之中已甚慌亂。投機活動已處於崩潰狀態。23 日股市開始全面猛跌，當天有 16 個跌停板，24、25、26 三天亦各有 11 個跌停板。股市之交易即已陷入低沈局面，但由於前 26 天的猛漲，4 月份的成交總值亦達 47 億 8,000 萬元；但大跌風後的 5 月成交總會僅有 21 億 9,000 萬元，比 4 月份減少一倍有餘，可見看跌情緒已略佔優勢。

表 4 臺灣證券交易所股票交易統計

單位：新臺幣百萬元

年 月 別	成交總值
52 年合計	9,902
53 年 1 月	1,760
53 年 2 月	1,294
53 年 3 月	2,549
53 年 4 月	4,779
53 年 5 月	2,190
53 年 6 月	4,621
53 年 7 月	4,781
53 年 8 月	4,909
53 年 9 月	2,683
53 年 10 月	2,065
53 年 11 月	1,897
53 年 12 月	1,973
53 年 合計	35,501

資料來源：中央銀行《金融統計月報》

　　然而 4 月的跌風並未根本打擊人們的信心，一方面因為輸出繼續擴增，市場上用於投機的休閒資金有增無減；他方面則由於股票價格很快地穩定下來。因此 6 月的證券交易復又上漲，其成交總值又超過 46 億元，已接近 4 月全盛時期的交易總值。

　　7 月以後，各種股票，除新上市的臺灣塑膠公司股票外，幾乎都是逐日上漲，證券市場上充滿看漲的樂觀情緒，8 月 5 日雖受東京灣事件的影響，股市曾普遍下跌，但第二天即又復甦，樂觀的氣氛可說未曾稍減。到了 18 日，由於部分經紀人利用政府即將全面嚴格取締墊款墊股交易，迫使部分進行墊款墊股交易者產生悲觀心理，有 12 種股票一齊跌停板，19 日有

數百客戶紛紛湧進證券交易所，阻止開盤交易；在情緒激動之下，且不幸發生砸打交易所及證券公司的事情，使證券交易活動幾乎受阻。21 日經派員臨場監督，證券交易活動才恢復正常，然市場心理已從極度樂觀變成極度悲觀，持有股票者莫不拋售，因此到月底為止，各種股票價格均大幅下跌，其平均跌幅約在 20％以上。惟由於前半月的樂觀上漲及下半月的悲觀拋售，股票成交總值已迫近 50 億大關，創證券交易所成立以來的最高記錄。

9 月以後，各種股票的價格水準雖比 7、8 月之繁榮期低了很多，但仍比去年年底收盤價格為高，且較接近企業獲利能力，其價格亦逐漸安定，交易活動亦恢復正常。惟由於省府即將出售公股之消息的刺激，16 日起一連四天，各種股票前前後後又連續跌停板。20 日政府命令銀行進場購買股票以安定市場，跌風才被抑止，各種股票（津津公司除外）一齊漲停板，惟好景不常，股票價格並不能維持，悲觀情緒一時無法恢復，因此 9 月底多數股票價格較 8 月又跌一、二成，其成交總值亦僅 26 億餘元，銳減 20 億元以上。

10 月以後，貿易態勢逆轉，市場上休閒資金的壓力減弱，且前兩回的跌風所造成的悲觀情緒一時無法消除，故證券交易較上半年低沉，各種股票之價格時漲時跌，各月之成交總值僅 20 億元左右，較之 52 年同期亦較冷落，惟其一般價格仍較 52 年為高。

因為證券價格時高時低，且大致上呈現繁榮局面，所以證券市場經由看漲情緒與看跌情緒交織的過程，吸引大部分因貿

易順差及國民所得增加所帶來的休閒資金。53 年成交總值高達 355 億，遠高於 52 年的 99 億，可見其所吸收的休閒資金量之大。

　　除上述金鈔波動及證券投機外，53 年亦發生短期的砂糖棧單投機。臺灣南北兩地的投機商人各有其投機對象，北部由於有證券市場與房地產及金鈔需要較殷切，所以投機對象存於股票、房地產、金鈔等，南部投機商人的投機客體主要指向若干較重要的農產品，如米、花生、砂糖等。這兩種投機方式在本質上大有區別，因為股票與房地產的投機雖與各該公司營業狀況的預期有關，卻同時要顧慮股票的資本化價值；而農產品的投機則純粹是預期供需數量變動、價格變化等因素的影響，故其投機成份極高。

　　53 年 1 至 5 月，由於國際糖價仍然甚高，臺糖公司外銷糖量增加很多，對國內供糖量較 52 年同期為少，且 52 -53 期蔗糖生產期已過，供給面增加之可能性不高，所以提高南部投機商人的看漲情緒。又因夏季用糖量較多，且中元節，中秋節已將來到，更刺激看漲情緒，因此 4 月以後的砂糖棧單價格即開始上漲，7 月上旬更有一飛沖天之勢，直到 53 -54 期蔗糖生產開始後，棧單價格才回跌。此種投機吸收了部分農村新增的貨幣所得，緩和了可能因此而引起的有效需要之膨脹。

六、貨幣供給增加未破壞貨幣經濟運作

　　就理論上而言，貨幣的增量可分成活動資金（active cash）與休閒資金兩種。前者主要是用於購買物品與勞務，它

代表一種有效需要增加，假若物品與勞務的有效供給不作等量的增加，它便會對物價產生一種需要拉力（Demand Pull），使價格上漲，引起價格性通貨膨脹。後者則一部分用於預期市場波動從中賺取差額的投機活動，一小部分用於預防保有或未有決意的暫存款項，對於價格活動未有直接影響，[6] 惟一旦經濟變動發生，他們便要加入惡性投機行列，助長經濟之混亂或崩潰。

如前所述，53 年臺灣貨幣的增量，一部分被生產增加所吸收。另外一部分投入投機市場與增加手中的保有量，不論是活動資金的有效需要或投機與預防的休閒資金需要，均已獲得相當程度的滿足。因此，爭購物品或導致經濟紊亂的投機活動並未顯露其跡象。所謂「游資」實僅是部分休閒資金在市場上反覆流轉而已。

嚴格地說，53 年的貨幣供給增量大體上足以滿足人們對貨幣的各種需要，它對貨幣經濟的運作並未產生明顯的破壞。若干人對於物價上漲、股票漲價、金鈔上揚都慣常地戴上「游資泛濫」、「游資蠢動」的帽子，而不去深究經濟變動的根本原因；因此當物價回跌、金鈔下跌、股票跌價時，他們便又有不同的說法，「游資」突然在他們筆下消失，似乎一切不能解釋的罪過都是「游資」所應承負的，真可說是「貨幣之所以有罪，原因為它不能把病人醫好。」[7] 如果 53 年的各種投機都是貨幣增量（或「游資」）所造成的，那麼反覆幾次，經濟危機

6　A. H. Hansen. Monetary Theory and Fiscal Policy, pp. 44-45.

7　A. C. Pigou, Income Revisited, p. 10.

當已來臨，物價水準何以尚甚平穩？臺灣的貨幣經濟何以尚能圓滑地運作？

　　總之，就作者的觀點而言，53 年雖曾存有若干價格性通貨膨脹的壓力，但是絕大部分是由於多數人的心理緊張所造成的，實際所存的現象僅是通貨性的通貨膨脹。只要金融當局衡量經濟情勢，莫使財政膨脹因素增加太大，同時社會大眾能放棄心理緊張，則它僅會促進經濟的發展，不會擾亂經濟的運作。

【《臺灣經濟金融月刊》，第 1 卷第 4 期，1965 年 5 月。】

二十年來之臺灣金融與物價

一、前言

在現行貨幣經濟體系下，一切經濟活動莫不透過貨幣方能圓滑進行；而扮演主要角色的貨幣實為整個金融活動的一個重要環節，且與金融機構息息相關。20 年來，臺灣經濟從擺脫戰後的惡性通貨膨脹，而至目前的穩定發展，實經歷了一段艱辛的奮鬥過程，這段輝煌局面的創造，金融安定實有相當的勳績。而臺灣銀行，自民國 35 年 5 月 20 日接收改組以來，不論是代理中央銀行業務的階段或其後期，均在臺灣的金融活動中扮演著支配者的角色。因此，以這 20 年來的臺灣金融活動作為 20 週年行慶紀念，等於說明其行史的一部分，是具有特別意義的。

惟要在一篇短文裡，將這 20 年來的金融活動情形作詳盡的描述簡直是不可能的事；同時，作者所知有限，亦不易承擔這一重任。因此，這篇短文僅將 20 年來貨幣、存放款、利率、資本市場等金融面的活動，及一般物價水準的波動，作一概括的說明。

二、戰後經濟紊亂

在臺灣經濟史上，從臺灣光復以至 38 年 6 月新臺幣政策與幣制改革的四、五年間，不但經濟紊亂情形嚴重，經濟情

勢未能擺脫戰時經濟的色彩，且統計資料大多闕如，在經濟史
上留下一段不必彌補的缺憾。其中有關金融部分雖為幸運者之
一，尚保存著部分完整資料，足以銜接戰前時期，但若要與幣
制改革後的安定發展合併敘述，則有許多困難。所以，在引述
安定發展的金融活動以前，就先要把這段經濟混亂時期作一簡
單說明，以便廓清事實，免發生錯亂的誤解。

　　在日據時代，當時流通的臺灣銀行券曾經平穩了一段時
期，但自民國 26 年日本發動侵華戰爭以後，日本政府軍費負
擔加重，赤字財政所引起的貨幣膨脹速度增大甚多，至 34 年
8 月日本無條件投降之時，臺灣銀行券的發行額已從戰前的
8,000 餘萬圓增至 15 億 6,000 萬圓。而迄同年 10 月 24 日，臺
灣省行政長官公署成立，臺灣正式光復為止，約 2 個月間，日
本政府藉口復員，大量增發鈔票，臺灣銀行券的發行額更高至
29 億圓，此時即已埋下經濟紊亂的種子。

　　民國 35 年 5 月 20 日，政府正式接收臺灣銀行改組為現在
的臺灣銀行，另發行新版臺幣與原有臺灣銀行券等值兌換。臺
幣發行之後，貨幣膨脹速率非但並未降低，反而加速進行。因
為臺灣的生產事業與各種設施在戰時遭受嚴重的破壞，光復之
初生產停頓，百事待舉，需要建設資金甚切，而財源有限，臺
幣的發行額因而日漸增加，36 年底的發行額已達 171 億元，
為 34 年底的 7.4 倍；進入 37 年以後，大陸物價波動因共匪叛
亂及法幣貶值甚速而加劇。與法幣聯繫的臺幣大受影響，跟著
法幣膨脹。37 年初，中央雖授權臺灣省政府機動調整臺幣對
法幣的匯率，但仍不免受到衝擊，加上當時省內公營事業機關

資金運用未臻理想，及墊付中央在臺軍政費用金額直線上升，迄 38 年 6 月 14 日新臺幣發行之前日為止，臺幣發行增加速度不斷加速，該日的臺幣發行額已達 5,270 億元，較 34 年底高出 227 倍之鉅。

由於生產陷於停頓，物資奇缺，而臺幣又因財政負荷沈重而加速膨脹，代表一般物價水準的臺北市躉售物價指數遂突飛猛漲。計 35 年漲 362 倍，36 年漲 462 倍，37 年漲 61 倍，38 年漲 34 倍，在這種惡性通貨膨脹之下，遂產生了幣制改革的要求。

三、實施幣制改革

民國 38 年 6 月 15 日宣佈實施幣制改革，發行新臺幣，與美金聯繫，其匯率定為新臺幣 1 元兌美金 2 角，舊臺幣對新臺幣，兌換率定為舊臺幣 4 萬元折合新臺幣 1 元。自實施幣制改革之後，最初幾年，由於大陸淪陷，中央軍政機關相繼遷臺，臺灣經濟的負荷突然沈重，使得通貨膨脹與貨幣發行增加速率都尚陷於相當嚴重的境界；其後隨著有計劃的經濟發展的實施及獲有收效良好的發展成果，通貨膨脹的局勢才被抑壓下來，甚至乃能獲有近年來的經濟穩定。為說明這種進展情形。須先考察貨幣供給及其影響因素的變動情形。

38 年底，包括通貨發行及存款貨幣的貨幣供給淨額為 293 百萬元，到 54 年年底已增至 14,845 百萬元，16 年間共增加 49.7 倍，平均每年增加 27.7％，增加速率比 47 年底以前的 9 年較快，平均每年增加 37.5％，而 47 年以後的 7 年，平均每

年增加率已降為 16.4％。此種貨幣供給增長情形固有後述甚為複雜的影響因素，但從表面上看來，由於經濟繁榮安定及存款貨幣使用習慣普遍，存款貨幣佔貨幣供給淨額的比例提高亦是原因之一。在 38 年底，存款貨幣淨額為 101 百萬元，僅佔貨幣供給淨額的 34.5％，54 年底已增至 9,066 百萬元，其比例已提高至 61.1％。因此，單從通貨發行淨額來觀察‧新臺幣的發行額自 38 年底迄 54 年底的 16 年間，不過從 192 百萬元增至 5,779 百萬元（通貨發行額為 6,458 百萬元），平均每年增加 23.7％，較前述貨幣供給增加率為低。

談到影響此種貨幣供給增加的因素，大致上可分成外匯交易因素、財政因素、美援存款、及一般金融活動等四種。茲將 16 年來這四個因素在貨幣供給變動中所扮演的角色的演變情形概述如下。

（一）國際收支與國外資產的變動

在現行金融體系下，金融機構的國外資產每增加一分，即增加一分的信用擴張能力，或者是發行通貨、或者是增加存款貨幣。而構成金融機構國外資產之主要成分的外匯及黃金準備又與國際收支有密切的關係。因此，我們應先瞭解 38 年以來的國際收支的演變，才能看出國外資產變動對貨幣供給的影響。

從臺灣光復以來，由於戰時臺灣銀行發行準備金已交付日本銀行，臺灣各金融機構所擁有的外匯及黃金等國外資產為數即甚有限；同時，由於國內產業開發程度尚低，出口能力有限，且為充裕供應國內物資及發展用的資本設備，對進口的需要非

常大。歷年以來，除 52、53 兩年因受惠於國際糖價上漲而有貿易順差外，各年的對外貿易逆差大多在 1 億美元以上。這種貿易逆差，在 47 年以前大部分均由美援贈款彌補；47 年以後，則以美援貸款、剩餘農產品輸入、華僑及外人投資、及國際金融機構貸款等資本流入加以補充。因為貿易逆差尚需各種資本流入彌補，所以各年（除上述 52 及 53 兩年外）外匯雖然尚能增加，但增加金額有限，對貨幣供給的影響遂不大。而 52 及 53 兩年貿易順差所造成的外匯資產激增，卻是該兩年通貨性通貨膨脹的主要原因。

（二）財政活動與金融機構對政府債權

由於目前經濟環境較為特殊，歷年以來各級政府的經常收支均呈現入不敷出的現象。在彌補此項財政赤字的收入來源中，有兩個來源對貨幣供給有重大影響的：其一是向中央銀行透支或向一般金融機構貸款；其二是發行各種公債。

先就透支與貸款而言，在 51 年以前，由於經常收入不足應付各級政府的支出，所以歷年由代理中央銀行業務的臺灣銀行所透支及墊付的金額幾乎年年增加，在 50 年中央銀行復業之際，國庫透支亦驟然增加甚多，顯示當時財政赤字對於貨幣供給尚存有巨大的壓力。51 年以後，由於公債發行順利，所以透支與貸款的影響便比較不顯著。

在公債發行方面，自 48 年發行 49 年度短期公債以來，由於公債尚未能普遍深入民間，部分公債由金融機構所承購，歷年金融機構所保有的各年度公債常佔發行餘額的半數以上。以 54 年底為例，各種公債發行餘額為 3,140 百萬元，全體金融機

構所保有者即佔 1,809 百萬元。此種對政府的公債債權即是構成 52 年以後貨幣供給增加的原因之一。

（三）金融活動與信用擴張

促進經濟發展的因素非常多，其中資金供給是必要條件之一，此種資金供給的融通方式之一即為金融機構貸款。因此，為經濟發展所作的投資愈多，金融機構的信用擴充亦愈速。

臺灣光復之初，因為通貨膨脹情形相當嚴重，各種存款增加速率非常緩慢，一般金融機構的放款能力亦大受限制。因此，歷年對民營事業的債權增加速率甚為緩慢，對於貨幣供給的影響較輕。而公營事業因獲得臺灣銀行的支持，在資金困窘時期仍能獲得大量資金融通。因此，早年對公營事業債權的擴增對貨幣供給的急速增長的確有相當大的影響。至 49 年以後，經濟情勢在穩定中展開高度的發展與繁榮，不但各種存款大量增加，而且民營事業顯著地興起與發展，其投資資金亦大部分獲得金融機構的支持。因此，金融機構對民營事業的債權餘額自 49 年底的 7,350 百萬元增至 54 年底的 26,356 百萬元，5 年間共擴增了 2.6 倍。此種信用擴充的影響力雖被各種存款的增加抵銷了大部分，但仍為構成近年來貨幣供給增加的主要因素。

（四）美援存款的金融安定作用

由美援物資出售所得新臺幣的美援存款，歷年來均係金融安定的主要力量。尤其是自 40 年到 48 年為止，曾有效地緩和了其他膨脹因素所具有的膨脹壓力。自 49 年以降，由於經濟

情勢已趨穩定，且美援存款的增加率亦降低，所以其收縮作用已不如往昔重要。

綜上所述，16 年來，臺灣的貨幣供給年年增長，各年的增加速率有相當大的差距，其影響因素亦不盡一致。大體上說，信用擴張與財政赤字實係主要因素。惟增加速率較高的幾年，則在上述因素外，另有其他因素的加強作用所致。

四、金融機構存放款

目前臺灣所有的金融機構包括各種銀行、信用合作社、農會信用部、合會儲蓄公司、郵政儲金匯業局、中華開發信託公司、人壽保險公司及產物保險公司等多種；且 20 年來，各類金融機構的業務與分支機構亦大見擴張，然從主要金融活動的存放款業務來觀察，仍以前四種金融機構較富影響力，特別是一般銀行的存放款活動，仍是臺灣金融活動的主流。因此，這裡所談到的 20 年來的存放款活動，即以一般銀行為主。

臺灣光復之初，由於尚未擺脫戰時經濟的陰影，惡性通貨膨脹非常嚴重，加以生產尚未恢復，所得不高，人民儲蓄能力及儲蓄意願都甚低，所以雖然有許多金融機構，這些金融機構卻都因客觀形勢的限制，無力吸收各種定期或儲蓄性的存款，除少數為應付交易需要的活期存款外，幾無帶有儲蓄性的各種存款。

及至幣制改革及中央政府遷臺，經濟局勢粗告安定，通貨膨脹情形緩和甚多，物價波動率及波動次數都已顯著降低；但因物價仍未十分穩定，所以儘管 39 年 4 月臺灣省政府公佈〈臺

灣省各行庫舉辦優利儲蓄存款辦法〉，以高於當時銀行存款利率一倍以上的利率，獎勵人民儲蓄，以行通貨緊縮政策。同年 12 月及 41 年 11 月臺灣銀行亦分別採行「優利活期儲蓄存款」及「有獎簡便定期存款」，或者以彩代息，或者在利息之外附加獎金，用以鼓舞儲蓄興趣。然終因客觀形勢的限制，收效程度不高。以 46 年底為例，全體銀行優利及定期存款餘額合計仍僅有 1,128 百萬元，僅及活期存款餘額 1,897 百萬元的 59.5%；也僅佔全體銀行存款餘額 6,407 百萬元的 17.6% 而已。

到了 47 年，臺灣經濟更趨穩定，且計劃的經濟發展工作進行順利，國民生產逐漸擴大，國民所得也提高不少。在這種安定的經濟情勢下，人民的儲蓄能力、儲蓄願望及貨幣信心逐漸轉強，定期、優利等帶有儲蓄性質的存款遂大量增加。47 年底，全體銀行定期及優利存款餘額合計達 2,050 百萬元，較一年前增加 81.7%，已近乎活期存款餘額。因為經濟情勢已經改觀，原有各種鼓勵儲蓄存款的辦法遂不得不放棄，而於 48 年 1 月 5 日改訂儲蓄存款，其存款利率即已巨幅下降，與定期存款間的利率差距亦顯著縮小。因此，48 年底，全體銀行儲蓄存款餘額即比 47 年底的優利存款餘額為小，一部分優利存款一時轉入定期存款，使定期存款餘額在一年間，自 542 百萬元激增至 1,321 百萬元。

自此以後，臺灣的經濟局勢繼續保持著穩定中的繁榮與發展，儲蓄存款與定期存款均年有增加，而以儲蓄存款增加最快。尤其是 52 年的經濟繁榮更誘引了更多的儲蓄。在 54 年底，儲蓄存款餘額已達 11,465 百萬元，定期存款亦有 3,728 百萬元，

兩者合計比活期存款高出 1.6 倍，佔全體銀行各種存款餘額合計的 42.7%。由此可見，各種儲蓄性的存款在早期非常薄弱，而在經濟穩定與經濟高速發展之時，即大量增加，使原有資金困局獲得解凍與喘息的機會。

除銀行外，其他金融機構的存款業務亦與前述變動趨勢相彷彿。特別是以鎮或都市地區的平民及小工商業者為主要營業對象的信用合作社及合會儲蓄公司，與以薪資及低所得階級為主要對象的郵政儲金匯業局的定儲存款更顯示一模一樣的增長趨勢。至於代表農村金融的農會信用部存款，在 51 年耕者有其田地價繳清後及 52 年農產及農產加工產品外銷價值激增以來，顯示特別快速的增長，反映農村經濟的特別繁榮。

由於存款曾有上述變動，放款活動亦經歷一段艱辛的歷程。且在 51 年以前，臺灣的貼現市場向不發達，51 年以後票據貼現雖漸普遍，但佔全體銀行放款餘額的比例仍甚低微，所以 20 年來臺灣各金融機構的放款業務仍以各種活期及定期放款為主。

在幣制改革之初，臺灣經濟仍受到若干通貨膨脹的壓力，且各種存款金額非常有限，所以除公營事業尚能獲有若干資金融通之外，一般民營企業則不但不易獲得資金融通，其能獲得少數資金融通者，尚要承負若干苛刻條件。例如 38 年元月臺灣省政府公佈的〈臺灣省 38 年度民營企業貸款實施辦法〉中，即在規定貸款限定為 6 個月，半數以現款償還，半數以實物償還之外，並要求嚴苛的擔保。其 39 年度貸款辦法及同年公佈的小本貸款辦法，雖免除實物償還之條件，但放款期限仍相當

短，擔保條件仍甚嚴格。亦因有這一段歷史，所以造成這 20 年以來以質押放款為主的金融體制。

直到 47 年以前，由於存款仍未十分充裕，所以對一般民營企業貸款金額雖年有增加，然存放款間的緊張局勢及民間資金需要的滿足，都尚不能十分有效地解決。47 年以後，存款資金逐漸充裕，民營企業所能獲有的資金才逐漸增長，進而一般中小企業較能滿足相當的資金需要。因此，當時的經濟環境，固然以其穩定與繁榮助長人民的儲蓄能力與儲蓄願望，金融機構亦透過對民營企業資金融通而促進近年來民營企業的興起與成長，加速推動經濟發展。

在放款擴增過程中，隨著對民營企業資金融通量之增加，放款科目別亦有相當程度的變動。如前所述，早期由於財政赤字較大及對公營事業資金融通量甚多，而對於一般民營企業則乏力給予充分支持。因此，活期放款及透支所佔的他位甚為顯著，至 46 年底，尚佔全體銀行放款餘額的 37.7%。及至近年，定期放款因定儲存款大量增加而增加，活期放款與透支所佔的比例始降低到 54 年底的 25.5%。

同時，由於通貨膨脹期間，為放款安全所造成的放款質押現象仍一直沿襲下來，以致於大部分的放款仍以質押放款為主。例如 54 年底，全體銀行放款餘額為 26,091 百萬元，而各種質押放款高達 16,508 百萬元，佔 63.3%，比資金缺乏時期為高。由於有這種傳統性的吸收存款而不主動爭取放款的習慣，所以 52、53 年，存款一時激增之際，金融面才形成一種反常的鬆弛現象。此外。隨著資金來源逐漸充裕與中期存款增

加，放款期限也逐漸從 3 個月或 6 個月的限制中解凍，一年、二年，甚至超過三年的中長期放款的放款金額亦逐漸增加。

至於其他具有放款業務的金融機構，亦大致有同樣的發展趨勢。惟由於這些機構業務對象較為特殊，在物價波動時期，存款特別少，銀根較緊；而在存款增加時期，所感受的放款不易擴張或銀根鬆弛的程度，卻要比一般銀行為窘迫。

五、惡性通貨膨脹衍生高利率問題

在這種由惡性通貨膨脹進入經濟穩定的發展過程中，早期的臺灣利率便一直偏高甚多，以致於目前的利率水準雖經一降再降，仍尚高出其他國家甚多；其主要原因有二：其一是過去資金極度缺乏，資金需要面的需求強度甚高；其二是由於過去不斷的通貨膨脹，使利率內含有通貨膨脹貶值的因素在內，這一因素不但佔極大的份量，且其心理影響仍有一部分殘留迄今。

先就銀行利率而言，臺灣在通貨膨脹時期，不但定期存款利率甚高，而且甲種活期存款亦有相當的利息收入，但仍不足以誘引存款興趣；同時，放款利率高出存款利率甚多，亦無法阻遏對銀行資金的需要。以 38 年 6 月 21 日所訂的銀行利率為例，當時的定存利率高達年息 64％，而甲種活存亦有年息 3.24％的利率；定期放款利率則更高達年息 144％，比存款利率高一倍以上。

這種高利率結構及當時為解決生產事業資金困難所採多重低利率政策，隨著通貨膨脹的消失，經濟穩定，以及存款資金

供給充裕等有利環境的來臨，而逐漸低降與簡化，目前 3 月期的定期存款只有年息 6％，信用放款的年息亦不過 14.76％，但資金供需情形已大為改觀，歷次利率的降低大都不但未曾阻遏定期及儲蓄存款的增長，而放款利率的低降亦同時使資金需要的緊張局面緩和下來。惟目前銀行利率雖已降低甚多，但仍比其他國家為高。這種高利狀態實尚有進一步改善的必要。

次就金融機構以外的市場利率（即所謂黑市利率）而言，雖隨風險大小而不同，且結構亦甚為複雜，但近 16 年以來已隨著經濟情勢改善及銀行利率之低降而降低。例如 38 年 6 月臺北市市場信用利率之月息曾高達 41.1％，稍後即顯著低降至年底的月息 17.4％。其後逐年下降，目前（55 年 2 月）則降至月息 2.1％，已較過去的高利率降低甚多。

由於過去存有這種高利率及通貨膨脹，所以臺灣一直缺乏組織完善的長短期資本市場。早期臺灣資本市場顯然是無組織的，雖有若干股票在市面上買賣，但大都屬於投機性質，且買賣金額有限。比較可以反映臺灣長期資金市場者，為自 47 年 8 月由大同公司開始所發行的一連串公司債、優先股票及政府公債。由於當時經濟情勢已漸趨穩定，所以發行情形大致尚稱良好，惟在 51 年 2 月臺灣證券交易所成立之前，新資金之籌措及舊有證券之轉讓仍無一個有組織的市場。

51 年 2 月臺灣證券交易所成文之初，由於上市股票不多，及一般人民對證券交易所尚乏認識，所以交易額非常有限，平均每月只有三、四千萬元，交易甚為清淡。經過一年半的苦撐，到 52 年下半年由於國際糖價逐漸上漲，政府拋售臺糖股票，

上市籌碼增加，及經紀人暗中開放墊款墊股交易，使交易之信用無形中擴大等刺激因素，52 年 4 月以後，每月交易額已超過 2 億元，至 53 年 8 月的最高記錄更達 49 億元。每日最高交易額有達 3.6 億元。

在這種情形下，投機者遂趁機加以哄抬，以致證券市場上的投機氣氛加重，多數股票大多被抬至不合理的高峰，在看漲情緒中逐漸形成了跌風的遠因。至 53 年 7 月以後，連續兩次的大跌風，使證券市場從高峰逐漸跌入深淵，悲觀情緒顯然佔上風，因此乃有大回跌與恢復清淡的時期。雖然 54 年 6 月 15 日經濟部下令休市 10 天，並改組證管會，證券交易並無起色。目前交易情況及股票價格均大致與成立之初相彷彿。惟一般大眾經過這一次證券風波後，若能助長其對證券市場之認識，則今後臺灣的證券市場乃至於長期資金市場，可能逐步形成健全完善有利經濟發展的資金供給來源。

六、金融維續穩定發展

自民國 38 年 6 月幣制改革之後，金融情勢在穩定中發展著。因此一般物價水準亦漸趨安定。如前所述，在 38 年以前，惡性通貨膨脹情形極端嚴重，而其後經由政府採行各種通貨緊縮政策及充裕物資供應措施，通貨膨脹的局勢，已逐漸被抑制下來。在 47 年以前，各年的物價上漲率大多已自 39 年的 305.5%，降入 10% 以內。在這 9 年中，以 39 年及 40 年漲 66.0% 與 41 年漲 23.1% 等三年尚屬通貨膨脹範圍外，其餘各年物價水準則均相當平穩。47 年僅漲 1.4%，可說已逐漸擺脫

貨幣供給激增的影響；至 48 年以後，除若干特殊因素的影響外，經濟情況的穩定、產業的發達，均使貨幣供給對物價的影響降至甚低的程度。以下對這三個階段的物價變動作一簡要說明：

從幣制改革到 41 年的三年半間，在臺灣經濟發展史上仍是屬於戰後重建時期，儘管政府曾採取各種可能的措施，期能消除當時所存在的戰後通貨膨脹。惟由中央各軍政機關陸續遷臺，財政上的困難一時不易解決，且撤退來臺的軍民為數不少，人口增加甚快，其攜入的資金，對於物資市場復加上甚高的需要力；同時，進行中的重建工作雖逐漸順利，且美國經濟援助亦在這一期間開始陸續到達。但物資供應增加的彈性仍遠低於此種需要面的急速增長。因此，貨幣面的壓力尚非常沈重，對於物價水準構成巨大的壓力。此外，當時的投機心理及囤積居奇等因素對當時的物價構成若干威脅，惟這種不法的投機行為大體上係通貨膨脹下的產物，可視為加重物價上漲形勢的因素，並非物價波動的主因。

自 42 年開始，政府當局為鞏固復興基地，在工業化與自給自足的經濟建設目標下，推動了第一期四年經濟建設計劃。在實施四年經濟建設計劃期間，由於投資量增加很多，金融機構的信用擴充程度不低；然由於該期經建計劃特別著重自給自足，工業投資以輕工業為主，這些投資大多能立即生產為市場上所迫切需要的物品。在經建計劃順利進行中，不但伴隨而來的信用膨脹被物品供應逐漸充裕所抵銷了，而且前一時期所存的通貨膨脹局勢亦逐漸緩和下來。所以當 46 年開始實施第二

期四年經濟建設計劃時，物價水準即已呈現比較安定的局面。

　　在這一期間，物價上漲程度較高的為 44 及 45 兩年，各漲 14.1％及 12.7％，其餘各年的上漲率都在 9％以下。在上漲率較高的幾年中，大多受若干特殊因素巨幅波動的影響。前述兩年正值國際鋼鐵價格巨幅上漲之期，而國內建築材料及煤炭供給又不敷建設之需，供需失調；再加上電力價格調整。因此，才有特別高的上漲率。這些特殊變動消失之後，47 年的漲幅即已降為 1.4％。此外，48 及 49 兩年，因有八七水災及八一水災，糧食生產受到若干損害，而建材類亦受災後重建需要的衝擊，食物類及建材類漲幅特別巨大，以致這兩年的臺北市躉售物價指數的漲幅復各達 10.8％及 14.2％。這兩年的物價波動受貨幣面的影響甚淺，但因物價波動仍甚劇烈，似乎將它歸入工業化與自給自足的階段為宜。

　　自民國 50 年開始，臺灣經濟發展已有相當的基礎。這一年開始實施的第三期四年經濟建設計劃即已相當重視需要投資較多的基本工業與高級工業。然國內物資因前兩期經建已奠下良好基礎，不但足以充裕國內所需，且擴大了出口能力，以新增外匯進口以往尚未十分充裕的外來物資。所以除 52 年因受葛樂禮颱風影響而有 6.5％的漲幅外，其餘各年的漲幅多在 3％以下，54 年且回跌 4.6％。目前臺北市躉售物價水準尚比 52 年的平均物價水準略低，可見這一時期物價的安定情形。

　　就 16 年的長期來看，各類物價固然都呈上漲現象。然漲幅較高且影響較巨的大致係食物類、中西藥類、燃料及電力類、金屬及其製品類等。早期此類物品供需不均的程度較深，

其漲幅特高，然後期以來已獲有效改善。因此，物價水準的波動幅度便漸趨輕微。

綜上所述，光復初期的臺灣經濟仍未擺脫戰時經濟的色彩，物資供需呈嚴重不均現象，加上財政赤字與信用擴張，使原存的供需陷阱更淪於惡性通貨的膨脹深淵，使一般大眾蒙上對通貨膨脹的恐懼心理，對於稍後幾年的貨幣與物價的波動曾有若干影響。惟民國 50 年以來，由於經濟穩定及高速發展，人民對貨幣信心增強甚多，貨幣乃至整個金融活動似已不構成物價的「威脅物」。

【《臺灣經濟金融月刊》，第 2 卷第 5 期，1966 年 5 月。】

黃金風潮與黃金二價試析
發生原因、經過及其將來

一、問題及其背景

　　自第二次世界大戰結束以後，搶購黃金的風潮已發生多次，第一次是 1956 年蘇彝士運河事件後；第二次是古巴危機時；第三次是 1965 年初，法國政府進行以美元兌換黃金時；第四次是 1967 年 11 月中英鎊貶值後，一直延續至今。這四次的黃金風潮各有其近因，發生的地點和廣延的情況各有不同。不過，有三點特別值得注意的是：

　　第一，不論發生國際黃金風潮的導火線為何，其根本原因大體上無所差別─對於英鎊及美元地位的懷疑。

　　第二、這四次的黃金風潮發生的時間距離逐次縮短─戰後的 11 年發生第一次；其後 5 年發生第二次；而三、四兩次則各別間隔 4 年及 2 年。

　　第三，這四次國際黃金風潮有逐次加重的現象，亦即問題日漸嚴重，其解決途徑也日愈複雜而困難。尤其是本次黃金風潮，至今已近 5 個月，其間曾掀起若干高潮，也有低潮，各種過去曾經採用而有效的措施大多已被加重使用，然而似乎尚未顯出效果來。甚至在 3 月 16 日被導出的「黃金二價」新制度，雖認為可「暫時」解決問題。不但不能建立較長期的可行辦法，甚且究竟將要「暫時」多久也不無問題。

由於黃金風潮逐次加劇，而黃金在現行國際通貨制度上又扮演著最重要的角色，對於國際經濟的運作有相當深遠的影響。我們必須體認這次黃金風潮和黃金二價的重要性，並密切注意其可能的演變及可能的影響。這篇文章的主要內容是考察黃金風潮發生的原因，美元保衛戰的實際情形、黃金二價的內容及其將來。

二、從美元不足到美元過多

談到黃金風潮的近因與遠因，可以一談的因素相當多，而其中最根本的因素是：就遠因來說，是美國國際收支長期惡化，產生美元過多的現象；就近因來說：是 1967 年 11 月 18 日晚間英鎊貶值，使國際間對美元的價值產生疑慮，加上投機者的興波作浪，遂興起猛烈的搶購黃金風潮。

先就美元過多來說。戰後美國的國際收支大致上可區分為三個時期。第一個時期是 1946 年至 1949 年，即所謂美元不足時期。眾所周知，二次世界大戰結束的初期，世界各國俱需重建其飽受戰火摧毀的經濟環境，而國內生產力又未恢復，故進口差額甚多。尤其是歐洲，國內消費及建設物資需要激增，而進口能力又因國外投資收入、出口能力及觀光收入等減少而降低，進口差額甚大。

尤有進者，戰後的世界各國都感到美元不足，歐洲的多邊清算制度的功能大為削弱，歐洲諸國亦陷於美元不足情況 — 沒有足夠的美元，以進口經濟重建所需的物資。因此，除以黃金向美國購貨外，即由美國的歐洲復興計劃及各種援助開發中

國家的計劃作為進口差額的融通資金。在這四年間，美國進出口的順差金額達 319 億美元，幾為輸出值之半，其中除黃金流入 48 億美元外，大部份即由貸款與贈與所融通。

這一美元不足時期到 1949 年 9 月由英國領先的貶值行動開始即可說已告結束。英鎊貶值 30.5％，若干主要貨幣亦以同樣比例貶值，戰後高估幣值的現象已大為減輕，甚且亦有低估幣值的現象。加上歐洲諸國經濟復興極為快速，所以歐洲的輸出能力大增，美元不足的現象已大為改觀。

第二時期是 1950 年至 1957 年，可說是過渡時期。在 1949 年底，歐洲經濟大致已經復興，美國援歐計劃停止，除軍事計劃外，對外援助及贈與急劇下降，再加上歐洲貨幣貶值的影響。1950 年美國的輸出較前大為減少，而輸入則增加甚多，經常帳的順差只為 18 億美元，幾乎只有過去各年的三分之一而已。因此，美國的國際收支即開始呈現赤字，這一年貨幣性黃金流出金額達 17 億美元之巨。從這一年開始，貨幣性黃金雖時而流出，時而流入，但流出金額較多，且各國所持有的美元增加甚快。在這 8 年間，貨幣性黃金共流出 17 億美元，各國所持有的美元餘額與短期美元債權亦達 86 億美元。因此，不但美元不足已宣告結束，而且美元過多情形已逐漸形成。

就這 8 年的美國國際收支而言，輸出入間的順差仍在繼續中，惟順差金額已顯著縮小，8 年間的順差金額只有 219 億美元，較前 4 年為少，亦只及輸出金額的七分之一左右。而同一期間，對外貸款與贈與雖因停止援歐而減少，但美國企業在歐洲的投資則因歐洲經濟復興迅速而遽增，形成大量美元外流的

現象。不過，在 1956 年秋季以後，美國國際收支情勢卻有好轉跡象，1957 年的國際收支赤字亦消失，各國貨幣性黃金且有 8 億美元流入美國。然而，這不過是一個暫時的好轉，亦可說是暴風雨的前奏，緊接而來的是顯著的美元過多時期。

自 1958 年以來，美國國際收支繼續惡化。與過去比較，赤字金額更大，貨幣性黃金繼續外流。使得美國國際收支問題首次成為世界性的問題，也受到美國人民及政府的極度關切，這就是美元過多時期。這個時期的發端是 1958 年，美國及歐洲經濟均處於衰退期，美國國內消費並未減少，而歐洲各國自美國的輸入則大量減少，使得美國貿易順差自 1957 年的 58 億美元降至 1958 年的 22 億 8,000 萬美元，而同一年的資本流出依然如故，使得國際收支赤字達到 35 億美元，其中包括 22 億餘美元的貨幣性黃金的流出。於是揭開了美元過多的序幕。

自此以後，美國國際收支即一直陷於赤字的困惱中，赤字金額雖時多時少，但長期赤字的形勢則是無可否認的。再加上，在這期間，發生兩次黃金潮，使得美國貨幣性黃金逐年流出，自 1958 年到 1967 年英鎊貶值前，美國貨幣性黃金外流量幾近百億美元。其中每年流出金額超過 10 億美元的有 1958、1959、1960、1965 年等 4 年。而英鎊貶值後的一個月則使貨幣性黃金流出 9 億美元，使 1967 年亦包括在 10 億美元以上的行列中，且英鎊貶值後的貨幣性黃金外流情勢為有史以來最為嚴重者。使得美國的貨幣性黃金自 1949 年 240 億美元的最高紀錄銳降至 1967 年底的 119 億 8,400 萬美元，僅及其全盛時期的二分之一。細究這一時期美國國際收支惡化的主要原因可

得下列四項：

　　第一項原因是經常帳收支差額有限，不足彌補美國對外投資貸款及對外援助的資本流出。前已言及，在 1958 年的經濟衰退期，美國的輸入不減反增，而輸出則巨幅下降，使經常帳順差縮小，而 1959 年經常帳且呈現逆差 1 億美元左右，為戰後所僅見。1960 年後，美國及西歐為挽救經濟衰退，刺激經濟繁榮，相繼採取擴張性的財政及貨幣政策，所以歐洲及美國經濟均呈現一片繁榮景氣，對美國輸出發展大有益處。然 1965 年後，歐洲各國相繼採取壓制通貨膨脹政策，經濟繁榮情勢稍被壓制，自美國輸入再度停滯，使美國經常帳順差的擴張受阻。同時，由於長期通貨膨脹的結果，使美國的工資上漲率較其他國家為高，而勞動生產力亦不若其他國家一樣地與工資成比例提高，此種情勢使美國在國際輸出競爭上居於不利地位，雖有購買美國貨及使用美國勞務之計劃作為支持，然仍無法改善此種困難。

　　第二項原因是在長期經濟繁榮中，美國人民到國外旅行的支出大量增加，目前每年的旅行支出已達 20 億至 30 億美元，而旅行收入只有 10 億餘美元。由於旅行支出增加，使經常帳的順差金額更不易擴大。

　　第三項原因是資本外流增多。包括對外投資及貸款在內的民間資本，為覓求更高的利潤，在美國以外的國家繼續擴張，使得美國的資金大量外流。為減少資金外流，美國政府在 1964 年及 1965 年採取了限制資本外流的措施，首先被引進的是對美國居民購買外國證券者徵課 15％的利息平衡稅，使外

國證券變得較無吸引力；然而美國的資金外流卻從買證券轉入
對外貸款及直接投資，使資金外流如故，故乃發展出 1965 年
的對外投資及貸款的自動限制計劃。然而資金外流數量仍相當
巨大。據統計，在美元不足期的 4 年，民間資本流出約 30 億
美元，過渡期的 8 年民間資本流出約 100 億美元，而在 1958
年後的 10 年，則民間資本共流出 340 億左右。這也是美國國
際收支長期惡化的主因之一。

　　第四項原因是美國政府的國外防務支出、外援贈與及貸款
等支出，自停止馬歇爾計劃以來，迄未見減縮，而自越戰擴大
後，更有逐年增加之勢。因此，使得資本帳上的資金外流不足
以經常帳的順差額來彌補。

　　在長期的國際收支惡化情勢中，除貨幣性黃金繼續外流
外，世界各國所持有的美元及美元短期資產亦逐漸累積。在
1968 年 3 月中旬，美國的貨幣性黃金存量只有 114 億美元，
而外人手中所持有的美元則高達 357 億美元，可見美元過多的
嚴重情勢。

三、1967 年 11 月英鎊之貶值

　　自第二次世界大戰後，英國因維持高估的幣值，國際收支
赤字相當巨大。在 1949 年 9 月乃將英鎊匯率自 4.03 美元貶為
2.80 美元，即貶值率為 30.5％，以逃脫高估幣值的壞影響，最
初尚略有收效，然因經濟結構上的問題，始終無法擺脫國際收
支上的困擾。

　　英國屬於海島經濟，對貿易的依賴度甚高，就物品與勞務

而言，約在國民生產的 20%之譜。尤其是其國內所使用的棉花百分之百依賴輸入、90%的羊毛及 40%的鐵砂等原料亦屬輸入；在食品方面，60%的小麥及 90%的牛油亦屬輸入品。主要製造業產品亦有 30%以上依賴輸出。其近世的經濟成長係以對外貿易擴張起家，而戰後所遭遇的問題亦在於保持貿易擴張的問題。

自 1949 年貶值以後，對外貿易的擴張受到許多因素的影響：第一，戰後許多發展中國家均已開始建設工業，其工業建設多以紡織業等開始。此種趨向不但減少英國的國外市場，而且這些國家開始輸出這些進口替代品後，使英國不得不發展新輸出工業；第二，新輸出品及機器、鋼鐵製品深受復興後的西歐及日本的競爭，英國的生產設備、生產效能、交貨期限等競爭條件並未居有利的形勢，擴張非常不易；第三，英國國內工資上漲速度並不低於其競爭國家，在輸出價格上亦非足以與其競爭對手競爭；第四，自 1956 年蘇彝士運河事件後，對英國的輸出發展大有影響。

基於這些原因，積年累月逐漸累積，使其國際收支始終不能顯著好轉。儘管英國國際收支不佳，英國政府對內採取各種緊縮措施，對外大舉借債，想盡辦法以圖維持英鎊的信用。在 1964 年底，工黨政府上臺時，接受的是 22 億美元的債務。英鎊地位非常不穩固。然而，工黨政府依然繼續採取緊縮政策，向外借債，以維持 2.8 元平價的信用。對於英鎊貶值的傳聞亦曾作 20 次以上的否認。

然而，由於前述英國經濟結構上的問題並不容易解決，再

加上傳統的貨幣政策似已不足挽救英國國際收支上的困難。自
1967 年夏季以來，英鎊危機日增，6 月的中東危機及蘇彝士運
河關閉，使英國國際收支赤字復見擴大，國際間對英鎊的信心
復見動搖，英國資金大量外流，英鎊開始下跌。10 月份輸出
入差額空前巨大，繼續加重英鎊的壓力，外匯市場上的英鎊
價格有跌無升。10 月及 11 月 9 日分別將銀行率提高至 6％及
6.5％，企圖阻止資金外流之形勢。然而，短期資金繼續外流
如故；同時，各國中央銀行對於英鎊平價亦漸失信心，多不願
繼續給予英國貸款。

在此種情勢下，投機者遂大量拋出英鎊。在貶值前兩週，
雖然銀行率已提高，但英鎊價格繼續下落，英國亦動用 28 億
美元資金來維持 2.7825 美元的英鎊最低平價。情況最惡劣的
是貶值的前一日，即 11 月 17 日共動用 5 億美元於維持平價。
在這種情形下，11 月 18 日晚 9 時 30 分不得不宣佈自每英鎊 2.8
美元貶值為 2.4 美元，貶值率為 14.3％。同時，在 11 月 20 日
宣佈將銀行率提高至 8％，已是戰後的最高水準。在 1968 年
初，並決定提早自遠東撤軍；提出緊縮財政預算，減少政府支
出及軍事費用，以挽救仍處危機下的英鎊地位。

自英鎊貶值開始，一連串發生的有三項重大情事；第一是
22 國貨幣緊隨英鎊之後而貶值，其貶值率最高者為愛爾蘭的
24.5％，最低者為港幣之 5.7％，與英鎊同一貶值率的有 16 國。
第二是國際間對於英鎊的新平價仍持懷疑態度，再貶值的傳聞
仍層出不窮；第三是由對英鎊地位的懷疑轉而對美元的價值亦
漸持戒懼的態度，再加上法國故意打擊美元，於是掀起了空前

的國際黃金風潮。

四、黃金風潮與美國政府的對策

　　在目前的國際貨幣制度下，黃金、美元和英鎊相互間有極密切的間係，美元與英鎊為國際間最普遍承受用於償付外債的貨幣；而且根據國際貨幣基金的規定：基金的各會員國均須設定本國貨幣之平價，並以一盎斯等於 35 美元為基準，大部分國家以美元及英鎊作為其通貨發行準備。因此，一旦英鎊之價值不能維持，大量英鎊即被拋出。而吸進英鎊的金融機構通常需動用美元，當美元放出過多之際，對英鎊價值的疑慮通常極易轉移到美元身上，對美元的信心減弱便反映在搶購黃金上。因為黃金價格的上漲即表示美元的貶值。前已言及，在英鎊貶值的前兩週為維持英鎊匯率所動用的美元達 28 億美元，故在英鎊貶值前夕，倫敦的黃金市場即已呈動搖現象，第一度的黃金潮實際已經發生。

　　第一度的黃金風潮自 11 月 17 日，即英鎊貶值的前一天開始。當日倫敦黃金市場所售出的黃金達 40 噸以上，而平日的平均售量每天只有 5 噸左右。18 日晚間宣佈英鎊貶值的決定。20 日倫敦市場停業，但國際清算銀行代黃金集團經理人出售黃金 20 噸以上。21 日法國故意透露法國數月前已停止對黃金集團供應黃金，使黃金市場更加震動。自 21 日開始，各地訂購黃金的訂單紛紛湧向倫敦，11 月 23 日的黃金售量竟達百噸。自 21 日至 24 日間，單只倫敦市場的黃金售量即在 270 噸以上。亦即在一週內，倫敦黃金市場的黃金售量即在 300 噸以上，可

見搶購黃金風潮之激烈情況。

　　國際間對美元價值的疑慮，使美國政府不得不起而應戰。在這一次搶購黃金風潮中，美國政府所採取的對策可簡單列舉如下：

　　第一，在英鎊宣佈貶值之後，美國總統同日之內立即宣佈美國堅決維持 1 盎斯黃金為 35 美元的買賣價格。

　　第二，11 月 20 日，美國聯邦準備銀行為對抗英國提高銀行率，復將在 4 月間為刺激經濟活動而降低的貼現率，自 4％提升為 4.5％。

　　第三，11 月 26 日，美、英、德、義、瑞、荷、比等黃金中心會員國的中央銀行總裁在法蘭克福集會，會後聲明以其所保有的黃金準備，藉一致的行動，支持美國保衛美元的行動。

　　第四，11 月 29 日，促使國際貨幣基金正式通過對英國為期一年的 14 億美元大借款。期藉穩定英鎊地位，間接支持美元的價值。

　　第五，11 月 30 日，擴大與已開發國家的雙邊通貨交換協定，包括西德 3.5 億美元，日本及國際清算銀行各 3 億美元，加拿大 2.5 億美元，英國及義大利各 1.5 億美元，瑞典 1 億美元，比利時及荷蘭各 7,500 萬美元，共擴增 17.5 億美元，使總數達到 68 億美元，增強外匯力量以對抗美元投機的壓力。

　　第六，增稅、減少財政赤字和壓制通貨膨脹。在英鎊貶值後，詹森總統立即再度談到所得稅附加稅案。按所得稅附加稅在 1967 年初提出時，擬附加稅率為 6％，6 月被國會財務委員會所否決。10 月又被提出，稅率則增為 10％，但一直被擱置

而不曾討論。詹森總統一直希望能通過該案，以減少國內需要的壓力；同時，詹森總統亦決定減少政府支出，以減少財政赤字。此外，12月聯邦準備銀行復將3月降低的存款準備率提高0.5％，即採貨幣緊縮措施。這些措施俱是要壓制國內通貨膨脹的壓力。

綜上所述，對於第一度黃金風潮，美國所採取的措施可說以（1）尋求國際合作，共同保衛美元；（2）壓制國內通貨膨脹等二項為主，但是這些措施的力量都不夠堅強。第一，在國際合作上，聲明與行動都不夠強硬，且有法國在背後興波作浪。第二，增稅案仍未通過，民間消費有增無減。第三，貨幣緊縮程度亦有限，與1967年初所採取的擴張信用政策相較，存款準備率在3月兩度降低係自4％降至3％；11月20提高0.5％，仍較3月以前為鬆，貼現率亦不過與放鬆前相等。第四，更重要的是，在美國的對策中，成為根本問題的國際收支問題依然不曾觸及。所以，國際黃金風潮雖較貶值後一週為小，但依然未有平息的跡象，美國的貨幣性黃金仍繼續外流。

面對這種情勢，國際黃金風潮遲早總會再度掀起高潮，果然在12月11日倫敦黃金市場復又創造了一次瘋狂的高潮。事實上，第二度搶購黃金風潮係種因於11月27日，即緊接黃金中心七國法蘭克福聲明的次日，法國總統戴高樂在記者招待會上，針對該項聲明，攻擊當前國際貨幣制度，打擊美元，主張提高金價，放棄現行國際貨幣制度，恢復金本位。此時，即已種下擾亂的因素，增加國際金融市場的紛亂，黃金價格略有漲落，惟銷售量並無顯著增減。直到12月11日，巴黎的報紙

傳出黃金中心中央銀行代表在瑞士巴賽爾集會商討平抑金價措施，討論對私人購買黃金之限制與要求黃金中心各會員國將其部分黃金移入黃金中心的提案。黃金的投機者因擔心購金限制及傳聞各國拒絕移轉黃金，美元顯然已陷入嚴重困擾，於是紛紛參加搶購行列，是為第二度黃金風潮。

在倫敦黃金市場，11 日售出 10 噸，12 日及 13 日各售出 50 噸，14 日復售出百噸以上，15 日售出 75 噸，一週間售黃金數亦近 300 噸，僅較前次黃金風潮略低而已。同時，在巴黎、蘇黎世等地亦掀起空前的搶購風潮，購金情緒之熱烈，使這兩地的金商售盡了各種金幣、金條，以致無現貨可供交易，交貨期限長達二星期之久。在這回搶購風潮剛開始時，黃金中心對於巴黎報紙的傳聞報導未及時加以糾正，僅稱該報導「斷章取義與曲解事實」，並稱黃金中心各會員國將「更密切合作」等空洞聲明，使得搶購投機者更激烈地從事搶購。直到 12 月 16 日，黃金中心 7 國再度發表聲明，在共同合作之下，維持黃金與美元之買賣價格，並維持倫敦市場之現狀。至此，搶購之風始稍被抑制。

在這第二次搶購風潮中，已充分顯示美元危機的嚴重及前此美國所採取的措施仍過份軟弱不足應付實際的需要。美國應該採取更堅強的措施，以克服國際收支及國內通貨膨脹的困難。因此，美國乃採取一連串比較堅強的措施。

第一、首先被提到的仍是那被美國眾院財務委員會所擱置的所得稅附加稅案。在這新黃金風潮的衝擊下，行政部門對該會主席密爾斯施以新壓力，使其不得不答應在 1968 年 1 月 22

日開始的委員會議對該案重新考慮。同時，詹森總統在 1 月
15 日的國情咨文中亦再度呼籲迅速通過該案，作為壓制國內
通貨膨脹的主要措施之一。

第二、1968 年新年期間，美國總統在德州宣佈財政緊縮
的五項緊急措施，希望能積極改善美國國際收支，期使 1968
年的國際收支，減少 30 億美元的赤字，使之接近平衡。這五
項措施包括：

（一） 對美國企業在海外的投資以強制性的法案代替自
1965 年以來所實施的自動限制計劃。這種強制限制海外投資
的方式係美國歷史上的首次。其目標係將投資金額自 1967 年
的 50 億美元減至 40 億美元。即減少 10 億美元的海外投資。
（此項投資金額的限制，除英國、日本、澳洲及加拿大四國係
以 1965 年及 1966 年平均金額的 65％為限外，其他已開發國
家均以 35％為限；至於開發中國家則以 110％為限。）

（二） 加強美國聯邦準備銀行對一般銀行及金融機構國
外貸款的強制性管制，以削減 5 億美元為目標。

（三） 減少美國政府在國外的支出，包括：（1）減少美
國派駐歐洲及其他地區軍隊費用的負擔；（2）減少美國派駐
國外的文職人員；（3）減少美國政府官員赴國外旅行及減少
參加在國外舉行的國際會議；（4）減少美國駐歐軍隊及其眷
屬的私人消費。其目標是節省 5 億美元的支出。

（四） 要求美國人民取消不必要的國外旅行。必要時將
要求國會制定進一步限制旅行的辦法，諸如徵課國外旅行稅、
限制出國旅行攜帶金額等。此項措施以減少 5 億美元之支出為

目標。

（五）　立即派遣專使訪問歐亞兩洲，尋求合作，促進輸出，期能提高 5 億美元的貿易順差。

除宣佈這五項緊急措施外，同時另有三點說明：第一、美國將繼續維持以 35 美元兌換 1 盎斯黃金的承諾；第二、要求工會和企業界抑制工資和物價的增長；第三、希望國會能通過被暫時擱置的 10%所得稅附加稅的提案。

第三、為應付黃金投機者以美元兌換黃金的搶購行動，元月中旬提出取消美元黃金準備的要求·這一提案已於 2 月 22 日在眾院以 199 票對 190 票通過。

第四、在提出取消黃金準備的同時，並開始計劃向國會提出輸入附加稅及輸出補貼、徵課旅行稅等提案，以及以 2 億美元在海外推廣美國貨與擴大輸出保證資金 5 億美元等計劃。俾能進一步推動新年期間的改善國際收支的緊急措施。

這一連串的新措施主要係因為自英鎊貶值後，美國已售出了極多黃金，其貨幣性黃金存量自 1966 年底的 132 億 3,500 萬美元減至 1967 年底的 120 億 6,500 萬美元。僅只在英鎊貶值後，即已撥付 9 億 2,500 萬美元的黃金。故這些措施都發生在新年以後，同時，這一時期的措施，重心已放在積極改善國際收支措施方案及充裕應付黃金投機的貨幣性黃金上。文件及口頭聲明已不再佔重要的地位。因為應付行動已比較堅強有力，所以搶購黃金風潮乃能暫時獲得平息，美元及英鎊的匯價始能維持在較高的水準上。

然而，儘管美元地位似已逐漸穩固，由於下列幾件因素的

影響，使黃金投機者依然躍躍欲試。（1）英鎊再度貶值的傳
聞時有所聞，英鎊地位甚為軟弱，使人們不免懷疑美元的價值；
（2）美國眾院僅以 9 票之差通過取消美元黃金準備，而若干
參議員曾公開表示投反對票，使投機者懷疑該案是否能順利通
過簽署（如下將述，本案已於 3 月 15 日通過）；（3）紐約州
共和黨參議員賈維茲曾建議暫時停止美元的黃金兌換；（4）
若干美國銀行家及經濟學家公開表示黃金加價有可能，而前此
黃金價格在美國則被認為是神聖的；（5）越戰需要投入更多
的軍隊，使人懷疑美國平衡國際收支的可能性。再加上，連續
謠傳加拿大元及日圓即將貶值。於是 2 月底開始，國際黃金
市場即已隱伏波浪的巨潮，3 月初又盛傳美國即將停止黃金出
口，瘋狂的搶購黃金風潮又再度掀起。

　　在倫敦的黃金市場，3 月 5 日售出黃金 30 噸，6、7 兩天
各售出 40 噸，8、9 兩天各售出 20 噸及 80 噸。3 月 9 日美國
聯邦準備銀行總裁馬丁親自參加在瑞士巴塞爾舉行的國際清算
銀行的定期會議，由於馬丁已有一年未親自參加是項會議，使
敏感的投機者認為美國的黃金政策將要改變，是以當天黃金的
銷售量亦繼續增加。會議後，10 日所發表的黃金中心 7 會員
國的聯合公報聲稱：「倫敦黃金中心的 7 國中央銀行總裁重申
決心繼續支持 1 盎斯 35 美元的黃金價格。」然而，據稱是項
聲明較過去數次聲明的語氣為弱，投機者依然不願停止吸進，
11 日他們在倫敦市場吸進 50 噸；12 日比較平靜，13 日更增
至 150 噸，已超過歷來記錄，而 14 日據稱更瘋狂地增至 200
噸至 400 噸之間。在這時候，美國財政部及聯邦準備銀行不得

不透過越洋電話與黃金中心各會員國協商，協商的結果是：15
日開始暫時關閉倫敦黃金市場，及 16 日各會員國中央銀行總
裁將在華府會商對策。

　　面對瘋狂的購金潮及倫敦黃金市場暫停營業，以及黃金中
心 7 國中央銀行總裁會議前，美國在短短的一日間，採取了立
即的反應，這些反應包括下列三項：

　　第一、財政部長富勒出席參院財政委員會表示，10%所得
稅附加稅在 30 天內通過是必要的；並且坦白宣稱這是保衛美
元所必需的戰爭稅 war tax。

　　第二、聯邦準備銀行總裁馬丁批准將貼現率自 4.5％提高
至 5％，為 40 年來之最高水準，希望藉高利率吸引資本流入。

　　第三、美國參議院經開會至深夜，以 39 票對 37 票些微
之差通過取消 25％之美元黃金準備的提案，使得美國全部 114
億美元的貨幣性黃金均能用於應付美元的兌換。

　　緊接著，黃金中心 7 會員國中央銀行總裁經兩天的會議之
後。17 日發表聯合公報聲稱：（1）黃金中心不再對倫敦及歐
洲市場供應黃金；（2）繼續維持政府間黃金交易價格為每盎
斯 35 美元；（3）自由市場的黃金價格允許自由變動以適應投
機者的需要。亦即採取黃金二價制度。此外，（4）聲明並說：
「鑑於英鎊在國際貨幣制度中的重要性，與會的各國中央銀行
總裁已協議對英國提供進一步的協助：英國可以隨時獲得總數
40 億美元的貸款。」亦即以支持英鎊，穩固美元地位。

五、黃金二價及其將來

　　黃金二價在 1968 年 3 月中旬以前是不曾存在的名詞，而其將來究竟能持續多久，仍然是一個尚未能解開的謎題。就前述黃金風潮的瘋狂發展來看，黃金中心的會員國既無法忍受因投機性搶購黃金而使其貨幣性黃金枯竭，例如 1967 年第 4 季，義大利即向美國兌換 8,500 萬美元的黃金，以補充其因黃金中心售金攤額而減少的黃金準備的一部份。而美國亦不能停止售金，因為這樣一來不但對國外所持有的美元兌換權不能交待，對國外所負的短期債務不能清算，而且亦幾等於承認美元擋不住搶購風潮，幾與承認正式貶值相同。同時，美國更不能宣佈貶值，因為這樣將對不住長久以來與其合作維持金價的盟國，更將鼓勵投機的狂潮，使國際黃金投機者收到利益。因此，唯一的辦法便是在加強美元或貶值之間覓求緩衝的機會，黃金二價制度便是這個緩衝期的辦法。

　　所謂黃金二價制度，簡單地說：黃金有兩種價格，一種是限於各國中央銀行間的交易，每盎斯黃金仍維持 35 美元的價格；一種是自由市場上的民間交易，價格自由決定；未設上下限。在黃金二價制度下，黃金的交易已有新的限制，在各國中央銀行間的交易方面，兌金限於正當用途；在自由市場方面，以 4 月 1 日復業的倫敦市場為例，英格蘭銀行規定，除事前獲得該行核准外，經紀人不得經營期貨交易，而且各特許銀行不得對非英國居民貸與外幣或接受以黃金抵押融通外幣用於購買黃金；同時，組成倫敦市場的五家金商已決定自 4 月 1 日起對買主抽取 0.25％的佣金，對賣主不收佣金（按過去買賣雙方均各收 0.25％的佣金。）藉以鼓勵賣出，壓制買進。此種新限制

與規定帶有打擊投機的作用。

　　根據報載，自決定採取黃金二價制度之後，黃金投機風潮已漸趨平穩，歐洲自由市場的黃金價格已自瘋狂時的最高紀錄每盎斯 44 美元降為 38 美元至 40 美元之間，交易量亦已漸恢復平常水準。然而，這種平穩狀態究竟能維特多久？最近三度搶購黃金風潮的史實告訴我們，每一度瘋狂的搶購黃金之後，只要有夠堅強的反應措施，投機者便要停止其攻勢，而不久又有新的謠言和新的攻勢。

　　雖然黃金二價制度已創立了兩個分立的市場，但正如弗利德曼教授（M. Friedman）所指出：1 盎斯 35 元的金價將是幾無交易的一個純保顏面的姿勢（a pure face -saving gesture），黃金的價格實際上將由自由市場來決定。因為黃金中心既不對自由市場供金，各中央銀行相互間的供金行為又要避免及監督沒有套利的情形，技術上的困難依然存在，以 35 美元兌換 1 盎斯黃金的交易將不甚容易發生，所以黃金的價格實際上已由自由市場決定了，而自由市場的金價如果與官價相距太遠的話，維持官價的技術困難又要更加嚴重，既然如此，自由市場的金價是否具有揮發性，是否能回歸官價水準，對於黃金二價制度的存續時間便有決定性的影響。

　　決定自由市場黃金價格的因素很多，下面擬提出幾點較為重要的因素來討論：

　　第一、自英鎊貶值至倫敦黃金市場關閉前一天，投機者總共吸進了值 25 億美元的黃金（據報載美國售出貨幣性黃金共值 17 億美元，則其餘當係黃金同盟其他 6 國所售出之攤額部

分），這些投機者所吸進的黃金大部分係賒進的，在未來數週間將陸續拋出，所以在剛推出黃金二價制度時，自由市場的黃金價格始有逐漸跌回的現象。然而，這種回跌只不過是短期現象，就長期而言，自由市場的黃金價格將仍由供給和需要來決定。

在需要方面，工業用、裝飾用、窖藏用及投機等為主，近年工業用黃金常佔年產量的一半左右，且以年率 12％ 的速度擴增中；至於後三個去處在這次黃金風潮中購進大部分，但其正常需要究竟多大，迄無可靠統計，大體上黃金價格的安定與發展中國家的穩定成長都能緩和這方面需要的增加。此外，各國貨幣性黃金將如何發展亦對需要面有擴大影響。

在供給方面，各國中央銀行既已停止對自由市場供金，其來源只有依賴自由世界的生產及蘇俄的售金；在自由世界的生產方面，自 1964 年以來即幾呈停止增加狀態，其中四分之三係由南非聯邦所生產，南非政府是否按官價售金給各國中央銀行，或者在自由市場售金，對於市場價格將會有極大的影響力；其次，自 1965 年售出值 5.5 億美元黃金後迄未售金的蘇俄是否供金及在何市場供金亦具有不可忽視的影響。

要言之，需要有增無減，供給則無顯著增加跡象，自由市場的黃金供需是否能平衡頗值懷疑；尤有進者，目前各國黃金的生產成本大多高出 35 美元官價甚多，對於自由市場黃金價格亦是一大沈重壓力。

第二、前已言及，美國國際收支長期惡化的結果，使大量美元外流，自 1960 年左右即已普受全世界的注意，過多的美

元流散海外不免要引起對美元兌換權的懷疑。在 1960 年 10 月發生搶購黃金，美國為對抗當時的投機者，聯合歐洲 7 國在翌年共同籌資成立黃金中心時，美國的貨幣性黃金仍有 194 億美元，而在國外的美元及短期負債只有 186 億美元，拋售至最後 1 盎斯黃金的口號對投機者的嚇阻力量依然甚大，黃金中心各會員國亦能相信美國的力量。

然而，到 1968 年 3 月中旬的黃金風潮時，美國的貨幣性黃金存量只有 114 億美元，而外人所持有的美元則增至 357 億美元，難怪搶購黃金的人一直認定美元終將屈服，而黃金中心各會員國亦感到勉強支持有力不從心之感。由此可知，由長期國際收支所造成的美元過多已構成了嚴重問題，美國在對抗各次黃金潮所採的措施亦以改善國際收支為主。然而，今後美國國際收支是否能夠改善呢？

若僅就國際收支而言，誠如故甘迺迪總統所說，美國可在一夜之間消除國際收支赤字。不過正因為國際收支所牽涉的問題太廣，所以始終不能將國際收支赤字消除。就目前來說，今後美國若要改善國際收支，至少有下列四項困難等待解決：

（一）自 1961 年以來，以減稅、增加政府支出及放鬆信用等膨脹性政策促進國內經濟成長，在擊退經濟衰退及創造長期繁榮上固有不可磨滅的貢獻，然而卻使國際收支更加惡化。目前美國政府所採取的緊縮措施，例如 10％所得稅附加稅、國會要求政府大量減少政府支出、貼現率及存款準備率之提高等緊縮措施，正與促進繁榮的措施相反，這種相反的措施能否將繁榮在面臨通貨膨脹中剎住，對 1968 年的美國經濟將是一

個緊要的考驗，對於世界經濟亦將有若干可能的影響。

　　若以西歐各國的經驗來說，為克服 1958 年的經濟衰退，幾與美國同時採取膨脹措施，亦造成一時的繁榮，而在 1965 年中為避免緊接而來可能發生的通貨膨脹危機，西歐各國復緊縮財政金融措施，以致有 1966 及 1967 年的衰退，衰退成為克服通貨膨脹所不可或免。那麼美國的緊縮措施若帶來衰退，對於全世界又會有什麼影響呢？此外，尚應考慮的是迄目前為止，美國人民仍然反對加稅，因而迫使聯邦準備銀行不得不以提高貼現率作為緊縮措施的主力，則此種發展傾向又將是另一種影響。

　　（二）美國國內通貨膨脹的另一壓力是工資、價格、生產力的競賽。眾所周知，美國工會的力量甚為強大，而美國工人的工資即由工會與雇主討價還價所決定，與生產力的關係較少。因為工資上漲程度與生產力提高程度不甚對稱，近年來美國的工資及價格的螺旋式上漲趨勢相當嚴重。對於美國的輸出發展頗為不利。最近西德的韓教授（L. A. Hahn）即曾率直地指出，防止工資上漲，不但可有效壓制美國的通貨膨脹，對於改善國際收支亦甚有裨益。然而，美國對於工資上漲壓力似不易解除，只好求諸貿易限制的下策。據報載，美國政府正在研擬對輸出補貼及對輸入課稅的辦法，這種政策對於世界貿易將有不利的影響，頗值我們提高注意力。

　　（三）對外軍事及經濟援助問題。大部分的美國軍經外援均係基於政治及軍事立場而進行的，而國際收支的調整則是經濟問題。然而，多數的西歐國家則不能諒解美國的軍事援外政

策，特別是對越戰的持續最不以為然，好似美國因越戰而引起的國際收支赤字將要由西歐國家承負部分一樣。以 1967 年為例，全部國際收支赤字 36 億美元中，據估計有 15 億美元係因越戰而起，美國改善國際收支赤字的努力，便針對擴大貿易順差及限制資金外流著手，使得西歐諸國不免有煩言。事實上，越戰是否不再擴大是另一件事，假若美國政府不緊縮其支出，停止越戰雖能減少 15 億美元的國際收支赤字，但若美國政府將這筆支出用在國內，使得通貨膨脹繼續蔓延，其對外貿易情勢更趨不利，則國際收支依然不能獲得改善。

（四）在限制資金外流方面，美國正在進行中的有兩條主要路線：其一是限制對外投資及貸款；其二是限制國外旅行。關於前者已有比較具體的方案；關於後者則研擬中的有對國際航空機票課徵消費稅、海外購物免稅額自 100 美元降至 25 美元，海外旅行超過 500 元部分課稅等案。這些措施較易實行，而受影響較大的是西歐諸國，怪不得西歐諸國對美國採行這些措施要大感不滿了。

由此可知，美國改善國際收支的努力前途仍充滿許多困難；而且由於其改善措施中帶有通貨緊縮及保護主義的色彩，若干措施且對西歐大有影響，因此而使世界上大部份主要國家均趨向於採取緊縮措施以自衛，對於整個世界的經濟發展可能有相當大的影響。尤其是西歐經濟在 1967 年下半年始從短期衰退中逃脫出來，立即又遭遇到如此艱巨的挑戰，再度陷入 1966 年的經濟衰退似不無可能。這樣一來，亦將影響美國改善國際收支的努力。

　　最近，沙苗生教授（P. A. Samuelson）對美國國際收支問題持更悲觀的看法。據他的意見，美國國際收支問題主要是美國高估美元匯價的結果。因此，除停止越戰及採取美元對馬克等過剩通貨作 10% 至 15% 的貶值以消除美元高估外，美國無法終止其長期國際收支赤字。果而如此，則上述美國改善國際收支努力的可能收穫並不大。最後，在無法收拾的情況下，美元若經協商而貶值，則美國的問題或可解決，而整個世界的貿易與經濟均將陷入紛亂的調整期，尤其是以美元充當準備的國家為然。此種可能發展趨向是最值我們密切注意的。

　　第三、3 月 29 日在瑞典斯托庫荷姆舉行的 10 國集團財政部長會議，原來準備就擴大國際清算工具以彌補美元、黃金及國際流動性之不足，討論 1967 年國際貨幣基金年會所通過的特別提款權的具體實施方案，但法國獨又在會中要求根本檢討國際貨幣基金制度及提高黃金價格，以製造黃金價格上漲的氣氛。因為特別提款權將是一種新發行的「紙金」，各國若能同意接受價值數百萬美元乃至於數千萬美元的「紙金」，將之視同黃金一樣，則國際信用工具擴增，不但有助於國際貿易的發展，而且將可能逐步將黃金與貨幣的關係隔離。這樣一來，對於自由市場黃金價格的安定當有極大的貢獻。不過就目前的情況來說，短期內除了心理影響較大外，對基本問題似仍未有深入的影響。

　　第四、為了穩固英鎊的地位，英國工黨政府，除了自黃金中心其他國家獲得較大的貸款額外，不但決定提早自遠東撤軍，而且在 3 月下旬提出其 30 年來最緊的預算，要求凍結工

資，實際上即降低生活水準，希望藉這個嚴酷的措施使日愈消沈的英國經濟獲得新生機。就其歷史發展而言，英國的經濟和政治地位均在下降中，英鎊在國際金融中的地位是否能持續下去將要看英國的努力；而英鎊國際地位的持續對美元的價值將有相當大的影響，亦即對自由市場的黃金價格將有影響。

第五、此外，尚值得注意的是世界經濟力量正在轉變中，對於美元的價值亦有若干影響。在 1953 年時，歐洲諸國的國民生產毛額合計僅及美國的 56%，1960 年時亦只有 65%，但 1966 年已提高至 81%。假若將日本、加拿大及澳洲三國合併計算，則其比率更自 1953 年的 70%提高至 1966 年的 104%。此種事實顯示美國經濟力量在世界上的比重逐漸下降，假若美元的價值係以其龐大的生產力作為支柱的話，此種經濟力的相對降低，亦足說明美元地位較前軟弱的一部份原因。其次，再以貨幣性黃金存量來說，在美元不足時期，大部分黃金均集中美國，美元地位當然相當穩固，例如 1951 年美國存金有 228.7 億美元，歐洲工業諸國只有 43.6 億美元；而緊隨著美元過多的發展，在 1967 年底，美國存金只有 120.6 億美元，而歐洲工業諸國存金則增為 191.7 億美元。由此可知，美元地位已較前軟弱的現象了。

由上述各點可知，實施黃金二價制度期間，美元需要加強，國際信用工具需要擴張，自由市場的黃金供需要平衡，黃金的自由市場價格即決定在這些因素的強弱變化，而二價制度的持續則要依賴自由市場金價的穩定與趨跌，否則二價制度因技術上的困難將不容易維持。

六、結語

綜上所述，戰後國際搶購黃金的風潮愈演愈熾，雖說是由投機者從中鼓動為搶購風潮的主力，然而根本上的問題則是人們對於 34 年來一直不變的黃金官價已經開始重估。造成這一重估心理的因素很多，其中較為主要的是黃金的生產成本早已在官價以上，世界經濟力量已開始分散，美國長期國際收支惡化使美元從不足發展到過多，世界貿易經濟續在成長中等因素，由於搶購之風非常熾烈，最後終於不得不採取黃金二價制度，承認自由市場的黃金價格，希望藉這調整期間加強必要措施，再作適當的安排。我們相信，黃金二價只是暫時的過渡辦法，除非貨幣能擺脫黃金的束縛，兩種不同的金價最後仍將統一，至於金價將訂於那一水準則不是本文所願作臆測的。

在這黃金風潮暫時平靜的過渡時期，世界的經濟學者面對黃金風潮的經驗，為根本解決今後可能復發的危機以適應今後經濟發展的需要，有兩件極為重要的課題正擺在面前：

第一、在布列頓森林協定後的 24 年，國際貨幣制度面臨著嚴重的挑戰，國際信用工具的不足早已迫使國際貨幣制度作必要的修正，現在又加上黃金潮的衝擊，是否會藉此機會重訂國際貨幣制度，將兩個問題合併解決，這將是首要的課題。

第二、面對改善國際收支的要求，美國已逐步採取緊縮措施，世界各主要國家亦有採取同樣措施的趨勢。這樣一來，過去各國藉膨脹而創造的繁榮，是否可因緊縮而將與繁榮同時發生的通貨膨脹加以克制，將是一個重要的考驗，亦是經濟理論上的一大課題。固然 1965 至 1967 年間歐洲的緊縮並未釀成蕭

條的巨災，可說成功地擺脫通貨膨脹的危機，然而我們不得不指出，在那段時間美國仍處膨脹中，美國持續擴張的需求對當時歐洲經濟不無助益，現在所面臨的世界性緊縮趨向則是一次新的挑戰，凱因斯經濟理論與傳統的學說又放在同一戰場上，會戰的結果對於經濟理論的發展會有什麼影響，也是極待密切注意的。

【《國際貿易月刊》，第 13 卷第 4 期，1968 年 4 月。】

法郎危機試析

　　1968 年 11 月和 1967 年 11 月，國際貨幣關係呈現同樣的多彩多姿的危機。去年因英鎊貶值而導致黃金風潮與黃金二價，紙金計劃亦因而加速推進，其發展多少有脈絡可尋。然而，今年的新情勢則充滿意外和驚奇的成分，法郎在該貶值的時候，卻宣佈不貶值，恰似在國際貨幣關係上拋來一個威力強大的炸彈，使多數國家的金融機構和金融專家都有措手不及的感覺。尤其是，國際金融投機者在去年黃金風潮中著實撈了一票，而今年的法郎危機卻因戴高樂總統魔術杖指向另一個方向而輸了一把米；雖然他們的損失較之一年前的利得為小，但仍難免希冀找機會覓取補償。因此，在動盪不安的國際貨幣事務上又增加了不少的擾亂因素。

　　對於這次耐人尋味且有重大影響的法郎危機事件，報章雜誌已有許多精闢的分析和詳盡的報導。月前法郎的情勢仍曖昧不明，這篇文章僅根據現有情況作概要的敘述，雖然作者期望能將更深入的分析貢獻給讀者們，為著學識上的限制，也只能勉力而為吧！

一、法國經濟和法郎危機

　　自第二次世界大戰以後，法國的法郎共作七次的貶值，雖然其中只兩次經國際貨幣基金之同意及一次在法郎設定平價之

前。不過，值得注意的是，自 1960 年元旦最後一次貶值以來
（尤其是 1961 年 2 月法國參加第八條款國以來），法國經濟
即在穩定中繼續發展著，甚至在去年英鎊危機時，法郎亦被認
為是強力貨幣之一。因此，法郎危機與其說是種因已久，不如
說是晚近法國經濟變動所引起的。其較主要的原因如下：

第一、本年 5、6 月間的罷工。根據經濟合作暨開發組織
的報告，5、6 月間法國罷工風潮規模之大，在法國甚或經濟
合作暨開發組織其他會員國的經濟史中，均找不出足以比擬的
前例。總數 1,500 萬人的薪資收入者中，有 1,000 萬人罷工三
星期以上，罷工範圍擴及大部分製造業及營建業，各種服務業
亦受到不同程度的影響，多數公務員罷工，鐵路交通且亦一度
中斷，銀行保險及其他服務業的罷工時間較短，零售業及商品
運輸所受影響較輕，農業則實際上未受影響。因此，製造業年
產量的 4% 至 4.5% 及營建業年產量的 3%，均因罷工而損失，
據統計國內生產毛額約損失 6%。這是自 1961 年以來最壞的
經濟情勢。

然而，因罷工所引起的最大問題是：工資上漲將導致物
價上漲，國內物價上漲則為貨幣對外價值降低的主因之一。自
1963 年以來，法國生活費指數即相當安定，在歐美經濟上已
開發國家中，可說是最安定者。以 1963 年 12 月為 100 的生活
費指數，至 1967 年，法國與美國同為 109；西德為 111；英國
及義大利同為 116；日本為 125。然而自 1968 年開始，大多數
西歐國家的生活費指數的年上漲平均已降低，法國反而提高至
4% 的年增率，幾乎已居於領先的地位。而罷工風潮後，平均

工資增加率達 10％以上，因而生活費用指數的年上漲率更提高至 7.5％左右。一年間的物價上漲，幾近於過去 4 年的上漲率，其通貨膨脹之情勢已甚顯著。

第二、由罷工及物價上漲所引致的問題是國際收支情況的惡化。最近兩年，法國國際收支情勢已較 1965 年以前為差。在商品輸出入方面，輸出雖繼續擴大，但輸入增加尤快，商品貿易順差自 1965 年的 6 億美元降為 1966 年的 1 億美元，1967 年再升為 2 億美元，1968 年第一季又升為 1 億 5,000 萬美元，已有復甦的跡象。但隨著罷工風潮的來臨，據估計全年商品輸出入若能維持平衡已算難能可貴了。

在勞務收支方面，隨著北大西洋公約總部的撤出，自 1965 年的淨收入 1 億 5,000 萬美元，降至 1966 年的 5,000 萬美元。此項局勢在 1968 年第 1 季曾有轉佳的跡象，即淨收入 5,000 萬美元。但在罷工後，據估計全年淨支出可能將高達 4 億 5,000 萬美元。換句話說，其經常帳的收支，已自 1965 年的 7 億 5,000 萬美元順差，轉為 1967 年的 5,000 萬美元的逆差，而 1968 年的逆差額估計高達 4 億 5,000 萬美元。就最近的發展情勢而言，此項經常帳交易的估計似過度樂觀，經常帳之逆差似正在擴大中。

第三、5、6 月罷工期間，法郎即已呈不穩狀態。法國政府不得不打破 10 年不與國際貨幣基金交易的沉默，分別於 6 月 4 日及 17 日各提款 7 億 4,500 萬美元及 1 億 5,000 萬美元，合計 8 億 9,500 萬美元，以維持法郎的價值。

同時，自 5 月 31 日開始採取外匯管制措施。並於 7 月開

始陸續公佈各項有關措施，其中最重要的包括：（1）每人每次國外旅行費用限制為 1,000 法郎；（2）進口數量限制；（3）出口補助金；（4）優惠輸出貼現率自 3%降為 2%。而在國內政策方面，亦採緊縮措施以安定國內經濟，俾輔助改善國際收支的困難，其中主要者有：（1）7 月 3 日貼現率自 3.5%提高至 5%；（3）增加農業輔助金 12 億法郎，以安定農產品價格；（4）增稅；（5）限制價格上漲等。此外，7 月 10 日，與歐美各國中央銀行及國際清算銀行簽訂一項 13 億短期貸款，作為必要時法郎價值之用。

雖然有這些措施作後盾，法國罷工所帶來的威脅一直不能消除。國際投機家正注視著這個不穩定的投機市場，希望在適當的良機下，再展身手。果然，經過 3、4 個月之久，這些措施在對付罷工及提高工資的影響上顯得不夠有力。其經常帳交易的逆差額較最初估計者高得多，因而短期資金便開始外流，使得法蘭西銀行的黃金及外匯存量開始大量減少，投機氣氛幾已成熟。

第四、特別是今年 10 月第二次提高工資（依罷工後的格雷尼勒協議書之規定，工資係分兩次提高），國內成本加重，國內短期資本不免開始產生疑懼，保值傾向提高，因而有 11 月 12 日的法郎危機。緊接著法國政府在同日晚間採取了堅強的支持法郎的貨幣政策。其中較主要的有：（1）法蘭西銀行貼現率自 5%提高至 6%，為 1937 年以來的最高貼現率；（2）各銀行的存款準備金自 4.5%提高為 5.5%，（3）銀行短期商業信用之增加。

這些措施的緊縮性較 7 月初所公佈者為嚴厲，並決定至少一直延續至 1969 年 1 月底。為維持幣值之穩定，通常的緊縮信用常有良好的效果，然而在投機氣氛濃厚的情況下，愈激烈的緊縮措施，常引起更大的懷疑，1967 年底的英國即是顯著的一例。所以，在宣佈提高貼現率後，投機者經短期躊躇，自 16 日至 18 日的三天內，竟將 18 億法郎換成馬克。情勢緊張，使得 10 國集團不得不開會來商討解決途徑。法郎雖非國際關鍵貨幣，終於也掀起了本年度危機的新序幕，也可以說去年幕後主角之一，終於也變成了幕前主角了。

二、10 國會議及其爭執

11 月 20 日，比、西、法、英、義、日、加、荷、瑞典及美國等 10 國財金首長在西德波昂集會，會議的主題當然是法郎危機。然而，法國立即抱怨實際價值已超過面值的西德馬克，成為投機者爭購的對象，因而要求西德馬克升值。因此，法郎危機連帶地變成了馬克升值的問題。究竟馬克應當升值，或者是法郎應當貶值，或者兩者並行，在會議中成為爭執的焦點。

現在我們應首先觀看西德的經濟情況。戰後西德經濟復興迅速為有目共睹之事，其馬克在 1961 年 5 月升值係國際貨幣基金成立以來，唯一曾經升值的貨幣，最近常被認為是國際上最強力貨幣的代表。使其貨幣地位強固的主要理由有二：第一是西德的物價安定，與其他各已開發國家的溫和通貨膨脹相較，西德的物價相對上非常安定。再者，因為物價安定，對其

輸出最為有利，所以西德的對外貿易順差大致有逐年擴增之
勢。

　　就 1961 年馬克升值後的情形來說，最初雖因升值的影響，
使其經常帳之順差自 1961 年的 18 億美元降為 1962 年的 7 億
美元，其後各年均不能恢復 1961 年的水準，1965 年且有 1,000
萬美元的逆差，使國際敏感人士認為西德復興奇蹟已經消失。
惟 1966 年西德之經常帳順差立即恢復至 17 億美元的水準，
1967 年更增至 40 億美元以上，1968 年上半年為基礎所作的
年率估計，經常帳順差亦仍有 40 億美元。換句話說，西德的
國際收支不但恢復過去的順差，甚且展示了更強大的優勢。例
如，1960 年與 1968 年，西德國際流動能力同屬世界第二，但
1960 年時只及佔第一位的美國之三分之一稍強，但現在則已
及美國的三分之二。這種堅強的貨幣為什麼不升值呢？

　　西德反對馬克升值的表面理由有三：第一、這次世界金融
危機的禍首，並非堅強的馬克，而是疲弱的法郎；第二、一個
具有健全經濟的國家不應因其他國家無法解決其經濟困難而受
到懲罰；第三、西德目前的經濟景氣和國際收支順差的情況，
與 1961 年時大不相同。先就 1961 年來說，當時的經濟景氣為
長期趨勢的一環，其國際收支之順差，除經常帳之順差外，長
短期資金淨流入亦多。

　　但目前的情況則大為不同，經常帳之順差大多係因對美國
貿易的鉅額順差所造成，美國經濟是否繼續繁榮，或美國的貿
易政策均能影響此項順差之大小；尤有進者，近年西德長短期
資本已有大量淨流出的現象。所以，西德財金首長力排升值之

議。嚴格地說，1961 年 5 月之升值，使西德經濟立顯衰退趨勢的教訓，使得西德財金首長不敢再作新的嘗試。

再就法國經濟而言，法國經濟原來雖非暢旺，但也不是疲弱。近年國際收支的順差的縮小並未有多大影響，1967 年底其國際流動能力仍有 69 億美元，僅較西德略小 11 億美元，其所持有的黃金值 52 億美元，尚較西德多 10 億美元。換句話說，在罷工前，法國在國際貨幣事務上仍有咄咄迫人的能力。即使在罷工結束後，根據經濟合作暨開發組織的估計，法國經濟及國際收支因受影響，在合宜措施的指引下，期以一年的時光，未始不能恢復舊觀。問題是國際投機家的推波助瀾，短期資金巨量的逃避，使得其國際流動能力大為降低，由 6 月底的 55 億美元，而 7 月底的 48 億美元，至 11 月中則只有 40 億美元左右。成為國際投機家手下的犧牲者。

事實上，英國的經濟情況與目前的法國相較相去不遠，其嚴苛的財政措施對英國經濟的長期疲弱及國際收支的基本失衡並沒有多大的挽救能力。因此，假若國際投機家希冀獲利的話，其長期投機對象應以英鎊為目標，可惜的是法國 5、6 月的罷工，10 月的工資提高和隨之而來的年率 7%的物價上漲，恰形成了短期的有利投機的環境，因而龐大的短期資金大多棄法郎而就馬克。就法國政府來說，法郎危機是短暫的，其形成原因是西德堅持維持其已超過面值的貨幣平價。假若法郎需要貶值，則英鎊，甚至美元也均應貶值。因此，馬克升值與法郎貶值在會議中成為主要的歧見。

會議的結果，並沒有提到升值或貶值的文字。但是據公報

及其他消息報導，下列事實則是肯定的：

第一，法國取得了 10 國信用貸款 19 億 5,000 萬美元、國際清算銀行貸款 5,000 萬美元，以及國際貨幣基金特別提款權項下的 9 億 8,500 萬美元（等於法國在國際貨幣基金配額的總數，特別提款權需經總表決禮 85％之同意始能動用。）在這 30 億美元的援助下，其法郎信用已勉可維持。

第二，德國宣佈進口減稅 4％，出口加稅 4％，即相當於升值 4％（當然不同於升值，升值係變更平價，不易再降回；增減稅率係行政措施，能隨時取消。）增加進口機會，提高他國出口的競爭力，稍緩其經常帳的巨額順差。

第三，貸款援助及德國的犧牲均不附帶條件。但是在 22 日會議公報發表後，西德財政部長史特勞斯宣稱：法國的法郎將貶值，其貶值率將由法國內閣決定。同時，他又指出貶值率將為 10％，而非 15％。於是 11 月 23 日（星期六），全世界都在等待法國法郎貶值的宣告。

結果是令人感到意外和驚奇的：法郎不貶值。

三、法郎不貶值和法國之對策

當日，法國內閣經過四小時的內閣會議，決定法郎不貶值的決策與馬克不升值形成針鋒相對的局面。至於將採取何種措施來支持其不貶值的決定，則有待陸續公佈。

法國政府所提出的第一項對策是：削減預算赤字，如若干軍事、大學教育等支出，俾使 1967 年預算赤字自 23 億美元減至 13 億美元。第二項對策是：更嚴屬的外匯管制。法國人和

旅居法國達 6 個月以上的外國人，以及訪問法國的觀光客，均只限制帶 200 法郎（40 美元）現金出境。他們不准攜帶值 500 法郎以上的外幣出境。法國商人則特准最高攜帶值 2,000 法郎的旅行支票出境。第三項對策係：減稅以鼓勵輸出。其第四項對策係：除格雷尼勒協議書所規定的工資增加外，不許再增加工資。

這些對策似乎不夠嚴厲。在節流方面，或許形式上還說得過去。例如，限制出國旅行費用較易實現；削減財政赤字，在目前物價及工資上升壓力中似不易實現其計劃。在開源方面，仍屬乏力。例如，工資仍可增加（在許可情節上），對原已不夠力的鼓勵輸出措施可能再有抵銷作用。不過，這些措施的背面似乎以心理因素居多。戴高樂總統宣佈法郎不貶值的用意似乎是希望法國人能對自己國家的貨幣恢復信心，把外逃的短期資金再流回法國。事實上，如前面所提及，法郎之危機以其短期資金流出為主因之一，若短期資金能夠回流，法國經濟再經歷一、二年的緊縮與奮發，不難恢復其原來的國力。

在國際上，部分人士認為法國的保衛措施將不易實現，其主要理由有二：第一，再調整工資以來，法國生活費上漲幅度甚高，其對外價值實際已貶低；故三、五個月以後，可能將被迫貶值。關於這項理由，似乎未曾考慮本年的上漲率雖較高，但過去三、四年，其上漲率並不高，其目前的生活費指數（以 1963 年 12 月為基期）仍只與各已開發國家接近而已。在輸出競爭方面固有困難，但絕不是不能克服的。第二項理由是：過去英鎊危機時，英國也曾堅持英鎊不貶值而採取類似的措施，

但並沒有成功。最後還是要貶值。

持這項理由的人士大致上低估了兩項事實：一項是英法國際收支困難的背景大不相同，英國是長期的病態，而法國則是短期的失調，兩者雖有相同的處方，但是否有相同的結果，則不能斷言太早；另一項事實是英鎊係關鍵貨幣，其外人持有量甚多，資金是否回流，大部分操在外人手中；法郎雖有一部分操在外人手中，但大部分外流資金卻由法國人持有，資金較易回流。此外，以法郎與英鎊相較，法國現在可動用的 60 餘億美元的黃金與外匯似尚足支持法郎，而同一數目的資金則不夠支持英鎊。

部分人士則認為只要（1）短期資金能回流或加以控制；（2）法國能增強輸出能力；（3）各國繼續支持；（4）法國人民及法郎非常有信心，則法郎便可度過短期難關。因為這些因素，在目前尚不足以看出其正確的趨向，所以也就不易下結論。大致上，這些人士認為法國忍受一段期間的痛苦後，終能度過難關的。

四、法郎危機的意義

自 1944 年布列頓森林會議以來，國際貨幣事務即承繼戰前而續有爭論。即使與會各國同意設立國際貨幣基金，並且基金自 1946 年即開始營運，但爭論迄未停止，且有變本加厲之勢。在這些爭論中與法郎危機比較接近的有兩項：第一，固定平價的真實意義究竟是政治的，還是經濟及金融的。第二，在現貨交易上，與固定平價間是否可以有更大的彈性。當然本文

的主要目的不在於處理這兩個問題，以下稍作解釋，或許能有助於進一步地發掘問題。

先就固定平價來說，按照基金的規定，國際收支短期失衡係以資金融通為協助手段；國際收支長期失衡，則可改變平價，以資調整。雖然基金並不鼓勵調整平價，但若干國家在其長期國際收支失衡時，常因政治上的理由而不願改變平價，因而各國貨幣間的實際價值與其制定平價時，已有較大的差距，其差距愈大，對國收支失衡的影響愈深，最後必然演變成較大的國際通貨危機。嚴格地說，自 1961 年以來，此項危機即已潛伏著。最近兩年不過是表露化而已。

其次，對外匯市場現貨交易的變動彈性來說，由於絕大部份的通貨都不會升值，故投機者常可在貶值範圍內作較小的最高風險估算，進行其投機活動。這便是戰後國際貨幣投機盛行的原因之一。尤有進者，固定平價因缺乏變動彈性，當一國通貨價值貶低時，常缺乏可靠的市場價格資料，其貶值幅度通常是在暗中摸索，不容易確定合宜的貶值範圍，若貶值幅度過小，常不能改善其國際收支基本失衡；若貶值幅度過大，或將引起貶值競爭，更易激發投機活動。

因為有這兩項原因，即使法郎危機已有使法郎貶值的情勢，但國際貨幣當局也不能證明法郎究竟應作何種程度的貶值。更何況國際主要貨幣中，又非只是法郎有困難。即令英鎊的疲弱不說，美元的堅強程度亦屬可疑狀態，國際貨幣當局更不易迫使法國政府就範了。

姑不論法國政府的決定是否妥適，及其對策是否有用，法

郎危機所帶來的根本問題，不是法郎是否貶值或馬克是否升值的問題，而是整個國際貨幣組織經歷二十年的營運後，似乎已面臨全盤衡量與改革的時機，至少有兩個重要課題是迫切需要解決的，其一是如何改革國際貨幣組織，以適應現在國際流動能力的要求，其二是基金平價之衡量與調整。

改革國際貨幣組織的呼聲幾與國際貨幣基金有相等的歷史，已經出現的方案亦不在少數。簡單地說，由於現行國際流動能力的缺乏，改革國際貨幣組織已是刻不容緩之事。改革之道不外乎是調整現行組織，或者是另起爐灶。究竟將如何改革，並非本文所宜討論。

在基金平價方面，前面已經指出，經歷二十年來的發展，各國之間的物價水準、通貨膨脹壓力、財政收支情況、國際收支情勢、國際流動能力等的變動差異甚大，早期所設定的基金平價已不切實際，在調整現行國際貨幣組織之時固應考慮全面調整，就是另籌新國際貨幣組織時，更應設想更好的辦法，避免現行固定平價所遭遇的各項困難。

要言之，法國經濟在世界經濟上的比重雖然不高，其目前對外貿易的金額約只及世界貿易總值的 6%；其國內生產毛額亦只佔世界的 5%。然 11 月的法郎危機可說是國際貨幣組織的警鐘，國際貨幣當局似不宜等閒視之，我們也不能不密切注意其可能的變化。

【《國際貿易月刊》，第 13 卷第 12 期，1968 年 12 月。】

特別提款權是什麼？

　　本年 9 月 25 日，國際貨幣基金（International Monetary Fund，簡稱為 IMF）[1] 在肯亞內羅畢召開的第 28 屆年會，以「特別提款權」（Special Drawing Right，簡稱 SDR）替代黃金作國際準備資產的建議，引起熱烈的討論。20 國財政部長委員會已同意在明年 7 月底以前，對這個改革國際貨幣制度做最後協定。「特別提款權」在今後國際貨幣制度上將扮演積極而重要的角色。這個習慣上被叫做「紙金」（paper gold）的新國際準備資產究竟是什麼？是如何以及因何而產生？在國際貨幣制度上扮演著何種角色？其前途如何？本文是用淺近的文字來詳盡說明這些問題。

　　社會上的每一個人要維持其日常生活上交易能順利，通常手中必須有若干數額的現金。根據經濟學家的觀察和研究，一個人保有現金數額的多寡，通常和他在一定期間所做的交易量有一定的比例關係。倘若這個比例數是十分之一，則在這一定期間完成 1 萬元交易量的人，他經常在手中必須有 1,000 元。

　　倘若他保有的貨幣量多於 1,000 元，他會覺得過多的部分若能買進其他生利資產，便可以增進他個人的利益，反之，倘

1　係 1944 年 7 月布列頓森林會議，為解決戰後匯率穩定及處理會員國國際收支問題設立的國際貨幣機構。原始會員國有 44 國，我國為其中之一。

若他保有的貨幣量少於 1,000 元，例如只有 900 元，他會覺得他的某些交易行為會窒礙難行；在某些場合，甚至會失去討價還價上的便利。這種假定的十分之一的比例便是個人的流動性。一旦個人的交易量增加，例如增加為 10 萬元，則他手中經常所應保有的貨幣量便應增加為 1 萬元，才能維持他的流動性，不致失去有利的交易機會。

國際流動性不足

國家與國家之間也有貿易行為。要使國際貿易進行順利，國家也須保有一定數額的國際準備資產。這個國際準備資產的多寡當然也需與其對外貿易量保持一定的比例關係。整個世界是各國的總合，整個國際準備資產存量也應與全世界的貿易量維持一個適當的比例。當然，多年來經濟學家們曾經構設若干模型，要計算出一個最適宜的國際流動性比例，迄今卻仍沒有一個被共同接受的模型或最適當的比例數字。使我們無法知道究竟在何種情況下，國際流動性才是充分而可靠的。雖然如此，最近二十年，國際流動性比例降低以及國際準備資產結構惡化，都被認為是國際流動性不足的跡象。

簡單地說，在特別提款權創設之前，國際準備資產有三項主要構成分：第一，各國中央銀行所保有的貨幣性黃金；第二，各國中央銀行所保有的美元、英鎊等外匯資產；第三，各國在國際貨幣基金的提款權（Drawing Right）[2]。其中黃金主要依

2　國際貨幣基金實際上是由各會員國所認識的黃金、美元及本國貨幣之攤額所構成的貨幣池塘。已繳攤額的會員國在國際收支發生困難時，可用其本

賴南非的年生產以及蘇俄的售金供應。這個供給年年增加率均相當有限，其中有一部分還會流入非貨幣用途，如飾物用、工業用及牙醫用等。因此，自 1954 年至 1972 年間，全世界貨幣性黃金存量只從 369 億美元增至 388 億美元。美元及英鎊等外匯資產則必須依賴美國、英國等國家的國際收支逆差，才會因美元及英鎊外流，增加世界各國的外匯存量。

提款金額很少會大增

自 1958 年以後，美國國際收支持續年年巨額逆差，使得世界各國所保有的外匯資產量自 1954 年的 183 億美元，增加到 1972 年的 958 億美元，成為國際準備資產的主要來源。各國提款權金額則與國際貨幣基金各會員國所認繳的攤額維持一定的關係，除非攤額巨幅增加，這個提款金額是不會大量增加。因此，如就黃金與外匯存量來觀察，在 1954 年時，黃金所佔比例是 37%；1972 年則降為 29%。這種現象顯示，國際準備資產結構惡化，降低了各國對美元及英鎊的信心，產生 1960 年代經常發生的英鎊危機、美元危機及黃金風潮等現象。

再從世界貿易的進展來看。自 1954 年至 1972 年間，世界各國輸入值合計數自 793 億美元增加到 3,850 億美元。黃金及外匯存量佔世界輸入值的比例，也從 67%降到 35%。不論國際流動性的最適比例究竟為何，這種顯著降低現象當可表示部分國際流動性不足的趨向，更何況外匯存量比例偏高能使國際貨幣制度不安定呢！

創造特別提款權

1960 年代初期，經濟學家即已看出這種國際流動性不足的危機：國際流動性的主要補充來源是被充當準備通貨的國家的繼續不斷的逆差，這種逆差又危及各國對準備通貨的信心，準備通貨國家的國際收支若獲得改善，固然有助於各國對準備通貨的信心，卻使國際流動性不能獲得補充。隨著國際貿易每年以大約 8% 的速度繼續擴張，這種國際流動性不足及矛盾現象愈嚴重，各國經濟學家及金融專家紛紛提出各種改革方案，極熱烈的討論這個意見。

1963 年國際貨幣基金華盛頓年會，多數國家的財政部長均認為國際流動性問題是迫切而重要的問題，決議責成基金會與 10 國集團[3] 分別對這個問題作深入的研究。1964 年遂分別有東京年會報告及 10 國部長巴黎報告。這兩個報告的共同特點是肯定了國際流動性的不足性，並提出了創造新國際準備資產的具體建議，這是後來有特別提款權的主要來源。

1967 年 8 月 26 日，10 國集團財政部長在倫敦開會，決議「自紙中創造黃金」（creating gold out of paper），以擴大國際流動性的計劃，產生特別提款權的概念，因此，特別提款權又叫做「紙金」。同年 9 月 29 日，里約熱內盧基金年會通過這個計劃。較具體行動則是在 1968 年 3 月 29 日到 30 日，10 國集團財政部長斯德哥爾摩會議中有具體討論。在法國採取保

國貨幣向基金購買所需要的各國通貨，這種購買他國通貨權稱為提款權。其最高購買限度為基金貨幣池塘中的該國貨幣額已達該國攤額之二倍。

3 10 國集團為美國、英國、德國、法國、義大利、日本、加拿大、荷蘭、比利時及瑞典。1964 年 6 月瑞士以諮議國身分參加 10 國集團會議。

留態度下，其餘 9 國同意發動特別提款權。

1968 年 4 月 16 日，基金執行幹事會通過國際貨幣基金修正草案；同年 6 月 3 日，基金理事會經投票正式同意創造特別提款權。惟修改基金協定條款尚需經多數國家及多數票決權批准才能生效；也須由擁有基金攤額 85% 以上之會員國向基金提出書面申請，表示願意承擔特別提款權的義務，並採取完成上述義務必須有的措置，始告成立。這些形式條件在 1969 年底完成。國際貨幣基金並且決定在 1970 年到 1972 年間創造 95 億美元的特別提款權。

特別提款權的內容

特別提款權是人為創造的。參加特別提款權的國際貨幣基金各會員國，共同在國際貨幣基金的當前一般信用供給以外，創造一種信用便利；這種信用便利對現有的國際準備資產來說，是半永久性的追加部分，可供長期使用。因此，當國際流動性發生不足的情況時，國際貨幣基金可透過分配方式，創造若干數量的特別提款權，以滿足國際流動性增加的需要，避免因國際準備資產不足而使世界經濟衰退或停滯。同時，在國際流動性過多時，則可停止創造，甚至透過取消方式，來適應國際流動性減少的需要，避免世界性的通貨膨脹危機。

因此，在 1969 年，當國際流動性呈現極度不足時，國際貨幣基金決定在三年間創造 95 億美元的特別提款權，來補充國際流動性的不足。可是，在這第一次分配基本期間內，美國國際收支繼續惡化。1970 年逆差 39 億美元，1971 年逆差 220

億美元，1972 年也逆差 140 億美元，使得國際流動性發生過剩現象，1973 年乃停止特別提款權的分配，惟過去已分配的特別提款權並未取消，目前仍可動用。

　　本質上說，特別提款權只是國際貨幣基金帳簿上的一種記錄，是用一個共同會計單位來表示的一種國際準備資產，附有黃金價值的保證，其每一單位的價值等於純金 0.888671 公克，與 1944 年的美元等值，即每 35 單位的特別提款權等於一盎斯黃金。保有特別提款權可保持其資產價值的安定。同時，為鼓勵各會員國保有特別提款權，國際貨幣基金並對保有特別提款權者給予適中的利息。在分配特別提款權時，基金要向接受分配的會員國收取若干手續費。目前手續費與利率均為 1.5%，會員國在其分配額內的特別提款權的利息收入，正與其所支付的特別提款權相互抵銷，只有超過其分配額者可享有利息收入。

志願參加分配提款權

　　原則上說，凡是基金會員國都可志願參加或不參加特別提款權的分配。願意參加者必須正式用書面送交國際貨幣基金，表示將依照該國法律，願意承擔參加特別提款權帳戶參加國的一切義務，且已採取一切必要步驟，準備履行其一切義務。在願意參加國數目達到基金票決權 85% 時，基金即可開始分配特別提款權。分配方式是以基金準備創造的特別提款權數目，佔分配前一日基金總攤額的百分比，乘以各參加國的攤額，即得到各該國家所能分配到的特別提款權數目。

　　例如，假若基金預備創造的特別提款權是 30 億，基金總攤額若為 100 億，則各參加國都可分配到其攤額的 30%的特別提款權，即若 A 國的攤額為 1 億，即可分配到 3,000 萬的特別提款權。換句話說，攤額較大的諸大國仍可分配到較多的特別提款權，小國（特別是各開發中國家）對國際流動性最感不足，卻不能享有較多的分配額。特別提款權一經分配，便在國際貨幣基金帳上記錄。一國一旦發生國際收支逆差，便得以其特別提款權向另一任何參加國家提取通貨。

　　因為特別提款權正如其名稱所表示，是以特別提款權為代價，自另一參加國家提取通貨（實際上，乃以提取美元為主）的「特別權利」，只要是國際收支逆差，就可不必經過國際貨幣基金的事前審查，而使用其特別提款權。要防止濫用特別提款權，對特別提款權的使用也有限制，其中最重要的是：在某一分配基本期間中，每一參加國家帳上的平均淨累積分配額不得低於其分配額的 30%；換句話說，其使用不得超過平均淨累積分配額的 70%。以上述 A 國所獲的 3,000 萬分配額為例，若基本期間為三年，則其累積分配額為 9,000 萬，平均累積分配額為 3,000 萬。

使用後仍要償還

　　這種情形下，A 國某年在帳上的分配額或可為零（即全部使用），但三年平均累積分配額卻不得低於 900 萬。例如，第一年全部使用，即帳上分配額為零，第二年為 1,000 萬，第三年至少須增至 1,700 萬。這種在使用後再恢復其一部分或全部

特別提款權的情形，便稱之為償還，即向某一參加國換回特別提款權。

發生國際收支逆差國家既能向另一參加國家以特別提款權提取通貨，就會發生究應自那一國取得通貨的問題。原則上說，國際貨幣基金須指定國際收支與準備狀況十分良好的參加國家作為提供通貨的國家。同時，為使長期間各參加國家保有的特別提款權能達到平衡分布狀態，準備狀況十分良好的國家即使是發生國際收支逆差，也可能被指定為提供通貨國家。

某一國家一旦提供通貨給使用特別提款權國家，便自後者取得特別提款權，而使其特別提款權保有額超過其分配額。但是一國並非負有無限制提供通貨的義務。依照基金規定，如果該國所保有的特別提款權達到其累積分配額的三倍，就無須再負擔提供通貨的義務。以上述 A 國所獲 3,000 萬分配額為例，如所持有之特別提款權達到 9,000 萬，就不再負擔提供通貨的義務，但是，倘若一國自願接受更多的特別提款權，則不在此項。

由此可知，特別提款權只是一種帳上的共同會計單位，它雖附有黃金價值保證，卻不能直接或間接兌換黃金。其用途在於補充國際流動性不足，便於計算國際收支差額，促進國際貿易進展。

特別提款權的將來

特別提款權可說是人類歷史上首度要創造真正國際貨幣的開始。倘若它能繼續存在下去，它將有助於合理解決國際流

動性問題，也可間接地促成各國國際收支的合宜調整。就晚近
的經驗來看，由於各國政府保有的貨幣性黃金已減少，美國國
際收支仍未能有效改善。美元又兩度貶值，使舉世對美元的價
值失去信心，加強了以特別提款替代美元作國際價值標準的可
能。

　　就人類貨幣發展史來看，貨幣的價值並不一定須有特定
有價值的商品作後盾其價值是決定於其購買力。黃金是商品貨
幣，40 年前仍是各主要國家貨幣價值的後盾。可是，40 年來
各國人民均已習慣於「信用貨幣」，各國紙幣在其國內均已不
能兌為黃金，但因有購買力，各國人民乃相信其價值。同樣地，
40 年來黃金仍然是國際貿易上的商品貨幣，作為貿易差額結
算的最後工具。如果國內貨幣發展史能應用於國際貨幣的話，
只要能建立超越國家的國際機構，或者各國貨幣當局能通力合
作的話，用特別提款權或其他信用貨幣來替代黃金作國際貿易
結算工具是大有可能的事。

【《綜合月刊》，第 60 期，1973 年 11 月。】

韓圜貶值之經濟意義的初步分析

　　根據外電的報導，韓國政府 7 日宣佈「改善國際收支及商業惡化的特別措施」，其中包括將韓圜對美元貶值 20%；舊匯率是 400 韓圜兌 1 美元，新匯率是 480 韓圜兌 1 美元。由於韓國重要輸出品在國際市場上為我國的主要競爭對手之一，是以韓國政府的這項新措施，可能對我國的經濟情勢有某種程度的影響，甚至進而影響我國的財經決策。因此，雖然目前所擁有的外電資料不全，仍有根據現有資料進行初步分析的必要。

積極目標下的財經措施

　　世界各主要國家在長期通貨膨脹及去年的石油危機衝擊之下，不得不調整其財經措施，而其經濟情勢亦逸離長期成長，轉趨衰退之路。基於這種情勢，多數主要國家不得不向低調整其經濟成長目標，以維護經濟安定與長期成長實力。我國自本（1974）年 1 月 27 日宣佈「穩定當前經濟措施方案」以來，經濟成長目標亦有類似的調整趨勢。

　　然而，韓國政府則似乎願意「逆風前進」，為實現成長目標而犧牲經濟安定。韓國副總理兼經濟企劃院院長南惠祐在宣佈「特別措施」的說明中，強調「採取這些措施是因早先所作明年初商業將復甦的預言仍遙遙無期。」「在實施此一特別措施後，韓國在 1975 年的出口將達 60 億美元以上。」「這項克

服經濟不景氣的徹底措施將有助於在 1975 年達到計劃中 8%
的經濟成長目標。」這些說明，顯然揭櫫高成長目標優先的政
策方向，為實現這種高成長目標，必須加強開發國內外市場。

在國外市場方面，以金額來表示，1971 年韓國出口金額
約為 10 億美元，1972 年為 16 億美元，1973 年為 32 億美元，
1974 年前 10 個月約為 39 億美元，顯然仍屬有增無減的高擴
張現象。雖然如此，若剔除物價上漲因素，本年出口量的成長
顯然不是令人滿意的。尤有進者，本年韓國貿易入超情勢顯得
非常嚴重。在 1972 年約入超 9 億美元，當年韓國外匯存量約
7 億美元，佔當年進口金額的 24%；1973 年約入超 10 億元，
外匯存量約增至 10 億美元，佔進口金額的 25%；但本年前 10
個月，每月入超金額都超過 1 億美元，自 4 月以後，每月入超
金額都在 2 億美元左右，10 個月共約入超 18 億美元，10 月
底其外匯存量已減至 10 億美元以下，估計約只佔本年進口金
額的 14%。在入超金額擴大及國際流動能力降低之下，韓圜
的市場匯率早已高出官定匯率甚多，以香港狄克公司的報價為
例，11 月 8 日即為 440 韓圜兌 1 美元，故韓國之貶值早已是
時間問題而已。

韓國在國內市場方面，以增加政府支出作為對經濟不景氣
的措施的凱因斯思想，似乎仍是支配韓國「特別措施」的指導
原則。為促進有效需要，韓國政府提供 894 億韓圜（依新匯率
折合 1.86 億美元）以擴大新鄉村運動，1,896 億韓圜（折合 3.95
億美元）供上半期公共建築之用，971 億韓圜（折合 2.02 億美
元）供預先購買原料以穩定供應。同時，韓國政府將撥出 500

億韓圜為特別安頓基金，並將籌集 500 億韓圜作為協助遭受工業不景氣打擊最劇的中小企業的基金。

「特別措施」的經濟效果

我們當然關心韓國「特別措施」對我國國際競爭能力的影響；但是，我們更不能不注意競爭能力是以長期的綜合性的經濟因素作為後盾。因此，我們首先要以現有的資料來觀察「特別措施」對韓國經濟的影響，才能分析其對我國之影響。

首先從國外市場來觀察，韓國政府認為韓國貶值後，「將增加大約 4 億美元的進口，國際收支赤字將減少約 4 億美元，因而使政府維持 12 億美元的外匯。」為實現此項目標，1975年韓國之出口約需增加 11 億美元。假若韓國廠商不改變出口的美元報價，其出口量約需增加 20%；假若依新匯率降低其出口的美元報價，其出口量約需增加 40%。

在世界經濟處於不景氣之下，如不改變其出口報價，將不致增強其國際競爭能力，無以達成其增加出口量的目的。因此，韓國廠商必須降低其出口的美元報價。可是，處於加工出口階段的韓國產業，面臨著進口原料及零件以韓國計算之價格上漲的壓力，無力完全吸收貶值的價格差幅。尤有進者，在特別措施中，含有相當程度的物價上漲效果，短期內會提高其國內生產成本，因而使其所能享受的價格差幅更少。換句話說，「特別措施」所能提高的國際競爭能力甚為有限。

在國內市場及價格影響方面，為數達 7.83 億美元的政府新支出，當然有助於國內經濟景氣的恢復；但是，由於提高儲

蓄存款利率及物價上漲，均會減少了民間的有效需要，抵銷部分政府支出的效果。其抵銷程度的大小，決定於物價所受的影響程度。

根據外電的報導，本年 1 至 11 月，韓國的躉售物價已經上漲 37％；而經企院院長南惠祐又指出：單只韓國貶值一項因素，預料會使物價上漲 10 -11％；再加上「特別措施」中調整了全部價格結構，石油價格平均上漲 30％以上，電力平均上漲 42％，鐵路運費上漲 39％。日用品價格的調整根據「事先辨認體系」的原則，58 種商品的價格必需由政府核定。據估計，在年底以前，躉售物價將上漲 50％以上。由此可知，韓國的「特別措施」有相當程度的通貨膨脹作用，短期內必然會產生工資上漲現象，將其貶值利益的差幅大部分吸收而去，其國際競爭能力之提高也就相當有限了。

對我國之影響與政策意義

單純地以韓圜貶值來觀察，韓國的出口商品型態與我國頗相類似，且其產品在國際市場上是我國的主要競爭對手之一，貶值似會降低其出口美元報價，有利於其產品在國際市場上的競爭力量；且由於國際經濟的呆鈍狀態，韓國之出口增加，似必須由我國及其他競爭國家手中奪去部分市場，始有可能實現，因而會影響我國的出口成長，倘若我們深入觀察整個措施，我們會發現，「特別措施」依然是韓國政府因應去年石油危機所帶來的經濟問題的一連串措施的一部分，其結果將是類似我國本年1月至2月間的巨幅物價上漲，因此在極短時間內，

貶值之出口競爭能力將大部分被抵銷，不致產生巨幅的出口價
格競賽壓力。

　　在這種情形下，我們仍然無須因韓圜之貶值就以新臺幣對
美元貶值來因應。我們必須先觀察我們自己的處境。根據海關
統計，本年 1 至 10 月，我國出口及進口金額分別為 47 億美元
及 58 億美元，兩者均較韓國為高，貿易入超金額 11 億美元，
則遠小於韓國，特別重要的是各月入超金額都小於韓國，尤以
10 月，顯示進口支出開始巨幅下降，表示大量進口時期已將
渡過，貿易入超不致再擴大，甚至已有趨小現象。

　　同時，在本年 4 至 7 月間，我國外匯存量固然呈輕微減少
現象，但 8 月以來即已穩定下來。依目前的外匯存量來計算，
仍可佔本年進口金額的 23% 左右，國際流動能力遠高於韓國。
更為重要的是，我國目前經濟安定狀況，絕非韓國所能比擬。
以臺灣區躉售物價來說，自 4 月以後即呈相當安定狀態，即使
以 10 月與去年年底相較，亦只上漲 17% 而已，目前並無出口
成本壓力。所以，以短期因應措施來說，我們實在沒有改變新
臺幣對美元匯率的必要。

　　然而，韓國的「特別措施」，對我國財經措施另有一項
特別重大的意義，那就是對國內市場的重視。一般來說，在舉
世皆處於呆鈍的經濟狀態之下，沒有一個國家能以貶值來促進
「孤立的繁榮」，因為其結果將是貶值競賽，而使所有國家都
蒙受害處。因此，必須把注意力轉向國內市場。從現有的資料
來觀察，韓圜之貶值，主要係其經濟結構較我國脆弱，導至物
價上漲與巨幅入超並存局面，而對貶值壓力屈服，其恢復經濟

景氣的重點顯然在國內市場上，因此值得我們學習或因應的是不要忘記強化國內市場，以之作為促進經濟復甦的因素。

　　基於此項考慮，政府似乎可考慮加速十大建設的進度，甚至更進一步地規劃並進行若干公共工程建設，以政府支出彌補目前國內有效需要之不足，一則建立長期競爭力量，再則至少可以穩住國內經濟景氣。倘若由於此項因素而導致國內物價上漲及入超擴大，那時再考慮貶值也總比盲目跟隨貶值有利，更何況加速十大建設不必然會產生巨幅物價上漲壓力，也不必然會帶來貶值壓力。

不能僅以韓國為競爭對手

　　綜上所述，自石油危機以來，世界各國有各種不同的因應措施。在我國的因應措施中，固然有一部分受到韓國政府措施的影響；但由於經濟環境的差異及經濟結構的不同，即使相同的措施，在不同的國家會有不同的影響。更何況，我國早已在年初即已一次因應石油危機，並產生極為良好的效果；而韓國政府所採用的顯然是多階段因應措施，其效果如何尚不得而知，其措施固有學習或借鏡之處，但在學習與借鏡之前，宜先衡量或觀察其效果，才不致產生不良的影響。

　　特別重要的是，學習其政策措施的優點，並不意味就須以韓國為競爭對手。由因應石油危機的反應來觀察，韓國經濟情況應較我國為脆弱，我們宜往上看，找更堅強的競爭對手，經濟發展才有更上一層樓的希望。如果繼續俯視後來者，總有一天會被迎頭趕上，而短期內則使我國經濟結構停滯不進。

　　因此，韓圜貶值及其整個「特別措施」所給我們的啟示是：去年的石油危機對世界經濟的影響不但並未結束，而且可能仍會有一連串的變化。對我國來說，最重要的將是：確定自己的經濟發展目標，採取有效的經濟措施，進行必要的長期產業結構調整，而不是該不該跟隨韓圜之貶值而將新臺幣對美元貶值，因為這項短期壓力並未出現，而石油危機下的長期競存能力則是必須立即著手的。

【《聯合報》，1974 年 12 月 9 日。】

淺釋「通貨膨脹」

　　在戰後的經濟論著及通俗報導中，「通貨膨脹」出現的次數遠較過去各經濟發展階段為多。倘若我們把戰後的經濟生活環境稱之為「通貨膨脹」時代，也不致於太言過其實。可是，我們會很驚訝地發現，這項已被普遍使用的名詞，出自不同人士口中，竟會有相異的定義。甚至，在經濟學家們的著作中，對其定義、成因和對策，也是聚訟紛紜，莫衷一是。在這裡，我所想要做的，是對這項常被不當地使用的名詞，作簡明的界說。

通貨膨脹對經濟的影響

　　通貨膨脹係英文 inflation 的中譯名詞。就現象上來說，它係表示由於幣值降低，而使每一單位貨幣購買力的下降；或者表示不兌換紙幣發行量的持續增加；或者表示物價水準持續上漲狀態。就其成因來說，或者是由於赤字財政而導致貨幣發行過多；或者是因預期的經濟繁榮而導致有效需求持續大於有效供給；或者是由於經濟資源分配不均而產生連鎖性的資源價格上漲；或者是多元社會的利害集團基於自身利益，抬高工資或利潤，而產生物價持續上漲現象。因此，不論究竟係因那一種因素或多種因素組合而發生通貨膨脹，必然是持續的物價上漲歷程。

　　一個經濟社會一旦發生通貨膨脹必定會產生巨大的影響，比較重要的經濟影響有七項：

　　第一、改變社會的所得分配。人力資源在國民所得分配中有兩項基本類型，固定收入者和非固定收入者，前者的收入調整有時間落差，後者的收入通常易於隨價格變動而調整，故在通貨膨脹期間所得分配常不利於固定收入者。

　　第二、改變社會的財富分配。每一個社會，每一個人多少都有其財富，但是每個人的財富結構不同，而每一類財富的真實購買力在通貨膨脹過程中則會有不同的變化。保值能力最低的是貨幣資產，因此擁有貨幣資產比例較高的個人，相對上就要吃虧。

　　第三、對債權人不利。現代貨幣經濟社會的債權債務絕大部分係以貨幣單位表示，通貨膨脹既然使每一貨幣單位的購買力降低，當然不利於債權人。基於這項原因，在經常有通貨膨脹威脅的社會，存款、公債、人壽保險契約等現代貨幣經濟活動都不容易展開。

　　第四、降低儲蓄意願。在通貨膨脹過程中，貨幣資產既不能信賴，儲蓄者欠缺足夠的儲蓄工具，會減少潛在的儲蓄。

　　第五、減少真實生產。在通貨膨脹的社會因計算單位增加，原來就有減少真實生產員工比例的效果。再加上，由於幣值下跌，企業的累積折舊不足以作為替換資本，可能產生資本存量減少的現象。

　　第六、導致資源誤用。在通貨膨脹過程中，企業經營漸與合理計算分離，導致不當投資與資源浪費。尤其是，在投機取

代合理計算之時，囤積居奇更將誘致耗損、囤積費用等損失，亦可中斷生產者的原料供給或提高其成本，導致物價更進一步的上漲。

第七、使國際收支情勢惡化。在發生通貨膨脹的社會，除非國外物價上漲率高於本國，否則必然會產生貿易收支不利及國外資本流入淨額減少的現象，因而使其國際收支惡化。

溫和膨脹的有利分析

雖然通貨膨脹有這麼多項的不利經濟影響，若干年來部分經濟學家則認為溫和的通貨膨脹有利於經濟成長。他們認為在適當的政策引導之下，溫和的通貨膨脹大致不會產生顯著的第四項至第七項不利影響。就個別經濟部門來說，第一項至第三項影響固然不公平，但就整個社會來說，各個部門的損益則彼此相互抵銷，整個社會並沒有損益。但是，由於輕幅度的物價上漲有利於企業家的利潤預期，可增進投資興趣，也有利於政府的通貨膨脹稅的淨收入，使政府更有餘裕投資於基本建設。這兩者都能增進社會的生產力，當然能促進經濟成長及增加就業。

持反對意見的經濟學家則認為：即使是溫和的通貨膨脹，經若干年的複利增長後，物價上漲幅度亦甚可觀；或者認為這種發展方式要以固定收入者、債權者的損失為代價，係於理無據；或者認為這種發展方式會形成定速溫和通貨膨脹，使一般大眾產生固定的防衛反應，而失去其激勵效果。這些正反意見究竟孰是孰非，當然是見仁見智的。

石油危機以來的新情勢

不過，石油危機以來的新溫和通貨膨脹壓力則不能與上述溫和通貨膨脹相提並論。溫和通貨膨脹有利經濟成長的基本立論根據是：通貨膨脹的起因係國內因素，不曾改變全社會的經濟福利。可是，今後每過一段時期可能發生的石油輕幅加價而引起的溫和通貨膨脹，則因石油輸出國享有加價的真實利益，石油輸入國則必須忍受加價的真實損失。因此，在石油輸入國的場合，除油價上漲所引申的溫和通貨膨脹之外，尚會因需增加出口以補充原油進口外匯需要之增加，使國內有效供給趨減，而使物價上漲幅度提高，因而只有苦果而無裨益。

不同病因的不同藥方

不論通貨膨脹是溫和的或惡性的，它都會顯著到引起政府的注意。但是，政府須針對物價上漲原因而採取合宜對策，若藥不對症通常無法消除既經存在的通貨膨脹壓力。一般地說，若通貨膨脹的原因係國內有效需要增長（不論係由何種因素所引發），緊縮的財政政策與貨幣政策很容易產生效力。若通貨膨脹的原因係國內壓力團體誘發的成本上漲，則只好訴諸於所謂的「所得政策」。但是，假若通貨膨脹係起因於進口之原油等基本原料漲價，則除加速提高國內生產力外，其他政策措施不會有顯著的效果。

【《經濟日報》，1975 年 9 月 14 日，經濟教室每週一課。】

韓圜貶值及其經濟影響的初步分析

　　根據合眾國際社的報導，韓國財政部於 12 日上午宣佈了幾項重要財金措施，主要者包括：（1）韓圜對美元貶值。自原來的 1 美元兌 484 圜，調整為 580 圜，貶值率為 19.83％。（2）提高利率。定儲存款利率自年息 18.6％，提高為 24％（我國 1 年以上為 12.5％）。放款利率自 19％，提高為 25％。（我國 1 年期以上最高為 15.25％）（3）分兩階段提高外銷貸款利率，自目前的 9％，先提高為 12％，7 月再提高為 15％（我國中央銀行外銷融通為 9.5％、銀行業外銷貸款為 10.5％）。

　　因為韓國與我國同屬最有潛力的開發中國家，且近年來是我國在國際市場上的主要競爭對手，韓國這樣重要的金融外匯措施調整，對我國經濟難免產生間接影響，所以我們就現有的若干資料，分析其調整政策的經濟背景、探討其可能的經濟效果，並說明對我國的經濟動向及政策上的意義。

韓國調整匯率及利率政策的經濟背景

　　去年，由於伊朗政局變動，國際石油價格再度掀起巨幅波動，全世界的石油進口國家多少都遭受到經濟衝擊。在韓國，1962 年至 1978 年間，平均每年出口成長率為 40％，而去年則銳降為 18.5％，實際出口值為 150 億 6,000 萬美元，較計劃目標少 4 億 4,000 萬美元。同時，由於進口石油外匯支出的顯著

增加，貿易入超金額超過 40 億美元，較計劃目標多出三分之一。更重要的是，其實際經濟成長率僅 7%，較計劃目標的 9% 為低。另根據去年年底，韓國經濟發展中心對本年經濟的預測，除非韓圜對美元貶值，不但本年韓國的國際收支將更為惡化，使其貿易逆差值達到 55 億美元，而且其經濟成長率亦將降至 1%。為促進出口成長，以改善其國際收支及提高經濟成長率，乃只有訴諸韓圜貶值一途。

可是，貶值通常會經由進口物價上漲而加重國內物價上漲壓力，甚至因而抵銷貶值所能專有的出口價格競爭能力。為減輕此項可能的不利影響，韓國政府乃不得不同時提高存款利率，期藉減低國內消費傾向，減輕國內物價上漲程度。不過，因為銀行資金成本已提高，也只有同時巨幅提高放款利率，因而也提高了其廠商生產資金及外銷資金的利息成本。

韓圜貶值的可能經濟效果

這是 1973 年石油危機以來，韓國政府為因應石油危機而採行的第二度貶值措施。以此次的措施與 1974 年 12 月 7 日的「改善國際收支及商業惡化的特別措施」相較，此次的措施不包括國內建設支出的特別撥款，表示此次措施的重點在於改善國際收支。根據外電報導，韓國當局希望此舉能透過出口擴張及抑制進口而改善其國際收支，其目標為 1980 年改善 7 億美元，1981 年改善 13 億美元，可說是相當保守的目標。

大體上說，此項目標是否有機會實現，除了決定於當時的國際經濟景氣之外，尚須視貶值對出口的利益是否會被韓國國

內物價上漲所抵銷，或其抵銷程度而定。去年韓國年物價上漲率已超過 20%，在採取貶值措施之後，至少會產生三項額外的物價上漲壓力：一則由於以韓幣計算的進口品物價將隨貶值而上漲，也就是有進口性通貨膨脹現象。二則由於本年開始存在的油價上漲會因韓幣貶值而擴大其對韓國國內物價上漲的壓力。三則由於工資財價格上漲，會引申工資上漲。因此，至少將使韓國國內物價額外上漲 10%以上。

基於這種高物價上漲趨向，再加上為對抗物價上漲而採取的提高存放款利率前產生的出口廠商的高利息負擔，可能會抵銷貶值之價格競爭能力的一大部分。雖然如此，此舉對韓國出口成長仍有相當大的激勵作用。以其 1974 年底的貶值為例，在 1975 年，全世界出口成長率僅為 2.5%，而韓國則獨能維持 14%的出口成長率。就此項經驗來說，此舉當有助於改善韓國的國際收支情勢。

同時，我們也能顯著地看出，韓國政府依然保持著偏重經濟成長的態度。在其採行此次的政策措施之後，固然可能導致物價上漲率提高的不利影響，但在短期間則有促進經濟成長的作用，其主要途徑有二：其一是前面提及的出口擴張上的利益，其二是由於工資調整常會落在物價上漲之後，使投資生產的企家家得以享有暫時的額外利潤，短期內有激勵投資意願的作用。至於長期間是否仍有助於成長，則決定於其產業結構的改善，非此處所能臆測。

對我國經濟之衝擊與政策上的意義

過去一年內，我國已針對石油危機採行了若干因應措施，且也體認出，在新國際經濟情勢下，出口擴張不易，維持貿易順差已相當困難。現在，作為我國主要競爭對手的韓國業已再度採取貶值行動，我們不能不認真探討其對我國經濟的可能影響。以前面提及的 1975 年的經驗來說，韓國在貶值後享有出口成長，而該年我國的出口值則減少 5.7%。這種出口減退固與當時國際經濟情勢惡化有關，但與 1974 年底韓幣貶值不無關聯。因此，下列兩項措施是宜立即考慮採行的：

第一、加強我國機動匯率的調整彈性。過去一年，我國雖然實施機動匯率，不論貿易收支或國際收支實際上並非沒有變化，但機動匯率卻類似於釘住美元匯率，雖說有促進安定之效，卻未能真切反映實際對外經濟交易狀況。本年，我國已訂有 21% 的出口成長目標，也只有實現出口成長目標才能促進本年經濟成長目標的實現。面對著韓圜貶值而產生的出口價格競爭情勢，加強匯率調整彈性是不可或缺的舉措。

第二、加強個別產業的出口輔導。在石油危機後，由於各種不同產業的成本結構有別，因他國貶值而產生的價格競爭壓力也有所不同。因此，我們宜針對受影響較深的產業部門，採取必要的短期協助，俾能不藉一般性措施，就能維護我國經濟之安定與成長。（編按：文中括弧內我國現行利率由報社編者加註）

【《經濟日報》，1980 年 1 月 13 日。】

論我國基本金融環境的變化

　　每一個國家的經濟發展狀況與該國當時所能動員的資金及其運用效率有相當密切的關係。可供動員的資金數量多及資金運用效率高常伴同發生高經濟成長；可供動員的資金數量少及資金運用效率低，則會出現低經濟成長。

　　因此，各國都極其重視國民儲蓄的鼓勵及金融媒介機構資金融通效率的提高，其中尤以金融媒介機構的資金融通效率較為重要，因為儲蓄的多寡固然一時間得以獎勵措施而增減，在長期間則基本上深受所得高低的影響。在低所得時，獎勵儲蓄措施不容易額外增加大量儲蓄；在高所得詩，儲蓄會大量自動產生。但是，若資金運用效率低，大量儲蓄也難以對經濟發展產生積極而重大的貢獻。這種對經濟發展有重大影響的資金運用效率則屬金融媒介機構發展問題。

　　金融媒介機構的發展固然與法令規章脫不了關係，但根本上還是得隨基本金融環境的變遷而進行調整。在兩者調整步調一致時，金融媒介機構發展順利，資金運用效率得以提高；若兩者的調整步調不一致，或者是金融媒介機構的生機受到扼阻，或者是資金運用效率偏低，兩者對經濟發展都有不良的影響。在我國，近年來基本金融環境已有顯著變化，金融媒介機構的發展將邁向一個新的階段。在本文，我想扼要說明六項基本金融環境的變化，及進一步說明這些變化所帶來的可能影

響。

一、儲蓄增加和財富累積

　　第一項基本金融環境變化是儲蓄增加和財富累積。近 20
年來，我國經濟發展相當順利，國民所得快速增加，儲蓄增加
更快。以政府以外的民間及企業儲蓄淨額來說，自民國 51 年
的 56 億 7,700 萬元，增加至 69 年的 2,604 億 3,800 萬元，18
年間增加約 45 倍；此項儲蓄額占當年國內生產毛額的比例，
也自 8.6％提高至 21.2％。年年增加的企業及民間儲蓄使民間
財富不斷增加，而由於財富有其孳息收入，故財富加速累積現
象甚為顯著。

　　儲蓄及財富都須以資產形式而持有，存款為其中最重要
的持有方式。51 年的民間及企業儲蓄淨額中，40.8％係以金
融機構之存款而持有，其後各年儲蓄金額增加過程中，金融機
構之存款所佔比例逐漸提高，65 年曾高達 69.6％，69 年亦達
62.1％。顯示金融媒介機構動員儲蓄資金效率有顯著的進展。
不過，如就中小企業銀行各年存款增加額佔民間及企業儲蓄
的比例來說，在民國 50 年代曾顯著下降，60 年代略見回升。
51 年為 7.9％，55 年為 2.7％，60 年為 1.9％，65 年為 2.2％，
69 年為 4％。顯示在民間資金供給可能量年年擴大的過程中，
中小企業銀行所扮演的角色仍有可供檢討之處。為進行這類檢
討，就必須重視儲蓄增加及財富累積在金融發展上的意義。

　　在金融發展上，儲蓄增加及財富累積有兩項重大的意義：
其一是資產分散化的要求。大部份的資產都有其最低交易金

額，個人、企業或家庭在低儲蓄時，可供選擇的資產不多，而在儲蓄及財富增長之後，相對上會增加意欲選擇的資產種類，存款資產當然會受到影響。其二是對資產收益的重視。在財富增長過程中，財富資產收益佔個人、家庭及企業收入的比例會提高，從而促使財富所有者重視資產收益，使存款資產面對其他資產的競爭更為激烈。

二、物價膨脹再度出現

第二項基本金融環境變化是物價膨脹的再度出現。民國50 年代，我國消費者物價指數的平均年上漲率是 3.4%，上漲率最高的 57 年是 7.9%，最低的 53 年是負 0.2%，高低波動情形並不顯著，可說是物價穩定時期。民國 60 年代的平均年上漲率則為 11.1%，上漲率最高的 63 年是 47.5%，最低的 65 年是 2.5%，年年物價上漲率高低波動甚為顯著。雖然大部分人士都將最近 10 年的物價膨脹及其波動歸因於石油輸出國家組職的油價政策，卻同時承認若干年內不容易重建如同民國 50 年代那種物價安定環境。

物價膨脹的重現及其持續存在的趨勢對我國金融發展有三項重要的影響：

其一是物價上漲率波動改變各種可供儲蓄者選擇之資產的相對收益率，而由於存款利率通常不宜變動頻繁，因而易於導致顯著的存款增減變動。同時，各類金融媒介機構資金來源有若干差異，所承受的影響也會有所不同。62 年我國物價指數呈逐季上升現象，該年全體金融媒介機構的存款增加額佔當年

民間儲蓄的比例為 55.8％，仍保持上升趨勢，但當時的合會儲
蓄公司各種存款增加額則僅佔當年民間儲蓄的 0.3％，為 30 年
間的最低水準。

　　其二是經由金融政策調整而影響金融機構的營運。金融政
策在傳統上係以維持物價安定為其最主要目標，在物價波動頻
繁時期，金融政策也會經常調整。金融政策調整一方面影響金
融機構的資金成本，他方面改變經濟景氣，兩者對金融機構的
營運都會產生重大影響。

　　其三是高物價水準及其顯著波動常會形成預期物價膨脹心
理。在確實有效消除這種預期膨脹心理之前，儲蓄者常相對高
估實質資產的收益率，金融媒介機構為獲致可供運用之資金，
不得不維持相對偏高的存款利率，從而引申發展上的困難。

三、金融服務需要的調整

　　第三項基本金融環境變化是金融服務需要的調整。在繼續
不斷追求經濟成長之後，我國經濟社會本質上已有若干變化，
引申金融服務需要的調整，其中較重要的有下列三項：

　　其一，產業調整。為追求更高的經濟發展成就，我國經
濟主管當局正力圖擺脫現有傳統工業的束縛，發展基本策略工
業。無論對策略性工業給予何種定義，或涵蓋範圍的廣狹，
在金融上都引申兩項變化，第一是對中長期資金需要的相對增
加。不但因為這些產業的投資收回期限通常較長所致，而且這
些產業之產品的銷售對分期付款之依賴也愈來愈為顯著。第二
是對短期週轉金需要也增加。這些產業的另一項特色是生產過

程的迂迴程度提高，自原料投入至最後產品完成所需生產階段的增加及時間的延長，都須增加週轉金的投入。更重要的是，在工業升級過程中，更會引申金融、商業、貿易等服務業的調整，這些服務業調整也會改變金融服務需要。

其二，家庭消費結構調整。經濟發展的必然結果之一是生活水準的提高，而生活水準提高具體表現在食品及衣著以外之支出佔民間消費支出比例的提高。家庭器具及設備與運輸交通及通訊兩類民間支出，在 60 年時分別都佔當年民間消費支出的 2.5%，在 70 年則分別提高至 3.8% 及 5.0%。這兩類與耐久消費財需要有密切關係的消費支出比例的上升，反映民間生活水準的提高及耐久消費財需要的增長。而由於而久消費財內容及品質的調整，其價格相對上升，消費金融服務需要的增長，就成為經濟發展的一項必然結果。

其三，都市化的繼續進展。都市化為工業發展的必然結果，這 20 年間台灣地區人口集中都市為有目共睹的事實，今後的產業結構調整都會繼續加重這種趨勢。都市化除了調整居民對金融服務的數量及品質要求外，尚且引申了住宅及基本公共建設的需要，這兩類需要都需投入大量長期資金，其可能成長趨勢及資金籌措方式的變動，對我國金融發展也將有重大的影響。

四、金融技藝革命

第四項基本金融環境變化是金融技藝革命。金融業務不斷推陳出新的基本原動力之一是追求完成交易所需之交易成本的

降低。1970 年代美國銀行業開始大量利用現代高效能電腦，改變金融業務的操作方式，乃是這種發展方向的一個階段。在我國，或者由於金融業規模大小不一，或者由於傳統保守作風的影響，在這方面的進展相當遲緩。可是，為因應日漸上升的人工成本，及開發足以在物價膨脹下競存的新種業務，金融技藝革命將是不能避免的道路。

　　這種利用電腦的金融技藝革命的具體內容，仍然正在不斷擴大及調整中，我國金融業將以何種速度引進那些新技藝也仍屬未知之數。但可以確定的是，金融經營環境至少有兩項重大影響。其一是這些自動化設備，包括終端機、線路、電腦等，費用極其昂貴，並非我國各個金融機構都有能力充分發展利用，從而合併或改制乃成為不可避免的情事。其二是普遍利用最新金融技藝之後，支付習慣可能逐漸改變，而若干存款間的界線也將日愈難以區分。因此，金融機構的業務項目必須因應這種改變而調整，其未能完成必要調整者，難免於被淘汰的命運。

五、金融競爭環境的改變

　　第五項某本金融環境變化是金融競爭環境的改變。最近五、六年間，國內金融業相對結構有相當顯著的變化，這些變化對原有各種金融機構各有不同形式及不同程度的影響。其中較重要的有貨幣市場的建立、外商銀行的增設及未納入金融管理之金融服務業的增加三項。

　　就貨幣市場來說。自 65 年三家票券金融公司陸續開始營

業以來，貨幣市場已有顯著成長。以 66 年與 70 年相較，商業本票、銀行承兌匯票及可轉讓定期存單發行額分別增加 16.4 倍、14.6 倍及 10.5 倍；票券金融公司交易金額增加 20 倍，可見貨幣市場之成長相對高於金融媒介機構的成長。這種直接融通方式的顯著成長，不但減少小型金融機構的資金來源，而且也減少其有效資金運用範圍。

就外商銀行來說。66 年外商銀行在臺分行只有 12 家，目前已增加至 24 家，且尚有陸續增加之趨勢。以 66 年底與 70 年底相較，外商銀行在臺分行承做之放款佔我國全體金融機構放款餘額之比例，自 8.3% 升為 9.3%，可見其業務相對擴張迅速。由於外商銀行資金來源較廣，其業務擴張對我國金融業自然會構成較大的競爭壓力。

就管理外的金融服務業來說。由於經濟環境變遷，金融機構未能相對金融服務需要的增長而增設，近年來租賃公司、分期付款公司，乃至於各種小額貸款公司相繼普遍存在。此類管理外之金融機構的擴大，使合法金融服務業之資金來源及資金運用遭受雙重不良影響。

六、政府租稅金融政策的調整

第六項基本金融環境變化是政府租稅金融政策的調整。為因應國內外經濟環境的變化及調整總體經濟目標，近年來租稅金融政策不斷進行調整，其中不乏對金融發展有相對影響者。

在租稅政策方面。自修正《獎勵投資條例》取消二年期以上儲蓄存款利息免稅，改訂 36 萬元定額利息免稅之規定後，

郵政存簿儲金因受郵政法規的保護，繼續享有利息免稅的優惠待遇；同時，貨幣市場利息所得又有分離課稅的相對優待，這兩者顯著改變了資金流向。以郵政儲金餘額來說，66 年底佔全體金融機構存款餘額的比例為 12.3％，70 年底已升至15％。郵政儲金的相對快速成長及前面提及的票券金融公司交易金額大幅增加，反映著利息所得稅制度的調整，顯著影響市場資金流向。此外，在物價膨脹過程中，所得稅級距及稅率調整相對上落後，使多數人邊際稅率提高甚多，產生逃避稅負心理，其具體行動是減少資金流入銀行體系，從而降低了金融機構的資金來源。

在金融政策方面。為配合機動匯率的實施及釘住貨幣供給量政策的採用，金融主管當局已於 69 年 10 月降低利率管制程度，並將逐漸推動利率自由化。在目前，至少已在利率升降變動與可轉讓定期存單及金融債券兩方面，對各種金融機構產生不同程度的影響。

就利率升降變動來說，在利率自由化行動之前，除 63 年四度調整利率外，其餘各年利率變動次數最多常僅有兩次，而70 年則調整五次，利率變動改變金融機構的資金成本，各種金融機構資金來源構成有所不同，所承受之影響也大有差別。就可轉讓定期存單及金融債券來說，這兩種資金籌措工具固然有利率競爭上的優越地位，卻也須承擔利率巨幅變動的風險，為享受這些利益及分攤這些風險，金融機構須有其最低的經營規模，低於此項規模的金融機構不適於採用此種競爭手段，故各種不同金融機構的競爭能力也因金融政策調整而改變。

七、金融環境變化未來影響

在這些基本金融環境變化的衝擊下，我國金融活動將相應而產生一些變化。這些可能的變化在各個時期，因當時的經濟金融狀況、總體經濟政策考慮、基本金融政策原則等因素的不同，將有多種可能的情況，目前當然很難臆測。不過，下列四項基本方向則是比較明顯的：

第一、新種業務的展開。為因應物價膨脹、儲蓄者資金增加、金融技藝、競爭環境等變化，相應必須調整金融業務內容，以加強資金動員功能。然以各種金融機構因法令規章限制、業務對象等差別，適宜開發之新種業務並不相同，各種金融機構須以各自的條件，構設適合自身的新種業務。

第二、規模擴大。金融業競爭加劇之後，存放款利率會相對上趨於縮小，擴大規模以分散資產乃是必然的趨勢。更重要的是，新金融技藝的引進有其最低規模要求，從而產生目前我國金融體系重整的要求，有關區域限制、業務限制，乃至於金融機構的分類都須重新檢討，並進行必要的調整，才能適應新的經營環境。

第三、引進新金融機構。雖然擴大規模及金融機構重整能夠改善金融服務內容及其品質，但財富累積及產業結構改變所引申的金融服務需要，並非現有金融機構所能滿足。因此，適時引進新金融機構也是加強資金媒介作用的必要途徑。

第四、提高金融業人員素質。無論增辦新種業務、因應競爭環境改變及引進新金融技藝，人員素質提升最為重要。除了新進人員資格要求的升級之外，更重要的是現有從業人員應有

計劃地進行在職訓練或進修，始能因應新環境的需要。

【《中小企銀季刊》，第 1 期，1982 年 6 月。】

當前幾個金融問題

　　當前國內所遭遇到的金融問題約可劃分為短期和長期兩個問題。短期問題就是過去二、三年來金融上所出現的一些變化，最重要者有二：一是外匯累積太快，二是表面上看起來好像有儲蓄過多的現象；長期問題則是制度的問題，也可以說是自由化、國際化和制度化下的金融改革問題。

一、外匯快速累積問題

　　先就外匯快速累積的短期問題觀之，最近 4 年來，我國外匯增額幾乎呈倍增狀態地不斷累積。譬如：民國 70 年我國外匯存量約增加 13 億美元，71 和 72 年各又增加 28 億美元和 50 億美元左右，73 年截至 10 月底止則增加 48 億美元，雖然沒有較上年倍增，但至少與之相當。若將前述增額加起來，顯示目前我國所擁有之外匯存量中約有 75％是這 4 年所累積的。此一快速累積之外匯存量，假使按照民國 61 和 62 年的經驗，應會帶來很嚴重的後遺症，可是，當前它卻沒有造成問題、就這一層意義來說，至少有下列三點值得我們省思：

　　第一、遠在民國 69 年以前，國內就醞釀採取機動匯率和利率自由化措施。假設當時機動匯率讓它真正機動，同時利率也很快速的讓它自由化，而非拖到現在還在設想其進行步驟的話，到底外匯會不會像目前這樣快速累積，以及究竟會演變成

什麼樣的結果，這是值得我們推敲的一件事。按照學理來說，前述機動化和自由化理想果真貫徹實施的話，可能會產生兩種現象：一為新臺幣可能會被迫對美元升值，蓋因外匯既然快速累積，新臺幣自會對美元升值，從而緩和外匯累積的壓力；另一為國內利率也許不得不向美國看齊，因為新臺幣既對美元升值，和假定政府稍為放寬外匯管制，一開始就把外匯指定銀行外匯持有額的限制取消，那麼也許套利的進行就會使國內的利率上升。

　　此種現象若發生在經濟不景氣之民國 70 和 71 年間，很可能會扼殺 72 年以來國內經濟復甦之生機，是以過去這一段期間內，政府並沒有讓利率真正自由化，也沒有放任匯率真正機動化，可能就是基於這個顧慮。申言之，自由化政策往往會產生對內目標和對外目標的衝突，而就一個小型開放經濟國家言之，通常政府當然是以照顧國內目標為優先，因為在當時經濟衰退情況下，假使讓它真正自由化，一定要付出很大的代價，故只好擱置一旁以促進經濟復甦。是以我們看到在外匯不斷累積的情況下，新臺幣對美元匯率反趨貶值，即由新臺幣 36 元兌換 1 美元，透過行政命令將之貶為 38 元，然後又儘量朝貶值的方向去操作，這是兩個目標衝突下的產物。因此，我們可以想像今後自由化和國際化雖是既定原則，但是大原則下應該多少會有若干彈性，若反應在金融面上，則可能對未來的金融制度改革有所影響。

　　第二、外匯開始快速累積之初，中央銀行曾試圖透過防衛性操作，去抵銷它對貨幣供給所可能帶來的影響。為此，中央

銀行在公開市場上不斷的賣出，惟因手邊籌碼畢竟有限，遂不得不針對籌碼做一些政革，希望能夠有利於賣出操作，嗣因改革進度緩慢，迄今仍有許多改革方案尚在擬議之中，中央銀行只好另闢門徑，宣佈解除原對外匯指定銀行即期外匯持有額的限制，從此外匯指定銀行得以在國內吸收廉價資金，再透過外匯市場轉變成外匯，在國外賺取利率的差額，此舉一方面會把本應升值的新臺幣對美元匯率穩住不變，甚至還使其朝貶值的方向背道而馳；另方面亦會把中央銀行原累積持有之外匯，轉為外匯指定銀行持有之外匯。惟此種套利行為需有兩個基本假設前提：一是新臺幣對美元匯率不升值；另一是國內外利率要維持適當的差距，如果這兩項前提有所變化，而且變化到某一個程度的時候，很可能又會產生前述逆向發展情形。

　　第三、經濟學家看未來 10 次有 9 次是錯誤的，而且各派經濟學家的看法亦莫衷一是。惟以現在的情況推斷未來美國利率的走勢，可以說由於：（1）美國的物價水準已相當平穩，而且是在穩定中往下降，100 多年前南北戰爭期間和二次世界大戰期間的通貨膨脹經驗，以及 1970 年代對通貨膨脹過度反應的心理和恐慌已不復存在，自將很容易把利率壓下去；（2）從經驗上來看，連任的美國總統因不需顧慮選票，通常都會適時採取抑制擴張的政策，影響所及，經濟不景氣往往接踵而至，是以最近有些預測均認為明年美國的經濟成長率會較今年低一個百分點，由於經濟情勢走下坡時，即使不是很嚴重的衰退，利率通常亦會跟著下降，所以未來美國利率繼續往下降的可能性甚大。

　　而當美國利率下降時，國內、外利率差距可能會縮小，則目前指定外匯銀行因利率差距存在而持有之外匯，是否仍然有利可圖就頓成問題，最後外匯指定銀行很可能把在國外之外匯儘量抽回，從而造成國內外匯市場之超額供給。在這種情況之下，中央銀行究竟會採取何種態度，自是值得重視。若以 1983 年各國對美出口佔其 GNP 之比重來看，我國此一比重高達 23％，高居世界各國之冠；加拿大和墨西哥雖與美國毗鄰，但分別只有 16％和 11％；至於歐市各國更低至 1.5％至 2.5％。因此，假定美國的經濟情況變壞，首當其衝者很可能是我國，屆時中央銀行大概不會坐視新臺幣往升值的方向走，很可能會進場買進，從而造成前述逆向發展情形。

二、儲蓄過多問題

　　第二個短期問題為儲蓄過多的現象。眾所周知，目前國內儲蓄率高達 30％，民國 72 年家庭儲蓄總額高達新臺幣 2,800 億元，這些儲蓄資金在過去一段時間大都反應到存款上去，所以最近 3 年來我國全體金融機構存款年增率高達 25％至 30％；反之，放款年增率僅介於 12％至 16％，此一存放款間的差額就變成金融機構所持有外匯資產之增額，所以外匯資產之累積，實際上就是國內沒有用完的儲蓄資金變成用金融資產持有的對外投資，這種有違常情的儲蓄過多現象何以會產生，簡單的說就是投資意願低落所致。

　　國內投資意願低落可分民間和企業兩個部分加以說明。傳統上，民間都是在物價混合上漲或是快速上漲的時候，才會興

起投資置產的念頭，惟最近 4 年以來國內物價非常穩定，甚至
於消費者物價指數幾乎都不上漲，益以目前全球每天石油消費
量，約較民國 62 年的尖峰消費水準減少 800 至 1,000 萬桶，
甚至連美國的石油進口量都告減少，致使國際油價下跌的壓力
日趨顯著。一般咸認，明年春天或許會再大幅下降，由於油價
走低往往會帶來物價下跌的預期，最後將使民間家庭投資裹足
不前，和使大部分民間資金成為流向金融體系的儲蓄，影響所
及，金融機構的存款乃因之迅速增加。

　　再則，企業投資意願低落亦事出有因，以歐洲的工業革
命為例，其發展情形足資我國借鏡。眾所周知，英國是工業革
命的始祖，在其工業化過程中，為拓銷產品，乃無所不用其極
地從其殖民地攫取原料，運回國內加工後再銷往殖民地，故為
一種典型的出口導向發展策略。惟後起之秀的德法兩國，雖較
英國遲了五、六十年才進行工業革命，但因以國內市場導向為
主，是以到了 19 世紀末，英國已逐漸被德國趕上，甚至許多
工業方面的領導地位亦都拱手讓給德國，推其原因，乃係英國
對相對不確定性較高的海外市場之依賴程度日益加深，致使廠
商在面對著高度不確定市場之情況下，投資和創新意願遂較德
國相對低落的緣故。

　　相同的道理，我國有許多產業的產品出口所佔比重達
50％至 60％，甚至有高達 90％以上者，此種高度依賴出口之
產業部門，在面對著不確定的 1980 年代，投資時的顧慮自然
較多。因此，目前我們很可能正陷於英國在 19 世紀末年類似
的窘境，也就是高出口依存度下，海外市場的不確定性對國內

投資意願所造成的打擊，影響所及，放款增幅自會趨緩，反之，存款增幅勢必加劇，此即國內儲蓄過多的根本原因所在。

　　倘若我們能夠克服國外市場的不確定性，則儲蓄過多的問題自可迎刃而解，如果我們能夠克服物價下跌的預期心理，讓人民有投資置產的動機，那麼金融資產亦不會過度累積，可惜因為我們無法克服諸如此類問題，所以我們才一直停留於現狀，從而產生一股潛在性危機。按金融統計資料計算，在民國69年底，國內平均每一個家庭持有之現鈔（通貨發行淨額除以家庭數）約為新臺幣2萬4,000元，但到73年10月底已激增為3萬4,000元；再就平均每一個家庭之存款額（所有存款金額除以家庭數）言之，在69年底為18萬7,000千元，至73年10月底已增至41萬8,000千元，成長達一倍以上。由於這些存款金額除了活期存款外，尚包括可以中途解約之定期存款和儲蓄存款在內，因此，若把存款加上現鈔，平均每一家庭約擁有45萬元左右，這麼龐大的超額流動性，將來若遇任何風吹草動而被取出的話，究竟會對社會產生什麼影響，實在不堪想像。只是因為目前尚未出現，加以未來油價走勢看跌，致大家睜一隻眼閉一隻眼，把它當做不存在似的，其實這種得過且過的心態並不足取。

三、金融制度問題

　　追根究底，前述兩個短期問題之肇因，似乎可歸咎於制度的不合時宜，是以過去一段時間以來，我國亦隨著國際潮流從事金融改革，此為一種長期問題。

　　1970 年代以降，由於：（1）全球物價上漲率偏高，且各年物價上漲率高低變動不定，益以每個國家對存款利率都有限制，故物價變動高低不定的時候，往往很容易產生資源扭曲的現象。（2）金融業務在技術上有很多創新，不僅打破各種存款界限，且把很多金融機構間的界限打破。面對這種新情勢，如果不改變金融制度，就不能適應金融業務的現況，所以陸續有許多國家從事金融改革，當然我國也不例外。惟若真要改革，究竟應從那些方面著手呢？個人以為應從下面兩個方向進行：一為改革利率制度，包括放款利率制度和存款利率最高限兩項；另一為開放有關機構的設立，包括原有機構之增設和新種機構之設立兩項。

　　值得注意的是，世界主要國家在金融改革的過程中，或多或少都遭遇到一些麻煩，我國亦難以倖免。以美國為例，從第一個金融改革報告提出，以迄 1980 年金融改革方案定案和付諸實施，遷延達 19 年之久，為的就是要處理來自利益團體和政治上的雙重壓力，蓋因任何改革都會引起既得利益者和新獲益者間的利害衝突、而為了克服這兩種壓力，才會在幾經妥協下，勉強訂出前述改革方案。不過，假定我國進行改革的理由與世界各國一樣，也是基於通貨膨脹的發生和金融業務的創新，則我國除了利益團體和政治的壓力外，似乎尚有改革原因日漸消失的麻煩。因為未來美國大概不會再貿然捲入別國的戰爭，以及國際油價看來已愈趨理性化，不致再出現暴漲暴跌的現象，而此兩項可能造成物價上漲的因素之消失，會造成國內資源扭曲的成因亦無以產生，故此時我國利率制度改不改已無

所謂。

再則，金融業務之創新對我國的影響也不大，因為國內金融業務電腦化的速度遠落於美國之後，加上我國的制度比較僵化，故各種存款間的界限和金融機構間的界限變動得很緩慢。因此，對我國來說，促成金融改革的兩個原因好像已不存在，故政府似乎犯不著刻意去改它。惟因政策既定，當然不能貿然收回，故假使一定要改的話，那麼美國所存在的兩個壓力，我國仍然無法擺脫，在這種情形下，政府會如何著手改革呢？我想大概會分四個步驟進行：

一、放款利率方面 ─ 別的國家從事金融改革，通常放款利率都不成問題，可是因為我國《銀行法》或《利率管理條例》對放款利率之決定都有明文規定，因此必須先修改這個部分，此為別人不用改而我國獨需改革者。

二、存款利率上限方面 ─ 此種上限規定是 1930 年代經驗下的產物，在西方國家的金融改革，最重要的就是放棄存款利率上限的規定，惟在我國卻有很多理由可以相信，中央銀行因為擔心造成惡性競爭局面，必不會輕易放棄此種規定。不過，中央銀行終究還是會改一下，而其可能的發展方向則是一種多元的上限，譬如說按照期限的差異或金額的不同訂定不同的存款利率上限。假定中央銀行果真如此做的話，金融機構規模之大小屆時將具有重大的意義，亦即規模愈小、位置越偏遠之金融機構，愈將感受到難以競爭的威脅，蓋因金額大，存款利率上限必定較高，那麼依理論來說，小型偏遠地區之金融機構就會處於相對不利的地位。

　　三、新種金融機構之創辦 — 此事涉及一個原則，即有人認為各種金融機構間的界限其實已逐漸消滅；但是有人認為為促進經濟發展，金融機構的界限應續予維持。由於在我國持後一看法的人很多，所以才會產生是否應該核准新種金融機構設立的問題。依我個人想法，新種金融機構無論用什麼名堂設立，除非是公營的金融機構，否則每一個創辦新種金融機構的人，滿腦子裏還是商業銀行，所以都企圖朝商業銀行的經營方向去走，這是一個令人頭痛的問題。

　　四、開放所有金融機構的設立 — 如果政府真要推動金融改革的話，其實這個步驟才是關鍵所在，因為無論是放款利率的改革或存款利率的改革，如果沒有這個步驟的話，各銀行間的寡佔現象仍將繼續存在，最後仍會變成目前的情況。故就這層意義來說，國內的金融改革將是一條很遙遠的路，套句國內某位首長的話說：「開放銀行設立是一種長期目標，可是因為大家現在都生活於短期，所以不考慮開放」，那麼究竟長期到什麼時候，就不得而知了。

講演人回答問題部分

　　臺灣銀行經研室丁猶同主任問：最近報紙上經常討論信託投資公司可否承做支票存款業務和接受活期信託資金的問題，就金融改革的觀念來看，應該從那些方向著手，或將來的發展將如何？

　　答：信託投資公司現在的主要從業人員大都出身自商業銀行，所以他們打從公司設立之初，就滿腦子想要辦理商業銀行

業務，是以過去每一階段其營運都一再違規，然後在政府之讓步下，逐漸把信託資金之期限縮短至目前之不定期信託，只差一點就可變成商業銀行和投資銀行之混合體，其實這就是信託投資公司的本意所在，故他們決不可能放棄這個意向，且正竭盡所能地朝這方面去努力。

但就政府的立場來說，創辦信託投資公司的目的是在建立中長期信用機構，可是除了 19 世紀的英國外，自二次世界大戰以降，似乎沒有民營中長期金融機構可以生存，是以隨著環境的變遷，改制已勢在必行。至於改制之道則可從長、短期來看，長期係指是否開放金融機構設立的問題，惟如凱恩斯所言：「長期間我們都已死掉，但是目前我們處於暴風雨的海洋上，所以還是要處理所面臨的問題，否則整艘船必然下沉」。由此可知短期問題一定要處理，長期問題則無庸去想它。而為處理短期問題，政府希望採取的方法為交換，亦即給予信託投資公司不定期信託資金業務，俾換回其現有的土地等不動產和生產事業投資業務，從而將其業務調整為《銀行法》中之儲蓄銀行。

可是信託投資公司卻不領情，他們認為以信託投資公司招牌還有走向商業銀行的機會，若改為儲蓄銀行就完全無望了，是以短期內雙方仍可能在如何交換的節骨眼上相持不下。其實政府所提交換條件，對信託投資公司來說並不吃虧，因為目前國內並沒有關係企業法，故信託投資公司於獲得不定期信託資金業務後，仍可透過關係企業從事土地和生產事業的投資，故等於沒有放棄這兩項業務。

總之，金融主管當局既已賦予信託投資公司經營某些業務

之執照，現要改變其業務，大概只能用交換的方式，而信託投資公司心目中最大的期望，就是把它換成商業銀行，且不准他人跟進設立。

第一銀行柯飛樂副總經理問：有關金融改革問題，最近韓國、日本都積極在做，這幾乎已蔚為一股世界性潮流，我國亦不甘寂寞，跟著喊出國際化、自由化的口號，惟將來的改革方向，究竟係採美國各種銀行業務混合的方式，抑或繼續嚴格劃分各類銀行的業務？如果要進行金融改革，而仍沿襲舊制的話，勢將對國際化和自由化產生阻礙；反之，如果按照美國的作法去做，專業銀行可經營商業銀行業務，商業銀行可經營中長期放款業務，則未來的競爭勢必加劇。有關投資意願方面，近兩年來我國外匯累積過多，儲蓄率又高達 30% 以上，致各銀行資金苦無出路，益以各大企業一直在償還銀行之高利借款，足見各大企業並不乏資金，而技術亦自國外逐漸引進，何以近年來國內投資意願始終不振？有些人將之歸咎於政府獎勵不夠，但觀之近年來政府一再放寬《獎勵投資條例》，甚至在政府機構內設置投資服務單位，積極派人到國外爭取投資等，結果仍績效不彰。因此，在目前政府積極倡導產業結構升級之際，請問如何才能克服此一問題？

答：國內金融改革如要比照美國完全消除銀行業務界限，則《銀行法》需要徹底修正。不過，要訂立一個新銀行法，從醞釀到最後能夠付諸實施，最快也要 5 年，何況我國國情有異於美國，金融業務革新可能不會像美國那樣動態化，是以在目前情況下唯一能夠改革者，短期內除了基本利率之逐步推動

外，或許明年亦可看到存款利率的變革，至於其餘部分改革恐怕很難。

在投資意願方面，過去我國經濟之得以快速發展，主要係恰好起步於經濟史上所謂繁榮又擴張的 1960 年代，可是目前正值我國產業結構升級之際，卻面臨著不確定的 1980 年代，雖說當今跟著我國過去發展路線走的國家，亦都無可避免地遭遇到類似危機，惟因我國對美國市場的依賴程度較大，故所受影響最大。由於國外市場之不確定性克服不易，因此，國內有遠見的企業家應對國內市場之投資有所變革，譬如說對包括金融業在內之商業有某些調整，俟調整到某一階段後，再往以出口為主導的工業發展。不過，這將涉及政府的產業結構調整政策，個人以為要提高投資意願，首先要從服務業之現代化著手，然後再著重於工業部門，以改善我國的產業結構。

上海銀行徵信室王玉章主任問：國內金融制度改革涉及公營及民營的問題，究竟那一種經營方式較適合我國？外商銀行對國內金融市場的秩序和作法往往造成許多重大的影響，請問對外商銀行在臺設立分行應持何種態度？

答：有關公營或民營問題，照理論來說，當然以民營較為合理，不過就現階段而言，我國目前的財經法規並不夠完備，民營若在併吞之下使其規模日趨龐大，很可能會產生重大的弊害。但公營亦不理想，由過去十幾年來，世界主要金融發達國家金融之動態發展，而我國好像關在屋子裏沒有受到多大影響的情形觀之，公營對此種變化的反應似嫌太慢，是以應該在現有之公營基礎上尋求若干改革，近來有人主張公有而民營，也

許這是一個兩全其美的辦法。

　　有關外商銀行設立的問題，通常外國銀行到美國設立分行，或美國銀行到日本設立分行，都是辦理批發性金融業務，不應該承做零售性業務，但在我國的外商銀行卻從批發性業務逐漸朝零售性業務發展，這種步步進逼的情況，乃是我國在外交和政治上的壓力下所做的讓步，致使我們深深感到國內金融秩序紊亂。總之，金融主管當局雖已盡最大的努力來抵擋前述壓力，最後還是沒有辦法，此殆與我國目前的處境有關。

　　【《世華金融》，第 78 期，1984 年 12 月。中華民國銀行公會銀行業務經濟研究小組第 324 次會議專題演講，陳逸文整理。】

當前國內金融情勢及其展望

今天在這兒跟各位談談當前國內的金融發展情勢。大家都知道，有關國內金融的情況，在這一、二年內，實在是處於一個很不確定的狀況之中，由於其中存有諸多的影響原因，故在向各位報告未來的國內金融狀況時，即不能馬上對之下一個全然悲觀或樂觀的定論。因此，本人僅簡單地分由如下兩方面向大家提出說明。

壹、金融環境所面對的不確定性問題

經濟金融不確定性所引發的問題，實際上已非常明顯，這可從長期與短期兩種不同的層面來加以觀察。

一、長期的金融不確定性問題

所謂長期的金融不確定性問題，簡單地說，即係因 1980 年代中央銀行不斷採行沖銷政策所產生的後遺影響，現在已到了須加以妥善因應之際。至於如何因應？只有金融主管當局能加以掌握，這在於非金融主管當局，就是個不確定的因素。我們很清楚地看到，去年中央銀行已經開始在進行處理過去幾年沖銷政策所帶來的問題，但至今尚未處理完。

（一） 如何處理沖銷政策所帶來的影響問題

究竟所謂的後遺影響是什麼呢？這可由各種不同的角度來看；我想經由如下幾個例子中，大家當可了解我們現在所真正面對的問題。第一個要談的是，GNP 跟外匯存量的比率（外匯存量／GNP），中央銀行大約從 1983 年開始就採行沖銷政策，當時的外匯存量／GNP 大約是 27％，到了 1987 年該比率達到最高峰的 75％，之後又陸續下降，到 1989 年底大約是 50％。自 1983 年至 1987 年該比率上升時，我們可以說央行正是採行積極的沖銷政策，而自 1987 年至 1989 年該比率下降時，也就是央行開始在進行處理沖銷政策所帶來的問題。

第二個項目是沖銷工具的餘額佔 M1B 的比例（沖銷工具餘額／M1B）問題，自 1983 年央行開始施行沖銷政策時，這項比例只有 2％，到了 1987 年底該比例達到最高峰 75％，然後又開始下降，降到 1989 年底大約是 20％；同樣的，這項比例上升時，也是央行在積極施行沖銷政策，比例下降時，是央行在處理沖銷政策所產生的問題。如果用簡單的數字加以分析，從 1987 年底到 1989 年底止，央行平均每個月所消化的沖銷工具餘額大約為 330 億元左右，由於沖銷工具的餘額最高曾達到 1 兆 1,800 多億，經不斷消化，到 1989 年底仍然尚存 4,000 億的餘額，如果按過去每個月消化 330 億元的速度來算，還要一年多才能消化完。因此，大家或許要問，央行是否會再按以前的速度消化這些沖銷餘額？或者要不要再消化這些沖銷餘額？

再看第三個項目，即 M1B 佔 GNP 的比率（M1B／GNP），在 1983 年大約是 30％，而到了 1988 年，該比率曾

高達 58％，可是到了 1989 年底它又回到大約 50％的程度。所以，從 1983 年到 1987 年，我們看到這段期間貨幣供給額暴增的速度，遠超過 GNP 的增加速度；然後，自 1988 年以後這項比例數字又回降，正好與貨幣主管當局進行處理沖銷政策所帶來的問題之時間相符合。

（二）如何調整偏高之比率使趨於正常

　　無論央行採用什麼方式去處理以上這些問題，對金融面都會產生各種不同的影響，由上述幾個比例數看來，截至 1989 年底相對於正常狀況仍然偏高，所以，大家不免要產生很多的聯想。第一個問題是就理論或者實際上來說，這些比例究竟有沒有一個正常水準可言？如果答案是肯定的，那正常的數字應是多少？舉個例子說，如果按目前臺灣的進口金額跟外匯的關係來加以推算，則外匯存量佔 GNP 的百分比（外匯存量／GNP），應在 15％至 20％之間方是正常水準，然實際數字卻達 50％；假定正常水準為 15％至 20％，那麼，實際與正常水準間的差距，就需靠金融政策的調整來改善，如果調整方法牽涉到對外匯的持有態度，那麼就會影響到匯率。另外如果我們把 1983 年 M1B 佔 GNP 的百分比 30％當作正常水準，那現在的 50％跟正常水準亦是有差距，對於此一現象，金融主管當局當然需要對之有所調整。

　　我們不免要問中央銀行究竟要用什麼方法，以及要花多少的時間才能夠回復到正常水準？由於沖銷政策所引致的後遺影響問題，乃是一種長期間所產生的問題，所以，要想把沖銷餘額全消化掉也須一段長時間，我們目前正處在要調整這些偏高

的比例之際，所以，當前的金融環境就變成處在一個不確定的狀況中。

　　為了要讓各位更瞭解我們目前的金融現象，我想用一個簡單的概念再加以說明。例如，有關 M1B 佔 GNP 的比例，在1989 年底大約是 50％，亦即大約是 GNP 4 兆元對 M1B 2 兆元。如果我們認為此一數字在 30％是正常水準，則用什麼方法可以使比例回復到正常呢？大概可分由兩個方式處理，其中之一為若今年的經濟成長率預估將增加 10％，約為 4 兆 4,000 億元，要讓 M1B／GNP 變成 30％的正常水準，M1B 即應該變成1 兆 3,200 億元（13,200／44,000 = 30％），因此，中央銀行應該要朝減少貨幣供給額著手。另外一個處理方式是若讓 M1B維持不變，則 GNP 應變成 6 兆 6,000 億元，這樣也可使 M1B／GNP 維持在 30％（20,000／66,000 = 30％）的正常水準，但是按照此一方法，又 GNP 每年以 10％持續增加，則要從 4 兆元增為 6 兆 6,000 億元，大概要花 5 年的時間，而在這 5 年內M1B 都要能維持不變，才有希望使之回到正常水準。如果我們急著想讓該比率馬上恢復正常，那就只好採取第一個方式也就是朝減少 M1B 著手。

　　但不論採取那一個方法，對我們整個金融情勢都會有所影響，如果要急速地恢復正常，即要採行立刻減少 M1B 的方式，也就會帶來顯著的通貨緊縮現象，若採行急速擴大 GNP 的方式，又可能伴隨帶來通貨膨脹的危機。究竟中央銀行要用什麼方法？以及要花多少時間使金融調整回復正常呢？不同的方法都將產生不同的影響。當然，除了這兩個注意方法外，或許亦

可能採行別種方法，因此，我們必須注意央行所將採行的每一個動作，固然央行或不會於 1 年內就調整各數字到正常水準，但是如果花上 5 年的時間也未免太長，因此，1990 年代是一個不確定的年代。此乃從沖銷政策所引致的後遺症來看，要讓金融面回復到正常水準的狀況，而此一問題已屬 1990 年代初期我們必須面對的嚴肅問題。

二、短期的金融不確定性問題

（一）如何界定貨幣政策的指標

其次要探討的是短期的金融不確定性問題。第一個不確定的現象是貨幣政策的指標問題。貨幣政策原本有很多指標，只是自 1970 年代中期以來，由於貨幣學派在理論跟實際上都佔了支配的地位，因此，當我們講到貨幣政策的指標時，以貨幣學派的觀點來解釋，就認為貨幣供給額的年增加率就是貨幣政策的指標。並將之引申出一個簡單的結論，即：「貨幣供給額的增加率應有一個正常的水準，當實際的貨幣供給額增加率背離了這個正常水準，而從低增加率往上爬升時，經過一段時間，就會帶來通貨膨脹；相反地，如果從正常的增加率往下降時，經過一段時間，即會產生通貨緊縮的現象，也就是會使經濟成長趨向衰退。」

假定用 M 代表貨幣，$\triangle M / M$ 代表貨幣供給額的年增加率；那麼，$\triangle M / M$ 的正常水準應是多少？國內的經濟學家對這點的看法不一，不過，大約均有一個廣泛的認同的範圍，

其中，蔣碩傑先生認為年增加率 10% 是適當的；而以 1989 年
3 月行政院通過的「穩定物價方案」來看，其所依據的又以
20% 為適當的，所以，我們可以將之認為在 10% 至 20% 的範
圍內都是適當的。可是，從 1986 年的 3 月到 1989 年的 4 月，
我國的△ M／M 都高於這個水準，而自 1989 年 5 月到現在，
該比率卻又低於這個水準，大約處於 8.5% 左右。因此，如果
根據貨幣學派的理論，既然從 1989 年的 5 月開始，貨幣政策
的重要指標 — 貨幣供給額年增率已經下降，而且降至低於正
常水準，那麼從去年 5 月經過一段時間後，到今年應該會發生
通貨緊縮及經濟不景氣的現象，如果我們按照此一貨幣學派的
理論，則今年的經濟前景應該不樂觀。雖然當前國內貨幣供給
額的增加率低於 10%，但另一種觀點卻認為對此現象不必過
度悲觀，國內的銀根當不致緊縮，因為國內的 M1B／GNP 仍
屬偏高，所以對經濟景氣尚不致有嚴重影響。

然就以上之推論，到底貨幣政策的指標應是貨幣供給額
的增加率？抑或是 M1B 佔 GNP 的百分比呢？我們究竟要用那
一個指標作為施行貨幣政策的依據呢？由於目前國內股價指數
被普遍認為偏高，大家都在擔心是否因股價指數的偏高致影響
M1B／GNP 的數值，使之偏高。又當△ M／M 繼續下降時，這
M 代表的究竟是 M1A 或 M1B？因為如以 M1B 去算年增加率，
則從去年的 5 月起，此一比例即不斷在下降；可是若以 M1A
來算的話，到 1989 年 11 月該一比率仍超過 10%，因此該用
M1A 或者 M1B 做為指標？或者說到底是 M1A 還是 M1B 跟股
價指數有關連？我們短期間的貨幣政策究該釘住那一項？在在

均令我們疑惑。

其實若我們回顧一下 1927 至 1929 年的美國聯邦準備制度的政策史的話,當會發現類似的現象,金融政策如果要跟股價指數聯在一起考慮的話,那麼必須要能先判斷出那一個股價指數是合乎標準的公正價格?能判斷出公正價格後才能說 M1A 的數字是偏高或 M1B 的數字偏低,但是如今我們卻陷入無法判斷股價指數的公正價格何在的困境中。所以,在短期內我們面對的問題就是,到底是要釘住 M1A 或釘住 M1B 以作為我們施行貨幣政策的依據?

(二)國際收支帳之變化對金融面的影響

第二個短期的金融問題是,大約從 1987 年我國放寬外匯管制的同時也開放了對大陸探親,這兩個政策對我國的國際收支產生很明顯且持續存在的衝擊。不過,此一影響在去年又出現了顯著的變動情形,透過外匯的變動已然對我國整體的金融活動產生影響。放寬外匯管制及開放探親究竟產生何種影響呢?就開放探親來說,其最大的影響有兩個,茲以簡單的支出面來向大家說明。

第一個即是觀光支出的增多。我國外匯帳上的觀光支出在 1986 年是 18 億美元,1986 年以後每年大約以 50％的速度持續增加,到 1988 年大約是 40 億美元,然 1989 年初步統計較 1988 年增加25％成為50億美元。而在民間匯出款之增加方面,開放探親以後,經常會看到「大陸親友在找你」的廣告,於是民間匯款支出之增加即屬常情,在 1986 年民間匯款數字大約是 5 億美元,從 1986 年到 1988 年,每年大約以 140％的速度

增加，到 1988 年大約是 29 億美元，但是到了 1989 年其增加速度又變成 25％，達到 36 億美元。這兩項跟探親有關的支出在 1989 年的增加率均變得較低。

對於各項經濟與金融情勢如果能保持一個長期變動的趨勢，我們就可以很確定地去推估今年的情況，可是，由於 1989 年的趨勢突然發生轉變，因此，我們對外匯的需求的變化就不知道到底要如何去作預測？當然對於預測整個世界經濟的變化趨勢就更困難了。除此之外還有一個大轉變即是國際間的交易已從過去以商品交易為主導的型態，轉變成以服務業的交易為主導的角色，這種趨勢從 1980 年代中期以來即愈來愈見提高，不只是國內有服務業的革命，國際經濟交易上，服務業的革命也正如火如荼地在進展中。

另外一個對我國外匯發生重大影響的是對外直接投資，這方面也正處於一個不確定的狀態中。據統計在 1986 年我國對外投資的金額大約為 6,000 萬美元，尚不到 1 億美元，到 1987 年是 7 億美元，1988 年是 41 億美元，大概每年均以 6 倍的速度在增加。可是，到了 1989 年，對外投資大約是 72 億美元，原來以幾乎 6 倍左右的速度在增加的數字，到 1989 年降到大約只有 80％的增加率，那 1990 年此一數字又會是多少呢？

另一個跟外匯變動有關，但是，又不包括在直接投資裏面的，就是自去年第 3 季起，短期資本外流現象非常明顯，致令國內短期資本交易出現逆差現象。我們不禁好奇地問：今年的國內資本是否會再發生持續的外流？這個變數如果我們預測錯誤，對國內整個金融就會產生非常大的影響，這是一個最為嚴

重的不確定性因素，也是我們必須去面對的。

貳、不確定性下的金融層面影響

　　金融現象所處的不確定性究會如何影響國內的金融呢？如果不考慮國際經濟的影響，其實這已屬相當不切實際，因為臺灣已經躍登國際經濟舞臺，因此，國際經濟體系的各項變化對我們都有影響，當然有些影響是立即的，有些則較遙遠，像東歐最近的變局對我們也有影響，可是該一影響即屬較為遙遠。

　　現在，我們假定不考慮國際經濟金融因素，也不考慮國內經濟的其他變化，則當前國內的金融問題中最重要的就屬貨幣問題了。中央銀行必須先訂出貨幣供給的目標，不管是朝控制貨幣供給額的增加率或是貨幣供給額佔 GNP 的百分比著手都可以，但一定要訂出一個目標，以確定貨幣供給額的數字。假設央行預定 M 將增加 100 單位，若要維持讓外匯數字不變的情形下，則國內信用亦將增加 100 單位，如此，才可以完全控制貨幣的來源與去路，使之平衡（如表 1）。

表 1

外匯	=	0	M	+ 100
國內信用	+	100		

　　可是，實際上若資本外流的現象，比中央銀行預估的要多，央行的政策即面臨挑戰，連帶地亦會在金融上引起相當的影響。當資本外流大於央行的預估數將立即直接影響到外匯市場，緊接著，中央銀行必須考慮，是否要對匯率之變動加以干

預？如央行採行不干預外匯市場的作法，則在外匯的需求大於外匯的供給之下，新臺幣會趨於貶值。這二、三年來雖然在新臺幣不斷升值中，央行釋出了大量臺幣，然受進口關稅大幅下降之影響而未對物價產生大的影響，可是，一旦發生貶值，物價會馬上反映出來。物價上漲率回升到某一個程度時，又將對利率造成衝擊，這是一連串值得我們關心的問題。

當然中央銀行若採行穩定匯率的措施，此由於按《中央銀行條例》第 2 條之規定央行的任務之一就是要維持貨幣的對外價值。因之，央行可以進場加以干預匯率。在外匯需求大於外匯供給下，如果央行以穩定匯率為優先考慮，則情況就會變成像表 2 的平衡式一樣。

表 2

| 外匯 | - 20 | M | + 80 |
| 國內信用 | + 100 | | |

若央行干預匯率之目的在穩定匯率，而在央行採行干預匯率措施後，外匯假設減少了 20 單位，如要讓國內信用仍維持不變，即仍為 +100 單位時，貨幣供給額就只能為 +80 單位了。嚴格的說，去年下半年，國內貨幣供給額的增加率偏低得那麼多，其主要原因之一就是因為，當時外匯需求增加的速度超過中央銀行計劃中的數字，央行來不及作逆向操作，所以就以壓低貨幣供給額的增加率使它低於應該有的目標，藉此來穩定匯率。

有關國際收支上的非商品項目，以及資本帳上的項目中，由於資本移動的變化是不穩定的，因此會立即影響到匯率的穩

定性，如果央行干預匯率，就會產生銀根過緊的現象。在不考慮其他因素下，由於央行逆向操作的結果，利率將趨於上升，所以，貨幣供給額的增加率低於應該有的水準時，也會反映到利率上，只有央行及時採行改變政策，才有可能扭轉此一現象。譬如說把國內信用擴張為 120 單位（如表 3 的作法），那問題就解決了，可是，往往在央行來不及擴張之下，銀根已變成非常緊俏，而對短期利率造成影響。

表 3

外匯	-	20	M		+	100
國內信用	+	120				

　　然當央行要及時把國內信用從 +100 單位變成 +120 單位時，又會產生一個新的問題，就是央行用什麼方法去貫徹此一政策？例如，把國內信用從 100 單位增加到 120 單位的方法中，用降低存款準備率跟用加速消化沖銷工具餘額二種方法，對貨幣面的影響固然是一樣，可是對銀行的收益或利率，即有不同的影響。因此，基本上的變化，以及中央銀行的反應態度，對今年的金融都具有很重大的影響，這是大家應該多加注意的。

　　另外來自股票市場之影響，大家亦不要小看它的發展。國內股票交易的蓬勃發展，在 1980 年代創造了很多世界第一的紀錄，比如去年全年股票總成交金額，大約佔我國 GNP 總額的 660％左右，也就是將近全國 GNP 的 7 倍，全世界尚沒有這麼高的紀錄：這可由另外一個相對值來看，我們的 GNP 去年大約是美國 GNP 值的 2.1％左右：可是，我們的股票成交金額卻是美國股票成交金額的 60％，相對比起來，就可知股票

市場的重要影響力。

　　從貨幣面來看股票市場的發展是有其重要的影響的，因為，每天成交金額裏面有 6‰ 是證券交易稅，政府課徵後，須將它存到金融體系裏，若按今年 1 月份平均每日的成交金額均超過千億來算，每天大約可以收到 8 億到 9 億元的證交稅，甚至超過 9 億元，全年估算大約可收到 2,400 至 2,800 億元，但是，中央銀行或財政部所預估的證交稅收卻沒有這麼多，大概只預估 600 至 1,000 億元，然實際上會收到 2,000 億元以上的證交稅，因此將產生一大差距，而表現在政府信用上。

　　如果貨幣供給額還是為 +100 單位，假定外匯不變，而國內信用部份也是 +100 單位。如果國內信用細分為政府信用 +30 單位與民間信用 +70 單位（如表 4），則政府信用原來是預計要增加 30 單位，然由於稅收陡增，故政府信用或有可能變成 -10 單位。因政府的稅收對貨幣供給額是一個抵消因素，這一抵消，貨幣供給額即變成只增加 60 單位（如表 5）。如果此時其他情況不變，在貨幣供給額 M 增加的速度低於原有的目標之情形下，即會產生銀根緊縮的現象，此即為股票市場可能帶來的重大影響變數。

表 4

外匯		0	M		+ 100
國內信用		+ 100			
政府信用	+ 30				
民間信用	+ 70				

表 5

外匯		0	M		+ 60
國內信用		+ 60			
政府信用	- 10				
民間信用	+ 70				

　　對於此一變化，應當用什麼方法去補充銀根，讓 M 回復到增加 100 單位的目標值呢？是將民間信用擴張成增加 110 單位這種方法，或者像過去一般，用累積外匯存底的方式亦是一種方法。但如果用累積外匯存底的方法，則會對新臺幣造成升值壓力；但如果採用擴張民間信用的方式，那又該用哪一種工具去擴張呢？

　　對於股票成交金額偏高的問題，如果考慮其在短期內對金融的影響，而後透過貨幣的影響再對利率及物價產生影響，那麼，那就是一個既嚴肅，且必須慎加考慮的金融問題了。

參、結論

　　當國內外經濟情勢發生變化之後，中央銀行即要加以因應，而它所採行的每一個處理方式，其影響都相當深遠，在未來的一年間，我們的金融情勢會如何發展？就要視中央銀行如何因應上述有關的短期與長期的金融問題而定。

　　由於 1989 年底 M1B 跟 GNP 的比值仍高達 50%，偏高的超額貨幣一定形成游資，要使之回復正常，只有二個方法，就是朝減少 M1B 的金額，或將 GNP 加速變大著手，但大家要慎防 GNP 加速變大所可能帶來的物價上漲的影響。在這 1990 年的開始，我們的經濟金融面就潛存了這些多種不穩定因素，如果 GNP 出現不穩定的加速度變化，則其影響除了物價的問題外，還關乎到利率的問題。

　　雖然未來我們所面臨的國內金融情況是處在一個相當「不確定」的狀態中；但是「不確定」也能夠激發更多個人的聰明

才智，所以，大家仍然要好好把握這不確定的時代。

【《今日合庫》，第 16 卷第 2 期總號 182，1990 年 2 月。
1990 年 1 月 23 日在金融人員研究訓練中心舉辦的「79 年經濟
金融情勢展望研討會」中專題演講，蔡淑惠紀錄。】

東亞金融危機的省思

　　金融危機是資本主義體制下必然間歇出現的經濟問題，根本原因在於資本主義社會講究效率優先，全社會各個部門都追求效率，但不可能齊頭式地同步提升效率，從而每當部門間提升效率程度發生重大差距時，便須進行體制調整，在調整過程中就會產生大小不等的經濟或金融危機，這次東亞金融風暴也不例外。

　　自 1997 年下半年發生，迄今依然尚未消弭的金融危機是金融史上首次發源於東亞的世界性金融危機。這次金融危機的原因相當複雜，有待後來的史家認真剖析。就現有訊息及知識來說，其遠因直可追溯到 1970 年代初期，當時第一次石油危機發生後，石油輸出國家在極短期內累積大量待消化的油元，同時不少中大型開發中國家興起積極追求經濟發展的意識，西方大型銀行利用這個機會，巧妙地扮演資金仲介角色，大舉擴大其國際銀行業務，使開發中國家外債加速累積。1982 年由墨西哥帶頭且曾爆發了開發中國家外債危機，這次東南亞國家的金融危機可視為該次危機的後續發展。

　　近因是從烏拉圭回合演進為世界貿易組織的過程中，不顧工業國家與開發中國家發展程度的差距，將商品貿易自由化原則大量應用於資本市場，加速並擴大國際資金流量。在大型國

家及固定匯率制度下，資本自由化的失控影響層面較小且易於
控制；在小型國家及浮動匯率制度下，一旦資本市場失控，便
不易收拾且可能蔓延到其他國家。1997 年 7 月泰銖貶值固另
有泰國本身的因素，其引申的後續演變乃是這種國際背景下的
產物。

東亞金融危機不易解決

　　東亞金融危機自泰國向北延伸至南韓及日本後，成為世界
性的問題及其解決的困難是有大體上共同的因素。我們得簡要
列述下列三項：

　　第一、東亞諸開發中國家在世界經貿地位已提升到具有影
響力的程度。1970 年代後期，繼當時被稱為「上升的太陽」
的日本經濟奇蹟之後，大部分東亞開發中國家都認真致力於經
濟建設，連年經濟成長狀況都高於世界平均水準，故在世界經
貿所佔比重大為提高。以具體數字來說，在 1978 年，東亞開
發中國家的 GDP 合計占全世界的比例約為 5.0％，占全世界開
發中國家的比例約為 13.5％：在 1995 年，這兩項比例分別提
高至 7.8％及 41.7％；對外貿易所佔比例提高程度遠大於 GDP
所占比例。正因為如此，此一地區的經濟安定與否對世界經濟
安定已具有較大的影響力，使世人不能不重視東亞的經濟趨
勢。同等重要的是，開發中國家推動經濟建設時，免不了須舉
借外債或借重外資，東亞開發中國家也不例外，在同一期間，
外債比例及利用外資比例相對上都大為提高。因此，倘若此地
區經濟出狀況，自然會波及世界其他地區的經濟活動，尤以工

業國家為然。

第二、日本經濟疲弱不振。直到 1990 年發生泡沫經濟困局以前，日本戰後高經濟成長的奇蹟一直被世界所稱道，兩本《可以說 NO 的日本》書也曾經暢銷一時，日人也以世界第二經濟強權自居。甚至，神戶大地震災難的迅速復建也令世人刮目相看。然而，當東南亞金融風暴衝進日本之後，日圓應聲而倒，部分金融機構的積年陳痾也陸續暴露在世人眼前。日本政府在國內外強大壓力下，提出一些振興經濟的方案，但一直沒有成效，日本經濟繼續疲弱乏力。在以往，日本曾經是世界經濟危機的救世主之一，更在東亞經濟穩定成長上扮演重要角色。如今，日本自身猶如泥菩薩過江，在這一波的金融危機中不僅自身難保，而且尚有拖累鄰近國家，使現存危機惡化之虞，故東亞金融危機免不了成為世界性的難題。

第三、東亞經濟構造正在調整中。自東亞開發中國家經濟發展意識抬頭以來，日本經濟正自高成長期調整為中度成長期，其成長速度相對較低，尤以中國連年以兩位數字的速度挺進，東亞的經濟地圖正緩慢地改寫。這種相對經濟力的改變本身就會默默地改變浮動匯率機制下的各國間的相對匯率。不幸，在這進程中卻爆發了由相對貶值所引發的東亞金融危機，使得進行中的東亞經濟調整變得混沌不明。因為在開放經濟下，貿易是經濟成長不可或缺的一環，而相對匯率又與貿易有最直接的關係，以相對匯率變動為其源頭的金融風暴經由其對貿易、貿易結構以及產業結構的漸進影響，使進行中的東亞經

濟結構調整免不了必須重新布局，這個趨向肯定會帶來不小的
衝擊。

後續金融危機不容忽視

東亞金融危機究將如何收拾殘局猶在未定之天，眼前所能
想像到的衝擊更是眾說紛紜，我們得先概略地思考一些可能的
衝擊。

第一、全球金融在危機的邊緣。即或是我們把東亞金融危
機視為地區性的偶發困局，這個事件的時機也來得不是時候。
因為前蘇聯解體之後，東歐多數國家依然在經濟金融困境上掙
扎，等待國際組織積極給予長期的支援；同時，歐盟也已決定
於 1999 年推動歐元上市，其成敗及可能影響仍待評估，在此
時刻，動盪未定的東亞金融危機無異是雪上加霜，使全球金融
都陷於不穩定狀態，較悲觀人士甚至擔心 1930 年代經濟大恐
慌的歷史即將重演。

第二、中國吸收危機的能力。目前東亞金融危機得以暫時
穩住係以人民幣堅持不貶值作為支柱，這項決策固有多項決策
背景，但中國肯定須為此決策付出相當大的代價，目前已出現
的出口成長率趨弱、經濟成長率下降、失業人力增多等不良影
響只是其初步現象，基本情況是否會繼續惡化仍屬未定狀態。
目前中國每人平均所得固然仍不高，但其為世界大型經濟體則
是不容否認的，為支撐東亞金融危機而付出多大代價仍有待觀
察，但多數專家都擔心其吸收能力有其上限，在接近此上限附
近，免不了令人擔心可能產生變化，此變化有演變為另一波危

機之虞。

　　第三、慎防另一波東亞金融危機。日本政府已於日前改組，改組後的內閣對疲弱的日本經濟及仍處貶勢下的日圓依然提不出有效的對策。這將使目前負擔已經相當沈重的中國經濟備覺因應困難。萬一不幸中國不得不以人民幣貶值作為因應對策，難保不引發東亞國家另一波的貶值競賽，這將使目前依然混沌不明的東亞經濟情況更加混亂。或許這是杞人之憂，但日本經濟狀況非是吾人所能控制，故我們不能不預防可能發生的另一波的經濟災難。

　　我們不能否認開發中國家的經濟金融體制仍有待改善，也不能否認國際化、自由化是新國際經濟秩序的主要潮流。但是，我們不能不沈痛地指出，把同一原則勉強地應用於經濟發展程度大有差異的國家是金融危機的重要來源，此類金融危機通常易於擴大至更廣泛的經濟活動層面，其嚴重性甚至遠大於一般的經濟蕭條，故必須早日設法解決。東亞金融危機乃是這類新國際經濟秩序下的金融危機之一，當然須以同一態度來思考解決之道。

　　簡要地說，解決的原則是在不公平的處境下尋找多數人能夠接受的相對公平環境，也就是必須另訂新的遊戲規則，使開發中國家在傷害最輕的條件下參與自由化的新國際經濟秩序下的國際經濟活動。

　　【《市場與行情》，第 45 期，1998 年 9 月。】

人民幣若貶　牽動後果嚴重
臺灣擴大內需政策實質效果不大

　　中國大陸有外匯管制，除非中國大陸經濟極度惡化，政治被迫向經濟屈服，否則人民幣短期內不致貶值。人民幣一旦貶值，所有亞洲貨幣匯率都要受到牽動，那時問題就很嚴重了。

　　現在亞洲各國匯率經過調整後才剛穩定下來，各國接著又要調整產業結構，如果人民幣現在貶值，亞洲國家匯率又要重新洗盤，接著再調整產業結構，會延後亞洲經濟復甦的進度。因此我希望人民幣不貶。

　　兩岸三地經濟體質、制度和國情都不同，面對經濟問題必有不同措施，三處政府對付這次東亞金融風暴的做法因此不能相提並論。各個經濟體原本就該各依當地制度和國情來解決問題，不能用同一個模式來思考。例如，中國大陸是大型經濟體，實施共產主義約 50 年，開放經濟還不到 20 年。香港和臺灣則是小型經濟體，前者是自由經濟金融體系，連鈔票都由民間數家銀行發行，臺灣也是快步邁向自由開放經濟。

　　在最新的金融風暴中，香港政府採取非常明顯的金融管制措施。臺灣的措施就不太明顯，我們的外資本質和香港不同，有些不是真外資，而是過去外逃資金現在又回流，所以國際炒家應該尚未真正入侵臺灣，即使有，金額也很小。大陸實施外匯管制，國際炒家根本進不去。

　　香港在去年底那一波金融風暴中，為捍衛匯率推出一些措施，是可以理解的。但在最近這一波金融風暴中，香港政府在股市大撒資金卻很不合理。他們買了股票之後，何時出脫會影響香港經濟。而且他們的持股會影響到民間企業的董監事選舉，很可能使得這些民間企業變成國營企業，是走回頭路，違反自由企業的精神，對企業和經濟發展都不好。

　　由於國際炒家還沒有入境，臺灣和大陸的政府並未介入金融市場。我猜臺灣中央銀行為防萬一，已預先擬好因應措施。

　　大陸和香港比較是從政治角度來看這一波金融風暴，都堅持人民幣不貶值和維持港元盯住美元的聯繫匯率，臺灣則是純由經濟角度來處理。如果亞洲金融風暴是發生在香港移交給中共之前，港元恐怕早就貶值了。

　　兩岸三地不可能聯手抵禦金融危機，因為體制和國情差異大，又各有不同政治利益考量。但未來兩岸三地再陷入新的金融風暴是有可能的，金融風暴是全球性問題，以後發生的頻率恐怕會愈來愈高。未來兩岸人民的衣食需求都會獲得滿足，只剩下住和行的問題，理財會因此變得更重要。全球的趨勢也是這樣。以後只要哪個國家地區的經濟或政策有漏洞，國際炒家就會起而行攻擊他們的金融市場。

　　馬來西亞實施外匯管制，香港和臺灣也採取各種措施打擊國際投機客。企業管理大師杜拉克（Peter Drucker）十年前曾說，國際熱錢會是世界經濟三大問題之一，另外兩個是純經濟面問題。他那時就說，全球每天金融交易金額是商品交易金額的 40 倍，現在當然更高。

　　國際熱錢炒作是應該防止。要依每個國家的發展階段不同，設立不同的防弊措施，不能統一制定，因為各國法規有異，如果統一制定，不利於體質較弱的國家。

　　全球經濟不排除陷入蕭條的可能，舉個最簡單的例子來說，1930 年代拉丁美洲因原材料價格下降，外匯收入減少，因此賴債，歐洲也是，導致當時全球大蕭條。

　　30 年代人民財富較少，現在如果發生經濟大恐慌，失業率雖然可能提高，但人們還可以動用自己的儲蓄過日子，生活受影響程度不同。現在資訊傳送速度很快，產業結構也大異從前，即使全球景氣大衰退，持續時間也會縮短，程度也不會比以前嚴重，只要各個國家採取通貨膨脹政策應可以緩和危機。

　　臺灣採取擴大內需政策，企圖拉升經濟成長率，我認為實質效果不大。擴大內需對大型經濟體較為有效，但對小型經濟體的效果很小，像香港就不敢講要靠擴大內需來提振經濟。

　　這次金融風暴應不會影響到大陸經濟改革開放速度，因為他們已走上經濟發展的不歸路。一個國家的製造業或工業部門占經濟結構的三成以上，或吸引的就業人口超過 25％，通常就無法再走回農業社會。

　　大陸今年的經濟成長率看來無法像預估目標那麼樂觀，不過最近的大水災可以成為他們無法達成經濟目標的下臺階。他們最近增加公共支出，但這個策略無法在今年對經濟成長有實質貢獻，估計大陸今年的經濟還會更壞。他們發行的國債是由銀行購買，銀行財務也會因此更形惡化。

　　在協助香港穩定金融市場方面，大陸只能動用外匯存底來

幫忙，但他們的外匯存底和外債數字旗鼓相當，實際能動用的外匯並不多，如果國際炒家能動用更多的資金，大陸也救不了香港。

亞洲金融風暴後，新興工業國家的經濟生態會有改變。如果他們仍以傳統方式發展經濟，競爭力就會下降，但如果能銜接高科技，競爭力就可以稍微提高。事實上，有些國家的經濟能力現在已接近工業國家的水準，有些則退步了。

日本最近降低利率，美國聯邦準備理事會（Fed）即使跟進，應不會有助國際金融市場的穩定，因為眼前的問題未必是信用寬鬆就能解決，利率只是其中一項因素，即使利率下降，人們是否要投資還要考慮其他因素。

有人憂慮美國股市近來大漲，可能引發泡沫經濟，我想應不至於。泡沫經濟發生都是因為房價和股價突然急速下降。臺灣發生泡沫經濟的問題較小，是因為股民多，即使股價急降，負面效果也會分散。香港和日本的問題較大，因為它們的投資人較集中。美國股市多數是基金投資，影響層面也應較小。

我倒是較擔心，現在全球面臨一個很大的危機，即不同國家處於不同的工業階段，大家步調差異頗大。例如，美國正進行第四波工業革命，其他國家卻追不上，全球供需會有銜接上的問題。

【《經濟日報》，1998 年 9 月 14 日，兩岸三地因應全球經濟變局的策略，記者黃淑儀記錄整理。】

四、金融體制
與金融市場

4

論金融媒介機構

　　在現代的貨幣銀行學教科書上，商業銀行通常與其他金融機構分開討論，且扮演最重要的角色之一。自 1950 年代中期以後，葛理與蕭（John G. Gurley and Edward S. Shaw）開始著文申論商業銀行與其他金融機構的相似性。強調金融媒介機構的整體性，主張把其他金融媒介機構納入貨幣管理之列，以增強貨幣政策的有效性，[1] 其他金融媒介機構的重要性才逐漸引起經濟學家的注意，並且也招致劇烈的爭論。[2]

　　根據 1958 年歌德斯密（Raymond. W Goldsmith）的巨著

---

1 其中較為重要的著作包括：John G. Gurley and Edward S. Shaw, "Financial Aspects of Economic Development," American Economic Review, (Sept. 1955), pp. 515 -538; idems "Financial Intermediaries and the Saving -Investment Process," Journal of Finance, (May 1956) pp. 257 -266; idems, Money in a Theory of Finance, (Washington, D.C.: The Brookings Institution, 1960); John G. Gurley, "Financial Institutions in the Saving -Investment Process. (1959)," Reprinted in Readings in Financial Institutions, eds. by Ketchum and Kendall (Boston: Houghton Mifflin Company, 1965), pp. 5 -20.; idem, "Liquidity and Financial Institutions in the Postwar Economy," (Study Papers 14, Joint Economic Committee 86th Congress, 2nd session, 1960)。

2 比較重要的論文包括：Joseph Aschheim, Techniques of Monetary Control, (Baltimore: Johns Hopkins Press, 1961). pp. 111 -132; Warren L. Smith, "Some Limitations on the Overall Effectiveness of Monetary Policy, (1959)," reprinted in Monetary Policy, ed. by W. Hamovitch, (Boston: D. C. Heath and Company. 1966), pp. 53 -76; idem, "Financial Intermediaries and Monetary Controls," Quarterly Journal of Economics, (Nov.1959) pp. 533 -553. Ezra Solomon, "Financial Institutions in the Saving -Investment Process (1959)," Reprinted in Readings in Financial Institutions, pp. 22 -36。

《1900 年以來美國經濟中的金融媒介機構》，在某些定義下，其他金融媒介機構在經濟社會中的重要性相對提高，其種類也逐漸增多，並且提供更多可供選擇的金融資產，對貨幣政策的操作不無影響。**3**

同時，1960 年代以後，流動資產在貨幣供給與貨幣需要之研究上都扮演著重要的角色，在貨幣政策的作用過程之研究上也有不容忽視的影響力。其他金融機構的負債為經濟社會流動資產的主要來源之一，其資產經營在貨幣理論與政策上的地位逐漸被重視，新興的耶魯學派甚至將其他金融機構融合為其貨幣理論的主體部分。**4** 因此，金融媒介機構論乃成為銀行理論與貨幣理論相結合的橋樑，更為討論或決定貨幣政策的重要環節。葛理－蕭假定（Gurley-Shaw Thesis）也因而成為當代貨幣理論的主要論題之一。

本文的內容在於介紹葛理－蕭假定的理論體系，第一節從金融機構的產生，說明其在經濟社會的重要性；第二節比較商業銀行與其他金融機構的特質，強調兩者並無顯著的差異；第三節敘述將其他金融機構融合在商業銀行之內的新理論體系

3　Raymond W. Goldsmith, Financial Institutions in the U. S. Economy Since 1900, (1958).

4　請參閱拙稿：〈耶魯學派的資產平衡論〉，《臺北市銀月刊》，1972 年 9 月。即將收集為拙著：《當代貨幣理論與政策》第 11 章（本書即將於 1973 年 2 月刊行，由三民書局總經銷）。James Tobin and William C. Brainard, "Financial Intermediaries and the Effectiveness of Monetary Controls," American Economic Review, (May 1963), pp. 383 -400; James Tobin, "Commercial Banks as Creators of Money, (1963)" Reprinted in Essays in Economics, Volume I : Macroeconomics, (Amsterdam: North-Holland Publishing Company, 1971), pp. 272-282.

的輪廓；第四節檢討其他金融機構對貨幣政策有效性的抵銷作用，申論管制其他金融機構的重要性。

一、金融媒介機構的重要性

金融媒介機構的基本功能在於發行各種金融資產，藉以增進經濟社會的資金融通效率。因此，討論其重要性當先須檢討無金融媒介機構的社會所發生的資金融通難題。

自有人類的經濟活動以來，就有投資和儲蓄。但是在產生金融資產以前，投資和儲蓄的活動都必須以真實資產來進行。這種物物交換的社會當然不能避免兩項缺點：第一，物物交換的不方便；第二，經濟資源運用的不當。關於第一項缺點不再討論；[5] 第二項缺點則有進一步說明的必要。

在物物交換的社會，因為投資和儲蓄均以真實資產進行，個別經濟單位的投資通常恰等於其自身的儲蓄，呈「自我融通」（self financing）的現象。即或若干經濟單位之當期支出大於其當期所得，（稱之為「赤字支出單位」deficit - spending units），向當期支出小於當期收入的經濟單位（稱之為「有餘支出單位」surplus -spending units）借入真實資產進行投資，形成「外部融通」（external -financing）的現象，也將由於真實資產的各項缺點（即物物交換的不方便），無法使投資按其效率順序，依序自預期收益率較高的投資進行，其結果是相對

5　在每一冊貨幣銀行學的教科書上，都要提到物物交換有四項不便之處：第一、缺乏價值尺度的工具；第二、缺乏欲望的雙重一致性；第三、缺乏延期支付的工具；第四、缺乏價值儲藏的工具。

收益較低的投資獲有優先採行的機會，經濟資源乃不能發揮較大的運用效率。

從物物交換進展到貨幣經濟，貨幣（本文所稱的貨幣係指稱通貨而言，或稱為「外在貨幣」outside money）因可充當支付工具，不但可消除物物交換的不方便，而且也能提高經濟資源運用效率，擴大投資水準。這種貨幣經濟社會有兩項基本特質，第一，各經濟單位的貨幣需要係真實貨幣需要；第二，名目貨幣係由政府所供給。[6] 真實貨幣需要決定於貨幣所含有的隱含邊際存款率（implicit marginal deposit rate）與消費及投資的邊際收益，如前者大於後者，經濟單位才有貨幣需要。貨幣的邊際存款率則隨著支出單位的預期價格下降、[7] 預期赤字增加及真實投資之邊際風險增加等而增加。名目貨幣供給則隨著真實生產之增加而增加。這兩項特性乃是提高經濟資源運用效率及擴大投資水準的根源。

第一，在決定真實貨幣需要的對比之下，若干經濟單位可能覺得目前無有利的投資機會，不妨暫時增加真實貨幣的累積；若干經濟單位則發現有利投資機會，乃動用其過去所累積的貨幣餘額，因而投資乃可依其效率高低而進行，相對利益較低的投資遂可捨棄。尤有進者，儲蓄單位與投資單位開始分

6　請注意，所有傾向於唯貨幣論的貨幣學家包括弗利德曼（Milton Friedman）、布蘭納（Karl Brunner）、梅徹（Allan H. Meltzer）等，都主張必須將名目數值與真實數值作嚴格的區分，但其最後所導出的結論卻不盡相同。關於弗利德曼，請參閱拙稿：〈芝加哥學派的新貨幣數量學說〉，《臺北市銀月刊》，1972 年 8 月，即將收集在拙著《當代貨幣理論與政策》第 8 章。另參閱拙稿：〈唯貨幣論者的貨幣史觀〉，《美國研究》，1972 年 6 月。關於布蘭納與梅徹的看法，我將在近期內著文介紹。

7　請注意，這裡隱含著經濟沒有貨幣幻覺（Money Illusion）的假定。

化，有餘支出單位可恆常地將有剩餘之貨幣融通給赤字支出單位。

第二，由於名目貨幣係由政府發行，且其發行量隨著真實生產之增加而增加，而貨幣之發行係採政府對物品及勞務之購買方式而進行。因此，民間貨幣需要增加意味著部分經濟資源被政府移用，間接地融通民間投資，顯然他是擴大了投資與儲蓄。

在只有外在貨幣的經濟社會，外部融通仍限於直接外部融通（direct external -financing），赤字支出單位雖然可發行各種形式的「原始證券」（primary securities）向有餘支出單位借入資金；但因這種資金融通方式有許多缺點，故投資與儲蓄之規模仍不能發揮最大的效用。這些缺點包括：第一，赤字支出單位與有餘支出單位彼此不易相互發現；第二，即使兩者相互發現，資金融通條件也不易談攏，因為赤字支出單位常希望發行長期原始證券，而有餘支出單位則常希望買入短期原始證券；第三，有餘支出單位對原始證券的信用情況不瞭解，減少其需要；第四，原始證券缺乏流動性，不易變現或轉讓。

為改善直接外部融通的缺點，當然必須改進原始證券的分配技術（distributive techniques），增加原始證券的種類，藉證券多樣化降低赤字支出單位的邊際反效用，提高有餘支出單位的邊際效用，以提高投資水準。可是無論如何多樣化，仍然不能完全消除直接外部融通的缺點，且要增加赤字支出單位操作原始證券的麻煩。因此，乃有金融媒介機構的產生，進行「間接外部融通」（indirect external -financing）。

　　金融媒介機構介於赤字支出單位與有餘支出單位之間，藉發行該機構自身的債務，即「間接證券」（indirect securities），供有餘支出單位選購，以所獲資金購入赤字支出單位所發行的原始證券，消除上述各項直接外部融通的缺點，加強儲蓄與投資間的聯繫，擴大儲蓄與投資的機會。因為間接外部融通有四項重要的優點：第一，金融媒介機構較為健全，其間接證券易於被有餘支出單位信任，可增加儲蓄；第二，金融媒介機構可藉其各種間接證券之發行，匯集大量資金，進行巨額資金融通；第三，金融媒介機構可藉換債操作，賣出短期間接證券，買入長期原始證券，進行長期資金融通；第四，有餘支出單位所購入的間接證券有較高的流動性，易於產生增加儲蓄的效果。

　　基於上述資金融通過程的發展可知，金融媒介機構的基本功能在於加強投資與儲蓄間的聯繫，改善投資效率與擴大投資與儲蓄的機會。因此，在有金融媒介機構的經濟社會，社會的金融資產可分為兩部份：原始證券與間接證券。間接證券又可分為由貨幣體系所發行的「貨幣間接債務」（monetary indirect debt）與由其他金融媒介機構發行的「非貨幣間接債務」（nonmonetary indirect debt）。貨幣間接債務又可區分為支付工具（包括通貨與活期存款）及其他（如定期存款）。[8] 由於金融資產多樣化，且可作這種區分，當代貨幣銀行理論上，便不顧其發展過程的相似性，而將金融媒介機構區分為商業銀行

8　　請參閱 Gurley and Shaw, Money in a Theory of Finance, pp. 93 -94, 193 -195.

與其他金融機構，爭論便由此而起。

二、商業銀行與其他金融機構的異同

在討論商業銀行與其他金融媒介機構的差別時，我們常要強調商業銀行有三項特色：第一，商業銀行能夠創造支付工具；第二，此種創造過程具有乘數擴張的作用；第三，其支付工具之創造會帶來通貨膨脹的效果。因為經常強調這些差別，易於使我們忽略其間的相似性。

（一）創造支付工具

在現代的貨幣經濟社會中，所有的金融資產都是「創造」出來的。貨幣體系因買進非貨幣資產而創造貨幣，其他金融機構則因買進貨幣而創造間接證券。其他金融機構與商業銀行之差別在於前者因買進貨幣而創造非貨幣間接債務，後者則因買進原始證券而創造貨幣間接債務。商業銀行與非商業銀行的差別在於前者買進原始證券而創造出被視為「支付工具」的貨幣間接債務，後者則因買進貨幣而創造原始證券。既然所有資產都是創造出來的，各種資產都有其特色，將商業銀行所創造的資產特色「支付工具」單獨提出來，將之視如貨幣顯然並不公平。

大體上說，商業銀行的活期存款債務可作為「支付工具」，誠然是商業銀行與其他金融機構有別的特色，但只有這項特色並不足證明兩者有所差別。第一，活期存款之具有支付工具功能是付出了代價，定期存款與其他非貨幣間接證券除充作支付

工具功能外，亦作為活期存款的完全替代物，其拋棄此項功能的代價是有較高的貨幣收益，此項收益差距使得活期存款的利益大為降低，增強兩者之間的競爭性。第二，即使活期存款可作為支付工具，但社會對它的需要並非無窮大，故商業銀行也不能隨意「創造」活期存款。[9]

　　換句話說，活期存款與通貨的貨幣性有別，通貨係政府所發行，增加發行的通貨為燙山芋，個人固有時想擺脫多餘的通貨，但全社會卻無法擺脫它，必須調整經濟社會的若干變數，將新增通貨悉數吸收，而成為社會財富的一部分。可是商業銀行卻不能融通其自身的支出而增加活期存款負債，他的資產（原始證券）與其活期存款負債同增同減，並不直接改變社會的總財富。

（二）乘數擴張的作用

　　金融媒介機構創造金融資產的乘數作用可分別從兩種意義來說明：[10]第一，一般意義的乘數創造；第二，法定準備意義的乘數創造。

　　先就一般意義的乘數創造來說，商業銀行可買進原始證或其他資產而創造活期存款，例如，買進 100 元的貨幣，創造出 100 元的活期存款；商業銀行可將其 100 元貨幣資產中的任何數目供作買進其他資產之用。因此，其帳上剩餘的貨幣與其活

9　請參閱 James Tobin, "Commercial Banks as Creators of Money," op. cit.

10　請參閱 John G. Gurley, "Financial Institutions in the Saving -Investment Process," op. cit., pp. 11 -15。

期存款之比便構成了乘數擴張，此項乘數並無限制。同理，其他金融機構也可買進 100 元的貨幣或支票，創造出 100 元的非貨幣金融證券，然後將其貨幣或支票的一部分供作買進其他原始證券之用，其帳上的剩餘貨幣與其所創造的非金融間接證券也構成了乘數擴張。由此可如，就一般意義來說，兩者都具有乘數擴張的作用。

再就法定準備意義的乘數創造來說，在現行的貨幣制度之下，中央銀行常對商業銀行施以數量管制措施，要求商業銀行對其存款買入若干對中央銀行的特別請求權，即法定準備金。假若中央銀行所規定的法定準備率為 20%。在中央銀行買進 100 元貨幣，創造出 100 元之活期存款時，商業銀行必須以其中的 20 元買進法定準備金，以其餘 80 元買進原始證券或其他資產。在全體商業銀行已盡其放款能力（loaned up）之際，其活期存款與法定準備金之比例乃呈 5 比 1，這是所謂的創造乘數。同理，假若中央銀行對其他金融機構的非貨幣間接證券也實施數量管制措施，在其他金融機構創造 100 元非貨幣間接證券來買進 100 元貨幣時，要求以其中的 20 元買進法定準備金，然後再以其餘 80 元買進原始證券或其他資產，則全體其他金融機構之非貨幣間接證券與其法定準備金之比例也將是 5 比 1，也有乘數擴張作用。可是，其他金融機構未有類似商業銀行的數量管制。因此，假若說兩者有差別的話，將只是因為商業銀行是被管制的，而其他金融機構則是未被管制的。

（三）通貨膨脹的效果

管制商業銀行的基本理由，也是商業銀行有別於其他金融

機構的第三個理由，是商業銀行可增加貨幣供給量，加重通貨膨脹的壓力；其他金融機構之非貨幣金融證券之增加則未有通貨膨脹壓力。[11] 假若我們將通貨膨脹的壓力作如下的界說：在一定的利率、價格及產出水準下，貨幣供給超過其需要。根據此項定義，通貨膨脹壓力可來自兩方面，或者是來自貨幣供給量的增加，或者是來自貨幣需要量的減少。

　　若以交易貨幣數量學說的標準式 MV = PT 來說，不是來自 M 的增加，便是來自 V 的增加。主張商業銀行能夠產生通貨膨脹壓力的人士常注意到貨幣供給量增加的可能性，忽略了其他金融機構之資產經常會帶來貨幣需要減少的可能性，兩者都能產生通貨膨脹的壓力。例如，假若其他金融機構誘致某人以 100 元買進其所發行的非貨幣金融證券，其他金融機構通常不會把全部貨幣用於購買原始證券，而係留其餘部分，因而全社會乃因對證券及商品市場有超額需要而反映著有超額貨幣供給，即貨幣需要之減少產生通貨膨脹的壓力。

　　此外，倘若我們把商業銀行所創造的活期存款視為可貸基金（loanable funds），則通貨膨脹的壓力應係來自商業銀行具有創造可貸基金的能力，而其他金融機構則無此項能力。實際上，我們從可貸基金的標準式出發：

　　可貸基金之供給 = 經濟單位的計劃儲蓄 + 貨幣存量之增加 + 貨幣需要（存款）之增加

　　而經濟單位之計劃儲蓄必然反映於對原始證券、貨幣及非

11　請參閱 John G. Gurley, op. cit. pp. 15 -17. Gurley and Shaw, Money in a Theory of Finance, Chapter VI.

貨幣間接證券之需要的增加，故

可貸基金之供給＝經濟單位之原始證券需要增加＋經濟單位之非貨幣間接證券需要增加＋貨幣存量增加

可是，假若我們略去其他金融機構所保有的少量貨幣不計（其實計算也相同），經濟單位之非貨幣間接證券需要增加恰等於其他金融機構之原始證券需要增加。而貨幣存量之增加恰等於貨幣體系之原始證券需要增加。

可貸基金之供給＝經濟單位之原始證券需要增加＋其他金融機構之原始證券需要增加＋貨幣體系之原始證券需要增加

由此可知，經濟單位、其他金融機構及貨幣體系的原始證券需要增加，都將反映於可貸基金的供給，也就是反映於貨幣供給，當然都會影響通貨應膨脹壓力，故宜將其他金融機構與被納入貨幣體系的商業銀行加以區別。

三、金融媒介機構的新理論體系

根據上一節的分析，各種金融機構本質上並沒有差別，他們都是作為有餘支出單位與赤字支出單位之間的資金融通橋樑，在執行此項功能時，他們都能改善經濟資源運用的效能，促進儲蓄與投資。在執行此項功能時，他們都是買進原始證券，創造間接證券；他們都能創造超額的可貸基金供給，他們也都能創造超額的貨幣存量。因此，目前將金融媒介機構區分為商常銀行與其他金融媒介機構，而建立的理論體系有重建的必要。我們可分銀行理論與利息理論分別說明如下。

（一） 新銀行理論

　　由於所有金融機構所創造的間接證券本質上並無差別，經濟單位將這些間接證券視為金融資產而保有，在其保有餘額中，傳統上視為支付工具的各種貨幣當然面對了競爭。其他金融機構所創造的非貨幣間接證券也能替代貨幣，作為交易、預防及投機等動機而保有。因此，在一定的所得水準下，除非已知貨幣與非貨幣間接證券之間的替代性，無法決定貨幣供給。因為各種金融資產之間的競爭，有三項阻礙貨幣體系成長的現象。

　　第一、由於非貨幣間接證券的競爭，經濟單位有時易於將其所持有的貨幣易為非貨幣的金融證券，原始證券乃自商業銀行移轉至其他金融機構，其結果是銀行準備金之增加趨緩，降低其「創造」貨幣的能力。

　　第二、銀行為緩和此項競爭壓力，唯有縮小其買進原始證券之收益與其創造貨幣之成本間的差異。但是其他金融機構也可採行同樣的競爭方式。在此項競爭過程中，銀行固能恢復貨幣供給量，其代價則是其地位的相對降低，與其收益的趨減。

　　第三、倘若銀行不以縮小利潤差額為代價而競爭，或者因受法令限制而無法加強競爭（例如，美國所實施的規則 Q），銀行更只有張著眼，眼看維持貨幣支付流量的任務大量地被其他金融機構所搶去。因此，其他金融機構所持有的原始證券以及它所創造的間接證券，不論絕對量或相對量都日趨壯大。

（二）　新利息理論

　　非貨幣間接證券既然構成經濟單位資產選擇需要的一部分，其供給與需要當然就扮演著重要的角色。在供給方面，其

他金融機構買進的原始證券的利率、其出售的非貨幣間接證券的利率、原始證券存量、以及營業費用等，為決定供給量大小的決定因素。在需要方面，所得水準、金融資產存量、原始證券的利率、貨幣資產的利率及非貨幣間接證券的利率等為主要決定因素。由供需雙方可知，利率為基本重要的決定因素，且因有多種間接證券，故在一定所得水準之下，利率將是多元的，且多元利率的水準將決定於非貨幣間接證券存量的大小及其與貨幣之間的替代性。關於此項問題可分多元化效果及所得效果兩項來說明。

就多元化效果來說，有餘支出單位對間接證券常有邊際效用遞減現象，因而產生分散其資產結構的需要。在一定的所得水準之下，除非增加間接證券的供給，若要求有餘支出單位增加其原始證券的持有量，只好降低原始證券的價格及提高赤字支出單位的利息支出。因此，利率水準須視間接證券多元化的程度而定。

說所得效果來說，在所得水準增加之際，經濟單位對貨幣及非貨幣間接證券之需要同時增加，其他金融機構之擴大發行緩和貨幣供給之擴張，同時也可避免原始證券價格之下跌，及利率之過度上漲。由此可知，在所得不變時，固然需要非貨幣間接證券之擴大來維持原始證券之收益；在所得增加的場合更需要擴大非貨幣間接證券。

四、貨幣政策的新評價

根據上述，金融媒介機構所創造的各種間接證券各有其

特性，商業銀行所創造的支付工具本來與其他間接證券之間互有競爭性，可是卻不當地被施以數量管制，因而形成其特殊地位。而其他間接證券則因未受管制，故長期以來獲有相對快速的增長，在其相對地位提高之後，乃逐漸影響貨幣政策的有效性。[12]

　　第一、由於目前美國政府債券發行餘額甚大，容易使休閒貨幣轉入活動貨幣，因而提高貨幣的流通速度。例如，若赤字支出單位希望將其原始證券售與商業銀行，商業銀行雖無超額資金，卻可在市場上出售政府債券，經濟單位亦因利率高而樂意放棄其休閒貨幣；尤其是提高利率時，其他金融機構亦提高其間接證券之利率，吸引休閒貨幣，增加其融通數量，這些未列入管制之其他金融機構之活動，因未列入中央銀行數量管制之列，其抵銷貨幣政策之效果的情形當更為嚴重。

　　第二、在中央銀行收縮信用提高利率時，其他金融機構常擴大其間接證券之發行，增加每單位貨幣之週轉效率，緩和貨幣政策之利率效果，抵銷貨幣政策之有效性。尤有進者，在中央銀行取消信用收縮之後，新發行之間接證券依然存在，且繼續發生作用，因而加重放寬信用的膨脹效果，這當然也不利於貨幣政策的有效性。

　　第三、第二次世界大戰後，其他金融機構在整個金融機構中的比重迅速加重，且利率亦有升高趨向，因而產生對非貨幣間接證券之需要增加的現象，其結果是提高貨幣流通速度，削

12　請參閱拙稿：〈貨幣政策有效性的論爭〉，《美國研究》，1971 年 12 月。

弱貨幣政策的效果。

　　基於這些理由，宜將中央銀行數量管制實施的範圍擴大及其他金融機構，才能提高貨幣政策的有效性。

　　【《臺北市銀月刊》，第 4 卷第 1 期，1973 年 1 月。】

對健全證券市場的幾點看法

引言

最近半年，臺灣的證券市場呈現空前繁榮的現象，不但成交量和成交值繼續增加，而且股票價位不斷上升。即使經濟部為健全證券市場的發展，已經採行一連串嚴厲的措施，期使證券市場在穩定中求發展，但是股價依然未減其上漲的情勢。一如往常，報章雜誌又將這種現象歸罪於「游資」，認為只要「導游資於生產」，就能解決問題上，我們已導了一、二十年的游資，而游資卻經常成為替罪的羔羊。在我看來，這種解釋正如將短期價格上漲歸罪於「貨幣供給量增加過速」，只要收縮貨幣供給量，就能消除短期價格上漲一樣，不能令人滿意。

4月10日晚上，在臺大經濟學會青年朋友們的座談會上，他們突然提出有關最近股價上漲和對策的問題，指定由我來答覆。我一向不做股票。因為不滿意將游資視為股市動盪的因素，只好從學理上來解說。想不到，這些不成熟的看法竟然有若干詞句見諸報端，使我自己也感到惶惑不安。因此，我感到我必須把我的初步推理寫下來，以減輕誤解。同時，也趁此機會向研究股票問題的先進們請教。

兩項待澄清的觀念

在臺灣的證券市場上，每當股價有異常的漲跌變動時，

經常要出現兩項似是而非的觀念，一項是導游資於生產，一項是保障投資人的利益。因為這兩句口號出現的次數太多，我們便忘記去追究它們的真實意義，甚至因而產生不合理的因應行為。若要健全證券市場的發展，須先澄清這兩項觀念。

先就導游資於生產來說，什麼是游資？如何導之於生產？在我看來，游資是個人或企業流動資產存量的一部分，是個人或企業財富裡的一種形式。如眾所周知，個人與企業為使其日常生活或商業往來的交易進行方便，必須在其財富中的一部分，以流動資產的形式來保有，故財富存量愈大，流動資產愈多。由於我國迄無關於財富存量的統計，我們不知現在臺灣地區究竟有若干財富存量。

但是我們知道，現在的財富是過去的儲蓄累積而來，故我們得將行政院主計處國民所得統計中所列的歷年民營事業及民間的儲蓄金額，視為同一期間國民財富存量的增加金額。根據此項資料來源，自民國 51 年至 61 年的 11 年間，國民財富約增加新臺幣 2,300 億元。（行政院主計處未發表 61 年國民儲蓄統計，因為 59 年為 290 億元，60 年為 400 億元，故我將 61 年暫列為 500 億元來計算，事實上很可能低估了）。這樣龐大的新增財富存量到什麼地方去了？

從學理上來說，這些財富存量只有兩項保有方式：一種是真實資產，如房屋、汽車以及各種耐久性或半耐久性的家庭器具；一種是金融資產，分為通貨及活期存款所構成的貨幣資產，與由定儲存款、人壽保險、政府債券、企業債券、股權資產等所構成的金融及證券資產。在每一個時點，各項資產都有其價

格，同時也有具收益。如眾所周知，某一類資產的數量愈多，其收益相對上愈低，因而有往相對收益較高的他類資產調整的行為。由此可知，所謂游資，應係表現在貨幣及金融資產存量相對多於個人及企業所願意保有的數量，發生向證券及真實資產調整的資產調整行為。在這種調整過程中，假若證券資產及真實資產供給量不變，或者增加率相對緩慢，其價格自然會上漲。

在這種情形下，該如何導游資於生產？傳統上似是而非的觀念，認為銀行不夠現代化，不曾吸收游資，將它疏導於生產事業上。這種看法誤將存量當作流量，以為游資隨時在社會裡各種商品間游動著。事實上，從每一個時點來看，游資本身都已是貨幣和金融資產的一部分，銀行確實已經盡了責任。問題在於證券及真實資產相對不足，因此增加證券資產和真實資產的供給才是解決問題的根本方法。撇開真實資產不談，把游資轉換成生產設備的橋樑在於企業債券和股權資產。事實上，股價上漲也正表現著大眾意欲將其貨幣資產轉變為股權資產和企業債券。因此，在股價上漲時，正是加速發展發行市場的良機，而不是空談導游資於生產。

再就保障投資人的利益來說，實際上我們常將投資者和投機者混為一談。一個合理的投資者在買進證券或各種資產之前，必先衡量當時市場上各種可供選擇的資產的價格和收益，一旦買進某類證券，通常都會變成他的恆常資產的一部分。他所關心的是他自己所保有的證券的收益是否一如他所預期者，因此若要保障投資者的利益，應是嚴格監督發行公司，作合理

而健全的經營，使其確保合理利潤率，以免投資者吃虧。至於有超過投資者預期利潤率的利潤，並因而導致股價上漲，使投資者有意外利潤和額外的資本利得，這正是投資者求之不得的。

　　而投機者則是在證券市場上，以其看漲和看跌的判斷和預期，承負可能損失的風險，作短期證券買賣，以賺取意外利得的人。因為買賣雙方金額相等，一方面的利得，必等於另一方面的損失。從整個社會來看，投機者係自願參與投機，其損益由自身來負擔，全社會並無損失，自不必設法加以保障。如以維護善良風俗的觀點，不得不反對投機時，干涉措施應止於投機行為。事實上，如無特殊意外情形，看漲投機和看跌投機將形成一股制衡力量，協助維持股價的安定，因而安定性的投機能協助股市的健全發展，這也是多數國家容許股市投機者存在的理由。

兩項股價上漲的原因

　　既然股市投機者的制衡力量能維持股價的安定，為什麼在經濟部一連串嚴厲措施之後，股價仍發生一連串上漲現象？在這裡我想提出兩項鮮被注意的因素，一項是發行市場落後，一項是最近的物價變化。

　　先就發行市場落後來說，股票是股票市場的商品，商品自然有其價格，而股票價格特別敏感，因為它的供給彈性較低。同時，股票是民間財富的一部分，如上所述，隨著民間財富之增加，其需要會增加，在所得愈高的社會，民間儲蓄能力愈大，

財富愈多,股票需要增加愈速。在這種情形下,如果不加速發行市場的發展,由於股票供給增加相對愈為緩慢,股票價格自然會敏感地快速上漲。

就我們自己十年來的發展來看,在未作實證研究之前,我們當然不知道民間財富中,究竟有若干比例願意以股權資產的形式來保有。不過,讓我暫時把這項比例定為十分之一,大概不能算是高估了吧!民國 52 年民間儲蓄為 82 億元,也就是說股權資產需要為 8 億元;59 年民間儲蓄為 300 億元,股權資產需要該有 30 億元,61 年如前估計,股權資產需要應有 50 億元。如果我們的經濟發展計劃順利進行,相信今年民間儲蓄可超過 600 億元,則今年股權資產需要當然達 60 億元。

這種快速增加的股權資產需要,卻沒有適當的股權資產供給來配合。在每年股權資產需要增加不太多的年份猶可說,當其年增加量已較前增加數倍之時,作為舊證券交易的股票市場,自然要產生巨大的壓力,而引起敏感性的壓力。在這種情形下,如果不從增加供給方面著手,就不能解決股票價格異常上漲的難題。

再就最近的價格變化來說,早期曾經有人說是貨幣供給量增加的壓力,有時又訴諸於產銷制度的不健全,或者說是供需失調所致。而最近國內的經濟學家們幾乎一致同意,進口性的價格上漲、出口性的價格上漲以及結構性的價格上漲,為當前價格上漲的根本原因。事實上,隱藏在這種價格上漲現象的背後,另有一項潛在的危機,就是預期通貨膨脹率。合理的經濟行為通常係以過去的經驗為基礎,而時間愈長久,大眾的經驗

記憶也愈糢糊。在價格行為方面，民國 50 年代國內保持著相當安定的情形，使一般大眾相信價格安定為常態。而民國 61 年國內物價上漲率遠高於民國 50 年代的水準，這種異常的價格上漲率究竟是暫時的呢？或者是恆常的呢？一般大眾在其價格行為上面臨了抉擇。因為若係恆常現象，大眾必須調整其經濟行為加以適應。

最為敏感的股票市場可能表現了這種抉擇的初期現象。因為如眾所周知，一旦高物價上漲率成為恆常現象，吃虧的是固定收入者，非固定收入者將獲得意外的利得，企業利潤屬非固定收入，當然也會有提高的傾向。因此，大眾可能會產生預期利潤率提高的判斷。而預期利潤率為股票價格的主要的決定因素，故股價乃隨預期利潤率之提高而上漲。當然，當前股價上漲可能並未反映著預期利潤率提高的階段，而只表現著為單純擔心價格上漲恆常化的保值心理。

這兩種情形，究屬那一種比較接近事實，頗不易判斷。但無論如何，如不解決當前一般物價上漲問題，保值心理必會演化為預期利潤率上升的階段。因此，當前股價上漲問題不宜單純以股價問題來處理，而應視為當前國內一般經濟問題的一個環節，特別是應視為一般物價水準上漲問題來處理。

健全證券市場之道

在這種情形下，合理的政策不應以干涉證券交易為主體，而應迅即趁此良機，發展證券的發行市場，並且要有效地防止物價水準的繼續上升，以避免預期價格上漲率上升的表面化。

就目前已經採行的各種管制措施來說，我不想一一列舉來檢討。但我想提出以下三項問題。

第一、干涉時機問題。每當股價上漲，常帶來干涉傾向，可是究竟應在何時干涉？是否政策干涉時即為合理價格？或者更進一步地說，如不加以干涉，是否股價即會超出此項合理價格。事實上，因為股價係以預期利潤率為基礎，各人對各該發行公司的預期利潤率有不同的判斷，自然會算出不同的價格。任何單位即使再高明，也不能算出能令人信服的合理的價格，那麼為什麼要在該價位時進行干涉？如前所述，在任何價位都有人買賣，如屬投機者，其損益係屬自願，於社會無損，自不必加以保障。如屬投資者，不妨根據計算結果宣佈合理價格的消息，以資勸告即可，而持有股票的投資者也可趁機賣出，待價位回跌時再買進，等於保障投資者的利益了。採取嚴厲的干涉措施，可能導致價格會再上漲的預期，當然不易壓低了。

第二、在干涉措施中，不宜有減少股票流通數量的措施。如前所述，當前的問題在於供給相對不足，如果減少供給，可能使股價更為上漲。

第三、嚴厲的干涉措施或者一時有利於股價的安定，這種干涉的安定卻屬妨礙發行市場發展的因素。而更嚴重的是，倘若發生意外因素導致股價連續下跌時，如想以放寬干涉來穩定其價位將是不甚容易的，這或者就是經濟學大師凱因斯所說的「悲觀的錯誤」吧！因此，我想過分嚴厲干涉證券市場，將有礙於其長期發展的。如果能放寬部分管制，或者反而能產生股價安定的效果。

　　就發展發行市場來說，這已是刻不容緩的時候。如前所述，今後每年民間儲蓄愈來愈多，對整個證券資產（不只限於股權資產）需要愈來愈大，如果沒有充足的證券資產來滿足人民保有財富的需要，即將產生「太多的儲蓄追逐太少的證券」的現象，股價當然會更為上漲。而一旦上漲至某種水準，保有證券資產的相對收益低於保有真實資產時，則又會轉變為「太多的儲蓄追逐太少的真實資產」，那時供給彈性較低的真實資產當然也會跟著上漲。

　　因此，在這股票市場繁榮的時候，正好利用機會積極建立發行市場，陸續推出各種證券資產，而且今後每年仍能繼續以一定速率增加證券資產，一則以滿足民間保有財富的需要，二則以充裕企業投資資金來源。如果錯過此項時機，一味期望股價安定在「合理價格」內；一旦它發生持續下跌時，發行市場就不容易開展了。

　　就維持物價水準安定來說，這當然是一個更大的題目。政府目前已經採行了許多有效的措施，我希望這些措施最好能真正有效，尤其重要的是要短期內有效，使一般大眾相信他們可以恢復民國 50 年代的安定水準，否則一般大眾的預期價格上漲率會調整，其影響所及當然不只證券市場。總之，維持物價水準安定以其安定預期價格上漲率的作用，可以協助證券市場的穩定，這是安定股價時，最需注意者。

　　最後，我認為我們生活在一個動態進展的社會，正在逐步擺脫貧窮而落後的經濟社會型態，這正也是政府、企業以及人民 20 年來努力的成果。以這些成果為基礎，我們正繼續邁向

一個富裕的社會，經濟政策當然需要作有彈性的運用，證券政策當然更不宜過分缺乏伸縮性。因此，我引用名經濟學家 J. K. Galbraith 的一段話，作為本文的結語：「一個富裕的國家遵循另一個比較窮困的時代的規則行事，這也等於放棄機會，因為他沒有自知之明，在發生困難的時候，總是替自已開錯了藥方。」希望我們在開新藥方之前，多想一想這是民國 62 年，不是民國 52 年。

【《聯合報》，1973 年 4 月 16 日。】

試析最近股票價格變動的經濟因素

一、股價異常變動引發搶救股市要求

　　春節過後，國內股票價格有異常的變動，根據股價指數，1 月 28 日為 493.97，2 月 18 日則跌至 399.78。股票市場曾出現短暫的浮動不安現象，進而有「搶救股票市場」的要求。在證券管理當局採取若干措施後，股票價格稍見回升。回想一年前，股票價格幾呈直線上升狀態，證券管理當局曾主動地採行足以抑制股價上漲程度的一連串措施。而今，卻不得不被動地採取提升股價的行動。這種行動不免使人覺得，證券管理當局所承負之責任過於沉重，以致可能減少其對資本市場健全發展的貢獻。

　　股票價格是價格之一。除採行嚴格分配制度的社會外，價格總是由市場供需力量來決定，任何干涉行動，長期間絕不能成功地限制價格行為的變化，股票價格亦不例外。如若干股價有長期看漲因素，除非限制看漲因素的發展，干涉行動只是助長投機者的藉口，無法抑制其上漲，反之，亦然。當然，這並不否定制度因素對短期股價變動會有所影響，但是這種可能影響，會因它的干涉時期的不確定，使潛在的投資者退出股票市場，以致延緩股票市場的健全發展。

　　基於這項考慮，我想對最近的經濟變動與股票價格短期變動的關係作簡略的說明，並分析繼續變動中的經濟環境，對

股票價格的可能影響。關於前者，在 2 月上旬我曾面對數十位人士作公開的分析，股價變動結果與我當時所作的判斷非常接近，使我有勇氣把這些推理過程記錄下來。關於後者，則是根據我對現行經濟環境的認識，試圖探討今後經濟因素與股價的關聯。

二、股市四項短期看跌因素

對最近股票價格變動影響最大的，當然是「穩定當前經濟措施方案」。根據方案及其相互配合的措施，至少產生四項短期看跌因素：

第一、巨幅提高利率，增加存款資產的吸引力，也提高持有股票資產的機會成本。其結果將是：大多數人會調整其資產結構，在其資產中，股票所佔比例相對降低，存款資產比例相對提高。也就是說，出售股票資產，而買進存款資產，這當然會使股票價格下跌。因此，假若金融當局希望高利率能夠成功地抑制通貨膨脹，只好產生股票價格短期下跌的後果。

第二、信用緊縮迫使部分中小企業調整其資產結構。當前的信用緊縮措施不只限於提高利率，更重要的是縮小資金融通的範圍，以致部分中小企業的流動性較以前為低。當其流動性低於正常運作所需之水準時，或者乞靈於私人借貸，或者出售股票資產，甚至只好出售真實資產，以維持其正常流動性，其結果亦是加強看跌情緒。

第三、因物價巨幅上漲，使大眾及企業所持有之休閒貨幣餘額減少。正如我們都已經驗，在這回價格結構調整時，物

價上漲幅度相當大，個人手中所持有的貨幣需要遠大於上漲前所持有者，才能使其日常生活中的交易行為不致發生不方便現象。企業面對著較高的原料與工資成本，也需提高其週轉金金額。因此，短期間內，大部分流通中的貨幣被吸引至活動貨幣，使休閒貨幣大為減少。但是，休閒貨幣的多寡則與股票需要多寡有密切關係。一旦休閒貨幣減少，對股票需要亦減少，這也是看跌情緒之因。

第四、股票預期收益之降低。在正常情況下，信用緊縮通常帶來經濟衰退，再加上巨幅成本上漲壓力，使出口廠商對外報價困難，甚至自去年底以來，經濟貿易主管當局即一再宣稱，本年對外貿易可能由出超轉變為入超，這些貿易與經濟趨向，連帶著使大多數人心目中的預期收益率趨降，其結果也是看跌情緒。

基於這些因素的產生，股票價格乃發生暫時下跌現象。即使在證券管理當局採行若干補救措施之後，2 月 20 日至 23 日間，股價指數仍只能徘徊在 420 與 430 之間，究竟何時能恢復原有水準，甚或是否有繼續下跌的可能性，固然不便妄加臆斷；但是，這三週來的短期下降趨勢，有些問題值得探討。

三、影響股價變動的因素

由看跌情緒而產生的短期股價下跌現象，實際上對長期投資者並無多大的影響；但對短期投資謀利者則有所影響，尤其是誤以為春節過後股價定會上漲的短期投資者，不免要有損失。雖然證券管理當局能以行政措施暫時穩住股價，實際上，

長期間股價變動行為大部分仍由經濟因素來決定。因此，我們
必須進一步分析，當前經濟環境下的若干重要而能影響股價變
動的因素：

　　第一、休閒貨幣金額的恢復。前面提到，由於巨幅價格
上漲，使整個社會的休閒貨幣金額突然減少，降低了股票市場
的需要，我們當然無法希望以價格水準回跌，來恢復休閒貨幣
的原有水準。但是，現代經濟社會的另一項特色是，除非是一
個大不景氣時期的來臨，不論固定收入者、非固定收入者或企
業，都有能力逐漸調整其勞務或物品的價格，這種收入的調整
過程，會使整個社會的休閒貨幣朝向原有水準調整。這自然是
一項股價回升的樂觀因素，但是調整的期間究竟多長，則因社
會經濟制度之不同而異。

　　第二、利率水準的可能回降。高利率固然能有效對抗通貨
膨脹，但長期間維持高利率則常有礙於經濟發展。因此，我們
可預期，目前的高利率並非長期現象，一旦利率回跌，自然會
降低持有股票的機會成本，而產生股價回升現象。但是，利率
水準將在何時回跌？這固然是金融政策問題，它實際上卻決定
於一項重大因素，即物價水準的穩定程度。根本上說，只要物
價水準趨於安定，目前的高利率即將不能維持，而產生巨幅下
降趨勢。

　　第三、信用管制的放寬。部分人士主張，降低股票交易
的保證金比率或實施信用交易制度，以恢復股價的生機。實際
上，當前的信用緊縮是全面性的，股票市場既是經濟社會結
構的一部分，單獨放寬信用的機會不大。雖然如此，仍有若干

放寬信用管制的機會。其一是物價水準一旦有安定跡象，就會逐漸放鬆信用管制；其二是倘若信用緊縮所產生的衰退與失業達到某種程度，就會局部放寬信用管制；這些局部放寬固然並非直接發生於證券交易，卻間接有利於緩和股票市場的緊俏情勢。

第四、貿易差易額的變動。從 1 月份的貿易統計資料，使部分人士開始認為本年對外貿易會出現入超的局面，經濟金融政策似亦有根據此項判斷而調整的跡象。事實的演變若與預料有所差距，則將影響信用供給情況。尤其是，倘若實際上又出現了出超局面，必將帶來看漲情緒。

第五，限建措施是否調整。去年以來，股票價格的長期上漲局面，部分係採行限建措施的結果。因為未定期限的限建措施，使預定購置高樓的大部分資金不得不保持適度的流動性。我們當前的經濟環境缺乏流動性的保有財富工具，股票乃成為這些資金追逐的目標，以致價格巨幅上升。目前限建並未解除，且仍未定有期限，因而對短期股價變動或為不安定的因素。

從短期來說，大部分的經濟因素都是不確定的。而事實上，隱藏在這些因素背後的是，財經當局對經濟政策目標的抉擇態度。如眾所周知，目前我們係面對著經濟成長與經濟安定的抉擇，在這兩難之間，財經政策必然要有所抉擇，以幾分的經濟成長代價來維持幾分的經濟安定。其真正的抉擇點究將在何處，則無法加以判斷，但是它卻必然對整個經的社會有所影響，包括股票市場在內。

四、制度健全是股市發展支柱

這是一篇短文，我無意寫下股票經濟學，作為一個經濟學家，不免要強調經濟因素的重要性。實際上，制度上的健全對股票市場亦有極大的影響，特別是一個有組織的資本市場更需有健全的制度為其支柱。因此，在股價暫時下跌之際，若能認真檢討制度問題，消除其有礙於交易、預期心理的制度因素，較斤斤計較短期價格變動的影響將會更有利於資本市場的發展。

人為的操縱和行政干涉固然會影響股價的短期變動，也會影響短期投資者的損益。除非它們影響到全面的經濟環境，將不會影響長期投資者的利益。因此，行政干涉宜以防止人為操縱為其首要任務，這樣才能以健全發展來保障長期投資者的利益。

在保有財富之工具尚未大量產生的經濟社會，因為國民財富繼續不斷累積，股票市場實在有其健全發展的良機，長期持有股票資產，不致於構成財富的損失。對其因經濟因素變動而產生的短期價格波動，實在不必過於憂慮。

【《聯合報》，1974 年 2 月 25 日。】

貨幣數量與股票價格

一、通貨膨脹影響股票價格

在通俗的智慧裡，每當發生通貨膨脹時，追逐保存財富之貨幣價值的工具，可說是正常的反應與行動。在一個存在著有組織的股票市場的社會，股票總是那些被樂於保存的保值工具之一。因此，在那種場合，股票價格總是有異常的上漲現象。

根據經濟史上的記錄，不論何時何地，通貨膨脹總是貨幣現象。換句話說，通貨膨脹總是與貨幣數量的異常增加同時發生。因此，每當貨幣數量增加速率高於正常情況之際，也必然伴隨著股票價格的巨幅上漲。

在過去的紀錄上，股票價格的行為是否曾經出現過這種有規律的變動？相反的情形，即貨幣數量增加率低於正常情況時，是否必然伴隨發生股票價格的巨幅下降？要回答這些問題有兩種方法：一種是實證研究，一種是推理的。實證研究不但是耗時、耗資的計劃，而且須有正確的統計資料為根據，在短期內不是容易實現的。所以本文是推理的，先分析決定股票價格及其變動的因素，再討論貨幣數量增加對股票價格變動的作用過程。

二、股票價格及其變動的因素

股票價格決定理論是股票經濟學的主題，也有若干學說；

但是從長期間來說，一般認為影響股票價格的重要因素有六項：（1）該股票所代表的真實資產的收益率，（2）該公司的股息支付率，（3）投資資金的成本（利率水準），（4）該公司的負債佔股權資產的比例，（5）投資資金的供給可能量，（6）稅法。其中（1）及（2）項大體上係往相同方向，甚至有相同比例的變動，似可把它合併為一項，稱為股票預期收益；假定（4）、（5）及（6）三項不變，則某一時點的股票價格應是股票預期收益被利率水準所除而得的數值。

雖然我們可以把決定股票價格的因素簡單歸納為兩項，但是這兩項因素的數值都是不確定的。先就股票的預期收益來說，股票市場上的投資者甚多，每個人的預期值不同，每一個人預擬投資的金額也有差別。因此，我們只能根據每一個人預擬參與投資之金額的大小作為權數，設算出一個時點的加權平均股票預期收益數值，這項數值只是一個時點的數值。因為我們不知道高於這項平均數值的是大戶，還是小戶。在大多數大戶的預期收益高於這項數值時，下一時點，他們所表現的買進情緒提高，會加重其權數，以致又把加權平均股票預期收益提高。所以，它是經常在變動著的一項數值。

再就利率水準來說，它代表著購買股票之資金的成本。如眾所周知，股票市場上的投資者並不必然有相同的資金來源，其中至少包括正常的儲蓄、企業的休閒資金、銀行借款、黑市借款等。因為投資者的成本不同，我們也只能以其預擬投資金額為權數，計算出「平均利率水準」。同理，這項平均利率水準也經常發生變動。並不單純地因為銀行利率變動而作同比例

變動。不過，銀行利率的調整，不論它是主動的，或者是被動的，多少反映著整個貨幣市場利率的情形，故平均利率水準大致會與銀行利率作同方向的變動。

　　根據以上的推論，假若某一時點的平均利率水準為10％，平均股票預期收益為10元，則該時點的股票價格為100元。下一時點股票價格的變動方向及變動幅度，就決定於平均利率水準及平均股票預期收益的相對變動，假定平均利率水準不變，若預期股票收益高於平均收益者所調整預擬投資額較大，則股票價格趨於上漲；反之，則股票價格趨於下跌。這種行為法則，可說是股票市場的正常行為。

三、貨幣數量增加對股票價格變動的作用過程

　　足以干擾這種正常行為的因素甚多，貨幣數量變動只是其中之一（嚴格地說，貨幣數量變動的原因不同，其對經濟活動的影響也有甚大的差異，因而對股票價格的影響也大不相同。此處，為簡單化起見，不擬分別敘述。）假若自某一時點開始，貨幣數量突然以高於過去的正常增加率的速率而增加，且繼續進行一段相當長的時期，這就會產生一種通貨膨脹，而股票價格也就會開始發生變動。

　　股票價格發生變動的第一個階段是明顯的，而且道理也非常簡單。根據貨幣數量學說，長期間貨幣數量發生異常高幅度之增加時，物價水準趨於上升。在物價開始上升之際，廠商的存貨增值，其他成本尚未上升，而產品價格已上漲，故平均股票預期收益會產生累積提高現象，倘若平均利率水準不變，

或平均利率水準上升幅度低於平均股票預期收益的增加幅度，股票價格都會繼續上漲。其每一時點的上漲幅度，決定於這兩項因素相對變化的強度。上漲現象持續期間，則決定於有利因素是否繼續存在。一旦有利因素消失，隨之必會產生第二個階段。

　　第二個階段是模糊、不確定的。大體上說，在物價上漲一段時期後，生產因素（特別是薪資成本）必然會上升，因而影響廠商的利潤率。但是因經濟制度、廠商資本結構、勞動供需等差異的存在，薪資調整的時間落後長度不定、調整幅度不一，其結果是使我們難於確定平均股票預期收益究竟在何時受到何種程度的影響。尤有進者，廠商在物價上漲前所擁有的存貨也有耗盡之時，故存貨增值利益在某一段時間之後，亦將消失，這也是使平均股票預期收益趨降的原因。但是，在這第二階段是否會發生這種平均預期股票收益下降現象，係決定於產品價格與生產因素成本之相對變動。假若前者相對上漲，平均股票預期收益不會下降；反之，則會下降。

　　在第二階段，平均利率水準也會發生變動。這項變動是比較明確而可判斷的。因為在物價上漲之後，由於交易貨幣需要增加，民間正常儲蓄能力趨於相對降低；同時，在物價上漲過程中，企業大多會擴張其投資，使企業休閒資金減少，銀行準備金亦減。基於這些變化可知，股票市場上的投資資金中，低成本資金所佔比例降低，自然使平均利率水準趨於上升。假若同時發生提高銀行利率的情形，則平均利率水準上升更多。

　　因此，在第二階段，平均利率水準必然上升，而平均股票

預期收益則可能提高，也可能降低，股票價格的漲跌，就決定
於這兩項因素的相對變化。

　　第二階段是暫時的。現代經濟社會的基本特徵，自然會使
貨幣數量與股票價格的關係，步入第三階段。現代社會既擔心
長期價格上漲，也不能忍受嚴重經濟衰退。因此不會放任物價
長期上漲，故平均預期股票收益自會因政策措施而產生累積降
低現象；同時，為不發生嚴重經濟衰退，只好放鬆信用管制，
保持貨幣數量的適當增加率。股票價格的漲跌，同樣地決定於
這兩項因素的相對變化。但是，如一般經濟學教科書所提及
的，這兩項政策的抉擇相當困難，如非在適當時機選擇最合宜
的政策，則必然會有所偏向。因此，在經濟政策抉擇後，股票
價格只有在下跌及上漲兩個變動方向中任擇其一，一旦決定那
一方向，就會向該方向累積變化，而持續一段相當長的期間。

四、結語

　　2 月 25 日我在本報發表〈試析最近股票價格變動的經濟
因素〉一文後，幾位讀者寫信與我討論若干問題，引起我對本
文這個題目的興趣，我希望藉此向他們申致謝意。同時，我必
須聲明，以上的推論只是很多可能推論方式之一，沒有實證的
支持，只能說是作者的初步結論。

　　【《聯合報》，1974 年 4 月 23 日。】

對「貨幣市場」的幾點看法

一、金融改革配合經濟發展

在過去，國民生產毛額的快速增加，對外貿易值的不斷擴大，經濟結構的持續改善，給予我們很大的鼓舞。根據真實數值的推算，也使大多數的人士相信，今後臺灣的經濟依然能保持高度穩定的成長。若干年來，部分專家學者也曾經著文申論，進行金融改革（包括建立貨幣市場及健全資本市場）以配合經濟發展的必要，甚至金融主管當局也採行了若干推動銀行現代化的措施。但是，這些貨幣金融面的發展遠落在真實部門的發展之後，且也不曾獲得應有的重視。

一週前，中央研究院的六位院士刊佈了他們對〈今後臺灣財經政策的研討〉的一部分，以其崇高的學術地位，再加上有體系而詳盡的分析和規劃，遂引起朝野的重視，甚至也產生若干爭論。嚴格地說，目前已刊佈的政策建議大部分是屬於中期財經政策。如眾所周知，財經政策和長期經濟發展趨勢有極其密切的關係，在正式刊佈他們〈對長期發展途徑的意見〉之前，頗不容易討論他們對財經措施的意見。同時，他們對外匯及貨幣政策的建議是一個相互有關聯的體系，單獨討論其中的任何一部分，都可能誤解這些政策措施的意向。雖然如此，如把浮動匯率的建議孤立在一邊，仍能引申若干對建立健全的貨幣市場的看法。

二、健全貨幣市場有效控制貨幣供給量

在國內，我想不會有人反對建立健全的貨幣市場。因為一個健全的貨幣市場一則能便於中央銀行執行貨幣政策，二則能便於各銀行進行資產或負債的經營，三則有利於企業短期資金的調度，四則可使政府債務管理不危及經濟安定。這些功用正是現階段我國經濟發展所需要者，但是要達到能享受這些功用的境界，畢竟不是可一蹴而幾的。因此，六院士所建議的貨幣市場特別著重便於中央銀行執行其貨幣政策的功能。

簡單地說，一個健全的貨幣市場一方面為中央銀行提供「公開市場操作」的環境，使其能有效地控制貨幣供給量；他方面使中央銀行能藉「貨幣市場的感覺」（the feel of the market），瞭解社會資金的鬆緊，作為調整貨幣政策的一項重要參考資料。

關於貨幣供給量的控制，部分人士都怪罪臺灣經濟的特質和缺乏適當的管理工具。在臺灣經濟特質方面，因為臺灣是一個海島經濟，對外依賴度高，深受國際經濟變動的影響，以致外匯存量時增時減，乃導致貨幣存量的巨幅增減波動。在管理工具方面，我國中央銀行只有調整再貼現率及存款準備率兩項數量管制工具，如眾所周知，這兩項都不是有效的數量管制工具，更何況我國中央銀行所能操作的範圍甚為有限。基於這種判斷，自然產生了採行浮動匯率，以「使國際收支始終保持平衡」，避免外匯存量變動對貨幣供給量的衝擊；同時，並建立貨幣市場，「以謀貨幣流通數量更有效的控制，其終極目標在使貨幣供給量有計劃的逐漸增加」。

　　這種「貨幣法則」（Monetary Rule）及其配合政策措施，原是當代唯貨幣論的基本主張。因為根據美國貨幣史的實證研究，唯貨幣論者認為長期間維持穩定的貨幣存量增加率，雖然不能消除輕微的經濟波動（包括價格及產量變動），卻能避免巨幅的經濟波動。在我們能夠改善我們的貨幣知識之前，採行「貨幣法則」應是合宜的策略。為了採行「貨幣法則」當然必須擁有足以控制貨幣供給量的「公開市場操作政策」，因而乃須有健全的貨幣市場作為操作的環境。但是，我不以為浮動匯率也是控制貨幣供給量所必備的條件，因為只要有健全而有效的「公開市場操作政策」，就能以其「防衛操作（Defensive Operation）」，抵銷國外經濟因素對貨幣供給量的衝擊（我特別要聲明，這並不就表示我必然持反對浮動匯率的看法）。

　　關於「貨幣市場的感覺」。以六院士的用語來說：「金融當局如能依照均衡利率決定存放款利率，則非通貨膨脹性的資金供給及投資，乃可以同時提高至最高水準，而資金供給又可有一客觀的標準，分配於生產力最高的投資。」事實上，這種看法過分誇大「貨幣市場的感覺」的功能。如眾所周知，貨幣市場是金融市場的一部分，國庫券市場又只是貨幣市場的一部分，以國庫券貼現率來決定存放款利率，實際上忽略了市場利率結構變動的可能性。

　　早在 1950 年代後期，在美國就有以國庫券貼現率釘住中央銀行貼現率的建議，這項建議所面對的實際困難是：兩者間的差距幅度究竟以多大最為適當。同樣的詰難也可適用於想以均衡利率來決定存放款利率。因此，一個健全的貨幣市場，以

其日常交易紀錄的資料，只能供作中央銀行決定貨幣政策方向的一項指標，不能賴以決定存放款利率。

三、建立健全的貨幣市場遭遇實質困難

1973 年 2 月 8 日及 9 日，我在本報曾著文，建議推動公開市場操作政策，藉以「凍結」外匯存量的增加對貨幣供給量的衝擊，也可產生「貨幣市場的感覺」，提高貨幣政策的敏感性。但是，我和許多朋友都認為，這種看法偏向於理想主義，因為要建立健全的貨幣市場供作中央銀行執行其貨幣政策的有利環境，會遭遇到若干實質的困難。在去年，這些困難存在著，在現在，這些困難依然存在。

第一、貨幣市場係由若干短期信用工具市場所組成，這些分類市場的數目愈大，則貨幣市場的結構愈廣闊愈發達。因此，在建議中，必須同時推動國庫券、遠期支票、商業票據、銀行可轉讓的存單等市場。可是，一個健全的貨幣市場並不以具備各種分類市場就能建立，她應保有兩項特性：其一是合理的競爭性，可貸資金的供需數量都要相當大，且要有許多業者參加資金動員，以使每個市場的貨幣量都足以反映可貸資金的消長情況。其二是結構完整性，各分類市場應彼此相互依存及相互影響。為了具備這項特質，在制度、觀念、甚至金融以外的財經措施都須有配合性的調整。

第二、銀行是短期資金的主要供給者，是貨幣市場的中心，在貨幣市場中以各種不同方式從事交易，形成各分類市場間的重要連鎖，故須具有競爭性的銀行制度。在目前，我們

尚看不到各銀行間的競爭性，當然也不能期望他們在健全的貨幣市場中扮演重要的角色，要如何使銀行體系發揮其應有的功能，那便是另一項大題目，不是本文所能討論的了。

第三、中央銀行居最後貸款者的地位，其存在足以調節貨幣市場的流動性，使貨幣市場能有效運行，故須有一個配備有效而可行的貨幣管理工具之有效率的中央銀行。我相信，我國中央銀行是有效率的；但是我相信，在現行法令之下，我國的中央銀行並沒有配備足夠的貨幣管理工具。因此，一旦若干個分類市場同時建立，在經濟社會順利運行之際，固然不會有問題，一旦運行不順利，因為管理工具的缺乏，可能會加深經濟紛擾的程度。

四、結語

以上所陳述的幾點看法並不成體系。其不成體系的原因是：臺灣地區的經濟正朝向一個更高的發展境界前進，在這個發展過程中，如不進行金融改革，金融必將成為阻礙經濟發展的因素，而貨幣市場僅是金融改革的一個環節，非依整體觀點來立論，當然無法提出有體系的看法。但是，若要進行整體的檢討，也不是在短期間以短文所能表達的。

【《經濟日報》，1974 年 8 月 15 日。】

「貨幣市場」與金融改革

　　行政院蔣院長 1 月 14 日至財政部巡視，在對財政部今年工作重點的指示中，有「做好銀行現代化的工作⋯以配合經濟發展的需要。並積極籌建貨幣市場，以便利工商企業短期資金融通」一項。就一個正處於經濟轉變期的臺灣經濟社會來說，這是若干必要的制度革新措施之一。假若更深一層地加以分析，這項措施是短期內宜加速進行的金融改革的不可或缺的第一步工作。因此，本文乃以整體的立場來申論幾點看法。

一、 金融制度健全與否攸關經濟成長

　　經濟發展固然有許多特徵，企業規模擴大及國民儲蓄增加總是其中最重要者之一。從動態的觀點來觀察，國民儲蓄總會逐漸擴大，如何有效運用這些收支盈餘，以增進個人福祉乃成為儲蓄者最為關心的問題。而企業規模擴大後，不同企業在不同時期，時而有收支盈餘，時而又有收支赤字。當其作為盈餘單位時，如何有效靈活運用其盈餘資金，以增加其收益的困擾；當其作為赤字單位時，如何獲取足夠的低成本資金，以增進產業效率的問題，都是隨著企業規模擴大，而愈提高其重要性。可是，赤字單位與盈餘單位的願望和偏好互異，兩者之間的資金融通便成為現代金融問題的重心，各種金融媒介機構的設置及其演進，實際上乃係因應這種情勢而產生。

　　然而，每一個經濟發展階段，有其不同的經濟規模，對金融媒介機構服務內容的要求也會有所改變。一般地說，盈餘單位的累積盈餘會繼續增大，在合理的經濟行為下，他們將要求有多樣化的資產，以增進其滿足程度，減輕風險，提高資產的流動性等。赤字單位因規模擴大，所需資金數目趨大，期限較為迫切，甚至必須延長期限。因此，不論長短期資金供需都因經濟發展的進展，擴大了盈餘單位與赤字單位的願望差距，對金融媒介機構的服務需要乃愈為殷切，因而在不同經濟發展階段需有合宜的金融媒介機構，才能增進資金運用效率，促進經濟發展。

　　在經濟先進國家，金融媒介機構在經濟發展過程摸索漸進，因而能改善資金融通效率，滿足經濟繼續發展的需要。可是，在一般開發中國家，通常偏重真實經濟成長，忽略金融制度與真實經濟成長的關係，因而產生對經濟成長的不利的情勢。在平時，由於資本市場及貨幣市場均有欠健全，使赤字單位難依其意願籌措所需資金，因而有礙其產業效率的提高，在經濟欠安定時期，由於盈餘單位的貨幣資產過於集中，便難於阻止其投機性的資產移轉，因而易於抵銷財金措施應有的效果。因此，為加強經濟效率，維護經濟安定，金融計劃應與經濟發展計劃獲得同等的重視。

二、貨幣市場的結構愈廣闊愈發達

　　貨幣市場是金融市場的一部分，在貨幣市場上，資金的需要者不只限於企業，政府及金融機構都是潛在的資金需要

者，故一個健全的貨幣市場不是單純企業的短期資金市場。尤其是，不論以何種方式在籌建中的「貨幣市場」，「加強」對企業的短期資金融通，最後的重擔仍將落在商業銀行身上。譬如，據報導擬議中的「貨幣市場」係籌設一個金融機構，專業於商業票據的貼現及買賣。這樣一個專業金融機構的資金來源不外來自商業銀行或中央銀行，如屬前者，商業銀行自身資金自將短絀；屬後者，基於貨幣管制的立場，央行也會減少其對商業銀行的資金融通。因此，很可能演變成資金融通形式的改變而已。為避免這種可能的後果，當然須同時強化現行我國商業銀行制度。

嚴格地說，貨幣市場係由若干短期信用工具市場所組成，這些分類市場的數目愈多，則貨幣市場的結構愈廣闊愈發達。同時，一個健全的貨幣市場需保有兩項特性：其一是合理的競爭性，可貸資金的供需數量都要相當大，且要有許多業者參加資金動員，以使每個分類市場都足以反映可貸資金的消長情況。其二是結構完整性，各分類市場應彼此相互依存相互影響。為邁向這樣一個健全的貨幣市場，商業銀行扮演著最主要的角色，因為它以各種不同方式從事交易，形成各分類市場間的重要連鎖。因此，必須其有某種競爭程度而有籌措資金效率的銀行制度。

銀行競爭程度與公營或民營自然有密切的關係，但是與銀行負債經營之管制亦有密切的關聯。在短期的未來間，不論依何種方式加強企業的短期資金融通，既然商業銀行會直接或間接承負資金供給者的地位，它本身自然必須加強資金籌措能

力，因此宜同時准許銀行發行其可轉讓的定期存單，甚至銀行本身的商業票據，作為籌措資金的工具。同時，也可擴大貨幣市場的各分類市場的結構，使之趨於健全發展。

三、貨幣市場應同時有健全的分類市場

再從需要資金的企業來說。如眾所周知，我國仍以中小企業居多數，而且感到資金短絀的也是以中小企業居多。一般地說，中小企業的信用狀況有欠明確，其經營狀況與前途也並非都十分令人樂觀，因而難以在有組織的貨幣市場籌措到所需資金，對無組織的貨幣市場資金之依賴較大，未有組織之貨幣市場基於風險的考慮自然要求較高利率。對於此類資金需要者的資金需要，不論依何種方式給予適當的滿足，都將產生風險負擔問題，因而其利率仍然不能有效降低，只是加強了有組織之貨幣市場與無組織之貨幣市場的競爭，更將產生有組織之貨幣市場的最適利率結構的新問題。

對於有能力發行商業票據的大企業來說，除法令規定外，主要的是他們享有資金融通的相對方便，同時在現行利率制度，以商業票據籌措資金並未享有降低利息成本的好處，以致不願意發行商業票據。對於商業銀行來說，在固定利率下，對大企業放款的單位成本低於對中小企業放款的單位成本，因此他們願意儘可能地滿足大企業的資金需要。基於這種現象，若要展開一個有效率的票據市場，或者是要根本改變現有的固定利率，或者是要限制銀行對大企業的資金融通額度，或者是要擴大存放款利率的差距，才能誘使大企業以商業票據籌措其部

分資金，但這都非單純的貨幣市場問題。

　　同時，我們更應該注意的是：並不是所有企業在任何時期都是赤字單位。在某些時期，企業也是盈餘單位，暫時的盈餘資金也是現在未有組織的貨幣市場的重要資金來源。健全的有組織的貨幣市場，其功能不單純在於承作資金融通，也應該提供風險低、流動性大的貨幣市場工具，把盈餘單位的休閒資金加以充分利用。因此，無論如何，一個健全的貨幣市場不宜是單一分類市場的市場，而係應同時有若干個健全的分類市場，才能發揮其應有的功效。

四、有計劃地進行金融革新

　　臺灣經濟正在往一個更高的境界進展，生活水準的提高，民間財富的累積是必然的結果。但是，資金分配的技巧如依自然程序進展，可能須付出某種經濟代價。為避免或減輕這些代價，我們須要作長遠的考慮。因此，合宜的措施是深入觀察金融社會的需要，有計劃地進行金融革新，才能同時產生健全而有效率的貨幣市場。如若就貨幣市場而論貨幣市場，將不易有立即而十分令人滿意的效果。

【《經濟日報》，1975 年 1 月 18 日。】

貨幣市場淺說

　　一年多以來，「貨幣市場」一詞經常在報章雜誌中出現，有關機關也以建立貨幣市場為其重大任務之一，企業界對貨幣市場更抱持莫大的期望。可是，什麼是貨幣市場？能不能在短期內「建立」？對融通企業資金真有神奇的助力嗎？本文將對貨幣市場的功能、組織、工具及健全發展條件作淺近的說明。

貨幣市場與資本市場

　　狹義地說，貨幣市場與資本市場都是買賣各種期限有別的貨幣，在貨幣市場其期限係一年以下，在資本市場則為一年以上。同時，貨幣市場的交易工具限為有市場性的流動債務工具，而資本市場則包括股權工具及長期債務工具。因此，貨幣市場與資本市場固然常被合稱為「金融市場」，貨幣市場則專指一年期以下之有市場性的流動性債務工具的貨幣交易。

　　嚴格地說，整個金融市場不容易分割。換句話說，彼此之間有極複雜的密切關係。第一、經濟發展與金融市場互有影響，借款者須借入長短期資金，貸放者也需把其資產分散化與多樣化。第二、各種金融機構在金融市場的各部門進門進行活動，並未把其活動限於同部門進行活動，故一個部門的變化會迅速而敏感地傳導到另一個部門，產生另一個部門的變化。

有組織的貨幣市場

　　貨幣市場既是一年期以下的貨幣買賣，實際上在貨幣被廣泛使用後，短期貨幣借貸的進行就代表著貨幣市場的誕生，直到現在依然存在。不過，這種貨幣市場與我們所要討論的嚴格意義的貨幣市場有別，在學理上有時就分別稱為有組織的貨幣市場（organized money market）與無組織的貨幣市場（unorganized money market）。

　　我們所要討論的當然是有組織的貨幣市場，其與無組織的貨幣市場有下列五項差別：

　　在工具方面，有組織的貨幣市場通常以政府、金融機構及大企業的標準化流動性債務工具為主，附有固定期限及固定票面金額；而無組織的貨幣市場工具則很少具備此類條件。

　　在流通市場方面，如下文即將提到，有組織的貨幣市場除發行市場外，最重要的是要有健全的流通市場。因此，在有組織的貨幣市場下，投資者買進有市場性的貨幣市場工具可當作流動資產而保有，隨時可以轉換成現金資產；無組織的貨幣市場則缺乏健全的流通市場，故其工具便非為可靠的流動資產。

　　在風險方面，有組織的貨幣市場工具因係由政府、金融機構及大企業所發行，各種工具所含的風險高低差距非常有限，且因信用較為堅實，其風險通常極小。可是，無組織的貨幣市場工具則因借款者的信用可靠程度大有差別，風險高低差距甚大，平均風險程度亦較高。

　　在調和供需方面，有組織的貨幣市場因有金融機構的參與買賣，且中央銀行也經常在此進行公開市場操作，故資金供需

較易於調和，無組織的貨幣市場則缺乏此項優點，在季節性貨幣需要增加及偶發緊急事故之際，資金供需缺口尤大。

在利率方面，有組織的貨幣市場因其工具之風險較低，有流通市場及資金供需缺口較小，故利率遠較無組織的貨幣市場為低。不過，由於影響利率之主要因素在各種貨幣市場工具的作用有差別，故各種有組織的貨幣市場工具的利率高低差別也不小。

貨幣市場的功能

健全而發達的貨幣市場對經濟社會的許多部門都有裨益。我們可就政府、中央銀行、商業銀行及企業分別簡析貨幣市場的功能。

在政府方面。財政部可利用貨幣市場調節因季節性財政收支變動所產生的盈虧，既能減少其自中央銀行融通的貨幣膨脹危險，也能進行合理的國債管理。

在中央銀行方面。如眾所周知，在現有的貨幣知識中，較有效的貨幣管理工具是公開市場操作。在通常情形下，所謂公開市場操作就是中央銀行藉其在國庫券市場的買進與賣出活動，以影響全國銀行準備金金額、貨幣供給額、利率水準，進而影響整個經濟活動。因而健全而發達的貨幣市場為中央銀行提供適當的操作環境，加強其貨幣管理的能力。

尤其是，前面已經提到，不但貨幣市場的各分類工具市場有密切的關聯，而且貨幣市場與資本市場亦有敏感的接觸，故中央銀行在國庫券市場的操作能很快地波及整個金融市場，大

為增強其貨幣政策效果。此外,有組織的貨幣市場因有完整的交易紀錄,這些紀錄乃是金融市場的晴雨表,為中央銀行提供最佳的政策指標,增強其貨幣管理的效率與正確性。

在商業銀行方面,貨幣市場為商業銀行提供高度流動性的生利資產,不但是其超額準備金的最佳出路,也是其正常的休閒準備金的最佳暫時貯存所,因而可增進銀行的資金運用效率。尤其是,在一個健全而發達的貨幣市場下,一旦銀行感受資金壓力,銀行當局也能在貨幣市場發行籌措資金的工具,加強其籌措資金的能力。

在企業方面,貨幣市場不但為企業的暫時休閒資金提供生利的出路,而且也使企業得以發行商業票據、銀行承兌票等有價證券在此籌措所需的短期資金。更重要的是,貨幣市場工具與資本市場工具有競爭關係,有助於把資金導入經濟發展中最迫切需要資金的部門,將國內儲蓄作最有效的利用。

【《經濟日報》,1976年2月29日,經濟教室每週一課。】

貨幣市場的組織

貨幣市場資金供給者與需要者

　　貨幣市場既是進行貨幣買賣之交易，當然就會有資金供給者與資金需要者。資金需要者包括財政部、企業、金融機構；資金供給者則以金融機構、企業及投資大眾為主。此外，中央銀行以其獨特的地位，在貨幣市場扮演重要的角色。嚴格地說，中央銀行本身並無短期資金需要，但當其運用公開市場賣出，以產生收縮情勢時，便成為資金需要者；同時，當其在公開市場買進時，可說是資金供給者。基於此項作用，中央銀行在必要且不妨礙貨幣情勢下，可調節貨幣市場資金的供需。

　　資金需要者依法令規章的規定發行各種籌措資金的工具，自然就形成了發行市場。而一則由於資金供給者為數甚多，貨幣市場工具的發行者不容易直接對資金供給者發行證券；再則由於資金供給者所供給的乃是暫時未確定用途的休閒資金，其使用此類休閒資金的時點未盡與所購進的貨幣市場工具之到期日一致，隨時有把未到期之貨幣市場工具變成現金的需要；在同一時點，可能有另一批休閒資金供給者願意買進已發行而未到期之貨幣市場工具。因此，貨幣市場組織中乃需有中間商扮演著供需雙方之橋樑的角色。

　　貨幣市場的中間商不論以何種名義而存在，都扮演著媒介功能的主要角色，其利潤來源在於扮演此項功能的買賣差價。為應付資金供給者的貨幣市場工具的需要，中間商在其日常的

營業活動中常需保有總值相當高的不同期限的各種貨幣市場工具，為保有這些存貨，中間商必須獲得外部融通，以彌補其自有資金之不足。在不同的國家，有其互異的金融組織與傳統，甚至有其獨特的演進過程，故中間商的外部資金來源及其成本當有不同，且會繼續不斷演進。此外，中間商為減輕其存貨需要，必須與商業銀行、人壽保險公司、信託投資公司等大資金供給者經常保持聯繫，瞭解其流動資產需要，適時充裕供給其所需。因此，僅有中間商，而尚未展開並演進各種貨幣市場實務，便不宜稱之為已建立了貨幣市場的組織。

貨幣市場的工具及其價格

　　貨幣市場工具係資金需要者為籌措所需資金所發行的到期償還憑證。因此，在每一個國家，因其金融及工商實務與慣例有所不同，不必要有完全相同的貨幣市場工具。不過，有一點是非常明確的，後進國家因有先進國家已發達之貨幣市場的先例可供摹仿，故所發行的工具多少會受影響，但是仍因其金融及工商業實務與慣例而會表現其特色。此外，我們尚需記得，金融及工商實務與慣例繼續不斷演進，故貨幣市場工具的種類也是繼續不斷演進。

　　大體上說，各種資金需要都會發行其獨有的貨幣市場工具。前面提到，主要的資金需要者有三類。財政部為融通季節性的財政赤字，通常發行國庫券，其期限或為 3 個月、6 個月、9 個月或一年，大體上係依《國庫券發行條例》及財政當局決定。商業銀行為加強吸收短期資金能力，可發行可轉讓的定期存單、購回協議書等，其期限則由商銀當局所決定。企業為籌

措短期週轉資金則可發行各種商業票據、銀行承兌票、遠期支票等，其種類及期限當然也由企業根據需要及慣例來決定。

正如在商品市場一樣，在貨幣市場中，工具本身並不是最重要者。根本上最重要的是價格，貨幣市場的價格就是利率。在這裡，我不擬討論利率計算的實務，僅想說明幾項影響貨幣市場工具的價格的因素。

第一、中央銀行的貨幣政策。中央銀行的各種數量管制政策不但足以改變貨幣市場資金的供給量與需要量，間接影響貨幣市場價格的形式，而且也能直接影響其價格趨向。例如，調整再貼現率。

第二、對經濟狀況與貨幣情勢的預期。貨幣市場資金供需因係屬於短期者，對於經濟狀況與貨幣情勢的變化乃特別敏感。因此，凡能影響經濟金融預期之因素都會影響貨幣市場之價格趨向。

第三、期限長短。貨幣市場工具既有不同期限，而期限不同使購進者所承負的流動性損失及風險負擔都有所不同，當然會要求不同的價格。

第四、工具發行者的信用。工具發行者既有財政部、各商業銀行及各企業之分，而這些發行者的信用狀況並不是一致的，當然會有差別價格存在。

以上第一項及第二項因素影響貨幣市場價格的一般趨向，因為數量管制的貨幣政策及預期狀況都係隨時會可能發生變動的，故同一種貨幣市場工具在同日不同時點可能有不同的價格，且其差幅可能甚大。第三項及第四項則影響貨幣市場工具

的價格結構及其變化，故一個健全的貨幣市場既然要擁有許多分類市場，自然要形成複雜的價格結構。因此，固守單一利率，且利率具有剛性的觀念的社會，將是發展貨幣市場的障礙。

貨幣市場的發展條件

中間商固然是貨幣市場組織的基礎，但並非貨幣市場健全發展的充分條件。談到發展條件，當然可列舉討論許多因素，比較重要的有三項：

第一、要拋棄固定利率的政策原則。前面已經提到，貨幣市場中的各分類市場自然會形成價格差別結構，如仍維持固定利率原則，當然不適用。同時，銀行放款利率也要有彈性，才能使放款利率與貨幣市場的利率維持合理的競爭，否則會發生銀行資金仍有超額需要，而貨幣市場難以發展的現象。目前我國新銀行法已拋棄固定利率的原則，但是實際上所可出的利率差幅依然太小，不足以產生合理的競爭。

第二、充分的工具與合理競爭。貨幣市場上各分類市場的供需彼此間有敏感的反應，故需有比較完整的分類市場結構，才能形成合理的價格。同時，更重要的是，中間商的數目必須增加，才能合理動員休閒資金。這乃是貨幣市場初創時期的最大難題。

第三、貨幣政策必須更敏感而有彈性。中央銀行的貨幣政策既能直接或間接影響貨幣市場的資金供需與價格，其政策彈性自然是貨幣市場健全發展的必要條件。

【《經濟日報》，1976 年 3 月 7 日，經濟教室每週一課。】

我國金融制度的問題及改進之道

　　臺北市第十信用合作社因長期嚴重違規營業，在金融主管
當局處分暫停放款三天期間，發生擠領存款風波，不但波及另
一信託投資公司，且也使幾家頗具規模之大型企業發生連鎖性
的擠領職工存款情事。幸賴金融主管當局大力支持，才未釀成
重大的金融災難。

　　有關整個事件的經過及各種善後工作，仍有待各有關主
管機關整理及處理後才能對社會有所交代。不過，從過去一星
期各種大眾媒體的報導看來，十信事件不宜當作個別事件，也
應視為我國金融制度問題，並針對現行制度缺失，謀求改進之
道，才能避免今後類似事件的重演。

保護傘下逐漸擴大

　　隨著國民所得增加，國民儲蓄定會隨之增加，由年年儲蓄
累積而得的財富須由各種資產形態而持有，金融資產總是其中
最為重要的部分。臺灣的金融市場仍在學步階段，證券市場與
貨幣市場仍非重要的儲蓄資金的去處，故家庭儲蓄向以通貨、
各種金融機構存款及廠商存款為主要持有方式。除廠商存款無
可靠統計數字外，民國 60 年與 73 年，年儲蓄毛額自 755 億元
增加至 7,592 億元，在相應年份通貨淨額年增加金額分別為 32
億元及 86 億元，而各種存款年增加金額則為 219 億元及 3,693

億元。14 年間，由於國民儲蓄年年幾乎都加速增長，通貨淨額及各種存款分別增加 1,548 億元及 20,278 億元。

　　可是，自民國 60 年以來，除了外國銀行在臺分行外，我國金融機構只增加世華聯合商業銀行、中國輸出入銀行及高雄市銀行三家。欲以存款方式持有其部分財富的國民，多年來只有在原有的有限家數的金融機構間作選擇。在正常情形下，由於公營金融機構欠缺誘因，吸收存款態度有欠積極，因而各種金融機構之間的存款佔有率逐漸發生變化。在 60 年至 73 年間，大部分為民營之信託投資公司之信託金餘額佔總存款餘額的比例，自 0.7％升至 6.2％；同一期間，民營之信用合作社存款餘額所佔比例亦自 11.3％升至 11.8％；而大部分公營之一般銀行存款餘額所佔比例則自 66.8％降至 48.9％。

金融管理無力之感

　　更為重要的是，臺灣的民營企業一向是自有資金偏低，公營金融機構之放款手續相對上比較複雜，不能充分供給民營企業所需資金，使廠商存款應運而生，且黑市借貸得以繼續存在。而民營金融機構以積極方式吸收之大量存款，更能以低成本資金供給其負責人的關係企業，從而控制民營金融機構便成為擴大關係企業的捷徑。因此，限制金融機構設立，使大部分年年儲蓄資金流入原有民營金融機構，等於保障原有民營金融機構壯大發展的機會。

　　過去 20 年間，我國已很明顯地由農業社會轉型為工業社會，現有金融機構的基本架構係以農業社會為基礎，早已應進

行全盤的改制，更由於多年來金融經營技術的變化，金融業務
推陳出新，開放新種金融機構設立也確有其必要。在過去，倘
能因應經濟金融環境的變化，注入新種金融機構，或許可以改
善儲蓄資金之流向。但是，制度調整總是相對上比較遲緩。使
人產生無力感。不過，即使在現行制度安排下，金融管理上也
會有無力感產生，主要原因有三：

　　第一，法令規章有欠完備。我國現有若干金融機構存在及
營業都已 30 餘年，卻未有正式的法律地位及管理法規。最明
顯的是，信用合作社及農會信用部在《銀行法》中並不存在，
也未單獨立法，多年來一直都依行政院發佈之〈信用合作社管
理辦法〉及〈農會信用部管理辦法〉作為管理依據，因此管理
上難免會隱藏或出現缺失，嚴重時且會導致區域性金融問題。

制訂完備金融法規

　　第二，業務限制有漏洞。銀行法及各種金融機構的管理辦
法，對各種金融機構的資金運用都訂有限制條文，但玩法者難
免會尋找漏洞，獲取不法利益。十信事件中的人頭社員貸款是
已暴露的實質違規情事，難保其他形式之實質違規事件不再出
現。因此，管理法規未作周全考慮也應是無力感產生的一因。

　　第三，違規處理問題。依我國現行法令規定，各種金融機
構都有一至兩種業務檢查機關，法令規定尚稱相當完備，但金
融檢查機構卻未負違規處理權責，以致於檢查與處理都難免會
有所疏失，甚至由許多微小疏失累積成重大金融問題。

　　基於以上的考慮，為消除金融管理上的無力感，並以現

有基礎建立我國現代化的金融制度，必須積極推動下列幾項措施。

　　第一，建立合乎現狀的金融制度，制訂完備的金融法規。金融主管當局就國內外金融業的發展、金融業務技藝的演變、我國經濟發展的趨向、我國金融機構的實情等因素，規劃出合乎國情的金融制度，並對整個制度下的各種金融機構分別制訂有關法規，使各種金融機構都有一可供遵行的遊戲規則。

　　第二，適度開放金融業的參與限制。管制金融業的參與限制雖然得到減輕惡性競爭的利益，卻保障現有金融業者的獨占利益，並未完全消除財富集中及形成金融企業集團的弊害。因此，如能在資金總額、股權分散、公開上市等條件作合宜規定，則適度開放金融業的參與限制，不但得以享有競爭利益，增加儲蓄大眾的選擇機會，而且也可避免既得利益者的繼續膨脹。

　　第三，加強金融業務檢查及違規處理的機能。金融主管當局如能加強檢查與違規處理，就不會產生姑息養奸的情事，對社會、存款人乃至於接受檢查的金融機構都只有好處而沒弊害，故須檢討現行制度的缺失，進行合理的改制。

培養負責的銀行家

　　第四，培養負責任的銀行家。檢查、處罰，乃至於所謂存款保險公司之設立，都只是消極的防弊及善後措施。如銀行家不負責任，金融危機仍將層出不窮，因為倘若檢查結果不予公布，則會累積成長期危機，倘若定期公布檢查結果，則會產生立即的擠兌風波，都非社會之福。因此必須培養負責任之銀行

家，而適度開放設立管制，正是依市場機能提升銀行家之責任感的最佳方法。

　　【《聯合報》，1985 年 2 月 16 日，「如何重建金融秩序」系列專欄之二。】

農業金融與整體金融體系之關係

壹、前言

農業金融體系是整體金融體系的一環，一個健全的金融制度當然包含一個健全的農業金融制度在內。當前臺灣的農業金融制度距離健全完整的目標仍有段距離[1]，本文就當前臺灣農業金融與整體金融體系之關係加以檢討，藉以供金融政策管理方面之參考。

我們把檢討兩者間關係的重點，放在金融功能、角色以及資金流向等方面，尤其是資金流向關係。時間數列的觀察則以民國50年代以後為主。

貳、農業金融在整體金融體系存在的必要性

臺灣農業金融在農業發展過程的角色[2]，有愈來愈重要的趨勢。從（1）農業金融存在的特性，以及（2）當前農業發展的環境等兩方面的需要，可以說明農業金融在整體金融體系存在的必要性。

---

1 有關臺灣農業金融制度問題之探討，請參閱：劉泰英、陳昭南等〔21〕。
2 有關農業金融意義等方面的概念，以及臺灣農業金融環境的探討，請參閱：李登輝〔5〕。

一、農業金融特性需要農業金融

農業發展與農業金融的關係密不可分,而農業與一般產業的經營環境不盡相同,具備有其特性。我們由農業金融本身的特點來看 [3],由於農業金融受農業生產特點的影響,故也具備與一般金融不同的幾個特性。然而,農業金融雖有許多特點,但這些特點卻增加了農業金融的困難。基於這些特點與一般金融的差異,亦說明了農業金融體系存在的必要性。也就是說,在整個金融體系中,不能缺少農業金融機構,而只由一般金融機構兼辦農業金融業務。其理由是:

第一、農業投資大多屬於長期性質,例如,對土地、建築水利工程或農舍等的投資,往往需十數年才能回收;而對農作耕種和家畜、家禽飼養的投資,則受季節天候的限制,通常短則 3 個月、6 個月,長則要 1 年或 3、5 年,才有收成。因此,農業資金的週轉為時較長。而一般工商業金融的週轉較快,例如,工業生產需時較短,產品不受季節影響可連續不斷生產,故工業週轉資金,通常是 2、3 個月,長則 6 個月,短則甚至 1 個月就可週轉一次。因此,農業資金需求大多屬於長期,而長期信用對資金供給的金融機構而言,一般金融機構往往不願積極承作,因此,農業金融與一般金融有分工的必要。

第二、農業面對的環境是,農產受季節限制。農作物的耕種、栽培與收穫,均須隨季節天候的變化而定;故對農業資金的需求,各季均有差異。農耕季節需要購買種子、肥料、飼料、

3　有關農業金融的特性探討,請參閱:張德粹〔16〕,pp. 119 -123。

生產工具，以及支付大量工資，資金需求大，而農產收穫季節，
為農家收入時期，所需的資金較少，而所融通之資金，多屬農
產運銷的週轉性短期資金。一般金融則因工商業並沒有明顯的
季節變動，故一般金融不若農業金融富有季節波動。在面對資
金需求不同環境之下，農業金融有其特有功能。

　　第三、農業金融業務的貸放對象，是對無數的小農貸款，
是對不同農作物生產的各種放款，因此，相對上，農業金融貸
放業務大都屬零碎的小額資金業務。而一般金融業務，則因工
商業營業規模相對較大，故一般金融的貸放資金可以比較整批
而集中，而且，手續並不若農業金融業務之零散繁雜 [4]。這也
是農業金融與一般金融需要分工的地方。

　　第四、農產品大多屬於糧食品，為生活之所必需，故需要
彈性及所得彈性皆很小；而農產品的生產受自然天候等條件的
限制很大，因此，供給彈性也小。職是之故，在農產品缺乏供
需彈性之下，農業金融雖然面對資金供需較穩定的環境，但是
在面對產品缺乏供需彈性的環境下，農業金融對環境變化的應
變力較弱。而一般金融則因產品的供需彈性較大，故對環境的
應變力較強。基於農業發展的考慮，農業金融應有需要。

　　第五、由於上述四項農業金融的特性，農業金融在：（1）

4　根據毛育剛〔1〕對臺灣地區 30 個農會所作的調查，在信用放款中，
　　平均每筆金額只有 18,918 元，而筆數佔 64.3％的大多數信用放款金額
　　都未超過 2 萬元；放款期間則大都為短期，期間在一年以下者筆數佔
　　71.3％，一年以上者佔 14.8％，另有 14％期間不明。而抵押放款中，平
　　均每筆抵押放款金額為 36,635 元，而有 42.5％的筆數之金額在 2 萬元
　　以下；放款的期間亦以短期為多，1 年以下筆數佔 45.3％，1 年以上佔
　　29.2％，另有 25.5％期間不明。由此可見農業金融之零碎。

資金的期限較長，（2）貸放種類、手續較繁碎，（3）受季節變動影響明顯等農業生產之弱點之下，因此，農業金融的經營成本及風險，皆較一般金融為高。因此，在農業保護產業的政策之下，農業金融之經營，需要政策上的支持。

第六、農業經營以農家為主，分散於各鄉村，為一無組織之生產單位。因此，為服務廣大眾多而零散之農家金融需求，農業金融機構之分佈，客觀條件上即被要求普遍設置。但一般金融則往往基於本身的需要，不能普遍設置於各鄉間。目前臺灣鄉間的主體農業金融機構 ── 農會信用部，即分佈於全島各地，幾乎每一鄉鎮皆有設置。這就是為什麼農業金融機構較一般金融分布廣泛的原因。

經由以上農業金融與一般金融差異的比較，我們認為，由於農業金融存在的弱點，一般金融機構無法分擔，因此，在整體金融體制中，農業金融體系的分工角色當有其獨自存在的意義。這就是說，基於農業金融的特色，僅以一般金融來兼辦農業金融，並不能充分替代農業金融機構的功能。故而，農業金融仍有存在的價值，對整體金融的分工而言，農業金融與一般金融之間的關係，是互補性的。

二、農業發展環境需要農業金融

由農業發展的過程觀察，臺灣農業金融的重要性，由於資本要素在農業生產投入的相對比重增大[5]，而逐漸增加。另從農業經營中對現金支出比重的變化，我們也能明瞭充分的農業資金對農業生產的重要。

　　臺灣農家記帳報告的資料顯示，民國 47 年，臺灣農家每戶平均的經營費用中，現金費用比重達 62.5％；民國 58 年，現金費用比重提高至 80.9％；至民國 71 年，現金費用比重更提高為 89.7％。這種趨勢顯示農業資金在農業生產的重要性，已愈來愈明顯。

　　除了農業經營的資金需要外，如果再把農家消費所需的資金也一併考慮進去，則農家生產與消費的農業資金，當有相當數額。**6**

5　　農業資本與農業資金的意義不同，但農業資本與農業資金關係相當密切。有關臺灣農業生產資本投入比重隨農業發展而逐漸增加的變化情況，吳同權〔9〕曾引用王友釗（Y. T. Wang, Technological Changes and Agricultural Development of Taiwan 1946 -1965）的民國 35 年至 54 年資料，以及農復會農經組估計 55 至 58 年之資料，指出臺灣農業生產要素的投入比重情形如附表 1。

附表 1　臺灣農業生產投入資源分配比例

時期	土地 (％)	勞力 (％)	資本 (％)
民國 35 -39 年	14.63	41.47	43.90
40 -44 年	11.53	40.81	47.66
45 -49 年	10.20	39.85	49.50
50 -54 年	9.16	37.82	53.02
55 -58 年	9.00	35.60	55.40

另外，邊裕淵〔27〕亦曾以民國 41 年至 69 年的實證資料指出，農業生產因素對農業生產的貢獻率情形如附表 2。

附表 2　臺灣農業生產因素對生產的貢獻

時期	土地 (％)	勞力 (％)	資本 (％)
民國 41 -53 年	1.04	6.30	81.83
54 -69 年	6.64	88.08	186.44
41 -69 年	3.07	21.27	119.13

6　　李登輝曾利用民國 57 年農家記帳資料推估臺灣農家資金的總需要年約 759 億，總供給為 618 億，其差距 141 億為借款需要，見吳同權〔9〕。

在農業資金迫切性的環境方面，臺灣農家的負債情形非常普遍。根據省農林廳、中興大學及農復會分別在民國 49 年、56 年、59 年的調查資料顯示，負債農戶的比率高達 70 -87％[7]。另蔡庚秋〔23〕的調查資料顯示，負債的農家戶，64 年為 57.5％，66 年提高為 62.2％。侯家駒〔11〕所作的農家信用調查資料顯示，民國 65 年，農家資金需求，並未能完全得到滿足，農家所缺乏的資金，平均佔資金總額的 17％以上。

在農業資金供給管道不足的環境方面，臺灣農業金融管道欠通暢。根據調查資料顯示，臺灣農家的借款來源中，有 19 -43％的比例係向民間私人借貸。[8]另林月金、段樵〔8〕對臺灣省農家負債情形的調查報告也指出，民國 62 年及 64 年，農家負債中，來自私人的借款比重分別達 42％、48％，蔡庚秋〔23〕對臺灣農家的負債調查報告顯示，民國 64 年至 66 年，負債的農家戶，來自民間借款的比例分別為 48.4％及 45.1％。綜合而言，就臺灣農業發展的金融環境觀察，農業金融已變得逐漸重要起來。

參、農業金融及其在整體金融的地位

就農業經濟發展而言，農業金融在整體金融體系中確屬必要。臺灣的整體金融體系中，農業金融亦自成一個體系，為探討農業金融與整體金融體系之關係，本節先檢視當前臺灣的農

7　見吳同權〔9〕。
8　同〔註 8〕。

業金融體系，及其在整體金融的地位概況。

一、農業金融體系及其在整體金融的比重

　　當前臺灣地區提供農業放款的機構，計有農業金融機構、其他金融機構、政府及公營事業機構等三個單元。時下一般所稱農業金融，大都指農業行庫 [9]、農漁會信用部等所構成的農業金融機構。而廣義的農業金融，則除上述農業金融機構外，尚包括提供農業資金的一般金融機構，政府機構如：臺灣省糧食局、臺灣糖業公司、蔗農服務社、行政院農業委員會等所提供之農貸，以及農業金融性質之合作組織如：農業生產合作社、合作農場、農產運銷合作社，此外，尚包括農業民間借貸資金。在有組織的農業金融體系中，農業行庫及農會信用部一直是農業金融的主體。

　　近 20 年來，在臺灣經濟發展過程中，金融機構所承負的運作量也在不斷提升，以整體金融機構融通的資金量來看，由民國 55 年至 72 年的 18 年間，成長了 35 倍，融通資金的平均年成長率達 22.5％，其中，民國 60 年代平均年成長率更高達 27.4％。而相對農業放款的總資金量，在同期間，成長 19 倍，平均年成長率為 18.7％。由此可看出，農業所獲取的資金相較整體金融機構所提供資金量的成長較遲緩，但至最近民國 71、72 年則見明顯增加（參見表 1）。

9　　「農業金融」的範圍，在《銀行法》第 92 條及第 93 條有界定，而對「農業行庫」的定義，則依中央銀行〈基層金融機構轉存款法定準備金處理要點〉之規定，係指：臺灣省合作金庫、中國農民銀行與臺灣土地銀行。

表 1 臺灣農業放款成長及在整體金融的比重（民國 55 -72 年底）

單位：新臺幣百萬元；%

年底	整體金融機構總放款 (1)		農業總放款 (2)		農業總放款比重 (3)=(2)/(1)	農業金融機構農業放款		其他金融機構農業放款		政府及公營事業機構農業放款	
	金額	增加率	金額	增加率		金額	增加率	金額	增加率	金額	增加率
民國 55 年	43,405	-	8,483	-	19.5	6,383	-	326	-	1,774	-
60	115,449	22.7	17,042	1.0	14.8	14,020	3.5	642	1.6	2,379	-16.4
65	450,984	15.3	45,224	3.8	10.0	40,397	3.9	1,906	13.3	2,921	- 3.6
70	1,152,189	12.7	109,300	8.7	9.5	101,285	7.6	5,375	47.8	2,640	- 4.6
71	1,350,422	17.2	134,140	22.7	9.9	126,142	24.5	5,232	-2.7	2,769	4.9
72	1,560,909	15.6	166,600	24.2	10.7	158,534	25.9	5,584	6.7	2,482	-10.4
55 -59 年平均	-	17.1	-	15.6	20.2	-	17.1	-	35.6	-	10.3
60 -69 年平均	-	27.4	-	20.3	11.1	-	22.2	-	20.1	-	0.2
70 -72 年平均	-	15.2	-	18.5	10.0	-	19.3	-	17.3	-	- 3.4
55 -72 年平均	-	22.5	-	18.7	13.5	-	20.3	-	24.0	-	2.4

資料來源： 1. 農業放款由臺灣地區專營 / 兼辦農貸機構貸款數額統計表（農民銀行編印，各年）計算而得。
2. 整體金融放款來自《臺灣地區金融統計月報》（1985 年 1 月，中央銀行經濟研究處編印）。

在早期，臺灣的經濟發展策略是以農業培養工業，因而能奠立工業的根基，促成日後的發展，在民國 50 年代中期後，農業產值比重已不及工業，所能獲取資金的能力相對較其他部門為弱，這種情況，當然影響其生產技術的改進及更進一步發展。以全體機構農業總放款佔整體金融體系總放款的比重來看，長期來有明顯下降的趨勢，民國 50 年代後半期，每年平均比重為 20.2％，民國 60 年代已降為 11.1％，至民國 70 -72 年平均為 10％。這項資料顯示，農業部門所獲取的資金比重已大不如前，自民國 65 年迄今，農業放款資金量大約僅能維持整體金融機構總放款資金的 10％左右，相對的，顯示金融

機構將較多的資金比重提供至農業以外的部門運用。

　　其次，我們就整個農業放款體系的結構來看，農貸機構所提供的資金量，從民國 55 年至 72 年的 18 年期間，以農業金融機構的放款量成長最大，成長達 24 倍，平均年成長率為 20.3％。其他金融機構所提供的農業放款，成長也相當快速，成長 16 倍，平均年成長率達 24.0％，但最近兩年（民國 71、72 年）卻出現負成長與低成長現象，且規模相當小。政府及公營事業機構的農業放款，18 年來的這段期間，只增加 2.4％而已，自民國 60 年代起迄今，許多年並出現負成長。（參見表 1）

　　臺灣農業金融體系結構，就承作農貸機構所提供的資金量的比重來看，歷年來農貸資金的提供以金融機構為主，民國 55 年至 72 年平均每年比重超過 90％以上。政府及公營事業機構貸放的比重不大，18 年平均每年僅為 9.4％，從時間上看是呈直線下降的趨勢，在民國 50 年代後半期年平均尚佔 18.2％，進入民國 60 年代後則迅速下降，至 72 年底，貸放餘額僅佔農業總放款的 1.5％。而金融機構所佔比重，則呈一路上升的趨勢，其中，主要均為農業金融機構之貸放款，18 年之平均比重達 86.4％，而其他金融機構所提供的農業放款歷年來均僅維持在 4％左右（參見表 2）。

表 2 臺灣農業放款的農貸機構結構（民國 55 -72 年底）

單位：新臺幣百萬元

年底	農業總放款	農業金融機構						其他金融機構		政府及公營事業機構	
		小計		農業三行庫		農業信用部		金額	%	金額	%
		金額	%	金額	%	金額	%				
民國 55 年	8,483	6,383	75.2	5,359	63.1	1,024	12.1	326	3.9	1,774	20.9
60	17,042	14,020	82.3	12,628	74.1	1,391	8.2	642	3.8	2,379	14.0
65	45,224	40,397	89.3	27,592	61.0	12,805	28.3	1,906	4.2	2,921	6.5
70	109,300	101,285	92.7	60,999	55.8	40,287	36.9	5,375	4.9	2,640	2.4
71	134,140	126,142	94.0	75,670	56.4	50,472	37.6	5,232	3.9	2,769	2.1
72	166,600	158,534	95.2	94,175	56.6	64,359	38.6	5,584	3.4	2,482	1.5
55 -59 年平均	-	-	77.7	-	68.2	-	9.6	-	4.1	-	18.2
60 -69 年平均	-	-	88.5	-	66.4	-	22.3	-	4.3	-	7.2
70 -72 年平均	-	-	94.0	-	56.3	-	37.7	-	4.1	-	2.0
55 -72 年平均	-	-	86.4	-	65.2	-	21.3	-	4.2	-	9.4

資料來源：同表 1。

　　在農業金融機構中，以農會信用部的發展最為快速，從民國 55 年至 72 年的 18 年間，貸放金額成長了 62 倍，遠較農業行庫成長的 17 倍高出甚多，其在總農業放款的比重，由民國 50 年代後期平均的 9.6％升至 60 年代的 22.3％再至 70 年代初期的 37.7％。相對的，同時期，三家農業行庫所提供農業放款的比重，則由 68.2％下降至 66.4％再至 56.3％。

　　由此可知，農業金融機構是臺灣農業金融體系的主體。而在農業金融機構中，由於農會信用部提供放款資金的迅速成長，放款比重已為各農業金融機構之冠[10]，而且，在農業行庫放款資金成長的遲緩和萎縮下，農會信用部在農業金融的角色，已較以往更加重要。

---

10 民國 70 至 72 年，三家農業行庫農業放款佔總農業放款的平均此重，分別為：農民銀行 17.5％，土地銀行 17.1％，合作金庫 21.7％。農會信用部 37.7％。

二、農業金融的角色

　　有關農業金融在整體金融體系中的角色，我們可以從幾個指標來檢討。從每一單位農業生產毛額所獲得的放款資金量來看，民國 51 年至 72 年期間，農業總放款對農業生產毛額的比重，平均每年達 62.8%，表示每百元的農業生產中，相對取得的放款資金為 62.8 元。農業放款支應農業生產的比值愈來愈高，民國 50 年代後半期平均為 42.6%，60 年代增為 62.5%，70 年代初期更增為 97.5%，可見每單位農業生產的資金愈來愈大。

　　比較同一時期，每一單位國內生產毛額所獲得的放款資金量，從民國 51 至 72 年的 22 年間平均比重為 52%，表示在每 100 元的國內生產毛額中，金融機構提供 52 元的放款資金；其比重亦見逐漸提高，由民國 50 年代的 35.2%，提高至 60 年代的 60.7%，70 年代初期的 73.2%（參見表 3）。這項統計顯示，臺灣農業部門的生產，在每一單位產出所使用的貸款額，較其他部門為高 [11]，同時也隱含農業部門資金運用效率較低的問題。

　　就平均農戶或農業就業人口所分配到的資金運用量來看，每一農戶所獲得的放款資金，近 20 年來已有成長。臺灣農戶

---

[11]　就長期趨勢觀察，這項結果，與侯家駒〔11〕曾就 100 家農戶信用調查研究指出「民國 65 年每百元的農業產值只有 9 元的貸款，而非農業產出中卻有 55 元」之貸款的實證比重剛好相反。但我們檢視民國 65 年的資料觀察，則顯示當年每單位農業生產所取得之放款資金，的確較整個國內生產毛額所獲得之資金量為低（見表 3），但兩者相差程度不大。可見，橫切面之觀察與縱切面之觀察結論，有時會有出入。

平均每年每戶所獲得的放款資金，民國50年代年平均為1.5萬元，民國60年代平均為5.6萬元，民國70年代初期提升為16.6萬元；同一時期，每一農業就業人口所取得的農業放款亦有明顯成長，由0.8萬元增至3.3萬元再提高到10.6萬元，但是，同一時期，就全臺灣地區總平均每戶、每一就業人口所獲取的貸款數額來看，農業部門平均每年每一農戶，每一就業人口等所分配的資金運用量，大約僅及整體部門的半數（參見表3）。顯見農業部門相較其他部門平均每戶、每一就業人口所獲取的資金量明顯為少，也顯示實際從事農業者，其貸款能力相較其他部門薄弱。

表 3 臺灣農業金融與整體金融角色（民國 51 -72 年底）

單位：％；萬元／戶；千元／人

年底	整體金融的角色			農業金融的角色		
	放款 GDP	放款 臺灣戶口數	放款 臺灣就業人口	農業總放款 農業生產毛額	農業總放款 臺灣農戶數	農業總放款 臺灣農業就業人口
民國 51 年	31.0	1.1	6.7	-	-	-
55	34.6	1.9	11.3	29.9	1.0	4.9
60	44.0	4.3	24.4	49.5	1.9	10.2
65	64.3	14.1	79.6	56.2	5.2	27.6
70	67.6	29.5	172.7	86.5	13.3	87.0
71	73.8	33.4	198.3	93.9	16.2	104.5
72	78.3	37.6	220.8	112.9	20.4	126.5
55 -59 年平均	35.2	2.1	11.5	42.6	1.5	7.8
60 -69 年平均	60.7	14.0	78.3	62.5	5.6	33.0
70 -72 年平均	73.2	33.5	197.3	97.8	16.6	106.0
55 -72 年平均	52.0	11.8	67.2	62.8	6.3	38.2

資料來源：1. 全體金融機構放款：《臺灣地區金融統計月報》，1985年1月，中央銀行經濟研究處編印。
2. GDP 及農業生產毛額：《中華民國國民所得年報》，1983年，行政院主計處編印。

3. 臺灣地區戶口數、就業人口數及農戶數、農業就業人口數：《中華民國統計提要》，1983 年，行政院主計處編印。
4. 農業總放款：〈臺灣地區專營兼辦農貸機構貸款數額統計表〉，中國農民銀行編製。

三、基層農業金融的功能與地位

農業金融機構中，農會信用部所提供放款資金比重已超過各農業行庫，由於農會信用部單位數遠較農業行庫為多，分佈廣泛 **12**，深入臺灣各地農業組織區域內，發揮吸收、融通農業資金的功能。漁會信用部數量較少，成立歷史較短，資金規模也相當小。在此，就農漁會信用部合併的資料，簡要探討基層農業金融在整體金融中的金融功能與地位。

就基層農業金融機構承作存、放款的功能來看，基層農業金融機構的總存款，在民國 53 年底為 2,677 百萬元，至民國 72 年底為 168,957 百萬元，成長 62 倍；同一時期，總放款由 2,004 百萬元升至 109,024 百萬元，成長 53 倍。比較同期間，整體金融機構吸收的存款、信託資金、保險準備等總存款資金，成長 50 倍，總放款資金成長 48 倍（參見表 4），顯示基層農業金融機構對資金吸收及融通發揮了相當的功能。

就每一單位所承作的存款、放款方面，民國 53 至 72 年的 20 年來，平均每單位承作的數量有相當的成長，20 年平均年成長率為 20% 左右，僅略低於整體金融的 21%，顯示基層農

12　截至 72 年底，臺灣地區農會信用部總會有 282 個單位，有 499 個分會，幾乎遍佈全臺每一個鄉鎮。而同時間農民銀行、土地銀行、合作金庫總分機構數則分別僅有 22、56 及 66 個單位，而且就農業行庫分佈情況來看，位於臺北、高雄、臺中、臺南、基隆五大都市的機構數即有 51 家，佔 35%。故農會信用部對基層農業資金的吸收及融通功能，當較有影響。

業金融每一單位存放款負荷量增加與提供的貢獻之提高，與整體金融相比並不遜色。另就平均承負的規模來看，相對整體金融機構言，其平均存放款較小，顯然基層農業金融的鄉村地區規模，無法與銀行等金融機構的全省性的區域規模相比（參見表4）。

表4 臺灣地區基層農業金融與整體金融功能（民國51 -72年底）

單位：新臺幣百萬元；%

年底	整體金額							基層農業金額						
	機構數	總存款資金	總放款資金	平均存款		平均放款		機構數	總存款	總放款	平均存款		平均放款	
				金額	增加率	金額	增加率				金額	增加率	金額	增加率
民國 51 年	2,431	53,616	43,419	22.1	15.1	17.9	11.1	391	3,265	2,759	8.4	13.5	7.1	12.7
60	3,424	127,855	115,450	37.3	19.9	33.7	19.9	394	6,557	4,881	16.6	26.7	12.4	17.0
65	3,978	469,829	450,984	118.1	23.0	113.4	13.7	551	25,018	17,406	45.4	32.4	31.6	33.3
70	3,543	1,227,134	1,154,589	346.4	40.8	325.8	37.4	748	89,964	66,070	120.3	24.1	88.3	20.5
71	3,655	1,529,297	1,353,739	418.4	20.8	370.3	13.6	772	123,781	84,432	160.3	33.3	109.4	23.9
72	3,632	1,952,760	1,564,828	537.7	28.5	430.7	16.3	796	168,957	109,024	212.3	32.4	137.0	25.2
53 -59 平均	-	-	-	-	11.7	-	13.4	-	-	-	-	11.3	-	12.7
60 -69 平均	-	-	-	-	23.3	-	24.1	-	-	-	-	22.7	-	23.0
70 -72 平均	-	-	-	-	30.0	-	22.4	-	-	-	-	29.9	-	23.2
53 -72 平均	-	-	-	-	20.7	-	20.5	-	-	-	-	20.2	-	19.8

資料來源： 1. 機構數：《中華民國財政統計年報》，1983 年，財政部統計處編印。
　　　　　 2. 存放款：《臺灣地區金融統計月報》，1984 年 12 月，中央銀行經濟研究處編印。
說　明： 1. 整體金融總存款資金指本國一般銀行、外國銀行在臺分行、中小企業銀行、信用合作社、農漁會信用部、郵政儲金匯業局之存款，信託投資公司之信託資金，保險公司之人壽保險準備、產物保險準備等總額。
　　　　 2. 整體金融總放款資金指本國一般銀行、外國銀行在臺分行、中小企業銀行、信用合作社、農漁會信用部、郵政儲金匯業局、信託投資公司、人壽保險公司、產物保險公司及證券金融公司之放款總額。
　　　　 3. 自 1980 年起整體金融的放款機構含證券金融公司，故表中機構數目應增加一家。
　　　　 4. 基層農業金融指農會信用部及漁會信用部。

　　至於基層農業金融在整體金融所佔的地位，我們以機構數、資產、存款、放款等幾個指標來觀察。民國 53 年至 72 年期間，基層農業金融的機構數，平均年成長率為 4.2％，佔總金融機構數的比重，平均每年為 15.8％，顯然佔有相當份量。再就資產、存款、放款等資料來看，則長期以來，無論是資產、存款或放款，皆有相當幅度的成長，且成長率相當穩定，平均都在 24％左右。在整體金融的比重來看，資產方面，長期來佔整體金融的比重平均僅 5.7％，顯示基層農業金融家數雖多，但規模均不大。其存款佔總金融機構存款比重平均為 6.4％，放款比重較低，僅 5％（參見表 4）。

表 5 臺灣地區基層農業金融在整體金融的地位（民國 53 -72 年底）

單位：個；新臺幣百萬元；％

年底	資產			機構數			存款			放款		
	總額	比上年同期增加	占全體金融機構%	總額	比上年同期增加	占全體金融機構%	總額	比上年同期增加	占全體金融機構%	總額	比上年同期增加	占全體金融機構%
民國 55 年	4,842	14.8	7.2	391	0.6	16.1	3,265	12.9	6.2	2,759	12.4	6.3
60	8,723	26.1	5.1	394	0.3	11.5	6,557	27.7	5.3	4,881	17.1	4.2
65	28,293	20.4	4.3	551	0.4	13.8	25,018	32.8	5.8	17,406	34.0	3.9
70	105,926	23.8	5.8	748	3.4	21.1	89,964	28.2	8.2	66,070	24.5	5.7
71	141,443	33.5	6.5	772	3.2	21.1	123,781	37.6	9.0	84,432	27.8	6.3
72	189,868	34.2	7.2	796	3.1	21.8	168,957	36.5	9.6	109,024	29.1	7.0
53 -59 平均	-	11.8	6.6	-	0.2	15.4	-	11.6	6.1	-	13.2	5.7
60 -69 平均	-	28.9	4.8	-	7.1	14.3	-	30.1	5.8	-	29.6	4.1
70 -72 平均	-	30.5	6.5	-	2.2	21.3	-	34.1	8.9	-	27.1	6.3
53 -72 平均	-	23.7	5.7	-	4.2	15.8	-	24.9	6.4	-	24.0	5.0

資料來源：　1.　機構數：《中華民國財政統計年報》，1983 年，財政部統計處編印。
　　　　　　2.　資產及存放款：《臺灣地區金融統計月報》，1984 年 12 月，中央銀行經濟研究處編印。
說　　明：　自 1977 年起，本表資料含漁會信用部。

肆、農業金融與一般金融的角色比較

　　我們從以上有關農業金融體系的結構分析可知，臺灣當前農業金融機構的主要重心，是農會信用部及農業三行庫，而農業三行庫的農業金融業務比重有趨降的現象，故我們以農業金融的主體 ─ 農會信用部為主（含漁會信用部，在本文我們也稱為基層農業金融），就資金來源、運用金融功能 [13]、放款結構等方向，與一般金融（本國一般銀行）相比較，藉以瞭解農業金融與整體金融間的角色關係。

一、資金來源結構比較

　　農會信用部的主要資金來源為個人存款（含部份企業存款），在民國 51 年底至 73 年底期間，平均每年佔總資金來源的 71.9%，其比重趨勢有愈來愈高的現象，自民國 70 年代，比率已超過 80% 以上；其次為淨值平均佔 15.5%，政府存款 6.2%，對其他貨幣機構負債為 6.0%，其餘為借入款；除企業及個人存款的比重趨勢呈遞增外，其餘項目的趨勢比重皆見下降。

　　在同一期間，本國一般銀行的主要資金來源亦為企業及個人存款，但比重較低，為 49.4%，其餘資金來源相當廣，遠較農業信用部資金來源多元化，主要原因，有辦理外匯業務，或發行金融債券，或接受郵匯局轉存款等。本國一般銀行從金融機構融通的資金佔了相當比重，平均達 26.2%，另外其淨額所

13　有關近年來農會信用部資金來源與運用之探討，請參見：張子欽〔15〕。

佔比重較低 5.9%（參見表 6）。

表 6　臺灣基層農業金融與一般金融的資金來源結構
（民國 51 -73 年底）

單位：%

民國年底	本國一般銀行的資金來源結構									農會信用部的資金來源結構				
	國外負債	企業及個人存款	政府存款	對金融機構負債	郵匯局轉存款	金融債券	其他借入款	進口結匯保證金	其他項目(淨額)	企業及個人存款	政府存款	對其他貨幣機構負債	其他借入款	其他項目(淨額)
51	0.8	44.6	18.8	17.5	-	-	-	3.4	14.9	68.1	3.0	3.7	-	25.2
55	2.3	50.7	9.9	29.7	-	-	0.2	2.3	4.9	60.1	7.4	6.5	-	26.0
60	5.7	56.7	7.6	21.4	-	-	0.7	3.8	4.1	69.3	5.9	4.0	-	20.8
65	8.8	49.5	7.7	27.0	-	-	0.2	1.8	5.0	78.4	10.1	6.4	1.2	3.9
70	9.3	48.8	6.8	24.0	-	0.6	0.2	1.3	9.0	77.9	7.0	5.4	1.4	8.3
71	8.2	48.1	5.8	26.1	3.0	0.6	0.3	1.1	6.8	82.2	5.3	4.7	1.0	6.8
72	6.2	50.6	6.1	22.3	5.9	0.5	0.2	1.2	7.0	84.9	4.1	3.6	1.1	6.3
73	4.1	52.5	6.7	20.0	7.7	0.4	0.3	1.0	7.3	85.8	3.1	3.8	1.0	6.3
51-59 平均	2.9	49.4	11.7	25.6	-	-	0.3	3.5	6.6	64.6	5.5	5.7	-	24.2
60-69 平均	7.4	49.2	7.2	28.1	-	0.3	0.3	3.1	4.6	74.1	7.3	6.9	1.1	11.2
70-73 平均	7.0	50.0	6.4	23.1	5.5	0.5	0.3	1.2	7.5	82.7	4.9	4.4	1.1	6.9
51-73 平均	5.6	49.4	8.8	26.2	5.5	0.5	0.3	2.9	5.9	71.9	6.2	6.0	1.1	15.5

資料來源：《臺灣地區金融統計月報》，中央銀行經濟研究處編印，1985 年 1 月。
說　　明：從 1977 年起，農會信用部資料含漁會信用部。

　　近幾年來，農會信用部所吸收的個人存款（含部份企業存款）的比重已超過 85%，顯示農會信用部深入農村，吸收農業資金功能，遠較一般金融機構吸收資金的功能為高。另觀察農會信用部對貨幣機構負債比重較低，顯示農會信用部較有充分餘裕資金從事資金貸放，所需向其他金融機構融通的資金較少。而民國 50 年代及 60 年代初期農會信用部淨值比重明顯較高，係因其盈餘尚無提撥規定，而自民國 63 年 6 月《農會法》公布以後，其中規定其盈餘除提撥事業基金外，餘應撥充

為農會總盈餘。目前的規定是，除彌補信用部累積虧損及提撥40％為信用部事業基金外，其餘應撥充為農會總盈餘，此乃為保障一般存款債權並提供其他供銷推廣部門所需資金，以發展農村經濟。故從此規定實施以後，其淨值比重與大都公營盈餘皆須繳庫的本國一般銀行一樣，淨值比重皆不高，在10％以下。

由上述分析，相對一般金融結構，我們可以歸結農會信用部資金來源結構所呈現的特色是：（1）資金來源相當依賴存款的吸收，顯示其在農業資金吸收的功能，相對較一般金融所吸收一般資金的功能為強。（2）所須向其他金融機構融通資金的比重，遠較一般金融機構為低，顯示資金相對充分。

二、資金運用結構比較

農會信用部的主要資金運用為放款，在民國51年底至73年底期間，平均每年佔總運用資金的比重為56.9％，其次，為流至金融機構資金，比重高達41.2％，其餘庫存現金比重皆未超過2％。本國一般銀行的主要資金運用為放款，在同一期間，每年平均比重為64.3％，放款及投資合計比重為71.6％，另外持有國外資產的資金運用比重為15.6％，對金融機構的資金融通為11.6％，其餘為庫存現金（參見表7）。

比較農會信用部與本國一般銀行的資金運用情形，農會信用部放款比重較低，資金流至金融機構的資金比重較高，顯示農會信用部所承作的資金融通功能遠低於一般銀行。雖然，農會信用部存放款比率有最高限制，但事實上，我們觀察近些年

來農會信用部的平均存放比率，仍低於最高限制 10 個百分點
以上。**14**

表 7 臺灣基層農業金融與一般金融的資金運用結構
（民國 51 -73 年底）

單位：%

年別	本國一般銀行的資金流向結構					農會信用部的資金運用結構			
	國外資產	放款	投資	對金融機構債權	庫存現金	放款	政府債券	對金融機構債權	庫存現金
民國 51 年	8.8	70.1	7.1	12.6	1.4	55.6	1.6	40.9	1.9
55	17.6	57.7	9.6	13.8	1.3	57.0	1.7	40.0	1.3
60	10.1	72.6	5.2	11.2	0.9	56.0	1.0	42.0	1.0
65	16.0	66.7	4.5	11.9	0.9	61.5	0.2	37.2	1.1
70	11.4	66.8	10.9	9.4	1.5	62.4	0.4	36.2	1.0
71	12.4	65.8	11.4	9.1	1.3	59.7	0.2	39.2	0.9
72	13.2	64.4	13.3	7.7	1.4	57.4	0.0	41.8	0.8
73	13.5	63.1	13.4	8.6	1.4	53.5	0.1	45.5	0.9
51 -59 平均	14.8	63.3	7.7	13.0	1.2	56.9	1.4	40.3	1.4
60 -69 平均	17.5	65.0	5.1	11.4	1.0	56.4	0.5	42.2	1.0
70 -73 平均	12.6	65.0	12.3	8.7	1.4	58.3	0.2	40.7	0.9
51 -73 平均	15.6	64.3	7.3	11.6	1.2	56.9	0.8	41.2	1.1

資料來源：同表 6。

　　由以上資料，我們可以瞭解農會信用部的資金運用，相對
一般金融資金運用所顯示的特色有：（1）農業信用部融通資
金的功能相對較一般金融為弱，較不願積極承作放款。（2）

---

14 依照財政部規定：「存放比率之計算以最近一年之平均數為準，鄉鎮地區
農會信用部存放款比率最高限額，仍維持現行比率 80％，直轄市及省縣
轄市農會信用部存放款比率最高限額，調整提高為 78％」（民國 70 年 8
月 22 日臺財融字第 20126 號函）。農會信用部在民國 70、71、72、73
年底的存放比率，分別為 66.03％，61.83％，63.14％及 59.22％（基層
金融研究訓練中心統計）。

農會信用部所吸收的資金並未充分運用，過多資金流向金融機構儲存，侵蝕農業資金（有關此一部份之關係，於下節分析）。

三、金融功能比較

　　農會信用部與一般金融機構主要的金融功能，皆是在吸收資金、融通資金，但不同的是，農會信用部在各鄉村地帶普遍設立，與農民關係相當密切，因而，所吸收、融通的是農業資金，為基層農業金融核心。

　　就民國 53 年至 72 年的 20 年來，農會信用部機構數、承作存放款與本國一般銀行比較，農會信用部機構總數較本國一般為多，增加的變動較明顯，尤其是民國 60 年代，機構數平均每年增加 7.1％，而本國一般銀行平均只增 3.2％，故 20 年來平均年成長較高為 4.2％，而一般本國銀行平均為 3.4％（參見表 8），顯示農會信用部較本國一般銀行的分佈較普遍。

　　在平均每一單位的金融承作功能方面，農會信用部的平均存款、平均放款的平均年成長率相若，20 年來，大約在 20％左右，僅稍高於本國一般銀行。但就平均承作資金量的功能來看，農會信用部的存放資金承作量，則遠低於本國一般銀行之承作量；在規模上，農會信用部之平均存款量僅及本國一般銀行的十分之一，平均放款量僅及十五分之一，可見農會信用部的金融規模均相當小。其原因，當然與其業務經營範圍、經營區域，以及有關業務限制較本國一般銀行為多有關。此種現象，亦顯示農會信用部的經營投入成本，普遍較本國一般銀行為高，這是其金融競爭條件較差的地方。

表8　臺灣基層農業金融與一般金融功能比較（民國53-72年底）

單位：個；新臺幣百萬元；%

年底	本國一般銀行						農會信用部					
	機構數		平均存款量		平均放款量		機構數		平均存款量		平均放款量	
	總數	比上年增加%	平均量	比上年增加%	平均量	比上年增加%	總數	比上年增加%	平均量	比上年增加%	平均量	比上年增加%
民國55年	339	5.9	89.1	18.2	85.1	6.8	391	0.6	8.4	13.6	7.1	12.7
60	418	6.1	182.5	15.3	206.1	18.0	394	0.3	16.6	26.8	12.4	17.0
65	495	2.9	550.6	21.8	641.8	8.5	551	0.4	45.4	32.4	31.6	33.4
70	580	8.2	1,092.2	4.5	1,311.0	1.4	748	3.4	120.3	24.2	88.3	20.5
71	598	3.1	1,238.5	13.4	1,511.0	15.3	772	3.2	160.3	33.3	109.4	23.9
72	571	-4.5	1,592.2	28.6	1,809.5	19.8	796	3.1	212.3	32.4	137.0	25.2
53-59平均	-	4.5	-	14.8	-	16.7	-	0.2	-	11.4	-	12.7
60-69平均	-	3.2	-	21.0	-	22.6	-	7.1	-	22.7	-	23.1
70-72平均	-	2.3	-	15.5	-	12.2	-	2.2	-	30.0	-	23.2
53-72平均	-	3.4	510.7	18.2	592.8	19.1	-	4.2	50.9	20.3	35.8	19.8

資料來源：　1.　機構數資料來自《中華民國財政統計年報》，1983年，財政部統計處編印。
　　　　　　2.　存放款資料來自《臺灣地區金融統計月報》，1984年12月，中央銀行經濟研究處編印。
說　　明：　從1977年起，農會信用部資料含漁會信用部。

四、放款結構比較

　　在農會信用部的一般放款結構中，擔保（質押）放款與無擔保（信用）放款的比重，民國51年底至73年底的20年期間，有相當大幅度的轉變。民國51年底，擔保放款佔一般放款的比重為16.9%，無擔保為79.6%，從此以後，擔保放款的比重一直上升，無擔保放款比重則相對一直下降，至民國73年，擔保放款比重提高至62.2%，無擔保放款則降至18.7%。我們由平均數據更可以看出這項變化，擔保放款從民國50年代31.3%的平均比重，上升至民國60年代50.5%的平均比重，至70年代初期更提高至平均60.5%；無擔保放款則在同時期，

由 63.8％降至 34.4％再至 18.9％（參見表 9）。由此亦可知，農貸數額之多寡，與所提供擔保之關係至為密切。

比較農會信用部放款與本國一般銀行放款結構，我們可以看出，雖然本國一般銀行放款向以擔保放款為主，比重皆高居半數以上，但是，無擔保放款的比重在 20 年來，有明顯提高的趨勢，比率從民國 50 年代的平均 34.6％提高至民國 60 年代的 40.6％，70 年代初期的 43.8％（參見表 9）。

表 9 臺灣地區農會信用部與一般金融的放款結構
（民國 51 -73 年底）

單位：新臺幣百萬元

年底	本國一般銀行						農會信用部					
	總放款		擔保		無擔保		總放款		擔保		無擔保	
	金額	%	金額	%	金額	%	金額	%	金額	%	金額	%
民國 51 年	16,419	100	8,929	54.4	5,798	35.3	930	100	157	16.9	740	79.6
55	28,849	100	17,828	61.8	9,396	32.5	1,933	100	580	30.0	1,244	64.4
60	86,135	100	45,927	53.3	33,056	38.4	3,196	100	1,535	48.0	1,541	48.2
65	317,704	100	165,922	52.2	135,633	42.7	18,335	100	8,067	44.0	5,026	27.4
70	760,369	100	410,018	53.9	339,423	44.6	66,408	100	38,979	58.7	12,452	18.8
71	903,567	100	491,325	54.4	397,299	44.0	84,427	100	50,557	59.9	16,448	19.5
72	1,033,218	100	550,334	53.3	464,937	45.0	107,348	100	65,814	61.3	20,036	18.7
73	1,146,106	100	632,608	55.2	477,316	41.6	125,560	100	78,089	62.2	23,506	18.7
51 -59 平均	-	-	-	58.2	-	34.6	-	-	-	31.3	-	63.8
60 -69 平均	-	-	-	51.8	-	40.6	-	-	-	50.5	-	34.4
70 -73 平均	-	-	-	54.2	-	43.8	-	-	-	60.5	-	18.9
51 -73 平均	-	-	-	54.7	-	38.8	-	-	-	44.7	-	43.2

資料來源： 1. 本國一般銀行資料來自《臺灣地區金融統計月報》，1984 年 12 月，中央銀行經濟研究處編。
2. 農會信用部由臺灣省合作金庫編製的〈臺灣地區辦理信用業務基層農會綜合資產負債表〉資料計算而得。

農會信用部這種放款集中於擔保放款的現象，雖有助於其債權確保，但由於前述農業金融之必要性，以承負農業金融的特殊任務與輔助農業生產的觀點，我們以為，如果農業金融過

度要求擔保放款，而不願意提供無擔保放款，則亦將影響農業資金的正常提供，並迫使農民尋求黑市資金。

伍、農業金融在整體金融間的資金流向關係

農業金融與整體金融體系的關係，除了在地位、角色方面的差異情況外，兩者之間最重要的關係是在於資金方面。囿於資料上的限制，我們僅就兩者金融體系間的資金流向關係加以探討，這些關係包括兩個金融體系間的資金流通、工商資金支應農業資金，及農業資金支應工商資金，尤其是農業資金流出的比重。

一、資金相互流通

農業金融與一般金融體系的資金流通關係，我們以基層農業金融機構的情形來瞭解。農會信用部是辦理農貸業務最基層的機構，它深入各鄉鎮地區吸收、融通資金，為提供農業信用供給最重要的單位。因此，我們可從農會信用部的資產負債表所顯現其資金來源及運用情形，來說明農業金融與銀行間的資金流向情形 [15]。

（一）農會信用部資金流入銀行體系

農會信用部資金流入銀行體系的部份，主要是存放農業行庫資金（含存款準備金）。農會信用部所吸收的存款應提存款

---

[15] 由於農會信用部之餘裕資金有存放農業行庫之規定，而目前農業行庫資金流向比重偏於一般工商用途，且存款準備金又需提繳央行，故在此暫以一般銀行體系視之。

準備金，依規定其存款準備金，除庫存現金外，須提繳至合作
金庫支庫所開存款準備金帳戶內 [16]。另外，根據行政院頒布之
〈農會信用部管理辦法〉（民國 71 年 12 月後，改為〈農會信
用部業務管理辦法〉）規定，農會信用部餘裕資金之運用，限
於存放農業行庫或其指定之代理處（自民國 71 年 12 月，放寬
規定並得購買政府公債及農業債券）。因此，農會信用部之資
金即透過農業三行庫的管道，流到銀行有關資金運用的地方。

　　當農會信用部資金過剩時，可透過農業行庫把資金運用到
一般金融去支援工商發展；但若農業資金過度流向一般金融體
系，則對農業發展將有不利影響。由於農會信用部分別在各農
村地區吸收大量農業資金，這些資金若能充分提供農村運用，
對農村經濟當有助益。因而我們關心其資金流向。

　　農會信用部存放行庫（準備金及存款）的總額，隨著農會
信用部業務的擴充、存款的成長，由民國 51 年底的 326 百萬
元，增至 73 年底的 102,246 百萬元，計增加了 312 倍。就存
放行庫金額佔其總存款的比重來看，農會信用部存款資金流出
的比率相當高，民國 51 年底為 22.8％，以後這項比重一直提
高，民國 63 年底最高曾達 55.8％，至民國 73 年底為 48.2％。
以平均比重來看，民國 50 年代為 24.4％，民國 60 及 70 年代
初期平均達 45％左右。由此可見，農會信用部總存款中，有
近半數是流至農業行庫（參見表 10）。農會信用部流入農業
行庫資金的漸趨提高，顯示農業資金之運用功能，有萎縮的現
象。

16　有關農會信用部存款準備金之規定，參見中央銀行訂定之〈銀行存款準備
　　　金調整及查核辦法〉（民國 73 年 9 月 27 日修訂），〈基層金融機構轉

表 10　臺灣地區農會信用部資金銀行資金之關係
（民國 51 -73 年底）

單位：新臺幣百萬元，%

年底	存放行庫	總存款	存款資金流出比重	行庫借入款	總放款	放款資金借入比重	資金淨回存比率
民國 51 年	326	1,427	22.8	294	1,449	20.3	12.3
55	780	3,266	23.9	547	3,658	15.0	59.3
60	2,217	6,589	33.6	564	5,175	10.9	208.3
65	11,005	25,017	44.0	2,487	18,705	13.3	230.8
70	37,626	89,701	41.9	8,038	68,288	11.8	255.1
71	54,439	123,448	44.1	8,226	86,826	9.5	364.2
72	78,083	167,853	46.5	9,657	110,017	8.8	428.4
73	102,246	212,137	48.2	10,589	127,989	8.3	480.1
51 -59 平均	-	-	24.4	58.2	-	16.0	56.4
60 -69 平均	-	-	45.6	51.8	-	14.8	214.3
70 -73 平均	-	-	45.2	54.2	-	9.6	382.0
51 -73 平均	-	-	37.2	54.7	-	14.4	181.6

資料來源：　臺灣地區全體農會信用部資產負債彙總表（各年），臺灣省合作金庫農業金融部編製。
說　　明：1. 存款行庫金額包括存款準備金、活期存款、定期存款、活期儲蓄、定期儲蓄存款及公庫存款。
　　　　　2. 行庫借入款包括借入款暨透支、轉貼現、長期借款、借入災貸資金、借入統一農貸（輔導、示範）資金、應付代辦放款。

（二）農業行庫資金流入農會信用部

　　基於〈農會信用部業務管理辦法〉規定，農業行庫應負責辦理農會信用部之資金融通（第 19 條）。故在資金來源方面，農會信用部可向農業行庫借入資金以供運用。

　　民國 51 年到 73 年的 20 餘年來，農會信用部向農業三行庫的借入款也有相當幅度的成長，借入總額由民國 51 年底的 294 百萬元，至 73 年底增至 10,589 百萬元，共增加 35 倍。顯示農會信用部也依賴相當程度的農業行庫資金從事貸放。就其

佔總放款的比重來看，長期間，放款資金的借入比重有明顯下降的趨勢，民國51年底為20.3％，至民國73年底卻僅及8.3％；民國50年代平均比重為16.0％，民國60年代降為14.8％，民國70年代初期再降至9.6％，顯示農會信用部依賴農業行庫資金來融通的比重程度，遠較以往為低（參見表10）。

我們觀察，農會信用部存款資金流出比重程度的偏高，以及相對從行庫借入資金的比重程度較低，且有不斷降低的趨勢現象，顯示農會信用部有相當充分的餘裕資金流出。就存放行庫的資金相對從行庫的借入款資金來看，農會信用部資金淨回存比率【（存放行庫－行庫借入款）／行庫借入款】，從民國50年代的平均56.4％，急增至民國60年代的平均214.3％，再急增至民國70年代初期的平均382.0％。可見農會信用部資金淨流入農業行庫的水平，不斷在提高。這除了表示農業資金支應一般工商資金的情形愈來愈明顯之外，同時也顯示農會信用部的資金融通功能應該加強。

二、一般金融資金支應農業資金

農業金融體系與一般金融體系的資金之間，除了相互流通的關係外，也有相互支應關係。我們先探討一般金融資金支應農業基金的情形。一般非農業資金，也透過不同的資金管道提供農業放款，這些管道包括：農會信用部吸收一般資金而對普通會員放款[17]，三家農業行庫吸收一般資金從事農貸，其他金融機構吸收一般資金承作農業放款等。

（一）農會信用部吸收一般資金，支應農業所需

就臺灣省全體農會信用部吸收存款的對象來看，存款來源以贊助會員為主，民國 54 年底至 70 年底，平均比重達 46%，其次為普通會員佔 35.2%，其他存款來源為 18.8%（參見表 11）。農會信用部存款來源主要為贊助會員，顯示其在農業組織區域內吸收相當數額的一般資金。此外，其他存款資金包括代理公庫存款及非會員存款，此內容亦為非農業資金。

因此，由上述存款結構可知，農會信用部在農業組織區域內吸收相當數額之經營工商業居民的資金；吸收真正主要農民（普通會員）的資金，反而僅佔次要地位。（農會信用部吸收非會員存款的額度也受農會淨值 10 倍的限制。）另值得注意的是，普通會員的存款比重，近 20 年來一直不斷在上升，從民國 54 年底的 28.4%比重，至 70 年底已升達 42.1%，贊助會員及其他存款的比重則相對不斷下降，顯示農業資金來源已不斷在增加。（參見表 11）。

就農會信用部放款的對象言，主要集中於普通會員，從民國 54 年至 70 年平均為 63.2%，對贊助會員放款比重較低為 33.5%，其他為內部透支等佔 3.3%。這種結構，主要係由於農會信用部的放款，受「不得對非會員辦理放款」（管理辦

存款決定準備金處理要點〉（民國 73 年 5 月 2 日修訂）、〈基層金融機構行員儲蓄存款應提法定準備金之處理〉（民國 73 年 10 月 4 日訂定）等管理內容。

17 農會會員之資格有其規定，見《農會法》第 4 章。普通會員為具有農會會員資格，如自耕農、佃農、僱農、農業學校畢業或有農業專著或發明，並現在從事農業推廣工作者，以及服務於法令登記之農、林、場員工，並實際從事農業工作者。而贊助會員，則係我國國民年滿 20 歲，居住於農業組織區域內，不合會員條件者，加入農會而成為個人贊助會員，另外若依法登記的農業合作組織，加入當地農會而成為團體贊助會員（農會法第 12 及 13 條）。

法第 10 條），以及對贊助會員之放款總額，在直轄市及省轄
市農會信用部不得超過贊助會員存款總額之 75%，在鄉鎮地
區農會信用部不得超過贊助會員存款總額之 80% 之限制[18]。
由此可知，贊助會員是農會信用部資金的淨提供者，故贊助會
員對農會信用部的貢獻係能提供較多的資金予農業放款。民
國 54 年至 70 年期間，臺灣省全體農會信用部提供普通會員使
用的資金，平均每年佔總放款的比重為 63.2%，但從時間數列
觀察，農民所獲取的資金比重已由民國 50 年代後期（民國 54
-59 年）的每年平均 65.9%，降為民國 60 年代的平均 61.7%，
有減低的趨勢。

　　另根據農發會財務處有關全體農會信用部放款用途的資
料統計顯示，農會信用部農業放款比重約在三分之二，非農業
放款約佔三分之一。另亦值得注意的是，農業放款成長遠較非
農業放款為慢（農業放款在民國 65 年為 11,382 百萬元，71 年
為 49,874 百萬元，7 年間成長 3.4 倍，而非農業放款則由 4,658
百萬元升至 27,384 百萬元，成長 4.9 倍），且農業放款比重亦
有降低之趨勢（民國 65 年比重為 71.0%，69 年為 65.4%，71
年為 64.6%），而非農業放款則有升高趨勢（同時間由 29.0%
升到 34.6% 再到 35.4%）。[19] 顯示農會信用部的非農業功能有
增高現象。[20]

18　按財政部對農會信用部贊助會員放款額度的限制，從民國 69 年 11 月，
　　　73 年 3 月，73 年 10 月等數度分別把限制比率提高，至目前，無論在都
　　　市地區或鄉村地區的限額皆是 85%。

19　參見王正強〔2〕，p.56.

20　農會信用部非農業功能的逐漸增強，其與都市化當有密切關係，有關這方
　　　面的探討，請參見曾增材〔19〕。

　　由農會信用部的存款及放款對象金額及結構，我們可以看出，實際從事農業工作的普通會員是農會信用部的資金淨需求者，而贊助會員則在法令限制或因其他因素，而為資金淨提供者。因此，農會信用部在金融方面的功能，即在農業組織區域扮演吸收一般資金，而貸放普通會員，故成為一般金融資金支應農業資金的一個管道。而非農業放款比重有漸增高趨勢，顯示其非農業金融功能增加，農業金融功能相對降低。

表 11　臺灣省全體農會信用部存放款對象結構
（民國 54 -70 年底）

單位：新臺幣百萬元；%

年底	存款								放款							
	合計		普通會員		贊助會員		其他		合計		普通會員		贊助會員		其他	
	金額	%	金額	%	金額	%	金額	%	金額	%	金額	%	金額	%	金額	%
民國 55 年	3,274	100	989	30.2	1,569	47.9	716	21.9	3,168	67.0	2,122	67.0	1,046	33.0	0	0.0
60	6,476	100	2,277	35.2	3,272	50.5	927	14.3	4,882	59.6	2,911	59.6	1,554	31.8	417	8.6
65	24,484	100	9,222	37.7	10,501	42.9	4,716	19.3	18,104	63.1	11,424	63.1	6,034	33.3	646	3.6
70	82,796	100	34,879	42.1	33,203	40.1	14,714	17.8	63,266	63.2	39,954	63.2	21,520	34.0	1,792	2.8
54 -59 平均	-		-	30.2	-	49.0	-	20.8	-	-	-	65.9	-	33.2	-	1.0
60 -69 平均	-		-	37.6	-	44.7	-	17.7	-	-	-	61.7	-	33.6	-	4.7
54 -70 平均	-		-	35.2	-	46.0	-	18.8	-	-	-	63.2	-	33.5	-	3.3

資料來源：臺灣地區農會業務統計年報（民國 64 年、71 年），臺灣省政府農林廳編印。

（二）一般金融機構吸收非農業資金支應農業資金

　　目前臺灣三家農業行庫和其他金融機構一樣，遍佈全省各地，包括都市和鄉村農業地帶，廣泛吸收各類資金；當然也吸收一般非農業資金，但由於詳細的存放款對象缺乏資料，故無從確知其資金流通結構。為瞭解一般金融機構對農業資金的支應，僅能從現有本國一般銀行（含農業行庫）的存放款對象資

料看出一點端倪。

　　在本國一般銀行存放款對象中，農林漁牧業之存放款資金，明顯屬於農業資金；另外，私人部份之存放款資金，亦有一部份是農民的存款、借款，但這一部份限於資料無法確知其比重有多高，但一般認為比重並不大。

　　就資金來源而言，農業存款在本國一般銀行總存款所佔的比重相當低，從民國 63 年以來，所佔比重均在 1.1％以下，而且所佔比重逐年降低，從民國 63 年底的 1.1％降至 73 年底的 0.2％，歷年平均僅 0.6％。而農業存款的成長率，這 10 年來變動幅度則相當大，成長率最高達 30.1％，但也有 4 年負成長，最低的負成長高達 36.5％，平均成長率僅 3.3％，遠較總存款額 20.1％的年成長率低甚多（參見表 12）。

　　由上述資料，我們可以瞭解，本國一般銀行農業存款的低成長，以及農業存款佔總存款比重的微不足道。顯示農業部門的資金相對其他部門流入金融機構的資金為小，而且自民國 60 年代後半期迄今，金額有逐漸衰微之勢。

表 12 本國一般銀行的農業資金比重（民國 63 -73 年底）

單位：新臺幣百萬元；%

年底	存款					放款				
	總存款		農業存款			總存款		農業存款		
	金額	成長率	金額	成長率	占總存款比重	金額	成長率	金額	成長率	占總存款比重
民國 63 年	167,326	-	1,776	-	1.1	214,759	-	10,504	-	4.9
64	217,557	30.0	2,196	23.6	1.0	284,507	32.5	10,806	2.9	3.8
65	272,534	25.3	2,215	0.9	0.8	317,704	11.7	11,975	10.8	3.8
66	335,949	23.3	2,709	22.3	0.8	375,892	18.3	12,697	6.0	3.4
67	440,187	31.0	3,525	30.1	0.8	470,186	25.1	12,880	1.4	2.7
68	473,971	7.7	2,703	-23.3	0.6	544,650	15.8	13,005	1.0	2.4
69	560,219	18.2	3,300	22.1	0.6	693,599	27.3	14,694	13.0	2.1
70	633,456	13.1	2,742	-16.9	0.4	760,369	9.6	16,321	11.1	2.1
71	731,471	15.5	1,742	-36.5	0.2	903,567	18.8	15,379	-5.8	1.7
72	909,130	24.3	1,968	13.0	0.2	1,035,334	14.6	18,449	20.0	1.8
73	1,075,513	18.3	1,922	-2.3	0.2	1,146,106	10.7	18,405	-0.2	1.6
63-73 平均	-	20.1	-	3.3	0.6	-	18.4	-	6.0	2.8

資料來源： 1. 《臺灣地區金融統計月報》特輯第二版，1983 年 10 月，中央
銀行經濟研究處編印。
2. 《臺灣地區金融統計月報》，1985 年 1 月，中央銀行經濟研究
處編印。

　　就資金運用流向而言，農業放款在本國一般銀行放款的比
重，從民國 63 年以來，均在 5％以下，而且有逐年降低的趨勢，
從民國 63 年底的 4.9％，降至 73 年底的 1.6％，平均只佔 2.8％
（參見表 12）。另就農業放款的成長率來看，民國 63 年至 73
年的 10 餘年來，平均年成長率為 6％，遠較總放款 18.4％的
年成長率低。

　　由本國一般銀行農業放款佔總放款比重的逐年降低，以
及成長率的低緩甚至負成長，我們可以瞭解，農業部門相對其
他部門而言，從本國一般銀行獲取的資金融通比重有萎縮的現
象。而由農業存款、放款金額來看，從民國 63 年以來至今，
農業存款金額約在 20 億左右，而農業放款則由民國 63 年底的

105 億增至 73 年底的 184 億,放款金額約為存款額的 4 至 10 倍。

由以上現象觀察,對農業資金而言,本國一般銀行係扮演提供一般資金以支應農業資金之所需的角色,但數額仍然不大。

三、農業資金支應工商資金

臺灣農業資金支應非農業的工商資金的情形,目前國內缺乏該方面的統計資料,我們分別從邊裕淵〔26〕所估計農業總儲蓄流向非農業的比重,林月金、段樵〔8〕推估農民存入郵局的存款,以及農業行庫農業放款佔其總放款量的比重三項數據的變化來瞭解。

(一)農業儲蓄的外流比重

邊裕淵〔26〕曾估計民國 41 年至 58 年的 18 年期間,臺灣農業儲蓄資金流用於非農業的比重,由於民國 41 年及 43 年中,出現非農業資金支應農業的負儲蓄情況,故我們以民國 44 年至 58 年的 15 年資料來觀察農業儲蓄資金外流的比重,亦即農業資金支應工商資金的情形。

根據該估計資料顯示,臺灣農業儲蓄資金流至非農業用的外流比重,以每隔 5 年觀察,係呈現遞增的趨勢,農業資金外流比率,由民國 44 年的 13.18%,逐漸提升至民國 58 年的 62.51%,平均每年為 51.14%。以 5 年平均水平來看,由民國 44 -48 年的 34.37%,提高至 49 -53 年的 56.03%,至 54 -58 年

更提高為 63.03％（參見表 13）。表示民國 44 -58 年期間平均
每年每百元的農業儲蓄資金中，有 51.14 元是運用在非農業方
面，可見在這段期間，農業資金外流比重相當大，也就是說農
業資金支應工商業資金的程度極為明顯。至於民國 59 年以後
迄今，農業資金外流的情形是否仍然嚴重，則本文未能指明，
尚待資料印證。

表 13　臺灣農業儲蓄外流比重（民國 44 -58 年）

單位：新臺幣百萬元；%

年	農業總儲蓄	農業儲蓄用於非農業	農業儲蓄外流比重
民國 44 年	1,313	173	13.18
48	3,264	1,293	39.61
53	7,047	4,351	61.74
58	12,471	7,795	62.51
44 -48 年平均	-	-	34.37
49 -53 年平均	-	-	56.03
54 -58 年平均	-	-	63.03
44 -58 年平均	-	-	51.14

資料來源：錄自邊裕淵［26］，平均比重由原資料平均計算而得。

（二）農業存款流入郵政儲金

　　郵政儲金匯業局的分機構（郵局）因在臺灣各地普遍設
立，也深入鄉村農業地區，因此，所吸收的存款也有相當部份
係屬農業資金。由於在鄉村地區的郵政儲金業務量究竟多大，
其在全臺灣地區總共吸收的農業資金有多少，則因限於資料
取得的困難，因而未能明瞭其程度。但因郵局深入農村，故郵
政儲金所吸收的農業資金定有相當水平，因此，仍有瞭解的

必要。我們根據林月金、段樵〔8〕以兩種不同假設方法，推估農民在郵局的總存款可知，民國 53 -64 年的 12 年期間，在郵局總存款中，農民存款的比重，以第一種估計方法（假設農戶與非農戶之儲蓄傾向相同）推算的結果，比重分別在 13.1 -21.1％之間，12 年期間，每年平均比重為 16.8％，表示郵政總存款每百元中，有 16.8 元是農民的存款；另以第二種估計方法（假設農戶與非農戶之平均存款額相同）推估的結果，顯示農民的郵局存款佔郵局總存款的比重，各年分別在 18.1 -25.4％之間，12 年期間每年平均比重為 21.2％，表示郵政總存款每百元中，有 21.2 元是農民存款（參見表 14）。

如果郵局儲戶中農戶所佔的比重與農家、非農家平均每戶所得比率，在民國 65 年以後是相對穩定的，則我們可以根據前述這項平均比重當作權數，簡單推估民國 65 年至 72 年農民在郵局的存款規模如表 14 所示。[21]

21　觀察農民存款存入郵政儲金比重的時間數列，我們以其平均數當作權數推估民國 65 年以後之資料，應屬保守。因除民國 64 年受石油危機等因素影響外，該項比率，自民國 59 年底起即超過平均值，且呈逐漸遞增趨勢變動。

表 14 臺灣農業資金流入郵政儲金比重（民國 53 -72 年底）

單位：新臺幣百萬元；%

年底	郵局總存款	農民在郵局總存款（估計 1）	農民在郵局總存款（估計 2）	農業資金流入郵政儲金比率（估計 1）	農業資金流入郵政儲金比率（估計 2）
民國 53 年	1,792	234	325	13.06	18.14
54	2,457	355	445	14.45	18.11
55	3,372	545	654	16.16	19.40
56	4,360	564	836	12.94	19.17
57	4,969	699	927	14.07	18.66
58	6,135	951	1,303	15.50	21.24
59	8,693	1,489	1,939	17.13	22.31
60	11,816	2,396	2,865	21.28	24.25
61	14,983	3,157	3,683	21.07	24.58
62	17,746	3,560	4,515	20.06	25.44
63	25,340	5,267	5,990	20.79	23.64
64	34,090	5,386	6,515	15.80	19.11
65	46,213	7,764	9,797	16.80	21.20
66	67,941	11,414	14,403	16.80	21.20
67	78,554	13,197	16,653	16.80	21.20
68	93,607	15,726	19,845	16.80	21.20
69	110,089	18,495	23,339	16.80	21.20
70	145,320	24,414	30,808	16.80	21.20
71	204,110	34,290	43,271	16.80	21.20
72	286,279	48,095	60,691	16.80	21.20

資料來源： 1. 民國 53 -64 年全部資料來自林月金、段樵 [8]
　　　　　 2. 民國 65-72 年郵局總存款資料來自《郵政年報》，1983 年度，
　　　　　　　交通部郵政總局編印。另兩項則係估計而得，估計方法見說明
　　　　　　　2。

說　　明： 1. 民國 67 年起郵政年報中之郵局總存款係以會計年度計算編製。
　　　　　 2. 民國 65 -72 年農民在郵局總存款係依林月金、段樵 [8] 文在
　　　　　　　兩個不同估計基礎下所得出之估計額，計算佔郵局總存款平均
　　　　　　　比重（分別為 16.8％及 21.2％），以此平均比重乘以民國 65
　　　　　　　-72 各年之郵局總存款估算而得。

郵政儲金的存款歷年來多轉存於中央銀行，這筆資金是

行政院「中長期信用特別基金」的主要財源，至於實際資金流向則無明確資料。直自民國 71 年 3 月起，新增郵匯局儲金按 40％、25％、25％、10％之比例分存於交通銀行、土地銀行、臺灣中小企業銀行、農民銀行四家專業銀行，供其專責辦理各項中長期及專業放款之用（民國 73 年 10 月，中央銀行又收回四分之一新增郵政儲金，其餘分存比例不變）。

　　由於郵政儲金的吸收未在各地發揮融通資金功能，係轉存央行或四家專業銀行而回流至農業金融體系。惟觀察最近三年來，新增郵政儲金有 35％是流向農業銀行（自 73 年 10 月以後是 26.25％），若考慮農銀、土銀總放款中，分別有 43.3％與 80.4％（民國 71 -72 年平均）係非農業放款的比重（參見表 15），並比較上述農民在郵政儲金的平均存款比重 16.8 -21.2％，則未計及民國 71 年 3 月以前 300 多億農民郵局存款，我們可得知，新增郵政儲金所吸收的農業資金，至少仍有 6.2 -10.6％的比重流用至一般工商業資金。

表 15　臺灣三家農業行庫的農業放款比重（民國 55 -72 年底）

單位：新臺幣百萬元；％

	農業行庫合計					農民銀行				
	農業放款		總放款		農業放款比率	農業放款		總放款		農業放款比率
	金額	增加率	金額	增加率		金額	增加率	金額	增加率	
民 55 年	5,359	-	9,599	-	55.8	-	-	-	-	-
60	12,628	3.9	22,560	16.7	56.0	2,650	19.4	3,280	19.6	80.8
65	27,592	-10.5	81,365	8.2	33.9	11,841	2.3	16,859	3.4	70.2
70	60,999	9.0	194,310	9.0	31.4	21,947	11.1	37,302	0.8	58.8
71	75,670	24.1	273,682	40.8	27.6	22,115	0.8	38,545	3.3	57.4
72	94,175	24.5	338,309	23.6	27.8	26,434	19.5	47,095	22.2	56.1
55-59 平均	-	23.6	-		63.4	-	57.6	-	56.2	79.5
60-69 平均	-	17.2	-		40.4	-	26.9	-	32.1	68.2
70-72 平均	-	19.2	-		28.9	-	10.5	-	8.8	57.4
55-72 平均	-	19.0	-		44.9	-	29.6	-	32.2	68.9

資料來源：　1. 農業放款資料來自臺灣地區專營兼辦農貸機構貸款數額統計表（各年），農民銀行編製。
　　　　　　2. 各農業行庫總放款資料來自金融機構業務概況年報（各年），中央銀行金融業務檢查處編印。

（三）農業行庫資金偏重於工商運用

　　觀察當前臺灣三家農業行庫，農業金融角色並不明顯。根據統計顯示，三家農業行庫的農業放款佔總放款的比重並不高，合計其農業放款佔總放款的比率，民國 55 年底為 55.8％，民國 60 年底為 56.0％，此後明顯下降，至民國 72 年底僅及 27.8％。以平均比重來看，民國 50 年代後半期為 63.4％，60 年代為 40.4％，民國 70 至 72 年已低至 30%以下，只 28.9％（參見表 15），亦即有 70%以上的資金是分配至工商業用途。顯然三家主要農業金融機構的農業金融功能，亟待加強。

　　若分別觀察三家農業行庫，我們可以發現，農業放款金額以合庫最高，土銀次之，農銀再次之，三家行庫農業放款佔其總放款的比重，則以農銀最大（該行農業放款應不得低於

土地銀行					合作金庫				
農業放款		總放款		農業放款比率	農業放款		總放款		農業放款比率
金額	增加率	金額	增加率		金額	增加率	金額	增加率	
3,385	-	5,125	-	66.0	1,973	-	4,474	-	44.1
4,854	-11	9,090	2.8	53.4	5,125	13.1	10,190	31.6	50.3
6,611	4.4	27,364	21.2	24.2	9,139	72.6	37,142	2.2	24.6
16,547	-1.0	72,730	12.2	22.8	22,504	15.5	84,278	10.2	26.7
25,170	52.1	129,528	78.1	19.4	28,385	26.1	105,609	25.3	26.9
28,864	14.7	146,162	12.8	19.7	38,877	37.0	145,052	37.3	26.8
-	15.2	-	14.8	61.4	-	26.6	-	14.8	63.4
-	12.8	-	22.6	32.8	-	27.6	-	27.1	34.1
-	21.9	-	34.4	20.6	-	26.2	-	24.3	26.8
-	14.3	-	22.9	38.7	-	27.1	-	23.7	41.0

60％），合庫次之，土銀第三；但三家比重之趨勢皆出現明顯下降，可見這三家農業行庫的資金運用有逐漸偏重一般工商方面。惟由於三家農業行庫之資金來源究竟有多少是來自農業資金，則因無法統計，故未能判斷其農業資金流至一般工商資金的比重。

陸、結論與建議

經過以上有關農業金融與整體金融體系間主要關係的探討，我們就研究發現，在這兩個金融體系間存在的現象，提出三個值得我們注意的問題當作本文的結論，並在健全農業金融體系方面提出幾點建議。[22]

一、問題

問題一：農業金融機構資金運用，反應農業資金遭受侵蝕。

我們由農會信用部與農業行庫間資金流向關係的趨勢探討，我們初步獲致的結論是：農會信用部資金有相當比重在支應工商業資金。

農會信用部所吸收的農村資金，有相當大的部份是流至農業行庫（至民國 73 年底，存放行庫佔總存款比重高達48.2％，72 年底為 46.5％），表面上看屬於農業的資金，仍流至農業金融機構。但是，我們檢視農業行庫的總放款資金中的

---

[22] 有關當前基層農會金融問題之探討，請參見：黃永仁〔18〕，第 3 篇第 2 章。

農貸資金比重（至民國 72 年底，農業三行庫農業放款佔其總放款的比率僅及 27.8％）來看，顯然，農會信用部的資金有相當比重是由農業行庫運用至一般工商業方面。

我們很重視農業資金比重大幅度支援工商資金，而顯露農會信用部融通功能的檢討問題。從上述農會信用部存款資金流出比率，自民國 60 年代迄今，平均每年以 45％高比率的資金流出情形，很明顯的，已表露出農會信用部對承作放款業務的意興闌珊。有關這一點，我們可另從農會信用部存放比率變化的結構來看，則更可說明農會信用部在農業資金融通的功能方面應該加強。

根據基層金融研究訓練中心近年來的統計，農會信用部法定存放比率變化趨勢，民國 66 年至 68 年是上升趨勢（民國 66 年底為 57.58％，67 年底為 62.4％，68 年底提升至 68.30％），後即陸續下降，民國 69、70、71 年底分別為 67.66％、66.03％、61.83％，72 年底略升為 63.14％，73 年底再降為 59.22％。另根據合作金庫的統計，存放比率由 68 年底的 68.3％，逐漸下降至 73 年底的 53.47％。這種水平趨勢，與過去農會信用部曾一再要求提高存放比率的最高限額的情形，相去甚遠。尤其近年來，在利率水平不斷下跌下，農會信用部即不願積極承作放款，而寧願將資金存放行庫，致使存放比率即一直下降，而遠低於 80％的高限。

我們再以合庫統計最近兩年來各農會信用部存放比率水平的資料分析，在臺灣地區 282 個農會信用部中，至民國 73 年底，存放比率超過 70％的只有 56 個單位（72 年底為 65 個），

佔 19.8％；在 40 -70％者有 190 個單位（72 年底為 195 個），佔 67.4％；在 40％以下者有 36 個單位（比 72 年底的 22 個多了 14 個單位），佔 12.8％，其中，甚至也有低於 20％存放比率的單位。從這種情形來看，積極承辦放款使農業融通功能盡量發揮的單位，亦即其存放比率接近財政部規定之存放比率高限者，僅佔全數的 20％，其餘 80％的單位存放比率皆遠低於規定的高限，這是很嚴重的現象。

前面我們曾述及農會信用部放款比重低，對金融機構債權比重高，此亦可與農會信用部淨流入農業行庫的資金不斷提高，以及其平均存放比率不斷下降得到相印證。這些現象的意義，也顯示了農會信用部不願積極承作放款，寧願將資金存放行庫坐生利息的事實。我們認為，如果農會信用部所流入農業行庫的資金，能夠由三行庫貸放回流農村，以提供農業生產之運用，則這些資金僅是運用者不同而已，對農村經濟並無負面影響。但事實是，農業行庫所辦理的農貸放款佔其總放款的比重，近 10 餘年來已降低至尚未及半數的水平，尤其不妙的是其比重愈來愈低，由民國 55 至 59 年平均的 63.4％，民國 60 年代降至 40.4％，民國 70 至 72 年平均更降至 28.9％。（參見表 15）。

因此，農會信用部大量資金淨回存至農業行庫，而農業行庫的農業放款比重逐漸下降的結果，顯然已經侵蝕到有限的農業資金。

問題二：農業發展環境仍然顯示資金需求殷切。

農業金融除了檢討資金外流的程度很大之外，對農業融通

功能的加強，也是一個重大的問題。我們認為，足夠充分的農業資金，以支持農業經營，並保證農業繼續成長，是必要的，尤其，在目前農業資金仍然缺乏的環境下，對農業融資更顯得迫切。

根據行政院主計處〔3〕的調查，臺灣地區農家從事農業經營遭遇到困難的原因，在 602,609 戶農家中，雖然只有 4.08% 的農家認為是資金不足造成經營困難，但是，如果再加上因資金不足無法購地，以解決農地面積太小所造成的困難時，則由於缺乏資金而形成農業經營困難的比重，便高達 16.73%。由此可見，目前臺灣地區的農業資金融通不足情形仍然嚴重。

其次，我們也認為，農業資金的充分供應，在目前的農業發展階段仍然重要，而且有時間迫切性。因為，依照行政院同一調查結果，當前臺灣地區農業經營困難原因中，有 16.73% 係資金缺乏因素外，亦有 23.36% 的農家表示係因農業勞力不足所造成，尤其是耕作面積在 3 公頃以上之農家認為農業勞力不足的比重更高達 31.36%，可見農業機械化要求的迫切性。

我們進一步觀察，當前臺灣地區 0.3 公頃以上耕地，沒有使用農業機械的農家比重高達 23.05 -84.57%（犁田整地：23.05%，播種插秧：43.99%，中耕除草：84.57%，施肥施藥：64.19%，收穫：30.02%），可見農業機械化仍未普及，亟待大力推展。而農業機械化的推動，則需大量的農業資金。因此，如果把農業勞動不足造成農業經營困難的原因，也歸諸農業機械化之努力不夠時，則由於缺乏農業資金而造成農業經營困難的原因將高達 40% 以上。

　　但是，我們從前面的探討發現，當前農業金融機構的融通功能卻是：（一）農會信用部的資金融通功能，因資金存放行庫佔總存款的比重，由民國 60 年底的 33.6％逐漸提高至 73 年底的 48.2％而顯得逐漸萎縮，其意義除了農業資金的外流之外，同時也顯示農會信用部的資金運用是否能配合農村經濟需要的問題。尤其，此種現象，自民國 60 年代迄今，皆維持這個局面，因此很值得我們關切。（二）農業三行庫的總放款資金中，農業放款的比重平均只佔 45％，但比重明顯下降，至民國 72 年底比重僅及 27.8％，這表示有 72.2％的資金量是供應至非農業方面。充分顯示當前農業金融機構的農業金融功能低微。

　　因此，我們以為，在農業發展尚未現代化之前，在前述農業金融機構普遍對農業資金供應興趣缺乏之下，如何加強農業金融以配合農業資金需求殷切的問題，實極為重要。

　　問題三：當前環境下，應重新確立適合發展之農業金融體制。

　　我們由前面也知道，農業經營普遍缺乏農業資金，因此應強化農業金融的融通功能。然而，我們發現，農業金融並不能獨立於整體金融體系之外，因為只靠農業本身的資金來源，並不能支持農業金融所需的資金。

　　就農業資金的供給環境而言，目前臺灣的農業資金的供給很難純由農業本身來供應。由行政院主計處前述的調查資料顯示，若以自家農業生產足夠生活支出與否劃分專業或兼業農戶之標準，則臺灣地區以農業收入足夠支應生活支出的農家，

在總農家 602,609 戶中，只有 151,987 戶（佔 25.22％）屬於專業農戶。換句話說，臺灣地區有 74.78％的農家，必須仰賴其他非農業收入來彌補生活費用，其中，86.8％（佔總農戶的 64.9％）的農家必須以「在外受僱收入」的非農業所得來彌補農家生活支出。

由此可見，在普遍依賴非農業收入來支應農家的生活條件之下，農業金融的資金吸收與供給，若想純粹依賴農業本身來支持，這是很困難的。

其次，我們也由前面探討知悉，臺灣農業資金外流至非農業用的情形相當普遍。就農業儲蓄資金外流的比重方面來看，民國 44 至 58 年平均達 51.14％，時間趨勢有逐漸升高的現象，至民國 58 年為 62.51％。可見農業資金供應非農業用的比重很大。就個別管道而言，農民存款存入郵政儲金的資金比重，歷年來平均達 16.8 -21.2％，總金額至 72 年底保守估計在 480 億至 600 億的水平，雖然自民國 71 年 3 月起，郵政儲金可透過轉存土銀、農銀而回流至農村，但是，透過郵局外流的農民存款，目前至少仍佔郵政儲金 6.2 -10.6％的資金是淨外流至非農業。

因此，我們認為，農業金融在本身資金來源尚須大量依靠非農業資金之支應；以及農業資金外流情形普遍而程度不小的環境之下，應重新確立適合發展之農業金融體制，以期能解決這些難題。

二、建議

除了前述三大問題應深入再檢討外，針對健全農業金融制度，我們提出下列建議：

建議一：農業金融之管理宜異於一般金融

農業金融在整體金融的關係，在管理方面，我們認為農業金融應有整套不同於一般金融的管理制度。最主要的理由，在於農業生產本身具有許多弱點，而農業金融的主體 — 農民，則是整個經濟生產中最弱的一環，故農業通常皆須政府特別扶持，而擔當農業融通的農業金融自亦須不同於一般金融的管理約束。在農業金融的資金需求者而言，由於農民只能負擔較低的利率，但農業資金的成本卻較高，因此，農業金融機構站在為農民服務，及對農村提供充分的低利資金的立場，為達到促進農業發展之目標，農業金融制度宜有異於一般金融之管理。

建議二：檢討農業金融之競爭環境

我們經由前面的探討可知，臺灣農業金融的資金供給，通常可透過農業金融與一般金融體系的管道關係，而把農業資金流漏到工商資金方面去運用。另外，亦可透過其他非農業金融機構，在鄉村地區吸收農業資金，而利用都市的管道融通給工商業運用，例如：（1）透過分佈遍及全臺各鄉鎮間的郵局，吸收農民資金，而匯流至中央銀行、交通銀行、農民銀行及臺灣中小企業銀行，然後透過這些管道把資金分派到非農業的用途方面；（2）通過各信用合作社吸收鄰近城鎮之農民資金，貸放給非農民身份之社員；（3）透過本國一般銀行眾多的分支機構，和信用合作社一樣，在農業地區吸收農民資金，貸給

工商業運用…等等之競爭，影響農業金融發展。

　　就整體金融的資金運用效率而言，資金運用效率由較低移向運用效率較高的地方，此種資金移動本無可厚非。但是，對經濟發展而言，農業是需要接受保護的產業，因此，農業發展所需的資金宜應有效的予以規範，否則農業資金流出太多，恐將影響農業的正常發展。因此，農業金融亦應有適當保障。然而，目前基層農業金融的主體 — 農會信用部，卻面對許多金融機構的競爭，這些競爭條件顯然不利農業金融的發展，值得進一步檢討。

　　建議三：健全農業金融體制，應停止政府及公營事業機構之兼辦農貸業務。

　　政府及公營事業機構辦理農業貸款業務為時已久，雖然其貸款餘額佔農貸餘額的比重，由民國 50 年初期的 20% 以上，逐漸降低至目前的 5% 以下。但是，其貸款金額至今仍維持 30 多億的水平。就數額的變化來看，政府及公營事業機構辦理的農業貸款，長期以來並無萎縮的現象。

　　我們以為，政府機關或公營事業機構為了收購原料或農產品，各以農作物為對象，用預付貨款的方式辦理農業貸款業務，應有其需要。然而，其每年貸出的數額亦屬龐大，其資金來源，或由政府撥款支應，或則仰賴央行等銀行融通，暫不計資金效率，這種資金運用方式已影響到金融體制的紊亂，違反金融分業原則。因此，應停止政府及公營事業機構之兼辦農業貸款業務，而把其需要之資金融通業務，移轉由農業行庫或農會信用部承辦，如此，才能提高資金運用效率，並健全金融體

制。

建議四：簡化合併農貸項目、手續等業務內容，促進農貸業務發展。

檢討農業行庫的農業放款佔其總放款的比重偏低，以及農會信用部存放行庫比重偏高的現象，我們認為，農業金融機構之所以不願積極承辦農貸業務，除了由於農業資金的不穩定、貸放風險高等因素外，農業貸放的零碎繁雜亦是主要的原因。

例如，光以農業三行庫的農業貸款項目而言，我們根據三行庫的宣傳資料，合作金庫有 28 種，土地銀行有 42 種，農民銀行有 16 種等林林總總的農業融資項目，但是，這些數十種的農貸業務，各有不同的（1）貸放種類，（2）貸放對象，（3）貸款用途，（4）貸放方式，（5）貸放標準，（6）貸放利率，（7）貸放期間，（8）償還方式，（9）貸放保證…等等內容，類似這些繁瑣的規定，暫不提無專業知識的農民如何利用，對金融機構而言，已足以阻礙承辦人員積極承作農貸業務的意願，如果再加上貸放後管理工作，上述不同規定的追蹤管理，將耗費承辦人員的大部時間，又如何能力求拓展農貸業務。

因此，我們認為，如果沒有簡化的農貸業務，包括項目合併、手續業務簡化等 [23]，則期能有效提高農業貸放業務，對農民及金融機構的內部承辦人員而言，將是事倍功半。

建議五：檢討農業金融體制之分工

---

[23]　有關簡化農貸問題之探討，請參見：蔡秋榮〔24〕。

農業生產資金性質週轉期較長，資本性投資的回收時間亦長，通常農業金融除週轉資金屬短期信用外，有相當部份係長期信用。故就農業金融體制而言，就宜有長期信用與短期信用之農業金融機構來辦理各項業務，就農業金融之特性，應以不混合兼辦為宜。[24]

我們就當前臺灣各農貸機構貸款的期間結構來看，統計資料顯示，政府及公營事業機構之農貸，係全數集中於中長期；而非農業金融機構之其他金融機構包括臺銀、一銀、華銀及彰銀，則係全集中於短期貸放；於農業金融機構，農銀與合庫則偏重於短期貸放，民國72年底，農業放款中，農銀的短期結構佔57.6％，而土銀則偏重於中長期的貸放，且有逐期上升的趨勢。至民國72年底短期結構佔30％，而農會信用部因限於資料未能看出結構，但其放款規定以不超過1年為原則，故可能大部份以短期結構為主，因此可見，當前農業信用偏重短期，這對整個金融體制而言，容易產生角色上的紊亂，應予檢討。

建議六：制訂農業金融法規，健全金融制度。

目前農業金融機構之管理法規，除農民銀行之設置係依農民銀行條例設置外，其餘如合作金庫、土地銀行以及基層農業金融重鎮之農會信用部皆無法律基礎，皆以行政命令設置。在金融管理上沒有法律基礎，容易引起爭執。因此，為健全金融制度，應即制訂相關農業金融法規，以規範農業金融機構之經

---

24 有關農業金融業務分工之探討，請參見；蔡宏昭〔22〕及蔡秋榮〔25〕。

營範圍及職能。

參考文獻

1. 毛育剛：「臺灣農會信用部業務之調查研究 —兼論臺灣農業金融問題」，臺灣農業結構變動之研究（系列之 3），李登輝主編，《農復會叢刊》第 6 號，民國 64 年 1 月，第 133 -187 頁。

2. 王正強：《臺灣農業資本結構與農業資金供需之研究》，基層金融研究發展叢書之 18，基層金融研究訓練中心編印，民國 73 年 10 月。

3. 行政院主計處：《臺灣地區農業普查試驗調查綜合報告》（民國 72 年），民國 73 年 12 月。

4. 江金德：《信用合作社農會信用部存放比率問題之研究》，基層金融研究發展叢書之 4，基層金融研究訓練中心編印，民國 70 年 6 月。

5. 李登輝：〈農業金融講話〉，《臺灣農業經濟論文集》，民國 72 年，第 352-386 頁。

6. 李登輝：〈本省農村合作金融在農業金融上之地位〉，《臺灣農業經濟論文集》，民國 72 年，第 341-351 頁。

7. 李增昌：〈臺灣農業金融體系建制與改進農貸業務之研究〉，《農業金融論叢》，第 2 輯，中國農民銀行調查研究室編印，民國 68 年 10 月，第 58-67 頁。

8. 林月金、段樵：〈臺灣農業信用市場供需面之研究 —兼論與農業發展之關係〉，《臺灣銀行季刊》，第 30 卷第

4 期，臺灣銀行經濟研究室編印，民國 68 年 12 月，第 91-139 頁。

9. 吳同權：〈臺灣農業資金與農業金融問題之分析〉，《農業經濟》，中興大學農學院，民國 60 年 6 月，第 35-48 頁。

10. 吳墉祥譯：《開發中國家的農業信用》，合作金融叢書第 4 輯，臺灣省合作金庫研究室編印，民國 62 年 6 月。

11. 侯家駒：〈成長經濟中農業信用制度之研究〉，《農業金融論叢》，第 1 輯，中國農民銀行調查研究室編印，民國 68 年 1 月。第 44-48 頁。

12. 段樵：〈臺灣農業金融問題之實證分析 —臺灣農會信用部存款及其影響因子之探究〉，《臺灣經濟金融月刊》，第 10 卷第 12 期，臺灣銀行經濟研究室編印，民國 63 年 12 月，第 2-7 頁。

13. 段樵：〈臺灣農村信用機構的分佈與農信部儲蓄業務的地區差異〉，《臺灣土地金融季刊》，第 14 卷 1 期，臺灣土地銀行研究室編印，民國 66 年 3 月，第 19-28 頁。

14. 陳昭琳：《臺灣農家貸款資金的需求及來源》，基層金融研究發展叢書之 11，基層金融研究訓練中心編印，民國 72 年 4 月。

15. 張子欽：〈臺灣地區農會信用部資金來源與運用分析〉，《今日合庫》，第 11 卷第 12 期，合作金庫調查研究室編印，民國 73 年 12 月，第 64-83 頁。

16. 張德粹：《農業經濟學》，國立編譯館出版，民國 61 年 2 月，初版。

17. 張德粹：〈農業金融與工商業金融之比較分析〉，《農業金融論叢》，第 7 輯，中國農民銀行調查研究室編印，民國 71 年 1 月，第 3 -8 頁。

18. 黃永仁：《臺灣的基層金融》，基層金融研究發展叢書之 1，基層金融研究訓練中心編印，民國 70 年 6 月。

19. 曾增材：《農會信用部與信用合作社業務區域劃分之研究》，基層金融研究發展叢書之 17，基層金融研究訓練中心編印，民國 73 年 7 月。

20. 葉新明：〈臺灣的農業金融〉，《今日合庫》，第 8 卷第 5 期，第 4-29 頁。

21. 劉泰英、陳昭南、麥朝成、李錫勛、呂崇基、顏啟榮、胡春田、黃松榮：《當前我國農業金融制度問題之研究》，中國農民銀行委託研究，臺灣經濟研究所叢刊之 8，民國 68 年 10 月。

22. 蔡宏昭：〈農貸行庫農貸業務劃分之探討〉，《基層金融》，第 8 期，基層金融研究訓練中心編印，民國 73 年 3 月，第 185 -216 頁。

23. 蔡庚秋：〈臺灣農家負債之研究〉，《農業金融論叢》，第 1 輯，中國農民銀行調查研究室編印，民國 68 年 1 月，第 65 -83 頁。

24. 蔡秋榮：《簡化農業貸款手續與辦理輔導性農業貸款之研究》，基層金融研究發展叢書之 8，基層金融研究訓練中心編印，民國 70 年 12 月。

25. 蔡秋榮：〈我國農業金融體制與業務之研討〉，《農業金

融論叢》，第 7 輯，中國農民銀行調查研究室編印，民國
71 年 1 月，第 9 -27 頁。

26. 邊裕淵：〈臺灣農業在經濟發展過程中之貢獻及地位〉，
《臺灣銀行季刊》，第 23 卷第 2 期，臺灣銀行經濟研究
室編印，民國 61 年 6 月，第 26 -49 頁。

27. 邊裕淵：〈臺灣農業成長與農業所得之分析〉，《農業金
融論叢》，第 10 輯，中國農民銀行調查研究室編印，民
國 72 年 7 月。第 67 -101 頁。

【林鐘雄、彭百顯合撰，《基層金融》，第 10 期，1985
年 3 月。】

合作金融與整體金融體系之關係

壹、引言

　　我國現代式的存款機構都是由外國引進的，信用合作社是其中之一。最初，信用合作社的基本功能是：在合作基礎下，承擔平民間的金融中介任務。在過去長時間以來，絕大部分的信用合作社在大多數期間都能積極扮演平民金融中介的角色，直接促進地方繁榮，間接加強經濟發展。但是，近年來，在諸多錯綜複雜因素的影響下，我國的信用合社陸續暴露一些經營問題，進而引申信用合作社未來發展問題及爭論。這些問題，不但會影響信用合作社功能的發揮，而且，也可能影響信用合作社的未來發展。

　　探討信用合作社問題得由多種層面進行，其中，環境因素及金融機構間的相對關係，是屬於較重要的層面。在環境因素方面，任何制度與其所處環境都具有互動關係，環境塑造了制度，制度則會影響環境，金融制度自然也不例外。回顧外國的合作式存款機構，在過去數十年間莫不隨著所處環境變動，而適時進行合理的調整；我國的信用合作社既是由外國所引進，且自身所處環境也有很大的變動，未因應這種環境變動而調整，自然會陸續滋生一些經營問題。

　　在金融機構間的相對關係方面，在一個制度架構下，同時有多種機構存在，各個機構形成一定的利益分配狀態。若其中

某一機構的立法或管理規則發生大幅修正情事,自然就會影響其他相關機構的損益分配。各種金融機構彼此互有競爭性,尤以信用合作社與商業銀行同屬存款機構,競爭程度更大,其中某一機構業務或制度調整,若不相應調整另一機構的制度或業務,當然就會引申新金融問題。

基於這種考慮,本文擬從經濟金融環境的變遷,探討當前我國合作金融與整體金融體系之間的關係,申論一些基本問題,並提出若干原則性的建議。在此所謂合作金融,係指信用合作社而言。

貳、各種存款機構的相對地位

一、信用合作社與商業銀行

金融機構依其設立時之營業內容,得加以分類各種金融機構間的相互關係,並構成一個金融體系。無論依何種標準分類,存款機構總是金融體系內的重要構成份子之一。在許多國家,商業銀行與儲蓄機構,一向是長期同時並存的兩種存款機構。商業銀行有相當長久的演進歷史,最初以承辦短期自償性放款為其主要業務特色,也以辦理支票存款而與其他存款機構有明顯的界線。

自 1960 年代以來,雖然商業銀行陸續介入中長期融資業務,但是,作為主要短期融資機構的基本性格迄未改變。儲蓄機構雖可追溯至歐洲工業革命前後,特定行業人士為特定目的

而設立的各種合作金融組織，但二次世界大戰後，也有顯著的變化，最主要的是資金運用及資金來源，都有新的發展。以美國為例，其儲蓄機構原來係以英國的建築融資會社（building societies）為樣版而創設，時至今日，除了信用組合（credit unions）之外，相互合作的成份已愈來愈淡薄，其業務與商業銀行相互重疊部分，則愈來愈大。

因此，大體上說，各種存款機構的業務有相互重疊的發展趨勢。商業銀行與其他存款機構間的最重要差別有兩項：第一，商業銀行的資金來源較廣，其他存款機構的資金來源較狹。商業銀行以其規模及法令上的規定，得自貨幣市場或國外獲得所需資金，其資金調度較為靈活。第二，商業銀行的資產，無論就期限別或種類別言，都較其他存款機構為廣。這些差別，基本上係法令規定的結果。

在臺灣，存款機構得分為非貨幣性存款機構及貨幣性存款機構，前者包括信託投資公司、郵政儲金匯業局及人壽保險公司等，後者則可分為商業銀行（包括國內一般銀行及外國銀行在臺分行），以及儲蓄機構（包括中小企業銀行、信用合作社及農漁會信用部）。各種存款機構雖然係在不同時間相繼自國外引進，且依臺灣獨特的社會經濟環境而有所修正，並不斷依經濟環境變遷而調整其業務內容，但是，上述商業銀行與儲蓄機構間的重要差別仍甚明顯。在各種儲蓄機構中，信用合作社的地位非常特殊。

在本質上，信用合作社一方面強調以公開及平等原則為社員服務，而不以營利為原則，他方面則秉持合作的本質，以融

通合作資金，便利社員事業的推展。此種機構乃強調以人的結合為基礎，非以資金作為結合及營業的基礎，因而，處於相當獨特的地位。不過，這種本質上的差異，基本上係將合作理念具體制訂成法規而存在，在實際發展過程中，隨著支票存款的開辦、非社員資金利用的發展等業務內容的擴大，使資金問題在其營業上的重要性漸增，其與商業銀行的性質差異也有所減少。

就目前而言，信用合作社與商業銀行間的主要差異有三項：第一，信用合作社以人的結合為基礎，其性質介於非公益法人與非營利法人之間；商業銀行則須依《公司法》及《銀行法》設立，屬營利法人性質。第二，個別信用合作社係地區性的存款機構，而商業銀行則在一定條件下，得普設分支機構。第三，雖然，信用合作社在發展過程中陸續爭取新業務，但在貨幣市場及對外經濟關係發展過程中，商業銀行的業務領域開拓更廣，相對競爭狀態已有所改變。在經濟金融環境變遷過程中，這些差別，具體反映在各種金融機構相對地位的升降變化之中。

二、信用合作社在金融活動中的相對地位

自民國 50 年以來，由於客觀經濟環境變動甚大，我國各種不同存款機構的相對成長速率不一，信用合作社在整體金融活動中的地位發生明顯的升降變動。

在資產方面，自民國 50 年至 74 年間，全體信用合作社資產增加 150.6 倍，平均每年增加 23％。在民國 74 年，其資產

佔全體貨幣性存款機構資產總額之比例為 9.83％，為 20 餘年
來的最高者。但是，同年其資產僅及非貨幣性存款機構資產總
額的 38.2％，為 20 餘年來最低者。

　　在存款總額方面，自民國 50 年至 74 年間，全體信用合
作社存款總額增加 148.8 倍，平均每年增加 23％，較商業銀行
存款總額增加為快，但較非貨幣性存款機構存款總額增加率慢
了很多，以致於其存款總額對非貨幣性存款機構存款總額的比
例，自民國 50 年的 292％降為 74 年的 37％。這種情形，在
定期及儲蓄存款增加速度上表現得更清楚。在上述 24 年間，
信用合作社的定儲存款增加 134 倍，商業銀行定儲存款則增加
144 倍，而非貨幣性存款機構的存款總額更增加 1,168 倍。

　　在對民間部門的放款方面，上述 24 年間，信用合作社增
加 121 倍，商業銀行增加 129 倍，非貨幣性存款機構則更增加
318 倍，信用合作社的相對地位也在降低中。這種相對變動另
有下列兩項特點。

　　第一，以資產總額、存款及放款等主要金融指標觀察，信
用合作社在全體存款機構或貨幣性存款機構中所佔的地位，都
有非常明顯的升降變化。大體上說，自民國 50 年至 55 年間是
上升期，原因之一，是信用合作社享受著金融機構設立管制的
利益。自民國 55 年至 65 年間是下降期，原因之一，是金融競
爭環境大幅改變。自民國 65 年以來是回升期，但在各種正負
影響因素的影響下，回升速度相當緩慢。

　　第二，在此期間，經濟環境變動及金融措施調整，對各種
存款機構有不同程度的影響，各種存款機構的相對地位有明顯
變化，且此種變化正在繼續中，而信用合作社的地位，在此長

期趨勢中亦將續有改變。為探討這種趨勢，以下分別就資金來源（特別是定儲存款）及資金用途（特別是對民間部門放款）來分析信用合作社的問題。

參、資金來源分析

一、儲蓄資金與金融資產的相對變化

　　民間部門儲蓄金額的大量增加，是臺灣經濟發展最具體的成果之一。自民國 50 年至 74 年的 24 年間，國內生產毛額增加 32.8 倍，平均每年約增加 16％；民間部門的儲蓄淨額則增加 84.7 倍，平均每年約增加 20％，具體反映這種事實的，是民間儲蓄率逐年上升。如將這 24 年分為三個階段，以民國 51 年至 60 年為第一階段，民國 61 年至 70 年為第二階段，民國 71 年至 74 年為第三階段。在第一階段，國內生產毛額平均每年增加 14％，民間部門儲蓄淨額平均每年增加 25％；在第二階段，國內生產毛額平均每年增加 21％，民間部門儲蓄淨額平均每年增加 20％。在第三階段，國內生產毛額平均每年增加 7.5％，民間部門儲蓄淨額平均每年增加 10.5％。

　　這三個時期的名目所得與名目儲蓄間之相對變動差異原因，固然仍有待深入研究，惟初步觀察，不妨認為，在所得因素之外，物價水準變動率是最重要的影響因素。在第一階段，臺灣的物價非常平穩，都市消費者物價指數平均每年上漲率只有 3.0％，故民間部門儲蓄增加率遠大於所得增加率；在第二

階段，臺灣的物價波動劇烈，都市消費者物價指數平均每年上漲率高達 12.0％，故民間部門儲蓄增加率約與所得增加率相同；在第三階段，臺灣的物價水準又趨於穩定，都市消費者物價指數平均每年上漲率為 1.0％，故在臺灣的儲蓄率相當高之下，民間部門儲蓄增加率乃大於其所得增加率。

類似的相對變動，也發生在儲蓄資金的用途上。根據資金流量統計，就家庭及非營利團體部門而言，在民國 54 年至 60 年間，投資額佔儲蓄額的比例為 21.7％，民國 61 年至 70 年間則升為 30.7％，民國 71 年至 73 年間再降為 24.1％，顯示在高物價上漲期間，民間實質投資需要相對增加。

同時，在此三個階段，股權以外之金融資產持有額之平均年增加率，分別為 22％、24％及 23％，增加率之差別非常有限。但同一時期，對金融機構借款之平均年增加率，則分別為 14.5％、21.0％及 19.3％，故扣除金融機構借款後之股權以外之金融資產持有額之年增加率分別為 24.0％、21.0％及 20.0％，亦能反映物價上漲率對民間儲蓄資金用途有顯著影響。

再就民營企業而言，在民國 54 年至 60 年間，投資額佔儲蓄額的比例為 199.8％，民國 61 年至 70 年間降為 176.2％，民國 71 年至 73 年再銳降為 128.4％。同時，在此三階段，其股權以外之金融資產持有額平均年增加率，分別為 35.8％、20.0％及 13.0％。扣除其在金融機構借款後之股權以外金融資產持有額的平均年增加率，則分別為 35.0％、19.6％、及 11.0％，物價變動在資金用途上對民營企業之影響則較不顯

著。

再就股權以外之金融資產的結構來觀察，過去 20 年間，有下列三項相互有關的變化：第一，貨幣性金融資產（包括通貨與企業及個人貨幣性存款）所佔比例，有明顯下降趨勢。以家庭及非營利團體言，自民國 53 年的 24.7％，降為 73 年的 16.8％；以民營企業言，則自民國 53 年的 22.3％，降為 73 年的 21.4％。第二，定期及儲蓄存款所佔比例，有明顯升降波動。以家庭及非營利團體言，民國 53 年為 47.8％，60 年降為 46.0％，70 年續降為 43.8％，73 年則回升為 53.5％。以民營企業言，民國 53 年為 7.5％，60 年降為 4.8％，70 年以後則回升至 7.2％。第三，可供民間儲蓄者選擇之金融資產種類增加。民國 60 年代以來，信託投資公司的創辦以及貨幣市場的發展，使存款機構面對較大競爭，資金用途結構乃難免因而有所改變。

簡言之，過去 20 年間，由於國民所得的快速增加，且國民儲蓄率不斷上升，民間部門金融性資產持有額增加甚快。但各個期間的物價上漲率差異，及非貨幣性存款機構的發展，對民間金融資產結構安排多少有所影響。

二、信用合作社在定儲存款市場的相對佔有率

定期及儲蓄存款，是民間部門所持有的最重要的金融資產，也是各種存款機構最重要的資金來源。過去 20 年間，定儲存款在各種存款機構資金來源中所佔的比例，時有升降變動，且各種存款機構在定儲存款市場的佔有率，亦有相當顯著

的變化，反映著各種存款機構在定儲存款市場間有著相當劇烈
的競爭。

　　商業銀行的資金來源較廣，存款資金約佔其資金來源的半
數，定儲存款又佔其存款資金來源的 50 -60％。但是，直到目
前為止，商業銀行仍是定儲存款市場佔有率最高的存款機構。
在民國 54 年至 60 年，佔貨幣性存款機構定儲存款的 67.3％；
民國 61 年至 70 年，佔 71.7％；民國 71 年至 74 年，更升至
72.6％。可是，定儲存款佔商業銀行總資金來源的比例，卻有
明顯的升降變動，在上述三個期間，分別為 32.8％、28.6％
及 35.2％，反映著商業銀行不但在定儲存款市場有較大的競爭
力，而且，在金融環境變動過程中，其獲取資金彈性亦在增強
之中。

　　包括中小企業銀行、信用合作社、以及農漁會信用部在內
的儲蓄機構，對定儲存款資金依賴較高，定儲存款佔其總資金
來源的比例，約為 50 -60％之間。在商業銀行定儲存款市場佔
有率提高過程中，這三種儲蓄機構有不同的變化，其中，以信
用合作社最為特殊。

　　在民國 54 年至 60 年間，信用合作社的定儲存款平均每
年增加 11％，民國 61 年至 70 年間平均每年增加 23％，在民
國 71 年至 74 間平均每年更增加 28％。但是，信用合作社在
定儲存款市場的佔有率則有獨特的升降變動。以信用合作社定
儲存款佔貨幣性存款機構定儲存總額之比例言，在民國 54 年
至 60 年為 15.5％，民國 61 年至 70 年為 13.7％，民國 71 年
至 74 年為 15.5％。再以信用合作社定儲存款佔儲蓄機構定儲

存款總額之比例言，在上述三個階段，分別為 47.3％、48.5％
及 44.1％。再以信用合作社定儲存款與非貨幣性存款機構所吸
收之資金比例言，在上述三個階段，分別為 74.5％、28.1％及
25.8％。這些現象，反映著在不同階段面對著不同的新競爭因
素，其中，以下列兩項較為重要。

　　第一，新存款性銀行的參與競爭。原則上，我國管制金
融機構之設立已有相當時間，年年增加中的儲蓄資金，係由已
存在之各種金融機構相互競爭而吸收。在民國 51 年底，臺灣
地區信用合作社單位數為 81 單位（另包括分社 72 單位），在
74 年底，則只有 75 單位（另有分社 289 單位），20 多年來，
其機構數增加非常有限。

　　可是，在民國 48 年底，臺灣地區經營商業銀行業務之本
國銀行原只有 7 家（分支行數 241 單位）。20 餘年來，在臺
復業者有交通銀行（民國 49 年復業）、中國農民銀行（民國
56 年復業）、中國國際商業銀行、上海商業儲蓄銀行，另有
依特定目的而新設的存款性銀行，有臺北市銀行（民國 57 年
成立）、高雄市銀行（民國 71 年創立）、華僑商業銀行（民
國 50 年創立）、世華聯合商業銀行（民國 64 年創立），至民
國 74 年底，本國銀行（不含中國輸出入銀行）家數已增至 15
家，而其分支機構數更增加至 584 單位。

　　可見信用合作社之單位數增加相對較緩，故其在定儲存款
市場之佔有率乃相對下降。同時，早期的 8 家合會儲蓄公司在
民國 65 年以後相繼改制成中小企業銀行。雖然，其家數仍維
持 8 家未變，但其分支機構，則自民國 65 年的 131 單位增加

至民國74年的203單位，且業務範圍擴大不少；而在同一期間，信用合作社的分支單位雖較中小企銀相對增加，但其業務則卻未有所調整，故自民國70年代以來在競爭上即有不利的趨向。

此外，儲蓄機構更面臨著非存款機構在定儲存款市場上的強烈競爭，其中，最重要的是郵政儲金匯業局與信託投資公司。在郵政儲金匯業局方面，民國51年底的郵局數只有465局，至74年底已增至1,136所；故在同一期間，信用合作社企業及個人存款餘額與各種郵政儲金（劃撥、存簿、定期之儲蓄存款）之比例，由271.3％銳降為24.2％。在信託投資公司方面，自民國60年新設信託投資公司陸續開始營業之後，目前，有信託投資公司8家，分公司27單位。在民國62年底，信用合作社的企業及個人存款餘額為信託投資公司信託金的15.1倍，民國73年底曾降至1.9倍，74年底也只回升至2.6倍而已。

第二，貨幣市場工具的競爭。自民國65年至67年間，中興、國際、中華等三家票券金融公司相繼創辦，商業本票、銀行承兌匯票、可轉讓之定期存單、國庫券等貨幣市場工具相繼發行，成為定儲存款資產的有力競爭者，尤以銀根緊俏時期為然。其中，由銀行發行之定期存單與存款機構之定儲存款具有直接替代關係，自民國69年11月，中央銀行解除其對可轉讓定期存單的利率管制後，此項貨幣市場工具在定儲存款市場上的競爭力大為提高。

在民國70年底，一般銀行定儲存款餘額中，有9.0％係可轉讓之定期存單。民國71年以來，由於資金市場銀根鬆弛，

貨幣市場利率甚至低於銀行利率，可轉讓定期存單發行額漸減，在 74 年底，一般銀行定儲存款中只有 2.0%係可轉讓定期存單。商業本票與銀行承兌票為家庭部門提供資金新用途，自民國 68 年以來，家庭部門每年新增加的金融資產約有 2%-3%係以這兩項貨幣市場工具而持有，故貨幣市場發展加強了存款機構之定儲存款的競爭。

肆、資金用途分析

一、民間投資與金融機構借款的相對變化

　　國內投資成長是我國經濟成長的主要來源。自民國 50 年至 74 年，國內固定資本形成毛額增加 29.7 倍，國內生產毛額則增加 32.8 倍。在各個不同階段，兩者的增加率並不相同，但國內投資毛額增加率升降則與國內生產毛額增加率升降相一致。在民國 50 年至 60 年，國內投資毛額平均每年增加率為 17.7%，國內生產毛額平均每年增加率為 14.2%；在民國 60 年至 70 年，國內投資毛額平均每年增加率升至 22.4%，國內生產毛額平均每年增加率亦升至 20.8%。民國 70 年至 74 年，國內投資毛額平均每年增加率為負 5.2%，國內生產毛額平均每年增加率亦降為 7.7%。在這各個別階段，民間投資毛額的平均每年增加率，大致上與國內投資毛額保持相同趨勢，上述三個階段，分別為 17.6%、20.5%及-4.0%。雖然，各個階段民間投資毛額增加率有升降變化，但金融機構放款佔民間部門

投資額的比例則有上升現象。

　　根據資金流量統計，自民國 54 年至 60 年，家庭及非營利團體部門投資額增加 3.15 倍，其由金融機構借款則增加 2.27 倍，金融機構借款佔其投資額之比例自 147％降為 116％。民間企業部門投資額增加 1.15 倍，由金融機構借款則增加 2.39 倍，金融機構借款佔其投資額之比例自 20％上升至 31％。在此 7 年間，金融機構借款佔民間部門投資款的 38％。

　　自民國 61 年至 70 年，家庭及非營利團體部門投資額增加 8.27 倍，其由金融機構借款則增加 3.68 倍，金融機構借款佔其投資額之比例自 90％降至 46％。民營企業部門投資額增加 3.68 倍，其由金融機構借款金額則增加 1.97 倍，金融機構借款額佔其投資額之比例自 42％降為 27％。在此 10 年間，金融機構借款佔民間部門投資額的 55％。

　　自民國 71 年至 73 年，家庭及非營利團體投資額增加 5.6％，其由金融機構借款金額則增加 30％，故金融機構借款額佔其投資額的比例自 141％上升至 174％。民營企業部門投資額增加 38％，其由金融機構借款金額則更增加 75％，故金融機構借款額佔其投資額的比例乃自 28％上升為 35％。在此三年間，金融機構借款佔民間部門投資額的比例為 75％。

　　這種民間投資毛額與金融機構資金融通之長期關係有下列兩項特點：

　　第一，民營企業投資毛額佔民間投資毛額之比例，有降低趨勢。在過去 20 年間，家庭及非營利團體部門的投資毛額增加率，遠大於民營企業投資毛額增加率，故民營企業投資

毛額佔民間部門投資毛額之比例，在民國 54 年至 60 年間為 85.3％，民國 61 年至 70 年降為 76.5％，民國 71 年至 73 年再降為 71.0％。

　　第二，金融機構對家庭及非營利團體部門的融資，有長期加強趨勢，對民營企業部門的融資則改善有限。就整個民間部門言，金融機構借款佔其投資毛額的比例，在民國 54 年至 60 年為 37.8％，民國 61 年至 70 年為 54.9％，民國 71 年至 73 年為 74.8％，顯示金融機構融資大有進展。單就家庭及非營利團體部門言，這三個階段金融機構借款佔其投資毛額的比例分別為 107.2％、126.4％及 176.4％，金融機構融資進展更為明顯。但就民營企業言，這三個階段金融機構借款佔其投資毛額比例分別為 25.9％、33.1％及 33.2％，則顯示民營企業由金融機構取得投資資金並未有明顯改善情事。

二、信用合作社在放款市場的角色

　　放款是各種存款機構的主要資金用途。在正常情形下，放款佔資產比例多少，會隨經濟景氣變動而有所升降，不過，通常都以 60％至 70％居多，各種存款機構間的差異非常有限。不過，在長期間，各種存款機構在放款市場的佔有率，則有明顯升降變動。

　　第一，貨幣性存款機構放款總額佔全體存款機構放款總額的比例，在民國 54 年至 60 年為 97％，在民國 61 年至 70 年降為 94％，民國 71 年至 74 年再回升為 95％。主要原因是，民國 60 年代新創辦之信託投資公司經營作風甚為積極，故非

　　貨幣性存款機構放款市場佔有率乃告上升，而民國 70 年代信託投資公司違規經營風潮，則導致其放款業務的停頓，從而非貨幣存款機構的放款市場佔有率，乃告回降。

　　第二，儲蓄機構的放款市場佔有率，有明顯升降變動。儲蓄機構放款總額佔全體存款機構放款總額的比例，在民國 54 年至 60 年為 18％，民國 61 年至 70 年為 17％，民國 71 年至 74 年為 23％。如單純以對民營企業放款言，這三個階段儲蓄機構放款市場佔有率，分別為 23％、20％及 27％，升降變動情形更為明顯。除上述非貨幣性存款機構的強烈競爭之外，民國 60 年代後期，外商銀行在臺分行家數的大量增加，及其積極推展業務的經營態度，對儲蓄機構放款業務構成強大的競爭壓力，使儲蓄機構的放款市場佔有率巨幅下降。民國 70 年代的經濟景氣低迷及國內外利率趨小，打擊外商銀行及商業銀行放款業務擴張，才使儲蓄機構放款市場佔有率得以巨幅回升。

　　第三，信用合作社放款成長相對快於商業銀行，但較其他存款機構落後。信用合作社放款與商業銀行放款之比例，在民國 54 年至 60 年為 10.6％，民國 61 年至 70 年為 10.8％，民國 71 年至 74 年為 12.3％；單純以對民營企業放款言，這三個階段分別為 13.8％、14.2％及 16.5％，顯示信用合作社相對成長較快。不過，信用合作社放款在儲蓄機構間的比例，則在平穩中下降，在上述三個階段此項比例分別為 43.5％、44.9％及 36.3％，顯示中小企業銀行改制後的業務擴大，對信用合作社放款似有不良影響。

伍、我國經濟金融環境的變化

在長期間，金融體系內的各種不同的存款機構的結構及經營，相對上會互有消長變動，其變動原因，不外立法上的限制、機構本身的慣例、及經營者的創新。其中，尤以立法上的限制最為重要，因為，個別金融機構的慣例，常已具體規定在與各該機構有關的法令之中，例如，商業銀行的短期放款、中小企業銀行的中小企業放款、信用合作社的社員放款等，在法令限制下都不易改變。也因為金融經營者的創新也受法令限制，即使再有創意，也很難發揮。

因此，法令限制不但製造金融機構的差別，也大大地影響金融機構間的相對成長。尤其是，基本金融環境已發生重大變化之際，法令限制如不適時適當地修改，當會嚴重影響各種金融機構間的相對成長，甚至也會影響部分金融機構的存在。過去 20 年間，我國基本金融環境已有重大變化，有關信用合作社的法令限制並未通盤修正，只有枝節修改，此乃是信用合作社地位相對變動的主要原因。為檢討信用合作社法令限制通盤修正的方向，我們分別就一般經濟因素及金融競爭環境兩項，探討基本金融環境的變化。

一、一般經濟因素的變化

與信用合作社業務最有關係的一般經濟因素有：所得水準、產業結構、都市化及交通運輸四項。

在所得水準方面。在所得增加及儲蓄率上升的雙重作用

下，我國家庭儲蓄增加甚快。在民國 54 年至 74 年間，民間部門儲蓄淨額增加 34 倍，較國內生產毛額增加 20 倍為快。家庭儲蓄金額增加，不但導致對儲蓄資產收益率的關心，而且，更提高儲蓄資產分散化的能力。在貨幣市場趨於發達及解除利率管制之下，家庭部門有更多可供選擇的金融資產，信用合作社資金來源將會面對著更尖銳的競爭。

在產業結構方面。我國正面臨著產業結構升級的階段，無論是朝何種產業結構發展，資本密集（capital deepening）或資本普增（capital widening），都會改變資金需求型態，從而影響信用合作社的資金運用。就資本密集言，個別產業生產階段的向後延伸，提高了跨越地區的產業間的資金關係的重要性，使地區性的信用合作社陷於不利的競爭狀態。就資本普增言，個別產業生產規模較大，不論設備資金或週轉資金需要金額都會提高，而信用合作社放款金額限制，會使信用合作社失去顧客。

在都市化方面。臺灣已有半數以上人口居住在 10 萬人口以上的都市，且此種都市化現象仍繼續加強中。都市的陌生程度、職業多樣化、人口流動性等特徵，與信用合作社的原始理念及營運原則，多少有所衝突。信用合作社若不調整其業務，便不容易繼續生存。

在交通運輸方面。隨著交通運輸的改善，我國都會區正在形成中，地方性的零售商業，乃至於小規模生產者，都正在沒落之中，因而，若不調整信用合作社的業務範圍，便會使部分地區的信用合作社產生長期資金剩餘現象，從而難以自力生

存。

二、金融競爭環境的變化

　　與信用合作社業務最有關係的金融競爭環境變化，有五項：《銀行法》的修訂、貨幣市場的建立、中小企業銀行改制、利率管制的解除、及金融業務技術的發展。

　　在《銀行法》的修訂方面。民國 64 年修訂公佈之新《銀行法》，已根據客觀環境需要及各國商業銀行業務的發展，大幅擴大商業銀行的業務範圍，可是，〈信用合作社管理辦法〉並未相應修訂，以致於信用合作社在競爭上漸趨不利。

　　在貨幣市場的建立方面。民國 65 年至 67 年間，三家票券金融公司相繼創辦之後，信用合作社業務面對著更尖銳的競爭。在資金緊俏時期，大額存戶湧向貨幣市場，倍增信用合作社的資金壓力。在資金鬆弛時期，資金回流至信用合作社，增加信用合作社消化資金的困難。

　　在中小企業銀行改制方面。自民國 65 年各地區合會儲蓄公司陸續改制為中小企業銀行後，其業務範圍較大，且分支機構增加甚多，信用合作社則未獲有相類似的便利，以致於相對上處於競爭不利狀態。

　　在利率管制的解除方面，民國 69 年 11 月以來，政府已因應客觀環境需要，陸續解除利率管制，即使存款利率高限尚未取消，信用合作社因規模效率處於不利狀態，在資金來源上已處於不利地位。倘若今後陸續演進至取消存款利率高限，則信用合作社的不利地位，會更為明顯。

在金融業務技術的發展方面。目前，我國各大型金融機構已因應世界金融業務潮流，加強推動電腦連線作業、引進並推廣自動櫃員機等業務，而信用合作社因限於資力，在經營技術上處於相對落後狀態，長此以往，對信用合作社的長期發展將有嚴重的潛在威脅。

陸、改進信用合作社的若干建議

在長期經濟金融環境變遷過程中，我國金融業發展相對落後，信用合作社尤甚，以致於信用合作社的相對地位，有不利發展趨向，主要原因是，加諸信用合作社的若干限制已漸與經濟金融環境脫節。為改善信用合作社的相對地位，應立即著手改善對信用合作社的限制，以下四項是較重要者。

一、增設新社

隨著經濟發展的加速進行，20 年來，若干鄉村地區已轉變為市鎮，而部分市鎮甚至演進為小型都市，尤以都會地區邊緣的鄉鎮更為明顯。可是，民國 53 年行政院令所規定的「信用合作社在鄉與鎮不得再設立，其已核准在鄉鎮設立者，維持現狀，不得再設分社」的政策迄未修正，以致於信用合作社單位數成長相對緩慢。其結果，一方面妨礙了合作事業的發展。他方面，不但任由其他存款機構相對快速擴充，削弱信用合作社的相對地位，而且，也令原有信用合作社坐大，破壞合作精

神,乃至於成為管理問題的病源。為消除這些問題,就須承認客觀經濟環境的變遷,在一定條件下,准許人民增設信用合作社。

二、擴大資金來源

在繼續演變中的金融競爭環境下,如不解除信用合作社資金來源的限制,則信用合作社資金狀況將可能有兩極化的發展。在資金緊俏時期,因對貨幣市場、商業銀行及中小企業銀行在資金爭取上都居於劣勢,資金不足相對上會特別嚴重。在資金鬆弛時期,則會出現嚴重的資金供過於求的現象。此種情形,不但損害信用合作社社員的利益,而且,更妨礙整個金融業的健全發展。為減輕這些問題的嚴重性,就須擴大信用合作社的資金來源。其中,最重要的,是對社員發行可轉讓的定期存單,及吸收特定目的的相互基金存款。

三、增加資金用途

為配合資金來源擴大,須同時增加其資金用途。隨著家庭所得不斷提高,許多家庭已由資金需要者轉變為資金供給者,信用合作社在融通社員資金需要之外,應扮演協助社員合理運用資金之角色,此一角色,得由特定目的之相互基金存款來完成。在初期,特定目的之相互基金有兩大項目,一是各種政府債券之投資,二是配合都市更新之集體住宅融資。而為促使這兩項相互基金業務得實現並發展,先須准許信用合作社經營政府債券投資及住宅貸款融資業務。

四、發展與改制

　　信用合作社改制問題是近年來爭論頗多的大問題，也不是本文的主題。不過，因應客觀經濟金融環境變遷，而產生的信用合作社擴大業務的發展方向，能為改制問題提供一個新的思考方向。因為，信用合作社業務的擴大，實質上就是商業銀行化，但各信用合作社的規模及所在地區經濟條件差異甚大，在准許信用合作社擴大業務之後，部分信用合作社發展新業務能力較強，自然而然地會朝商業銀行的方向發展；另部分信用合作社不易發展新種業務，就要繼續維持信用合作社的業務。因此，在適當時機，便能依一定條件及程序，將商業銀行化達到某種程度之信用合作社改制為新種存款機構。同時，原社員中抱持信用合作理念者，也能以原有地區再組信用合作社，繼續扮演其平民金融的角色。

主要參考文獻

1. 　林鐘雄：〈金融制度〉，《臺灣經濟發展與信託投資公司之成長》，甘露澤主編，文化大學，1981 年 7 月。

2. 　林鐘雄：〈論我國基本金融環境的變化〉，《中小企銀月刊》，創刊號，1982 年 6 月，頁 14 -16。

3. 　黃永仁：《臺灣的基層金融－過去、現在、未來》，基層金融研究訓練中心，1981 年。

4. 　黃永仁：〈信用合作社改進與未來發展型態之探討〉，《基層金融》，第 11 期，1985 年 9 月，頁 137 -151。

5. 　黃永仁、施富士：〈信用合作社未來發展方向－改制與單

獨立法問題〉，《基層金融》，第 12 期，1986 年 3 月，頁 203 -230。

6.　黃博怡：〈信用合作社改制為國民銀行問題探討〉，《基層金融》，第 11 期，1985 年 9 月，頁 169 -189。

7.　蔡培玄：〈中小企業營利法人入社問題之剖析〉，《基層金融》，第 11 期，1985 年 9 月，頁 207 -228。

8.　張宏明：《信用合作社單獨立法之研究》，基層金融研究訓練中心，1981 年。

9.　Bennett, Robert L., "Deposit-type Intermediaries: Bank and Nonbank," in Financial Institutions and Markets, 2nd ed. eds. by Polakoff, Durkin and Others, (Boston: Houghton Mifflin Company, 1981), pp. 105 -126.

10.　Campbell, Tim S., Financial Institutions, Markets and Economic Activity, (New York: McGraw -Hill Book Company, 1982).

11.　Jacobs, Donalds P. and Phillips, Almarin "Overviews of the Commissions Philosophy and Recommendations", in Policies for a More Competition Financial System, (The Federal Reserve Bank of Boston, 1972) pp. 9 -20.

12.　Neufeld, E,P., "The Relative Growth on Commercial Banks", in Essays in Money and Banking in Honour of R. S. Sayers, eds. by C. R. Whittlesey and J. S. G. Wilson, (London: Oxford University Press, 1968) pp. 130 -150.

13.　Shull, Bernard, "Economic Efficiency, Public Regulation, and Financial Reform: Depository Institutions, "in Financial Institutions and Markets, pp. 671 -702.

14. West, Robert Craig, "The Depository Institutions Deregulation Act of 1980 : A Historical Perspective", in Contemporary Development in Financial Institutions and Markets, eds. by Havrilesky and Schweitzer, (Arlington Heights, Ill : Harlan Davidson, Inc. 1984), pp. 125 -136.

15. Wille, Frank, "Expanded Powers of Depository Financial Institutions," in Policies for a More Competitive Financial System, pp. 55 -63.

【《基層金融》，第 13 期，1986 年 9 月。】

銀行拒收大額存款問題之商榷

　　民間有錢要儲蓄，銀行故意壓低利息，尤其是大額存款，有些銀行不僅故意壓低利息，甚至更故意找藉口拒收大額存款，造成這種原因，主要是游資過多、投資機會太少所致。國內游資過多，主要是鉅額出超所帶來的，國人有了錢但找不到投資機會，只好把錢存起來，最近統計國內儲蓄率超過40％，比率實在高得嚇人。這麼多的資金湧向銀行，而銀行又無法投資運用，結果是存款越多包袱就越大，銀行為了本身的利益，自然想盡法子壓低存款利息，甚至拒絕存款。

　　我國銀行自由化還在起步階段，競爭少，限制仍多，如果銀行能完全自由化以後，存款人選擇機會多一點，那麼銀行故意壓低利息或拒絕存款的情形會少一點。不過照財政部的計畫，銀行全面自由化還有一大段的路要走。

　　銀行逐步自由化的結果，對銀行最為有利，銀行殺低利息的權力增加，但是競爭環境未變，銀行的優勢更大，存款人只好任由擺布。

　　除了銀行不歡迎存款外，國內投資意願不振，也加深了有錢人的苦惱。國內投資意願不振，原因很多，政府一些不當的措施也要負很大的責任。例如王永慶想投資二氧化鈦工廠，政府為了杜邦公司不准王永慶投資，這實在是極不當的作法。讓王永慶投資有何不可呢？多一家公司競爭不是很好嗎？另外，

王永慶想投資水泥、以及配合六輕的重組工廠，政府主管單位都表示不同意，這豈不是和政府一直鼓勵投資的政策自相矛盾。類似的情形比比皆是，不勝枚舉。

目前國內投資意願很低，只要是正當的投資，政府都應鼓勵才對，那裡可以反其道而行？一項投資能不能賺錢，投資人自己最清楚，政府何須過問。

除了政府有意阻止的一些重大投資計畫外，國內投資工具不足，也是造成游資過剩的主要原因。國人較為熟悉的投資工具，只有股票和房地產。股票市場大起大落，使不少人卻步；房地產變現不易，稅金又高，已拖垮了不少英雄好漢。

國人真是在無可奈何之下，只好把錢送銀行存起來，銀行愛理不理，拚命殺低利率，存款人也只能認了。銀行這種作法完全合法，事實上銀行也有他們的苦衷，收了錢貸放不出去，老付利息總不是辦法。

最近物價很穩定，雖然銀行利低，大家還願意把錢存入銀行，未來如果有個風吹草動，物價開始波動，這些存在銀行的資金很可能統統離開銀行，四處找尋投資機會，而事實上，國內又沒有什麼好投資機會，如果資金統統離開銀行，只會在市面上亂竄，弄出像「大家樂」那樣的怪現象，恐怕負面問題會更多。

根本之計，政府還是應建立起良好的投資環境，讓資金有去處，這樣新臺幣才不會變成叫人看了發愁的貨幣。

【《經濟日報》，1987 年 4 月 25 日，經濟對談系列專題之六，記者王遠弘。】

中小企業金融與一般金融之比較

壹、前言

　　中小企業金融是環繞在中小企業資金供需調整的角色。實質上，中小企業金融就是為中小企業融通的資金中介，它是整體金融中的一環。而相對一般金融，中小企業金融的金融空間極廣，但卻也問題重重。

　　要瞭解臺灣的中小企業金融，應先明瞭臺灣的中小企業。依現行「中小企業」定義的標準[1]，臺灣中小企業家數佔全體企業總家數達 98％以上，而一般所稱中小企業金融，即泛指對這些中小企業之融資，由此可見其範圍之廣闊。由於中小企業在經營上有其特質[2]，因此，中小企業金融也就另具特色：（1）貸款筆數多、金額小，貸款作業量大且零碎，經營成本高；（2）中小企業信用水平難估，授信準則難確立；（3）中小企業經營體質相對較差，貸放風險高。

　　因而，中小企業金融在許多國家，常被賦予專業性角色，

---

[1]　臺灣「中小企業」出現正式的定義範圍，始見於 1967 年 9 月行政院頒訂〈中小企業輔導準則〉時，其後迄今曾五度修訂範圍。本文所稱「中小企業」沿此定義。

[2]　中小企業的特性，通常有：組織不健全、資本結構脆弱、財務與會計制度不健全、經營規模小、缺乏市場調查與行銷策略、設備技術落後、欠缺環境因應力、管理能力弱...等。

以承擔與中小企業發展相關的融通任務。

　　本文探討的重點，在於比較臺灣的中小企業金融與一般金融；主要的內容包括：檢視中小企業金融與整體金融體系之關係、經營運作之比較、以及發現的問題及其檢討。中小企業金融之界定，機構指中小企業銀行體系，業務則泛指對中小企業之融資；一般金融之範圍，則通指中小企業銀行以外之本國一般銀行。

貳、中小企業金融與整體金融體系關係之探討

一、中小企業金融在整體金融的關係

　　臺灣中小企業金融在整體金融之關係，我們可以從融通機構、保證輔導、融資政策三方面來瞭解其間之概貌。

1. 融通機構

　　臺灣現行對中小企業融通的金融機構，包括銀行、信託投資公司、信用合作社、農漁會信用部、票券金融公司等；此外，租賃公司等金融周邊機構也提供融通功能。對中小企業提供融通的金融機構，依性質區分可歸為兩類，即中小企業專業金融機構及一般金融機構。

　　中小企業專業金融機構依營業地區別，又可分為全國性中小企業金融機構及地區性中小企業金融機構兩種。前者，目前臺灣只有 1 家，即屬於公營的臺灣中小企業銀行（1976 年 7 月成立）；地區性則有 7 家，為民營的臺北區中小企業銀行

（1978 年 1 月）、新竹區中小企業銀行（1978 年 1 月）、臺中區中小企業銀行（1978 年 1 月）、臺南區中小企業銀行（1978 年 1 月）、高雄區中小企業銀行（1978 年 7 月）、花蓮區中小企業銀行（1979 年 1 月）、臺東區中小企業銀行（1979 年 2 月）。這些專業性中小企業金融機構，係於 1976 年 7 月至 1979 年 2 月間，分別由原來的「合會儲蓄公司」改制而來。

對中小企業融通的一般金融機構，依屬性可區分為銀行及其他金融機構兩種。銀行又可分為本國銀行與外商銀行兩個體系；目前，為中小企業提供融通服務的本國銀行，包括 12 家公營及 4 家民營；外商銀行有 35 家。其他金融機構則包括 8 家信託投資公司，各縣市之信用合作社與農漁會信用部，以及 3 家票券金融公司等。

2. 保證輔導

臺灣對中小企業融資提供信用保證，是 1974 年 7 月「中小企業信用保證基金」成立以後的事。中小企業信用保證基金的主要任務，是對在融資上因擔保品不足故資金取得困難之中小企業給予信用保證，以協助取得融通。由於信用保證制度的建立，強化了中小企業融資機會。

1982 年 3 月，省屬行庫中小企業聯合輔導中心成立，對符合策略性及具有發展性因融資困難的中小企業給予融資協助與輔導。這個中小企業聯合輔導中心在中小企業與銀行機構之間，除扮演融資媒介功能之外，並亦對中小企業提供融資診斷與經營管理輔導之服務。由於它的成立，增加了中小企業融通的管道，並也使得臺灣中小企業的金融融通體系更加完整。

3. 融資政策

臺灣中小企業金融政策的運作，現行在行政院下有經建會、中央銀行、青輔會、經濟部中小企業處等四個政府單位分別執行工作。

對中小企業金融的政策融通，目前，在經建會下設有「中美基金」，透過這個基金，對中小企業訂有小型民營工業貸款辦法，中小企業民營工廠設置公害防治設備專案貸款、小型工廠污染防治設備貸款、促進企業管理電腦化貸款、中小企業輔導貸款辦法等政策性之融資管道。此外，青輔會亦設有青年創業貸款、中央銀行有中小企業中長期貸款融通等中小企業融資管道；尤其，經濟部於 1981 年 1 月成立中小企業處，更以中小企業專業行政主管之立場，聯合既有中小企業金融體系以辦理中小企業之融資輔導工作。

為概要瞭解，茲就現行臺灣中小企業金融與整體金融體系之關係，簡製如圖 1。

圖1 臺灣中小企業金融與整體金融之關係 (1988 年 8 月)

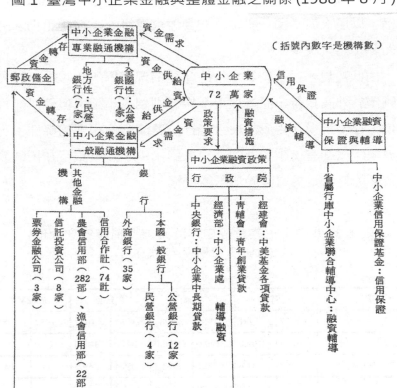

二、中小企業金融在金融體系的地位

　　檢討臺灣中小企業金融的專業機構在整體金融體系中的角色，在此以存款貨幣機構的地位來說明。在營運據點方面，在全體存款貨幣機構的機構數中，中小企業銀行僅佔有 10%上下水平的地位，是所有本國存款貨幣機構條件最差的機構，僅優於外商銀行（不及 2%）。在營運規模方面，中小企業銀行的總資產規模、存款規模分別約佔全體存款貨幣機構的 5% -7%，營運規模不大，是本國存款貨幣機構地位最低的單位；

但在放款規模方面，中小企業銀行的放款比重近年已超過其他
機構，以僅次於本國一般銀行的姿態位居第二，但比重仍未逾
10%。（參見表 1）

　　由此可見，中小企業銀行的營運情況相對不佳，機構數分
配雖優於外商銀行，而營運資金規模則相去不遠；但值得鼓舞
的是，存款規模在劣於信用合作社、農漁會信用部的條件下，
其放款比重卻有後來居上的表現，顯示中小企業銀行在拓展放
款方面的努力是相對優於這兩種機構。

表 1　臺灣中小企業金融在存款貨幣機構體系之地位
（ 1981 -1987 年底 ）

單位：%

項目	機構數		資產		存款額		放款額	
年 底	1987	1981	1987	1981	1987	1981	1987	1981
合 計	100.0	100.0	100.0	100.0	100.0	100.0	100.0	100.0
本國一般銀行	29.3	31.6	70.1	72.1	66.4	69.5	69.4	70.4
外銀在臺分行	1.5	1.3	4.9	7.6	1.4	0.6	5.2	9.8
中小企業銀行	11.1	10.7	7.1	5.0	7.1	6.2	9.6	5.6
信用合作社	16.7	15.6	9.5	8.6	13.3	13.8	8.7	8.1
農漁會信用部	41.4	40.8	8.4	6.7	11.8	9.9	7.1	6.1

資料來源：　1.　機構數來自《財政統計年報》（1987 年），財政部統計處編印。
　　　　　　2.　資產、存款額及放款額來自《臺灣地區金融統計月報》（1988
　　　　　　　　年 7 月），中央銀行經濟研究處編印。

三、中小企業融資的角色

　　臺灣金融體系中對中小企業融資的管道，雖然包活銀行、
信託投資公司、信用合作社、農漁會信用部、票券金融公司，

以及行政部門如經建會（中美基金各項貸款）、青輔會（青年創業貸款）、中央銀行（中小企業中長期貸款）等多種機構；主要則以銀行尤其是本國銀行為最重要的融資管道。

表 2 臺灣全體銀行對大企業與中小企業融資比率

單位：%

年 底	中小企業	大企業	其他	合計
1976	19.8	-	-	-
1978	28.9	46.2	24.9	100
1981	27.4	48.2	24.4	100
1986	31.7	25.8	42.5	100
1987	35.1	18.8	46.1	100
1976 -1981 年平均	26.0	49.1*	23.6*	-
1982 -1987 年平均	31.6	33.1	35.3	-
1976 -1987 年平均	28.8	40.4**	23.0**	-

資料來源： 由《金融統計輯要》（財政部金融司編印，1977 年 12 月份 -1987 年 12 月份，各期）計算而得。

說　明： 1. 對中小企業融資比率是指對中小企業放款佔銀行總放款餘額（含放款、貼現、透支、對政府墊款、進出口押匯、貸放會金、代放款項）的比率。
2. 金融統計輯要中所列示之對中小企業融資比率是以對中小企業放款佔銀行放款（只含放款、貼現、透支）比率計算，所以所得出之比率偏高。
3. 對大企業融資比率是以總放款扣除對中小企業放款及對其他放款後之餘額除以總放款而得。
* 係 1977 -1981 年平均；** 係 1977 -1987 年平均。

在 1976 年至 1987 年觀察期間，本國銀行及外商銀行的全體銀行總放款中，對中小企業融資的比重，在 20 -35％之間；在這段期間，總放款額中，平均每年有 28.8％是融資給中小企業，大企業則平均每年獲得 40.4％的融資量，可見中小企業所能從銀行分配的資金量遠低於大企業之分配。不過，這種情況近年來已見逐漸改善。中小企業從本國銀行及外商銀行總放款

獲得的融資量，由 1976 年底的 19.8%，逐年提高至 1987 年底的 35.1%；大企業所獲得的融資量，則由 1977 年的 56.7%降至 1987 年底的 18.8%。平均而言，中小企業所分配的資金量從 1976 年至 1981 年平均每年的比重 26.0%，增加至 1982 年至 1987 年的 31.6%；中小企業融資量，由過去大企業融資量的三分之一，至最近已增至超過大企業融資量的水平。（參見表 2）

從表 3 再進一步觀察本國銀行對中小企業融資比重的情形，我們可以發現，本國一般銀行對中小企業融資的比重並不高，1976 -1987 年平均每年僅及中小企業銀行的 35.7%；雖然至 1987 年已增加至 42.7%，但比率仍不高，表示我國一般銀行的放款融資仍偏重大企業。這種情形表現在國營銀行及民營銀行更是明顯，尤其，國營銀行對中小企業的融資比重，竟然僅及其總放款的 4.5%，近年雖有增加，年平均亦只 5%左右，最高仍然未及 8%。

而中小企業銀行，無論是公營或民營，其對中小企業之融資比重，平均每年一直維持在 70%以上，1982 至 1987 年平均每年更高達 77.7%（參見表 3）。就這項數據言，顯然中小企業銀行已善盡其對中小企業融通之專業任務。

表 3　臺灣全體銀行對中小企業融資佔總放款比率
（1976 -1987 年平均）

年　別	1976	1981	1987	1976-1981 平均	1982-1987 平均	1976-1987 平均
合　計	19.8	27.4	35.1	26.0	31.6	28.8
本國銀行	20.5	30.2	36.8	27.8	33.5	30.7
一般銀行	19.7	26.1	31.8	24.0	28.4	26.7
國營	2.1	4.2	7.7	3.8	5.2	4.5
省市營	23.8	32.4	37.3	30.1	33.8	31.9
三商銀	29.1	53.2	58.8	47.9	60.6	54.2
其他	13.2	17.6	24.1	16.6	19.1	17.8
民營	10.7	12.2	15.8	13.2	15.1	14.2
中小企業銀行	56.8	78.0	74.4	71.2	77.7	74.7
公營	56.8	77.9	75.4	70.9	79.3	75.1
民營	-	78.2	73.1	78.4	75.5	76.7
外商銀行	9.1	3.6	8.9	5.8	4.3	5.0

資料來源：同表 2。

　　中小企業銀行在全體金融體系中的角色，最突出的，除了對中小企業融資專業功能佔總放款 75％之外，值得強調的是，它在提高資金運用程度方面的表現。在全體存款貨幣機構體系中，整體融通的市場佔有率，中小企業銀行所表現的改善資金運用效率比本國一般銀行有效。如本國一般銀行在整體存款貨幣機構的存放款市場佔有率中，1981 年底存款是 69.5％，但其放款佔有率卻超過 69.5％達 70.4％；1987 年底存款是 66.4％，放款為 69.4％；表示資金運用能力相對較優越，但 6 年來融通市場佔有率卻降低 1％，存款佔有率降低了 3％。而

中小企業銀行的情形是：1981年底，存款佔有率為6.2%、放款為5.6%，資金運用效率不佳；但至1987年底，存款為7.1%，放款增至9.6%，資金運用效率改善，而且，存款佔有率也增加近1%，放款市場佔有率增加了4%。（參見表1）

專就各中小企業銀行觀察，公營的中小企業銀行的表現並不見得比所有其他民營的中小企業銀行為佳；一般而言，臺中區、臺北區兩家中小企業銀行對中小企業融通的角色，就不比公營的臺灣中小企業銀行遜色，尤其是臺中區中小企業銀行在這方面的表現，平均每年達86.5%，最高更高達95%以上（參見表4），實在值得中小企業行政主管與金融主管當局予以鼓勵及表揚。

表4 臺灣的中小企業銀行對中小企業融資佔總放款比率 （1976 -1987 年底）

單位：%

年 別	1976	1978	1981	1986	1987	1976-1981 平均	1982-1987 平均	1976-1987 平均
臺灣中小企業銀行	56.8	72.9	77.9	78.8	75.4	70.9	79.3	75.1
臺北區中小企業銀行	-	73.2	78.6	73.5	71.5	79.4	73.4	75.8
新竹區中小企業銀行	-	68.0	73.0	74.4	72.6	69.5	74.1	72.3
臺中區中小企業銀行	-	95.2	89.4	73.5	74.6	94.1	81.4	86.5
臺南區中小企業銀行	-	72.6	73.5	72.1	71.3	73.7	72.8	73.2
高雄區中小企業銀行	-	76.6	74.2	73.2	77.5	70.1	75.6	73.4
臺東區中小企業銀行	-	53.4	81.1	70.0	70.1	66.9	66.9	66.9
花蓮區中小企業銀行	-	20.4	37.6	73.6	76.3	33.6	74.5	60.8
合 計	56.8	76.0	78.0	76.4	74.4	71.7	77.7	74.7

資料來源：同表2。
說　　明：同表2說明1及2。

四、中小企業金融的經營環境

1. 金融空間是服務性產業

　　臺灣的中小企業行業結構，主要是偏重於第三級產業，即一般的服務性質行業，第二級產業即製造、加工業所佔比重並不大，初級產業比重更是微小。根據財政部營利事業稅籍資料之統計（1985 年），中小企業 **3** 的行業別中，第三級產業在全體中小企業總家數（716,224 家）中佔 82.4％，第二級產業佔 16.8％，初級產業佔 0.6％。由此可知，臺灣的中小企業金融所面對的環境主要是服務業的中小企業的週轉金需求。

2. 金融經營特徵是零碎、小額、低信用水平

　　臺灣企業的經營資本規模亦相當小。財政部統計指出，在全國企業家數中，資本額在 1,000 萬以上的企業只有 2％，而有 98％的企業資本額在 1,000 萬以下，其中，96％的企業資本額更在 500 萬以下，尤其，竟有 68％的企業資本額是在 10 萬以下。可見中小企業金融面對的是資力普遍很小的經營企業體。

　　在企業組織方面，中小企業普遍是獨資型式。在所有中小企業家數中，有 71％屬於獨資組織，只有 27.4％是公司組織，其餘是合夥或其他型式之組織。可見臺灣中小企業之經營組織仍偏重獨資，印證國人「寧為雞首，不為牛後」之個性。這

3　財政部營利事業稅籍統計所指之中小企業定義為：製造業等二級產業之登記資本額在新臺幣 4,000 萬元以下，其餘產業則指年營業額在新臺幣 4,000 萬元以下者。

就是中小企業金融面對企業組織經營管理較難現代化的企業環境。

在生產就業方面，臺灣企業工廠員工就業人數普遍相當少。在全國總工廠家數（58,349）中，就業人數在 300 人以上的工廠數只佔 1.6%，100 至 300 人之間的工廠數亦只佔 4.9%，其餘 93.5%的工廠就業員工人數是在 100 人以下。工廠就業人數在 50 人以下的家數高達 86.1%，尤其，就業員工在 10 人以下的工廠家數竟達全國總工廠家數的 47%。可見這些工廠大皆屬極小型工廠，根本談不上所謂的企業管理。

在經營成果方面，臺灣企業的營業額普遍皆不高。1985年，年營業額超過 4,000 萬的企業家數只有 16,426 家，佔全國總企業家數的 2.3%，平均每家企業的年營業額為 23,240 萬元，其餘 97.7%的企業家數的年營業額皆在 4,000 萬元以下，平均每家企業的年營額只有 214 萬元。尤其，值得注意的是，年營業額在 4,000 萬以上的企業，即全國 2.3%的企業家數其年營業額總累積佔全國企業總營業規模為 71.5%；另全國 97.7%的企業年營業額總累積，卻僅佔全國企業總營業規模的 28.5%。由此可見，臺灣的企業營業規模普遍皆相當小；由此也可瞭解中小企業金融零星服務的需要性。

我們進一步檢視中小企業的營業規模，全國總企業中有88%的企業年營業類是 500 萬以下，其年營業額的總累積只佔全國總企業年總營業額的 10.9%；亦有 62%的企業的年營業額是 100 萬以下，其年營業額的總累積只佔全國總企業年總營業額的 3.8%；更有 33%的企業的年營業額是 50 萬以下，其

年營業額的總累積卻只佔全國企業營業總額的 1％。這些數據顯示，臺灣極大多數的企業經營規模實在相當低微。

綜合前述當前臺灣中小企業的經營條件，我們可以得知，中小企業金融在面對這種小型經營規模的環境下，其零碎、繁雜、信用高風險、業務高成本等的金融經營特性似乎是「理所當然」的結論。

參、中小企業金融相對一般金融之比較

一、營運規模之比較

臺灣中小企業金融的營運規模，從平均資產規模、存款規模、放款規模來看，均普遍小於本國一般銀行。就資產規模而言，中小企業銀行平均每機構單位的資產水平，1981 年底時為新臺幣 8.5 億元，至 1987 年底增加為 18.4 億元，分別為同時期本國一般銀行的 23％左右；在這個期間，兩種金融體系的平均每單位的資產規模皆增加1.2倍。從銀行公民營性質看，民營中小企業銀行的平均每單位資產規模比公營為低，這種情形與本國一般銀行以民營規模大的情形剛好相反。（參見表 5）

表 5 臺灣的中小企業銀行與本國一般銀行營運規模之比較
（1981-1987 年底）

單位：新臺幣百萬元

項目	平均每單位資產規模		平均每單位存款規模		平均每單位放款規模	
年底	1987	1981	1987	1981	1987	1981
本國一般銀行	7,853	3,555	3,732	1,321	2,671	1,452
公營（597）	7,813	3,388	3,812	1,318	2,685	1,381
民營（51）	8,327	6,202	2,791	1,370	2,505	2,578
中小企業銀行	1,838	845	972	402	1,007	383
公營（89）	3,052	1,021	1,144	453	1,582	470
民營（155）	1,140	704	874	361	677	313

資料來源： 1. 機構數來自《臺灣地區金融統計月報》（1982 年 1 月及 1988
　　　　　　　 年 1 月），中央銀行經濟研究處編印。
　　　　　 2. 資產來自《金融統計輯要》（1981 年 12 月及 1987 年 12 月），
　　　　　　　 財政部金融司編印。
　　　　　 3. 存款額、放款額資料來自《金融機構業務概況年報》（1981 年、
　　　　　　　 1987 年），中央銀行金融業務檢查處編印。
說　　明： 括號內數字，係指 1987 年底之總分機構總數。

　　比較平均每單位的存款規模情形，在 1981 年底至 1987 年
底，中小企業銀行平均每單位存款規模比本國一般銀行規模小
的程度更為擴大，1981 年底時，中小企業銀行為 4 億元，是
本國一般銀行的 30.4％；至 1987 年底時為 9.7 億元，對本國
一般銀行的比例再縮小為 26.0％；可見中小企業銀行平均每
機構單位在吸收存款量的努力，6 年來的成效較本國一般銀行
差。

　　在放款規模方面，同期中小企業銀行平均每單位放款規
模為 3.8 億元及 10.1 億元，分別為本國一般銀行的 26.4％及
37.7％；可見中小企業銀行在放款的拓展成效，平均較本國一
般銀行為佳，特別是公營中小企業銀行的平均每單位放款規模
之擴張，這 6 年來共增加 2.4 倍，較民營中小企業銀行成長 1.2

倍，公營本國一般銀行成長0.9倍，民營本國一般銀行負成長（-2.8%）等的增加幅度明顯為高。

二、資金來源與運用之比較

中小企業銀行與本國一般銀行的資金來源，相同的是存款資金佔有最重要的角色，比重皆在資金來源的60%以上；其間的差異是，中小企業銀行存款比重相對較高，尤其是民營中小企業銀行的存款比重更佔其資金來源的90%以上（參見表6）。

其次，中小企業銀行與本國一般銀行資金來自股本、公積及未分配盈餘等比重亦大致相同；但就公民營性質而言，民營銀行的該項比重則高於公營銀行，而民營中小企業銀行更是相對高於民營的本國一般銀行，可見公營銀行在股本及公積、未分配盈餘的要求與民營銀行有差異。

另外，中小企業銀行與一般銀行資金來源最大的差異，在於借入款的比重，中小企業銀行的比重較本國一般銀行明顯偏低，而且有愈來愈低的趨勢。這兩者間還顯示出一項有趣的結果，就是民營的本國一般銀行的借入款比重較公營銀行明顯為高，而民營中小企業銀行的比重則比公營為低，這種現象似乎表示，民營一般銀行較具資金來源管道，但地域性的區中小企業銀行則少有此種管道，亦或未考慮這種資金調度方式。

表 6 臺灣的中小企業銀行與本國一般銀行資金來源
比重之比較（1981-1987 年底）

單位：%

項　目	合計	存款		借入款		其他負債		股本		公積及未分配盈餘	
年　底		1987	1981	1987	1981	1987	1981	1987	1981	1987	1981
本國一般銀行	100	69.0	61.3	7.2	15.6	20.7	16.9	1.8	2.8	1.3	3.4
公營	100	70.0	64.1	6.7	13.3	20.5	16.5	1.6	2.7	1.2	3.4
民營	100	55.9	37.3	13.7	35.7	24.1	19.9	3.7	3.7	2.6	3.4
中小企業銀行	100	65.5	76.3	1.2	8.2	30.4	9.1	1.6	3.3	1.3	3.1
公營	100	47.6	72.9	2.1	14.4	48.9	9.6	0.8	1.8	0.6	1.3
民營	100	91.5	80.1	0.0	1.2	3.6	8.7	2.7	4.9	2.2	5.1

資料來源：《金融機構重要業務統計表》，中央銀行金融業務檢查處編印。

　　在資金運用方面，中小企業銀行與本國一般銀行主要的資金流向是放款與貼現，其佔總資金比重中小企業銀行在 70％左右，本國一般銀行於 1981 年底時亦在 70％左右，但至 1987年底，兩者該項比率皆已降低，本國銀行更降至 50％左右，顯示資金運用方向有明顯調整。

　　觀察資金運用調整的方向，主要是將資金移轉至政府債券以及其他投資方面，尤其是其他投資增加的比重，本國一般銀行由 1981 年底的 8.8％，倍增至 1987 年底的 26.7％；中小企業銀行則由 8.7％增加至 10.2％；值得強調的是，包括中小企業銀行在內的民營銀行，其資金運用比公營銀行較偏愛政府債券。中小企業銀行的其他資金運用上，也顯示現金與存放同業的比重有增加趨勢，表示資金運用靈活性降低，這種情形顯示在公營中小企業銀行較為明顯（參見表 7）。

表 7　臺灣的中小企業銀行與本國一般銀行資金運用
比重之比較（1981-1987 年底）

單位：%

項　目	合計	現金及存放同業		政府債券		其他投資		放款及貼現		其他	
年　底		1987	1981	1987	1981	1987	1981	1987	1981	1987	1981
本國一般銀行	100	17.8	17.8	1.7	1.6	26.7	8.8	49.4	67.4	4.4	4.4
公營	100	18.0	18.6	1.7	1.7	26.8	8.6	49.3	67.1	4.2	4.0
民營	100	15.0	11.0	2.5	0.5	25.7	10.6	50.2	70.1	6.6	7.8
中小企業銀行	100	17.7	10.7	1.6	0.5	10.2	8.7	67.9	72.7	2.6	7.4
公營	100	21.1	11.1	1.5	0.6	9.8	5.6	65.8	75.5	1.8	7.2
民營	100	12.8	10.2	1.6	0.4	10.9	12.3	70.8	69.4	3.9	7.7

資料來源：同表 6。

三、營業狀況之比較

1. 流動性比率

　　中小企業銀行與本國一般銀行的經營狀況，在流動性水平方面，一般而言，中小企業銀行的表現較差。就現金及存放同業佔存款的比率觀察，本國一般銀行的平均比率約達 30％，而中小企業銀行的平均數則約只在本國一般銀行的一半左右（11.6 -17.4％），惟近年來中小企業銀行該項比率已見提高（參見表 8）。

　　而在銀行流動準備方面，即支票存款（含保付支票、旅行支票）、活期存款、儲蓄存款、可轉讓定期存單、公庫存款（不含轉存央行）等的流動性水平佔總資金的比率，亦以本國一般銀行的表現為佳，其比重由 1981 年底的 18.7％，激增至 1987 年底的 51.3％；中小企業銀行則由 15.7％僅增至 16.6％。可見中小企業銀行的流動準備水平遠低於本國一般銀行，但仍高於

中央銀行該項最低比率 7% 的規定。

表 8　臺灣的中小企業銀行與本國一般銀行流動性比重之比較
（1981-1987 年底）

單位：%

項　目	現金及存放同業佔存款比率 （平均）		流動準備比率（平均）	
年　底	1987	1981	1987	1981
本國一般銀行	29.5	29.8	51.3	18.7
公營	30.7	29.3	53.5	16.6
民營	26.4	31.0	45.3	24.0
中小企業銀行	17.4	11.6	16.6	15.7
公營	44.3	15.3	24.4	11.7
民營	13.5	11.1	15.5	16.3

資料來源：《金融機構業務概況年報》，中央銀行金融業務檢查處編印。

2.　安全性比率

　　中小企業銀行在經營的安全性表現方面，一般而言，較本國一般銀行為優；民營銀行，包括中小企業銀行及本國一般銀行的安全性更遠優於公營銀行。1981 年底至 1987 年底，負債佔業主權益的倍數，本國一般銀行平均在 17.2 倍與 35.0 倍；而中小企業銀行平均在 11.0 倍及 22.6 倍；兩者在這期間的變化係呈倍數增加，表示 1987 年底時兩者的安全性已較 1981 年底是降低一倍以上（參見表 9）。

　　另就存款對業主權益的倍數而言，中小企業銀行的安全度亦較本國一般銀行為高；在相同觀察期間，本國一般銀行的該項倍數為 11.0 倍及 26.5 倍；而中小企業銀行的倍數則為 9.1 倍及 17.8 倍。再就銀行公民營性質言，兩者之民營銀行之安全性表現皆在公營銀行之上，相差程度亦相當大；民營中小企

業銀行的這項表現則略遜於民營的本國一般銀行。比較前述負債佔業主權益的倍數情形，顯示民營中小企業在存款以外的其他負債，較其他性質的銀行為低。

表 9　臺灣的中小企業銀行與本國一般銀行安全性比重之比較
（1981-1987 年底）

單位：倍

項　目	負債對業主權益倍數(平均)		存款對業主權益倍數(平均)	
年　底	1987	1981	1987	1981
本國一般銀行	35.0	17.2	26.5	11.0
公營	40.8	19.0	32.1	13.3
民營	17.5	12.3	10.9	5.1
中小企業銀行	22.6	11.0	17.8	9.1
公營	67.6	31.0	32.7	23.3
民營	16.2	8.2	15.6	7.1

資料來源：同表 8。

3.　盈利性比率

　　中小企業銀行與本國一般銀行在盈利性方面的比較，兩者經營的獲利能力表現不相上下，以稅前純益佔營業收入的比率而言，分別在 12 -15％之間，惟自 1981 年至 1987 年，兩者的盈利比率皆有下跌之趨勢（參見表 10）。另就銀行的公民營性質而言，無論是中小企業或本國一般銀行，民營銀行的獲利能力皆較公營為佳，尤其是中小企業銀行，民營的盈利比率更在公營的三倍或以上。

表 10　臺灣的中小企業銀行與本國一般銀行盈利性比率之比較
（1981-1987 年）

單位：%；新臺幣百萬元

項　目	稅前純益佔營業收入比率（平均）		稅前盈餘及股本報酬率	
年	1987	1981	1987	1981
本國一般銀行	11.9	14.3	16,575 (26.1)	18,738 (55.3)
公營	10.5	13.7	14,086 (26.1)	16,400 (55.7)
民營	16.2	16.1	2,489 (26.1)	2,338 (52.7)
中小企業銀行	12.7	14.6	1,974 (33.9)	1,212 (39.4)
公營	4.0	5.6	465 (26.6)	347 (38.6)
民營	13.9	15.9	1,509 (37.1)	865 (39.7)

資料來源：　同表 8。
說　　明：　1. 稅前純益佔營業收入比率係各銀行該項比率簡單平均。
　　　　　　2. 股本報酬率為括弧內數字，是指稅前盈餘佔股本比率，依銀行
　　　　　　　　分別加總計算。

　　就盈利數額的水平而言，本國一般銀行 1987 年的稅前盈餘為新臺幣 165.8 億元，較 1981 年的 187.4 億元減少；同期中小企業銀行的稅前盈餘則由 12.1 億增至 19.7 億元。以銀行性質分類，獲利狀況以公營的本國一般銀行為最大，佔全體本國銀行總稅前盈餘的比重，1981 年為 82.2%，1987 年降為 75.9%；同期四家民營的本國一般銀行的稅前盈餘為 23.4 億元及 24.9 億元；更遠在七家民營中小企業銀行的 8.7 億元及 15.1 億元之上。在 1981 年至 1987 年，稅前盈餘的變動，只有公營的本國一般銀行是下跌的趨勢，其餘民營本國一般銀行及公民營之中小企業銀行都是增加。

　　值得注意的是，無論是中小企業銀行抑或本國一般銀行的投資報酬率，皆相當引人注目。以股本的報酬率（稅前盈餘佔

股本的比率）而言，於 1981 年，全體國內銀行的總股本報酬率高達 54％，意指投資的資本額每百元的年報酬額為 54 元，比這個本國全體銀行的總股本報酬率平均數還高的銀行，是公營的本國一般銀行達 55.7％；中小企業銀行的股本報酬率 1981 年亦達 39.4％。這種高報酬率應是銀行管制設立的結果。雖然，近年來經濟金融環境變化，致使全體本國銀行股本報酬率至 1987 年降為 26.8％。但是，也由於公營銀行的高盈餘收入，使得政府遲遲不開放新民營銀行加入競爭，這對政府金融自由化的政策目標不啻是一項諷刺。

肆、問題與檢討

一、中小企業金融面對的供需環境檢討

1. 經營需求環境

　　臺灣的中小企業在經營上長期以來所面對的問題包括：[4]（1）資金不足，銀行融資又不容易，因此，往往仰賴民間金融或地下金融融通，成本負擔相對較高。（2）技術升級較難，由於資力不足，無法從事 R&D 工作，因而技術難以升段、品質無法有效提高。（3）市場開拓力低，由於缺乏經營網，市場開拓往往依賴、藉助大企業或國外廠商，導致利潤偏低。

4　臺灣中小企業經營上出現的缺點，尚包括：組織不健全、資本結構差、會計制度不完整、規模小競爭大、因應力弱等等，請參見趙既昌〔10〕。

　　但根據劉泰英〔11〕的調查則顯示，臺灣的中小企業在主觀上並無嚴重的缺點，例如：在接受調查的企業中，有80%的企業表示經常蒐集經營之情報資料；75%表示其決策人員對總體經濟金融情勢及本身產業發展趨勢有充分認識；85%企業認為自身的會計制度完整；75%的企業表示他們具有研究創新能力；有50%以上的企業表示他們訂有管理人員及技術人員訓練與進修計畫，並設置有研究發展部門。從這項調查結果反應，臺灣的中小企業對經營環境變化的因應，具有相當程度的信心。有關這項發現，對中小企業金融的供給而言，應該具有正面鼓舞作用。我們認為，本國全體金融機構應可考慮嘗試調整過去傳統保守的作風，加強對中小企業之融通。

2.　資金需求空間

　　臺灣中小企業金融的資金需求相當強烈，有關支持這個論點的說法，可從臺灣長期以來強大的民間金融或地下金融之活潑與高比率得以印證⁵。就整個中小企業的經營空間而言，臺灣所有民營企業的資金需求情形，幾乎可以隱含中小企業資金需求狀況。從表11觀察，臺灣民營企業來自民間金融資金（含地下金融）佔總外借資金的比重相當高，1971年底時高達67.3%，其後雖然逐漸下降，但至1986年底時仍高

5　在臺灣屬於非正統的金融管道的民間金融資金規模，長期以來皆非常龐大，平均約佔全體總資金規模的三分之一，若總資金規模不計政策性之政府放款或未公開發行公司股份、非公司組織之股份等未透過金融中介之資金，則其規模比重更高達45%。有關這方面的進一步探討，請參閱彭百顯等〔6〕，第3章。

達 52.8％；在 1967 年至 1986 年的 20 年期間，1967 -1976 年前 10 年平均比重高達 62.5％，1977 -1986 年的後 10 年也高佔 58.3％。由此顯見，臺灣民營企業資金來自金融機構、金融市場體系以外的高依賴程度，佔全國企業家數 98％以上的中小企業自不例外。

表 11　臺灣中小企業金融的資金需求空間（1971-1986 年底）

單位：%

時　間	民營企業來自民間金融資金佔總外借資金的比重 (1)	民營企業來自金融機構資金佔總外借資金的比重 (2)	中小企業製造業來自民間金融資金佔總外借資金的比重 (3)	中小企業製造業來自金融機構資金佔總外借資金的比重 (4)
1971 年底	67.3	31.4	-	-
1976 年底	61.3	37.3	-	-
1981 年底	59.3	33.0	* 32.7	* 64.8
1986 年底	52.8	39.3	29.5	68.0
1971-1976 年平均	62.5	36.0	-	-
1977-1986 年平均	58.3	34.6	-	-

資料來源：　(1)(2) 欄係由《臺灣地區資金流量統計》(1987 年 12 月) 資料計算而得。

　　　　　　(3)(4) 資料來自《臺灣地區工業財務狀況調查報告》(1984 年 12 月、1987 年 12 月)，臺灣銀行經濟研究室編印。

說　　明：　1. 來自民間金融資金是指來自家庭及企業借款、票據賒欠款、其他債權債務資金。

　　　　　　2. 總外借資金是指來自金融機構借款、政府部門借款、債券及票券發行資金及民間金融資金。

　　表 11 統計顯示，民營企業金融的資金需求程度何其殷切，然而，供給中小企業資金的金融機構是否相對充分滿足它們的需求？有關這個論點，中央銀行同一資料指出，民營企業來自金融機構資金佔其總外借資金的比重，在 1971 年底及 1986 年底，約僅在 31.4 -39.3％之間，前 10 年平均為 36.0％，後 10

　　年平均降為 34.6％；如果此項統計接近事實，則臺灣眾多民營企業的資金需求，有相當大的比重是仰仗非金融機構的支應。這個結論，應可支持中小企業金融資金的供給環境，是無法滿足中小企業資金需求的說法。

　　由於統計資料的相當欠缺，我們另試用臺灣銀行的一項調查統計，以進一步探討中小企業金融的資金需求。由表 11 中小企業製造業的例子，在接受調查的中小企業製造業，於 1982 年底及 1986 年底只有 64.8％ 及 68.0％ 的外借資金是來自於金融機構，而有 32.7％ 及 29.5％ 的外借資金是依賴民間金融。可見得中小企業製造業從金融機構獲取資金的可能程度較高，但亦可見中小企業製造業也明顯需要民間金融；約佔中小企業家數 20％ 的製造業是如此表現，更何況是更迫切需要週轉性資金、且更佔有約 80％ 比例的其他商業、服務業等非製造業的中小企業？

　　另外，我們確信，中小企業未來的融資需求環境[6]，必然是往擴充企業規模、提高員工素質、提昇產品競爭能力、生產技術升級強化現代經營管理、廣泛運用資訊設備、積極市場開發…等多方面發展。而這些方面在在皆需要資金支應，當然，中小企業除了來自本身之自有資金及其盈利之外，亟須在獎勵、輔導、融資等方面之配合，尤其是金融體系資金之挹注。

　　總之，臺灣絕大多數中小企業的資金需求，長期來都未見金融機構給予充分滿足，因此，在中小企業金融的資金需求空

6　中小企業發展所需要融資的重要性，請參見李俊科等〔1〕，頁 3 -7。

間無限廣泛之下，中小企業金融之發展是無可限量的。是以，我們認為開放民營銀行設立，以協助解決中小企業之資金需求，並以消減地下金融規模應是最佳的疏通管道。

3. 供給環境

政府的金融措施往往在配合政府各項產業政策之推動，產業發展則多藉獎勵投資。現行臺灣各獎勵投資，大皆以生產事業為對象，且其所訂定獎勵標準，亦有最低生產能力之限制。這些規定，使得許多中小企業均排除在獎勵範圍之外，尤其，在資本密集的產業方面更是鼓勵大規模生產，期以脫離中小型企業。而在金融融通方面，則融資輔導或配合獎勵對象，多以大企業或製造、加工之生產性之中小企業為主，大部分中小企業或非製造、加工之生產性中小企業，在這方面獲得的融通實在相當有限。

適宜中小企業發展之技術密集或不符自動化作業性質之產業等，皆應受到包括金融融通等之獎勵 [7]，但因獎勵規定往往以擴大生產規模為發展重點，因此，中小企業受惠不多。此外，提供給中小企業融資之貸款資金，一般業者抱怨額度不足。總之，支持中小企業之現實金融力量仍相對缺少，亦即對中小企業的金融供給尚待加強。因此，我們仍強調應速開放民營銀行設立，以擴大金融供給之活動空間。

7　中小企業輔導融資的最高行政主管的經濟部中小企業處，即曾作政策方向之宣示，表示為因應未來經濟發展，今後輔導政策將朝向資本、技術型之企業為重點。

二、中小企業金融資金問題的解決

1. 擴大中小企業融資資金

中小企業銀行的資金來源，除股本外，最主要的資金來源是企業與個人的存款，這也是中小企業金融體系融通資金的最重要源頭。惟臺灣中小企業金融資金一向不足，因此，除了中小企業金融體系亟須擴大存款吸收之外，加強其他銀行體系對中小企業融資，也是解決中小企業資金不足的方法之一。但是，運用行政指導加強商業銀行對中小企業融資的彈性已愈來愈有限，1982 -1987 年，省屬三商銀對中小企業融資佔其總放款的比重已高達 60.6%，如果硬是要求三商銀或其他一般銀行維持高比率的中小企業融資，則「必然需要犧牲行庫對中堅大企業之資金需求為代價，如此，將大大破壞經濟現有之平衡狀態。」[8] 這個代價值得我們加以評估。

然而，中小企業融資對中小企業的重要性實不容我們忽視。1982 年 3 月 1 日起，郵政儲金的增加部分，以 25% 的比例轉存臺灣中小企業銀行，這項措施為中小企業金融體系灌入為數極為可觀之資金。臺灣中小企業銀行獲得該項郵政儲金之轉存款數額連年增加，由 1982 年底的 136 億，逐年增至 1987 年底的 839 億，其佔該行總存款資金的比重，亦由 1982 年底的 31.7%，增加至 1985 年以後的 100% 以上，超過本身所吸收的存款資金；其佔全體中小企業銀行的總存款資金比重，亦由 18.6% 增至 1985 年的 50.5%，近已降至 1987 年的 38.6%。

---

8 參見黃天麟〔2〕，頁12。

　　可見，如果沒有以郵政儲金挹注至中小企業金融體系，中小企業銀行對中小企業的融資角色將大大遜色。我們建議，為解決中小企業融資資金，似乎可以考慮提高郵政儲金轉存款的比率至 50％，甚至更高，用以紓解中小企業金融體系資金之不足。我們認為，運用全體社會游資集中支應佔有全國 98％以上企業之資金需求，這種資金疏導之安排應屬合理。

2. 提高國營銀行等對中小企業融資比重

　　由前述統計資料顯示，專業性中小企業金融體系已善盡其對中小企業之融資責任，但是，在全體本國銀行及外商銀行的中小企業融資結構中，中小企業銀行所佔的比重，卻遠遠落在本國一般銀行之後。1976 至 1987 年期間，對中小企業之融資，中小企業銀行每年比重約只 19.4％，而本國一般銀行則高達 79.3％，為中小企業銀行的四倍。

　　由此可見，承擔對中小企業融資角色的責任，其實不是中小企業銀行，而是本國一般銀行，尤其是省（市）屬行庫，其佔全體中小企業融資比重平均高達 74.2％，其中，省屬三商銀比重平均約佔 49.2％。惟此種趨勢已略有降低，中小企業銀行在中小企業融通的角色已見增強，其佔整個中小企業融資市場的比重，已由 1976 -1981 年平均的 14.8％，明顯提高至 1982 -1987 年的 24.0％；而同期本國一般銀行相對由 83.5％降為 75.0％。雖然如此，對中小企業融資的重擔仍然在本國一般銀行身上。（參見表 12）

表 12　臺灣全體銀行對中小企業融資的市場佔有率
（1976 -1987 年平均）

單位：%；新臺幣百萬元

年底	1976	1981	1987	1976-1981 平均	1982-1987 平均	1976-1987 平均
合 計	100.0	100.0	100.0	100.0	100.0	100.0
本國銀行	97.0	98.6	98.5	98.3	99.0	98.7
一般銀行	90.6	78.5	75.2	83.5	75.0	79.3
國營	1.4	1.8	2.3	1.7	1.9	1.8
省（市）營	85.6	72.8	70.4	78.1	70.3	74.2
三商銀	57.6	49.6	42.3	53.4	45.0	49.2
其他	28.0	23.2	28.1	24.7	25.3	25.0
民營	3.6	3.9	2.5	3.7	2.8	3.3
中小企業銀行	6.4	20.1	23.3	14.8	24.0	19.4
公營	6.4	11.0	13.2	8.5	14.0	11.2
民營	0.0	9.1	10.1	9.4	10.0	8.2
外商銀行	3.0	1.4	1.5	1.7	1.0	1.3

資料來源：同表 8。

　　進一步觀察，本國一般銀行雖是臺灣中小企業融資的要角，但是，市場分配結構卻是顯示比重集中在三商銀，這三家商銀對中小企業融資的比重，幾乎是全體中小企業銀行的兩倍。可見，其他本國一般銀行對中小企業融資仍有檢討之餘地。

　　由表 3 及表 12 顯示，在全體本國銀行體系中，四家國營銀行對中小企業融資的比重最低，在市場結構中平均佔不到 2%，其佔本身放款總額的比重約在 5% 左右；另外，四家民營商銀對中小企業融資的市場比重亦不超過 4%，某佔本身總放款的比重亦只在 15% 左右。這種表現，實在可以檢討以促其提高這項比重，尤其是對四家國營銀行，似宜考慮運用行政

指導之力量配合達致。

總之，全體本國一般銀行對中小企業融資的市場比重雖大，但是其分別佔其總放款的比重卻相對不高；而中小企業銀行對中小企業融資的市場比重雖不大，但其佔本身放款總額的比重卻相當高。因此，我們認為要提高對中小企業之融資，其方法似乎不再提高中小企業銀行體系之中小企業融資比，而係在增強中小企業金融體系之資金；其次，應是增強三商銀以外之本國一般銀行對中小企業融資之比重，尤其是國營銀行應強化其專業責任範圍領域內之中小企業融資，不宜坐視其忽略輔導中小企業發展之融資責任。

3. 政府應承負中小企業的中長期融資

中小企業金融的重要問題之一，就是長期資金供應不足。這個問題在先進國家也同樣面臨。值得注意的是，美國中小企業局（SBA）對其中小企業的融資角色包括：（1）協助向民間金融機構獲得融資，並在不易獲得民間資金時予以直接融資；（2）對遭遇災害、生產擴張、經營、或 R&D 等方面，給予直接融資或協調其他金融機構聯合貸款。這是以政府立場擔任中小企業金融積極參與的角色。

現行本國一般銀行乃至臺灣中小企業金融之融資性質，大部份之比例是偏向短期週轉金，對中小企業中長期信用之融資比例一向皆在三、四成以下。此種趨勢，表示中小企業之中長期資金有相當比重是從金融機構以外獲得，就主管立場似乎對中小企業中長期資金問題應有根本解決的方法。我們以為，美國中小企業局之融資作法，我國似可參考採行。

三、中小企業專業金融制度之檢討

臺灣現行中小企業之專業金融機構，為各「中小企業銀行」，而各中小企業銀行則由原「合會儲蓄公司」於 1976 至 1979 年分別改制而來。依《銀行法》，中小企業銀行係以供給中小企業中長期信用為主要任務，目前，除一家公營之以全臺灣為經營範圍之臺灣中小企業銀行外，硬要由以地域性之各區民營合會儲蓄公司所改制為各地域性之區中小企業銀行，來承擔中小企業之專業銀行任務與功能，不僅「頗有強人所難之處」，亦使對中小企業銀行之名有「混淆莫辨、增加社會大眾之困惑」之現象。[9]

何況由地區性銀行承擔五花八門之中小企業之長期信用並不相宜；更何況，限定中小企業銀行分區經營，亦不符《銀行法》賦予中小企業銀行專業性任務之精神。這種區分限制經營區域之規定，倒是與《銀行法》中「國民銀行」之性質規定相類似。就是唯一一家公營的臺灣中小企業銀行，其承負中小企業專業銀行的任務，本質上亦有其限制因素[10]。因此，現行中小企業銀行制度調整，不應等閒視之。我們認為，區中小企業銀行應恢復其原來面目，宜改制為國民銀行。

四、其他有關問題之檢討

9　參見張鈞〔7〕，頁 12。

10　曾任財政部錢幣司（今改稱金融）司長及臺灣中小企業銀行董事長的趙既昌就指出：「臺灣中小企銀隸屬省政府，有業績壓力，確實不能達成其輔導中小企業融資的政策性銀行目的，而只成為一般性銀行。」可見公營專業銀行與一般非專業銀行的管理應有所區分。

1. 金融統計出現矛盾的啟示

依《銀行法》規定，中小企業銀行的專業任務係在供給中小企業中長期信用；因此，中小企業銀行對中小企業融通是其主要任務，也是它的專業目標。證諸改制以來中小企業銀行對中小企業融資的比重，自 1976 到 1987 年平均每年比率為75%，顯然，中小企業銀行的資金應已大部分用之於中小企業融通。

但另根據中小企業銀行放款的行業別分類統計，則顯示這兩項金融統計指標有兩點值得注意的問題出現：（1）既然中小企業銀行融資總額中對中小企業融資佔 75%，何以依放款行業統計上出現對企業以外行業如：私人、教育文化事業、非營利事業團體、金融機構等非企業體的融資比重竟達 45%，這是統計基礎有問題？還是當事者在應付管理的要求規定而出現的問題？（2）中小企業銀行放款性質統計顯示，約有 65%放款是融通在週轉金，約只有 35%是用在中小企業擴充設備的資本性資金方面，這項比重顯然與中小企業銀行供給「中長期信用」的任務不相符合，則中小企業銀行長期來未履行該項《銀行法》所賦予之任務，這是否表示主管機關監督不力？亦或表示中小企業銀行制度應改弦易轍？

2. 郵政儲金轉存的政策高度依賴性

中小企業金融體系的正常資金來源，是其所吸收的存款。但由於中小企業銀行資金有限，政府於 1982 年 3 月起，撥存部分郵政儲金予專業銀行，臺灣中小企業銀行獲得其中的

25％後，使得中小企業金融體系資金增加不少，尤其，是支配該資金的臺灣中小企業銀行，其所得該項資金佔該行總存款的比重，由 1982 年底的 31.7％，增加至 1985 年的 109.6％，再增至 1986 年的 110.2％，其後 1987 年降至 82.4％。（參見表13）

表13 臺灣中小企業金融依賴體系外資金比重（1982-1987年底）

單位：%

年 底	郵政儲金轉存款佔全體中小企銀存款比重	郵政儲金轉存款佔臺灣中小企銀存款比重	對金融機構負債相對全體中小企銀存款比率	其他借入款相對全體中小企銀存款比率	合計
1982	18.6	31.7	4.7	–	23.3
1983	33.6	60.6	4.3	0.3	38.2
1984	41.3	83.6	2.8	0.8	44.9
1985	50.5	109.6	2.8	1.6	54.9
1986	48.8	110.2	1.9	1.7	52.4
1987	38.6	82.4	2.6	1.7	42.9

資料來源： 1. 郵政儲金轉存款、全體中小企銀存款、對金融機構負債、其他借入款等資料來自《臺灣地區金融統計月報》(1988 年 6 月)，中央銀行經濟研究處編印。
2. 臺灣中小企銀存款資料來自《金融機構業務概況年報》(1982-1987 年)，中央銀行金融業務檢查處編印。

就中小企業金融體系而言，來自各中小企業銀行所吸收的存款以外，構成中小企業金融資金主要來源是對金融機構等的借入款。自 1982 年以後，中小企業銀行獲有 25％的郵政儲金增量的轉存款，使得中小企業金融資金明顯增加，該項轉存款的數額佔全體中小企業銀行總存款的比率，由 1982 年的 18.6％不斷增加至 1985 年底的 50.5％，至 1987 年底稍降至 38.6％。1987 年底轉存數額高達 839 億，數字相當龐大。

中小企業金融體系存款以外的其他外來資金總數佔總存款的比重，由同期的 23.3％，年年增加至 1985 年底的 54.9％，其後降至 1987 年的 42.9％。（參見表 13）這項比率數值明顯偏高，表示中小企業金融體系依賴政策性的外來資金程度大，因而隱含著郵政儲金轉存程度對中小企業金融資金來源之政策高度依賴性之問題。

3. 信用保證基金為公營銀行而設？

中小企業信用保證基金設立的主要目的，是在提供信用保證以協助中小企業取得金融機構之融資。自該基金成立以來迄今，保證案數與保證金額年有增加，自 1974 年 7 月底迄至 1988 年 6 月底止，累計承保案件達 63 萬件，保證金額達新臺幣 4,715 億元，平均每件承保金額為 75 萬元，可見保證金金額並不大。

觀察表 14 信保基金歷年來的承保統計，主要的送保單位以本國一般銀行為最多，累計送保證案件佔全部案件的 75.9％，其中，公營銀行佔總數的 69.5％，民營銀行佔 6.4％；中小企業銀行只有 23.7％，其中，公營的臺灣中小企業銀行佔總數的 21.3％，民營的中小企業銀行只佔 2.4％。累計保證金額的比重亦大致相若。就保證餘額觀察，至 1988 年 6 月底，單位比重已有調整，中小企業銀行保證餘額佔總餘額比重提高為 34.5％，其中，公營比率為 28.0％，民營比率為 6.5％；本國一般銀行佔總餘額比重降為 62.7％，其中，公營比率為 58％，民營為 4.7％。

表 14 臺灣中小企業信用保證基金承保案件統計
（1974.7 -1988.6 累計）

單位：新台幣百萬元

時　間	保證件數		保證金額		1988 年 6 月底 保證餘額	
銀　行	件	%	金額	%	金額	%
本國一般銀行	477,857	75.9	363,669	77.1	35,330	62.7
公營	437,649	69.5	335,489	71.2	32,692	58.0
民營	40,208	6.4	28,180	5.9	2,638	4.7
中小企業銀行	149,527	23.7	102,118	21.7	19,444	34.5
公營	134,368	21.3	89,428	19.0	15,772	28.0
民營	15,159	2.4	12,690	2.7	3,672	6.5
信託投資公司	2,768	0.4	5,668	1.2	1,613	2.8
合　　計	630,152	100.0	471,455	100.0	56,387	100.0

資料來源：中小企業信用保證基金。

　　由表 14 瞭解，無論是中小企業銀行亦或其他的本國一般銀行，送至信保基金保證的案件與金額，皆以公營銀行佔大多數（約佔 90％以上），民營送保案件金額皆相當少（約 10％左右）。雖然，民營銀行送保的比重至 1988 年 6 月底已有明顯提高（11.2％），但是，畢竟民營銀行送保比率仍然相對公營銀行偏低，則是很明顯的事實。這種情形，是否公營銀行與政策性之行政指導有關？這是一件引人興趣的問題。

　　其次，我們也注意到，一般對現行中小企業信用保證基金運作的檢討，包括許多中小企業對信保基金之指責，例如：手續費率太高（達 0.75％），使中小企業者在利息外增加負擔；又如信用保證額度僅限 1,000 萬，對需求機器設備費用較高之業者，根本發揮不了作用等等。這些亦值中小企業信用保證基

金及主管當局加以檢討。

　　此外，全國工業總會在 1988 年 7 月一項對「當前中小企業發展問題」的意見調查中顯示，有 52.8％的中小企業未曾透過中小企業信用保證基金向銀行融資過，並有 5.7％的中小企業並不知有中小企業信用保證基金融資之事，另加上申貸未獲准的 2％，則有 60％左右的中小企業並未利用到信用保證基金。這項調查說明，也透露出中小企業信用保證基金的努力尚有很可發揮的餘地。

4.　中小企業應積極鼓勵合併之商榷

　　另有謂臺灣中小企業經營規模太小，不符經濟規模，而主張應發展為中大型企業，因而有資金分配或流向不宜偏重中小企業之說詞。我們認為，這個說法在某方面固有其道理，惟就實際資料顯示，臺灣中小企業生產的附加價值水平，相較大企業之生產附加價值實並不遜色（參見表 15）。

　　如果該統計數據與實情不差，我們認為，鼓勵裁併中小企業以往向大企業之發展策略之理由並不堅強；但中小型貿易商的規模，則有改進之必要。經濟部中小企業處指出，1985 年臺灣貿易商的外銷金額（102 億美元）中，年外銷金額在 5 萬美元以下的貿易商竟然佔外銷貿易商家數的 66％，可見這些外銷貿易商的經營實績實在太低。因此，我們認為，中小型貿易商應有朝向具有經濟規模之中大型方向發展之必要。

表 15　臺灣大、中小企業各業生產增值淨額及附加價格比重
（1985）

單位：新台幣百萬元

企業別	大企業		中小企業	
行業別	生產增值淨額（按成本要素）	生產增值淨額／生產總值（％）	生產增值淨額（按成本要素）	生產增值淨額／生產總值（％）
製造業	326,337	20.0	240,853	20.2
商業	30,645	60.2	218,552	59.6
服務業	191,816	57.4	81,026	46.8
礦業	2,026	28.6	3,600	24.8
合　　計	550,824	27.2	544,032	31.1

資料來源：《中小企業統計》，經濟部中小企業處編印，1986 年 12 月。

伍、結論

　　臺灣中小企業金融體系雖然涵蓋專業融資機構、專業信用保證與輔導單位，亦有專責行政機構統籌中小企業之融資輔導，政策上也分別由相關機構執行，但是，整個中小企業融體制顯得仍未健全。

　　中小企業金融的專業性任務艱鉅，經檢討比較現行中小企業金融之條件，專業機構的中小企業銀行實難獨擔如此重任。中小企業銀行營運據點差、營運規模不大，但對中小企業融資則已相當盡責，如此情形，有關中小企業金融之問題，似乎不應只苛責中小企業銀行。

　　檢視臺灣中小企業金融的經營環境，中小企業發展需要中長期資金，但整個中小企業金融供給不足；中小企業以服務性

質的業別比重大，在此種結構，但金融供給卻偏向製造生產的方向；中小企業資本普通低、企業組織型態偏重獨資、合夥、就業員工少等小規模經營結構，故需要零星金額服務，但金融供給偏好中大型及批發性業務；中小企業資金需求殷切，但對中小企業金融融資比重不高，而任由地下金融長期坐大…。凡此種種，皆令當局應重新檢討現行整個金融體制及中小企業金融分工問題。

　　比較當前臺灣中小企業專業銀行與本國一般銀行，中小企業銀行的營運條件及經營成效皆相對較差，但中小企業銀行對中小企業融資的比重則遠優於本國一般銀行之表現，尤其應令民營銀行及國營銀行在扶持中小企業發展之責任要求上感到汗顏。

　　中小企業銀行在吸收存款發展，近年來已出現瓶頸，努力的成效遠非本國一般銀行可比，特別是民營中小企業銀行在資金來源管道相對缺乏管道。在股本及公積、未分配盈餘的營運表現方面，公民營銀行在管理上要求有差異，值得注意的是，民營銀行包括民營中小業銀行及本國一般銀行在內，其在經營的安全性表現皆較公營銀行為佳，而且，相差程度相當大。但就盈利數額而言，本國一般銀行的獲利水平尤其可觀，尤其是公營銀行的股本報酬率更曾高達 55.7%，遙遙領先中小企業銀行。因此，銀行民營化問題應認真考慮。

　　中小企業金融面對的經營與資金需求環境是高度需要資金支應，但長期來金融機構提供的滿足水平應不充分；而在金融供給方面的配合，則因大多偏重製造及加工生產之中小企業，

故對大多數的中小企業並無助益，因而地下金融需求不斷，顯示金融制度與企業發展不相配合。

　　總之，當前臺灣中小企業金融已出現制度不協調及中小企業金融資金不足等問題。我們認為，制度問題應勇於面對調整，而資金擴大應力求解決，對中小企業之融資結構，則除督導公營中小企業銀行繼續善盡其職責之外，主管當局要求加強省屬銀行提高對中小企業融資比重之政策，應宜移轉至要求大幅提高國營銀行在其專業職責領域內對中小企業融資之比重。此外，政府亦應多承負中小企業中長期融資之責任。

參考文獻

1.　李俊科、林光育、林田、茹執競等，〈本庫辦理中小企業貸款之研究〉，合作金庫中小企業金融部（油印稿），1986 年 6 月。

2.　黃天麟，《中小企業融資問題之研究》，基層金融研究發展叢書之 2，基層金融研究訓練中心編印，1981 年 6 月。

3.　黃永仁，《臺灣的基層金融》，基層金融研究發展叢書之 1，基層金融研究訓練中心編印，1981 年 6 月。

4.　黃博怡，〈中小企業銀行業務經營之比較〉，《基層金融》，第 12 期，1986 年 3 月。

5.　陳錦煌，《中小企業發展策略及融資輔導》，臺北市：光大圖書出版社，1986 年 1 月。

6.　彭百顯、鄭素卿、蔡培榮、張文隆，《我國資金疏導問題之研究》，金融研究叢書（017），財政部金融司、儲委

　　會金融研究小組編印，1986 年 9 月。

7.　　張鈞，〈臺灣之中小企業銀行與中小企業融資問題〉，《臺灣銀行季刊》，第 34 卷第 3 期，1983 年 9 月。

8.　　張鈞，〈中小企業融資體系之整合、擴散與強化〉，《基層金融》，第 12 期，1986 年 3 月。

9.　　經濟部中小企業處，《臺灣地區中小企業經濟活動報告》（1985 年度），經濟部中小企業處編印，1986 年 12 月。

10.　趙既昌，〈臺灣中小企業之輔導問題〉，《臺灣銀行季刊》，第 34 卷第 3 期，1983 年 9 月。

11.　劉泰英，〈臺灣中小企業投資環境之研究〉，《臺灣銀行季刊》，第 34 卷第 3 期，1983 年 9 月。

12.　劉泰英、張炳耀，〈我國當前中小企業融資問題之研究〉，《臺灣經濟研究叢刊》，1979 年 12 月。

　　【林鐘雄、彭百顯合撰，《基層金融》，第 17 期，1988年 9 月。】

臺灣的新銀行與其對中國大陸的關係

一、臺灣的新銀行產生背景

　　金融機關種類很多，在臺灣，始終都以承辦存款及放款業務的銀行業最為重要，且本文是一個簡短的報告，故我把問題的重點放在銀行業。

　　臺灣最主要銀行都是 1920 年代至 1930 年代，由日人配合部份臺人資金創設，終戰時，在國府沒收日人財產的過程中，這些銀行都陸續成為公營銀行。按理說，由於國民所得增加及產業發達，除舊銀行有成長的機會外，新銀行更有創設及生存的機會，但在臺灣經濟 40 多年的發展過程中，國府都採取絕對禁止創設新銀行的政策。其結果是，即使公營銀行經營效率低，且未必由專業金融家經營，大多數年份都能高速成長並享有暴利。且在日據時期作為調劑平民金融的信用合作組合，終戰後改組成地方性的信用合作社及農會信用部，也陸續在金融管制下大幅成長，以信用合作的名義扮演著銀行業的角色。

　　甚至，部份與國府有關的有心人士更利用例外情事創設銀行，以分霑擴大中的銀行市場的獨占利潤。例如，交通銀行、中國農民銀行、上海商業儲蓄銀行等原在中國大陸登記的銀行，相繼以在臺灣復業的名義開辦銀行；再如，以動員海外華僑資金的動聽名詞，相繼創辦只在臺灣營業而無國外分行的華

僑商業銀行及世華聯合商業銀行，但在 1990 年以前一直都是禁止設立新銀行。

一言蔽之，在長期銀行業獨占的情形下，臺灣的絕大部份銀行業長期賺取巨額獨占利潤，使大部份臺人誤以為銀行業是穩賺不賠的高利潤行業，甚至，為彌補獨占銀行業無法充分滿足資金服務而產生的地下金融活動也此起彼落，長期間成為臺灣經濟金融體系內的非正常現象。據估計，這些地下金融活動的交易量，直到現在仍佔臺灣金融活動的三分之一。

在高利潤率的誘因下，自 1970 年代以來臺灣就一再有要求開放新銀行設立的呼聲，國府的金融主管當局卻藉各種不成理由的理由拒絕新銀行設立的要求。1980 年前後，為因應國內外金融經濟環境變化，國府提出自由化、國際化及制度化的政策原則，拒絕新銀行設立之理由漸變得薄弱，國府一面拖延制訂相關法令的時間，另一面又趕快加速原有公營銀行在全臺各地普設分支機構，以減少新銀行的生存空間。

直到 1990 年公佈〈商業銀行設立標準〉時，又以規定最低資本額新臺幣 100 億元及嚴格限制新銀行經理人資格的條件，試圖減少參與銀行業競爭的新銀行家數。結果在 1990 年 10 月申請截止前，合乎申請資格且被接受的申請家數仍多達 19 家。經過金融主管當局長達 9 個月的嚴格審查及對主要發起人與經理人的面對面口試，其中有 15 家於 1991 年 6 月底獲准著手籌備，再經過長達半年的測試及考驗，這 15 家新銀行已陸續在今（1992）年上半年開始營業。此外，今年上半年金融主管當局又核准另一家開始籌備，且准許原中國信託投資公司改制為中國信託商業銀行，故實際新銀行家數多達 17 家，

以家數言（不包括分支行），較原有銀行 16 家多出一家。

二、臺灣新銀行的困境

新銀行創辦之始，問題重重且相當複雜，由不同角度可能提出不同的看法，且會有爭議。就本人所要報告的題目言，以下幾個問題是比較重要的。

第一，大部份新銀行與臺灣現有若干大財團關係密切，一年來臺灣有些媒體甚至會指名道姓說，某銀行是某財團的關係企業，予人臺灣的大型企業分霑銀行業寡占利潤的惡劣印象。事實是，當年國府的金融主管當局為減輕銀行家數激增對現有公營銀行的競爭壓力，將銀行設立最低資本額的規定提高至新臺幣 100 億元或以上，作為嚇阻力量，從而只有財團或若干財團相結合才有能力提出設立新銀行的申請，而且由此因素引申一些新經濟金融問題，其中一部份將在下文略加說明。

第二，國府對新銀行的業務限制甚嚴。國際間銀行業務競爭非常劇烈，傳統上利潤來源的存放款利差愈來愈小，銀行業須增加其業務種類及開發新金融產品，才能生存及維持適當的利潤率，尤以有意跨入國際間參與國際銀行業務競爭的銀行同業為然。可是，在臺灣，國府對新銀行只准許傳統的存款及放款業務，預期在 1993 年夏天才得成立信託部，但仍不准買賣股票及從事企業投資，至於何時能設立國外部，參與外匯有關業務仍是未知數，何時及能否到國外設立分支機構更是渺不可知。

在此情形下，在已知的歲月中，絕大部份新銀行的獲利能

力都很低，有些甚至會面臨虧損的壓力。可是，即使部份新銀行有大財團作後盾，每家新銀行大小股東人數都超過萬人，為期對股東們有所交代，總是要在法令限制下，儘量追求能令股東們滿意的利潤，每家新銀行各有其對策，但總是會為臺灣經濟金融製造了新問題。

第三、國府對新銀行開辦分行的限制甚嚴。銀行業首重信用，信用有待長期培養，更須有眾多新分行共同努力來打開知名度。1992 年臺灣開始設立的新銀行，每家都只准先有 5 個分行，且今後每年每家至多得增加 5 個分行。目前臺灣最大的第一商業銀行共有 120 個分行，如果國府不改變其管制政策，新銀行須在 24 年後才能達到目前第一銀行的規模。

限制新銀行的分行家數與限制其業務內容一樣，多少都帶有保護原有公營銀行利益的成份，既然是金融主管當局的規定，每一個新銀行都不能不遵守，但每一新銀行的經營者同時也須對其股東有所交待，從而須費盡心思尋求突破困境之道。恰在這個階段，臺灣出現了所謂「大陸熱」，就是臺商到中國大陸投資、貿易及旅遊的熱潮，從而就令人聯想到臺灣的新銀行如與此「大陸熱」相配合，未始不是一個突破生存及利潤困境的途徑。

臺灣的新銀行都尚在學步的階段，分別都遭遇到未必相同的經營上困境，是否會運用大陸熱作為紓困的手段以及其可能的作業內容，因為有國府《國家統一綱領》的限制，更是各銀行業務上的機密，現在要加以探討仍言之過早。不過，由目前臺灣部份新銀行的背景，以及臺灣與中國大陸間的投資貿易發

展趨向，我們仍可試著探索部份新銀行與臺灣對中國大陸經貿
發展過程中的一些微妙的關係。

三、臺灣的新銀行與其對大陸的關係

銀行是一種營利事業，其公益性質較非金融事業為重，
但民營銀行多少都會重視利潤，部份臺灣的新銀行的主事者數
十年來都念念不忘利潤，從而總是想在困境中追求較其競爭者
更多的利潤。在臺灣，儘管有關中國大陸的資訊非常缺乏，但
對某些人士言，大陸熱似乎表示著機會，有些媒體也強調臺商
在中國大陸賺錢的居多數，部份民營的新銀行家就不免也會心
動。不論是理念或是幻想，在現行政策原則的限制下，下列兩
種方式是最有可能發生的。

第一，對在大陸的臺商間接融資。根據臺灣部份學者的研
究，在中國大陸投資的臺商的週轉金約 70％來自臺灣，這是
不算小的市場，公營銀行因有不少束縛，始終不能滿足這些在
大陸投資之臺商的資金需求，民營的新銀行如重視市場開發，
乃至於重視利潤，就會增加這種所謂「臺灣貸款，大陸投資」
的業務，從原將在臺灣所受的業務限制，在大陸市場尋求適當
的補償。尤其是，若干由財團支配的新銀行，其財團主事者到
中國大陸投資企業的企圖心很強，有些甚至已在中國大陸設立
了企業基地，這類銀行就很可能配合與其有關的財團的理念，
以各種方式加強與中國大陸間的金融關係。這種可能性對今後
臺灣與中國大陸的經濟金融關係會有很重要的影響，且目前已
在臺灣開始起步的新銀行群，也會因是否參與此類業務及參與

程度大小而陸續展示出差異性。

第二，在大陸發展非銀行的金融機構。根據現有資料估計，臺商到大陸投資明顯地集中在少數經濟特區之內，其中一、二個特區內臺商所需資金總量已達相當程度的經濟規模，值得以一個或兩個臺籍銀行單位提供金融服務。可是，中國目前未有統一的外商銀行設立分行標準，部份訂有是項標準的經濟特區，要求的最低資產額標準高達 200 億美元以上，臺灣合乎是項標準的只有少數公營銀行，在現階段政策上根本不可能爭取這項潛在的業務機會。而臺灣的新銀行目前規模又與該標準大有差距，且國府政策上必不容許去設分行。

然而，部份新銀行的主要股東或許得經第三國以另一種方式，到大陸投資創設如財務公司之類的非銀行的金融機構，以其在臺灣所能支配的資金，在大陸爭取可能已經存在的金融市場機會。在各國經濟史經驗上，企業家對利潤機會總是最為敏感，臺灣商人的活動經驗上總是走在政府政策之前，這類資金往來關係也是很難規避的，其引申的可能影響更是目前很難臆測的。

倘若我們將眼前這種短期現象引申到中期的可能發展趨勢，臺灣的新銀行因其屬於民間性格，其與中國大陸金融關係有較大的發展空間及可能性，但存在的變數非常多，即使有能力一一列出可能發生的變數，根本重要的還是政治家及金融家的判斷智慧，雖然我有所期待，直到目前為止，仍然沒有看到令人滿意的理性智慧的曙光。

【《經濟日報》，1992 年 10 月 27 日。】

我國創建區域金融中心
與兩岸經貿關係

一、緒言

　　我政府計劃把臺北發展為區域金融中心的構想可追溯到 1984 年，當時「中英聯合聲明」決定香港將於 1997 年歸還「中國」的命運，雖然附帶有 50 年維持現狀的一國兩制條款，但香港的區域金融中心是否能夠維持呈現相當不確定性；同時，我國經濟力量初步呈現在世人之前，對外貿易金額、國民生產毛額佔全世界之比重凸顯出來，且對外貿易出現長期擴大出超現象，外匯準備也開始加速累積，從而產生以臺北取代 1997 後之香港地位的構想。

　　據已知的官方文獻，當時政府雖提出發展臺北為區域金融中心的構想，卻不曾積極有計劃進行規劃及推動，1984 年准許銀行業開辦國際金融業務分行（Offshore Banking Units）業務，1987 年放寬外匯管制等措施，只能視為零星的配合客觀經濟金融環境變化的因應對策。

　　一年前，行政院在「振興經濟方案」中，正式提出將臺灣建設為亞太營運中心的構想，這個構想的架構仍在研擬階段，具體架構仍待確定，但無論是定位為利潤中心、或航運中心、或研發中心、或產銷中心等，都不能不牽涉到區域金融中心。不只因為廣義的金融中心包括了商品中心、航運中心、保險中

心等經濟金融活動，而且僅就狹義的金融中心言，市場經濟不能脫離貨幣金融活動，交易之議商不能不有共同接受的計算單位，債權債務的清償不能沒有雙方都願意接受的媒介物，尤其是跨越國境的各種經濟活動更是如此。計算單位及清償債權債務都是貨幣的基本功能，能夠跨越國界扮演貨幣角色的貨幣就是國際貨幣。

　　自 1960 年代，大部分工業國家陸續放寬外匯管制，以及 1970 年代浮動匯率盛行以來，國際間的金融交易金額相對上大幅增長，根據一項統計，在 1980 年代前半，倫敦一地一年歐洲美元交易量為 75 兆美元，約為同時全世界物品及勞務交易金額的 25 倍[1]。可見金融交易已是國際經濟活動的主角，這些金融交易大多數與跨國公司的經貿活動有關。因此，即使是狹義的區域營運中心，仍然必須計及區域金融中心的活動，否則就不成為區域營運中心了。

二、區域金融中心的最低條件

　　在工業革命之後，隨著西歐各國陸續展開工業革命，生產及交易量大增，從而各國境內陸續形成地區乃至於國家金融中心。1870 年之後，由於對外投資及對外貸款金額的增長及累積，西歐幾個大城市，如倫敦、巴黎、法蘭克福等，陸續演變成區域金融中心，乃至於所謂國際金融中心。百餘年來，由於

1　Peter F. Drucker. "The Changed World Economy", Economic Impact, 1986/4, pp. 6 -13. (Reprinted from Foreign Affairs, Spring, 1986)

國力消長、交通通訊設施改進、生產科技的進步、跨國公司活動型態的改變等因素，不論國際金融中心、區域金融中心、乃至於國家金融中心都發生位移現象。就這些金融中心的形成及其位移現象的考察，我們得指出，作為區域金融中心，起碼須具備下列五項條件。[2]

第一，穩定的貨幣價值。跨越國境的交易，不論是商品交易或金融交易，都立即要遭遇到計算單位的選擇問題，在現行國際貨幣架構下，因為有幾個國家的貨幣已扮演著國際貨幣的角色，因而不致於發生重大的困難。可是，區域金融中心既然要同時扮演匯集與分配資金的角色，問題就不如此單純。這並不表示，作為區域金融中心之國家的貨幣一定要國際化，因為一國貨幣既經國際化，除享有國際化的利益外，尚須同時承擔國際義務，除非國力達相當程度，要承擔此一國際義務是相當艱鉅的任務。不過，既然要在特定區域內扮演資金中介角色，最低程度當是該國貨幣當局有能力長期維持其幣值的安定，才能取信於資金供給者及資金需求者。至於究竟要採用那一種通貨作為計算單位，則只要債權債務雙方都同意即可。

第二，健全的金融市場。不論利潤中心、航運中心、產銷中心、研發中心等經濟活動，都經常發生資金交易，如果資

---

2 C. P. Kindleberger 在檢討歐美諸重要金融中心形成過程及國際金融中心位移後，曾列舉說明創建歐洲金融中心的十項因素：歐洲通貨、中央銀行、行政中心、傳統、經濟規模、中心位置、運輸、跨國公司總部、文化及政策。參閱。Charles P. Kindleberger, "The Formation of Financial Centers (1974)," reprinted in his Economic Response, (Cambridge, Mass.: Harvard University Press, 1978) Chapter 4. 以下五項起碼條件係參酌 Kindleberger 的看法而提出。

金交易與商品生產及流通不在同一地點，就會額外增加交易成本，即使現在資金移轉成本已大為降低，但仍以在同一地點的金融市場完成資金交易成本為最低，且風險程度也最低，從而區域金融中心就須具備健全的金融市場。健全的金融市場通常須具備廣度、深度及強度，具體地說，除銀行體系外，尚須有活潑而健全的貨幣市場及資本市場，且這些市場的架構及其工具都能隨著客觀環境的變遷而調整，從而能夠發揮專業化的利益，使市場參與者所遭遇到的不確定性降至最低程度。

第三，最低程度的市場規模。每一種市場都有其最低程度的設備，從而有最低的交易成本負擔，除非市場規模能由該市場獲得大於此最低成本負擔的利益，該市場就不易設立，也不易持續生存下去。尤其是，晚近隨著資訊科技不斷躍升，金融市場所需設備投資隨之增加，甚至折舊也在加速之中，故最低市場規模有擴大趨勢。

市場規模有三項主要來源：一是本國儲蓄的規模及金融市場動員此儲蓄資金的能力。二是吸引區域內外資金交易的潛力，因為大多數區域金融中心本身儲蓄資金供給通常不大，匯集其他資金來源是相當重要者，就是這一部分功能與當地貨幣當局的政策最有關聯，如當地貨幣當局政策態度彈性不夠，區域金融中心始終會成為畫餅。三是相關的非金融中心活動的強度，不論是本國政府主導或跨國公司自願參與，利潤中心、研發中心、產銷中心、保險中心、運輸中心、倉儲中心等都會引申金融市場服務的需求，這些需求有助於擴大金融市場規模。由此觀之，金融市場規劃乃是廣義金融市場規劃之一部分，唯

有整體有系統思考、設計並推動才有助於健全的區域金融市場的形成。

第四，文化因素。雖說科技進步、通訊成本大為降低、運輸時間及費用也在陸續降低中，使這個世界陸續變小而成為一個地球村，但數千年來各民族各有其牢不可破的習俗及傳統，在這個世界多少仍存在著若干文化圈，少數國家或許極其幸運能夠克服文化障礙的成本，形成國際金融中心，但大部分文化圈彼此之間的文化差距會使交易成本提高，從而在同一區域內所存在的不同傳統及文化便成為構築區域金融中心的重要障礙，甚至各國不同區域金融中心的運作及協調也由此衍生額外的成本。克服這類文化因素的障礙固然是當務之急，卻非一蹴可幾，因而有些國家若能妥善運用其相對優點，當能藉此把自身塑造成區域金融中心，推動區域內的經濟金融交流，也作為與其他區域金融中心的橋樑，共同促進區域內外經濟金融的互補互利。

第五，個別區域間的獨特風格。世界各個地區的資源供需、經濟發展型態及經濟發展階段，都有明顯差異，從而各個地區的金融中心各有其特色，非但不會完全一模一樣，而且隨著時間及其他客觀條件的變動，各個地區的金融中心也會有所推移。影響這項獨特風格的因素可簡分為兩類，一是跨國公司的活動，另一是作為區域金融中心國家的政策。

在跨國公司活動方面。溯自 19 世紀跨國公司開始活躍以來，其活動目的、類型、操作方式繼續推陳出新，這些變化當然會影響區域金融中心的興衰起落，要塑造區域金融中心固然

須詳察這種變化，就是既經存在的區域金融中心也莫不需因應這些變化而適時進行必要的調整，否則便難免沒落的命運。然而，更不能忽略的是，各個地區既然在資源、經濟活動、經濟發展階段各有其特色，跨國公司活動的變化也莫不與此特色有關，因而這實際上是知己知彼及適者生存的問題。

在區域金融中心國家的政策方面。這自然是更重要的因素，因為這些相關政策措施立即影響市場參與者的操作順利與否及盈虧的多寡。一般而言，租稅措施比較單純，因為在已知租稅措施的條件，依一定方式便可量化市場參與者所承受的影響，使市場參與者有較明確的判斷依據，但這並不表示免稅或低稅率就必然有較大的吸引力，市場參與者仍須考慮相當複雜的金融政策的影響。

因為金融中心既然需具備健全而活潑的貨幣市場及資本市場，貨幣市場工具種類、創新及其交投活動都與該國家的貨幣政策有關，而資本市場究竟是以股權資產市場為主，或係以債券市場為主，或係兩者同步發展，也是該國貨幣政策所能左右。且其貨幣政策的健全程度與金融市場健全程度大有關聯。尤其重要的是，區域金融中心不論其活動領域廣狹，總是跨越國境，且須有外國法人、外國公司、外國政府及外國人民的參與，才能成為名實相符的區域金融中心，故金融自由化是不可或缺的條件，且此自由化程度與其健全發展大有關聯。然而，個別國家總是各有其獨特處境，貨幣當局總是受制於此處境而對金融自由化持不同態度，因而已經存在的區域金融中心就有所差別，且極可能因客觀處境的改變而續有所改變。

三、我國經濟金融條件

國際間所存在的金融中心，不論其為國際性、區域性或國內性，大體上可簡分為兩種類型，一種是自然演進的，另一種是人力設計推動完成的。不論其屬那一種類型，都必須遵循各該國家的基本條件，善用其優點才能水到渠成，而一旦時勢轉移，基本經濟金融環境發生重大變化，金融中心也必然會隨之位移。最具體的例證是，一次世界大戰結束後，倫敦的國際金融中心地位搖搖欲墜，有能力接手的紐約又不願承擔其角色，從而造成十年間的國際經濟不安定。

自 1970 年代末期，紐約承負國際金融地位能力相對降低，其責任須由歐洲共同市場及東京分擔，但究該位移至何處，以及如何分擔，都與各該相關國家的經濟金融情勢極有關聯，雖然這些國際金融中心的形成及推移與我國未有直接關連，但我國既然試圖從金融邊陲地位發展成區域金融中心，就不必去思量是否要取代現存區域金融中心的問題，而先須檢討我國自身現存的條件，以及此條件是否符合區域金融中心的起碼條件。

首先，我們要指出，在海運仍為商品貿易主體的時代，臺灣擁有重要的區域貿易的優越地位。早在百年之前，甲午戰爭結束，日本要求清朝割讓清國領土的一部分之議論時、當時正在葉山海濱養病的日本前文部大臣井上毅便上書內閣總理伊藤博文說：「佔有臺灣者能控制黃海、朝鮮海、日本海的航權，控制東洋的門戶。況且能和沖繩及八重山群島相互連絡，成為控制他人出入的主幹。若此大島落入他人手中，當妨礙沖繩諸

島的安全。」[3]

　　因而日本佔據臺灣 50 年，其南進政策的企圖雖未成功。約 100 年後，專家學者都已看出太平洋世紀的來臨，1988 年羅福全、Kamal Salih 及中村洋一等三位專家在「全球調整與亞太經濟之未來會議」（the Conference on Global Adjustment and the Future of Asian Pacific Economy）所提出的論文中，就指陳亞太經濟時代即將來臨，並表示：「未來 20 年內，亞太區域的基本經濟目的是要尋求建立以日本為新成長動力之中心的區域貿易體系，以取代先前 20 年推動區域經濟成長與擴張的太平洋三角貿易。」[4]

　　現在大家耳熟能詳的雁行理論所表達的就是這種新構想，臺灣海峽緊控日本與東南亞間的航行紐帶，且東南亞諸國及其國內個別地區與日本經濟發展大有差距，臺灣經濟發展階段介於兩者之間，倘若我們能妥善規劃及利用自然條件及經濟條件的優勢，我們極有機會開發廣義金融中心的周邊行業，鼓勵國內企業及吸引國際跨國企業參與創設及投資，區域金融中心的構想便能獲得更鞏固的基礎。

　　第二，我國的經濟活力在東亞及東南亞已佔相當重要的地位。我國人口及國民生產毛額分別只佔世界的 0.4％及 0.8％，

3　種村保三郎著，譚繼山譯：臺灣小史—— 行向黎明的蓬萊，（臺北：武陵出版有限公司，1991），頁 188。

4　Fu -Chen Lo, Kamal Salih and Yoichi Nakamula, 「Structural Interdependency and the Outlook for the Asian -Pacific Economy Towards the Year 2000.」in Global Adjustment and the Future of Asian -Pacific Economy, eds. by Miyohei Shinohara and Fu -Chen Lo. (Kuala Lumpur, Malaysia : Asian and Pacific Development Centre, 1989). pp. 80 -107.

當然不宜奢談國際金融中心，但若與本地區的其他兩個區域金融中心相較（日本東京除外），我國人口是香港的 3.5 倍，是新加坡的 7.3 倍；我國國民生產毛額是香港的 2.7 倍，是新加坡的 4.6 倍。基本上，我們擁有遠較香港及新加坡優越的基礎。

更重要的是，晚近 10 年，隨著我國企業對外投資的推進，我國與東南亞間的貿易關係突飛猛進，以 1992 年與 1983 年相較，我國對外貿易總值增加 257％；其中對香港部分增加 992％，對東協則增加 362％。就出口金額言，在這 10 年間增加 238％、其中對香港增加 1,024％，對東協增加 363％。就進口金額言，在這 10 年間增加 280％，對香港增加 810％，對東協增加 360％。因此，香港及東協已成為我國首要的貿易伙伴，而且就相對貿易金額言，我國與香港的貿易金額佔香港對外貿易額的 11％；我國與東協的貿易佔其對外貿易金額的 5％，都顯示我國與香港及東協這一地區間的相互經貿關係已有相當基礎，也尚有繼續發展的空間，足供作為發展相關行業的基礎。

第三，國民儲蓄及對外投資實力的增進。過去十年，我國對外經濟關係的最大變化是對外投資實力的增進。溯自 1980 年代起，我國國民儲蓄因平約每戶家庭所得持續增加及平均家庭儲蓄率的大幅提高，每年儲蓄金額不斷提高，同一期間國內投資環境出現惡化情事，因而大幅出現對外投資大部分集中在東協國家；1987 年後，隨著政府大陸政策的轉變，由於企業投資受文化因素的影響，一部分對外投資陸續由東協諸國北移至中國大陸，這種北移對外投資趨勢仍未停止，由此塑造我國與東亞地區經貿關係的新型態，不但改變我國出口產品結構及

出口地區分散程度，而且更塑造我國國內產業構造的新動向，這項演變自然改變了我國經濟的地緣關係，也成為我國發展區域金融中心的新契機。

四、我國創建區域金融中心的架構與問題

政府為配合現階段我國經濟發展需要，既已提出將臺灣發展成亞太營運中心的構想，這個營運中心的具體範圍與架構，乃至於如何加速推動以促其實現，仍由相關部會研擬中，但無論此亞太營運中心如何定位，區域金融中心絕對是不可或缺的一環，只是其架構與所該扮演的角色，隨著所謂亞太營運中心之定位而多少有些差別。雖然如此，依我國目前經濟狀況及可料想到的未來經濟金融處境，我國該發展之區域金融中心起碼應考慮到下列四項因素。

第一，由全球經濟金融關係之動態調整著眼。自從 1970 年代歐洲經濟結合之成效被肯定，以及日本經濟奇蹟凸顯其在世界經濟上的角色以來，國際經濟關係即已進入重整階段，1975 年開始的每年一度舉行的 7 國高峰會議，以及國際貨幣基金不得不自 1976 年起承認浮動匯率的合法化，都表現國際經濟調整正在繼續進行中。而 1989 年柏林圍牆之推倒，繼之而產生的兩德統一及前蘇聯的瓦解，使得國際經濟調整問題趨於複雜，且調整速度更趨緩慢。雖然如此，我們不能忽略我國畢竟是屬於出口經濟，唯有維持適度的出口成長，才能維繫我國的經濟成長，且出口市場最終仍繫於購買力有無及其大小。

自 1982 年 10 月爆發開發中國家債務危機以來，經由物價

膨脹的累積及國際金融新產品的開發，大部分巨型國際銀行已經解套，並免於倒閉的危機，但開發中國家債務問題仍未獲根本解決，其債務餘額反而正繼續累積擴大中。[5] 依我國目前的國際外交處境，我國仍不宜藉對外貸款方式推動出口成長，因此我國出口市場仍須以工業國家為主，且需依工業國家之需求狀況及我國與諸工業國家間的相對產業結構變動，規劃對工業國家的出口成長。據此，我國所該發展的區域金融中心便不能忽視此項因素，在貿易融資及長期資本流出入方面適切地考量此因素及其可能的演變。

第二，加強發展與開發中國家的經貿關係。大多數開發中國家目前都沒有足夠的購買力，當然非為我國潛在的市場，但部分開發中國家近年來表現強烈的經濟發展意願，且我國亦有相當程度的對外投資能力，在未來的經濟發展階段更是迫切需要進口我國所缺乏的自然資源，此項關係使我國與若干自然資源存量相對豐富之開發中國家形成互補關係。就地緣關係言，東協諸國尤為重要。

在加強與此等國家的經貿關係中，我國至少須著重三項經濟活動，一是投資開發當地自然資源供我國使用；二是利用當地仍然相對偏低的勞動工資，移出部分我國加工出口產業，維持我國加工出口業的生機，並部分回銷我國，以維持我國經濟所能享有的附加價值。三是利用這些國家地區經濟發展差異，扮演其進口品分級包裝及轉運的活動。為配合此類與鄰近開發

5　H. De Haan. "Some Ways Out of the Debt Crisis," in Economic Decision -Making in a Changing World, eds. by G. A. Collenteur and C. J. Jepma. (London : The MacMillan Press Ltd, 1993). pp. 154 -159.

中國家間的經濟活動的拓展，區域金融中心的銀行及金融市場就須事前有所規劃，不能拘泥於現有各國際金融市場或區域市場之架構及金融產品，而宜開發能配合我國經濟活動所需的金融產品。

　　第三，建立與國際金融中心的密切關係。雖說在長期經濟發展努力之後，我們所累積的外匯存量已名列世界前茅，且近7、8年來年年都有為數不小的對外投資活動，但與全世界年年對外投資流量相較，這些對外投資金額仍然微不足道。為加強我國與各開發中國家的經貿關係，單純依賴國內年年儲蓄實有不足，因而必須使籌劃中的區域金融中心能夠擁有匯集世界其他國家資金的功能。為達成此目標，當然必須與各重要國際金融中心建立暢通的管道。

　　基於此項考量，除了經常被提及的加速放寬外匯管制、開放國內金融市場、加速國內銀行赴國外開設分行及放寬金融業開發金融新產品的自由度等措施之外，最為重要的是基於地理及文化因素，我國與東協國家資金流通、投資及貿易方面的關係較其他工業國家擁有相對優越條件，我們必須善於利用這些條件，規劃出能享有這些相對利益的區域金融中心架構，否則就不易與同一地區現存區域金融中心相競爭，更不用說要在無中生有的情況下創設一個新區域金融中心。

　　第四，研究及擷取本地已存在或可能新生之區域金融中心的優點。在亞洲地區，除日本之外，最耀眼的區域金融中心非香港與新加坡莫屬，這兩個區域金融中心的形成分別有其地理條件及歷史背景，且發展型態亦大有差異。眾所周知，歷史腳

步始終是往前邁進，我們對其進展的不確定性始終不易掌握；而地理條件雖表面上是固定的，但因科技變動及經濟活動的質變，多少亦會產生變化，因而現存地理條件及歷史背景所形成的區域金融中心，在中長期演變過程中仍存在一些變數，甚至可能產生位移現象。

最近幾年，我政府及專家學者對已存在的兩個區域金融中心已有不少的研究，可惜絕大部分都止於靜態或歷史因素的探討，幾乎很少進行長期未來動向的思考，畢竟我們所要生存的是未來持續進展，因而須由動態的另一角度來研析這些問題，並在此研究成果中，覓找我國區域金融市場的創立、生存及發展的空間。

依這些因素的考慮，要構思我國區域金融市場該有的積極架構，當然須投入相當數量的人力、財力及時間才能完成，非為本文所能進行，但是在此我們只能簡要地指陳我國現存經濟金融構造上對我國創建區域金融中心的一些障礙因素，如能排除這些因素，理想中的有效區域金融中心的創設就可收事半功倍之效。

第一，繼續存在的大量公營銀行是我國發展成區域金融中心的障礙。除了 1960 年代陸續在臺復業的國家行局外，我國現有大部分公營銀行是戰後歷史環境的產物，且政府一直不能排除銀行與急性通貨膨脹之虛幻關係的戒懼心理，甚至擔心銀行會成為資本外逃的管道，長期間一直管制銀行的創設，甚至地方性基層金融機構的創辦也在管制之列。直到 1991 年開放新銀行設立申請之前，國內金融業呈現以公營行庫領導式的寡

占市場，寡占市場的大部分缺點一直累積存在著。

　　尤其重要的是，即使對外貿易是臺灣經濟發展的命脈，金融主管當局對銀行國外部業務也殊少積極鼓勵，遑論到國外開辦分行業務。近 10 年來，政府的政策態度轉趨積極，國家行局在國外分行及辦事處也增加不少，尤以外國銀行在臺分行增加，以及 1992 年 16 家新銀行陸續開業後、國內銀行業的競爭程度大為提高。但是，由於公營銀行的市場佔有率仍偏高，以及貨幣市場與資本市場及其周邊金融業務尚難稱為健全，使我國很難以現有的金融體制創建區域金融中心。為排除此項障礙，我政府至少須在下列兩方面有積極的突破。

　　一方面是趕快推動公營行庫民營化。公營金融機構有優點，也有缺點。在閉鎖經濟體系下，利大於弊的機率相當高，公營金融體制有其存在的價值。在開放經濟體系下，面對國際市場的競爭，公營金融體制常是弊多於利，會成為金融國際化的絆腳石，更難賴以作為區域金融中心營運的主角。多年來，行政部門一直不願捨棄會生金蛋的公營行庫，雖曾繼續進行公營行庫經營自主性的研究，迄今仍未提出可行的方案。其實，只要是公營的金融機構、無論以何種方式的自主性，或許可以提高其在國內金融市場的競爭能力，但區域金融中心內的金融機構必須暴露在國際競爭下，單靠所謂自主性是不夠的，只有民營化一途才能配合區域金融中心的創設。

　　他方面政府更應激勵國內金融市場的發展。這是多位財政部長曾誓言推動，但迄今成效仍非常有限的課題。在這方面至少有三類問題有待克服。

　　一是金融創新的接納，近 20 年來國際經濟活動的不確定性大為提高，為克服這些不確定性，金融新產品層出不窮，大部分金融新產品都須面對市場的試煉，風險在所難免。我國金融主管當局基於保姆心理，對引進及開發金融新產品持嚴苛的管制態度，這種因應態度對於區域金融中心的營運極其不利。

　　二是外國資本參與國內金融活動管制的放寬。過去我國國內金融市場寡占情形甚明。金融業幾乎走穩賺不賠的行業，政府為保障國人獲利機會，管制外國資本參與國內金融活動並無可厚非。然而，區域金融中心既是開放的，在世界性的適者生存規律下，金融業憑國人年年的儲蓄也不可能使我國區域金融中心達到能令人滿意的最低發展及生存規模，故加速放寬及勸誘外國資本參與我國金融活動實是刻不容緩之舉。

　　三是加速修訂相關法令。過去我國因有獨特的國情，許多法令規章都配合此國情而制定，金融有關法令規章也不例外。可是，區域金融中心是國際金融活動的一部分，必須遵循國際金融活動的規律，此規律未必與我國現行法令規章相符，為加速創建我國的區域金融中心，當然必須儘快依國際適用金融規律修訂我國相關的金融法令規章。

　　第二，我國的產業體系必須改造。提及過去 30 年我國的經濟發展經驗，許多人士都津津樂道，中小企業的蓬勃發展是臺灣經濟發展奇蹟的創造者，少數人士更以此發展經驗而自豪。然而，這固然是不能否認的事實，對未來我國經濟金融發展卻是致命傷。因為我國的大型企業都是國營事業，且大部分是戰後接收日產而產生，原則上掌握了製造業體系的上游產品

部分,因係以國內市場為導向,在政府政策保護傘之下,不論是否具備經營效率,都能繼續生存。

而在政府這種政策指導下,民間只能投資開發中小型的中下游產業,且因為我國大部分製造業產品都具有出口導向性質,在國際競爭大環境下,只有適者才能生存,而生存下來的中小企業因規模小,缺乏研究發展資源,很多經營者都帶有短視的缺點,倘若我國經濟維持現狀,這種產業體系並不威脅我國的經濟發展。但是,近10年來我國已發展成對外投資誘發出口成長的新經濟發展型態,對外投資的中小企業因缺乏研究發展的後盾,在既有生產技藝被投資國模仿後,就很難持續生存下去,而躲在政府保護傘下的巨型公營事業跨出國門便不堪一擊。因此,我國跨國公司的發展實有其極限,而此極限就成為發展區域金融中心的障礙,因而我國產業體系非改造不可。

改造產業體系是很嚴肅的課題,至少有兩類措施是必要的。一是非與國家安全有立即且密切關係的公營事業,應趕快開放民營。這項措施非僅係順應世界的民營化潮流,更重要的是民營的大型企業才有持續發展跨國企業的能力,此項發展所引申的籌資、貿易、研發等活動為區域金融中心生存及發展所不可或缺的因素。二是政府宜設法推動企業合併,使普遍存在的同類型產品的中小企業轉型為大型企業,輔助並激發其研發能力,使它也能朝真正的跨國企業發展。

第三,加強人力資源的培訓。人力資源是經濟發展的根基,生產、行銷、研發等都需要合適的人力資源為其後盾,過去我國經濟發展最主要的還是得助於優秀的人力資源。要在現

狀下創建區域金融中心，人力資源是一項障礙，因為跨越國境的金融活動與國內金融活動有很多差別，使用國際通用語言及熟悉國際金融規章及實務是不可或缺的條件，直到目前為止，我國國內的教育及訓練體系尚不重視此項問題，而各公民營銀行海外分支機構家數不多且著手經營時間又為時尚短，尚未培育出足夠的人才。在短期間內，在創建區域金融中心時，一方面須設法促使滯留國外的相關人才回流，他方面則不能不制訂合理規章，雇用外籍相關人才。

五、區域金融中心與兩岸經貿關係

不論籌設中的亞太營運中心如何定位，必然會與兩岸經貿關係之演變發生關聯，區域金融中心既是亞太營運中心不可或缺的環節，當然也須計及兩岸經貿關係。為討論此一問題，我們首先須分析兩岸經貿關係之現狀及其可能發展趨勢。

簡單地說，近幾年來兩岸貿易金額急速增長是由臺商到大陸投資增加所促成，撇開大陸因推動改革開放迫切需要國外資金，以及因政治目的以優惠措施計誘臺商投資的因素不談，臺商到大陸投資是我國企業對外投資活動的一部分，最初的原因是加工外銷型出口產業尋求低工資地區投資活動的一部分。1987 年以來，因為政府陸續放寬對大陸地區的投資限制，且大陸地區在低工資誘因外，另有兩項對臺商的吸引因素，一是語言相同，使管理經營較為方便，另一項是 12 億人口廣大內銷市場的吸引力。語言上的方便是不用說明的，而大陸的內銷市場有無的爭議則須扼要討論。

　　市場有無與所得高低最有關聯，因為如果沒有所得便不能把慾望轉變成需求。根據世界銀行公布的經濟統計，1992 年中國平均每人所得只有 370 美元，遠低於東亞各國。然而，由於中國採用經濟特區的重點經濟開發制度，經十幾年來的相對經濟開發程度的差異，各個地區的平均每人所得差異相當大，有些地區的平約每人所得甚至較東南亞的開發中國家略高。根據一項研究報告，1991 年，中國平均每人所得超過 1,000 美元地區的人口已達 6,000 萬人，預計至公元 2000 年時，平均每人所得超過 1,000 美元地區之人口會達到 2 億人 [6]，就這項推估而言，這當然是一個不容忽視的潛在內銷市場。雖然如此，Lester C. Thurow 教授於 1993 年 11 月底在臺北的一場公開演講中則提醒我們，在我們注意中國市場未來的潛力時，切勿忘記 1970 年代，美國人也非常重視當時所謂巴西經濟奇蹟的市場潛力，而今巴西經濟奇蹟卻只是一場幻夢 [7]。

　　由此可知，未來中國是否會發展出一個大內銷市場，以及大陸當局會用何種方式開放此潛在的內銷市場，仍是未知數，但不少敏感的臺商已經起步前往佈署，這種投資行為及其逐年累積的在大陸資本存量對我國發展區域金融中心會產生相當重大的影響。在兩岸敵對關係尚未化解之前，這將會是一項潛在危機，對我國發展區域金融中心具有負面的影響，因為區域金融中心的基本功能是資金中介，資金供給者願意參與此中心的交易，安全因素是極其重要的。倘若我們刻意忽視此大陸投資

6　Stephen M. Shaw and Jonathan R. Woetzel. "A Fresh Look at China." The McKinsey Quarterly (1992 Number 3). pp. 37 -51.

7　工商時報，1993 年 12 月 1 日，3、4 版。

熱的繼續演變，可能危害臺灣作為區域金融中心的安全性，從而會使其存在成為不可能，我們在推動政策發展時便會犯下極不可饒恕的錯誤。

工業國家早已存在的不少跨國企業也是理性行為下脫穎而出的傑出企業，他們在進行投資之前都會極其慎重地搜集資料、進行可行性分析，繼而才有具體的投資行動。對大陸市場的研究，他們比我們著手早，且有較龐大的財力與人力從事研究分析。最初，他們以人口眾多作為主要考慮因素，對大陸市場也懷有相當程度的憧憬，因而曾經積極直接在改革開放後的中國大陸從事直接投資。近年來，外國企業在大陸地區的直接投資相對上已大為減少，最主要原因是安全因素的考慮。[8] 因此，我國固然可藉機利用外商投資安全的顧慮，在臺灣創建區域金融中心，扮演工業國家企業在此地區投資開發的中介角色，但若因過份倚重大陸市場而使自身安全受害，則此一僅有的重要相對利益盡失，區域金融中心的構想也會成為泡影。

在目前，我國發展區域金融中心確實是有其有利的契機。在此，我想扼要敘述這些有利因素，政府該採取的行動，以及現階段應該重視的一些營運原則。

先就有利契機言。雖然中共當局上自北京領導班子下至地方幹部，都一再重申既定的改革開放路線不會改變，為數不少的經濟特區在外資配合下正推動大量的硬體設施投資，表面上

8　根據中國官方公布的 1992 年外商在大陸實際投資金額 110 億美元中，香港以 73 億美元奪冠，臺灣以 10 億美元居次，日美分別只投入 7 億美元及 5 億美元，便是這種現象的佐證。

看來相當有朝氣，部分觀察家甚至斷言，21 世紀將是中國人的世紀。可是有欠健全的財經法制及陳年老包袱的機構始終擋在改革開放的面前，成為吸金的障礙物。為繼續自國外吸金，以便推動必要的建設，必須利用外在的金融中心或開創自己的區域金融中心，這些既有的規劃未必牢靠。

第一，目前香港是大陸最重要的吸金地，1997 大限即將來到、雖說中共當局有 50 年保持現狀的保證，但近年來後續中英談判並不順利，香港這個金融中心的資金中介安全性難免會受到質疑、其金融活動功能趨降的可能性大為提高。

第二，新加坡是一個耀眼的區域金融中心，面對香港未來角色改變的可能性，它也有積極取代香港地位的企圖。可是，新加坡致命的缺點是它純係以服務業為主體的區域金融中心，製造業及貿易業因人口及國土面積的限制並不夠紮實，要扮演為中國吸金角色相當吃力。

第三，大陸當局正積極建設上海浦東，發展自己能主導的區域金融中心。原則上說，20 世紀前半，上海曾是亞洲的明珠，努力爭回其半世紀前的地位確有其理由。可是，區域金融中心畢竟須面對國際競爭，且更需先獲得參與活動之外國金融機構的信任。以各類型國營企業及金融機構為基礎，是否能使上海浦東發展為活躍的區域金融中心，仍有待時間的考驗。

臺灣沒有上述各金融中心的缺點，且與亞太地區的歷史關係深厚，地緣關係尤為密切，工業國家的跨國企業如認定亞太時代即將來臨，為其投資安全計，臺灣是最合宜的中介，這確是我國創建區域金融中心最關鍵的契機。

我們當然不能坐等機會的來臨，而應緊緊抓住機會主動規劃推動。如前所述，這是一項耗費人力、財力及時間的大工程，在此我想陳述在目前國家處境下，創建我國區域金融中心所該重視的三個問題。

一是力求與全球各區域經濟集團保持平衡關係。近年來，隨著企業對外投資的進展及開拓歐洲貿易的努力，我國對外貿易金額在繼續適度成長中，地區別貿易分散度已頗具成效，美國與西歐為主要資本出口區，且對東亞地區歷史及地緣關係較為薄弱，如我國能善用我國所擁有的有利條件，爭取這些國家的企業資金參與我國區域金融市場活動，既可倍增我國區域金融市場規模，更能平衡我國與全球經貿中心間的經貿關係。

二是絕對該避免偏重特定市場活動。區域金融中心增加除與區域性經濟發展推移有關外，也與金融新產品層出不窮有密切關係，區域或個別國家的經濟發展並沒有十成成功的保證，利用現代資訊技術創新的新產品大多數是避險工具，它本身也常產生新風險，因此區域金融中心的營運偏向特定國家或特定工具，都會提高其生存發展的風險，尤其是目前我國與大陸仍處於敵對狀態，若偏向大陸關係，不免要陷入被政治勒索的陷阱，故營運之分散是極其重要的。

三是必須積極推動與創建區域金融中心所需的各項改革。前面已經提到，依目前我國的處境，為配合現在及今後國家不少障礙，若不排除這些重大障礙，奢談區域金融中心是無益的。簡單地說，排除這些障礙就是要落實真正的經濟金融改革。

　　最後，我們可進而討論營運上該重視一些重大原則。前面
已經提到，不論構想中的亞太營運中心究將如何定位，區域金
融中心是必要且充分的條件，一旦我國創建了區域金融中心，
在目前的處境下，至少須重視下列三項原則：一是必須加強與
新加坡金融市場的合作。這不只是因為新加坡是人為創建區域
金融中心的範例，值得我們學習與借鏡之處不少，以及香港金
融市場在近期中仍充滿不確定性的變數，使我國不得不捨近求
遠去搬運救兵，更重要的是新加坡不只與東協國家已建立良好
的聯絡網路，而且更是我國西進西亞不可或缺的據點。二是必
須儘可能地多元化發展、因為我們所面臨的是一個嶄新環境及
嶄新階段，區域金融中心早日多元化發展，大可降低失敗的風
險。三是一定要加速建立預警制度，不僅要防大陸經濟金融活
動對我國經濟金融運作的衝擊，更是為了在全球金融體系中尋
找健全發展的途徑。

六、結語

　　創建區域金融中心是一項艱鉅的工程，在全球經濟及金
融活動都朝自由化演進的趨勢下，區域金融中心是高度依賴外
貿國家延伸其對外經濟活動的樞紐，不論我國是否要設立亞太
營運中心，它是我國繼續推動經濟發展的一項重要方向。尤其
是，若政府決定設立亞太營運中心，區域金融中心更是充分且
必要的一部分。

　　國際間的各金融中心大部分是在特定的經濟條件、地理位
置、歷史背景下自然演進而形成，少數以人為規劃而形成的區

域金融中心也是在符合基本條件下，經歷一段時間的掙扎奮鬥始能成功。我國在經濟發展過程中，政策面一向偏重有形財貨之生產，資金面則長期間採取防患資本逃避的制度安排及政策措施，從而雖然經濟成長可觀，且是目前世界第 13 大貿易國，卻不曾自然演進成區域金融中心。

雖然如此，在客觀條件方面，我國的地理位置控制西太平洋東亞地區的貿易通路，近年來因國民財富蓄積而有相當程度的對外投資，由此對外投資增長使我國與東亞各國間的貿易關係愈來愈密切，且新臺幣對外幣值相當穩定，確實具備了創建區域金融中心的重要條件，如政府能善用此等條件積極推動，假以時日，成功的可能性相當大。

雖然如此，目前我國公營銀行制度、產業體系的結構及金融中心所需人力資源不足，都是創建區域金融中心的障礙，必須早日推動必要的政革，才不致於成為創建區域金融中心的障礙。更為重要的是，目前我國與中國大陸的敵對狀態並未消失，而民間廠商對外投資北移中國大陸的現象甚明。在臺商大陸投資熱未能降溫，並使對外投資區域分佈適切平衡之前，區域金融中心會有助長大陸投資熱，提高對大陸經貿依存度，使我國與中國大陸關係改善方面失去很多籌碼，故在規劃區域金融中心之時，不能不謹慎考慮這項棘手的重大難題。

總之，我國確有成為區域金融中心的潛力，政府如認真規劃並推動，就不會繼續淪為口號。

【《臺灣經濟金融月刊》，第 31 卷第 3 期總號 362，1995 年 3 月。】

銀行在今後我國經濟發展上所能扮演的角色

企業家的特質

　　在現代社會，每一行業經營有成的人士，不論其為青年、中年或老年，都被稱為企業家，甚至是即將接班的第二代也自稱為企業家。在大多數場合，圍繞在這些企業家四周的人群都會投給羨慕的眼光，有些企業家們也會禁不住流露出自滿的神情。這是現代工業社會的重要景象，企業家係社會經濟繼續動態進展不可或缺的要素。

　　不過，市場經濟畢竟是一個連綿不斷的競逐過程，每一個起跑點同時都有不少競逐者加入競爭的行列，其中有一大部分被陸續淘汰，只有少數人在其所投注的行業領域裡有機會獲致成功，被稱為企業家。一般人常只看到企業家，卻不大了解他是如何成功的；而在競爭過程中的失敗者因何而失敗，一般人更是模糊，甚至根本不想知道[1]。這是動態進展社會最為重要的盲點，如不能以動態觀點理解此一現象，便不能順利地推動經濟發展。

　　企業家是近代以來各國經濟發展過程中的最重要驅動力，而源於法文 entrepreneur 的企業家一詞，在英語世界迄今沒有

1　Wilhelm Ropke 著，夏道平譯，《自由社會的經濟學》，（臺北：臺灣銀行經濟研究室，1979 年），頁 178。

被共同接受的定義，其與經濟發展的關係更有眾說紛紜的不少學說。在此，我們不妨說：企業家是專精於有關稀少資源之協調而下決策的個人或團隊 **2**。就這個簡要定義來說，相對於人類的慾望，資源的稀少性是大家共有的認識，故企業家的構成要素中有三項較重要的問題。

第一，專精須具備專業知識。經濟發展是稀少資源合理分派運用的市場過程，無論資源是用於那一用途，都須以專業知識為後盾。企業家得自己兼是資源的所有者，也得是未擁有任何資源。尤以後者的場合居多，在此場合，企業家得受雇於資源所有者，也得借入資源供自己運用，無論是那一種情況，專業知識是很根本的要素。

第二，協調包括資源運用的重新安排。在一定期間，企業家所能支配的資源存量有其一定的上限，在靜態考量下，這些資源原存在著一種相互間的關係，有效的協調能改善已存相互關係的效率，提升單位資源的生產力。不過，動態的協調尚包括調整乃至於根本改變原來存在的資源間的相互關係，這些動態調整不僅可以提升資源聯合使用的生產力，而且可能指向改變資源所能生產的產出物。

第三，下決策須承擔決策後果的風險。權利與義務始終是相對等的，企業家既然決定資源的用途，當然就須承擔其決策的後果。可是，企業家雇用生產要素或買進物品都有其現在價格，也可以說，在大多數場合，其成本是已知的。而在未來要

2　Mark Casson, The Entrepreneur, An Economic Theory, (Brookfield, Vt.: Gregg Revivals, 1991), p.23。

出售的物品價格則具有不確定性，而企業家的利潤原則上是來自未來售價與現在成本的差額，未來的不確定性愈大，所需承擔的風險就愈大。因此，企業家須隨時搜集、充實所需資訊，藉此減輕其未來之不確定性的處境，亦即，降低風險成份並提高利潤成份。

由此可知，構成企業家的諸要素都具有動態的性質，不惟如此，企業家所面對的市場經濟環境，在時間之流中，一直存在著萬千繽紛的變化。因為客觀環境有此變化，所謂企業家就非是一成不變的，馬夏爾在其《經濟學原理》初版序中，曾很感慨地說：「因為成為差不多每一個經濟問題主要困難中心的時間因素，其本身是有絕對連續性的，自然並不知道將時間絕對的劃分為長期與短期；…」[3] 這是馬夏爾著名的連續原理的詮釋。

可是，時間雖是連續的，企業家則未必是連續的。熊彼德曾很激動地說：「事實上，上層社會就好像大飯店，總是住滿了房客，但房客群總是在變動中」「美國的格言說，三代間從一端到另外一端。」[4] 這是因為企業家面對變遷的環境，在適者生存的原則下，始終籠罩在被淘汰的影響下，如不能因應新環境，自然就淪為失敗者，而社會如沒有後繼企業家，其經濟發展前景自然受阻，從而我們先必須認識變動中的大環境。

3　Alfred Marshall 著，王作榮譯，《經濟學原理》，上冊，（臺北：臺灣銀行經濟研究室，1965 年），頁 2 -3。

4　J. A. Schumpeter, The Theory of Economic Development, translated by Richard Opie, (Cambridge Mass.: Harvard University Press, 1951), p. 156。

變動中的環境

我在《工業銀行與經濟發展》專書中，曾經用一整章的篇幅討論轉變中的國內外經濟金融環境[5]。事隔半年，客觀環境仍在陸續變化中，我想趁此機會，簡要地敘述幾個變遷的重點，也申論其對我國今後經濟發展的一些值得重視的啟示。

第一，今年 3 月間我國舉行首次民選總統前後，中國強化其對臺文攻武嚇難免會產生一些後遺症，令我們不能不認真作一些更深層的思考。時人喜歡奢談 21 世紀是亞太世紀或中國世紀，好似這個夢想坐等即可來臨，且我們多少以此期待來規劃我國經濟的前景。其實，早在 11、12 世紀間，中國已是當時全世界最大的經濟強權，誇稱之為中國世紀也不過分，只是往後中國總是在治亂興替的過程中起伏不定，且沒有趕上近代工業革命的潮流，從而淪為列強的俎上肉。十幾年來，覺醒中的中國雖是號稱年經濟成長率達兩位數字，治亂興替的歷史魔咒始終是一個揮之不去的陰影，其經濟發展前途仍充滿不確定的因素[6]。3 月間強化的文攻武嚇使這種不確定性更為增加。

眾所周知，資本是現代經濟發展不可或缺的生產要素，包括東亞各國在內，全世界的開發中國家長期間都深陷在貧窮的惡性循環之中，國內自生的儲蓄不足供突破經濟起飛瓶頸所需之資本之用，從而在經濟發展過程中，仰賴各種外資的挹注極

5　林鐘雄，《工業銀行與經濟發展》，（臺北：自印，1996 年 1 月），第 5 章。

6　Eric Jones, Lionel Frost and Colin White, Coming Full Circle , An Economic History of the Pacific Rim, (San Francisco: Westview Press, 1993).

7　Ragnar Nurkse, Problems of Capital Formation in Underdeveloped Countries, (Oxford: Oxford University Press, 1953).

其殷切[7]。近十年來，包括中國大陸在內，東亞經濟的急速擴張，大量外資持續流入這一地區是一個極其重要的因素。在全球化的世界經濟體系下，跨國資本始終以追逐利潤為其目的，1980年代以來東亞的覺醒給這些跨國資本帶來利基，也支撐了這個地區的經濟成長。

3月間臺海軍事緊張情勢多少會影響這些跨國資本所有者的思考，無論相關國家如何解釋，總是需要一些時間才能消除資本風險程度提高的疑慮，在此期間難免會對此地區的經濟發展帶來不良影響。甚至，倘若相關國家不能祛除國家安全的威脅感，不得不增補部分資源供國防支出之用，則經濟上不良影響的深化更令人擔憂。

第二，3月間臺海緊張情勢對我國本身另有一項深層的影響，簡要地說，我國民間財富資產組合或許會產生調整。這些調整不只會影響我國資本供給能力，且經由其選擇行為的調整，也可能改變我國國內相關產業的發展趨向。我們不必諱言，少數國人對國家前途信心脆弱，早年留學生滯留國外不願回國工作，近年來各種各樣的移民公司生意興隆，都是這一現象的佐證。

在此情形下，在過去四分之一世紀間，自從我國國內民間部門能自力產生相當比例的儲蓄率以來，我們可以推測，年年民間儲蓄中的某一百分率循各種不同管道流出國外，幸虧國人向來擁有節儉儲蓄的美德，在高儲蓄率的掩護下，這些資本逃避並不損及我國經濟的健康發展。我們都知道，在這一波臺海情勢緊張中，絕大多數國人表現無比堅定的信心。然而我們絕

不能否認，在今後的若干時間內，業已存在有年的資本逃避率或許會稍見上升。而同一期間我們也看到國內民間儲蓄率正在下降中，因而國內資本供給能力實際上是遭逢雙重的侵蝕，我們不能不對國內資本供給充沛程度的問題認真重新思考。

與此相關的問題是民間財富資產組合的問題。過去一段相當漫長的期間，國人年年克勤克儉儲蓄而累積的財富資產中，為保值起見，其中有一部分都偏好以房地產方式而持有，從而使得我國房地產業循環週期遠較一般工業國家為短。近年來，由於累積的財富資產金額的增長，以及國內金融市場的健全發展，民間財富資產的流動性稍見提高，然而對房地產的偏愛依然存在。

不過，臺海危機發生後，由間接跡象我們可以覺知，民間部門的財富資產結構正悄悄地進行調整，其流動性需求正在上升中。往好的一面來說，房地產的循環週期加速回歸正常狀況，有助於減輕我國資源誤用的程度；往壞的一面來說，我國國內產業結構與轉變中的民間財富資產結構需求難免會有所脫節，在兩者互動的調整過程中，多少會滋生一些摩擦性的經濟問題，雖說對今後我國的經濟發展未必有礙，但調整過程的陣痛仍需承受。

第三，世界貿易組織開始運作與區域經濟結合運動復活齊頭並進，使國際間經貿問題較以往更為複雜。尤其是，國際貿易商品結構中，科技產品所佔比重既是愈來愈高，由現行科技國家主義（Techno-Nationalism）轉變成科技地球主義（Techno-Globalism）是促進全球各國經濟共存共榮的必要步驟。然而

這非只是單純的科技移轉意願問題，所涉層面甚至包括資本、教育、文化等 [8]，非是一蹴可幾。我國經濟榮枯高度依賴出口的消長，尤應以如履薄冰的態度來面對此複雜的問題。

我們不能否認，後冷戰期工業國家經濟普遍低迷狀態下，我國出口仍能適度成長，從而使我國經濟能維持中度成長水準。然而，這期間的出口成長不宜與以往的出口成長相提並論，因為我國現在依然存在的藉對外投資而誘生的機器設備、加工用零組件出口，其持續成長動力對研發之後勤支援的依賴甚重；如若這些後勤支援難以為繼，出口成長就難免會受阻，且因此而存在的對技術支援國的貿易入超也會耗竭我國的外匯資源，進而打擊國人對我國長期經濟發展的信心。

體制創新與企業家

在長期間，經濟發展過程總是要面對環境變遷的挑戰，不過在不同期間，因經濟制度安排不同，因應挑戰的行動得「由上而下」或「由下而上」，甚或在這兩者之間採取較合宜的折衷模式 [9]。然而，現時的世界潮流是放寬乃至於解除管制，許多國家甚至強力地推動國營事業民營化的政策。在這種情形下，民營企業為主體的經濟體自然是宜以「由下而上」的因應

---

[8]　S. Fukukawa, "The Role of the Japanese Economy in a Changing Western World," in G. A. Collenteur and C. J. Jepma, (ed.), Economic Decision -Making in a Changing World, (London: The Macmillan Press Ltd., 1993), pp. 79 -89.

[9]　John Hicks, A Theory of Economic History, (Oxford : Oxford University Press, 1969), pp. 12 -13.

措施為其指導原則，我國的企業構造已漸演變成民營企業為主的發展型態，「由下而上」的反應當是主流，正因為如此，企業家的角色便極其重要，且此反應妥當與否不但關係著企業的生存，更是整體經濟前景榮枯所繫。

　　我國民間企業發軔為期不長，除了追求永續經營外，更在摸索國際化的發展，從而因應之路備覺艱辛。因為面對著多元的快速變遷的環境，任何機構或個人在下決策之前，總是要收集有關的資訊，在這知識爆炸及資訊透明化的時代，表面上是未有多大的困難的。然而，在此行動過程中，時間這一要素又悄悄地扮演著關鍵的角色，因為在這多元及貧富差別不小的世界，不只收集資訊需要時間，就是分析消化資訊也是需要時間[10]。可是，在競爭的世界市場上，企業家是必須在適當的時間、選擇適當而有用的資訊量，推動合理的決策，這些道理是極其簡單，可是對於正在學步的我國民間企業就如同挑千斤重擔要走過橫在兩個懸崖間的危橋，稍一不慎便將前功盡棄。

　　更廣闊的角度來說，私利與公益必須恆常是一致的。民間企業追求私利是天經地義的事實，尤其是短期的私利更不能絲毫放鬆，因為即使未來的遠景是如何多彩多姿，對民間企業來說，度不過今天，就等於沒有明天，從而在作決策時，短期存活總是作為優先考慮的因素之一。在現代民主政治下，這種現象甚至是政府決策延遲或誤導的原因之一[11]，從而不只有害公

10　E. J. Mishan, What Political Economy is All About, (Cambridge : Cambridge University Press, 1982), p. 223.

11　Mancur Olson , The Rise and Decline of Nations, (New Haven : Yale University Press, 1982), p. 52.

益，且可能對民間企業的私利也有不良的影響。在我國，具體的實例是所謂三通問題。

　　兩岸三通是因我國廠商對外投資所衍生的問題，也是極其複雜的私利與公益糾葛的問題。我國廠商的對外投資動機最初只是極其單純的尋求企業的第二春，因為在 1980 年前後，我國國內工資相對上升，部分勞力密集產業產品在國際市場上已漸失其競爭優勢，掌握訂單及尋找低工資國家作為生產基地是符合企業私利的對外投資活動。其後 1980 年代後半，新臺幣對美元大幅升值更加速了這種對外投資活動的發展。不幸的是，東南亞國家雖企求外資推動經濟發展，舊殖民地時期的餘恨未除，對外人投資訂有未盡合理的規定，中國大陸則有語言、文字、生活習慣相似的文化因素的吸引力，從而大量臺商前往中國大陸投資，尤以 1987 年政府開放大陸探親、旅遊後尤熾。可是，兩岸間既未結束敵對狀態，因投資產生關係而產生的人員及商品流通關係不得不經第三地間接進行，使在大陸投資廠商額外增加了不少負擔，幾可以說減少了等額利潤。由此利益結合而成的利益團體，把私利與國家經濟利益劃上等號，便使三通成為一種政策壓力，漠視了公益非只限於經濟利益一項。

　　嚴格地說，小型經濟體的對外投資是因國內市場有限的必然結果，但此對外投資能否有助於國家經濟發展須以對外投資能否引申國內就業機會來衡量，答案如為否定的，則在中長期必然有害於國家經濟的發展，勞力密集性產業的對外投資屬於此類，因為對外投資企業把生產基地外移，同時也剝奪了國內

工人的就業機會，更使國內中長期儲蓄能力降低，從而會如同自廢武功一樣地日漸失去對外投資的能力。

技術密集產業則不然。一方面是在自由貿易體制下，技術性產品處於寡占市場的地位，產品供給者不只多少擁有支配市場的能力，而且亦有較大的訂價空間，其產品附加價值遠大於勞力密集產業，對經濟發展有長期持久的貢獻。他方面是技術密集產業依賴研究發展，乃至於可操控關鍵技術與零組件，其對外投資規模愈大，國內研發人力及零組件生產人力的需求愈大，對外投資與國內就業機會（經濟成長）具有相輔相乘的效果。在我國早年開發有成之勞力密集產業陸續外移之際，開發技術密集產業不只是彌補經濟成長動力，而且也是整體經濟長期持續成長之道。

臺灣是個小型經濟體，早年且曾被喻為「淺碟子經濟」，在眾多的技術密集產業中只能挑選有限的發展項目，其開發及生產充滿了高度的不確定性，對企業家的仰賴極其殷切。我國教育相當普及，多年來儲備了若干研發人才，也擁有不少技術性人力資源，技術密集產業企業家則仍寥寥可數，原因相當複雜，體制創新（institutional innovation）的瓶頸是其中一項嚴肅的課題 [12]。這就把我們帶入銀行究竟能在此關鍵時刻扮演何種角色的問題。

12　晚近一位日本經濟學家甚至認為，即使只是想引進新技術，開發中國家仍先應在體制上有所創新，參閱 Sueo Sekiguchi, "DFI and Technology Transfer in East Asia: Policies and Their Consequences", in East Asian Economies, Transformation and Challenges, (Singapore : Institute of Southeast Asian Studies, 1995), pp. 104 -138.

承擔企業家角色的銀行

　　談到銀行，時人每喜奢談時麾的綜合銀行（Universal Banking），更望文生義且引經據典而認為，英美式的商業銀行制度已陸續開放承做投資性業務，而西歐大陸式的投資銀行制度也大量增大其商業銀行業務，兩種不同銀行制度類型正在統合過程中，今將只有一種被稱為綜合銀行的銀行。自從銀行自由化成為這個時代的潮流以來，銀行業務統合趨勢是不能否認的既存事實，而將演變成只有一種銀行則昧於歷史經驗，更漠視了個別國家的處境。

　　從歷史上加以回顧，銀行業始終是資金供求間的中介金融機構，只是中介的方式時有不同，有時更會推陳出新。然而，它始終在效率及安定兩個目標中被約束著。簡單地說，在低經濟成長時期，人們會怪罪銀行業不曾扮好增進資金運用效率的角色，從而願給予較大的活動空間，俾能經由提升資金運用效率，以提高其對經濟成長的貢獻，這便是所謂金融自由化的基本背景。而當銀行業過度競爭，乃至於損及金融安定時，安全第一的口號便會佔上風，對銀行業的業務管制趨於嚴格，銀行制度又朝另一個極端演變，大體上是每三、五十年完成此一週期制度調整，目前仍進行中的自由化只不過是前一次過度管制的反動的一部分。

　　從國家處境來說，世界上不會有一對完全相同的面龐，各個別經濟體分別由多面層次考察也不會有完全相同的處境，從而即使都把銀行稱為綜合銀行，當然不是完全相同的綜合銀行，這是特別值得重視的。金融中介是每一經濟體各自擁有的

古老行業，在其演進過程中會分別由各自的處境形成營業慣例及規則，後進國家由先進國家引進新式銀行業務，非但須尊重本身既經存在的金融中介慣例，更須參酌各自的經濟特質及經濟處境，絕不是全盤自外面的世界搬進一個全新的體系。

即使是國境相毗鄰，千年來人口相互移動，且幾乎同時接受近代工業革命洗禮的西歐大陸諸國，其銀行制度及業務也未必是完全相同的 [13]。英美系商業銀行體制與西歐大陸投資銀行體制，由兩個極端銀行制度分別放寬業務限制，當然不會形成四海一家的綜合銀行制度。後進國家引進現代新銀行制度固然有助於推動經濟發展，但自己存在已久的諸慣例及國家的處境，都是塑造個別國家銀行制度的重要因素。

我國在追求經濟現代化的過程中，曾經不斷因應客觀環境變遷而調整各種制度與政策，也因大致上調整得宜才有今日的經濟成就。現在，在這不久就要邁入 21 世紀之際，純就與經濟發展有關的產業面來說，企業國際化與科技產業發展是較重要的課題。在企業國際化方面，我國民間企業以中小企業為主體，少數較大型的企業大部分也是由中小企業轉型而成，國際觀受囿於其過去累積的經驗，視野嚴重地受到限制，資訊收集及分析幾不足趕上時效，故國際化腳步緩慢，且活動範圍也相當有限。在科技產業方面，我國在若干科技領域有傑出的人

13　以北歐與中歐諸國來說，因有不同的國情，雖在相同的歷史情景下展開銀行與經濟發展的關係，其綜合銀行固有若干相似性，卻不能不依個別國家之國情而各顯現其特性。Alice Teichova, Terry Gourvich and Agnes Pogany, Universal Banking in the Twentieth Century, Finance, Industry and the State in the North and Central Europe, (Brookfield , Vt : Edward Elgar Publishing Company, 1994).

才，也有一些創新的點子，但大多數科技人才都缺乏組織生產所需之生產要素的能力；即或是少數天才同時兼有創新及組織能力，在一日千里的科技發展及瞬息萬變的市場變化下，通常也沒有足夠的應變能力。因此，我國產業發展確實是面臨空前的挑戰，所欠缺的是企業家，體制變革是產業構造及科技產業繼續成長的最重要因素。**14**

　　體制變革在我國尤其重要，因為個人單打獨鬥開創企業王國固然仍有企業家揮灑的空間，跨出國境的企業發展及重大科技產業的開發，乃至於企求其永續成長，則早已演進成團隊合作的年代，機構企業家與個人企業家在現代產業社會同時並存已是大部分工業國家共有的現象，尤以前者更為重要。機構企業家中尤以銀行最為重要，因為不論那一種企業的創辦、擴張永續經營莫不須適時適量獲得信用補充，作為資金供需中介機構的銀行最有能力承擔這項任務。

　　銀行介入生產企業活動有兩種典型的方式。消極的介入包括對現有企業給予必要的資金融通乃至於參與擴充的投資等；積極的介入則是規劃或參與新企業的創辦。在動態進展的後資本主義社會，產品的供給面的創新不斷出現，需求面則有嗜好多元化、訊息傳遞深化等現象，個人企業家的開創能力大受限制，機構企業家的重要性日愈增加。尤其是，在尚未參加工業

14　John Adams, "The Writings of Allan G. Gruchy," in John Adams (ed.), Institutional Economics , Contributions to the Development of Holistic Economics, (Boston: Martinus Nijhoff Publishing, 1980), pp.3 -18.

國家俱樂部的準工業國家，在這多元而迅速變動的國際產業環境，不論企業跨國擴張或創辦新科技產業，銀行更有能力承擔機構企業家的角色。

在這種情形下，雖是金融機構都被披上所謂綜合銀行的外衣，各個銀行的人力團隊的性質及能力分別決定其不同的營運方針，繼續承做資金中介業務為主的仍是商業銀行，積極扮演企業家角色的則是工業銀行，兩者在今後我國經發展上分別承擔不同的任務，且有相輔相成的貢獻。然而，如果繼續拘泥於綜合銀行的文字解釋，扼殺綜合銀行的多元化發展，則我國銀行業者肯定無法對今後我國的經濟發展有更積極的貢獻。

【《今日合庫》，第 22 卷第 6 期總號 258，1996 年 6 月。】

專訪：
股市順其自然，匯市有必要守

各國陸續發生金融危機，有可能演變成全球性經濟大衰退。

玉山銀行董事長林鐘雄昨（18）日指出，經濟成長率調降，反映國內景氣可能步入衰退，銀行必須重視壞帳問題。他說，近來東亞和俄羅斯陸續發生金融危機，如果美國沒有辦法應付，將可能演變成全球性的經濟大衰退。

對於中央銀行近來採取多項杜絕炒匯的措施，林鐘雄表示支持。他說，我國是小型經濟體，如果匯率被擾亂，貨幣政策也會受到影響，央行守穩新臺幣匯率的作法值得肯定。以下是林鐘雄接受專訪紀要：

問：行政院主計處日前將今年經濟成長率預估值由 6.02％調降為 5.3％，是 13 年來最低。你對此有何看法？

答：經濟成長率是 5.5％或 5.3％並沒有意義，因為這些都是估計數，我們要關心的是趨勢將由上往下，或是由下往上。現在看來，5.3％的經濟成長率可能還是偏高，調降預測數字只是承認國內經濟將步入衰退。

經濟發展成熟後，有波動是正常現象，社會大眾要學習接受，多方吸收知識因應。發明國民所得統計方法的 1971 年諾

貝爾獎得主顧志耐（Simon Kuznets）曾說，以美國統計資料的完整和正確，統計誤差仍可能達 10%，因此宣布經濟成長 10%，可以等於零。

國際貨幣基金（IMF）每三個月預測各國經濟發展動向，現在發現全球經濟有往下走的趨勢。在景氣不好時，銀行經營要注重壞帳增加的問題；景氣好的時候，各銀行經營起來沒有太大差別，但景氣不好時，經營差距會拉大。

問：東亞金融風暴發生以來，又有很多國家傳出經濟危機，是否會波及我國？

答：去年我就曾經預測將有一波全球性的金融危機，最近的國際金融情勢和 1930 年代美國經濟蕭條時期，美國受到多邊夾擊的情況相似。例如東南亞、南韓、日本、俄羅斯等陸續發生金融危機，如果美國沒有辦法應付，將可能演變成全球性的經濟大衰退。

1930 年美國經濟大蕭條來臨時，以當年幣值計算，美國人所得少了三分之一。如果我們現在遇到同樣的問題，即使專家也很難說會怎樣，因為以前以金本位計算，但現在都是紙幣。

據說世界每 60 年會發生一次經濟大恐慌，尤其是在金融面，但隨著技術進步，發生經濟恐慌的循環期縮短，也沒有演變成全面性的問題。

1980 年代經濟日報曾經作過一系列的報導，指經濟大恐慌將來了，但並沒有來；然而，現在美國若沒有辦法應付接踵而至的金融危機，有可能演變成全球性的經濟大衰退。

問：你是否認同擴大內需、刺激景氣的作法？

答：政府一直在喊擴大內需，全世界也都在談，但都忽略了大型國家經濟和小型國家經濟的不同。小國家談擴大內需，但還是要買別人的東西，等於把擴大內需的效果給了別人，因此，政府計算經濟模型需符合時宜，要考慮自己的處境。

政府不能急就章，人家喊就跟著喊。1920年英國經濟不好，國際社會曾經對擴大內需、提振經濟的作法有過大辯論。我們要擴大內需，必須選擇合適的項目，注重執行的程序。

我認為，不一定要用大型BOT公共建設擴大內需。王永慶曾說，如果BOT興建的鐵路使用三、四年就破舊不堪，就算將來會還給政府，也是很棘手的問題，我認為他說得很對，但很多人都沒有注意到這個問題。BOT應重視永續使用，政府應注重工程品質。

問：身為央行理事，你對央行近來杜絕炒匯採取的種種作法，有何看法？

答：以查稅來阻止市場炒匯，只能治標不能治本，是過渡期的作法。不過，每個國家國情不同，我國是小型經濟體，央行先用治標辦法阻止市場炒匯，換成是我也會這樣做。

如果匯率被擾亂，對我國貨幣政策影響很大，對小型經濟體尤是難題。一些學者拿美國教科書上的經驗來評論我國，但若以1960年代荷蘭、瑞典等小國改採浮動匯率的經驗來看，會發現我國和美國這種大型經濟體是不同的。

我認為，談論「守匯市、救股市」等說法沒有必要，股市走勢應讓市場決定，但匯市有必要守。

　　問：央行下一次理監事會議會不會討論調降存款準備率？

　　答：很多新銀行老闆以為央行降低存款準備率，會使銀行獲利提高，但在銀行開放設立後，市場競爭激烈，調降存款準備率對銀行獲利不見得有益。

　　我認為，現在最應該重視的是立法院修訂新版《中央銀行法》及《銀行法》的進度。這二個基本大法多年沒有修正，對金融發展有不良的影響。

　　【《經濟日報》，1998 年 8 月 19 日，記者黃登榆專訪。】

專訪：銀行該倒閉的就倒閉

銀行合併後更不能倒，屆時政府爛攤子沒完沒了，財部作法反其道而行。

財政部喊出了「金融再造」的口號，並將金融機構的合併列為今年的工作重點，但是這樣的政策方向是否正確？國內貨幣理論權威，同時是中央銀行理事的玉山銀行董事長林鐘雄昨天直言，財政部的作法是「反其道而行」，金融機構合併後更不能倒，屆時更成為政府的負擔，一旦出問題又要拿納稅人的錢去解決。

林鐘雄認為，國內新銀行大都具有財團背景，一來合併的困難度高，二來合併之後會使問題更大，成為政府的包袱。應該採取「自然淘汰」的方式，讓銀行該倒閉的就倒閉。以下是專訪紀要：

問：財政部把金融機構合併列為今年工作重點，這種方向是否正確？

答：我看到報上刊登泛亞銀行提列巨額呆帳損失，嚇了一大跳，在 1 月份中投與長億集團洽談入主泛亞時，當時該行的逾期放款比率還只有 8% 左右，沒想到到了 2 月份談妥時，逾放比率就上升到 10.5%。這點讓我覺得銀行應讓其自然淘汰，

要不然，一出問題就有人來接手，經營者根本不必負責。

而財政部推動金融機構合併，我認為文化不同，不太可能。臺灣的新銀行背後大都是財團，即使事前能談妥誰合併誰，事後在開董事會時也會吵翻天。財政部是太樂觀了，更何況即使有一方讓出經營權，之後還是可以利用人頭，掌握股權後重新掌握經營權。

問：財政部這麼做的目的，也許擔心讓金融機構倒閉，市場無法承受？

答：如果銀行規模小的時候都還不能倒，合併後是否就更不能倒了？像美國有一萬多家小銀行，每個月都有倒閉的案例，但前十大銀行是不能倒的。如果臺灣的銀行採取合併，合併之後規模擴大，出問題時更難解決、更不能讓它倒。財政部屆時豈不是又要拿出納稅人的錢來解決？這根本是反其道而行。財政部的作法應該是鼓勵好的經營者，不是每次都幫經營不善者善後。

問：如果讓金融機構倒閉，是否會損及存款人的權益？

答：那些出問題的金融機構不是每次都強調資產大於負債，淨值是正數嗎？如果真是如此，存款人的權益怎會受損？充其量只是拿回存款時間的早晚問題。何況加入存保者，都能保障 100 萬元以下存款獲得理賠，而且存款人自己也該善加選擇金融機構。

問：財政部提的「金融再造」究竟何意？該怎麼做？

答：我看不出金融再造的意思，也不知道財政部要怎麼從

事金融再造。

【《聯合報》，1999 年 3 月 9 日，記者應翠梅專訪。】

以時間空間重新審視金融秩序

　　進行金融改革，建立新金融秩序，是關係臺灣未來經濟發展的關鍵性要務。金融秩序是經濟秩序的一環，但卻比經濟秩序重要，有時甚至關係一國經濟的安危。以臺灣這個小型經濟體來說，經濟防波堤低政治地位又敏感，任何國際間的風吹草動很可能對我們的經濟帶來軒然大波的影響，即使有再高的儲蓄，資金也可能一下子跑掉，如果不能建立合理、與國際接軌的金融秩序，並把秩序維持住，根本無法適存於國際、競爭於國際。

顧及獨特性及國情

　　然而在思考如何建立新金融秩序時，必須記住金融業的獨特性。金融業的商品是貨幣，除了扮演國際貨幣角色的貨幣之外，其他的貨幣大多不能跨越國境，因此只能關起門來在自己的國情內去思考金融秩序。

　　一個國家金融秩序的形成，有其時間條件與空間條件。時間條件指的是其歷史背景，在當時的時間橫斷面具有合理性的金融秩序，經過時移勢轉後可能就變成不合理，但要改變卻得大費周章，不論是調整法律或調整人力等資源，都需要很長的時間。臺灣的金融業也走過了一長段時日，有它獨特的歷史背景。

第二次世界大戰後，政府即計畫逐步將金融業現代化，但新秩序會使利益分配改變，在變動過程中，受益者大都保持沈默，利益受損者卻一定會有抗議的聲音，因此在動態的社會中想和諧的建立新秩序及維持新秩序並不容易達成，即使達成了，也會像前幾年「228 事件」受害者所寫的一本書的書名《躲在陰暗角落哭泣的人》一樣，產生一群被淘汰、躲在陰暗角落哭泣的社會邊緣人。

舊的金融秩序存在

既往已創造的信用，要消滅尤其有它困難的一面，就如港幣是與美元聯繫，其發行有 100%的美元準備，香港的金融體系經過長期的信用創造過程，現今來談取消港幣已很困難，試想，如果大家都要求以港幣兌換美元，香港貨幣局如何承受得起？因此，合乎當時橫切面的歷史條件，必須以現在的時間條件來重新審視、調整，而這個調整過程是艱鉅而痛苦的。

金融秩序的空間條件也一樣必須重新審視。世界愈來愈小，不僅資金流動愈來愈快，金融業新業務的訊息也愈來愈快。從整個產業的角度來看，這使得一個國家的金融業就如同商品製造業，產生了先進國與落後國之差別，而且只要差那麼一點點，在金融操作上優劣勝敗立見。從一個金融機構來看，此種經營危機也存在著，坐在後面的高階經理人，他的知識只要比第一線的操作人員差一點，第一線的操作人員即可作弊，而且經過一段時間高階經理人才會發現。

開放角度去談金融

因此，很明顯的，在開放的世界且各空間差異化程度日益拉大的情況下，不能只從金融的角度去談金融，也不能只從一國的角度去談金融。舉個層面最廣的例子，1930 年代的經濟大蕭條（Great Depression）直接的導火線是 1929 年美國股市的崩盤，但最嚴重的危機不是華爾街股市的崩盤，是接續的 1933 年負債國賴帳所導致的銀行業倒閉風潮。股市崩盤只是大蕭條的前奏，還可挽救；無可挽救的，是拉丁美洲國家貿易狀況惡化，賺不到外匯還債只好賴債；而基本原料價格下跌，使美國農產品價格也跟著下跌，美國農民還不起負債也只好賴債，使美國銀行業者跟著颳起倒閉風。

如果打開美國股票的歷史紀錄，以 1929 年美國華爾街股市崩盤前一天的股市指數為 100，崩盤時急劇降低 25%，但在美國降低利率後立即回升 15%，並大致維持在該水準，等到負債國賴債導致銀行業發生倒閉風潮，指數馬上降低得只剩七分之一，即從 100 降為 14！

大蕭條發生的真正原因不在金融面，是其他部分的影響；金融危機比較容易救，其他層面導致的危機要救就相當困難，因此如果單純從金融面去想金融秩序，就是把問題過於單純化，這種體認對臺灣這個小型經濟體尤其重要。臺灣即使採取浮動匯率也無法抵擋國際金融風暴，我們在此開放性的國際空間中思考自己的金融秩序，必須有自己的思考方式。

調整、修正或建立新的金融秩序都須經過漫長的過程。以美國推動金融自由化為例，自 1960 年美國為金融改革所作的

第一份研究報告出爐，到 1980 年 4 月 1 日美國總統雷根簽署的《金融改革方案》生效為止，單花在研究工作上就花了 20 年的時間，這 20 年期間共作出了 11 份的研究報告。美國政府知道，推出綜合銀行制（Universal Bank）將會壓縮到銀行以外的金融機構之生存空間，透過這些研究，一再模擬、調整，決定了相關的配套措施，包括修改法規，准許儲蓄銀行辦理消費性貸款等新的業務，以為已經萬無一失才付諸實施。不料 1980 年《金融改革方案》一實施，金融業倒閉家數立即激增，美國只有因應不斷變化的情況，每年修法或設立新法，迄今這個調整過程仍持續不斷的在進行中。

不能全盤抄襲他人

　　美國推動金融自由化的經驗也警示我們，我們建立新的金融秩序，該走的方向要看自己的狀況，一步一步去做，別人的制度與做法是無法全盤抄襲的，尤其世界變動步調加速，未來有些變動是現在根本設想不到的。

　　第二次世界大戰以來，世界經濟的發展就一直處於一種很固定的情況中，即美國經濟如果景氣，世界經濟就景氣；但最近十年來情況已改變，美經濟景氣好，日本經濟不好，其他國家經濟也不見得好。情況是如何變化的，有那些因素產生了變化而我們沒看到，至今沒有確切的答案，可能是美國經濟在某個時點已走入了「第四波的工業革命」，其他國家跟不上來。

　　所謂「第四波的工業革命」，比較類似的名詞有兩個，一個是 1980 年代初杜克拉（Peter Drucker）在談第二次經濟理論

的危機時提出的「生產力」，他主張經濟學應加入這個觀念；另一個是海耶克（F.A. Hayek）在幾乎同時期提出的「知識經濟學」，海耶克認為在傳統的生產要素外，應加入「知識」這個生產要素。未來「知識」將是附加價值最大的生產因素，但即使國民素質再優異，要獲得「知識」這項要素都須經「教育」的磨練，而教育卻是最昂貴的投資，也因此，先進與落後者的差距愈來愈大，追趕者愈來愈辛苦。臺灣處在這個特殊的時點，面對未來，推動金融自由化、建立新金融秩序最關鍵的一個問題也是思考上述的差距有多大？有無各領域的知識人才？如何去彌補差距？

　　未來的經濟發展是知識經濟的形態，在參與競爭之前，必須先增強自己在所要參與領域的知識，具有獲得及篩選有用資訊的能力，早別人一步下決定，才有成為贏家的機會。

　　【《經濟日報》，1999 年 5 月 2 日，林鐘雄口述，記者蔡翼擎記錄。】

專訪：部分新銀行逾放依舊嚴重

解決問題金融機構 該倒的就該讓它倒

玉山銀行董事長林鐘雄昨（4）日接受本報訪問時明白指出，除了一、二家體質好的新銀行，部分新銀行的逾期放款問題依舊嚴重，如果這些逾放全部浮上檯面，金額可能遠大於銀行的資本額。

他直言說，逾放沒有浮出檯面的原因是新銀行多未曾更換經營集團，基於某些理由，很多不良貸款並未被歸列為逾期放款。

林鐘雄強調，真正要解決問題金融機構，正確的做法是「該倒的就讓它倒」，如果沒有魄力，只要求金融機構合併，無法真正解決問題。

林鐘雄對新銀行合併看法悲觀。他說，即使金融機構合併法立法通過，新銀行的合併還是很困難，因為大部分新銀行背後多有財團支撐，沒有一家財團的老闆願意自家銀行被別人「吃掉」。以下是訪談摘要。

問：財政部已研訂《金融機構合併法》草案，如果完成立法，是否有助新銀行合併？

答：新銀行彼此要合併的可能性不大。每家新銀行背後都

有財團老闆，如果合併，就變成誰吃誰的問題，沒有一家財團老闆願意自家銀行被吃掉；沒有財團背景的銀行一旦合併，只有被吃的分。另一個關鍵問題，如果想吃別人的銀行，自身都不健全，怎麼會有銀行願意跟它合併。

如何解決金融業合併後的問題也很重要，例如中央投資公司入主泛亞銀行，先前的大股東手中還握有許多泛亞銀行股票，未來是否會捲土重來，也是一個必須面臨的問題。

問：如果新銀行彼此合併困難，那麼立法通過《金融機構合併法》，是否會促使外商銀行併購本國新銀行？

答：這就要看他們（外商銀行）敢不敢冒險。

除了一、二個新銀行外，有些新銀行的逾期放款，現在還沒有曝光，如果未來這些逾放全部浮上檯面，金額可能遠大於銀行的資本額。

銀行業是一個很特別的行業，很多問題無法從外面看得清楚。外商銀行併購新銀行時，不可能檢查每一筆放款，換人經營後，這些逾放會逐漸顯現出來。

問：新銀行的逾期放款問題是否都已浮現？

答：還沒有。如果經營團隊沒有換人，不良放款還是不會被列為逾期放款；除非更換經營團隊，否則這些不良放款將不易浮上檯面。

問：現在新臺幣對美元匯率，比今年第1季末上揚1元多，有人認為新臺幣還有升值空間？

答：臺灣是小型經濟體，長期看來，新臺幣匯率最好還是

不要變動太多，不然，未來要扭轉回來，要花很大的代價。

　　最近新臺幣升值動力，主要來自短期資本流入，並非實質的生產面。短期資本的波動性很大，新臺幣匯率最好還是不要變動太多。

　　【《經濟日報》，1999 年 9 月 5 日，記者張海琳、鄭宇君專訪。】

專訪：房市不振波及金融業引發嚴重惡性效應

　　銀行高估房價，藉投資放款索取回扣陋習盛行，造成經營體質虛弱，遲早會有業者倒閉。

　　中央銀行常務理事、玉山銀行董事長林鐘雄指出，房地產不景氣可能波及金融業的營運，所導致的惡性連鎖效應將遠比檯面上嚴重；他並語出驚人地表示，銀行高估房地產價值，藉由放款或投資從中謀利的陋習依然盛行，銀行體質虛弱，遲早會有銀行倒閉。

　　林鐘雄表示，政府要求給予包括營建業等傳統產業資金融通，事實上只是治標不治本，因為傳統產業不務正業情況嚴重，資金需求遠超過正常營運所需，如果銀行給予不良企業資金融通，只是拖銀行下水，加速增加銀行業逾期放款。以下是訪談紀要：

　　問：目前金融業經營的最大困境是什麼？
　　答：金融業最大的問題出在內控。銀行業即使到現在，仍然有相當多的陋習存在，讓外人無法想像。就拿最近的例子，玉山銀行曾看中某地段一樓的店面，想要買下做為分行據點，因價格沒談攏而作罷；後來某家新銀行以 1.5 倍的價格成交。

又如日前某家新銀行高層主管告訴我，他們之前和一家公營行庫同時看上一個路口的店面，想買下做為分行據點，這個店面左右各有一間，門面條件都差不多，結果這家公營行庫以高出三倍的價格買下一邊店面。

買不動產拿回扣的事，在銀行業其實是公開的秘密，這不僅與政府金融監理無法有效管理有關，更涉及銀行負責人的操守。高估價值的房地產，成為銀行不良資產的一部分，使得銀行體質虛弱，遲早會有銀行倒閉。

問：不少人認為銀行業過度惡性競爭，究竟銀行業投資報酬率如何？

答：銀行業者應經常檢討本身的經營方式，確實督導放款的授信程序，如此才能真正改善銀行體質；我相信，銀行只要合法且正常經營，絕對有合理的利潤可圖，每年淨值報酬率平均超過 10% 應無問題。

至於很多銀行大手筆投資周邊金融業，也是不務正業的表現。以投資銀行為例，很多銀行羨慕交通銀行等工業銀行的獲利，但卻沒有考慮到這些工業銀行是經過準確的投資眼光和長期投資才有成果，且沒有人可確保未來的投資一樣賺錢。

又如銀行轉投資成立的租賃公司，目前大多已成為炒作母銀行股票、護盤的機構，加上不少租賃公司，都不務正業，以長期投資作為主要的業務，如此，更顯出整體金融機構經營惡化的嚴重性。

問：目前傳統產業的資金是否相當吃緊？銀行是否應加強給予傳統產業資金融通？

答：傳統產業不務正業的情形相當嚴重，唯有幾家企業倒閉後，才會產生警示作用，導正整體傳統企業的經營管理系統。

從金融體系的角度而言，傳統產業不務正業的情形相當嚴重，使傳統產業資金需求遠超過企業正常營運所需資金，因此銀行放款給傳統產業時，應確定資金用於正業，企業也應學會瘦身來減少不必要的資金需求。

特別是近幾年房地產的問題十分嚴重，連餘屋消化都有問題，更何況建商為爭取業績表現，還不停推出新建案，加上各種眷村改建案，累積的餘屋很難消化，在這種情況下，政府要求銀行對傳統產業融資，只是治標不治本。

問：目前國內貨幣供給額成長似乎有趨緩的現象？股匯市是否也因此受到波及？

答：國內貨幣供給額大幅降低的原因很多，除了銀行放款與投資成長較緩慢，外資匯出也會影響貨幣供給額變化，特別是央行為維護匯市動態穩定，以賣出美元的方式抑制外資匯出，又沒有適當管道放出新臺幣，以致新臺幣供給較緊縮。

同時，外資確是這波股匯市波動的因素，所幸央行穩住，短期看來，央行的進場似乎不太恰當，但長期來說，這項進場穩定措施是必要的；因此，央行目前也是處於進退兩難的困境。

以當前經濟基本面而言，目前新臺幣匯率並無貶值疑慮，但是央行如果放任新臺幣貶值，可能衍生物價上漲等不良後果，因此央行勢必要適度穩定匯價，以預防新臺幣下跌可能產生的各種負作用。

匯市與股市連動關係，使近來臺股表現不盡理想，主要是因為投資人信心不足，而導致量能不足的結果。至於後續央行是否會再隨美國升息，必須視美國貨幣政策走勢引發的效應和當時資金流動情況決定。

問：政府部門為了佈建較合理的兩岸關係，正考慮架設經濟安全網，你的看法如何？

答：經濟安全網的構想，主要是希望藉由各項數據資料，建立起正常的兩岸經濟監理機制。央行副總裁陳師孟所提出的國家安全捐，應該也是建構經濟安全網結構下的一環。

從理論上來說，國安捐的構想是不錯的，但可行性及可能的負作用還有待討論，諸如如何監督逃漏稅、廠商以轉投資或經由第三國再投資等方式如何防堵，都有待相關單位做進一步的釐清。

陳師孟的國安捐和陳博志的戒急用忍，前者是以價制量，後者是以量制價，原則不同，執行自然會有差異。不論未來政府採用何種方式，重要在建立臺商赴大陸投資的預警制度，在投資金額接近警戒線時，應有適當措施予以規範。

【《經濟日報》，2000 年 8 月 7 日，記者王皓正、傅沁怡、周庭萱專訪。】

五、利率與貨幣
政策

降低利率後的新趨勢

一、向低調整利率可能為不可避免的趨勢

一年前，因為意欲藉抑壓有效需要的增長，以維持國內新物價水準的安定，中央銀行巨幅提高利率。自此以後，國內物價水準固然維持安定的局面；但是，主要由於國際經濟情勢的繼續惡化，停滯膨脹的經濟難題終於也輸入我國。為對抗經濟停滯，必須採取相反的政策方向，擴大我國產品的有效需要。

在國際經濟依然呆鈍的情況下，唯一有效途徑在於擴大國內市場。擴大國內市場的經濟政策，只有財政政策與貨幣政策兩類。在我國，根據過去的經驗，財政政策一向偏重租稅政策，忽略政府支出的經濟效果，因而難以財政政策來處理經濟停滯問題。而現有的貨幣政策工具則只有調整（降低）利率最適於對付這種經濟情勢。

根據這種考慮，我們可以看出：最近半年來，為因應各該時期的短期經濟情勢，固然採行了許多財經措施，其中大部份都是試圖打開外銷僵局。利率政策則大體上係以國內市場為對象。如眾所周知，巨幅的利率調整因對支出行為有較嚴厲的影響，在極端經濟不安定之際，巨幅提高利率易於收經濟安定之效；但是，巨幅降低利率，則不必然會立即增加投資支出與消費支出，正如教科書上所說：「我們固然能把馬兒拉到水邊，但是不能迫使馬兒飲水。」

在 1930 年代的經濟大恐慌時期，美國聯邦準備銀行的貼現率曾低至 1.5%，但是仍不能阻止經濟蕭條的惡化，便是這個道理。尤有進者，在目前已知的貨幣知識之下，我們尚不清楚民間支出對調整利率反應的幅度，巨幅降低利率即或能產生經濟激勵效果，也有產生把物價上漲帶回來的危機。因此，即或是以利率政策來對付國內經濟情勢，通常都採行小幅度降低的原則，避免以新經濟災難替代舊經濟災難。

因此，2 月 22 日中央銀行降低存放款利率，是一連串的嘗試與修正過程的一個環節，是否短期內不致再有所改變，只有等待一段期間，觀察經濟情況的演變，才能由貨幣當局決定。就目前所能觀察到的經濟因素來說，我認為向低調整仍將繼續進行，理由有二：其一，假若國內經濟情況繼續正常化，目前的偏高利率終將不能維持下去；其二，假若國際經濟不能在預期期間內復甦，必須採用更嚴屬的國內對策，利率繼續向低調整為最可能被採行的對策。而這兩項趨勢似是極可能發生者。因此，繼續向低調整利率可能為不可避免的趨勢。

二、降低利率加強投資誘因

根據中央銀行調整利率的說明，可將利率向低調整歸納為三項因素，逐一加以檢討其今後可能繼續發展的趨勢。第一項理由是：儲蓄性存款續呈增加，貨幣供給額之變動亦屬溫和；第二項理由是：最近國際利率均有向下調整之趨向；第三項理由是：協助工商業降低信用成本。

在儲蓄性存款方面，自「穩定當前經濟措施方案」實施後，

即呈快速增加現象，其增加率之高為十餘年來所僅見，成為使貨幣供給額溫和增加的最主要因素之一，也完成了「方案」所預定的經濟安定目標。儲蓄性存款巨幅增加的原因有二：第一，在物價安定以後，其他資產的收益率相對低於存款利率，存款成為儲蓄資金的最有利運用方式；第二，從舊物價水準到新物價水準的突變過程中，破壞了大眾的財富結構，大眾的流動性（包括準流動性）資產相對偏低，故增加儲蓄性存款，期恢復其原來的真實財富結構。

在利率調整後，這兩項原因並未完全消失。就資產收益率來說，自去年 9 月開始以來，雖經三度降低利率，但降低幅度均甚低。新的一年期存款利率仍有 12.75％，不但較公債利率為高，且尚較民國 62 年底為高，與銷路呆滯的企業投資報酬率來比較，也許也高出不少。因此，民間儲蓄可能仍將擇取儲蓄性存款。同時，由於匯率不調整所產生的物價安定信心，加上可能產生的繼續降低利率的預期，或許更會產生短期的儲蓄存款加速增加現象。

就真實財富結構來說，由於尚未有可供利用的 1 月底的金融統計資料，尚不能看出民間真實貨幣性財富是否已恢復舊觀；但由於一年來非貨幣的真實財富仍在增加中，故無論如何真實貨幣性財富仍相對偏低，貨幣性財富的保有意願應是尚相當強烈。因此，此次利率降低大致不會產生儲蓄性存款之流失或其減速增加現象，也就是不曾產生消費增加之激勵作用。

在國際利率方面，自去年下半年開始回降的各主要國家的利率水準，降低幅度均甚為有限，若與兩年前相較，目前各主

要國家的利率水準高出的幅度介於 20% 至 100% 之間，假若各國能控制其物價安定情勢，這種偏高利率自然不能存在；同時，更重要的是，在失業率持續增長之後，各國又不得不注意及經濟成長問題，不論降低利率是否有利於經濟復甦，在政策目標轉變之際，利率政策常是首先被考慮者。基於這些考慮，今年內國際利率仍將繼續回降，我國或可能又有伴隨的行動。

在減輕工商業信用成本方面，根據學理，利率與存貨成本有極其密切的關係，在存貨比例高於正常水準的現狀之下，降低利率自然有助於減輕存貨成本，但似乎尚未能產生累積存貨的效果，主要原因是：目前的利率水準仍較過去的正常水準為高，且存貨比例亦高於正常水準，故至少在短期內不似會經由存貨增加，促進經濟復甦。

而利率與設備投資的關係是否密切，在學理上頗有爭論。但無論如何，在外銷比例偏高的國家，國際經濟的變動似乎有更重大的影響。以經濟部的各年新增公司登記資本額為例，民國 61 年為 261 億元，62 年為 602 億元，63 年為 631 億元。可以看出 62 年出口擴張期的投資大量增加現象；若剔除物價變動因素，則可看出 63 年出口減縮期的銳減現象。因此，除非國際經濟在短期內有所改善，只有再度降低利率，加強投資誘因。

國內設備投資活動既然與國際經濟有密切的關係，就必須觀察國際經濟的動向。在過去一年，經濟學家的確是讓人們失望，他們的樂觀預測，給人們很高的希望，而實現後的實情卻是令人沮喪的。因此，即使現在經濟學家們以慎審樂觀的態度

認為今年第 4 季國際經濟就會好轉，人們也就不敢懷有太大的希望。除非真正出現經濟轉機，不似會有顯著的投資誘因。更何況，所謂經濟轉機係根據美國福特總統的估計，今年美國經濟成長率雖然將為負 3.3％，但自第 4 季即開始復甦，1976 年可望有正 4.8％的成長率，而 1977 年則會真正開始正常的成長趨勢。

如眾所周知，在悲觀的預期下，政策的效果常會受到損害，因此如果真有經濟轉機，實際上來臨的時間可能要落後一段期間。同時，目前國內許多廠商的設備利用率較正常水準為低，在經濟轉機來臨初期，不似立即會有大量的新投資。因此，無論如何，除非有根本的未能預料的因素出現，我們幾乎可以說投資誘因仍待加強，也就是必須繼續降低利率。

三、調整財政政策開創經濟新機

嚴格地說，由於我國經濟情勢與國際經濟狀況有極其密切的關係，當前的國內經濟停滯也大部分起因於國際經濟的惡化，故經濟現狀的根本改善仍有賴於國際經濟復甦。此次利率降低只宜視為對國內市場的激勵因素。如上所述，在現狀之下，此項刺激似乎尚輕，尚有繼續降低的可能性。特別重要的是，貨幣政策的最大缺點是其效果的時間落後甚長，經歷一段時間若未發揮應有的效果，常會引起貨幣當局強化其先前的政策，可是，假若國際利率水準並未繼續向下調整，則我國是否宜繼續不斷地採行利率對策，就有深入考慮的必要。

就一般情形來說，利率政策並非對抗經濟呆滯的最佳處

方。因此,假若國際經濟在短期內沒有復甦的預兆,我國經濟
復甦對國內市場將有更重的依賴,則必須考慮調整財政政策,
特別是財政支出政策,配合利率政策,才能開創經濟新機運,
避免被動的長期經濟呆滯的不良局面。

【《經濟日報》,1975 年 2 月 24 日。】

貨幣供給增加率應逐漸達到20％的水準

　　從外匯存底的顯著增加與貨幣供給額增加率的持續降低看來，有關當局宜在近期3個月內，逐漸恢復貨幣供給增加率至20％的水準，否則今後3個月到半年期間，勢必發生經濟萎縮的現象。

　　外匯增加的原因，一是進口增加的速度相對緩慢下來，而在總貿易額持續擴展的情況下，即由於出超而累積過多的外匯，如果國內尚無法供給以後出口所需的替代品原料與設備，則這種情況延續下去的話，勢必影響以後的出口。另一原因是國內廠商得不到貸款，進而從外引進短期外資。貸款得不到，主要是銀行從7月份以後放款額已連續呈小幅的減少，而且利率相對較外資高，故大企業採此途徑解決融資問題。針對這種現象，宜檢討金融政策是否合理。

　　以目前外匯存底的數量言，照過去經濟計劃的實施經驗，外匯存底應以當年進口金額的三分之一為安全基準，今年預定進口額約75億元，也即25億元為適當的存底，目前30億元即略嫌偏高。

　　就負債結構言之，外匯多即表示短期資金流入，造成流動負債比率的加大，解決之道，應是降低利率水準。

　　而降低利率，應從目前固定利率的方式轉變至以借款人信

用、借款金額大小為基準的基本利率方式。因為，引進短期外資者大抵皆為財務健全的大企業，而對這些大企業既然有其規模上的經濟與優勢，如信用狀況好，借款金額多，則利率應予以降低。對銀行作業言，由於風險降低而且可減少貸款手續成本，降低利率也是合理的。從而，採取基本利率方式的話，也可鼓勵中小企業從健全財務管理著手，才能從銀行取得更多的融資服務。因為大多數的中小企業所以求諸民間的資金，不外由於財務管理差（而非無盈餘能力），往往由高利貸所得的資金以應付三、五日的週轉，再有一種可能是太過分擴展，不容易取得正常的融資。假如，能建立基本利率的制度，可望獎勵工商健全財務管理，也可避免外資的過度流入。

以目前貨幣供給額增加率的情況看來，從年初起每個月比較，2、3、7月都較上個月份降低，其餘增加率亦不過 10%，而今年起各月份與上年比較，則增加率呈現持續下降的現象，從 1 月初的 37.87%降到 8 月份的 11.88%。而去年的經濟成長率為 2.4%，貨幣供給增加率在 20%以上，今年預定成長率將在 10%，而目前這種低的貨幣增加率，恐怕無法順應經濟成長的需要。

因此，在目前進口既呈現減少而外匯存底激增，貨幣供給又有緊縮趨勢，如不再謀求改善，預料 3 個月後到半年內，即會有經濟萎縮的現象。因此，對策宜逐漸增加貨幣供給率，今後 3 個月內逐步恢復增加率，而達 20%的水準。

經濟發展國家重在財政與金融政策的雙管齊下，我國由於國情關係，偏重金融政策，對其依賴程度太深，如果政策再缺乏彈性的話，勢必影響經濟發展。

【《經濟日報》，1976 年 10 月 4 日。】

對降低利率及當前金融情勢的看法

　　中央銀行自 22 日起，全面降低對銀行業的貼放利率、銀行業存款利率，相信銀行公會也將全面降低各種放款利率。此舉係民國 64 年 4 月實施穩定方案四度降低利率後，企業界 18 個月以來所熱烈期待者，其可能影響及今後趨勢，當然是大家所關心。在本文，我想對這兩個問題略微表示一些看法。

一、貨幣供給量增加率偏低不利經濟發展

　　在民國 62 年國際經濟變局後，我國經濟經歷短期的經濟衰退，自去年春夏之交即已呈現復甦跡象；在今年，若干重要經濟指標更顯示巨幅的衝力，以對外貿易而言，出口值增加 56％，進口值增加 31％；以工業生產而言，增加率亦接近 30％。這種經濟擴張當然會產生貨幣需要增加，貨幣當局自然應提供較大的貨幣供給增加率，才能滿足社會的需要。可是，事實相反，本年 3 月底貨幣供給量增加率較去年同期增加 24％；6 月底增加 16％，7 月底增加 15％，8 月底增加 12％，顯然有趨低增加率的現象。倘若 64 年工業生產指數增加 5％，而貨幣供給量增加 26％是合宜的話，則本年貨幣供給量增加率的相對偏低情形實甚為嚴重。

　　他方面，就影響貨幣供給量的因素來說，8 個月來，外匯資產淨額增加 34％，準貨幣增加 15％，對民營事業放款則增

加 11%。即使是上述低速貨幣存量之成長幾全部可歸因於外匯資產之累積，金融因素不但無膨脹的壓力，甚且具有收縮現象。這種情形與上述經濟復甦所引申的貨幣需要增加當然有其矛盾之處。可能原因或者是重要經濟指標誇大了復甦的程度，或者是對企業融資相對偏低。

衡諸事實，我們寧願相信對企業融資相對偏低的解說。可是，既然企業有資金需要，為何對企業不能大量融資。我們也可提出兩種看法，其一是利率偏高，企業不願舉借，其二是企業提不出銀行認可之確實合格之票據或擔保。關於利率偏高說，18 個月來，部分專家學者、企業界人士及報章輿論有許多精闢的分析，理由多甚充分；但在資金週轉困難情形下，黑市資金利率更高，部分企業也不得不求諸黑市，可見利率偏高說不能解釋對企業融資偏低現象。由此可知，倘若貨幣供給量增加率偏低對目前及今後國內經濟發展會構成不利之影響，根本原因當在銀行對企業之融資態度，而不在於利率水準的高低。

二、確實合格票據或擔保影響融資

這並不意味著，降低利率對目前經濟情勢沒有助益，正如央行降低利率之說明，降低利率可「減輕工商業者之財務負擔」。但是，存款利率降低幅度介於 0.5% 至 0.75% 之間（相信放款利率之降低將大致與此相同），是否減輕工商業者的負擔呢？根據三年來的記錄，此次降低利率後的利率水準，尚較 62 年 10 月以前略高。在當時，躉售物價的年上漲率高達 20%

以上，企業的真實利率負擔係負數；而目前的物價上漲率僅2%左右，企業的真實利率負擔仍為正值，且正值甚大，甚至要大於名目利率水準最低的 61 年夏季時的真實利率負擔。因此，工商業者的真實財務負擔僅能有限度的解除，問題的癥結仍在於對企業資金的融通。

就此項觀點來說，如前所述，企業所能提供之確實合格票據或擔保固為問題所在，實際上這乃是自衰退而復甦期的現象之一，宜可設法補救。事實上，對企業融資偏低的另一原因是，銀行業停辦若干涉嫌重複融資之貸款，乃使傳統上的合格票據相對減少，因而形成無力在既定標準上進行融資的現象，以致銀行超額準備金在 7、8 月間迅速累積，最高時且超過 100 億元，佔其實際準備的 23.5%。為消化這些超額準備，發行國庫券、公債，或如傳聞中的對商業銀行出售外匯，都不是治本的辦法，因為這樣不能增加經濟復甦期的融資。在這種情形下，我個人覺得，適度調整合格票據的標準，甚或對有助於經濟與貿易發展但仍涉嫌重複融資的放款作適度的開放，對於補充貨幣供給量的成長及因應企業資金需要當有更直接的效果。

三、降低利率應伴隨融資及貨幣存量適度擴張

根據以上的推論，此處把利率約降低至 62 年 10 月以前的水準，固然稍能疏解企業的財務負擔，但如若不能促使貨幣存量增加率回升，就不必然對全面經濟情勢有重大裨益。因而，表面上說，今後貨幣存量的變動趨勢當能影響今後貨幣政策的演變，其實這種變化尚可由另兩方面來觀察。

　　第一，工商業者呼籲經年，央行才把利率降低，此次利率之降低可視為被動措施。在這方面來說，今後若貨幣情勢未能產生有利發展動向，則續採利率政策的可能性就會趨小。第二，若央行係因經濟復甦速度趨緩而降低利率，屬主動的措施。在這方面來說，今後貨幣經濟情勢若未能滿足央行既定的目標，則因降低名目利率後的真實利率負擔仍高，則繼續降低利率尚不能說不可能，特別是若物價水準能保持相對安定時為然。因此，我們宜把此次利率調整行動視為一項持續行動的一個環節，而不是僅此一次而已。

　　總之，我個人覺得，當前的金融情勢中，利率偏高僅係若干重大問題之一，利率之降低若不能同時伴隨著融資及貨幣存量之適度擴張，依然不能全面解決當前的問題，故今後的演變，當可循上述原則加以觀察。

　　【《經濟日報》，1976 年 10 月 22 日。】

論再降低利率的經濟意義

中央銀行總裁俞國華先生昨天（14 日）下午宣佈降低該行對銀行業之融通利率及存款最高年率；不久，臺北市銀行公會亦宣佈降低放款利率。這是本年第 4 季內，第二次降低利率，除銀行活期存款年利率降低 0.25％外，其餘各種存放款利率都降低 0.5％，自本日（15 日）開始實施。

在 10 月下旬首次降低利率時，我曾在本報撰文探討再降低利率的可能趨勢，現在利率水準已再降低，雖然降低幅度不大。我仍然願意就其意義申論幾點看法。

一、利率政策能否產生全面性效果仍待證明

自 50 天以前首次降低利率以來，誠如俞總裁所表示，金融機構存款繼續增加，且物價水準甚為安定，顯示降低利率並未產生不良後果。雖然如此，國內若干經濟金融指標也有某種程度的改變。

第一、自本年以來持續降低中的貨幣供給量增加率，已有回升跡象，以具體數字來說，其數值自 8 月底的 11.9％，分別升為 9 月底及 10 月底的 12.6％及 15.1％。這種回升與外匯資產之累積似有較密切的關聯，與一般信用擴張關係較小，特別是對民間融資的增加速率反而有降低趨勢。以具體數字來說，對民間融資（全體銀行對民營事業債權）年增加率，在本

年 3 月底為 30％、6 月底為 25％、7 月底為 23％、8 月底為 22％、9 月底為 20％、10 月底為 18％。這種對民間融資增加率趨低，與貨幣供給量增加率回升，同時並存的現象多少與往昔有所不同，倘若能深入加以分析，我們或者將要引申出利率政策以外的政策要求。

第二、自本年 4 月以後，我國對外貿易又恢復出超情勢，且各月出超金額亦略有擴大情形，這種貿易出超，當然為前述外匯資產累積原因之一，也未始不是好現象。但是至少有兩項問題尚待深入探究；其一是持續半年的出超是否表示出口競爭能力的恢復？答案如屬肯定，就不需要再降低利率，以「提高我國產品競爭能力」；答案如屬否定，則問題可能在於進口增加率相對緩慢，因而乃與銀行對民間融資增加率趨緩為同一性質的問題。其二是持續巨額出超反映著廠商存貨與存料持續降低，除非經濟活動速率亦作同幅度降低，則顯示國內存貨水準相對降低，對於經濟安定與成長都將可能有不利的影響。62 年以來的經濟波動是以巨額出超為起點的經驗，使我們對此種出超趨向不能不有所警惕。

這種經濟金融趨勢當然尚有待進一步分析，但是至少顯示，當前我國的經濟問題仍相當複雜，單純的利率政策是否會產生全面性的效果，仍有待事實證明。

二、再降低利率有兩項重大意義

單就此次再降低利率來說，我們不難發現，調整幅度甚小，這一方面反映著中央銀行一貫的謹慎持重的態度，他方面

也或者可說明難以期望此次的行動會有顯著的效果。

就謹慎態度來說，如眾所周知，目前已接近春節，且國際油價即將上漲，國內外情勢對我國國內物價趨勢都有上升壓力；而降低利率的行動一向都被解釋為放鬆信用，也帶有可能使物價上升的印象。因此，再降低利率的幅度便不宜過大，以免有大幅不利的效果。

就可能的後果來說，一則由於降低幅度甚低，對於處於「不穩定復甦」狀態下的工商業者，究能減輕多大的負擔，以及引申多大的新投資意願，僅是觀察前次降低利率後，對民間融資增加率繼續降低，就可猜得部分答案。二則由於此次降低後的新利率水準約與 62 年 7 月相當，而當時物價年上漲率達 15%，工商業者的真實利率負擔幾等於零；而目前物價上漲率僅約 2% 左右，相形之下，工商業者仍有相當沈重的真實利率負擔，「不穩定復甦」下的利潤率，是否有力負擔 10% 以上的真實利率，則頗有疑問。

雖然如此，我個人覺得此次中央銀行再降低利率有兩項甚為重大的意義 ── 政策彈性與成長導向。

就政策彈性來說，根據最近 10 年來的貨幣政策記錄，貨幣政策的調整彈性甚小。以最近的經驗來說，自 63 年穩定當前經濟措施方案後，這是第六度降低利率，其中調整時距最長的為本年 10 月，距前一次 10 個月；第二次至第四次的調整時距都長於兩個月，此次時距則僅只 50 天，且係發生於年底。因此，我們可以說，為達成某種經濟目標，貨幣當局調整政策方向的彈性已大為加強。

　　就成長導向來說，如眾所周知，三年以來，國內的財經措施很顯然地有穩定導向的跡象，此次在短期間內兩度降低利率則顯示，金融政策有轉向追求經濟成長的跡象。這乃是三年以來，國內經濟或者是處於衰退狀況，或者是處於「不穩定復甦」狀況，如無積極而顯著的經濟成長衝力，對於我國長期經濟成長終將有所不利。當然，此處對扭轉政策方向的說法，僅是猜測性質。就我個人的看法，也只有此種扭轉才是因應當前經濟情勢之道，故我覺得輕幅降低利率仍屬不足，有採行更積極之措施的必要。

三、利率降低幅度甚低難望有顯著效果

　　根據以上的推論，由於此次利率降低幅度甚低，對解除工商業者的真實財務負擔幅度有限，難望有顯著的良好效果。同時，貨幣供給量的增加率雖已回升，但與當前經濟活動水準仍不相稱，且在其回升趨勢中，對民間融資速率依然降低。因此，為著進一步激勵「穩定的復甦」，似宜採行下列兩項措施：

　　第一，深入研究銀行對民間企業融資增加率降低的根本原因，並針對此項原因採取補救措施。此舉一則可解決當前依然存在的企業融資困難，再則可使貨幣存量成長率逐漸回升至正常水準。

　　第二，為促使經濟成長，宜研究調整匯率的可行性。在過去，由於緊接著高物價上漲之後，若調整匯率，可能會產生心理性的超額物價上漲。兩年以來，持續物價水準安定，已使擔心物價上漲的心理大為消除，若調整匯率乃是促進成長的必要

手段，當宜果斷地採行。因為兩年來的事實，幾乎已證明降低利率的效果與調整匯率大有不同，不宜持續混為一談。但是，在此必須一提的是，就目前的經濟情勢來說，若干指標的趨向係與調整匯率之要求相反者，例如，持續的貿易出超與外匯累積，在研究調整匯率可行性時，不能不特別注意。

　　總之，兩年來持續存在的「不穩定復甦」雖然不是孤立現象，但也不宜完全視為國際經濟衝擊的結果。若我們意願自「穩定導向」轉為「成長導向」，則在利率政策之外，宜尋求更積極的政策，更重要的是作整體考慮的財經政策，以打破所謂「不穩定復甦」狀態。

　　【《經濟日報》，1976 年 12 月 15 日。】

降低利率後的新情勢

一、央行第三度降低利率

　　中央銀行俞總裁昨天下午 4 時宣佈降低中央銀行對銀行業的融通利率及存款高限利率；同時，臺北市銀行公會且議定並報請中央銀行核定降低各種放款利率。除外幣及外銷放款利率各下降 0.5％，3 個月期外幣存款利率不變，6 個月期外幣存款利率下降 0.5％，1 年期外幣存款利率下降 1.0％外，其餘各種存放款利率都向下調整 0.75％。

　　對於這項期待已久的利率調整行動，中央銀行的說明分為兩項：其一，自去年 10 月及 12 月兩度降低利率後，貨幣供給額仍能保持適度之穩定，即其增加率尚未超過 20％，同時儲蓄及定期存款之增加率亦未因之降低。換句話說，半年來兩度降低利率的行動，對整個經濟穩定情況未曾有所損害，故慎審地採取三度降低利率的行動。其二，此次降低利率之目的為減輕工商各業的財務負擔，並逐漸縮短與國際利率之差距，以利我國經濟之發展。換句話說，以利率政策為工具，短期間降低工商業財務負擔，加強其競存能力；長期間向國際利率看齊，激勵企業的投資興趣。

　　本文以這兩點說明為基礎，分別檢討半年來的經濟金融情勢、三度降低利率的可能影響及今後的政策措施。

二、半年來的經濟金融情勢

　　民國 65 年，由於出口量值的巨幅增長，帶動國民生產巨幅成長。同時，由於合宜地控制了貨幣供給量的增加速率，國內經濟保持著穩定的局面，更由於此種幣值信心，使定儲存款大量擁入金融機構。在 66 年初，這種情勢已略有改變。首先是出口值之成長受阻，1、2 月出口值共僅 12 億 1,000 萬美元，較去年同期增加 1.5％；由於出口在我國經濟成長中扮演著甚為重要的角色，低出口成長率當然不利於本年的經濟成長。同時，2 月底的貨幣供給量年增加率為 26％，較以往 12 個月的任何月份的貨幣供給量年增加率為高，雖然這是春節前後的貨幣膨脹，但也不能不認為是物價指數上漲率較去年為高的原因。不過，本年 2 月底與去年 1 月底同屬春節後之月份，以此相較，貨幣供給量的年增加率僅為 12％，則反而顯示貨幣供給量之年增加率偏低。

　　由以上的簡短說明，我們對於今年以來的經濟情況有兩項初步的看法，第一，出口增加率偏低並非樂觀的現象，須有合宜的擴張措施，以增強今年的經濟活力。第二，貨幣供給量的年增加率並無偏高跡象，仍有若干可供採取擴張措施的餘地。

　　在貨幣措施中，可供採行的擴張措施至少有三種，其一是降低存款準備率；其二是加強對民營企業之融資；其三是降低利率。其中降低存款準備率因伸縮性小，與當前的經濟環境不合；在其餘兩項措施中，採取降低利率措施固與時論不謀而合，但仍有斟酌之餘地，下文將有所分析。

　　30 年來，臺灣地區的銀行利率水準以 61 年 7 月以後的一年間為最低。此次降低利率後的新利率水準已與此最低時期之

利率甚為接近，外幣外銷貸款且已接近民國 50 年代初期世界通貨膨脹未發生時的利率水準。就此種情況來說，目前的利率可說是足以使工商企業的利息支出恢復其正常水準。

三、三度降低利率的可能影響

　　但是，這種利息負擔之減輕並非全體廠商所能分享。以 65 年 9 月底至本年 1 月底的 4 個月間（即前兩度降低利率至春節前）的全體銀行融資情況為例：全體銀行放款增加額為 255 億元，增加率為 7％。其中，對民營企業放款增加額為 134 億元，增加率 5％；對公營企業增加 80 億元，增加率為 13％；對政府及政府機關增加 40 億元，增加率為 29％。民營企業所獲融資增加率偏低，故雖有兩度降低銀行利率，但黑市利率幾未曾改變，因而對於須仰賴黑市融資的民營廠商來說，其獲利程度實在有限。由此可知，問題的重點不在銀行利率的高低，而在於銀行體系對民營企業的融資金額的大小，倘若一如過去一年，對民營企業融資增加有限，即使再度降低利率，對企業利息成本負擔仍不能大幅降低，更何況利息成本佔企業生產成本之比例並不高，所獲實益當然更小。

　　再就縮短與國際利率的差距來說，眾所周知，各國利率制度、銀行實務、經濟環境都互有差異，究竟何謂國際利率水準都很難明確指認，接近國際利率究竟對本國會有什麼好處當然更是難於描述。因此，此次降低利率似隱含意欲希望藉低利率以激勵投資，以利經濟發展的目標。原則上說，利率僅係許多投資誘因之一，不必然是唯一的主要決定因素，更不易在短期

內產生激勵投資的效果。故單僅有降低利率之行動，是否會在短期內產生預期效果，改善本年的經濟狀況，實在有待於其他措施的配合。

四、今後的政策措施

由於我國對外經濟依賴度偏高，國際經濟演變對我國經濟情勢會產生相當大的影響，而目前國際經濟情勢依然曖昧。降低銀行利率，主動改善國內經濟環境的行動，是值得喝彩的。但是，由於利率政策效果必然有其時間落差，且其效果之強弱在我國仍是有待事實證明的，故我們不宜以此項行動為足，除繼續觀察此次降低利率行動的正副作用外，尚宜研究採行配合措施，以強化其可能的正作用，避免不利的副作用。

正如前面所提及，民營企業融資增加率偏低為重大問題，如何增加其融資以及避免因增加其融資所引申的副作用當為重大的課題。倘若對其他部門的融資增加速率不變，降低利率後，果然同時增加對民營企業的融資，則當然會產生貨幣存量增加速度提高的趨勢，而此趨勢又會產生使物價上漲率趨高的壓力，因而面臨著傳統上的經濟成長與經濟安定的取捨問題。若為減輕此項取捨的負擔程度，則必須面臨部門融資增加率的再檢討問題，也就是部門成長間的取捨問題。

因此，就降低利率後的新經濟情勢來說，我國利率水準較過去已非偏高，短期內當不宜有再降低利率的行動。但是，其短期效果不必然會非常明顯，故我們宜持續檢討成長與安定的取捨、以及各部門成長的取捨，採取合宜的非利率政策的配合

措施。

【《經濟日報》，1977 年 4 月 1 日。】

當前的利率政策與經濟環境

　　中央銀行俞總裁昨日（9日）宣佈再度降低銀行存放款利率，雖然降低幅度僅有 0.5％，相信仍將普遍獲得工商企業的感念。這是 8 個月來第四度降低存放款利率，四次合計共約降低 2.5％。在民國 63 年 9 月至 64 年 4 月間，央行也曾四度降低利率，共約降低 3％。因此，自因應國際經濟變局而採行穩定方案以來，3 年 4 個半月間，共降低存放款利率八次，合計降低幅度約 5.5％。已使目前銀行存放款利率趨近於 61 年的水準。這一連串的利率政策的運用，一方面固然是對經濟情勢變化的因應，他方面則對目前及今後的經濟情勢有所影響。在本文，我想就這個觀點作幾項引申分析。

　　在 63 及 64 兩年的低成長率之後，65 年我國曾有相當高的經濟成長率，且當時國際經濟前景比較樂觀，因而我國財經當局對 66 年的經濟展望亦持樂觀的看法，訂定了一項高經濟成長率的計劃目標。可是，在本年前半年的實際經濟成就上，情況相當難以令人滿意，不論進出口貿易或工業成長都與計劃目標有很大的差距。初時，若干人士尚以為那只不過是春節期間的季節現象；稍後，情況愈為明顯。特別是，在我國處於低成長情況之際，近鄰的韓國，無論工業成長或貿易發展都尚繼續保持適度的成長，更襯托出我國的呆滯情形非能以暫時性或國際經濟情況來解說。在這種經濟呆鈍狀況中，唯一足以告慰

的是，我國仍能保持非常令人滿意的經濟安定。雖是如此，我們也應該認識，安定正是經濟呆鈍的結果；同時，經濟呆鈍也是為維持經濟安定所付出的代價。

面對這種經濟情況，積極的因應措施不外財政政策及貨幣政策。在理論上，合宜而有效的財政政策工具不外增加政府的建設支出及減稅措施。如眾所周知，加速進行中的十項建設大約已把政府支出帶向一個高峰，不似有增加政府支出的可能性。在減稅方面，則是我國從未估算及採行的措施，特別是這種消費面的景氣擴張政策，與我國的國策未盡符合。因此，貨幣政策乃必須承負處理當前經濟問題的全部重擔。

在我國，貨幣政策的工具因受環境的限制，幾乎可說只有利率政策可用。在經濟過熱之際，巨幅提高利率，固然可收抑制經濟過份擴張之效；在經濟衰退之際，持續降低利率，是否足以扭轉有效需要，產生經濟復甦，甚至恢復經濟繁榮，則不無疑問。8 個月來，持續四度降低利率，顯示當局刺激經濟景氣的意向，可是迄未產生令人滿意的效果。這種情形，或者可視為貨幣政策因有較漫長的時間落差，以致尚未能顯現應有之效果所致。但是，我們也可以換一個角度來看，顯示這並不單純是利息負擔問題，而是融資問題。

正如俞總裁在降低利率之說明中所指出：「存放款利率三度降低，而準貨幣性存款尚未受到不利之影響 —本年 4 月底準貨幣性存款與去年同期比較，計增加 31.75%。」我們也可以在金融統計月報中看出，在同一期間，整個銀行體系對民營事業之融資增加 12.6%，不但較對政府融資增加 38.8% 為低，

也較對公營事業融資之增加 23.5％為低。換句話說，銀行利率水準雖然降低，但因民營事業之融資並未受到有利的影響，故並未對民營事業增加實惠。最足表現這種現象的是，8 個月來，雖然四度降低銀行存放款利率，但是民間借貸利率幾不曾受到影響，無法獲取銀行資金的企業依然必須負擔民間高利，則區區 0.5％的銀行利率降低，當然幾無以減輕其利息負擔了。因此，倘若得以依賴貨幣政策來處理當前的經濟問題，有效的措施當不在於降低銀行利率，而在於增加資金融通。

在目前，銀行的超額準備雖較去年秋季略低，但 4 月下旬仍有 94 億元之多，故增加融資並非不可能，而是涉及技術問題及政策原則問題。技術問題涉及信用管理技巧，在此不擬討論。而政策原則則有略加分析的必要。簡單地說，銀行體系融資的擴張，通常會帶來貨幣供給量增加速率的提高，此種趨向又常被解釋為有礙於物價安定目標，因而銀行對企業之融資乃不能不略作限制。譬如，本年以來，銀行體系對企業之融資已較去年下半年增加不少，因而 3、4 月的貨幣供給量年增加率俱已超過 21％，就最近國內學者專家的最適貨幣量增加率估計數值來說，這已幾乎是高限了。如再放寬融資，再提高貨幣供給量之增加率，則或者將會影響物價安定。但是，如若不增加融資，便無法真正降低民間企業的利息成本，難以促進經濟成長。在這種情形下，我們可以說，我們實際上是面臨著成長與安定政策原則的調整問題。

由此可知，降低利率固然可減輕部分企業的利息負擔，但不似足以帶動經濟成長的誘因。因此，倘若我們有意扭轉當前

經濟呆鈍的情勢，在利率政策之外，我們似應認真檢討，為恢復經濟成長活力，我們能忍受或付出多大的物價安定代價，並據此以扭轉銀行體系之融資態度，這樣或者能產生較迅速且較持久的效果。

【《經濟日報》，1977 年 6 月 10 日。】

新貨幣政策行動的剖析

　　中央銀行昨天（15 日）下午宣佈了重要的貨幣政策行動。一方面是將支票存款及活期存款準備率各降低 5 個百分點，亦即恢復去年 11 月 20 日以前的銀行存款準備率；他方面則提高各種存放款利率，提高幅度介於 1.5％至 1.75％之間。這是自本年春節以來，銀根緊俏情勢長期存在及物價指數上漲率的顯著提高之後，中央銀行當局所採行的最猛烈的因應行動。在這短文中，我想分別分析這兩項政策行動的因果，並探討其未來的展望。

緩和銀根緊俏的努力及其效果

　　自本年 2 月以來，國內金融市場即已出現相當嚴重的銀根緊俏情況。以銀行的自由準備淨額來說，1 月為不足 9 億元，2 月為不足 45 億元，3 月為不足 84 億元；以貨幣供給量的年增加率來說，去年平均增加率為 33％，今年 1 月為 44％，2 月為 28％，3 月為 27％；尤其是，以躉售物價指數平減後的實質貨幣供給量年增加率來說，去年為 34％，今年 1 月為 33％，2 月為 18％，3 月為 15％。在在都顯示銀根緊俏情勢日趨嚴重。

　　造成這段期間銀根緊俏的基本原因，一方面可追溯到去年 11 月 21 日，中央銀行為抑制長達一年的貨幣供給量年增加率

偏高趨勢，採行提高支票存款與活期存款存款準備率的行動；他方面則為本年第 1 季全體金融機構的國外資產淨額持續巨幅減少的結果。現在，中央銀行既已把存款準備率回降至緊縮前的水準，在極短期內，固然會因銀行自由準備金的增加而產生信用放鬆的能力。但是，放鬆信用的強度則決定於今後我國國際收支狀況。

倘若今後我國國際收支逆差，全體金融機構國外資淨額繼續減少，則此舉的信用擴張程度當屬有限；倘若今後我國國際收支順差，全體金融機構國外資產恢復增加，則銀行信用擴張潛力提高，再配以提高利率後的資金向金融機構回流的可能性，則降低存款準備率或會產生較大的信用放鬆效果。依目前的國內外經濟情勢來看，由於春季油價上漲的後果正在陸續發生作用中，且國際油價仍未穩定，故我國國際收支難望有巨幅改善。因此，此舉所能產生的信用放鬆程度大體上不致很大。

根據以往的經驗，每當國內物價水準上漲率相對提高之際，都會產生提高官定利率的要求及行動。在我國，自 63 年 9 月以來，分八次將 63 年 1 月為反通貨膨脹而提高的利率逐漸降低。由於那四年間，國內物價水準相對上甚為安定，故低利率政策乃能持續存在。自去年年底開始，一則由於國內經濟繁榮的刺激，再則由於國際油價調整的傳聞與行動，物價上漲率已趨上升。

提高利率的基本影響

以躉售物價指數而言，去年第 4 季年上漲率為 7.2%，今

年第 1 季再升為 9.2％，與 66 年至 67 年前 3 季的 21 個月平均物價年上漲率 2.5％相較，物價上漲情勢已甚為明顯。特別是，本年 3 月及 4 月，年上漲率均已超過 10％，且好似有繼續上升趨勢。因此提高利率的政策行動可說是物價漲幅相對提高的結果。

　　與物價上漲率相對提高有關的另一項因素是：各種銀行存款或者是增加率趨於緩慢，或者是呈現減少現象。以今年 3 月底與去年 12 月底相較，全體金融機構的支票存款及定期存款分別減少 13％及 6％，而去年同一期間，支票存款則增加 2％，定期存款僅減少 0.4％。更為重要的是，本年第 1 季儲蓄存款僅增加 6％，而去年第 1 季則增加 9％。這種因物價上漲率升高而產生的離棄貨幣性資產的現象，表現著追逐物品的心理相對上升，不但有違今後的物價安定趨勢，而且也會妨礙經濟資源的運用效率。因此，此次提高利率行動，表示當局意欲扭轉這種不利於經濟成長與安定的趨勢。

　　由此可知，高利率的基本作用在於緩和物價上漲趨勢。在短期內，由於高利率對貨幣性資產誘引力提高，可緩和商品市場的商品追逐需要壓力，同時，更由於高利率提高囤積成本，可使商品市場上的供給相對增加，故可使呈上漲趨勢的物價水準相對緩和下來。但是，在較長時期，此種相對物價安定是否能繼續維持下去，就決定於降低存款準備率所產生的信用放鬆程度及國際油價的動向，前面已經提及，信用放鬆程度可能非常有限，除非國際油價再有顯著波動，長期間亦可使物價水準保持穩定狀態。

今後經濟情勢與貨幣政策之展望

根據以上的分析，此次的貨幣政策行動意圖一舉解決春季以來銀根緊俏與物價上漲率偏高的問題。就短期來說，兩項經濟難題都可解決；就長期來說，是否會產生新經濟難題，則將視若干非我國所能完全自主的因素的演變而定。據此，我們可對此次的貨幣政策行動提出下列幾項看法：

第一，此舉表示貨幣當局願意較長期地放鬆信用。同時，也表示四、五個月以來的公開市場買進行動，未能有效地緩和銀根緊俏，不得不改弦更張。鑑於國際經濟景氣有衰退趨向，且我國第 1 季經濟成長狀況亦未如理想，較長期地放鬆信用，可以阻止經濟衰退的來臨。

第二，提高利率是因應幾個月來物價水準上升的結果，待物價水準安定後，宜考慮降低利率的可行性。因為持續偏高的利率對若干產業部門實有不利影響，甚至會導致我國經濟成長潛力的下降，故宜在經濟環境改善後，作合理的調整。

第三，由於我國經濟與國際經濟發展有密切關係，此次政策行動之長期效果亦與國際經濟情勢之未來趨向有關，故我們宜密切注意國際經濟動向，更靈活地運用自主的貨幣政策，以實現兼顧經濟成長與經濟安定的目標。

【《聯合報》，1979 年 5 月 16 日。】

「放鬆信用」後的貨幣問題

　　自本年 2 月發生銀根緊俏問題之後，中央銀行一直採行公開市場買進的方式來放鬆信用。5 月 16 日起，轉而採取降低存款準備率與提高利率的措施，並繼續進行公開市場買進。與過去數個月相較，貨幣政策可說已大為放鬆。現在所存在的問題是：信用放鬆程度究竟多大？與短期內我國經濟活動會有什麼關係，本文將要對這些問題作扼要的分析。

一、信用放鬆程度究竟多大

　　要探討信用放鬆程度及其有關問題，自然以其先前的銀根緊俏為起點較合適。在學理上，有若干貨幣數值可供作判斷銀根鬆緊的指標。此處僅用貨幣供給量的年增加率來說明。根據金融統計資料，自民國 66 年第 4 季開始，貨幣供給量的年增加率開始顯著提高，該年年底的年增加率為 31％，已顯著地超過先前兩年的水準。67 年各月的年增加率幾乎都超過 30％，全年各月平均年增加率高達 33％。在這種現象發生後，持貨幣論觀點的國內專家學者就已對這高貨幣數量增加率的物價衝擊後果表示憂慮。特別重要的是，去年 9 月，弗利德曼教授訪問我國之後，更指出那種高貨幣成長率會使 68 年底我國物價上漲率顯著上升。或許是基於這些理由，67 年 11 月，中央銀行將支票存款及活期存款準備率各提高 5 個百分點，試圖

抑制貨幣供給量的增加率。

在該項政策措施後，11 月及 12 月的貨幣供給量年增加率仍各為 34％，較先前幾個月平均年增加率為高。本年 1 月，甚至產生了 44％的年增加率。但是 2、3、4 各月的年增加率則逐月下降，分別為 28％，27％及 21％。由這種短期演變情況，我們可以得到三項重要的初步結論：第一，提高存款準備率的信用緊縮作用或者需經歷三、五個月的時間之後，才能發生作用。第二，在這段時間，其他因素（特別重要的是國際收支情況）對我國貨幣供給量的變動可能有更為重大的影響力。關於這一點，我們可由全體金融機構國外資產淨額的變動看出：去年 11 月至本年 1 月，國外資產淨額繼續逐月增加；自本年 2 月至 4 月則逐月減少。這就顯示，所謂貨幣供給量成長率的低降與國外資產淨額的變動有極其密切的關係。在這期間，中央銀行固然持續在公開市場買進，但是買進金額不足抵銷外來因素的緊縮影響。第三，連續三個月的貨幣供給量增加率降低，尤其是 4 月的疾速降低，乃是 5 月中旬中央銀行採取更劇烈之貨幣政策的主要原因。

二、實質貨幣供給量年增加率持續銳降

再就實質貨幣供給量年增加率的變動來看，年來銀根鬆緊的對比情況更為明顯。我們以臺灣地區躉售物價指數作為平減指數來計算實質貨幣供給量，則 67 年前 3 季的年增加率都超過 35％，第 4 季已降為 30％。本年以來，各月的年增加率分別為 33％、18％、15％及 8％。這也同樣顯示，自 2 月份以來，

銀根緊俏即已發生，且逐月變得更為嚴重。尤其是 4 月份，實質貨幣供給量年增加率竟僅及去年的四分之一，這也顯示貨幣政策已不能不調整了。

這種實質貨幣供給量年增加率持續銳降現象，至少有兩項重要的政策意義：其一是去年的高經濟成長率激發了投資興趣，對實質資源及貨幣資源的需要都甚為迫切，因為已產生物價趨於上漲的壓力。尤其是，國際油價上漲由醞釀而決定漲幅，再而發生超額上漲的危機，使得為增加存貨或存貨比例的資金需要大為增加，因而銀根緊俏情勢日愈嚴重。其二是若不能及時緩和這種實質貨幣供給量年增加率下降趨勢，則極可能帶來經濟衰退的危機。

三、銀根緊俏的危機未解除

根據以上對最近貨幣情勢演變的說明，我們可進而探討降低存款準備率後的新情勢。據稱，把支票存款及活期存款準備率各回降 5 個百分點，約可使全體金融機構的超額準備增加 70 億元，根據正常的貨幣創造乘數，假若其他情形不變，名目貨幣供給量年增加率可回升約 6 個百分點；實質貨幣供給量年增加率可回升約 5 個百分點。就這項考慮來說，兩者的年增加率仍將低於本年 3 月的水準。也就是，即使降低存款準備率所產生的超額準備立即而充分地發生作用，依然未解除銀根緊俏的危機。

更為重要的是，其他情形並非不變。前面已經提及，我國貨幣供給量的變動趨向與國外資產淨額的增減有極其密切的關

係。在未來的若干個月，我國國際收支仍將繼續有所變化，對我國的貨幣情勢仍將有所影響。就現在所能預見的情勢來說，由於為因應國際油價繼續上漲及其所引發的進口物價上漲的可能趨向，公民營企業增加進口的興趣甚高，因而進口增加率已明顯地提高。4月份以後，進口增加率已高於出口增加率。與這種情形同時存在的是，海關進出口統計雖然仍有若干順差，但順差金額已呈下降趨向，甚至順差佔出口值的比例下降更多。這種發展趨向可能成為限制貨幣供給量年增加率回升的主要因素。倘若如此，則降低存款準備率的放鬆信用程度當比我們先前所述者為低。

另一項有關的發展趨向是物價水準的動向，這當然是更難事前研判者。不過，半年來，我們常聽說，物價水準上升的原因是國際油價上漲，因而今後油價動向也可視為影響今後我國物價水準的主要因素。就這一點來說，短期內我們似不能夠看到國際油價的安定，因而我國物價的年上漲率在短期內似不會回降。倘若如此的話，則由於物價水準的偏高，實質貨幣供給量年增加率將更不易回升，金融市場上的銀根緊俏感覺就更不易在短期間內消失了。

四、貨幣政策尚待繼續努力

綜上所述，我們可以看出，在降低存款準備率之後，我們極難料想到銀根緊俏的消失，甚至所謂放鬆銀根的程度也是難於令生產事業感到滿意的。因此，目前在貨幣政策上至少仍有三項尚待繼續努力。

　　第一，根據晚近的經驗，物價水準極易波動，且其年上漲率已較以往為高，倘若中央銀行意欲維持適當的貨幣供給量增加率，此項最適增加率的幅度當然須配合新情勢而調整。

　　第二，由於國際收支情況會影響我國國內貨幣情勢，中央銀行宜根據半年來公開市場操作的經驗，改進公開市場操作能力，以抵銷來自國際收支變動的影響。

　　第三，宜更靈活地運用機動匯率，調節我國的國際收支，趨避國際收支變動對我國國內貨幣政策的衝擊，真正實現當初實施機動匯率的目的。

【《經濟日報》，1979 年 5 月 29 日。】

分析央行綜合性新貨幣政策的行動背景效果及其展望

　　經過多日的醞釀，中央銀行終於在昨天下午宣佈了新貨幣政策行動，其主要部分包括：（1）提高存款利率，提高幅度為 1.5 個百分點至 2 個百分點。（2）提高中央銀行貼放利率，提高幅度為 1 個百分點至 1.5 個百分點。（3）降低定儲存款的存款準備率，降低幅度為 2 個百分點。（4）提高外匯及外幣存款利率，提高幅度為 1.5 個百分點至 2 個百分點。同時，銀行公會也宣佈把各種短期放款利率提高 1.5 個百分點至 2 個百分點，並增訂 1 年期以上之中長期放款利率，其幅度較短期放款利率高 0.5 個百分點。可說是一項綜合的貨幣政策行動。本文想要分析此項行動的背景、效果及展望未來的變動可能性。

可能效果之分析

　　簡單地說，自本年 2 月以來，以躉售物價指數年上漲率表示的物價趨勢即已顯著逐月上升，而以貨幣數量年增加率表示之銀根狀態則呈現逐月緊縮現象。5 月 16 日，中央銀行曾因應此種情勢的需要，提高存款利率，且也降低活期及支票存款的存款準備率。可是，自此之後，貨幣供給量的年增加率仍繼續下降，7 月底更降至 15% 以下，而物價上漲率則持續上升，

7 月份年上漲率達 16.8％。顯示 5 月的貨幣政策行動未具顯著效果。

此次的綜合貨幣政策行動，可說是上次政策的延續，其主要目的仍在於安定物價及緩和銀根緊俏的情勢。

就安定物價來說，由於放款利率的提高，特別是短期放款利率提高達 2 個百分點，對廠商存貨成本有相當大的影響，有助於抑抵存貨囤積意願。同時，更由於定儲存款利率提高，增加存款誘因。這兩者都能緩和對物品及保值性非貨幣資產的追逐，自然有助於物價安定。甚至，由於相對物價安定狀況的產生，可使半年來日愈明顯的預期物價上漲心理獲得有效的緩和。據此，我們可以說，今後若干個月內，物價上漲率即將逐漸回降。

就放鬆銀根來說，由於定儲存款存款準備率下降，據估計可使行庫貸放資金增加 76 億元，信託公司增加 8 億元。同時，更由於定儲存款利率巨幅提高，導致行庫存款結構調整，部分活存會轉向定儲存款，這種結構調整會因定儲存款存款準備率較低而產生可貸資金。實際產生之可貸資金則視移轉金額多寡而定。且會隨時日之推移而逐日增加。就這兩項可能趨向來判斷，在此項行動之後，各金融機構的準備金不足狀況可望有效緩和，進而有助於對企業之資金融通。就此項意義來說，銀根緊俏情勢可獲局部解除。

可能產生副作用

根據以上的分析，此次的貨幣政策調整可在短期內達成安

定物價及增加金融機構貸放資金的效果。但是，這並不意味此舉已經完全解決現存的諸經濟問題。

第一、提高利率固然增進了儲蓄誘因，也提高了投資成本。前面提及，降低存貨囤積意願固然可阻止物價上升，但也抑低了存貨投資的有效需要。更重要的是，自油價上漲以來，國際間瀰漫著經濟呆鈍化的預期，對設備投資興趣原已有所打擊，存貨需要的抑低及高幅度的設定中長期放款利率，更會使原訂的民間設備投資計劃延緩進行。由於投資、消費等有效需要的抑低，加以第 4 季以後出口成長的可能低降趨向，對第 4 季以後的經濟成長便會產生更不樂觀的預期，換句話說，倘若此次的貨幣政策行動能夠實現物價安定的目的，必然會付出若干經濟成長的代價。

第二、在提高利率行動中，外銷貸款利率、專案特案外幣融通利率都相應提高，雖然提高幅度僅是 1 個百分點，但會加重出口成本乃是不爭的事實。因此，此舉對遲滯化的出口不無影響。尤其重要的是，自本年以來，出超金額已相對下降，出口的遲滯化會使這種趨向更為明顯，甚或使入超提早出現。這種國際收支上的影響，若導致金融機構外匯資產的減少，則將產生貨幣緊縮壓力，局部抵銷降低存款準備率所能產生的紓解銀根緊俏的效果。

第三、根據前兩項的分析，我們可以看出，由於局部犧牲經濟成長，短期內貨幣需要會相對降低。同時，由於出口遲滯化也會產生貨幣收縮壓力，以貨幣數量年增加率的變化所表示的銀根鬆緊指標是否會趨於放鬆，目前仍是曖昧不明狀態。

未來之展望

總之，就現狀來說，為因應最近數月以來的國內經濟情勢而採取的貨幣政策行動，確實有助於安定物價及補充金融機構的貸放資金。但是，正如一般財經政策一樣，此次的政策行動仍免不了要犧牲其他目標的追求，也就是對於短期經濟成長有若干不利的影響。因此，下列兩項政策行動宜加以考慮：

第一、宜積極考慮有助於經濟成長的措施，以抵銷高利率對經濟成長的不利影響。前月，總統曾有提早辦理公共投資的指示，但未見積極執行。甚至，人為操作下的機動匯率的輕幅升值，對出口拓展亦有輕微不利影響。這種趨向，顯示經濟成長目標是被低估了。

第二、根據此項政策效果的分析，我們相信，物價上漲率不久即將回降，而物價上漲的預期心理亦可有效緩和，也就是導致此次提高利率行動的基本原因即將消失。因此，貨幣當局宜密切注意這種情勢的演變，在適當時機考慮降低利率，以免長期抑低投資興趣，有礙長期經濟發展的努力。

【《經濟日報》，1979 年 8 月 22 日。】

國際經濟變局下我國的利率問題

　　最近幾個月，美國及日本相繼連續提高利率，使我國利率問題成為許多人關心的事情。其原因有數端：在過去，美國的放款利率較我國為低，國內的學者專家及企業家常藉此而主張我國宜降低放款利率，而現在美國的放款利率已連續兩年高於我國，且尚有繼續上升之可能，我國該怎麼辦？在過去，中央銀行常因應國際利率趨勢而調整我國利率，現在是否仍會因應？在過去，連續的偏高物價上漲率常帶動我國利率向上調整，現在物價上漲率也偏高不少，是否仍會有如同過去那樣的因應行動？在本文，我想探討在這種國際經濟變局下，我國的經濟和利率問題，進而申論若干可能的演變途徑。

國際經濟變局對我國經濟的影響

　　最近幾個月的國際經濟變動主要是起因於美國通貨膨脹局勢的惡化。自 1978 年下半年開始，美國通貨膨脹率即已顯著上升，美國政府曾於該年 11 月採取反通貨膨賬措施，但未能收到預期效果。本年 3 月 14 日才又有更嚴厲的反通貨膨賬措施。這兩次的反通貨膨賬努力，最為重要的特徵是利率水準不斷上升。自 1978 年 3 月至現在的兩年間，美國聯邦準備銀行貼現率由 6.5％升至 13％；銀行基本利率由 8％升至 19.5％。日本銀行貼現率由 3.5％升至 9％，銀行放款利率自 3.75％升

至 9.25％。這種持續而嚴厲的反通貨膨脹措施對我國經濟難免有所影響。

我國經濟屬開放型，國際經濟變動難免會影響我國的經濟發展歷程。可是，迄目前為止，對於這種可能的影響過程幾乎尚無有體系的研究。在這裡，撇開政策反應與制度彈性不談，我想對於最近國際經濟變動的影響分下列兩個途徑作一嘗試性的說明。

首先將立即受到影響的是金融活動，特別是短期外幣資金的供給和需要。在美國本土利率高漲，且已採行自動信用限制方案後，我國短期外幣資金供給可能趨減。同時，基於比較利益的考慮，在有能力取得新臺幣資金以替代外幣資金的場合，企業對短期外幣資金需要將趨減。這種可能的反應，對我國國內金融活動將產生兩項直接影響：其一是短期國外資金流入淨額趨減，甚至將轉變成負值，其反映在外匯市場上的是不斷出現賣超，使新臺幣對美元貶值壓力加重；其二是國內貨幣市場（不論有組織或無組織）資金需要壓力的相對增強，終將產生貨幣市場利率上升的形勢。

另一個階段是實物面的影響。這也可分兩個先後的過程：先是在美國的反通貨膨脹措施下，物價上漲率一時仍難加以控制，故我國出口廠商得有機會享受出口擴張，產生一種繁榮景象。倘若我國資源已接近充分就業水準，則將引起出口性的物價上漲，加重目前我國國內物價水準的上漲趨勢。緊接著，由於美國反通貨膨脹措施付出了犧牲經濟成長的代價，將使其進口增加率趨減，乃至於變為負值，則我國出口廠商的出口量將

趨減，使我國產生進口性的經濟衰退。

不採取因應措施下的經濟問題

　　這些可能發生影響的深度和時間，取決於許多難於在這短文中檢討的因素。但是，有一點是可以肯定的，那便是在我國自主能力範圍內，採取合理的因應措施，將有助於緩和不利的影響程度。倘若我國仍維持目前的各項政策措施，未作絲毫的因應調整，則至少將出現下列兩項經濟問題。

　　第一，儲蓄資金將不流向金融機構，其中一部分且將追逐與現階段經濟發展情勢不相稱的物品或勞務，一方面誘使有限資源消耗於這些非必要物品的囤積、生產或進口，他方面甚且加重上漲中的物價水準的壓力。以銀行體系的定期儲蓄存款金額來說，1978 年增加 886 億元，增加率為 30％，平均每個月增加 74 億元；1979 年僅增加 336 億元，增加率為 8.8％，平均每個月僅增加 28 億元；本年 1 月亦僅增加 27 億元，多少可以表現低利率的影響。

　　第二，在物價已出現持續上漲現象之後，阻止溫和利率上升將以未來的更高幅度的利率調整為代價。在 1970 年代，我們有兩次經驗，一次是 1973 年，在物價持續上漲中，為顧及廠商成本，僅在 7 月及 10 月溫和提高利率，但最後則不得不在 1974 年 1 月巨幅提高利率。在去年（1979）5 月及 8 月的提高利率措施，也不曾阻止物價上漲率偏高現象的持續存在。事實上，由於偏低利率而產生的高物價上漲，可能引申產生提高貨幣工資的要求，且由於工資在生產成本中的比重較利息尤

重，故對廠商生產成本影響更大，從而或者進一步引申國內成本性的物價上漲，或者削減我國商品的出口競爭能力。

三條單純的演變途徑

從以上的說明可知，由美國及通貨膨脹措施所引起的國際經濟變動中，我國的經濟及利率問題是存在著的。倘若深入研究，或者可以發現多種可選擇的因應措施。不過，就表面上來說，下列三個途徑是比較明顯的。

第一，不直接採取因應措施，任由外匯市場新臺幣對美元的機動匯率溫和而持續地貶值。此舉可以使新臺幣追求適合於目前我國經濟環境及政策條件下的合理匯率，是否會因而影響我國國內物價與經濟活動則有待探討。

第二，積極以提高利率作為因應措施，以緩和物價水準的繼續上升趨勢。此舉當然必須付出若干代價，但是以此代價換取下半年的相對物價安定仍是值得的。問題是：合宜的調整幅度是不容易決定的。

第三，改善現行利率政策。一方面給予銀行公會在放款利率之決定上有更大的決定力，他方面改善現行存款利率政策，諸如，依存款金額訂定差別利率，亦將有助於經濟安定的促進。

【《工商月刊》，28 卷 4 期，1980 年 4 月。】

調整銀行利率的新意義

　　中央銀行昨日（5日）下午宣布調整利率。自去年下半年以來，由於國內物價水準上升幅度偏高，且持續居高不下，國內學者即不斷提出提高的要求，且在去年年底即已盛傳利率即將調高，故此次提高利率行動可說是在多數人意料之中。但是，一則因這是〈銀行利率調整要點〉公布實施後的首次利率調整，二則因存款利率調整幅度相當高，因而特別值得我們重視。在此，我想對近年來利率調整經驗，此次調整之可能影響及其預期可能變化，作一扼要的分析。

與 63 年利率調整之比較

　　此次利率調整最顯著的是銀行存款最高利率自年息 12.5％提高至 15％。在近年來的經驗中，唯一能相比擬的利率經驗是民國 63 年 1 月 27 日，將存款最高利率自 12％提高至 15％。不過，這兩次的行動有下列幾項重要差異：

　　第一，在 62 年，由於石油輸出國家不斷藉口提高油價，在世界各國製造物價壓力。而我國政府一方面採取限建等管制物價措施，他方面暫時不調整各種公營公用事業費率，試圖抑壓物價上漲，從而市場上有顯著囤積現象，預期物價上漲心理甚為明顯。在這一年來，物價上漲幅度固然顯著偏高，但並非如同 62 年那種累積上升現象，且一般社會大眾也未出現囤積

物品現象。

　　第二，在 63 年巨幅提高利率之前半年間，為阻止物價水準的繼續上升，中央銀行曾兩度提高利率，三次調整利率實際上是在半年間使存款利率自年息 8%提高至 15％。而此次利率調整則是 16 個月以來的首次，就調整幅度來說，難與上次相比擬。甚至，目前銀行存款利率雖然與 63 年 1 月相同，但中央銀行所核定的放款利率仍較 63 年為低。

　　第三，在 63 年提高利率前，我國處於經濟繁榮階段，出口量值都呈現巨幅增長現象，甚至貿易順差金額正在累積擴大中。但是，目前所處的經濟環境與當年大不相同，最近幾季經濟成長率都不理想，出口量成長率也比正常時期為低，甚且在去年幾有半年係處於貿易逆差狀態。

　　第四，中央銀行在推動利率市場化的努力之下，銀行公會對實際存放款利率有較大的影響力。雖然中央銀行將存款最高利率提高至年息 15％，但銀行公會則決議了 3 年期以上儲蓄存款年息 14％的實際高限，除非物價情況繼續惡化而使銀行公會將存款利率提高至最高限，存款利率之實際增幅並不大。

利率調整之可能影響

　　利率提高，尤其是巨幅提高，通常會產生經濟鈍化的預期，從而使人為管制的利率水準不易表現當時資金市場的供需狀況。根據以上所提及的幾項事實，我們可以看出，此次利率調整與 63 年大不相同，63 年所發生的經濟震撼也不致於發生了。雖然如此，下列幾項影響則是不能忽視的。

　　第一，緩和銀行體系資金外流情勢。最近一年，由於物價上漲率持續偏高於金融市場的各種資金利率，使銀行體系儲蓄性存款增加率顯著下降。此次存款利率提高幅度雖然有限，已足緩和資金外流之情勢。雖然部分人士認為，區區 1 至 2 個百分點的中期存款利率提高，不似能彌補因改採利息定額免稅而產生的損失，因而也不能彌補大存戶中期存款資金之外流，從而懷疑此次提高利率的資金回流作用。事實上，倘若大存戶若提出其儲存資金，短期內的去向仍僅限於貨幣市場，等於增加貨幣市場之資金供給，就整個金融市場來說，仍是一種資金回流現象。

　　第二，物價水準的相對穩定。資金成本提高使個人及企業在其資產選擇行為有所調整，基本上是金融資產的吸引力提高，實物資產的吸引力下降。由於實物資產相對需要下降，將使其原已存在的物價持續上漲趨勢獲得有效的抑壓，也就是物價上漲率將有機會下降。

　　第三，對於經濟成長的不利影響。部分人士認為，放款利率提高，等於提高廠商生產成本，或者會帶動成本性通貨膨脹，或者會因使其國際價格競爭轉趨不利，從而對國內經濟發展情勢有不利的影響。事實上，利息成本佔廠商總成本的比例並不高，一、二百分點的利率調整，對總生產成本的影響是有限的，甚至只要有機會增產，使廠商的生產設備能發揮其較大的規模效率，即足彌補此輕微的利息成本負擔。不過，前面已經提到，目前我國所遭遇的是相對較低的經濟成長狀態，除非有適當的激勵措施，廠商甚難以規模效率來吸收此利息成本之

負擔，從而便會產生對短期經濟成長不利的影響。因此，除非國際經濟在短期內出現復甦端倪，就宜採行激勵國內經濟的措施，俾能在物價安定中繼續維護經濟成長。

未來利率的趨勢

根據過去的經驗，高利率通常不會持續很久。以 63 年高利率來說，在 15 個月內就向下調整四次，其後且又繼續向低調整四次，至 66 年 6 月甚至幾已回降至 60 年時的低利率水準。因此，另一值得玩味的問題是：此一高利率是否會持久？

第一，自民國 60 年代以來，高物價上漲率已經是正常現象，高利率以維持存款意願似為不可避免的趨勢，因而此高利率水準在短期內不似有回降之可能。

第二，由於中央銀行僅決定銀行存款最高利率，在此最高利率以下的存款利率都係可接受者。例如，此次雖然存款最高利率提高至年息 15%，但銀行公會則決議為年息 14%。因此，倘若銀行存款利率再有所調整，特別是向低調整，就不必直接經由中央銀行的決策，也因而不會產生較大的震撼性了。

【《經濟日報》，1981 年 1 月 6 日。】

利率自由化與我國貨幣政策的展望

　　關於利率自由化，早在民國 63 年，中央研究院財經六院士曾對有關當局提出此項建議。去年夏季也有二十幾位經濟學家要求調整經濟體系金融市場的功能，到了去年年底，中央銀行宣佈〈銀行利率調整要點〉，據個人了解，在現行法令的限制下，金融當局已經盡了最大的努力，將銀行利率的管制放鬆很多。由於這一措施而發生較為明顯的兩項改變：一、今後各銀行的放款利率的加碼幅度擴大；二、可轉讓的定期存單的利率不受限制。這兩點是比較重要，其影響亦較為顯著。

　　今天本人對利率自由化問題，分為三方面來討論：（1）利率自由化之後究竟有什麼利益？這些利益又係以那些假設為基礎的。（2）利率自由化既有其功能，何以過去 30 年，中央銀行對此均加以管制，而不想享受這利益呢？（3）在探取利率自由化之後，將要產生什麼問題呢？其意義何在？

一、利率自由化的利益

　　我們知道，利率自由化，在基本上是很簡單的一個概念，那就是利率由資金市場來決定。換句話說，將利率視為資金的價格而非貨幣的價格。但是，市場結構的情形並不一致，各種商品的市場結構不同，資金的市場亦是如此，所以各國對於資金市場的自由化的程度亦不盡相同。假如一個國家設立了一

個機構，對所有商品的價格都加以管制，而且所訂的價格比較高，那麼，一般生產者便願意生產，生產量必大增加，超過社會的需要，但結果將形成對資源的浪費，以及設備和原料投資的浪費。同時，生產量過多，儲藏量增加，而倉租的費用也將隨著而增加？相反的，假如價格定得偏低，隨著便會發生分配的問題。究竟要用什麼方法去分配有限的商品，才能達到公平的標準，如果為著要做到分配的公平，而特別設立一個機構來辦理，那麼，又要增加行政的費用。

因此，商品的定價偏高或偏低都有問題，而形成了對資源的浪費。若將管制價格取消，便可使浪費減輕，甚至完全消除浪費的現象。所以經濟學上，認為價格機能可以促進和提高經濟效率，這是解除價格管制的益處。現在將利率當為資金的價格。放棄管制，按理論上亦即如放棄商品價格的管制，在金融功能上可以獲得利益的。

利率自由化之前，也就是中央銀行對利率有其管制行動時，如果將利率定得偏高，則資金可大量湧到金融機構，這樣，金融機構要面臨一個問題，即資金供應的能力，可能超過市場對於資金的需要。在這樣形勢之下，金融機構應付的辦法，不僅是它原來所不願意貸款的客戶也只好勉強貸給他們了，市場上有風險的有價證券也不得不買了。這麼一來，銀行體系本身所冒的風險就提高了，若偶有意外的變動，即有倒閉之虞，這是利率定價偏高所可能發生的弊病。假設利率定價偏低，則將產生相反的結果，社會上可能產生龐大的黑市資金市場，或者將龐大的資金購買其原來所不願意購買的物品，形成物價上

漲，而連帶發生經濟上的不安定。

　　從銀行體系來說，如果資金的供給小於市場上的需要，那便不得不著重於資金的分配。談到分配，就要注意到是否公平，因為分配如果不公平，就要產生社會問題。現在利率管制解除，使得銀行體系可以按當時資金需要的狀況而定利率的標準，不至偏高或偏底，這樣，不但可以增加銀行體系資金的供給，同時潛在擁有資金者，亦將重新調整它們的資產，原來他們準備將錢購買房屋或有價票券，現在可以儲存到銀行去。其次，由於高利率的誘因，一般有錢人準備將錢用於消費部份，現在也要轉到銀行體系，因此，銀行體系在增加其資金供給能力之外，還可提高其資金運用的效力，對於一般效率高的企業貸以資金，否則，不予考慮。

　　要獲得利率自由化的益處，其中隱藏著兩個必要的假定：（1）潛在的儲蓄者對利率的高低有其反應，如果反應程度不高或者根本沒有，那麼，利率自由化的益處便不存在。舉個例說，去年臺灣物價的上漲率很高，一般貨幣資產者在物價上漲中，或多或少都受過損失，就如一般人所說的：「錢愈變薄」。把錢存於銀行，利息得不償失，但其結果，身有餘款的，還是把錢送到銀行去存，這反應了他對利率敏感的程度不夠，因而，對利息也不能得到充分的享受。可是，這也不只我們中國人如此，世界各國，潛在的儲蓄者，對利率的反應普遍的都不夠高。（2）每一個企業家所得的利潤要同效率一致，才能獲得利率自由化的益處，我們知道，利潤愈高，愈能承擔資金的成本，而利潤低的產業，當在排除之列，這樣才能提高經濟效

率，同時亦可增進資金運用的效率。以上這兩項假定，要是存在的話，利率自由化才能發揮效益，否則其益處有限。

二、利率自由化的背景

　　利率自由化既有其功效，為什麼過去 30 年世界各國竟不加以運用，而多多少少總是把它管制呢。這個問題，是牽涉到金融環境的變遷，我們知道，19 世紀以來，金融業在發展的過程中，和產業部門的發展情形一樣，絕大多數的國家對這兩方面都採取了自由放任的政策。譬如說，如果有企業家想從臺北興築一條鐵路到某地，只要獲得政府的許可，便可以興築；在歐洲國家建築鐵路，對於路軌的寬度並沒有一定的限制，任由出資興建的企業家視情形而定。據說，19 世紀中葉英國有 66 種寬度不同的軌道，萬一差了一兩分，甲公司所開駛的列車便不能駛進乙公司所築的鐵路上去了。鐵路尚且如此，對於銀行的經營，那就更加放任了。

　　無論資金的爭取與運用，都是由銀行體系自行籌劃，政府方面絕不加以干涉。可是、到了本世紀 30 年代，世界發生了經濟大恐慌，企業界產品銷售數量減少了，許多產業和金融業機構紛紛倒閉，僅在 1933 年 3 月的一個月之內，美國的銀行便倒閉了 3,000 家。這一突發性的影響，使得人們認為銀行自由化制度是不適宜了，因為銀行相互間惡性競爭，其結果使得利率偏高，這樣，銀行便不得不購買品質比較差的資產，因而，它的經營便很容易發生危險，於是各國的中央銀行對於銀行體系只好實施利率管制的制度。

　　當 1930 年代我國銀行剛開始走上現代化的時候，中央銀行便引進了利率管制的辦法，因為我們認為這既是各國金融政策的通例，也只有順著潮流辦理了。但是，二次世界大戰以後，約莫從 1950 年代開始，美國便有呼籲解除利率管制的呼聲，這是什麼緣故呢？主要的原因，是由於世界金融環境發生了變化。

　　第一、從 1950 年代後期起，金融市場愈發達，銀行和一般企業取得資金的機會比較容易了，同時，資金的運用也多了選擇的機會，這使利率價格的反應發生改變，於是，從歐洲到美國竟逐漸全部解除利率管制了。

　　第二、世界性的通貨膨脹情形愈來愈顯著，且各年間物價上漲率高低波動很明顯。將名義上的利率折算成實質的利率，經常出現發生很顯著的波動，加以戰後金融市場的發達，銀行體系的資金便經常發生了倒流的現象。

　　第三、對付通貨膨脹傳統的辦法，是以高利率來遏止，但是，現在這個辦法並不十分有效，中央銀行認為這一政策既無顯著的效果，不如改弦更張。現在許多國家的中央銀行已改採控制貨幣數量的反通貨膨脹方法，故乃解除對利率的管制。

　　第四、現在許多銀行引進了電腦科技，在某種範圍內可以逃避利率管制，因而使利率管制政策的效果趨於微弱，在客觀形勢上放棄了它，關係不大。

　　第五、1930 年代經濟大恐慌，影響到銀行業發生倒閉的風潮，當時，美國為了保障儲蓄者的安全，實行銀行存款保險制度，這一制度實施了 40 幾年後，銀行業倒閉的現象不常發

生了，存款者的權益亦獲得適當的保障，他們對於銀行業相互間的惡性競爭，亦不必過份擔心，於是利率自由化這一觀念，漸漸地被接受了。

　　然而長期的管制一旦改為自由化，一般人亦未必完全適應，所以去年美國對於解除銀行業務的管制採取分段步驟以實施之。原來利率自由化既是環境的產物，當然也就是環境變化的結果，因此，偶而現在金融當局對利率解除管制，亦是因應環境變遷的必要措施。

三、利率自由化的問題

　　利率經過了長期的管制，一旦採取自由化，難免會引發出其它的問題。首先，我們的銀行體系大多數是公營的，以現在金融業的資產來計算，不包括中央銀行在內，公營佔了三分之二，而公營銀行在資金市場上的競爭程度能否達到利率自由化的要求，這是一般人所關心的。如果競爭程度不夠高，則是否所享受到利率自由化的利益，尚屬疑問，這是問題之一。其次，根據美國的經驗，解除可轉讓存單利率的管制，許多小規模的銀行和金融機構，未必能獲得利益，而且這些銀行由於游資的流出入，波動非常顯著，反而會發生運用上的困難，經營方面亦會發生影響，這是問題之二。第三、利率自由化之後必須配合健全的金融市場，依我們現有的金融市場的操作情形，是否即能收效，大有疑問，這是問題之三。

　　以上這三個問題，需要解決，才能獲得利率自由化的利益。此外，關於政策方面，解除和減低對利率的管制，既是反

映出金融當局對貨幣政策觀念的改變，也可以說，中央銀行認為它可不必再用利率的政策以對抗通貨膨脹了，這是接受貨幣學派的見解。然而，既不用利率政策以對抗通貨膨脹，即應控制貨幣發行的數量，以控制貨幣的發行，作為對抗通貨膨脹的有效工具，這就要訴諸公開市場的操作，能否獲得良好的效果，但是，中央銀行能否有效控制貨幣的發行，當視兩種客觀條件為斷。

其一、由於工商業的繁榮臺灣已經成為貿易和經濟活動有相當密切的社會，貨幣數量的需求勢必與外匯貿易的增加息息相關，物價波動的高低，要視我們對於貨幣增加有否適當抵消的力量，將它控制在適當的範圍之內，但因為我們對於公開操作市場的經驗有限，依賴它，未必能夠達到控制貨幣的發行量。現在我們既放棄了利率管制，如果又不能控制貨幣的發行，那麼，將何以對付通貨膨脹呢？這又產生了新的問題了。說實在的，我們取消了利率管制，今後若干正負兩面的問題都會陸續出現，現在第一步既然實行了，接著，為應付連帶問題的發生，今後必定要採取第二步、第三步的行動，以作有效的處理。

據本人推測，在相當時期之內，可能發生兩種經濟現象，影響未來採取的步驟。第一是世界性的通貨膨脹包括國內通貨膨脹的程度及是否繼續存在，這對我們未來的金融政策，將會發生影響的。我們一般人都了解，多年來存在著國際經濟危機，目前尚無法完全解除，在這樣情形之下，物價上漲率偏高幾成為正常的現象，問題在於，如果上漲程度超過水準，是否

會造成大幅度的騷動。

　　譬如說，物價的上漲率若干年來都是 2%，年年如此，那麼，通貨膨脹便不存在了；相反的，在某一年物價並無上漲，而另一年又增漲到 5%，再有一年僅漲 1%，而過了一年又漲到 6%，像這樣的波動，則我們便認為通貨膨脹是存在的。假如我們承認 10% 的物價上漲率是正常的，而且每年都是如此，我們亦可認為並無通貨膨脹的存在。如果有一年物價的上漲率為 20%，而另一年又為 50%，這反映出通貨膨脹不但存在而且很嚴重，那就必須進一步的採取利率自由化的措施；反之，假如物價增長率很正常的話，我們縱使恢復利率的管制，亦無不可。

　　其次，關於物價問題，一方面當視我們對貨幣數量的控制能力如何而決定的。為著外貿的影響，過去我們對於貨幣的發行量未能做到適當的控制，今後中央銀行如果能夠透過對貨幣總計數的控制，便可遏止物價的上漲率，這不失為傳統的政策。

　　實施利率自由化之後，未來的發展大體上可為短程與長程兩方面來觀察。在短程方面，放款利率的加碼幅度再予擴大，使它能夠反應市場的價格，同時修改現有法令上的限制，將中央銀行在保留的對最高存款利率規定的權力予以取消，讓存款的利率也完全自由化，但是，事實上所能享受到的利益亦屬有限。

　　在長程方面，那就牽涉到制度變更的規劃，要檢討公營銀行體系在利率自由化之後，能否發揮競爭的功能。再則，對於

小銀行要用什麼方法使它們能逐漸成為大規模的銀行，因為利率自由化，它們在業務競爭上的能力可能消失，而帶來新的問題。金融當局站在輔導的立場，如何使這些小規模銀行走上現代化的道路，誠為當務之急，同時，這也是一個長期的問題。

今天所談的，只是個人的看法，將來演變如何，讓事實發展來證明吧！

【《世華金融》，第 55 期，1981 年 2 月。1981 年 2 月 20 日於臺北市銀行公會銀行業務經濟研究小組專題演講，林允中紀錄。】

利率自由化的背景及其問題

我國中央銀行於去（1980）年11月7日宣佈〈銀行利率調整要點〉，對實行多年的利率管制政策有所改變。其中較重要的精神包括：（1）授權銀行公會擴大放款利率加碼幅度，並使其對銀行最高存款利率有建議權；（2）銀行可轉讓定期存單不受銀行最高存款利率之限制；（3）同業拆款利率、金融債券利率及國內遠期信用狀美元貸款利率已不再加以管制。

這些調整幾可說是在不修改現行有關法令下，解除對銀行利率管制的最高程度，從而論者稱為利率自由化必要的第一步。在此，我想對利率自由化的利益，利率自由化的理由，在我國所產生的問題，作一扼要的說明。

一、利率向由化的利益

顧名思義，利率自由化是指中央銀行放棄對銀行存放款利率的管制，任由資金市場的供給與需要狀況去覓求各個時點應有的利率水準，也就是訴諸經濟學上的價格機能。這種政策究竟會產生何種利益，得先就一般商品市場解除管制所能獲致的利益來考察。

在一般商品市場，倘若價格管制機構根據其信息與判斷，對每一商品逐一規定其價格。由於信息不必然完整，判斷不必然正確，從而所規定之價格時而會偏高於供需均衡價格，時而

會偏低。在價格偏高的場合，商品的生產者供給興趣高，願意增加生產，但因購買者消費意願低，從而產生該商品生產過多的現象。在這種情形下，不但浪費了生產該商品所需的設備投資及原料資源，而且也增加了該商品的儲存成本。在價格偏低的場合，情形恰好相反，該商品因供不應求而不得不採行配給制度，這不但產生配給方式是否公平的爭論，而且也會增加行政費用的支出。簡言之，對商品價格加以管制，總是會招致資源浪費現象，若解除管制，就能減輕這些損失，提高經濟效率。

同理，在資金市場中，若中央銀行根據其信息與判斷，對存放款利率作強制性的規定，也難免出現利率偏高或偏低的現象。在利率偏高的場合，銀行體系的資金供給大於其正常的資金需要，銀行為抵銷這種偏高的資金成本負擔，不得不降低其所購資產的品質，從而增加其風險負擔，偶有意外經濟波動便易於導致倒閉現象，影響金融體系的安全。在利率偏低的場合，銀行體系的資金供給小於其正常資金需要，從而不得不採行有限資金的信用分配措施，對於各資金需要者就會掀起分配之公平與否的問題。更重要的是，因低利率而不願存入銀行體系的資金，或者匯集而形成所謂黑市資金市場，或者追逐商品市場中的商品，前者妨礙金融安定，後者導致物價不安定。換句話說，管制利率不但使資源運用不能發揮其潛在效率，而且也不利於經濟安定。

一旦解除利率管制，由資金市場的資金供需決定當時合理的利率水準，便可獲致兩項立即利益：其一是有效動員當時社會所能運用的資金。這乃是因為儲蓄者既能自銀行體系獲致合

理報酬，便會合理安排其財富資產的結構，不但會減少乃至於停止對黑市的資金供給，而且會停止盲目追逐商品的行為，將其儲蓄資金存入銀行體系，從而使銀行體系能有效動員社會資金。其二是能使社會資金運用於最有效的使用途徑。在資金市場中資金需要者因係自由競爭狀態，故低於某一經營效率，也就是無力償付當時資金市場利率的潛在借款者，會被排除。只有達到適當經營效率者，始能獲得資金的供給，也就是資金運用效率大為提高。

換句話說，解除利率管制可促進資金之累積與其運用效率，間接有助於經濟成長。雖然如此，我們必須指出，為獲致這種資金運用效率，實際上須有兩項假定，第一，儲蓄者須對利率有敏感的反應，倘若缺乏此項條件，資金市場利率升降不會改變資金供給狀況。第二，利潤率高低足以作為企業經營效率之表徵，在資金市場上，利潤率愈高的廠商，其資金需要的競爭能力較強，低利潤率廠商就會被排除。因而只有在此條件存在的場合，資金運用效率才會被適當地提高。

二、利率自由化的背景

倘若解除利率管制較官定利率對經濟發展有利，我們便極其容易聯想到一個極其實際的問題：為什麼過去三、四十年間世界各國中央銀行都對利率採取干預政策，而今突然才發現教科書中已存在一百餘年的學理，改採利率自由化的措施。簡單地說，這乃是經濟金融環境變化的必然結果。

回顧過去，在近代銀行業成長過程中，歐美諸國大都採

行自由放任的經濟政策，銀行業也在自由競爭中展開其業務。在 1930 年代初期的世界經濟大恐慌中，許多產業因產品滯銷而處於不景氣狀態，甚至演變為倒閉情事。此種廠商倒閉現象乃累及其貸款銀行，銀行業之利潤率大為降低，甚至發生虧損，進而出現擠兌風潮，迫使部分銀行倒閉。在其嚴重時，即 1933 年 3 月的第一星期，在美國就有 3,000 家銀行倒閉。而不幸的是，當時將這些銀行倒閉的原因解釋為：銀行當局為競取市場上的有限資金，不得不競相提高存款利率，且因以高利率吸收資金，乃不顧風險而將資金投資於報酬率高的資產，其結果就是倒閉。

為防止這種情形的再度出現，美國引進三項世界各國中央銀行競相仿傚的措施：規定銀行最高存款利率、存款保險制度及加強公開市場操作政策。在這些措施實施之後，金融情勢轉趨穩定，從而利率管制便被視為正統者。

二次世界大戰結束以來，美國及若干主要歐洲國家的金融情勢有相當顯著的變化，從而產生利率管制政策存廢問題的爭論。其中，較具影響力的因素有五項：

第一，非銀行業對銀行業展開吸收存款資金的競爭，使銀行業不得不增加其業務項目，提高其吸收資金的競爭能力。

第二，銀行業在增加定儲存款佔總資金來源的比例後，發現利息成本比例顯著提高。為減經其經營成本負擔，乃引進電腦技術，改變其業務操作方式。更重要的是，這種電腦技術的效率乃被用作逃避利率管制，增強資金吸收能力的工具，使利率管制的意義大為減損。

第三，貨幣市場迅速發達與成長，使部分大銀行有機會利用貨幣市場籌措所需資金，或者規避利率管制，或者減損小銀行的資金來源，從而改變了資金市場的競爭面貌。

第四，最近一、二十年來，物價上漲率在互有升降中呈現長期上升趨勢，固定利率因未能因應物價上漲率之變化而迅速調整，從而便經常出現銀行資金流出現象，使銀行體系的資金融通效率大為降低。

第五，利率政策是傳統上最有效的反通貨膨脹武器之一，許多國家的中央銀行常藉其調整利率的權力，以控制物價上漲率。可是，十幾年來，利率政策在反通貨膨脹上卻未有顯著效果，許多國家的中央銀行已改以控制貨幣總計數（貨幣數量）作為反通貨膨脹的主要工具。

由於上列主要經濟金融情勢，利率管制轉而成為妨礙資金融通的多餘措施，而且也不能充當反通貨膨脹的工具，所以20年來解除利率管制的主張始有被接受的機會。

可是，利率管制既已行之有年，銀行業、企業及一般大眾都已將此項管制融入其經濟行為之中，一旦解除管制，便會有難於立即適應之虞。以美國為例，1980年4月雖已宣佈解除利率管制，但仍分若干階段實施，預期六年後始能實施全面利率自由化。

三、利率自由化的問題

在我國，近年來經濟金融情勢也有相對應的變化。貨幣市場順利地建立並逐漸展開其資金媒介活動，機動匯率制度也

付諸實施，因受世界性通貨膨脹影響而產生的國內高物價上漲率，對銀行體系的資金融通效率也出現了不利影響的端倪。基於這些變化，解除利率管制乃是一項因應新環境的合宜措施。可是，由於我國經濟金融環境畢竟與歐美國家有所不同，在推動利率自由化措施之際，可能會遭遇到一些問題。我們得把這些問題歸納為金融制度及貨幣政策兩類。

在金融制度方面：第一，利率自由化的功能須有合理的競爭環境始能發揮。在我國，大銀行幾全係公營者，而公營銀行資產佔全體金融機構資產總額的比例達三分之二。倘若公營銀行彼此間獲致某種默契，而不進行競爭，則不容易使利率自由化發揮其應有的功能。第二，在銀行最高存款利率仍由中央銀行決定的情形下，銀行可轉讓定期存單獨能不受拘束，將使為數不少的基層金融業陷於資金吸收困難的局面。因為基層金融業者或者因規模限制，或者因法令限制，絕大部分都難於接近貨幣市場，從而長期間會有損於其競爭能力。因此，對於銀行可轉讓定期存單的發行須採取若干限制措施，或者限制其最低面額，或者限制其發行餘額，始能減少對基層金融業者的壓力。第三，長期以來，我國銀行業者都在固定利率下操作其業務，利率管制放寬後，須增加若干作業規則，更須加強有關人員的專業訓練，這些因應調整都難期在短期內完成。

在貨幣政策方面：即或我們有機會減經通貨膨脹的幅度，減少其出現的頻率，但仍不能阻止其出現。解除利率管制後，既已表示利率政策已不作為反通貨膨脹的工具，控制貨幣數量的穩定成長便將扮演極其重要的角色。這就在我國形成兩項問

題：

第一，根據過去的經驗，我國貨幣數量成長率深受國際收支變化的影響，而國際收支變化並非我國能自主加以控制，也非目前實施中的機動匯率所能加以調節者。因此，使人擔心今後貨幣數量成長的不穩定，導致物價的不穩定。為解決此項問題，必須加強中央銀行的公開市場操作的功能，使其能成為指導貨幣數量的成長率的主要政策工具。

第二，公開市場操作是否順利當然以健全而發達貨幣市場為主要決定因素，在此我不想討論。值得注意的是，大部分的基層金融單位既不能接近貨幣市場，從而以公開市場操作擔當控制資金之工具，便使基層金融在競爭上受到影響，從而須對基層金融的資金撥補過程有所改進，始能減輕這些不利影響。

四、利率自由化的展望

雖然有上列若干問題，倘若我們能認真檢討改進，現行解除利率管制措施對當前我國經濟發展仍屬有利的。現在的問題是：利率自由化既然符合當前經濟金融環境的要求，踏出第一步之後，是否有第二步、第三步，而這些措施又是什麼。對於這些問題，我想分為應考慮的條件、短期做法及長期做法，表示我個人的看法。

就應考慮的條件來說：第一，今後若干年內，通貨膨脹出現的頻率及程度是特別重要的，通貨膨脹愈嚴重，愈需要利率調整彈性，只有利率自由化才能達成此項要求，因而第二步、第三步就屬不能豁免者。第二，貨幣當局控制貨幣數量的執行

成果。今後若干年內若貨幣當局確能控制我國貨幣數量的成長，當會助長其繼續推動利率自由化的信心。

在短期作法方面：至少有三項是值得考慮的：第一，繼續擴大放款利率的加碼幅度。第二，修改有關法令規章，對放款利率及銀行存款最高利率須經中央銀行核定之規定，逐漸予以放寬，使銀行體系存放款利率漸能自由根據資金市場狀況而隨時調整。第三，研究依一定公式，使中央銀行利率儘可能隨貨幣市場利率而浮動，也就是中央銀行逐漸改變藉重貼現率而控制資金市場利率之方式。

在長期做法方面：廣義地說，應對我國整個金融制度作全盤評估，並探求其改進之道。狹義地說，至少有三項待研究改進，以配合利率自由化措施之推行者：第一，提高各公營銀行彼此間的競爭程度的問題。第二，開放銀行設立管制問題。第三，促進銀行業合併的可行性及相關法規之制定的問題。

【《基層金融》，第 2 期，1981 年 3 月。】

銀行利率自由化的衝擊

　　金融當局積極推行利率自由化，然而我國金融行政的限制，業務的僵化，外匯的管制，銀行人事任用的矛盾與暗藏玄機，呆帳的壓力與處分的陰影，環環相扣，處處伏流。

　　金融大環境的不自由，利率是否適合自由化，頗值得商榷。地上金融功能不彰，地下錢莊、民間標會取代正常金融活動。

　　法令不周、執法者不嚴，少數民營金融機構知法玩法，導致金融紀律敗懷。維護金融秩序，不惟改善地上金融，更須加強國民法律知識。

　　目前我國金融當局正在推行利率自由化，何以要金融自由化？或是說我國為什麼要解除金融管制？因為，每一個制度都是環境的產物，而我國目前的金融管制的形成，就是過去經濟環境的產物。雖然過去的數十年中確實發揮了管制的貢獻，可是，當前的經濟環境已丕然改變，貢獻中的負作用將愈來愈大，所以，必需適度調整，並解除部份的管制，就全面的角度分析，將可以更清楚的了解利率自由化的意義。

央行手忙腳亂

　　通貨膨脹推動解除利率的管制。物價上漲率變動不定時，

金融價格就很難決定，當然，利率自由化的結果，將使市場的機能比較容易發揮作用；以美國為例，1960 年代由於相信凱因斯學派的經濟理論，加之介入越戰，造成了高度的通貨膨脹，以致不得不走向利率自由化之途；而我國在 1970 年代遭遇到兩次石油危機的衝擊，之後也帶來了高物價上漲率，使中央銀行在利率調整上手忙腳亂，在這種情況下中，只好推動利率自由化，以減輕負擔，並避免被外界責難；但是利率自由化的推行，在國外難免會發生銀行倒閉的情形，這完全是環境壓力造成的。我認為銀行會發生倒閉有兩種情況：

一、通貨膨脹率在短暫期間內高低變動太大，讓金融機構的經營者判斷錯誤，導致銀行倒閉。自從美國推動利率自由化以後，所發生倒閉事件，有部份應歸類於此，亦即金融家對物價變動率判斷錯誤。

二、金融機構原本都很自由，沒有任何金融管制，但是，在 1930 年代忽然加上管制，原因是假設連續幾年物價都呈下跌情況，而非由通貨膨脹下變成緊縮狀況，那時的金融家也會因判斷錯誤，而致銀行倒閉。

所以，正當我國金融當局大力推行利率自由化的同時，我們也應作一些反省：

一、從民國 69 年中央銀行開始要推動利率自由化之時，國內仍感受到物價上漲的壓力，但是，過去四、五年以來，國內物價在穩定中卻有持續下降的趨勢，這個環境究竟適不適合利率自由化，頗值得商榷。

二、為什麼要推動利率自由化？因為過去我們的社會普遍

貧窮，現在卻已漸漸富裕了，不但使廠商們有剩餘的資金，而且，國民的家庭儲蓄也逐年增加；倘若我們把銀行流動負債當作家庭的存款率來計算的話，去年年底我們平均每一個家庭存款擁有 65 萬新臺幣，這與過去比較差異甚大，原因是，金額多了以後，可以做比較有規模的運用；假設不解除利率的管制，或者不解除金融管制，就會發生 under-mediation 的現象，而且目前家庭富有的現象還在陸續增長中，所以，必須解除管制。

三、我認為目前很重要的一點是，臺灣經濟開放程度愈來愈大，我國出口佔 GNP 的比重超過 50％，在這種情況之下，國外的價格對國內的價格必然會發生影響；大家都知道，「利率」是一種價格，所以，國際間的利率對國內的利率會產生衝突，面對這個衝突，因應的方法很多，加強管制即是方法之一。但是，加強管制需要智慧與辦法，倘若我們沒有智慧也缺乏辦法，那麼只好運用另一個極端，即以解除管制的方式來因應，而這都是臺灣經濟開放性所產生的結果。

那麼在這個開放性下，與開放性有關的另一個原因，是在現有的制度安排下，雖然國民不能創辦銀行，然而，過去 20 年間有 20 餘家的外商銀行陸陸續續來臺，這就是開放性下的競爭；由於這些外商銀行的內外資金是流通的，所以，倘若國內不推行利率自由化，這些外商銀行將構成壓力，所以，必須以利率自由化來因應。

利率自由化的隱憂

臺灣目前欲推動金融自由化，仍存有諸多難題，尤其，當

我們將金融自由化單純解釋只有利率自由化的話，難題更大，原因是假若我們不解除兩個管制的話，那麼利率一定會被扭曲，而被扭曲的利率將造成只有大企業能夠獲利，其餘的人都被戲耍了，其理由下：

一、倘若不解除設立金融機構的管制，則解除利率管制到底會帶來多大的競爭，是令人置疑的，尤其是，公營銀行的兩個基本個性，必定不會把利率自由化的效力發揮很高：（1）其利潤動機不似民營機構強烈。（2）專注接受政策指導的經營態度。因此，利率自由化之推行也許對金融機構的營運將有助益，然而，其應該發揮的市場機能作用，則不應持太大的高估。

二、倘若我國的外匯管制仍然如此嚴格的話，我們利率自由化一定還是一個扭曲的利率。眾所周知，國內廠商在 1960 年代，對資金市場有二個埋怨：一、我國的利率比美國高，所以常常以此為藉口要求降低利率；二、許多小廠商埋怨無法自銀行貸到錢，而銀行的答復通常是「資金不足」。

而時至今日，第一個埋怨已不復見，廠商也絕口不提我國利率比美國低，原因是，我國實施外匯管制，進來的外匯變成了新臺幣，全在自己的國度中，造成資金市場非常鬆弛的現象；可是，假定真正在開放經濟中的利率自由化，我們的利率水準雖不一定要與國際水準看齊，至少不應差距太大，然而，事實上這個差距是很離譜的，所以，第一個埋怨消失了。

至於第二個埋怨，至今仍然存在，小廠商仍然埋怨借不到錢，但是，銀行的答復不再是資金不足，而是「你的資格不

夠！」，亦即貸款條件不足，何以至此？原因就在於金融管制是多方面的，並非「利率」一項，因此，我認為應從全面解除金融管制去著想，倘若單獨解除利率管制，我們非但得不到解除利率管制應有的利益，恐怕利率自由化所帶來的結果會弊多於利。

廠商應尋求知識

其次，解除利率的管制對國內廠商也有不利的影響，我個人認為，國內廠商似乎很習慣通貨膨脹下的經營環境，除了通貨膨脹以外，其他的經營上都很差。以過去幾年觀之，物價持續數年不漲，廠商們都叫苦連天，倒閉的情況也逐漸多了，造成這種情況主要原因是，廠商們從來不從事思考，因為他們覺得知識並不重要，只要通貨膨脹就可以賺錢，為什麼要知識呢？所以，每當一個新的政策發生時，許多廠商就會打電話向我詢問，面對這個現象該怎麼辦？每當我欲向其多加解釋時，他們就會希望我以簡單的一句話來答復他，因為知識在他們認為，根本沒有什麼用處，但通貨膨脹對他們而言是很重要的。

凡是存有這種心態，或是在這種環境下成長的企業，在他們面對利率自由化之時，將會不知所措，也許當他們在臨去與銀行談判時，寄望我所給他一句話的忠告，就可以解決問題。

所以，當其他的金融管制都不變，只將利率管制解除，在許多廠商都無法適應的情況下，推動利率自由化的步驟一定要特別謹慎，並從全面著手考慮。

就廠商而言，實際上所面對的影響也各有不同，主要的因

素有二：一、所屬部門範圍不同，有些廠商是屬外銷導向，有些廠商是在國內市場，這二種不同廠商感受到解除利率管制的影響是不同的；二、廠商因規模大小與國際間關係也不一樣。所以，以經濟學上術語言，即在考慮全體經濟因素之外，要多加幾個變數，然後進行考慮，而這正引申出一個結論 ─ 廠商應該尋求的是「知識」，凡是與此相關的知識均應重視，倘若國內廠商再如同以往，依然不重視應有的經濟金融知識的話，我認為他們在整個制度調整的過程中，必是失敗的一方。

【《工商雜誌》，第 34 卷第 4 期，1986 年 4 月。】

貨幣供給額問題與政策

　　過去 20 年間，我國幾次嚴重物價上漲率偏高都與貨幣供給額增加率偏高幾乎同時存在，故貨幣供給額增加率之升降變動已是一般人普遍關切的重要經濟指標。今年以來，各月底貨幣供給額年增加率明顯快速上升，以 M1B 來說，去年年底的年增加率為 12%，今年 2 月底則為 17%，而 4 月底又再升至 25.9%，顯示貨幣供給額年增加率呈長期持續上升趨勢，且已超過多數人公認的正常年增加率水準，因而貨幣供給額問題已成為眾所注目的焦點之一。

外匯存量激增造成影響

　　近 20 年來，我國政府財政收支狀況相當正常，貨幣供給額增加率偏高常係外匯存量在短期間內快速累積所致。最近我國貨幣供給額增加率偏高固然亦與外匯存量暴增有關，但基本影響來源則大不相同，故極可能產生不相同的問題。

　　在過去，外匯存量激增常係出口成長率顯著提高，促使貿易出超金額增加所致。在此種經濟環境下，出口成長通常都會伴隨發生投資意願升高，民間部門投資異常成長。因此，外匯存量激增及國內信用擴張成為貨幣供給的雙重壓力來源，促使貨幣供給額年增加率在短期內就快速回升。同時，出口及投資需要則對生產資源形成雙重壓力，極容易使物價上漲率上升。

　　最近 5 年間，中央銀行外匯資產增加 7 倍，但貨幣供給額年增加率在大部分期間都相當平穩，直到今年才出現明顯快速增加現象，主要原因是外匯增加的基本原因不同。以具體數字來說，自 69 年至 74 年的 5 年間，商品出口增加 55％，平均每年增加 9％，較民國 60 年代的平均每年增加 30％低得多；同一期間，平均每年商品進口僅增加千分之四，而民國 60 年代平均每年則增加 29％。由此可知，進口成長相對緩慢是近年來外匯增加的原因，而與進口減緩有關的投資意願低落，則導致國內信用需求趨弱，並進而凍結外匯存量激增對貨幣供給額增加的影響，故先前 5 年間的外匯存量增加並未帶來重大的貨幣供給額問題。

　　而自去年下半年以來，外匯存量增加額加速成長，逐漸超出國內凍結因素的凍結能力，貨幣供給額增加率上升問題才浮現出來。物價水準面臨上升壓力與這種基本變化有關的是，我國一向是外匯不足的國家，外匯一詞常被冠以「寶貴的」之類的形容詞，並形成根深柢固的歡迎外匯增加心理，即使在外匯存量已呈相對過多之際，也千方百計設法要繼續增加外匯量。以具體數字來說，69 年中央銀行外匯存量佔當年物品及勞務進口金額之比例為 14％，仍較正常水準為低；72 年此項比例已升至 54％，74 年再升至 90％，則都已超出正常合宜水準。由於擺脫外匯不足狀態為時尚短，對外匯持有態度一時仍難於調整，以致於使外匯存量繼續暴增，並導致貨幣供給額增加率偏高現象。

　　在理論上及我國實際經驗上，貨幣供給額年增加率持續上

升並超過其正常合理水準後，經歷一段時間就會導致物價水準的上升。不過，自今年以來，由於國際油價巨幅下降，民間企業投資意願依然不高，且出口成長雖因主要國家相對匯率變動對我國有利而較為活絡，但仍距民國 60 年代之出口成長水準甚遠，故整個有效需要仍未顯著增加，物價水準上升之觸媒強度不夠，物價水準尚能維持穩定狀態。雖然如此，只要貨幣供給額年增加率偏高現象繼續存在，物價水準之上升乃是早晚之事。不過，在這種物價水準上升壓力中，最值得注意的是下列兩項問題。

第一，目前我國超額流動性甚大，萬一物價水準上升並帶動預期物價上漲心理，則此超額流動性可能成為推波助瀾力量，使我國物價指數上漲率額外偏高。具體地說，在連續 5 年餘的外匯存量增加中，由於民間部門投資意願低落，且國內物價水準相當平穩，故中央銀行吸進外匯所放出之新臺幣，大部分都被民間部門以存款形態而存貯於金融機構。故在 69 年底平均每人準貨幣餘額為新臺幣 31,000 餘元，74 年底已增加至新臺幣 97,000 餘元。在物價水準上漲時，這些流動性極大的民間準貨幣資產的動向實是令人擔心。

國民儲蓄意願可能降低

第二，目前我國民間保值性資產市場狀況與以往大有不同，物價水準變動所引起的相對價格變動可能會有很大的變化。土地與房屋一向是我國民間最重要的保值資產，在物價水準上漲期間，其價格漲幅也較大。可是，這些資產市場已有很

大的變動。在土地方面,有限的建築用地大部分由機構投資人所持有,且非一般儲蓄者所能購買。在房屋方面,一則自有住宅比例已相當高,二則房屋之流動性已顯著降低,房屋之保值性似不如往昔甚多。同時,我國其他保值性資產市場並不發達。

因此,一旦物價水準趨於上升,已難於預測民間所擁有之超額流動性將如何進行其資產結構之調整。在此種情形下,最令人擔心的是,部分民間超額流動性可能流向奢侈品市場,並進而侵蝕我國人民固有的節儉美德,使今後國民儲蓄率趨於降低。

宜採三項對策未雨綢繆

貨幣供給額增加率持續上升且超過正常合理水準既然會產生不良的影響,政府有關主管機關就應趁事態尚輕之際,趕快設法減輕不良影響的程度,以下三項是最值得考慮者:

第一,應趕快設法凍結民間的超額流動性。目前貨幣供給額年增加率雖然偏高,但存在時日尚短,其對物價水準的可能衝擊程度仍不高,巨額超額流動性的推波助瀾力量,才是高物價水準上漲率的主因。政府有關主管機關應設法提供凍結超額流動性的工具,使部分超額流動性無法助長物價水準之漲勢。

第二,應趕快設法降低貨幣供給額增加率。根據以往的經驗,貨幣供給額在短期間內由高增加率調整為低增加率,通常會伴隨產生經濟衰退。目前我國貨幣供給額年增加率較正常合理水準偏高不多,趕快設法向低調整至正常年增加率,可避免

貨幣供給額年增加率繼續提高後的經濟衰退危機。

　　第三，應趕快推動外匯存量對策。目前我國貨幣供給問題導因於外匯存量激增是眾所周知之事實，且年來許多專家學者已提出多種緩和外匯存量繼續激增之對策，包括新臺幣對美元升值、降低進口關稅稅率、放寬外匯管制、鼓勵對外投資等，這些對策在克服外匯問題之外，各有程度不同的副作用，究竟應該如何取捨，實際上只等待政府有關主管機關趕快深入比較分析，就可據以採取政策行動。

　　【《聯合報》，1986 年 5 月 27 日。】

物價上漲、預期升值與緊縮政策

　　自今年以來，消費者物價指數的年上漲率就較往常偏高，4、5 兩個月且連續出現 6% 以上的年上漲率，新臺幣的對內購買力顯然地降低。然而，平靜已有一段時日的匯市，卻出現了新臺幣對美元升值的現象，至少表示新臺幣的對外購買力續有提高。面對這種矛盾現象，兼顧物價安定與匯率安定便成為當前的要務。

物價自動安定是時間問題

　　最近幾個月，消費者物價為何上漲，有許多說法，包括天候變化導致果蔬價格上漲、房價房租上漲、預期通貨膨脹心理，乃至於國建六年計畫等，都言之成理，只是由這些理由很難推論出合理的因應對策，因此首先便須檢討物價上漲的來源。我個人的看法是當前的物價問題是五、六年前貨幣供給失控的後遺症，與目前的政策因素無關。

　　回顧當時，貨幣供給額增加率連續偏高，由股價飆漲帶動了房價飆漲，引申都市地區的房租漲價。然房價固然一時上漲數倍，房租卻類似連續性物價，須分年調整，租屋者才有能力負擔，並陸續使房價與房租關係回歸正常，故房價雖然已平靜一段時間，但房租仍繼續上漲。同時由於房租支出佔家庭消費支出的比例高達四分之一，連續性的房租上漲也會引申連續性

的勞務價格上升，才能回歸正常的消費支出結構。處於這種房租及勞務價格繼續調整期間，各種消費者物價自然會呈現連續乃至於偏高的上漲現象。

倘若物價係因這些遠因而上漲，如不採取任何干預政策，房價、房租及勞務價格總會調整至合宜的比例關係，並恢復物價水準的安定。而且，在這些價格調整過程中，有兩個機能會促進對外經貿平衡的來臨。一是高物價導致進口增加及出口趨緩，會縮小我國目前存在的貿易出超。二是高物價會增加對外投資，減少貿易出超所帶來的外匯累積，從而促進了匯率的穩定。

預期升值心理會自動消失

不幸的是，目前匯市內預期新臺幣升值的心理甚濃。在目前的情況下，升值當然是弊多於利，因為升值使出口商以新臺幣計算之出口收入減少，打擊了出口意願，對像我國這種出口經濟及高成長意向的國家，自然會令人覺得有強烈的負面效果。同時，由於消費者物價有易漲難跌的特性，進口商以新臺幣計算之進口成本降低很難由消費者分享，故進口品零售價不會明顯降低，加上房租及勞務類價格都繼續有上漲趨向，新臺幣升值不會產生物價安定效果，從而無助於緩和目前的物價問題。

預期升值心理有兩項來源：一是我國外匯存底遠大於最適外匯存底，二是我國貿易出超金額仍為數不小。前一項來源是虛幻的，因為目前政府所擁有的外匯存底絕大部分是過去 8 年

間所累積，在其累積過程中，除曾經巨幅升值外，並且發生了
貨幣膨脹，其後果正陸續融合到我們經濟生活中，除非繼續巨
額累積外匯，目前所擁有的巨額外匯存底該產生的影響都已發
生過，目前的功能只是提高了安全程度而已，不應對目前的匯
率及貨幣供給有重大的影響。至於貿易出超則是實質問題，因
為除非這些出超的大該分由資本流出所抵銷，仍將成為外匯累
積的來源，並會產生升值及貨幣供給的影響。雖然如此，目前
這個實質因素未必產生多大影響，因為我國物價水準既發生了
偏高的上漲率，假以時日會自動消除貿易出超對匯率的壓力，
屆時預期升值心理就會自動消失。

緊縮政策徒增困擾

　　因此，當前的物價及匯率問題都與當前的施政無關，順其
自然就會自動回歸正常。問題是我們不能預知回歸正常所需時
間的長短，為政者基於關懷民生的職責，不能不有所行動，且
常以穩定物價為優先目標，而如所周知，不論物價上漲的初因
為何，連續性的物價上漲總是貨幣現象。因為如果沒有繼續增
加貨幣供給，已上漲的物價水準就不致繼續上漲。因此，一旦
發生連續性物價上漲現象，就很容易令人聯想到緊縮信用的對
策。最常見的緊縮信用對策是公開市場售出操作及提高重貼現
率。然而，由於物價問題係與升值問題同時發生，這些緊縮信
用措施的有效性便出現難題。

　　提高重貼現率會帶來較高的利率水準，不但因而產生壓
抑總支出的作用，且因其強烈的告示作用，都會產生抑制物價

水準繼續上漲的效果。然而，在開放經濟下，我國外匯管制既已放寬不少，提高重貼現率常會伴同熱錢流入增加，更會促使民間部門將其美元資產轉換為新臺幣資產的行動，即使不立即產生新臺幣升值的結果，也會加重預期升值心理，這就會使高利率下的經濟衰退陰影更為濃厚，非為因應當前物價問題的良策。

採用公開市場售出操作也能產生緊縮信用作用，雖然對穩定物價的效果較為溫和，但因沒有告示作用，且可逆向操作，不致衍生太多的額外問題。因此，如不得已須以緊縮信用來因應當前的物價問題，實以採用公開市場操作為宜。

總之，當前物價上漲率偏高是前幾年貨幣政策後續影響的一部分，如不採取強烈的干預措施，不久就會漸趨安定，且在其回歸正常的過程中，會同時緩和外匯供需的壓力，具有消除預期升值心理的作用，因而物價上漲及升值兩大問題得同時解決。倘不如此，任何干預物價的措施都會衍生其他問題，倍增因應措施的困擾。

【《經濟日報》，1992 年 6 月 11 日，央行緊縮金融措施特別報導。】

專訪：降息有助提振經濟

央行將全力穩定新臺幣
調低存準率有配套措施　不致衝擊資金情勢

　　中央銀行常務理事、臺灣證券交易所董事長林鐘雄昨（3）日指出，央行這次採行的各項貨幣政策工具間都有配套關係，對提振國內經濟有正面助益；至於央行匯價政策，仍以維持新臺幣動態穩定為主，新臺幣匯率不致出現太大變化。

　　林鐘雄在金融界舉足輕重，也是陳水扁總統重要的財經政策諮詢對象。他昨天接受本報專訪，以下是訪談紀要：

　　問：央行本次降息是否屬跟進美國聯邦準備理事會（Fed）調低利率動作？

　　答：我國的經濟情勢和美國不同，貨幣政策不見得一定要跟著美國走，但是考慮國內外整體經濟環境不佳，央行認為有必要採行更寬鬆的貨幣政策，因此決定調降利率，並不只是跟進美國的降息動作。

　　問：央行近一年來已九度調低利率，銀行放款仍然不振，降息政策是否真能提振國內景氣？

　　答：央行調降利率對刺激經濟的效果確實有限，但不能因為這樣就不採行必要動作。央行採取寬鬆的貨幣政策，當然比完全沒有行動來得好；而且，降息對提振國內景氣還是有正面

助益，因此理事才一致通過央行調降利率。

問：目前市場資金已十分寬鬆，央行此時降低存款準備率是否適當？

答：央行調低存款準備率是配套措施，主要是央行降低存款準備金乙戶利率之後，擔心銀行的收益縮水，因此調低存款準備率以降低銀行經營成本，提高競爭力；央行也同時發行 1 年期定存單調節市場多餘資金，應不致衝擊市場資金情勢。

問：目前國內景氣不佳，資金需求低落，央行調降存款準備率後，銀行會不會因欠缺放款對象而增加經營風險？

答：我認為各銀行應會妥善分配可用資金，並有效運用它；而且，央行也會進行適當的調節，不致因此增加銀行的經營風險。事實上，現在國內仍有一些經營正常的企業需要營運資金，央行理監事會議也一再呼籲銀行，對這類企業加強放款。

問：央行本次大降利率，是否會影響新臺幣匯價穩定？

答：美國連續多次降息，使得同天期新臺幣利率高於美元，就算央行本次調低利率，新臺幣和美元的利差仍然存在，新臺幣不會因央行降息出現貶值壓力。央行匯價政策仍以維持新臺幣穩定為主。

【《經濟日報》，2001 年 10 月 4 日，記者傅沁怡。】

六、匯率與外匯
問題

如何穩定幣值與物價
以促進經濟之成長

一、前言

　　為因應國際貨幣危機，政府已於本月 15 日宣佈新臺幣對美元升值 5%，以維護國內經濟安定，並促進經濟成長。此項對美元升值的決策，在我國經濟史上尚屬首次。現在當然尚不能對其可能後果作有價值的評價。事實上，此項升值的新經驗的重要性不在於應否升值，或升值率的高低，而在於告訴我們，臺灣地區的經濟已經處於一個大轉變期的轉捩點。

　　從現在開始，我們正邁向一個新經濟時代，我們不妨稱之為「富裕的經濟社會」。新經濟時代的大道並非平坦而無險阻，在面前的可能有許多障礙，在其上奔馳當然宜小心而謹慎。面對這樣的新時代，要維護經濟安定和促進經濟成長，宜先瞭解經濟轉變期的基本特質，和新時代經濟安定和經濟成長的新情勢。然後，才能討論因應新經濟應有的重要經濟原則。

二、經濟轉變期的基本特質

　　當前臺灣地區的經濟情勢與早期的經濟環境有許多不同之處，其中最重要的有三項：第一、富裕的經濟社會；第二、大有為的經濟環境；第三、降低中的經濟自主程度。

　　先就富裕的經濟社會來說。經濟發展是一個動態的歷程，絕不是靜止的。根據行政院主計處所發表的國民所得統計，民國 50 年，臺灣地區平均每人所得為 124 美元，民國 61 年已提高至 372 美元。今後又將如何演變？行政院蔣院長在 61 年 9 月 29 日對立法院的施政報告中，為今後我們的經濟社會描繪出一項樂觀的藍圖。他說：「我們預期，從今天起的 5 年以後，也就是到民國 65 年我們的第六期四年經建計劃順利完成的時候。我們的國民生產毛額，將會超過 100 億美元，平均每人所得也將達到 550 美元。而 10 年以後，也就是民國 69 年，我們的國民生產毛額估計將可達到 180 億美元，平均每人所得希望可達到 800 美元的目標，使國民生活水準普遍提到更高的水準。」平均每人所得 800 美元的社會，當然是一個富裕的經濟社會。這是一個新經濟發展的路程，也是當前臺灣地區的第一項重要經濟特質。

　　再就大有為的經濟環境來說，我們不宜輕視我們的經濟力量，而懷疑邁向富裕的經濟社會的能力。與臺灣地區經濟環境相似的荷蘭，目前人口尚較臺灣地區為少，卻享有 350 億美元的國民生產毛額。更何況，從聯合國的統計資料來看，目前世界經濟力量集中於極其少數的所謂「超級大國」或「大國」。其餘國家多屬中小型。為數 20 左右的已開發國家，雖只有自由世界人口的四分之一強，卻享有自由世界 85% 的國民生產毛額。

　　我國目前的處境雖尚屬於不幸的開發中國家之列，但絕不屬於最不幸的一群。在已有統計資料的 95 個自由世界國家中，

目前臺灣地區人口 1,500 餘萬人，可列入 30 名之內；國民生產毛額及平均每人所得分別為 72 億美元及 372 美元，均可列入 40 名之內，倘若剔除已開發國家不計，我國在開發中國家中確是名列前茅。只要我們仍然保持著旺盛的經濟發展意識，我們確實處於一個大有為的經濟環境，這是當前臺灣地區的第二項重要經濟特質。

　　最後，就降低中的經濟自主程度來說。我們的經濟力量雖不算很小，但臺灣地區之人口在自由世界所佔的份量相當低，以致目前我國在國際社會的發言力量非常微弱，國內經濟政策與經濟情勢的變化，不會影響國際經濟大局。他方面，民國 61 年臺灣地區物品及勞務輸出與輸入值佔國內生產毛額的比例，分別高達 45％及 42％，不但國際經濟情勢的變化將立即影響臺灣地區的經濟發展，而且對各大國所制定的或所影響的國際經濟金融政策都只能一一承受，幾無對抗之力。

　　因此，在國際經濟進展順利之時，國內經濟政策的自主性較大；在國際經濟情勢發生顯著變化，或未能順利調整的過渡時期，不但國內經濟深受影響，而且經濟金融政策也必須隨之調整，自主性相當低。最近一年國際通貨膨脹之輸入我國，以及新臺幣對美元輕幅度升值的決策，便是顯著的例證。在這種情況下，我們若要維持經濟安定，並追求高速的經濟發展，我們便不能忽略國際經濟變動的影響，同時更宜強化經濟自主性。這是當前臺灣地區的第三項重要經濟特質。

　　由以上可知，我國當前經濟情勢的基本特質在於：正要努力擺脫貧窮，邁向一個富裕經濟社會，而且我們也有不可忽視

的力量來追求這個經濟理想。可是，由於海島經濟的本質，臺灣地區的對外經濟依賴度已相常高，西方國家經常發生的繁榮與衰退的交替現象，將可能經由我國對外貿易之消長而輸入我國，影響臺灣地區的經濟穩定與發展。

三、經濟安定與經濟成長的新情勢

　　過去 20 年，政府的經濟政策大體上可區分為兩個階段。前一個階段係以開發進口替代工業，建立經濟自給自足體系，後一個階段則以發展加工出口產業，擴大輸出導向的經濟體系。在這已經來臨的經濟轉變期，輸出導向政策宜作適當的修正，因為根據最近的經濟發展經驗，以及展望今後經濟發展的新路程，僅只依賴輸出導向，或者仍有短期的繁榮景氣，卻可能導致長期經濟不安定的局面。

　　論者常說，臺灣地區本屬海島經濟，必須繼續不斷激勵輸出，以換取國內經濟發展所需要的經濟資源，是輸出導向發展經濟的不二法門。事實上，這種說法忽略了經濟發展的動態歷程。在民國 40 年代，臺灣地區平均每年輸出增加率為 9%，平均每年經濟成長率為 8%。在民國 50 年代，平均每年輸出增加率為 21%，平均每年經濟成長率約為 10%。這兩個年代的比較，反映著幾項值得注意的現象。

　　第一、民國 50 年代的高輸出增加率支持高經濟成長率是付出代價的。以高出一倍以上的輸出增加率，只能使經濟成長率提高四分之一，表示每 1 元輸出值對經濟成長的貢獻逐漸降低。因此，臺灣地區的對外經濟依賴度自民國 40 年的 8%，

而 50 年的 13％，已提高至 61 年的 45％。如果依照民國 50 年代的發展政策繼續進展，到 60 年代結束時，臺灣地區的對外經濟依賴度將達到 100％，完全失去經濟自主性。只要國際經濟情勢一有變動，馬上影響國內經濟發展，這當然不是我們所期望的。

　　第二、過去 10 年，臺灣地區的高輸出擴張率，除政府及企業的努力外，最重要的原因是我們剛好生活在一個經濟的高擴張期。越戰升高及世界性的通貨膨脹造成國外需求擴大，促進我們低工資產品外銷的良機，使國外經濟擴張輸入了我國，但不幸的是，由於我國對外經濟依賴度已相當高，國外的通貨膨脹也同時輸入了我國。

　　這種輸入的通貨膨脹係經由三條通路。其一是藉進口原料、半製品及製成品價格的上漲而引起國內價格的上漲，我們不妨稱為進口性的物價上漲。舉例來說，民國 61 年，臺灣地區躉售物價總指數上升 4.65％，其中進口類 5.88％，而國產類漲 4.52％。其二是因國外物價上漲率相對高於我國，一件產品外銷較內銷獲利更多，且政府又積極鼓勵輸出，當然使同一產品外銷增量大於內銷增量。因此，生產彈性較低的產品，在國內市場上呈相對供給短絀現象，導致國內價格上漲，我們不妨稱為出口性的物價上漲。舉例來說，去年木材、蔬菜、肉類及鋼筋價格的上漲多少帶有這種性質。其三是由於加工輸出的發展，使我國產業界可能已開始面對工資成本壓力。國內勞動力及工資資料相當貧乏，不易有實際而可靠的資料來證實這種說法。就我個人所知，因低工資加工出口產業開發的結果，

若干部門勞力供需已接近平衡，今年年初，若干產業不得不以10%以上的工資上升率來吸引工人。除非工人生產力增加能夠抵銷工資上升率，工資成本上漲壓力就要來臨。這三類物價上漲原因都是輸出擴張的結果。

這兩項經濟發展經驗告訴我們，假若我們繼續現行的輸出導向政策，臺灣地區的經濟情勢將與世界經濟情勢愈有緊密關係。世界經濟的繁榮可引發臺灣經濟的繁榮，同時世界性的通貨膨脹也將輸入我國。這種發展模型產生了三項危機：第一項危機是我們的經濟環境使我們不宜承受太多的世界性通貨膨脹。倘若不願意承受，今後就必須多次提高新臺幣對美元的匯率，這也是我們不願意的。第二項危機是假若各國為有效壓制其通通貨膨脹，可能採行經濟收縮政策，這種世界性的經濟收縮當然會藉世界貿易的變化而輸入我國，降低我國的經濟成長動力。第三項危機是對外經濟依賴度若逐漸接近100%，臺灣地區的經濟發展是否就要達到一個極限，而不能自主地發展。為克服這些來自國外影響的可能經濟危機，必須對輸出導向政策作適度的修正，建立過當的經濟自主性，這是大經濟轉變期所應採行的重大策略觀念。

以海島經濟來討論今後臺灣地區的經濟發展通常容易忽略經濟發展的動態性，因而生產的目的在於輸出，輸出的目的在於換取加工輸出的原料和機器，必須經常激勵輸出，才能促進經濟發展。實際上，假若把經濟發展比喻為造一塊大餅，在國外市場擴大中，大餅的國內市場部分也愈來愈大，這便是經濟發展的動態觀。當前臺灣經濟的新情勢是開始具備較廣大的國

內市場，且今後其擴大速度即將加快，這便是我們建立適當的經濟自主性的重要本錢。

舉例來說，根據行政院主計處的國民所得統計，平均每人消費支出在民國 50 年為新臺幣 4,476 元，而民國 60 年已提高至 7,360 元。其中用於食衣的支出自 2,738 元提高至 3,974 元；同時，用於食衣以外之支出增加更快，計自 1,738 元提高至 3,386 元。這種現象反映國內市場正在擴大之中，在邁向平均每人所得 550 美元，乃至於 800 美元的富裕社會，國內市場當然不知道要擴大若干倍，倘若我們給予適度的輔導與鼓勵，國內市場也可成為經濟發展發動機的一部分，緩和我國經濟自主性降低的程度。

談到鼓勵開發國內市場，若干人士或者要以為這種觀念與加強儲蓄的觀念相背。實際上，我們宜認清楚富裕社會與求溫飽社會在消費和儲蓄的觀念上有極其顯著的差異。在求溫飽的社會，消費一經增加，儲蓄就會減少。可是，在富裕的社會，消費與儲蓄一定可以同時增加。假若限制國內消費，將生產品輸出，易得外匯形式的儲蓄，不但導致貨幣供給量增加的危機，而且妨礙經濟自主性的發展。尤有進者，開發國內市場除可以促進國內經濟發展動力外，尚有開發新輸出品的對輸出發展的新貢獻。

如眾所周知，目前許多主要輸出品都是民國 40 年代的進口替代產品，倘若 40 年代不曾開發這些產品，50 年代的輸出發展就不可能這樣快速。同時，我們不宜長期依賴這些低工資加工輸出品來刺激經濟發展，必須開發新輸出品。基於以往的

經濟發展經驗，以國內市場為主的新進口替代品將有機會成為新輸出品，繼續成為經濟發展的動力。因此，在這大經濟轉變期，為緩和來自國外的經濟變動，對國內經濟安定與經濟成長的威脅，必須適度地關切國內市場的開發，才能建立適度的經濟自主性，並保持經濟安定與成長的果實。

四、因應新經濟情勢的經濟原則

以上的分析係根據當前臺灣經濟的特質，認為相對缺乏經濟自主性的經濟社會，經濟成長與經濟安定有很大的部分都不是我們所能主動操縱的。我們所能盡力而為的是：擴大或維持我們自主操縱的部分。當然，要自主操縱經濟安定與成長，將因時因地而有各種不同的政策工具，且這也不是我個人所能討論的。因此，我想提出四項因應新經濟情勢的基本原則略作分析。

第一、一定時期可供利用的經濟資源總有其限度，必須研究決定其較合理的運用方式。經濟發展不須八面玲瓏，不須在同一期間同時開放各色各樣產業。政府最重要的任務是衡量各該時期可供利用的經濟資源的品質和數量，分析這些經濟資源在不同運用方式下的可能效果，選擇有利程度較大，不利程度較小的運用方式。然後以有效的經濟政策將經濟資源誘入於這些產業的開發。在這項資源運用方式上有兩項基本上的爭論，第一項與前述的經濟自主性有關，即倘若開發國內產業。短期間內不免要犧牲輸出的發展，卻有加強經濟自主性與擴大長期輸出潛力的利益，究竟應該如何採行，當然決定於經濟主管當

局。

　　第二項爭論是農工發展的爭論。在一個工業化發展社會，農產品生產增加速度總是相對落後，較易引起農產品價格的上漲，經濟學家稱之為結構性的物價上漲。舉例來說，民國61年國產農產品躉售物價指數上漲9.05％，而國產工業品物價指數上漲2.43％，便是反映著結構性的物價上漲。要緩和這種結構性的物價上漲可能宜改變農業生產觀念，鼓勵農業生產單位發展現金作物的生產以提高其所得，不一定要特別增產糧食；若發生糧食不足，不妨增加自外國的輸入，一如最近所採行的大宗物資進口政策一樣，只有朝此方向改善，才能緩和各部門產品供需不平衡的程度，減輕結構性物價上漲的國內物價上漲壓力。

　　第二、為緩和國際通貨膨脹的輸入，並加強經濟成長潛力，必須鼓勵多元加工產業之開發。因為臺灣對外經濟依賴是臺灣經濟的特質，我們無法避免此項可能的影響，只有設法減輕其影響程度。如眾所周知，從國外輸入的產品的加工程度愈大，外國工資與物價上漲對我國製成品價格之影響也愈大，因此只有設法降低輸入品的加工程度，才能減輕我國國內物價所受的影響。換句話說，必須改善國內產業結構，提高國內產業的加工程度，加重國內產業對原料及中間產品的供給能力。這便是重視國內市場及增進長期輸出能力的附帶效果。

　　第三、配合經濟轉變，宜改善經濟金融制度。如眾所周知，經濟發展的結果提高國民所得，國民所得提高會改變經濟行為，如果經濟金融制度不曾作動態調整，則可能導致經濟紛

擾。就我個人的判斷，最近一年來物價上漲至少有一部分係制度調整落後的結果。因為配合國民所得提高。政府曾正確採行鼓勵加強儲蓄的行動，卻不曾同時提供給儲蓄者足夠的儲蓄籌碼，似乎要求儲蓄者將全部新增儲蓄都以存款方式來保有，這種現象忽略經濟學上的邊際效用遞減律的作用。其結果是，一方面儲蓄者因缺乏儲蓄籌碼，在增加存款之餘，或者由於炫耀性的消費，或者湧入股票市場，前者導致一般物價上漲，後者則產生股票價格上漲的後果。他方面有關當局又閉門慨嘆中長期資金之不足以及資本市場之落後。這種富裕中的貧困，只是制度調整落後的一個例證而已。

第四、建立合宜外匯存量政策，緩和外匯對貨幣供給量的壓力。最近一年的物價上漲究竟有否受貨幣供給量增加的影響，在未作實證研究之前，實在不宜歸罪於貨幣供給量。但是，如眾所周知，最近數年來國內貨幣供給量之增加幾乎全係外匯存量增加的結果。為累積這些外匯存量，至少我們付出了兩項代價，其一是金融機構不敢對產業開發資金作大規模的融通，這也是富裕中的貧困的實例。因為在另一方面，我們看到企業對資金融通的迫切需要，我們更看到國內有許多基層設施等待政府進行建設。這些資金卻為著保有大量外匯而被凍結著。為避免這種資金融通的矛盾，藉以增進國內經濟發展的能力，當然必須確立合宜的外匯存量政策。

五、結論

經濟現象複雜萬端，從不同的角度作為分析的出發點，常

可得到不同的結論，尤其是，經濟成長與經濟安定有時或者相互抵觸，有時或者相互增進，不可一概而論。以上所討論的一些不成熟的看法，係以當前及今後臺灣地區所處的經濟情勢為基礎，可說純是書生之見。

【《公教智識》，第 589 期，1973 年 2 月。】

試論新臺幣對美元升值

一、前言

　　2 月 15 日，我國政府宣佈新臺幣對美元升值 5%，對特別提款權貶值 5%，作為因應 2 月上旬所發生的國際貨幣危機的主體決策，附帶的政策尚有降低部份進口關稅、加強股票市場管理等。在事前，國內的專家、學者、企業界人士對匯率的問題曾作熱烈而深入的討論；在事後，除了政府官員的談話，強調經濟安定和經濟成長並重外，專家、學者和企業界人士就不再繼續談論他們的高見，不管匯率決策是否與他們當初的主張是否一樣，這是一項可悲的現象。過去許多經濟決策的轉變，一般人也不加以分析，只看到一片歌頌聲。這原是我們社會的常態，此次對美元升值決策也不例外。

　　新臺幣的歷史幾近 24 年，前半屬高估幣值及經常貶值時期，後半則是匯率安定時期。此次對美元升值尚屬首次，其歷史意義相當重大，但卻遭遇到這樣冷漠的反應，實在令人失望。誠然，國內的經濟學家事前事後都得不到有關機關所供給的正確經濟資料，實在不容易對此項升值決策作有價值的評價。但是經濟學家們若能善用現有的資料，應用經濟理論的推理，對此次升值決策提出他們的看法，一則可以盡其知識份子的社會責任，再則可能使主管當局今後能提供更多更確實的經濟資料，使經濟學家們對當前經濟問題能作更翔實的研究。

二、三項重大意義

新臺幣對美元升值後，不論政府官員或專家學者都特別樂意討論其經濟安定效果最大，出口不利程度最小。我認為這些效果，不論是否確實，是屬於次要的；甚至升值率的高低是否得當也非根本重要的；因為如下文即將提及，這只是今後可能繼續發生的一連串匯率變動的開始。所以，此次新臺幣對美元升值的重要性應在於下列三項重大意義。

第一，從這項決策，我們可以看出一個大有為的有效率的政府。在過去 20 年的經濟發展政策上，政府的經濟決策有意無意間總是將經濟成長置於經濟安定之上。遠的不談，就以 60 年底，國際通貨匯率作多邊調整來說，雖然明知新臺幣隨美元貶值而貶值，可能導致國內物價上漲的不利影響，卻強調出口第一，而犧牲了國內安定。事實證明，過去一年來，即使有關當局動員了各種管制及影響物價的措施，國內物價上漲率仍高於民國 50 年代平均物價上漲率一倍以上。

論者常說，60 年底的外交形勢迫使政府不得不採取下策。事實上，一年來的外交形勢並不見得較 60 年底為佳，決策當局也可以同樣的理由再度使新臺幣隨美元貶值。此次毅然對美元作輕幅度的升值，顯然表示經濟政策重點的轉移，經濟安定的考慮即使未被列為最優先，至少也與經濟成長目標平行並列了。正如 2 月 23 日行政院蔣院長在立法院的施政報告中所說：「我們在決定這個措施前，我們深知此事關係到國計民生、社會安定，以至經建計劃的執行，所以確曾多方面慎重考慮到利弊得失，並盡力兼顧到經濟的發展與穩定，我們寧可行動略微

緩慢，而不願有絲毫疏忽。」

　　一個經濟社會大致可分為固定收入者與非固定收入者兩個集團，前者通常人數較多且所得較低，後者通常人數較少且所得較高。物價上漲常使固定收入者的真實所得下降。非固定收入者因易於作防衛性的反應，真實所得常不受影響。因此，以國內物價上漲為代價來擴大出口，並期望藉此以促進經濟成長，正足以擴大貧富差距。此次新臺幣對美元升值兼顧經濟安定的重要，足資證明財經首長一再強調縮小貧富差距為其政策目標之一，的確是言而能行。尤有進者，除了輕微犧牲出口及其可能的經濟成長利益外，新臺幣對美元升值 5%，依目前傳聞中的外匯存量計算，中央銀行將損失新臺幣約 10 億元。以這些代價來維護經濟安定，兼顧大多數人的利益，當然是一個大有為的有效率的政府。

　　第二，從這項決策，我們可以看出過去 20 年經濟建設的具體成果。國人一向低估新臺幣的幣值，尤其是民國 40 年代新臺幣有多次貶值的經驗，使得許多人總認為新臺幣不如美元，美鈔常被視為優良的窖藏保值工具。目前即使沒有可靠的統計數字，但是從報端偶而披露的有錢人家失竊清單上，美鈔仍佔相當比重，實際上也可判斷以美鈔作為保值工具之風仍盛。由此項輕視新臺幣幣值的現象來看，若干人士確實忽視 20 年來的經濟建設成果。

　　近年來，即使美國已經停止對華經濟援助，臺灣經濟呈更穩定而更高速的成長，政府年年花費若干宣傳經費發佈這些消息，是否能夠使國人完全相信經濟建設的成果袪除輕視新臺幣

的心理，則頗有疑問。例如 2 月 13 日左右，由於美元再度貶值，以及新臺幣將升值的謠傳，導致國人持美鈔到臺灣銀行擠兌新臺幣，且據傳聞，在兩天之內共兌換 100 萬美元，可見國人平時仍保有大量美鈔。稍後，政府果然宣佈對美元升值，臺灣銀行固然蒙受若干損失，但消除國人對新臺幣的自卑心理，間接證明了 20 年來的經建成果，增強國人對今後保持高速經濟發展的信心，則不是花費這些代價所能獲得的宣傳效果。

第三，從這項決策，我們可以看出今後的財經決策將較以往更富有彈性。傳統上，我國的財經決策常強調以不變應萬變，重視管制措施的效能，忽略市場機能的作用。舉例來說，去年物價上漲有很大的部份顯然是 60 年底匯率政策的結果。可是當我們閱讀有關物價上漲的報告時，很遺憾地發現，大多對此項上漲因素輕描淡寫，偶而也提及已經採行降低關稅的對抗措施，可是卻不曾看到對此項對抗措施之有效性的評估，似乎以為只要採行降低關稅就算了事。而在多數的場合，則繼續強調控制貨幣供給量，強調調節物資供需等管制措施。

可是我從來沒有看到有關臺灣貨幣供給量之增加究竟經由何種程序而影響物價的研究，也從來未見有關個別物資需要情況之研究。此次的匯率決策雖然不曾有關於物價及成長影響之深入分析，但已重視匯率變動的市場機能，顯然是一項轉變。相信倘若此項決策並未帶來太大的不利影響，將足以在若干重大財經決策上產生隱含的影響力，使之減除管制色彩，增強財經政策的彈性。

三、新臺幣對美元升值 5% 的可能後果

　　當然，現在若要對此次新臺幣對美元升值 5% 的可能後果
作有價值的評價，實在非常困難，因為即使此項升值率係經過
精密的計算，屬出口損失最小，緩和物價上漲效果最大者，其
效果也不可靠。計算匯率調整的經濟效果，不但涉及國內外經
濟資料收集之困難及其正確性，而且係以過去的資料為基礎，
且需對外國政府的政策反應作某種假定，而這些外國的政策並
不是本國所能操縱的，故計算結果仍有極大的變動幅度。更何
況此次美元貶值來得極其突然，不可能有足夠的時間來收集資
料，並作精密的計算。因此，這仍是一個未定之局。此次新臺
幣對美元升值只宜視為一個嘗試與修正階段的一個環節。雖然
如此，我仍想對其可能的若干後果作一些推論。

　　首先談到物價安定效果。上文一再強調此次升值決策已經
考慮物價安定效果。實際上其效果頗有疑問。我認為今後半年
國內物價上漲現象仍不能緩和下來，在長期是否能有抑制物價
效果，則須視其他因素而定，其理由有三：

　　第一，研究現代經濟理論的經濟學家都知道，現代經濟社
會的物價變動有所謂制輪效果（ratchet effect），只會上漲，
不易下降。基於此項理論，我們可以相信，除極其少數的大宗
物資外，原來自英美貶值國家進口的物品，雖然已經調整匯
率，並且也再度降低關說，其物價仍然不易回降，至多只是穩
住在上次上漲的水準而已。

　　第二，從其他主要國家的匯率變動來看，新臺幣對許多主
要國家的通貨仍有相當幅度的貶值，來自這些國家的物資仍將

上漲，其上漲程序與 60 年底新臺幣隨美元貶值一樣。

第三，目前已經產生工資上漲壓力。當然，我國一向缺乏正確可靠的就業與工資統計，沒有實證資料可以支持此項壓力的存在。但是，若干企業確實已經感受到了。這項壓力的來源有二：其一是物價上漲幅度提高，其二是加工出口工業發展的結果，已開始出現勞力供需相對變動，提高工資上升壓力。

這第三項理由是一股潛在的壓力，為決定較長期間國內物價上升的因素，如不改變現行加工出口型態，可能轉變成為阻礙加工出口的因素。

次就出口擴張之影響來說。我相信，影響所及應是已接受訂單的部份，新的訂單將會將升值率的大部份轉嫁出去。近十年來其他國家的通貨膨脹率高於我國，調整價格當不是極其困難的事。論者常說，韓幣隨美元貶值，其國際競爭能力將強於我國，實際上這是似是而非的說法。我們知道，韓國國內物價上漲率每年 10％以上，其處境與我國民國 40 年代相似，即使不斷貶值仍不易產生擴大出口的作用，因為貶值效果很快會被國內物價上漲及國內工資上漲所抵銷。因此，韓國出口競爭力並非來自匯率或相對價格，而應是來自強有力的鼓勵出口措施。基於這項理由，同時回顧港幣升值之經驗。我們可以看出，新臺幣升值不一定會損及臺灣之出口，目前政府所應採行的只是如何照顧已接受訂單的出口廠商。同時，對出口廠商來說，基於此次升值的教訓，今後外銷契約宜附升值補救條款或改用其他外幣報價。

再就進口轉向來說，這是年來已變成老生常談的論題，但

因涉及許多非經濟因素，故政策效果不甚顯著。表面上看來，似乎許多主要國家貨幣對新臺幣升值幅度甚高，可達到進口轉向的效果。實際上，短期內此項效果不會很大。目前臺灣經濟型態以加工出口為導向，進口機械貴了或可轉向，但許多原料和零件都非美國供應者，即使轉向也都是來自升值率較新臺幣為高的國家。因此，從短期來看，不但不會有顯著的轉向效果，而且更會因進口品美元價格提高而增加外匯使用，如出口成長率不變，可看到進口成長率提高，而使貿易順差值縮小的效果。

四、新臺幣匯率仍屬未定之局

　　以上有關新臺幣對美元升值效果的分析仍極其粗略。事實上，不論新臺幣對美元升值 5%是否妥當，我們仍不宜認為新臺幣對美元之匯率已經安定下來。其今後仍有極大的變動可能性，至於往那一方向變動，作多大幅度的變動，則決定於下列兩項主要因素。

　　第一，國內因素。在新臺幣改變對美元匯率之前，國內專家、學者及業者曾經列述各種理由及推理，提出對美元升值、對特別提款權升值或釘住美元匯率等主張。這些推理或者帶有濃厚的本位主義色彩，或者缺乏實證資料的支持。現在政府已經對匯率作了決策，究竟出口廠商能夠吸收多大的升值損失、能夠轉嫁若干損失給外國進口商、加工出口影響多大、進口廠商是否願意移轉進口地區、是否願意降低原來高估的價格、甚至對美元升值是否能夠增進產業效率等等，都正開始發生影

響。其效果是否一如政府作決策時所期望者，其偏差多大，甚至於偏差方向究屬有利或不利，大致在今後六個月至一年內可以看出端倪。倘若效果有所偏差，不論有利或不利，都可能促使政府採取改正措施。

第二，國外因素。此次調整新臺幣匯率係國際通貨匯率調整的一個環節，幾乎可說是被動的調整，其根本原因在於最近十年來黃金美元本位失去調節功能。因此，在完成一項具有調節功能的國際貨幣制度改革之前，國際貨幣仍屬多難之秋，各國仍將有調整匯率的可能。故目前新訂新臺幣匯率仍不宜視為長期不變。尤其是根據國際貨幣專家的估計，日圓及馬克對美元低估幣值之幅度甚大，可能不是此次匯率調整所能消除者；此外，美元對黃金仍高估幣值甚多，一則由於美國政府仍不能忽視其 800 億美元的短期國外負債，二則由於今後若干年內國際貨幣似不能擺脫黃金的約束，美元仍有對黃金（或特別提款權）貶值的可能。

基於這些考慮，此次國際匯率之被迫調整是否能完成各主要國家間之國際收支的調整，似存有甚大的難題，在六個月至一年內當可看出可能跡象。倘若國際通貨仍屬不穩定，國際通貨匯率之「震盪」仍將續起。對外經濟依賴度相當高的臺灣經濟自然要受到波及，根據可能的新情勢來重訂新臺幣對美元之匯率，仍是必然的趨勢。

五、結語

新臺幣對美元升值是一項新經驗，其可能影響究將如何，

當然不限於本文所臆測者。不過，這項新經驗的最重要教訓在
於：政府、企業及一般人民已經接受了匯率可升值的教育，政
府財經政策彈性已加大，今後如有新的國內外情勢的變化，當
然更易於產生財經決策的變動。因此，企業及一般人民在這項
教訓之後，應繼續提高警覺，不要以為短期內已屬安定之局。

【《企業與經濟》，第 2 卷第 6 期，1973 年 3 月。】

新臺幣對美元升值是否合理？

　　自今年 2 月 15 日政府宣布新臺幣對美元升值 5% 後的一個月內，國內經濟情勢有顯著的變化。政府對物價問題極注意，也採取若干有效的平抑措施。

　　同一期間，國際貨幣危機又起，各主要國家外匯市場相繼關閉，西歐國家幾經首長頻頻集會，甚至也決定了共同浮動匯率，揭開國際貨幣制度的新頁。

　　在這種情形下，關心國內經濟情勢的人，自然會聯想到新臺幣匯率問題，諸如新臺幣對美元升值 5% 是否合宜？究竟會產生那些影響？是否仍會有改變匯率的可能？本文將對這些問題作淺近的分析和說明。

價值判斷和抉擇目標

　　經濟政策有許多目標，其中政府最關心的是經濟成長和經濟安定。經濟成長的重要利益是在提高國民所得和增加就業機會，甚至藉降低失業率來增進個人對國家、社會和家庭的向心力。經濟安定的利益是在減輕所得和財富分配不平均的程度，也是要避免國際收支逆差的可能性。所以，理想的經濟政策當然是要兼顧經濟成長和經濟安定。

　　不幸的是，根據戰後西方國家經濟發展的經驗，經濟成長和經濟安定兩個目標通常是相互衝突的。提高了經濟成長率，

就業機會必然增加，工資上漲的壓力隨之而來；在工資上漲後，物價自然會調整。要提高經濟成長率，常須輕微降低經濟安定的程度。同理，倘若壓低物價上漲的程度，可能會降低企業的利潤率，減少其投資興趣，就業機會增加速度會趨緩，失業人數也就會增加。換句話說，經濟安定是要犧牲若干程度的經濟成長率。

調整新臺幣對美元匯率是經濟政策之一，在調整匯率時當然須考慮到上述問題。在今年 2 月 15 日決定新匯率時，倘若決定新臺幣仍採釘住美元，也就是仍維持 1 美元兌新臺幣 40 元的舊匯率，可能在國內物價巨幅上漲下才能維持高速經濟成長；倘若新臺幣對美元升值 10%，也就是將新臺幣對美元的匯率調整為 36：1，國內物價或者可以維持相當安定的程度，因為這樣可以在短期內阻斷進口性物價上漲和出口性物價上漲，可是，所要付出的降低經濟成長速度的代價也可能很大。

面對著今年 2 月的國際貨幣危機，新臺幣對美元匯率究竟應否調整和應該調整多少？這就須看經濟決策當局的價值判斷了。2 月 15 日的匯率決策只表示政府認為用這種新匯率的可能後果是最合乎社會大多人數的利益，並不表示用了其他的決策的可能後果一定較差。今年 3 月，國際貨幣又發生危機，新臺幣對美元的匯率是否又會改變，這仍然是價值判斷問題。

匯率應隨機應變

基於這種理由，今年 2 月 15 日新臺幣對美元的升值決策只宜看成在若干不同決策的各種可能後果中，選出了一組對經

濟成長和經濟安定最能符合現階段經濟社會的需要的新匯率。可是,這種可能後果是推論而得的,並不是非常精確而可以控制的,所以新匯率應是嘗試與修正的一個過程,不是不可變的。

即使這個 5% 的升值率是經過精密計算的,是出口損失最小、緩和物價上漲效果最大的,其效果也不見得可靠。如眾所周知,計算調整匯率的經濟後果,雖可以設計一組計算模型來做,但在計算過程中,收集國內外經濟資料會有困難,其正確性也值得懷疑,而且都是拿過去的資料來做基礎,又須對外國政府的反應作某種假定。過去的資料並不一定能正確表現目前及未來的社會經濟行為,外國政府的政策反應更非本國所能控制的,所以算得的結果仍會有極大的變動幅度。

更何況今年 2 月美元貶值來得很突然,我們不可能有足夠的時間來收集資料和作精密的計算;到了 3 月間國際貨幣又有變化,當初的計算模型裡所設定的幾個變數已有大改變了,所算出的經濟後果的參考價值也就大大降低。所以,新臺幣對美元的升值決策宜看成一個有效率的經濟決策的始點,今後國內外經濟情勢的變化仍可能會影響新臺幣對美元的匯率。

新臺幣升值的經濟後果

再說,可能影響新臺幣匯率,使新臺幣匯率須再調整的國內經濟情勢的變化,實際上就是對美元升值 5% 的經濟後果。這個後果是否如政府作決策時所期望的?其偏差有多大?甚至偏差方向與原來預期後果比較,究屬有利或不利?這大致需要

6個月到一年的時間才能看出端倪。倘若後果與原來期望實現的事有偏差，不論是有利或不利，都可能促使政府採取矯正措施。在這裡，我根據學理和對臺灣經濟的觀察，對短期內可能產生的一些重要經濟後果作簡單的推測。

　　新臺幣對美元升值5%第一個立即產生的經濟後果是：貨幣供給量的增加速度趨緩。貨幣供給量是國內銀行體系的負債，必須有銀行體系等值的其他資產負債淨值來支持。倘若其他情形不變，新臺幣對美元匯率自40：1調整為38：1，依傳聞中的我們現有15億美元外匯存量來計算（假定這些外匯存量全部都是美元），銀行體系的其他資產負債淨值就要比從前減少新臺幣30億元，而使貨幣供給量減少了新臺幣30億元。依去年底貨幣供給量608億元來計算，國內貨幣供給量約收縮了二十分之一，這當然是一個可觀的貨幣收縮後果。儘管其他情形可能發生變動，貨幣供給量的增加速度無論如何是一定可以趨緩了。

　　貨幣供給量的增加速度在短期內緩和了，這對降低物價的上漲速度並沒有幫助，因為它必須經過一段時間才能發揮可能的效果。因此，研究物價的可能變動方向必須考慮其他的因素。

物價上漲會和去年同

　　我不便對物價上漲幅度多作揣測。我認為今年物價上漲幅度至少仍會維持去年的上漲水準，理由有四：

　　第一、即使是從美國採購的物品，除所謂大宗物資外，原

來上漲的價格大概不易回跌，這原是現代經濟社會的物價基本特徵，易漲而不易跌。

第二、新臺幣雖然對美元升值 5%，但是與西歐及日本的強勢貨幣作比較，仍屬貶值，而且貶值幅度很大。這些強勢貨幣地區一向是我國原料及中間產品的主要來源，從這些地區進口的物品或原料漲價，當然會使加工產品在國內的售價提高。

第三、一般大眾的預期物價上漲率已經提高。在 1960 年代的大經濟安定期之後，物價上漲速度突然提高，一定使一般人以為高物價是新的恆常現象，必須修正預期物價上漲率，來防衛他們的利益。雖然政府已經採行平抑物價的措施，要改變這種預期狀態仍需約 1 到 3 年的時間，短期內不易見效。

第四、國內已經發生成本膨脹的現象，最近有調整基本工資的爭論便是例證。

比較有利的變化是對國際收支的影響。我認為今年國際收支的順差可能比去年少。外匯存量的增加速度趨緩，這有助於減輕對本國貨幣供給量的壓力，增加本國貨幣政策的彈性。大體上說，新臺幣對外仍維持著低估幣值的現象，貿易順差仍將繼續。因為低估幣值仍有利出口，出口擴張不會受到阻礙。

匯率與物價關係很大

今後從強勢貨幣地區的進口量或者會減少，但其進口值仍將增加，因為這些地區對新臺幣的升值幅度很大；從對新臺幣貶值地區的進口量可能增加，但進口值增加可能較低。這兩者相加的結果，進口值也將有相當幅度的增加。雖繼續有貿易順

差，其順差值可能低於去年。

　　比較重要的變化可能是資本流入。政府採行了外匯融資計劃，今年短期資本流入可能減少很多，則可能暫時減緩最近數年來繼續增長的大量資本流入的趨勢，這樣才能使外匯存量不再快速增加。

　　從這些可能的短期效果來看，新臺幣對美元升值5%似不能產生立即令人滿意的效果。若從較長期的觀點來看，當然以考慮更複雜的經濟後果為宜。不過，也不妨用上述三項主要效果來判斷。

　　根本上說，新臺幣既未消除對美元的低估幣值現象，長期間國際收支持續順差仍將使外匯存量巨幅增加，造成不易控制貨幣供給量增加的局面，而長期間貨幣供給量增加又可影響物價，使物價更難控制。

　　就較長期間來說，如果維持現行匯率，根本問題是是否能有效控制物價。如果能有效控制物價，則可維持一段時期的繁榮。如果不能有效控制物價，則物價上漲必會阻礙經濟發展，原來希望用維持低估幣值來擴大出口，並促進經濟成長的目標可能不易實現。在這種情形出現之前，唯一可行的策略是對美元再升值，以對美元升值作為第一步，再調整其他輔助性的經濟政策。

考慮國際經濟的變化

　　可能影響新臺幣匯率調整的國外經濟因素是較根本的。若干專家們一再強調國際貨幣危機的根源是國際收支調整困難。

實際上，我認為在這種困難的背後仍有兩個基本的重要因素：
第一是各國間長期以來有不同的通貨膨脹率；第二是國際間經
濟集團對峙的局面已經非常明顯。

　　先從通貨膨脹率的不同來說。影響物品進出口的主要因
素不少，相對價格變化就扮演著最重要的角色。倘若甲、乙兩
國原來有相同的物價水準，如果其價格上漲幅度分別是 3% 及
5%，則甲國的物價水準將相對地低於乙國，有利於甲國輸出
就不利於乙國輸出。倘若兩國間原來的貿易收支恰好平衡，在
相對價格水準發生變化之後，甲國出口增加，乙國出口減少，
甲國當然變成順差國，乙國轉為逆差國。最近十年來，世界各
國間國際收支的順逆差轉變成恆常現象，就是反映著這種不同
的通貨膨脹率使相對價格變化轉變成長期而同方向的變化，自
然使各國間的國際收支不易調整了。

兩大經濟集團談判

　　這種長期間通貨膨脹率的差異是各國財政經濟政策不同的
結果，卻正是反映各國政府對經濟政策目標的抉擇有不同的價
值判斷。長期間不同的價值判斷能繼續存在，表示各國人民能
忍受的價格上漲幅度不同。在這種情形下，事實上不易調和各
國間的通貨膨脹率，只有使國際間匯率調整成為正常現象，才
能消除國際收支不平衡所帶來的國際經濟危機。倘若國際間匯
率有了變動，新臺幣的匯率自然也必須考慮調整了。

　　再就國際間經濟集團對峙的局面來說，我在本刊 1971 年
12 月號〈世界經濟集團對峙的新形勢〉一文中已經說得很清

楚。在最近十年來，英國、愛爾蘭及丹麥三國加入歐洲共同市場，使歐洲共同市場的經濟力量已經能與美國對抗，也容易形成經濟自足的局面，代之而起的將是經濟上的談判時代。

在這種情形下，兩大經濟集團在談判時，當然會各為其個別利害作打算。當兩大集團間的經濟談判順利時，可能會決定一些重要的國際經濟政策。這些政策對臺灣可能會有各種不同的影響。當然我們必須採取合宜的因應措施，減輕對我們的不利程度，增加對我們有利的程度。如果這兩大經濟集團談判不順利，可能會有短暫的關稅或直接管制等措施來作討價還價的工具，我們當然也必須有因應措施。在這些國際經濟談判中，目前以及最近將來即將繼續不斷出現的，仍將是以國際貨幣談判為主。我們的匯率政策當然更需要有適當的調整彈性。

要提高警覺

這是一個國際經濟大變動時代的開始。今後究竟將如何演變，尚不能事前作臆測。臺灣經濟對外的依賴度已高達45％，來自國際經濟的任何變化都將多少對臺灣經濟有一些影響。我們再也不宜以不變應萬變，必須針對國際經濟的變化，隨時調整對內以及對外的經濟政策，才能在這大變動時代中繼續追求高速而安定的經濟成長。

因此，當前新臺幣的匯率問題不宜看成單純的現象，必須就國內外經濟情勢的變化來觀察。最值得注意的是，在今年2月的國際貨幣危機中，新臺幣終於對美元升值了。我們不必單純地去衡量這次升值幅度是否合宜，我們應當注意的是財經政

策比以前更有彈性，更重視市場機能（價格機能）的作用。基於這個理由，我猜想今後國內外經濟情勢如再變化，新臺幣匯率當然比以前更容易變動。對一般人來說，最重要的是繼續提高警覺，不要以為短期內匯率是不可能再變動的。

【《綜合月刊》，第 53 期，1973 年 4 月。】

對新臺幣對美元再升值的看法

前言

　　目前市面又盛傳新臺幣即將對美元再升值，有些人士甚至以為，只要對美元再升值，即能緩和當前國內物價上漲的壓力，甚或許多國內經濟問題都可迎刃而解。不論新臺幣短期內是否會再升值，不論它能否立即解決國內經濟問題，關心新臺幣對外價值的人士與日俱增本身就是一項重大的發展，是作經濟決策時，不能不注意的。

　　過去 20 年經濟發展上的成就，在政府來說，表現在高經濟成長率、經濟結構改善、人民生活水準提高等方面；在民間來說，最重要的是累積了相當龐大的一筆財富，這筆財富係以貨幣資產、證券資產、實物資產等形式而保有，這些資產因為會發生相對價格變動，使每一個擁有財富的人，以貨幣單位計算的財富會發生增減變化。因此，在財富繼續增加的社會，人們所關心的，除了繼續增加收入外，尚關心其各種形式的財富的價格的變化。

　　在當前的場合，除了各種資產的供需變動外，最能影響民間財富的貨幣價值的，當然是物價變動趨勢和新臺幣對外匯率問題。在這種情形下，普遍關心新臺幣是否再升值，正反映著一個富裕社會的成長，毋寧是可喜的正常現象。然而，新臺幣是否宜對美元再升值？若再升值，是否能解決當前的經濟問

題？

上半年的經濟情勢

半年來，臺灣經濟最顯著的情勢有二：第一，經濟繁榮正在擴大中，以商品出口來說，較去年同期增加 44％；以工業生產指數來說，增長 23.56％。第二，物價上漲幅度正在增高，以臺灣地區躉售物價指數來說，第 1 季上漲率為 13％，第 2 季上漲率則為 15％。經濟繁榮通常都會發生物價上漲現象，這原不足為奇。可是，整個上半年臺灣地區躉售物價漲幅已接近 14％，在過去 20 年的紀錄上，僅次於因發生水災而導致物價上漲的民國 44 年和 49 年。與葛樂禮颱風那一年相較，漲幅亦高出一倍，這種物價上漲當然不宜視為正常現象。因而，在經濟繁榮與經濟安定之間必須作適當的抉擇，這乃是政府所作的價值判斷問題。

當前物價上漲的因素

從半年來持續不斷地採行的各項財政、經濟、金融措施來看，包括特案融資進口、新金融措施、經濟穩定措施，以及最近公佈的提高存放款利率，目的都在於穩定物價。實際上，這些措施不但似不曾針對物價上漲原因，對症下藥，而且若干措施似有長期增長物價上漲壓力的後果。

舉例來說，即使在這些一連串措施之後，國內物價有效地安定下來，但只要國際間價格仍然繼續上漲，則商品出口較在國內出售有利，廠商當然願意先滿足國外市場的需要，以其

有餘供給國內市場，國內物品供給當然易於呈相對不足，進而導致價格上漲現象。以手頭現有資料來說，本年 1 至 4 月與去年同期相較，根據財政部統計處貿易數量指數，出口數量增加28%，而進口數量只增加 7%，即反映此種現象。由此可知，臺灣經濟因屬開放經濟，經濟安定不宜單獨視為國內問題，而必須擴大視野，才能覓求合理的解決方式。

從貨幣當局半年來收縮信用及提高利率的措施來看，似乎認定當前物價上漲的根本原因在於貨幣數量增加太快，只要收縮信用便能控制貨幣供給量，進而達到安定物價的目的。事實上，信用擴張是否為導致貨幣供給量增加的主因尚大有疑問。以本年 6 月底與去年 6 月底比較，貨幣供給量總增加 265 億元，增加率約為 52%；各行庫局存放款增加金額相互抵銷後，存款增加淨額達 123 億元，尚屬抵銷因素。他方面，倒是國外資產增加 269 億元，增加率達 62%，為最近一年貨幣供給量增加的根本原因。

然而，外匯資產為何快速增加？今年 2 月初，我在報上曾經舉證，自民國 59 年至 61 年間，根據中央銀行的國際收支平衡表，外匯資產約增加 10 億美元，而商品貿易順差亦約為 10 億美元。可見外匯資產之增加係貿易順差的結果。同樣地，我們又看到今年上半年的商品貿易順差達 2 億 5 千萬美元，而外匯資產亦增加 2 億美元以上。

貿易順差雖不必然是壞現象，也不必然是好現象。我們必須從其發展過程來看，在 58 年以前，臺灣地區之對外貿易絕大多數都屬逆差，而 59 年後則開始順差，且順差金額逐年增

大，59 年為 9,000 萬美元，60 年為 2 億 9,000 萬美元，61 年為 6 億 5,000 萬美元。擴大中的商品貿易順差，使國內物品供給相對短絀，當然會導致物價上漲。同時，造成順差的主要原因之一當為國內外價格的差異。換句話說，國外物價上漲幅度較高，因而進口物品之價格上漲，由於這兩項因素，才造成近一年來國內物價上漲，其後，經由順差所造成貨幣數量快速增加，帶動保持心理的預期通貨膨脹，以及工資上漲壓力，才形成顯著的物價上漲。

基於以上的分析，我們可以看出單純的收縮信用，假若不曾消除貿易順差，實在沒有辦法防止貨幣供給量的繼續增加，以及物價的持續上漲。最近一年來，我們顯然可以看到，進口已開放至某種程度，關稅也巨幅下降，可是不曾看到足與出口增加速度相比的進口增加率，以致仍有巨額順差現象。尤其是，即使是開放進口，如果不經選擇，任由商人自由增加進口，可能不符濟經濟發展的要求，可能形成資源浪費。

同時，以收縮信用方式來壓制貨幣供給量之增加，在一個出口經濟之下，以國內市場為主的產業固然不得不收縮，而享有國外市場的產業，則可能加速其國外市場的擴張，以出口所獲價款作為週轉資金，因此，國內資源大致會加速移用於出口產業，國內物品供給愈形相對不足，最後，外匯仍然繼續累積，國內物價仍然上漲，而其漲幅可能與國際水準看齊。

升值不是萬應靈藥

在這種情形下，因為現有的各種措施大多不曾直接改善

國內外價格的差距，不易消除當前國內價格上漲的壓力。尤其是，如過度快速收縮信用，甚至可能會有導致經濟衰退的危機。安定物價原係為了安定真實所得，或維持經濟成長的激勵因素，但卻不易收到預期效果。因此，宜針對物價上漲的根本原因，國內外物價差距，採取新臺幣對美元再升值的措施，以減縮貿易順差，減輕進口成本上漲壓力，才能爭取時間，換求更長期的經濟安定。但是，再升值只能換取時間，它不是萬應靈藥。在決定是否再升值之前，至少有下列三項問題須要考慮的：

第一、再升值不一定會立即帶來安定的局面。其原因有三：（1）在現代經濟社會下，除大宗物資，因有較為自由競爭的市場，價格會因成本降低而下跌外，大多數物品雖進口成本降低，但不易降低以新臺幣表示的市場價格。（2）世界各國的通貨膨脹仍在繼續之中，除非世界各國安定下來，國內外價格差距仍會發生，可能仍有再升值的壓力，這是出口經濟所不能避免的問題。（3）國內勞動力供需結構處於不平衡狀態，工資成本壓力漸增，這是工業社會的正常現象，不是再升值所能解決的。

第二、資源運用方向。眾所周知，一國對外匯率改變，提高以外幣表示的出口品價格，降低以本國貨幣表示的進口品價格，不利於出口，有利於進口，固然可以縮小貿易順差，但是對出口產業及新進口替代產業都不利。因此，新臺幣不再升值則已，如再升值，必須事前對貿易政策作適當的修正，尤其是在消極避免升值期間所採行的各項限制出口及鼓勵進口的政

策，必須作全盤的檢討，才不致使經濟資源的運用不利於經濟發展。

第三、農業部門的救濟。由於再升值後，以新臺幣表示的進口農產品價格降低，對農業所得可能有所影響。當然，在目前國際農產品價格暫時高漲之際，或不會有大礙，但長期間則不免要損及農業利益，如何加以救濟，也須事前妥籌良策。

由於再升值會引申相當複雜的政策難題，而當前各項穩定措施似乎缺乏長期有力的效果。所以，我們仍有第三條道路，也就是說，動用現有 17 億美元中的一部分，作政策性的運用。當然，在這種情形下，必須承認當前物價上漲係正常現象。而更重要的是：這項對策涉及整個經濟發展方向問題，不是本文所能討論的。

結語

最近數年，臺灣經濟在穩定中呈高速成長現象，原無自主的導致物價上漲的因素。最近一年的巨幅物價上漲主要原因係外來的。面對這種現象，因為臺灣經濟對外依賴度已相當高，我們只有兩條可供選擇的道路，一條是間隔一段時間，就宣佈新臺幣對美元升值，直到世界通貨膨脹消除為止。一條是承認這種物價上漲是正常的，對可能累積的外匯資產，配合長期經濟發展的方向，作政策性的運用，以達到高速經濟發展的目的。

後一種道路，乍看之下，好似可笑。實際上，我們應當瞭解，在經濟較落後的國家，與經濟較先進的國家有別，先進國

家的人民關心經濟安定，因為他們有時間計算。落後國家的人民關心真實所得增加，即使物價上漲 10％，只要他們的收入增加 15％，他們不會有怨言。因此，美國實行經濟管制，德國抵制升值，我們不一定要仿傚，我們有獨特的經濟環境，當尚未走到經濟先進國之前，希望以經濟先進國的藥方來治療經濟病症，那也是開錯藥方。

【《聯合報》，1973 年 8 月 1 日。】

目前不是新臺幣貶值的時機

一、新臺幣宜對美元貶值呼聲迭起

最近，若干人士主張新臺幣宜對美元貶值，他們所持的理由可分為對外貿易、物價和經濟成長三方面的變化來說明。

在對外貿易的變化方面。根據財政部海關貿易統計資料，本年 1 至 2 月，出口金額為 895.9 百萬美元，進口金額為 792.8 百萬美元，仍有貿易順差 103.1 百萬美元。去年 1 至 2 月，出進口金額分別為 516.9 百萬美元及 393.3 百萬美元，貿易順差為 123.6 百萬美元。

本年與去年同一期間相較，有下列四項不利的變化：第一、進口金額增加率超過 100%，而出口增加只有 73%，進口增加率高於出口增加率，可能將使貿易由順差變為貿易逆差。第二、去年 1 至 2 月順差佔出口金額的比例為 24%，本年則降至 11%。第三、由於原油漲價，預計今年進口原油所需外匯支出將增加 5 至 6 億美元。第四、根據海關統計，去年固然有 6 億餘美元的貿易順差，但根據中央銀行結匯統計，則有巨額逆差。顯示已結匯而未到岸的進口物資為數甚巨，為可能導致本年貿易逆差之主因。

在物價變化方面。根據各國官方所發表的去年物價統計，臺灣地區的物價上漲程度高於歐美各主要國家。今年 1 月底，本國的「穩定當前經濟措施方案」又引致物價巨幅上漲。其結果是：春節以後，出口業者所接到的國外訂單大為減少。根據

報導，若干主要出口產業已接到的本年夏季以後的訂單甚少。為矯正出口競爭能力，自然宜採行鼓勵出口措施，新臺幣對美元貶值即為其中之一。

在經濟成長變化方面。去年以來，國際石油危機、國內信用緊縮。原已可能有導致本年國內經濟衰退的後果。而本年九項建設即將積極進行，它本身也將有使經濟成長狀況較正常情形略低的情勢。傳統上，一個海島經濟單位在面對經濟衰退時，都會加強出口、減少進口，來開發國內產業，藉以促進經濟成長，在正常情形下，貶值通常會有加強出口及減少進口的效果，故最近才會有貶值的主張。

二、貶值恐造成物價上漲的惡性循環

這些貶值的理由，表面上好似非常充分，其實它們只有一個基本的出發點：出口擴張是海島經濟維持正常成長所不可或缺者。事實上，這個出發點本身就有很多種不同的解釋，貶值所能發揮的效果仍非常有限。尤其是，在 1950 年代，臺灣地區曾有多次貶值經驗，把新臺幣對美元匯率自 5：1 貶至 40：1，對增加出口及減少進口都不曾發揮應有的效果。其主要原因可能是出口彈性及進口彈性都甚低。論者或者要指出，當前臺灣地區的經濟結構和十幾年前大不相同，貶值的出口增加效果較以前大得多。

事實上，假若我們仔細觀察目前臺灣地區的進出口商品結構，我們即將發現，貶值除使貿易條件惡化外，很難使出口金額巨幅增加及大量減少進口金額。尤有進者，貶值很可能使臺

灣地區再度陷入物價上漲的惡性循環中。關於這一點，我們在 1950 年代已有經驗，而現在的情勢較之當年尤有惡劣的影響。

第一，貨幣當局握有為數達 20 億美元的外匯準備。只要把新臺幣對美元的匯率輕幅度地自 38：1 調整為 40：1，即使其它情形不變，準備貨幣即會增加新臺幣 40 億元。再透過貨幣乘數的作用，貨幣供給量至少會增加新臺幣 60 億元。這種貨幣膨脹會對物價施以上漲壓力。

第二，目前進口依賴度遠高於十幾年前，貶值所引起的進口性通貨膨脹危機甚重。在 1950 年代，進口佔臺灣地區國民生產毛額的比例只有 15％左右，新臺幣對美元貶值 5％，只會引起 0.75％的國內物價上漲；目前進口依賴已超過 40％，貶值 5％，至少引起 2％的國內物價上漲。因此，新臺幣對美元貶值將引起國內物價上漲，並因而增加出口的困難，導致再貶值的潛在危機，成為貶值與物價上漲的惡性循環。

此外，倘若貶值果真能夠發揮增加出口及減少進口的改善貿易收支的效果，它又會加重國內物價上漲的壓力。第一，貿易收支改善會增加外匯累積，使上述貨幣供給量的擴張速度加快；第二，增加出口及減少進口效果會使國內物品及勞務的供給相對減少。兩者都是額外的物價上漲因素。

三、新臺幣貶值策略需相當審慎

基於這些考慮，假若當前臺灣經濟情勢中，確實存在著新臺幣貶值的危機或壓力，在高物價上漲壓力之後，也不是貶值的適當時機。不過，這種危機至少有下列三項意義：

　　第一、倘若貿易收支果真自過去若干年來的順差轉變為逆差。我們必須繼續等待與觀察，我們須進一步檢討逆差的基本原因，它究竟是否係偶然的大宗進口所造成的，是否它係暫時現象，是否它的金額很大。只有在長期巨額逆差的壓力下，才宜有貶值的行動。

　　第二、即使發生貿易逆差，是否有充裕的融通逆差的財源，亦會影響匯率政策。如眾所周知，貿易逆差的形成可能係大量外資流入的結果，它不必然會引起國際收支困難問題。尤有進者，目前貨幣當局保有大量外匯準備，且曾表示它們係供做短期用途，萬一發生貿易逆差，尚有餘力供做融通逆差之用。因此，也只有在無大量外資流入及外匯準備之消耗已損及我國國際流動性時，才會帶來真正的貶值壓力。

　　第三、出口困難所引起的貿易逆差壓力的另一潛在因素，可能在於產業效率的改善程度。不論生產設備或管理經營，與出口競爭都大有關聯。依賴貶值來改善出口競爭，似乎不利於長期經濟效率的改進。因此，出口困難首先應係對產業界的生產設備及管理經營施以壓力。只是在改善生產及管理後，仍不能克服出口困難時，才宜使用貶值策略。

四、目前不是新臺幣對美元貶值的時機

　　當前臺灣地區的經濟情勢，由於巨幅的物價上漲，產生出口困難（特別須注意的是，目前出口值的繼續巨幅增加，似乎以出口價格提高的因素居多，出口量增加的因素較少），甚至產生貿易逆差的潛在危機，使若干堅持貿易順差論者，再度強

調加強鼓勵出口，甚至主張新臺幣對美元貶值，以保持出口擴張潛力，及維持貿易順差。

如以上所論，目前並不是新臺幣對美元貶值的時機，事實上，這種新經濟情勢最重要的意義在於：第一、臺灣地區必須開始調整貿易結構，特別是出口結構。我相信出口重要，但以現在的出口結構繼續擴張，對臺灣經濟發展的裨益非常有限。第二、貿易政策和貨幣政策之間應有適當的調配，否則會引起其它新經濟問題。關於這兩點，以後有機會當再著文說明。

【《聯合報》，1974 年 3 月 31 日。】

從新臺幣不貶值論當前的財經措施

　　行政院蔣院長 2 月 21 日在立法院宣佈，我們有足夠的外匯存底，政府將不考慮新臺幣貶值，並採取匯率不變、利率降低的政策。當天下午，中央銀行宣佈小幅度降低存放款利率，繼續協助工商業降低信用成本，為半年來第三次降低利率的行動。在國際經濟情勢依然未有顯著的復甦跡象的情況下，政府的這種政策原則有特別重大的意義，因此，我想對不貶值的政策意義及其對財經措施的影響，申論若干看法。

所謂「貶值壓力」

　　自從頒行「穩定當前經濟措施方案」以後，一年來即有或強或弱的來自各方面的「新臺幣宜貶值」的政策建議。我們可以把這種主張所依據的理由歸納為四要項：貿易逆差、價格上漲、與韓國競爭及經濟成長要求。

　　在貿易逆差方面。如眾所周知，自民國 52 年以後，我國對外貿易情勢就開始改善，貿易逆差佔進口值的比例逐漸降低。根據海關進出口統計，自 60 年至 62 年且有逐年增大的巨額貿易順差。但是，63 年 3 月以後，又出現貿易入超，且入超幅度甚巨，全年入超金額達 1,356 百萬美元，佔當年海關進口金額的 19%，幾乎是 10 年來最嚴重的逆差比例。在傳統上，應付貿易逆差以對外貶值最為有力，且也面對較小的阻力，巨

額貿易逆差乃立即帶來貶值的要求。

在物價上漲方面。「穩定方案」採用全面的一次調整方式，使我國的物價水準立即顯著地較世界各國偏高。實際上，從舊物價水準過渡到新物價水準的時間因某種原因而落後半年之久，在那半年間預期物價上漲的心理因素，已使國內物價水準上升，因而一年前的新物價水準乃偏高。在政府堅定的維持物價安定政策之下，偏高物價水準會相對降低，這乃是去年下半年的基本現象。

可是，如眾所周知，物價易漲難跌，故消除偏高物價水準須耗時較多，迄目前為止，我們的偏高物價現象仍未完全消失。以 63 年 1 月與 62 年 2 月的躉售物價指數相較，我國上漲 69%；美國、日本及韓國分別上漲 20%、39% 及 38%，表現預期通貨膨脹心理下的偏高物價現象。以 63 年 12 月與 62 年 1 月相較，我國上漲 55%；美國、日本及韓國分別上漲 37%、49% 及 66%，則表現偏高物價水準之逐漸消失，但未完全消除的過程。如果忽略這種一時偏高物價水準的相對向低調整現象，單純以購買力平價學說的觀點來分析，便自然要產生貶值的主張。

在與韓國競爭方面。自從去（1974）年 12 月韓圜貶值後，主張採行跟進貶值行動的人士甚多。與我國相較，韓國是經濟發展方面的後來者，其出口品與我國相似，因此若在相對價格上居於不利地位，很可能大為損害我國部分外銷商品的價格競爭能力。在目前，因為未有確實可供利用的韓圜貶值後的韓國物價資料，我不想討論這種相對價格情勢。

　　但是，就與韓國競爭的意義來說，我想提出兩點看法，第一，我們應當注意的是：韓國在改進其出口結構的長期努力目標。第二，跟隨行動實際上是向下看齊，在經濟發展方面很快就會被趕上了。若從更長期目標來看，應當致力於長期出口擴張，而不應為保護目前的出口結構而採行跟隨行動。

不貶值政策意義

　　在經濟成長要求方面。去年由於國際經濟惡化，經由出口量之減少，使我國經濟成長率有了 20 年來的最低紀錄。基於我國所獨有的處境，我們不能長期處於低成長狀況，必須給予適當的經濟激動，提高經濟成長速率。

　　在出口導向的經濟政策原則下，難免要出現貶值以促進經濟成長的看法。根據這種經濟成長要求而導出的貶值主張，至少面對兩項難題：第一、在國際經濟呆鈍的現狀下，貶值是否就能達到增加出口量值的目標？假若一年內，國際經濟都不能復甦，貶值是否有助於經濟成長？第二、在進口依賴程度甚高的我國，貶值一定會引起物價上漲。其實，經濟成長多少要以物價上漲為代價，問題是所付出的代價是否值得，因此難以作取捨的決定。既然貶值不一定能促進出口及經濟成長，其引申而產生的物價上漲代價，便完全不值得了。

　　根據以上的分析，我們可以看出，表面上所謂貶值壓力可能是存在的，但是否值得付出貶值的代價，則仍有疑問。以貿易逆差來說，在資本不足的開發中國家，只要有足夠的外資財源，貿易逆差原屬正常現象。以 63 年來說，固然發生巨額貿

易逆差，但我國外匯存量仍增加，顯示這種良性發展現象。更重要的是：在連續三年的巨額貿易順差之後，一年的貿易逆差不宜就斷言是值得貶值的長期貿易失衡。

以物價水準來說，相對偏高的物價正在消失的過程中，國際經濟繼續呆鈍，有利於我們爭取到相對調整的時間，不必忙於付出物價上漲的代價。以與韓國的競爭來說，這是長期競賽（領先）的努力過程，爭取長期出口與經濟結構的改善，重於短期的因應；更何況韓圜貶值的物價影響尚未顯著化。

以經濟成長要求來說，至少在目前，國際經濟並未有顯著復甦的跡象，新臺幣貶值不必然有助於出口。因此，「新臺幣不貶值」的政策是正確的。這項政策原則至少有下列幾項意義：

第一、繼續強調物價安定為經濟政策的主要目標。因為不論貶值是否能產生出口擴張效果，物價水準總是必然上升。在物價上升之際，固定收入者、中產階級都將蒙受損害，因為這些人或者是收入固定，或者是貨幣性財富佔其總財富的比例較高，因而會因物價水準上升而有所損失，其結果是社會財富分配更不公平。採行不貶值的政策，即或必須暫時犧牲若干經濟成長，但確實能照顧大眾利益，政策效果甚至比促進經濟成長更佳。因為所謂經濟成長，其最終目標無非是要提高人民的生活水準，如為成長而犧牲了物價安定，大眾不必然能享受成長的福祉，不如維持物價安定，使一般大眾能生活在更安適的環境裡。

第二、強調國內市場的重要性。重視物價安定並不意味放棄了經濟成長目標，它只表示在當前的國際經濟情勢之下，國

際市場尚無法作大幅度的拓展，因而促進成長的動力就須以擴張國內市場為主，中央銀行繼續降低存放款利率便是一個政策方向的象徵。如眾所周知，倘若國內市場能夠合理開發，不但能在國際經濟呆滯的環境下，保持孤立的繁榮狀態，尚且能夠加強國內的經濟自主程度。

　　第三、爭取長期經濟發展的基礎。物價安定顯然是長期經濟發展所不可或缺的條件，在國際經濟情勢尚未明朗化之前，避免採取足以損害經濟安定的劇烈經濟措施，足以讓我們冷靜地檢討國內經濟結構與出口結構，進行必要的改善努力，在下一次國際經濟繁榮期才能爭取到機會，把我國的經濟發展帶向一個更高的境界。

　　「不貶值」不宜視為以不變應萬變，或者視為被動的經濟政策。在當前的國內外經濟情勢之下，「不貶值」的政策原則上應係指稱在維持經濟安定的條件下進行促進經濟成長的努力。因此，目前的財經措施須作合宜的調整，關於這些調整，至少可以分為短期及長期兩方面來討論。

不貶值下的財經措施

　　在短期方面，因為難於依賴國外市場來促進國內生產的復甦，故必須集中注意開發國內市場。在這方面，降低利率的行動尚須透過市場的反應，只有在市場（有效需要）的反應強烈的場合，並經歷某一時期（例如 6 個月）才能產生預期效果。假定市場反應不夠強烈，或反應落後時間甚長，即使再繼續降低利率，仍然未能產生宏大的效果。因此，宜加強更直接的財

政支出政策調整，配合貨幣政策，才能增進國內經濟的生機。

同時，在經濟停滯時期，不宜墨守自由進口原則，對於國內能自行生產而目前仍大量進口的原料、零件及產品，宜迅速給予行政上的幫助，採取短期限額進口或管制進口方式，提高國內廠商的生產設備利用率，以活潑國內經濟。此舉容或有礙進口目標之實現，但為恢復國內經濟景氣及縮小貿易逆差並緩和貶值壓力計，實為值得付出的代價。所以，在不貶值政策下，短期的財經措施應重視能迅速收效的財政金融措施的搭配，與工業及貿易行政的協助。

在長期方面，經濟發展原本就是一項長期努力過程，而長期則是屬於動態的向上發展，因而每一經濟發展階段都有其適存的產業結構與出口結構。不貶值的政策原則在長期上原是要改善現有的經濟結構，以促進能與下一次國際經濟復甦時相配合之經濟結構的誕生。可是，在現狀之下，民間部門無論資力、人力，都不容易作這種長期規劃。所以，在等待國際經濟復甦的時間內，政府長期經濟發展的努力應特別重視新產業結構之規劃，並採行足與此項新結構配合的財經措施，誘導全部經濟資源運用於這個新方向。一旦國際經濟復甦，才能較快速的擷取新發展的良機，展開另一新經濟境界的歷程。

【《聯合報》，1975 年 2 月 24 日。】

調整匯率的經濟效果

最近一年，因為商品出口貿易的進展不順利，若干人士在不同的時點，以不同的方式，表示新臺幣宜作某種程度的貶值，藉以促進出口，提早經濟復甦的來臨。而行政當局也數度在適當的機會，表示暫不調整匯率的決策。這種政策態度的差異，或者起因於對調整匯率的經濟效果有不同的看法，或者是重視的重點有別。在本文，我所想做的，是拋開模型和數式，以貶值為例，敘述調整匯率的若干重要經濟效果以及限制這些效果之強度的條件。

促進出口

一般地說，出口廠商的成本與收入都係以本國貨幣計算，而其出口價格則以國際貨幣表示。假若以當地貨幣表示的出口品成本不變，本國貨幣對國際貨幣的匯率愈高，以國際貨幣表示的出口成本愈低；反之，匯率愈低，則以國際貨幣表示之出口成本愈高。同時，假若以國際貨幣表示之出口價格不變，匯率愈高，以本國貨幣表示的出口廠商的收入愈多；反之，若匯率愈低，則以本國貨幣表示的出口廠商的收入愈少。由此可知，一國若把匯率向高調整（亦即貶值），或者可降低以外幣表示的出口價格，增強該國商品在國際間的價格競爭能力。或者是可增加出口廠商的本國貨幣收入，產生鼓勵出口的作用。

這兩項效果都在於促進出口，但是效果的強度究竟多大，則必須考慮下列若干因素：

第一、假若貶值後，出口量要增加，先必須降低以外國貨幣所表示的出口價格。因此，出口廠商不能享受全部貶值的本國貨幣利益，而係與外國進口商分享；此項分享比例的多寡會影響其增加出口量的興趣。

第二、以外幣表示之出口價格降低，究竟能實現多大的出口量增加，則決定於進口國家的所得狀況及出口國出口商品結構。假若進口國家預期所得在增長中，則貶值所能帶動出口量增加程度較高；反之，進口國家預期所得欠佳，則貶值國的出口量不易增加。同時，假若出口國的出口品係屬價格需要彈性大者，出口量較易增加；反之，若屬價格需要彈性小者，則出口量較難增加。

第三、即或是出口量有增加的可能性，尚需考慮及出口國對那些產品的增產可能性。祇有增產可能性高，才能真正享受出口量之增加。

第四、進口原材料佔該出口成本的比例可影響貶值後之出口價格調整的負擔能力，假若進口原材料佔出口品比例愈高，貶值後對出口品之成本降低無多大貢獻，常無法降低出口價格，改善價格競爭能力。反之，則出口品大部分係當地原材料所構成，則價格競爭能力較強。

第五、在出口量增加之後，出口值的增減及其程度，由出口價格下降程度及出口量增加程度決定。

減少進口

一國貨幣對外貶值後，假若以外幣表示的進口價格不變，則以本國貨幣所表示的進口品價格會上漲，產生對進口品需要量減少，結果是進口量與進口值同時減少，因而能進一步地改善貶值的貿易收支狀況，或者減少貿易逆差，或者從逆差轉變為順差。這類效果的強度則決定於下列因素：

第一、貶值後，假若不損及大眾的真實所得，也不想降低大眾的生活水準，則進口量的減少，須自國內生產增加獲得滿足，因此，進口量之減少決定於貶值國的進口替代能力，進口替代能力愈大，愈能享受減少進口的利益；反之，進口替代能力愈小，愈難享受減少進口的利益。

第二、資源存量為影響進口替代能力的主要因素。因為進口品中有一部分係資源的直接進口；為生產進口替代品也必須增加國內資源的使用。在這兩種場合，國內資源存量的多寡乃與替代進口有直接關聯。

第三、國內生產技術水準也是影響進口替代能力的主要因素。在多數的場合，在貶值之際，貶值國的技術水準通常難以替代進口品所需之生產技術。因此，即或是以加工方式產生了進口替代產業，初期所能享有的進口減少的利益並不大。

在此，我們必須注意，假若貶值後貶值國能保持新匯率的安定，則其國際資本移動不致受到影響。但是，假若貶值後產生了預期繼續貶值的心理，則可能導致短期資本外流現象，對國際收支有不利的影響。此外，我們更須注意，在一國貨幣對外貶值之際，以本國貨幣計算之企業的外債負擔都將與貶值幅

度作同比例增加；當然，以本國貨幣計算的企業對外債權也將
作同比例增加。其結果是有外債負擔的企業產生了意外損失，
而有對外債權的企業則享有意外的利益。

資源利用

　　根據以上的推論，撇開限制條件不談，貶值將有利於出口
產業及進口替代產業的開發與投資。因此，貶值的附帶效果是
貶值國國內資源利用方向的重新調整。這種重新調整資源利用
的程度當然決定於上面提到的出口量增加的程度及進口量減少
的可能性。然而，這種資源利用方向的調整是否符合國家經濟
發展的利益，則決定於下列因素：

　　第一、貶值顯然有利於現有出口產業的維持與擴大，故
現有出口產業的性質及其對國內資源的需要壓力當然是一件重
要因素。在一個勞力密集的產業下，此類出口產業的擴大，引
申大量勞力需要，會加速勞力不足情況的出現。在一個技術密
集產業下，此類出口產業的長期擴大，才會引申不斷的技術革
新。

　　第二、進口替代產業的展開固然有利於經濟發展，但是
也如同出口產業的擴大一樣，會增加國內資源的使用量，以致
使此兩部門以外的其他產業部門所能使用的資源量減少，進而
阻礙此類產業的成長速度。因此，必須衡量因貶值而產生的進
口替代產業是否符合國際長期經濟發展的需要。如兩者彼此相
符，當然是可喜現象；否則，當然必須要迅速採取矯正的配合
措施。

貨幣、物價與財富分配

　　一國貨幣對外貶值後，對本國貨幣供給量立即產生兩項直接的膨脹壓力。其一是，貶值後，以本國貨幣表示之本國金融機構之外匯資產增加，有使貨幣供給增加的壓力；其二是，貶值後，假若其他情形不變，因貿易收支改善有加強外匯資產累積的可能性，因而也成為貨幣供給量增加的因素。因此，除非採取抵銷措施，貶值國的貨幣供給量的增加速度會加快，間接影響物價之上漲。

　　談到物價上漲，貶值國另有兩項直接壓力。其一是，經由以本國貨幣所計算之進口物品價格上漲，立即產生貶值國國內物價上漲。在此項因素上，進口依賴程度愈高的國家，物價上漲的壓力愈大。反之，進口依賴程度愈小的國家，物價上漲壓力愈小。其二是，由於資源移用於出口產業及進口替代品產業，故會引申資源價格上漲。因此，貶值必然會產生物價上漲，其上漲程度決定貶值國的進口依賴度及資源移用的速度。

　　由於貶值所引申的物價水準上漲並未平均分配於各項物品及資產，而社會各不同階層所擁有的物品及資產結構並不相同。因此，這種價格結構的改變，改變了各階層人士的相對財富狀況，亦即改變了財富分配。同時，在一般物價水準上漲之後，由於所得水準的調整速度及調整幅度不同，也將持續改變社會各種收入集團的真實所得分配。這種財富分配及所得分配的改變是否符合經濟福利的要求，當然也是一項重大的考慮因素。

　　【《經濟日報》，1975年12月7日，經濟教室每週一課。】

日圓升值新臺幣升值

　　近幾個月來，國內物價的漲幅較晚近經驗下的正常水準略高；在國外，則日圓在浮動中顯著地升值，使釘住美元的我國對外貿易情勢大為改善，並進而對若干重要經濟指標產生重大的影響。有關合宜而有效之對策乃有熱烈的討論，且財經當局也陸續採行了若干措施，在在都顯示動態而積極地面對經濟情勢更易的良好現象。我們都知道，經濟情勢本身是持續變動的，在各種財經新措施的影響下，其變動自更顯著。因此，隨時檢討經濟情勢及其演變，乃至於調整因應措施，是有其必要的。

當前的經濟情勢

　　對當前的經濟情勢，有多種解說。比較常見的說法：由於日圓對美元升值，新臺幣實質上是跟隨美元而對其他主要國家之貨幣貶值了，這種貶值的實質後果是：我國的出口恢復或加速其擴張趨向，且由於貿易擴張及順差，使外匯存量快速而巨幅地累積。同時，由於我國當前貨幣供給與外匯存量有密切的關係，外匯存量的累積，因未有合適而有效的凍結措施，致轉變而成國內貨幣供給量持續偏高的年增加率，其結果是物價上漲幅度隨著偏高。再基於這種物價上漲，使預期利潤上升，加上國外市場的需求，便使年末比較呆鈍的投資興趣重又復甦，進而產生對勞動、資金及原料的新需要，誘發了另一階段、另

一形式的物價上漲。換句話說，因日圓升值，使我國經濟在顯著復甦中，出現偏高的物價上漲率。

對當前的經濟情勢作這種解說，便很容易把罪過推諉給外匯過多所產生的外匯存量上面。目前已提出的消化部分外匯存量的因應措施，包括：放寬外匯管制、降低進口關稅、開放大批進口品管制等，甚至在採行此類措施時，尚指出可同時把我們帶向自由貿易之目標的說法，來美化這些政策措施，強調其多面的功效。此外，7月初也提高了銀行流動性比率，似有趨於另採信用緊縮措施的跡象。

這是我國當前經濟情勢的素描，雖然略去了一些枝葉，大體上與實情並沒有很大的差距。

新臺幣升值的正反理由

導致當前經濟情勢的主要因素是日圓在升值浮動中，且依然有潛在的持續再升值的趨向。可是，我國目前已採行的主要因應措施，或則難於在短期內抑制外匯存量的繼續累積，或則未能積極緩和物價的上漲趨向。因此，部分人士乃有新臺幣宜對美元升值的主張。

主張新臺幣升值的主要理由有三：其一，我國許多原料係由日本供給，日圓升值為導致國內物價上漲的因素，新臺幣對美元作適當幅度升值，可緩和物價上漲趨向。其二，由於新臺幣對美元低估幣值，固然可享有出口擴張，投資興趣提高的利益，但這種短期利益未必符合我國經濟結構的需要，甚至會有資源誤用的弊害；新臺幣對美元升值可調和長短期利益，減少

資源誤用。其三，升值是針對當前經濟問題來源的唯一對策，因而能較快速地收效。

反對新臺幣升值的理由有四：其一，新臺幣對美元升值，勢必扼制我國商品的出口競爭能力，等於把部分出口市場拱手讓人。其二，我國經濟景氣正在快速復甦中，特別是艱苦工業為然，此際若採行升值措施，不免要抑壓經濟復甦。其三，在日圓升值後，我國商品在國外部分市場的競爭能力已大為提高，升值等於放棄擴大國外市場的良機。其四，民國 62 年 2 月新臺幣對美元升值，並未解決當時外匯存量快速累積的問題。

財經政策措施的最大特點是：正反面都是理由充足。新臺幣在當前的經濟情勢下宜否升值，自然難免有上述不同的看法。大體上說，反對升值的人士認為，目前已採行的因應措施或已足應付經濟問題，或頂多再輔以若干溫和的貿易金融措施就夠了。而主張升值的人士則指陳，當前的措施未針對原因，難以產生預期的效果，特別是短期內為然。

升值不是萬應靈藥

與 62 年一樣，部分人士把升值視為萬應靈藥，另一部分人士則認為是洪水猛獸。這表示調整匯率是一項十分敏感的措施，不但有長短期的有利或不利的影響，且也涉及社會上若干利害攸關集團的利益，因而決策當局在決策前的研判就愈加困難。因此，除非萬不得已，決策當局總不願採取這種猛烈措施，而社會上各產業部門的經濟活動並不能中斷，為處理其日常交

易行為，就不得不在揣測中承擔風險損失或享受額外利益。

依目前的情勢來說，倘若不調整新臺幣對美元匯率，因為出口商品價格的溫和上漲，可以使出口擴張持續一段期間，且此類出口品的部分原料係先前以較低價格進口者，此類產業自然享有某種程度的額外利潤，故會提高此類產業的投資興趣。但是，在即將來臨的某一時期，先前的廉價原料耗竭，高價原料又不能不進口，超額利潤將被吸去一部分。同時，一則由於出口超速擴張，國內物品供給相對不足，形成物價上漲壓力；再則由於投資擴張使工資趨於上漲；三則由於生活費用上漲帶動工資上漲。這也吸收了部分超額利潤。其結果是，即或不調整匯率，隨著時間的經過，國內物價及工資的上漲，最後終將消除目前的低估幣值現象。

升值宜有其他措施配合

換句話說，即或是以不變應萬變，我們的重要經濟指標仍會自動找到適合於目前這種匯率的水準。問題是：我們須付出多大的代價，在那一個時間重新安定下來？

倘若我們不願意坐等時間來解決問題，倘若我們不願意用物價上漲作為解決問題的代價，我們就必須把新臺幣對美元升值；我們就必須面對著究竟宜作多大幅度的升值，以及是否逐步輕幅升值等問題，也就是妥找合適匯率的問題。乍看之下，這項問題極其單純，我們只要透過嘗試與修正的過程就可解決。

其實，我們須記住，升值並不是萬應靈藥，倘若要採行

升值措施，必須有其他措施配合，以消除升值的不利影響。其中有三項是特別重要的：第一、即或是現在立即升值，也不能使目前的物價上漲趨勢立即停止，升值僅有緩和物價上漲的作用，配合性的物價措施仍是必要的。第二、升值必然有礙若干傳統產業的成長，但也是新興產業成長的促進劑，對前者該如何補救，補救至何種程度；對後者該如何獎勵，獎勵至何種程度？都須與匯率政策同時考慮。第三、升值顯然不利於農民所得的增進，農民佔我國人口比例甚高，更須有補救措施。

由此可知，新臺幣是否宜予升值，只不過是長短期考慮，以及希冀用何種代價來應付目前的經濟失衡問題。避免升值，或許付的代價高；但若採升值措施，則必須面對更複雜而難解決的問題。在這種情形下，匯率該何去何從，便須決策當局考慮全國經濟利益的增減及各個不同階層利害的調和，然後作決定了。

【《經濟日報》，1978 年 7 月 4 日。】

升值與機動匯率下的新經濟情勢

　　昨（10）日下午，政府有關部門宣佈，自今天開始，新臺幣改採機動匯率，並且把新臺幣的匯率訂為 36 元兌 1 美元，作為機動匯率的起點。這項新措施有兩項重大意義：其一是結束了釘住美元的時代，展開匯率可機動調整的新時代。其二是新臺幣對美元升值約 5%。

機動匯率的新影響

　　自民國 63 年世界各主要國家採行浮動匯率制度以來，我國則採取釘住美元，隨美元而與各主要國家通貨匯率浮動，其間雖然各主要國家通貨曾逐漸對美元在浮動中升值，但我國依然持續釘住美元，也就是對美元以外的主要通貨貶值。但自去年年底以來，美元對其他主要通貨貶值速率加劇，尤其是與我國貿易關係極其密切的日本，其日圓對美元的匯率，自去年底的 250 日圓兌 1 美元，猛升至昨日的 201.55 日圓兌 1 美元，對我國國內經濟情勢展開了猛烈的影響。在這最近的發展過程中，國內的學者專家對我國究竟應該採行何種因應措施，曾有相當熱烈的討論。今天，當局宣佈的匯率政策固然把新臺幣對美元升值，符合了大多數學者專家的意見。但是，新匯率政策最主要的意義在於建立了新的機動匯率制度。

　　機動匯率不同於浮動匯率，主要的原因是，我國並未擁有

一個足以敏感反映外匯供需狀況的自由外匯市場，不宜採行浮動匯率；而根據當局的聲明，自今天開始，將視外匯供需狀況，機動調整匯率，這是 30 年來前所未有的經驗，對其機動程度及調整方式自不宜妄置一詞。不過，我們對其可能之影響可大致作兩點的分析：

第一，在機動匯率制度之下，我國經濟情勢當較易於因應國際經濟情勢，而進行較以往更自動的調整。在先前所採行的釘住美元匯率制度下，面對著國際貨幣及經濟情勢的變動，我們常不得不在等待觀望中，使小幅波動累積成大幅波動，才被迫採取因應措施，因而常有不能適時採取對策的感覺。在機動匯率制度下，則可多少彌補這項缺點。不過，究竟能夠享有多少機動的利益，就要視今後當局對匯率所能做到的「機動程度」而定。更何況，使我國經濟情勢與國際經濟情勢更緊密聯在一起，符合我國利益之程度究竟多大也是有待研判的。

第二，在機動匯率制度下，因為匯率會機動調整，也就是可升值，也可貶值，對於貿易商來說，將增加了風險因素，或者可享有額外利益，或者會遭遇到意外的損失。尤其是，為因應這種不安定的風險，在貿易業務操作技巧上須有所更改，甚至可能額外增加若干業務費用。雖然如此，由於機動匯率將能避免累積性的巨幅變動，這種風險程度將很小，且較累積性的巨幅變動來得安定，其對貿易成本仍是有其淨利存在。

新臺幣對美元升值之後

自今天開始實施的新臺幣對美元的新匯率，大約是升值

5%，這項升值行動使我國貿易商品發生了相對價格調整。以這半年來的平均值來說，大體上雖對美元升值，但卻仍是對美元以外之主要通貨貶值，這種相對價格調整究竟會發生何種後果，目前僅能提出以下三點：

第一，透過相對價格的調整，自主要原料、零件、機器供給國家的進口成本的漲勢可望穩定下來；因而有助於加工出口廠商及國內產業的成本安定。同時，雖然由於對美元升值，使出口廠商以新臺幣計算的出口售價收入略受影響，但是由於數年來我國勞動生產力的持續增長，大致上足以抵銷此種輕微升值的少數不利後果，因此未必會影響我國短期內的出口實績。至於其可能的較長期影響，則要視我國生產力的持續成長而定。

第二，由於短期內出口貿易不必然會遭遇重大影響，而進口亦將是穩定的局面，故升值措施不致影響年來我國的外匯累積趨勢。倘若外匯存量之持續增長是年來貨幣供給量快速增加的唯一因素，則無以阻止貨幣供給量的再快速增長。幸而，年來貨幣供給量快速增長的另一因素是顯著復甦下的信用擴張；在升值後，企業對新投資計劃須再慎重考慮，信用擴張情勢可望略微緩和，因而下半年的貨幣供給量增加率可望略微下降。

第三，由於現代社會有其價格剛性，先前因預期不升值而抬高的若干物價，回降可能性不大。也就是，除大宗物資之外，我們難以期望物價水準的回降。但是，一則由於新臺幣已對美元升值，以新臺幣計算的原料、零件等成本的穩定及其下降，有助於今後物價水準的穩定；二則由於新臺幣對美元升值可以

緩和勞力密集性產業的擴張，可緩和勞動工資上漲的壓力，也有助於今後物價水準的穩定。換句話說，雖然升值行動不能使物價水準下降，卻有使目前之上漲率穩住的作用。

應有匯率制度以外配合措施

面對著半年來美元國際地位的急速下降情勢，我們樂於看到當局採行機動匯率及使新臺幣對美元升值，但是，今後除必須慎審觀察我國外匯供需變動及國際經濟情勢之演變，機動調整匯率外，我們仍須考慮匯率以外的財經措施，以確保臺灣經濟的持續的穩定成長。

第一，就短期來說，本年上半年，為抵制外匯存量增長，財經當局一再表示不對美元升值，因而採行了若干貿易、外匯及貨幣措施。現在，新臺幣匯率既已可機動調整，且已對美元升值，上半年所採行的各項措施當有立即檢討，有考慮是否重新調整的必要。其中尤以提高銀行流動性比率，對銀行信用擴張不無限制，且對小型企業的融資亦不免有不利影響，尤其值得考慮恢復原來的流動性比率。

第二，就短期來說，雖然由於我國生產力的提高，可以吸納對美元升值後的大部分負擔，保持出口競爭能力。但是，農產品及農產加工產品的生產力提高比較有限，且其折算為新臺幣後的出口售價收入降低，將間接影響農民收入。甚至，由於新臺幣升值，以新臺幣計算的進口農產品價格將略見下降，也會間接不利於我國農民收入的增長。這種可能趨勢對我國提高農民所得的努力不無抵銷作用，為消除其對農業部門的不利影

響，宜研擬妥適辦法，並付諸實施。

第三，就較長期來說，由於新臺幣對美元升值，且保持機動調整的態勢，固然表示我國 30 年來經建努力，使我國國勢相對提高。然而，這也表示我國產業結構必須更加速調整，緩和附加價值低的傳統勞力密集性產業的擴張，加速基本高級工業的發展，乃是必須加速進行的途徑。因此，我們宜有更積極、更詳盡的調整產業結構的規劃與做法，這是真實而迫切的課題。

【《聯合報》，1978 年 7 月 11 日。】

匯率機動調整對工商業經營的影響

一、匯率制度

在國際貨幣關係上匯率制度祇有兩個極端，即固定匯率或浮動匯率。歷史上各個時期各國所採行的匯率制度，由其歷史條件來決定。

（一）匯率制度的演變

在過去一段漫長的時間裡，國際間通行固定匯率，最長的一段時間是在 1931 年以前的金本位制度，當時各國之所以採取固定匯率有其歷史背景：一、當時英國為世界經濟強國，由於英國採取金本位制度，而各國之貿易政策為從穩定中求發展，來促進國內經濟成長，乃仿傚英國採行金本位制度。二、在 1931 年以前世界各國對黃金並未感到缺乏，因此將貨幣價值釘在黃金上，而訂出固定匯率。

1930 年代世界經濟大恐慌，英國經濟地位下降，各國紛紛放棄金本位制度，在 1931 年至 1939 年間各國實際上是採取浮動匯率，但當時沒有浮動匯率這個名詞，而另有一個名詞叫「貶值競賽」，各國以貶值為競爭手段，以促進出口貿易來達成經濟成長目的。

由於貶值競賽造成各國貿易不安定，因此，第二次世界大戰以後，國際貨幣基金（IMF）即訂出固定匯率，但此時的固

定匯率與金本位時期不同，一方面由於世界黃金數量缺乏，另一方面為美國於第二次世界大戰結束前幾年一直到 1954 年，其國民生產毛額佔自由世界的二分之一以上，美國是唯一的強國，也是世界最大市場，因此當時的固定匯率，名義上是釘住黃金，實際上是釘住美元。

戰後的固定匯率間接釘住美元，因此美國經濟力量的盛衰將影響固定匯率制度的存亡。但是美元的地位，在隨後幾年有了重大的變化：一、1960 年代，特別是在越戰以後，美國通貨膨脹情形嚴重，美元大量外流，造成美元地位的下落。二、第二次世界大戰的戰敗國家經濟力量逐漸恢復，例如歐洲共同市場在戰後其生產毛額約佔美國的 40％，現在則與美國大致相同，甚且超過，美國的生產毛額所佔比例由 20 年前的二分之一降為三分之一，經濟力量相對地降低，這是個很大的變化。

因此，到了 1973 年 2 月，全世界均走向浮動匯率制度，連堅持固定匯率制度的國際貨幣基金亦不得不在 1976 年 1 月讓它合法化，承認了浮動匯率制度的存在。

（二）匯率制度的比較

究竟浮動匯率好呢？還是固定匯率好呢？正反各有意見，尚無定論。

以固定匯率而言，優點為：一、無風險，在某段長時間裏，廠商可預期收入及成本。二、政府均負有責任，大國對國際負責，小國對人民負責，不使通貨作過份的膨脹。缺點為：固定匯率制度下，為了盡到國際間義務，釘住匯率，則須犧牲國內

經濟穩定。如 1971、1972 年間，我國外匯不斷累積，為了負起責任，順差國家物價不得不上漲；再如美國 1960 年貿易赤字極大，理應採取緊縮以緩和景氣上升，可是美國放棄了國際責任，以致固定匯率無法維持；反之，英國逆差大則採取緊縮措施，以致經濟情況很差，即對國際負起大國應有的責任。

　　以浮動匯率而言、優點為：一、各國資源可以得到充分而有效的運用，此係由於國際分工的作用。一國物價上漲即得增加進口，改變資源用途，所以每一項資源，包括勞動、資本、土地都要作到最好的運用，這是理想的境界。二、每個國家均擺脫了其責任。逆差國家由於自由外匯市場作用而自動貶值，政府可以不必插手，而盡全力追求其貨幣政策或財政政策的國內目標，不必顧及國際間的責任，因為國際間可藉浮動匯率自動調整。因此，從個別國家而言是其優點，而從國際間而言是其缺點。

　　浮動匯率的缺點為：經濟不安定且不合理。所以在 1973 年以前 20 年即有人主張，但無人敢嘗試。浮動匯率被稱為阿里桑那州效果，據說，阿里桑那州氣候炎熱異常，得肺病者前往會加速死亡，只有在不得以時才嘗試執行，因此浮動匯率的實施將會加速其崩潰。

二、最近半年來經濟情況變化及因應措施

　　上半年我國出口增加率很高，到了 5 月份即較去年同期增加 40%，這是從 1970 年代以來增加最快者，因此外匯累積 6 億多美元，貨幣供給量亦增加很快，使得國內物價上漲率偏

高，上半年批發及消費者物價均超過 7％，為 1974 年以來最
高峰，比去年同期物價上漲了一倍，政府及學術界均感到十分
緊張。

　　甚至有人以 1973 年的情況來解釋上半年的經濟情況，
並引用 1960 年代唯貨幣論思想，認為貨幣供給年增率超過
30％，即引起國內物價上漲，用來作為上半年因應經濟情況
的措施及未來改變匯率的解釋方法。但是，這個解釋並不很正
確，因為：

1. 今年上半年外匯增加 6 億多美元，去年上半年也增加 6
   億多美元，何以今年外匯影響到物價，去年則否？再以
   外匯增加率而言，去年約 25％，今年約 13％至 14％，
   今年的增加率較去年低，何以影響反大？

2. 今年上半年貨幣供給量增加的原因，除了外匯外，最重
   要的是上半年銀行對民營企業放款增加 600 億元，而民
   間儲蓄性存款僅增加 400 億元，相減之下信用大幅擴
   張；而去年同期儲蓄性存款增加 400 億元，放款增加
   200 億元，是為緊縮現象。故貨幣供給量增加的原因不
   能怪罪於外匯的增加，應怪罪於銀行信用的擴張。

　　至於造成上半年信用擴張的原因有二點：一、偏高的物價
上漲時，民間的儲蓄意願降低，也即是儲蓄者感到利率太低而
不願儲蓄。二、日圓升值使得我國不論直接出口或間接出口均
告增加，出口產業情況亦為之改善，而出口產業必須經由銀行
的支持才能致力於外銷，這項支持也即是信用的擴張。所以對
民營企業放款的增加才是貨幣供給量增加的原因。

其次，引起上半年物價上漲的原因，除了貨幣因素之外尚有二點：一、日圓升值，我國進口原料價格上漲，不但當時進口成本增加，且在心理上以為以後還會再漲，而造成進口性物價上漲。二、日圓升值，使得我國出口擴張，致使工資上漲，也引起了成本的物價上漲。

基於上述解釋，則在改善匯率之前所採取的措施有三項缺點：

1. 消化外匯，為了紓解外匯累積增加量，乃採取各項措施，如匯出款方便、國外購買機器原料融資、降低進口關稅、開放進口項目，以為上半年的經濟問題在於外匯的累積，因此引據往年消化外匯措施解決。

2. 上半年所採取消化外匯措施，沒有短期效果，長期的策略不能夠解決短期的問題。

3. 消化外匯措施面對其他政策目標衝突的地方，不能夠徹底解決。例如降低關稅將減少財政收入，開放進口將影響國內進口替代產業的生存。當然上半年也採取了提高銀行流動性比率措施，也是一種緊縮措施，但是大企業仍然借得到錢，小企業可能吃虧，造成不公平現象。

三、機動匯率

政府 7 月 10 日宣布的匯率調整，包括兩項意義，小的一面是升值，大的一面是制度之改革。

先說小的一面，這次新臺幣匯率由 1 美元兌 38 元升值為 1 美元兌 36 元，使得人民心理上產生安定感，並消除預期的

上漲，但是物價是否因而下跌，恐怕不致下跌。日本在今年上半年日圓升值大約 25% 左右，但是其國內躉售物價只下跌 1.8%，而消費物價卻上漲 1.2%。新臺幣對美元升值 5.56%，如何使其下跌，這是物價本來的特性。在不兌換紙幣制度之下，升值僅有心理安定效果，假定物價上漲率每年為 10%，則升值僅能使其上漲率降為 8%，這是短期間的效果。

短期間，譬如說半年或一年，生產量方面則可獲得調和，已接訂單者必須如約生產，至於往後新訂單是否繼續簽訂呢？就得重新討論，有些產業就會減少產量或者是生產增加率降低，匯率升值通常都只有減產的可能。如此我們可以說，升值後一年或半年內，將帶來國內經濟成長的緩和。例如上半年達成經濟成長率 9%，下半年並預計為 9%，則由於匯率調整，下半年成長率將不能如預計之好。

至於長遠期（3 -5 年間），則必須調整生產結構，減產過量的產業被迫放棄或發展新產業。可是在調整生產結構時，勞動及資本移轉可能性如何呢？工人是否即刻適應其他新種行業？同一部機器是否能生產其他新產品呢？這就牽涉到產業移轉速度，若移動可能性低的話，將會引起經濟衰退，反之，則可避免衰退。

其次談到大的一面，這次匯率調整最重要的是制度的改變，即採取機動匯率制度，關於機動匯率的解釋專家們各執一詞，俞總裁昨日說明機動匯率就是浮動匯率。但是浮動匯率必須有二個條件：一、對美元浮動，因此必須建立美元期貨市場，可是美元期貨市場辦法尚在草擬中。二、必須有自由外匯

市場，否則不能浮動，可是我國近 30 年來均為外匯管制，要由外匯管制進入自由外匯市場，必須經過一段相當時間，不能馬上達成，否則會造成混亂。

何以自由外匯市場無法馬上建立呢？因為：一、自由外匯市場規模必須夠大，否則無以反應正常的外匯供需。二、自由外匯必須允許民間持有外匯，然而民間持有外匯程度應為多少？三、我國為小型開放經濟，對外貿易相當於國民生產毛額，如果匯率自由浮動的話，其幅度必定很大，我們的社會是否能忍受如此大幅度之浮動呢？

如此，我國的機動匯率今後固然隨時視實際需要作小幅度調整，但已非由市場供需自由調節的浮動匯率，其調整時機及幅度由中央銀行決定。這與日本外匯市場經常由日本銀行干涉，被稱為骯髒的浮動匯率類似，而其干涉的程度將比日本還大。

四、匯率調整對企業界的影響

匯率調整後，對國內造成若干影響，短期間，廠商由於匯率不知何時將再調整，以及缺乏機動調整的經驗，而產生不安定感。長期間，假定中央銀行在二、三年內完成美元期貨市場及某程度的外匯市場，再假定世界主要工業先進國同意發展經濟，世界經濟景氣擴張，則我國出口將繼續增加，新臺幣將在浮動中漸漸升值，至於升值到何種程度？將視各國經濟成長情形而定。

同時，在長期間，新臺幣升值，今後將帶來工資上漲的壓

力，而且在今後 3、5 年內愈來愈嚴重。因為在經濟轉捩點期間，產業結構改變時，勞工需求亦必增加，工資將形成其壓力，日本在 1960 年代即遭遇這種情形。

另外，匯率調整後對企業亦造成直接與間接影響，直接方面與制度有關，共有兩點：

1. 改變風險狀況。在機動匯率下，企業收入與成本是可變的，且不確定的，不知其變動有利或不利；持有部份外匯之企業，這些外匯資產亦會造成匯兌風險。因此對企業而言，將有兩項匯兌風險。

2. 企業總成本增加。企業為避免匯兌風險，必須參加美元期貨市場買賣，預售或預購期貨外匯，但參加時須繳保證金，增加企業成本；同時為因應匯率機動調整，企業必須花費更多勞力、費用以蒐集情報，如訂閱國內外雜誌，訓練專門人才，成本自必增加。

在機動匯率下，風險與成本增加是必然結果。另外，對企業間接的影響有三點：

1. 在機動匯率下，政府可以放棄國際間之責任，而全力追求其國內目標，因此企業界必須增加注意政府動向，今後對情報的蒐集將更為重要。

2. 在浮動升值趨勢中，工資上漲，企業投資方向必須隨時調整，否則成為邊際產業而不自知。

3. 產業本身應提高其效率，若不能提高效率以克服工資上漲及升值壓力，則將減低其競爭力。

【《工商論壇》，第 274 期，1978 年 8 月，在中華徵信所座談會演講全文。】

機動匯率與我國經濟情勢

一、引言

民國 60 年前後，國際經濟環境在長期相對變動後，有著極其顯著的變化。簡單地說，由於各主要國家國際收支順差與逆差的不平衡，長期間不能順利調整，產生美元地位的疲弱與新強勢貨幣的抬頭，並導致若干主要國家不得不在 1973 年 2 月陸續採行浮動匯率制度，帶來了所謂浮動匯率時代。

在這個巨大變動的過程中，我國先是繼續採行釘住美元政策，未曾運用匯率調整的防波堤作用，雖然努力採行若干財經措施，依然不曾阻絕國際經濟變動對國內經濟的衝擊，致使五年來國內經濟有顯著的波動。晚近，由於近鄰日本的日圓快速而巨幅的升值，對我國經濟產生重大的影響。有關當局乃毅然於 7 月 11 日放棄釘住美元的政策，改採機動匯率。在我國經濟史上，這也可說是邁向了一個新紀元。

由於這項重大的政策改變，機動匯率制度對我國將來的經濟情勢自有其不可忽視的影響。在本文，首先我想探討最近半年的經濟情勢，說明採取機動匯率政策的經濟背景。其次，就學理來分析機動匯率的一些特性。最後，則分析機動匯率所塑造的我國的新經濟趨勢。

二、最近半年我國的經濟經驗

　　自去年下半年開始，國內消費者物價指數的上漲率即呈
上升趨勢，66 年的上漲率達 7%，較前兩年都高一倍以上。本
（67）年上半年，除 6 月份外，各月的消費者物價指數與去年
同期比較，其上漲率都介於 6.5%至 8.0%之間，整個上半年平
均與去年同期相較，上漲率亦達 6.6%。在連續二、三年物價
安定後，偏高的物價上漲率自然是一種經濟變動的信號，必須
覓求合理的解說，才能採取適當的對策。

　　根據過去的經驗，每當物價上漲率提高，自然使我們聯想
到貨幣存量的變動趨勢。簡單地說，63 年至 65 年間，貨幣存
量的年增加率分別為 7%、26%及 19%。但是，66 年底的年
增加率則為 31%，而本年 6 月底則較去年同期增加 33%。這
種持續的貨幣存量高增加率或者可局部說明物價上漲率上升的
原因。然而，貨幣存量增加率為何上升？

　　最近一段時期，我國貨幣存量持續增長的主要影響因素，
不外是外匯存量的增長及銀行體系的信用擴張兩項。就最近一
年來說，外匯存量的持續增長與全體金融機構對民營事業債權
增加，都可說是主要因素。前者增加 612 億元，後者增加 1,193
億元，不論增加金額或增加率均較最近三年為速，顯然是雙重
的貨幣存量增長因素。而這兩項因素的異常變動，又可歸因於
國際情勢的劇烈變動，也就是日圓對美元匯率在浮動中顯著而
快速的升值。

　　在去年 10 月間，日圓對美元的匯率約為 1 美元兌 250 日圓；
在本年 6 月底，則已逐漸改變為 1 美元只兌 200 日圓。日圓對
美元升值，特別是短期內的巨幅升值，自然提高我國若干具有

完全替代性的出口商品的相對國際競爭能力。因此，或者經由日商的轉出口訂貨，或者經由我國廠商直接的努力，我國商品輸出值乃呈持續的快速增長現象，上半年的輸出值增長率乃顯著提高，且帶來幾近 7 億美元的貿易順差額。這項持續的有利出口的情勢，除了經由對貨幣存量的影響而產生物價上漲壓力外，尚且帶來兩項額外的物價上漲壓力。

其一是輸入性通貨膨脹壓力。眾所周知，直到目前為止，日本仍是我國工業原料及零件的主要供給國家，日圓對美元升值，而新臺幣又釘住美元，其結果是：以新臺幣計算的進口工業原料及零件價格的上漲，只要新臺幣繼續釘住美元一天，我們就難以阻斷這種輸入性通貨膨脹的壓力。

其二是輸出性通貨膨脹與工資成本壓力。在短期內，因日圓升值而使我國蒙受利益的出口性產業仍以勞力密集型居多。在日圓快速升值過程中，帶來此類產業的再擴張良機，最足反映此種事實的是，半年來全體銀行對民營企業債權的增長。前面提到，最近一年對民營企業的債權共增加 1,193 億元，其中發生於去年下半年者為 465 億元，而發生於本年上半年者為 728 億元。特別重要的是，此類勞力密集產業的再擴張，已構成工資水準的巨幅上漲。雖然目前尚無足夠的資料可說明其上漲幅度，但根據零星的報導，則大體上可看出，其上漲幅度高於最近兩三年的趨勢。這種工資上漲現象一方面是經濟復甦期的必然現象，他方面也表示工人福利的增進。但是，勞力密集性產業的被動再擴張，總是有違我國改善經濟結構的努力方向。

由此可知，本年上半年所發生的物價上漲率偏高現象，並非單純的外匯累積及其對貨幣存量之增加壓力的結果，而係起因於日圓快速升值對我國產業與金融的衝擊所致。因此，有關當局為因應上半年的經濟情勢，雖然採取若干「消化外匯措施」，難免不能對症下藥，甚且無法在短期內發揮其應有的效果。

三、機動匯率制度下的匯率

為因應日圓繼續升值對我國經濟的這種衝擊。有關當局乃於 7 月 11 日放棄釘住美元政策，改採機動匯率，並把新臺幣對美元匯率由原來的 1 美元兌新臺幣 38 元，改訂為 1 美元兌新臺幣 36 元，作為新起點。

根據有關當局的說明，機動匯率就是浮動匯率；又說，政府機動調整匯率每次幅度將很小，而且沒有固定時間表，調整與否，端視情勢需要而定。在此，我既不想探討除機動匯率以外的可能的因應措施，更不想討論機動匯率是否為浮動匯率的問題。而只想說明機動匯率所須調整的制度，與匯率機動調整所須考慮的若干指標。

一般來說，在機動匯率制度下，由於匯率不確定，廠商最大的負擔在於匯率風險。為降低這種風險負擔，促進貿易與經濟的正常發展，必須建立外匯的期貨市場。因此，在美元期貨市場能正常運行之前，若要機動調整匯率，不論調整幅度或調整頻次，都不能不慎重考慮。

特別重要的是，機動匯率既然要把匯率的決定由人為操作

轉變為市場機能操作的方式，自然須為外匯這項商品建立一個外匯市場。可是，由於 30 年的外匯管制，以及我國現有的非經濟因素的考慮，我們實際上難於預期，我國究竟能在何時建立足以正常運行的有效的外匯市場。

基於這種考慮，我們大致可以判斷，機動匯率只是局部由市場決定匯率水準，其調整與操作依然大部分操諸有關當局手中。也就是調整時機與幅度仍然是訴諸人為管理方式。因此，我們必須列舉說明，足以影響匯率調整的若干主要因素。簡單地說，足以影響匯率調整的因素可分為兩頻，一類是國內經濟指標，包括外匯存量、國際收支狀況、經濟景氣與物價趨勢等。一類是國際經濟指標，包括國際經濟景氣動向與主要國家相對匯率變動等。

在國內經濟指標方面，若以對美元升值的機動調整條件來說，應該是出現了外匯存量的增加率大於輸入值的增加率、國際收支持續順差、國內經濟景氣處於上升階段、國內物價上漲率偏高等現象。因為在這幾項條件下，匯率的升值調整不致於阻礙國內經濟的持續增長，甚至於有助於國內物價的安定。

在國際經濟指標方面，若以對美元升值的機動調整條件來說，應該是出現了國際經濟景氣處於上升階段，美元相對貶值中等現象。因為若對美元升值，會損及我國的出口競爭能力，除非國際經濟景氣處於上升階段，出口量值均會蒙受大量不利的影響，進而妨礙國內經濟發展。同時，除非美元對其他主要通貨相對貶值，我國新臺幣的單獨升值行動，將有礙我國對外經濟的擴張，其理由是顯而易見的。

　　由此可知，我國雖然採行了機動匯率，在未來若干時日內，外匯市場在匯率調整上僅能扮演被動的不重要的角色，人為操作仍是不能避免的。而人為操作所須考慮的指標並非是單一的因素，而是多樣的複雜因素。這些複雜因素雖說也會發生同方向的變動現象。可是，這並非常態。根據過去的經驗，這些可供參考的指標，有利方向與不利方向經常同時並存。而機動匯率制度下，匯率機動調整次數又會增加，有關當局對經濟指標的解釋便不能不慎重將事；更重要的是，根據對經濟指標的解釋而採取的匯率調整行動，更須小心謹慎，才能助長國家的整體利益。

四、新匯率制度下的國內經濟趨向

　　無論機動匯率將全部由市場機能來決定匯率動向，或者仍將由有關當局進行人為操作，由於可能調整次數增加，對國內經濟自然有其深遠的影響。尤其是，目前我國對外經濟依賴度甚高，匯率調整經由其改變以新臺幣計算的國內外相對價格的作用，對我國的貿易發展、工業成長及物價趨向等都有重大的影響。

　　大體上說，在釘住匯率時期，我國經濟脈搏與國際經濟動向關係非常密切，61 年開始的繁榮，62 年的通貨膨脹，63 年開始的衰退，其主要原因都是國際經濟情勢變動衝擊的結果。在機動匯率下，經由匯率調整，我國財經當局可阻斷國際經濟變動的衝擊，使財經政策可自主地追求預定的經濟目標。例如，在 62 年，可利用機動升值，阻斷國際通貨膨脹的輸入；

再如，在 63 年，可利用機動貶值，減輕國際經濟衰退的影響。今後，我們當可看到財經措施的靈活運用。

更重要的是，在目前我國的貨幣及銀行制度下，機動匯率將解除金融政策的束縛。在過去，由於國外市場的有利發展，輸出產業大量擴張，亟須銀行體系的信用擴張給與適當的支持。可是，輸出擴張所產生的國際收支順差及外匯存量增加，已形成貨幣存量快速增長的現象，使貨幣當局對信用擴張不得不持謹慎態度，以致不能充分合理地支持產業的擴張需要。

在機動匯率制度下，這種壓力將要減輕，乃至於根本消除，金融政策的自主性大為加強。在這種情形下，我們對於其自主程度及如何與總體經濟目標配合，就不能不儘快檢討與籌劃了。同理，在過去，由於國際通貨膨脹的輸入，財政當局不得不臨時採取減稅、降低關稅等措施，被動地緩和物價上漲壓力，不能合理地考慮國家長期政策要求。在機動匯率制度下，這種壓力也消除了或者減輕了。財政當局自然也可以根據國家的長期目標，研擬合理而有效的財政收入政策了。

從學理上來說，機動匯率使我國得以擺脫大部分國際經濟衝擊，使貨幣當局及財政當局有機會加強其政策的自主性，且也必須立即建立或調整其體制。但是，就事實來說，我們依然不能否認，我國對外經濟依賴度甚高，與根據對外經濟依賴度低的國家的經濟經驗所建立的學理之間，仍然有些差距。換句話說，像我國這樣高對外依賴度的國家，是否能充分享受上面提及的機動匯率的利益，不無令人懷疑之處，在目前，我們尚無合適的學理或實證資料，自然不敢妄加論斷。但是，我們不

能不注意我國獨有的經濟環境，在因應國際經濟變動或主動創造國內經濟情勢時，才能擴大其有利的效果。

最後，我想簡單說明物價趨勢。前面提及，國際間相對匯率的變動是今年上半年我國物價上漲率上升的局部原因。現在，我國既已採行機動匯率，是否可抵銷這種物價波動的衝擊？簡單地說，我們只能產生緩和物價波動的力量，並無全部抵銷波動的能力。

理由有二：其一，還是由於我國對外經濟依賴度高，大部分的工業原料及零件來自國外不同供應地區，匯率調整無法充分而全面顧及，因而國外物價變動的影響只能減輕，不能消除。其二，由於物價有其不連續的特性，不能進行細微數字的調整，尤以消費者物價為然。例如，我們可以要求麵粉廠商，在對美元升值 5% 後，降低麵粉價格 5%；但是，我們不能要求麵包店降低麵包售價 5%。在這半年的日圓巨幅升值過程中，日本的消費者物價指數依然上漲 4%，便是顯著的例證。由此可知，機動匯率對今後的物價趨勢仍僅帶來緩和漲勢的作用，並未消除上漲壓力。

五、結語

不論是由於時代潮流或由於因應最近的經濟情勢，機動匯率制度的採行，為我國開創了一個新經濟時代，在這個新時代中，問題的本質不在於機動匯率是否就是浮動匯率，或者機動匯率是否由市場機能所決定。根本重要的問題是：我們必須調整若干經濟制度與經濟觀念，使機動匯率能帶給我國更多的經

濟福祉。

【《中國論壇》，第 6 卷第 9 期，1978 年 8 月。】

匯率變動與中小企業經營

一、前言

　　最近的匯率問題，實際上可說是一個制度上的調整問題，是從一個固定匯率改變成一個機動匯率，同時也是從一個相當嚴格的外匯管制，改變成一個在某種程度讓市場交易自由發揮作用的匯率制度。關於這個匯率制度的變動，有關制度及市場狀況，至現在仍然曖昧不明，因此我和大家一樣，對實際上機動匯率是怎樣，外匯市場又會怎樣，仍不甚清楚，故講起來多少有點惶恐，這是第一點要說明的。第二點要說明的是在現在這種狀況之下，看情形，主管官署及在座的各位及我都一樣，一定是將來在經驗中繼續不斷學習，而制度本身必也在經驗中改進，故在今天我就向各位表達一下我個人的看法。對大家來說，面對這種狀況，因為每個人的看法皆不一樣，故最需要的是各位應該多看多聽，然後自己再去判斷，這也是我需先加以說明的。

二、固定匯率制度下的總體經濟政策及缺點

　　匯率制度與經濟決策有密切的關係。為說明採行機動匯率的原因，我們就先須說明匯率制度與總體經濟政策的關係。我們過去採用了固定匯率，在固定匯率之下，經濟政策係有一定的決策過程，在這個決策過程中，如在正常的狀況之下可能沒

有什麼問題。但在某種程度之下，可能就帶來政策上的困擾，因為有這些困擾，而且我們在過去有過慘痛的教訓，故才會導致我們在制度上的改變。在此，我先向各位說明過去的階段在各項政策之下所帶來的各項困擾，亦即缺點。這些缺點是很明顯的，只要我們稍稍想一想，就會發現在固定匯率制度之下是有一些缺點，而這些缺點跟我們生活有關。

大家都知道，我們是生活在一個貨幣的社會裏，每天的日常生活用貨幣。用貨幣計算我們的財富、我們的價格、我們的盈虧，所以在這個貨幣社會裏，整個政府重要經濟政策最後都可以用貨幣來表現出來，也就是表現在貨幣數量，表現在貨幣數量變動上。貨幣數量是銀行的負債，包括中央銀行及全體銀行的負債。所以我們的政策，簡單的說，可以表現在我們國家銀行體系資產負債表裏面，也可以用一個簡單的表，即銀行資產負債表就可以表現出來；譬如說，中央銀行每月都發行有《臺灣金融統計月報》，每個月，我們拿到這種報告一看，大致可以看到政策的方向，也可以畫一個 T 字表，那麼這個表就可以看出政策是怎樣。

簡單的說，一個國家的經濟政策有三種，一種是外匯貿易政策，一種是財政政策，而另一種就是金融政策。而這三種政策可完全在一個表上，也就是由前述之銀行資產負債表上表示。大家都知道資產負債表借貸一定平衡，而且我個人看法，一個國家經濟統計數字正確的只有兩種數字，一種是我們私人的帳，包括公司及個人帳，另一種就是銀行的帳，除此之外，其他的數字就不大正確，其實有的數字不是故意弄錯的，而是

在估計的時候就有誤差存在。故金融機構的帳不會騙我們，這不騙我們的資產負債表，每天都是平衡的，在左邊是資產，右邊是負債，而在資產裏面最重要的一項是「外匯」，第二項重要的資產是銀行體系「對企業的放款」，第三項重要的資產就是銀行「對政府的放款」，這是三個重要的資產。

　　而在負債方面、最重要的一樣是「貨幣」，亦即我們常講的貨幣數量，第二個重要的負債就是「定期存款及儲蓄存款」，第三個最重要的負債就是「政府的存款」。這些是最主要的三個負債，而且常常會變動，如我們將兩邊相關的項目抵銷，即兩邊仍然會相等的，如將負債之「定期存款及儲蓄存款」與資產類「對企業的放款」抵銷後，其淨額就表示國家的金融政策。因為「對企業的放款」減去人民的「定期存款及儲蓄存款」，是表示這個社會銀行體系對我們社會信用供應的數量，這個數字增加，代表政府的金融政策放鬆，假如減少就代表政府信用的緊縮。亦即金融政策的緊縮，故「對企業的放款」減去「定期存款及儲蓄存款」的淨額，就代表中央銀行的金融政策。

　　同理，把資產類「對政府的放款」扣掉負債類「政府的存款」之淨額，就代表財政部的財政政策，如「對政府放款」大於「政府的存款」，就代表政府的財政赤字。而「外匯」是一個國家貿易與外匯收支的結果，貿易順差的話，銀行體系「外匯」會增加，因為負債類之「定期存款及儲蓄存款」及「政府的存款」已被資產類之「對企業放款」及「對政府放款」扣減，故負債類僅存一項「貨幣」，因此「外匯」增加，貨幣供給量就會增加，這是一定的；而且因資產負債表兩邊已平衡，故兩

邊增加的金額一定會相等。假定外匯不變，銀行「對企業放款」淨額增加，那「貨幣」也會增加，同理，政府財政有赤字，貨幣數量也會增加。所以，我們社會貨幣為什麼會增加，實有三種情況，那就是外匯增加、財政赤字、銀行體系信用擴張，都會導致貨幣數量的增加，而這三種情況都可以在這個表上表示出來。

　　合理的政府或者可以說一個合理的中央銀行，有個任務，就是要維持物價的安定，也就是維持幣值的安定。所以每年1月1日開始的時候都要編計劃，計劃今年金融政策要怎樣，那就應先考慮貨幣數量應該要增加多少。我們隨便舉個例，假定今年1月1日，中央銀行開始就要考慮今年貨幣數量應增加多少，中央銀行就根據過去的經驗，以及我們許多專家的建議。假定說臺灣的貨幣數量每年應增加20%，而去年12月底，我們的貨幣供給量一共是 1,775 億元，要增加 20%，故今年要增加約 355 億元，所以今年底，它的目標要達到增加 355 億元的貨幣供給量，就把這個目標訂下來，然後要考慮財政部的政府預算狀況。

　　假定本年政府的預算是平衡的，所以「對政府之放款」與「政府之存款」不變，亦即預算平衡，中央銀行也須考慮今年之貿易收支狀況，假定我國今年計劃貿易出超 6 億美元，以 38 元換算新臺幣，大約增加 228 億元的外匯資產；如此，中央銀行可以計算出在全體銀行資產負債表中「對企業放款」淨額應該增加多少，應該採用什麼政策使其達成。畢竟金融政策是其管轄的職權，所以今年1月1日為什麼利率訂在什麼水準，

為什麼存款準備率是這樣，為什麼國庫券一個星期要賣幾億；
也都是因有了這個目標，然後參考了其他政策才訂定的。

　　根據前面的假定，那「對企業放款」淨額應該增加多少？
就是 127 億元（355 億元減 228 億元），這是今年它應該完成
的目標，可是計劃歸計劃，經過一段時間後，譬如到了今年 6
月，貿易僅半年就已經出超 7 億美元，而不是 3 億美元，到了
今年 9 月又已經出超了 13 億美元，故到 9 月我們一算在資產
類「外匯」的地方就不是 228 億元，而變成是 468 億元了（13
億美元乘 36）就發生了問題，這時該怎麼辦呢？

　　假定中央銀行不調整其金融政策，則這負債類之貨幣供給
量預定增加 355 億元之金融政策便無法實現，而將會變成 595
億元（468 億元加 127 億元）之貨幣數量，而大於它的目標。
若大於它的目標有什麼後果呢？因此我們就要問，究竟有什麼
後果，要不要處理它，這種後果，在民國 62 年、63 年我們都
有過慘痛的經驗，我們都知道，在 62 年因貨幣數量增加的太
快，所以 63 年物價漲得很高，63 年貨幣數量增加得太慢，所
以在 63 年底至 64 年間就產生了經濟衰退的現象，這是過去的
經驗。

　　因為有這項經驗，且我們大家的印象仍相當深刻，所以今
年貨幣數量增加率偏高一段時間後，我們的經濟金融決策當局
便擔心經濟危機的再現，研究對策，不要讓這個貨幣數量增加
這麼快，也就是讓它儘可能回到目標去，要如何使之能夠回到
目標去呢？在中央銀行所能做到的便是改變「對企業放款」淨
額的數字，也就是改變金融政策。如何能夠讓這個數字降低，

甚至讓它變成負的，只有緊縮信用，而緊縮信用最簡單的方法依我們現在狀況，就是提高利率或提高銀行體系的存款準備率，只有這兩種辦法是目前我們所能做的，但目前這兩種政策都沒辦法做。

為什麼不提高存款準備率，我不太清楚，但至少提高利率沒辦法實行，主要原因大概是如此，我們回想去年報紙上常看到一個名詞說「投資意願低落」，因為投資意願低落，所以政府想盡辦法要提高企業界的投資意願，結果今年好不容易讓投資意願提高了，如果假定現在提高利率的話，所有報紙及在座的各位一定會責怪中央銀行謂好不容易投資意願提高了，卻又提高利率來打擊投資意願。故中央銀行假定必要的時候，大概要過一段時間後才敢提高利率，而且如果提高利率的話，我猜想一定是這麼說「是因應國際利率趨勢所以我們也提高利率」，而絕對不是「因應我們貨幣情事」，因此不能採用金融政策。

那應該做什麼？不能管財政政策，因為我們財政預算一向是平衡的，所以只好想到貿易政策去，也就是要緩和外匯的增長，不要讓外匯增加那麼快。有何辦法呢？就要問外匯為何增長得那麼快了，這是有很多原因的，其中譬如說資本進來，企業借了短期外資，然而把這短期外債還了，外匯還是繼續增加。當然有一個原因是很重要的，那就是貿易上繼續不斷的出超，出口大於進口，出超繼續存在，就必需要把這個出超的金額縮小才能夠達到一部份的目的。然而出超的形成一定是兩面的，一方面就是出口增加太快，另者便是進口增加太慢，所以

要想該用那一種方法才好？

　　我們都知道，我們經濟政策常用的一個政策原則的口號叫做「臺灣經濟是一個海島經濟」。既然是海島經濟，所以貿易便是生存的機會，那麼經濟政策必然是出口導向，因此有害於出口的政策，儘可能不用，所以出口這方面的政策就不採用了。在今年 5、6 月間，報紙又用了一個很奇怪的名詞，係針對進口而言的，就是要「消化外匯」，這是 5、6 月間我們常用的名詞，也是想辦法要在進口面採取對策。然而在進口面應如何進行呢？在民國 60 年以前由於進口大於出口，外匯不夠，所以《管理外匯條例》以及我們的進口管制，對進口限制項目太多，進口的關稅也比較高，這是在外匯不足的階段所採取的對策。因此我們要消化外匯的話一定要想辦法開放進口，想辦法降低關稅，所以在今年 6、7 月間，就採用了這個政策，想辦法要在這方面使出超不致於太多，但在經濟學上有一句話常講的便是「長期間我們都死了」。所以如要想對策的話，一定要想短期的辦法，短期可以馬上解決。

　　可是，若用進口面來解決這種困難是很有問題的。因為開放了進口，降低了關稅，進口商得到這個消息後，就要趕快去調查市場消息，跟外國出口商接洽，接洽好了，報價、訂貨、裝船，運過來，如此經過 5、6 個月後進口才會增加，消化一部份外匯，像這樣 5 個月後就發生效果已經很不錯，就現在來說，這個開放進口措施對我們衝擊會怎樣，因過去沒有經驗我不敢作預測，不過至少到目前進口還沒產生我們所想像的那種效果，可見它確實需一段時間才會發生效果；但是由於貨幣數

量增加率偏高是一個急迫問題，不能長期等待，須另想辦法儘快使出超能夠緩和下來，這就不能不歸罪於出口增加太快了。

試問出口為什麼增加太快？應一句經濟學的術語來說就是「競爭能力提高」，為什麼競爭能力會提高？想來只有兩個理由較妥當，一個理由就是我們國內企業的生產力提高比別的國家所提高的生產力要快，所以競爭能力提高。另外一個原因就是日圓升值，使我們的出口品在出口價格的競爭上有利，所以出口競爭能力提高。既然出口競爭能力提高，如把新臺幣對外幣的價值特別是對美元的比價稍稍提高一點，然後把競爭能力提高的成果，讓全體人民分享一點，未嘗不是好的政策，而且可以使出超緩和下來，故也只有採取升值的辦法來對付它，所以 7 月 11 日我們新臺幣就升值了。可是升值的時候，日圓還很不穩定，而且我們也不知道我們對美元的匯率究竟是那一個匯率最適當，可能 36：1 的匯率隨時會發生變動，故只好採取機動匯率。

究竟什麼是機動匯率？經過大家慢慢解釋，就解釋成浮動匯率。在理論上和實際上所謂浮動匯率就需要有一個外匯市場，沒有一個外匯市場，就沒有浮動匯率。然而，在我們目前《管理外匯條例》中規定，所有外匯一定要結售給中央銀行，可以說我們是沒有外匯市場的。所以從 7 月開始就積極的為籌建外匯市場而努力，換句話說，從一個固定匯率變成一個機動匯率需要有一個外匯市場，這就是現在要談的主要問題。

三、機動匯率下的外匯市場問題

這兩個月來，我們外匯市場慢慢有一個稍稍具體的東西，所以我首先要跟大家說明的便是外匯市場怎麼建立？在光復節的第二天，行政院已經把《管理外匯條例》修正案送到了立法院審議，因此立法院不久就會討論，所以我們要建立的外匯市場就只好根據行政院所修正的條文來說明。《管理外匯條例》是民國 58 年訂定的，而現在所修訂的部份條文完全是為了機動匯率而修訂。

其修訂的精神基本上有兩點，第一，原來條文規定匯率的改變要報請行政院核准處理，現在把此段條文取銷，而改成由市場交易來決定之。所以從《管理外匯條例》的精神來看我們的機動匯率是浮動匯率沒錯，因為匯率不必報行政院核准，報行政院核准的是固定匯率，現在要由市場來決定所以是浮動匯率。第二，本來取得外匯的所有人應把外匯結售給中央銀行或外匯指定銀行，要買外匯必須向主管官署申請，而現在准許外匯的取得人在市場出售，需要外匯的人也可以在市場上買到。

新修正的《管理外匯條例》主要就是改變這兩點，像這樣建立的外匯市場它有什麼問題呢？首先我們要瞭解它本質上絕不是一個自由的外匯市場，為什麼？因為根據這個修正條文，以後外匯市場上的交易就有兩項特性：

第一個特性，就是並非我們國際收支裏面 100％外匯交易都可以在外匯市場上交易，只有一部份可以在裏面交易。大家都知道我們需要之外匯或取得之外匯有幾項來源，一種來源是我們出售了物品、勞務；另一種來源是資本交易，借進短期或長期國外資金，甚至外國的投資，都是外匯的取得。同理外匯

的需要亦是一樣，進口國外物品、或勞務、或還外債等都是。但根據《外匯管理條例》所能夠在外匯市場上交易的只是物品與勞務的部份，有關資本的部份好像沒有，為的是擔心資本逃避，畢竟我們總還有這種傾向，所以這並不是一個100％的外匯交易，而是大約只有80％至85％之外匯交易在外匯市場內，這樣的話我們可以瞭解只是以一個只有85％外匯供給與需要來決定我們的匯率，跟實際的匯率多少是有一點點偏差的。

第二個特性，是交易的時候，外匯取得人可以在外匯市場賣掉外匯，可是用什麼賣？用存單賣。外匯是外匯取得人財產的一部份，我們每個人對自有的財產，應該都可以自由運用；假定我現在有一點錢，我可以將新臺幣放在家裏，也可以到合作金庫存款，也可以去買股票或房地產，反正可以自由運用就是了。同樣外匯也是你的財產，假定外匯取得人可以自由持有的話，一定也有很多用途可以運用買美國房地產、買美國政府公債，或到美國股票市場去炒股票，應該都是可以的。然而，在《管理外匯條例》中外匯取得人只有兩種選擇，一種就是出售換取新臺幣，一種就是存中央銀行之外匯專戶存款。所以說外匯不在你手中，而是在中央銀行手中，你只有選擇現在賣或以後賣的權利；那麼要買的人也是一樣，你買的時候放棄新臺幣，你還是得到一個存單，將來用的時候可以用，你只有這個選擇權。如此外匯取得人才不會把外匯帶走，而外匯還是在中央銀行控制中。

以上兩點是它的特性，根據這些特性要建立外匯市場，現在還有很多問題沒有解決，有何問題？主要有兩個問題。

（一）利息的問題

1. 利息的大小

　　剛才提到，取得外匯你有權決定賣與不賣，你決定不賣的話，就存中央銀行外匯專戶存款，可是要不要付利息給這項存款？中央銀行俞總裁表示當然要給利息。因為不給利息的話，你若得到外匯，一定當天就賣，你不賣存在專戶存款就有利息的損失，所以每個取得外匯的人當天都會馬上賣，如此外匯市場上每天就賣的比買的多，所以一定繼續不斷有升值的壓力，因此一定要給利息。然而問題來了，每一個做生意的人都會精打細算，中央銀行給的利息太高了，我就放在那裡不賣，中央銀行給的利息太低了，我當天還是要賣，所以中央銀行必定要算出一個符合企業家心目中合理的利率才行，是誰要去算？

　　中央銀行是否能夠算出一個合理的利率，使持有外匯之企業家買跟賣剛好抵銷利益平衡，沒有額外利益，也沒有額外損失的平衡點，中央銀行要決定這個利率。但要決定一個政策原則很簡單，一定要付利息這項原則很簡單，而要付多大的利率這就是一個很大的問題。也因為有這個問題存在，不管將來所付的利率高低不同，但大家都知道利率可以隨時變動，當我們一般社會利率變動了，外匯專戶存款的利率變動趕不上它，或者變動時間慢了，就會影響到取得外匯的外匯取得人賣與不賣的決心，而這個決心就會影響到我們的匯率，這是我們要瞭解，不是一個利率就完了。因為利率是隨時變而影響到賣與不賣的決心，然後又成了影響匯率的一個因素了。

2. 付新臺幣或是外匯的利息

利率決定了，究竟是付新臺幣或是外匯的利息，這還是一個問題，為什麼？假定是外匯的利息，這很單純，譬如我存外匯專戶存款 100 萬美元，利率是年息 5％，一個月付若干利息很容易算出來，大家沒有爭吵，可是若是假定要付給你新臺幣利息，問題就來了。如果外匯市場已經開辦，那麼你得到 100 萬美元外匯，你判斷今天不會升值，所以您存了外匯專戶存款，兩個月後把它賣掉，從今天至二個月後，60 天中外匯市場假定有 60 個匯率，有時高有時低，你要折算新臺幣之利息又應如何計算，才能算出一個雙方皆能接受的新臺幣利息，這就有問題，也是一門很大的學問，在我的知識範圍內，我覺得沒辦法處理。

又假定要付外匯利息的話，就請付外匯的利息，可是我們中央銀行除非能有效操作外匯資產，那一定會有利息的虧損。譬如假定外匯專戶存款的利率為 8％，中央銀行運用外匯資產的時候，大概每年的收入只有 6％，就等於要貼補 2％。大家都知道，包括中央銀行在內，除非情況特別，都不會做虧本生意，據我所知這個問題還沒提出解決的辦法。這利息的問題是我們外匯市場所遭遇的第一個難題，即使按照《管理外匯條例》來進行仍然也會遭遇到這個難題。

（二）匯率決定的問題

1. 每天開盤的匯率決定問題

中央銀行俞總裁對有關匯率的決定，他說讓市場決定之。

根據報紙透露有兩點：第一點是每天由外匯指定銀行決定當天開盤的匯率。據我們瞭解，現在有 25 家外匯指定銀行，有 25 個人要討論得到一個當天的匯率，假定在公平競爭自由討論情形之下，不曉得需要多久，每天花多少時間才能使 25 家銀行得到一致的見解，人數越多，越不能討論出一個價格或什麼的結論出來。

2.　外匯指定銀行操作及損益問題

俞總裁有關匯率決定的第二點說明是上下限變動各 1 毛 5，有一個上下限，這樣的話，操作就有問題，為什麼？假定上下限都有 1 毛 5 的話，那麼連外匯指定銀行不單純僅為經紀商了，而已也會發生損益，這種損益該如何處理？或同一天匯率變動的話對企業界所引起的困擾又會有什麼影響，到現在仍是未知數，這是匯率的第二個問題。

3.　匯率變動有上下限但仍須無限制的買進或賣出

因為每天匯率變動的上限只有 1 毛 5，下限只有 1 毛 5，所以有時假定賣的人多的話，就會到低限來，如以 36 元開始做基點，今天開盤價是 36 元，那最低的時候只能跌到 35.85，在此低限仍有多人要賣，如在股票市場就此停板沒有買賣，但外匯市場卻不能沒有買賣，我今天得到外匯，雖然價格低，中央銀行不能讓我不賣，所以不能說停板就算了，工廠裡還等著發薪水呢。在低限時中央銀行就須無限制的買進，在高限時買的人多 36.15，就必須無限制的賣出，如此的話中央銀行還必須保有外幣，而且它的外匯還會有增減的變動。

　　本來從固定匯率變成機動匯率，其中有一個最重要的目的，便是外匯市場可以使外匯的供給與需要相等；中央銀行的外匯不至於增加或減少，所以我們貨幣供給量可以不受外匯增減變動的影響，這下子自己訂了一個上下限，然後又要無限制的買進，無限制的賣出，其外匯仍要變動。而外匯的變動，仍然要影響我們的貨幣供給量，貨幣供給量受到影響，中央銀行就要間接調整他的金融政策。也就是中央銀行想要追求超然自主的金融政策目標沒辦法實現，是因為要對匯率加以管制。以上是我們將來要建立的外匯市場最重要的問題，當然還有別的問題，假如光要講它的問題還可講很久，其他枝節問題就略而不談了。

四、機動匯率下的匯率動向

　　在這種機動匯率之下，其匯率動向如何？其實沒有一個經濟學家真正能預測未來動向，只能談原則，所以我也向各位談原則。到底有那幾個原則較為重要的，關於此問題我必須先說明一下，經濟學家分析未來的事情常常分析錯的，所以 1970 年代後，經濟學家的聲望是愈來愈差，因為預測的常常錯了。不過，我要講的是原則，原則大概不會錯太遠吧！至於未來匯率的動向主要有三大項是大家必須要注意的。一個是開始要建立時候當時的狀況會怎樣，一個是短期間他應該用那一個原則去判斷，第三個是它長期的趨向是如何，這些是我們該問的而不是問將來匯率是怎樣？將來有好多點，有好多天，你問的是那一天，那一種狀況，要把它分清楚才好。

（一）開始建立時當時的狀況

開始時候是那些狀況？在我個人的看法，外匯市場開始建立的時候大致上有三個主要因素來決定當時的匯率。

1. 中央銀行的態度

這是最重要的，因為至少在開始的那天有個開盤價，開盤價格是和我們金融主管當局的態度有關的，要不要改變目前 36：1 基礎的機動匯率基點？假如願意的話，在開始那天也許就升值，這是它的態度問題，而這問題每一個中央銀行家都不一樣，現在俞總裁態度如何，那就要憑大家過去十年對他當總裁的感覺，會是保守或急進去判斷，這是第一個因素。

2. 接近外匯市場建立時及未來一、二個月外匯供需狀況

第二個因素是要看接近外匯市場建立那幾個月及未來一、二個月外匯供需狀況去判斷，為什麼？因為中央銀行總裁態度在開始時是否要升值，與外匯市場建立前後幾個月之外匯供需狀況有關，外匯供需狀況會影響他的態度，要急進或保守，譬如說：假定在 11 月底我們如果真正建立外匯市場的話，大致上要看 10 月、11 月之貿易收支狀況及預測 12 月、1 月之貿易收支狀況，因為會影響開始時候的價格，上面提過，開放進口措施至現在還未發生作用，要等到年底以後才會慢慢發生效果，所以那時之外匯供需狀況跟目前所看到的外匯狀況是不大一樣的，這是要附帶說明的。

3. 開始時外匯市場有強大的升值壓力

　　無論第二個因素是怎樣，開始時候我們的外匯市場便有強大的升值壓力，為什麼？因為目前我們外匯存量太多，多於我們所應該擁有的，只憑這點，大致上升值壓力就很大。大家都知道，一個國家應該有多少外匯跟我們一個人平常在身上要帶多少錢有關，你一個月做 1,000 萬元的生意，你應該要有 300 萬元的週轉金，假定是這樣十分之三。同理一個國家和外面做貿易，假定一年要做 120 億美元的進口，國家就要有三分之一之外匯，亦即 40 億美元，其實三分之一已經偏高，而報上刊登孫院長昨天說：我們有 65 億美元的外匯，所以 65 億美元比需要的 40 億美元多了 50%，這 50%的外匯就構成了一個開始時候升值的壓力。

（二）短期間應該注意的因素

　　外匯市場開始後，假如我們每天參加外匯市場，每天都要面對短期問題，所以短期間的因素亦應注意。

1.　利率的動向

　　假如你是一個外匯取得人，你取得外匯，中央銀行為鼓勵大家不賣外匯所以給你利息，因此你暫時不賣，你賣不賣是由你決定，但你賣不賣與由中央銀行所決定的外匯專戶存款利率對你還是有影響。不但這利率對你有影響，銀行的存款利率對你也有影響，為什麼？也許你可能比較，假定專戶存款給 5% 利息，銀行利率給你 7%利息，你一算持有外匯還有升值的危險不如賣了，去存有 7%利息之存款，如此還有額外利息，這種利率變動對每天的交易都有影響，所以你每天都要注意，

不但注意外匯的交易，還要注意利率的動向，甚至黑市借貸利率，對你買賣決心都有影響，這是在進行時，短期間你都必須考慮的因素，且都會影響外匯市場外匯的需要與供給。

2. 季節性貿易收支狀況

我們都知道，今年預計要出超多少，譬如說今年有 20 億美元的出超，做生意注意一年的狀況是應該的，可是做生意更應該看一個月的，一年出超 20 億美元，是否亦即平均一個月出超 1.6 億美元或者 1.7 億美元，不是的，有時候 1 個月是出超 3 億美元，有時卻是入超。所以這個月的貿易差額，本身就是這個月在外匯市場買賣的重要因素，所以以後不管將來新臺幣對美元是升值也好是貶值也好，它會跟股票市場一樣，今天升了明天也許就降了，這些波動也許這星期升了，下星期就降了，全由當時的利率變動及由當時的貿易收支狀況來決定。

所以做一個企業家就要隨時注意利率的變動、貿易收支的變動，但貿易收支變動有一項很重要的因素，因為臺灣的貿易收支，過去有它的季節循環，有時候，有些季節是出口的的旺季，有些季節是進口的旺季。而這些季節的變動，你現在就可搜集資料，然後根據過去的經驗，那幾個月份常常是出超特別大，那幾個月偶然會出現入超你就可判斷。譬如每年到了年底出超特別大，所以將來每年那個時候匯率升值的趨向較大，而過年後新臺幣在外匯市場貶值的趨向就比較可能發生，你有了這一套季節資料可以幫助你需要進行外匯交易時有個參考。

（三）長期的趨勢

上面所謂是開始建立時的狀況及短期間應該注意的原則，也許你要問長期間的趨勢如何？長期更長，上面提到「長期間我們都死了」，但是我們仍然要看看長期趨向是怎樣？其實很難說長期該怎樣，不過有幾點我們應該瞭解的，因為時間越長，波動越大，可能升值，可能貶值，但是我們應該隨時注意幾項觀念：

1. 注意美國的經濟狀況

為什麼？因為我們的外銷以美國為主體，外匯的取得以外銷給美國的商品最多，美國經濟景氣的動向，包括它整個國民生產額的增減及它物價上漲的速度，會影響到我們外銷的出口，因為影響到我們外銷出口，所以應該會影響到我們外匯市場上的匯率，長期間匯率的波動這是一個重要的決定因素。

2. 要注意中央銀行干預外匯市場的程度

中央銀行在《管理外匯條例》修訂後說央行要隨時介入干預外匯，這只要看中央銀行干預的次數是怎樣，那麼匯率的變動就與這干預有關。大致上來說，干預應該是避免外匯市場的波動，但是干預最重要的是要有干預外匯市場的能力。能力在何處，假如要無限制的賣出，就要看有多少可以無限制賣出的外匯存量，為要防止升值太多的時候，就要無限制的買進，所以這也是一個影響因素。現在貨幣供給量增加速度怎樣，假如速度偏高的話，如仍無限制的買進，國內一定通貨膨脹，所以也有問題，在這種情況之下，中央銀行也不敢過份干預，反而要降低對外匯市場的干預。所以，要判斷長期間每一個時點中

央銀行未來干預的程度是怎樣也應該列入考慮。

3. 開放進口、降低關稅程度

在長期間最重要的一個因素，不是我們的判斷可以看到的，就是比較長期或從現在開始是必然的措施，我們要開放進口、降低關稅，有關當局常說，是為了追求自由貿易目標。更重要的理由是，為追求真實合理的匯率，我們一定要開放進口、降低關稅。因為提供了一個外匯市場來決定新臺幣對外的匯率，假定還管制進口的話，這匯率是假的匯率，一個假的匯率就會使我們的產業結構走向一個不合乎經濟原則的產業結構去。

開放進口、降低關稅，目的在於使市場的匯率是真實的匯率，以便使我們國內的產業結構是真實的，符合臺灣經濟結構的產業結構是它追求的目標。可是我們知道過去管制了進口，採高關稅政策，現在要把它降低就有兩個問題，一個是開放進口的程度如何？第二個是速度如何？要在幾個月或幾年內完成，就會影響到長期間我們外匯市場的外匯需要，那麼這需要就變成影響到我們外匯市場的價格也就是匯率，所以這個動向是最重要的也是我們要注意的第三個因素。

有人常說新臺幣會繼續升值，其實也不一定，也許升到某一點，有些長期因素發生變化，就貶值了。譬如假定 1981 年美國經濟突然來個大不景氣，我就不相信我們還能對美元升值，在那時說不定就會貶值，這情況就像民國 63 年下半年情況一樣國際間的經濟景氣不太好，外銷受到阻礙再不貶值也是不行的。外匯市場一向都是很敏感的，我們決不能說長期間就

會一直升值，而是它在升值過程中可能先貶值然後再升值，這
是我們要瞭解的。

五、中小企業對匯率變動的因應原則及其困難

　　最後我再跟大家談一下，企業面對這種狀況應該如何做，
實際上這些報上談得很多。而且我本身也未有從事企業的經
驗，從一般原則來說我個人的感覺，企業面對這種狀況只有幾
個因應方法。

（一）參與期貨市場交易

　　參與期貨市場交易，可以避免匯率變動的風險，可是期貨
市場的交易其時間跟你取得外匯或實際需要外匯的時間不是百
分之百一致的，所以你不能避免 100% 的風險，也許只能避免
90% 的風險，這是我們參與期貨市場首先要知道的。其次，參
與期貨市場是需要付出成本的，你欲得到避免風險的利益就必
須付出代價，我們常常以為我們付出的代價只是付出了 5% 的
保證金利息，這當然是成本沒錯，可是當你繼續不斷操作時，
你會發現成本不限於那些利息，有些成本你目前沒有把它考慮
進去。譬如你總要坐車子去辦手續，這雖然是小事情，可是仍
然是你的成本，你要增加人員或其他費用，這也是成本，假若
你繼續不斷操作的話，你就要考慮你的各種成本在內，如要計
算合不合算就必須把各種成本都加進去。

（二）根據預測未來比較合理匯率來報價或進口

　　10 月中旬報上刊登孫院長指示財經單位要辦理有關外匯

的講習班，使企業增加瞭解，並由財經單位發表有效購買力評價、有效匯率指數供企業參考。假定真的發表了這種指數供大家參考，本來可以預測未來匯率動向的，得到了這個指數反更頭痛了，因為這指數只能給你過去的資料而已，如要預測未來就不曉得是那種情形了。不過無論如何我們還是要預測，預測是最合理的方法，預測未來匯率去報價，這樣才能真正避免損失，但仍然會遭遇到一個問題，畢竟沒有一個人有預測的能力，每個人的預測能力總是有限的。

（三）抑低工資成本在產品成本中所佔的比例

企業所以會有盈虧的產生，其中一項是在產品成本裡面有一樣固定的支出，而這個固定支出不斷增長，所佔的比例愈高，盈虧的可能性就愈大，這就是工資成本。因為在現在的社會裡工資成本不斷的提高，假定它所佔的比例愈高，而匯率又發生變動的時候就沒辦法適應，勢必要改變企業的結構，如此就很麻煩，唯有因應這個原則，就是儘可能使工資成本所佔的比例越少越好，也就是使用越自動化的機器越好。

上面所述就是一般的原則，然而能夠適用上述一般原則的企業是要有一個最低規模的，如此，用它才有利，才能真正避免損失。然而大部分中小企業一般來說都不能達到要因應它的最低規模，而且在因應中要真正使損失變成零，甚至要得到額外利益時，這機構裡面一定要有經驗的專家。而一般中小企業也沒有，在這種狀況之下，我個人的感覺就是在外匯制度改變過程中，應該有一個機構隨時或定期提供給企業有關這方面的資料與指示，這是最重要的，然後在經驗中去學習因應它。

　　最後我有一個簡單的結論與大家相互共勉，就是「制度上的改變只是表示一種現象，這現象就是我們的經濟制度越來越趨向一個所謂的市場經濟，在市場經濟裡面，我們額外多得到一些有關經濟與金融的知識，對企業的經營是有很大幫助的。」

　　【《今日合庫》，第 4 卷第 12 期及第 5 卷第 1 期，1978年 12 月及 1979 年 1 月。1978 年 11 月 7 日於合作金庫總庫演講，周叔璋紀錄。】

我國外匯存量激增之原因、對策及展望

　　外匯存量激增是近年來我國的重要經濟現象之一，也是一項重要經濟問題。本文剖析外匯存量增加的原因、政府的對策及其可能產生的經濟影響。

一、外匯存量激增及其原因

　　目前我國究竟擁有多少外匯存量及以何種方式持有此外匯存量，因屬國家機密，詳情不得而知。若依全體金融機構國外資產淨額估計，民國 74 年底我國外匯存量約為 293 億美元；如依中央銀行國外資產估計則約為 235 億美元，兩者之間的差額就是外匯指定銀行持有的外匯淨額。如表 1 所示，這些外匯存量的絕大部分係在 70 年至 74 年的 5 年間所累積者。以全體金融機構外匯資產淨額而言，最近 5 年間所累積者佔 74 年底存量的 83％；以中央銀行外匯資產而言，最近 5 年累積者佔 86％。

表 1　我國外匯存量增加情形（民國 70 -74 年）

單位：億美元

項目	70	71	72	73	74
全體金融機構外匯資產淨額增加金額	15	24	49	57	98
（中央銀行外匯資產增加金額）	48	11	35	39	70
國際收支順差金額	13	26	49	58	97
（商品貿易順差金額）	18	36	63	92	114

資料來源：中央銀行金融統計月報

　　外匯存量增加係國際收支順差所致，而國際收支順差則以商品貿易順差為其主要原因。如表 1 所示，自民國 70 年以來，我國對外商品貿易順差金額逐年不斷擴大，5 年間累積順差金額達 323 億美元；在同一期間，國際收支順差金額亦因而隨之逐年增加，5 年間累積外匯存量增加金額達 243 億美元。因此，為探求外匯存量增加的原因，就必須分析對外商品貿易順差金額擴大的原因。

　　自民國 60 年開始，我國對外商品貿易即以順差為常態，順差的原因常是出口金額增加率較進口金額增加率為高。自 70 年以來的 5 年間，對外貿易順差及其擴大則以進口金額相對停頓為原因。以具體數字而言，74 年的出口金額較 69 年增加 55％，平均年增加率只有 9％左右，遠低於我國正常出口年增加率；在同樣 5 年期間，進口金額只增加 2％，幾乎是沒有成長。換句話說，最近 5 年我國進口鈍化乃是貿易順差及外匯存量激增的最重要原因。

　　進口鈍化的原因甚為複雜，並非一篇短文所能深入分析。不過，我們仍可列舉幾項常見的解釋並稍加說明：第一，在我國外匯存量激增過程中，新臺幣對美元匯率幾乎不變，形成低估幣值現象，對進口不利。這種說法似不無道理，然若這種情形確實存在，過去 5 年間我國國內物價水準將會因物品供給不足而呈相對上漲現象，但實際上我國物價水準卻是在溫和下降中。第二，經過多年努力之後，我國國內產業之加工層次已大為提高，以等量之進口原料因國內加工層次增多，可生產出更

高價位的產品。我國國內產業結構是否有這種良性發展及其發展程度，都尚待深入研究才能獲知。然而，倘若確有這種良性發展，則國內業者、專家及政府官員便應支持新臺幣對美元顯著升值的主張，可是事實卻與此相反。第三，由於投資意願低落，以致設備、零件及原料之進口都未成長。這項解釋符合實情，且也值得略加探討。

最近 5 年來，不論固定資本形成毛額或設備進口之成長率，都較以往正常年份為低，顯示投資意願低落情事確實存在。產生這種現象的原因不外是信心問題、國際經濟情勢不安定、預期油價下降心理、勞動生產力增加緩慢、實質利率負擔偏高等，但這些問題都不是短期間所能克服者。

二、凍結超額外匯供給之對策

我國自 67 年即已放棄固定匯率制度，改採機動匯率制度。照理說，匯率應由外匯市場上的外匯供給與外匯需要所決定，並依其相對變動而調整。在外匯供給相對增加的場合，新臺幣就應升值；在外匯供給相對減少的場合，新臺幣就應貶值。可是，在實情上，一方面由於我國仍實施相當嚴格的外匯管制，外匯金融交易未能充分反映自主之自利交易實情，故外匯市場上的買超或賣超都只表現外匯管制下的外匯供需變化，難於確知合理匯率之所在。他方面由於過份重視外匯累積及促進出口成長之重商主義心態的作用，外匯主管機構常樂意買進外匯並吝於賣出外匯，從而產生低估匯率及貶值偏向。在這種制度安排下，我國外匯主管當局對 5 年來外匯存量增加之因應方式及

其影響可扼要分析如下。

　　為節省文字說明起見，我們用基本經濟學上的供需圖來說明外匯市場的基本狀況。圖1是外匯市場，橫軸表示外匯數量，縱軸表示匯率，DD 是原來的外匯需要曲線，SS 是原來的外匯供給曲線，DD 與 SS 相交於 E 點，決定了新臺幣 40 元兌 1 美元的匯率。若國際收支順差 10 億美元，就是 SS 右移 10 億美元至 S1S1 的位置，表示在新臺幣 40 元兌 1 美元的情形下，外匯市場有 10 億美元的超額供給，如中央銀行決定釘住匯率就須買進該 10 億美元的超額供給；如中央銀行不買進或設法處理該超額供給，則新臺幣將會升值（圖中的例為升值至新臺幣 39 元兌 1 美元）。在過去 5 年間，我國原則上係釘住匯率，故基本對策在於處理外匯市場上的超額外匯供給，直到目前為止其處理方式可分為三種基本型態。

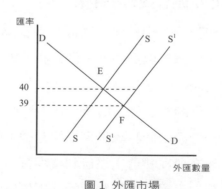

圖 1　外匯市場

（一）中央銀行買進超額外匯供給

　　中央銀行為阻止升值而買進外匯市場上的超額外匯供給，得用下列中央銀行、銀行及民間部門的資產負債表（自表 2 至表 4），依序敘述其影響過程（表中的 (1)、(2)、(3)⋯表示變

化順序）。(1) 假設由於貿易順差，民間部門外匯資產及財富淨值各增加 10 億元。(2) 因外匯管制，民間部門須將外匯結售給中央銀行，並將所得到之央行支票存入銀行，經票據交換後，成為銀行之存款準備金。(3) 民間將其存在銀行之活存轉變為定存。

　　在這些交易完成後，至少可得到四項結果：第一、中央銀行買進外匯等於將外匯貨幣化。第二、銀行存款準備金增加，依貨幣創造原理，尚可繼續創造若干倍的存款貨幣，使貨幣供給額增加更快。第三、倘若投資意願繼續低落，銀行爛頭寸增加，驅使利率水準下降。第四、民間流動資產增加，對今後物價水準形成潛在的壓力。

表 2　中央銀行資產負債表（一）

(2) 外匯	+10	(2) 銀行存款準備金	+10
		(4) 銀行存款準備金	- 10
		(4) 儲蓄券	+10

表 3　銀行資產負債表（一）

(2) 存款準備金	+10	(2) 活存	+10
(4) 存款準備金	- 10	(3) 活存	- 10
(4) 儲蓄券	+10	(3) 定存	+10

表 4　民間部門資產負債表（一）

(1) 外匯	+10		
(2) 外匯	- 10		
(2) 活存	+10		
(3) 活存	- 10		
(3) 定存	+10	(1) 財富	+10

　　倘若中央銀行擔心買進過多外匯會導致貨幣供給額增加太快，並決定出售儲蓄券，則 (4) 若由銀行買進此儲蓄券，銀行

存款貨幣創造能力就被凍結。同時，資金市場的供需狀況亦隨之發生相對變動，利率水準及動向就變得相當複雜。

（二）外匯指定銀行買進超額外匯供給

在外匯管制下，民間因貿易順差所產生之外匯都須轉換為新臺幣，在民間企業投資意願偏低的情形下，資金市場持續存在超額資金供給，並導致利率水準不斷下降，使國內外利率水準之差距擴大。在中央銀行解除外匯指定銀行持有即期外匯頭寸之限制後，外匯指定銀行乃能以其所吸收之新臺幣資金買進外匯，套取國內外利率差額的利益；並因而成為凍結超額外匯供給之一種方式。我們也得用下列銀行及民間部門的資產負債表（分別為表 5 及表 6），依序敘述其影響過程。

(1) 假設由於貿易順差，民間部門外匯資產及財富淨值各增加 10 億元。(2) 外匯指定銀行向民間部門買進外匯，並以外國金融資產持有此項外匯（後一項變化無須在表 5 中表示）。(3) 民間部門將活存轉變為定存。在這些交易完成後，可得到兩項主要結果：第一、超額外匯供給已被凍結，並未產生貨幣供給額增加的壓力。第二、民間流動資產增加，對今後的物價水準產生壓力，與前一種方式相似。

表 5　銀行資產負債表（二）

(2) 外匯	+10	(2) 活存	+10
		(3) 活存	- 10
		(3) 定存	+10

表 6 民間部門資產負債表（二）

(1) 外匯	+10		
(2) 外匯	- 10		
(2) 活存	+10		
(3) 活存	- 10		
(3) 定存	+10	(1) 財富	+10

　　只要國內外利率水準差距達到某一程度，外匯指定銀行就會有套利誘因，從而可以協助中央銀行凍結超額外匯供給。但此種方法有若干缺點：第一、必須繼續使國內利率水準低於國外利率水準，且其差額須能彌補外匯指定銀行操作外匯資產之成本。倘若不能維持此一條件，則會發生逆向發展。第二、外匯指定銀行須承擔匯兌損失，在升值趨向相當明顯時，除非中央銀行阻止外匯指定銀行拋售外匯，則外匯市場亦將會發生逆向發展。第三、外匯資產是具風險的資產，佔銀行之淨值或資產總額之比例不宜太高。在我國國際收支順差金額不斷擴大，外匯市場之超額外匯供給亦隨之擴大之際，外匯指定銀行吸納外匯資產的能力很快就會達到上限。

（三）由銀行民間部門出售外匯投資信託憑證

　　在外匯管制下，民間部門既不得持有外匯，以外幣表示之外匯投資信託憑證可視為外匯之替代品。我們得以下列銀行及民間部門的資產負債表（分別為表 7 及表 8），依序說明民間部門向銀行買進外匯投資信託憑證之影響過程。

　　(1) 假設由於貿易順差，民間部門外匯資產及財富淨值各增加 10 億元。(2) 外匯指定銀行向民間部門買進外匯。(3) 銀行以外匯買進外國證券。(4) 銀行以此證券組合對民間部門發

行外匯投資信託憑證。在這些交易完成後，有兩項具體後果：
第一，外匯市場上的超額外匯供給已有效地凍結。第二，匯兌
風險負擔由銀行移轉至民間部門。

表 7　銀行資產負債表（三）

(2) 外匯	+10	(2) 活存	+10
(3) 外匯	- 10	(4) 活存	- 10
(3) 外國證券	+10	(4) 外匯投資信託憑證	+10

表 8　民間部門資產負債表（三）

(1) 外匯	+10		
(2) 外匯	- 10		
(2) 活存	+10		
(4) 活存	- 10		
(4) 外匯投資信託憑證	+10	(1) 財富	+10

三、問題與展望

　　個別國家究竟應擁有多少外匯資產才算合理，迄未有共
同被認可的標準。不過，在過去 5 年間，我國幾乎繼續釘住新
臺幣對美元的匯率，吸進全部超額外匯供給，已逐漸形成了一
些問題，我們得以表 9 所列各項比例數扼要說明各項問題的性
質。

表 9　我國外匯資產相對增加趨勢（民國 70 -74 年）

單位：億美元

項目	70	71	72	73	74
外匯資產淨額對 GNP 之比例	14.0	19.1	27.1	33.7	49.0
外匯資產淨額對進口金額之比例	31.4	48.2	68.1	88.6	145.7
本國一般銀行國外資產對其放款之比例	17.1	18.8	20.5	21.1	27.7
外匯資產淨額對金融機構流動負債之比例	19.6	22.9	28.4	32.6	41.1

資料來源：中央銀行《金融統計月報》。

1. 外匯資產淨額對 GNP 之比例，自 70 年的 14% 升至 74 年的 49%，表示有用資源自己未能充分利用。形成一方面想設法吸引外資，他方面又將國內資源借給外國使用的矛盾現象。

2. 外匯資產淨額對進口金額的比例，自 70 年的 31.4% 升至 74 年的 145.7%，表示我國國際流動性遠超過我國所需，多餘之外匯持有額實是一種資源浪費。

3. 本國一般銀行國外資產對其放款之比例，自 70 年的 17.1% 上升至 74 年的 27.7%。在國外分行有限的情形，表示銀行不但未盡其資金橋樑的任務，而且不務正業，高風險性國外資產比例相對提高。

4. 外匯資產淨額對金融機構流動負債之比例，自 70 年的 19.6% 上升至 74 年的 41.1%，表示外匯存量對流動性之壓力大為提高。其中外匯資產淨額對全體金融機構準貨幣之此例自 36% 上升至 63%。由於準貨幣是凍結外匯超額供給的主要後盾，此一現象表示全社會凍結外匯之能力已愈來愈接近其上限。

　　面對這些問題，短期內我國國際收支狀況及各種不同因應方式的交互作用，會導致相當複雜的結果。在此，僅簡化為三項趨勢，並稍加說明。

　　第一，在未來某一時期發生通貨膨脹，則表 9 所列各項比例數都得以降低，問題的嚴重性表面上就會減輕。不過，通貨膨脹發生後，如無油價上漲之類的外來因素作為藉口，財金部會多少須承擔政策責任，故不易自動發生。

　　第二，繼續扭曲外匯及資金市場的供需狀況，以致於使利率水準不斷下降。這一趨勢會面對利率低限的限制，也必須擔心民間消費態度的奢侈化。

　　第三，減少外匯市場的干預，使新臺幣對美元溫和升值。匯率變化對貿易、物價、金融活動、GNP 都會產生反饋影響，這項可能趨向是最值得重視者。

【《中小企銀季刊》，第 16 期，1986 年 3 月。】

當前我國的匯率問題與動向

自去年第 4 季開始，為因應我國貿易出超金額的繼續擴大及國際間主要通貨的相對匯率調整，依升多貶少的方式，新臺幣即已對美元出現溫和升值現象。最近，在逐日升值過程中，且已升至 1 美元僅兌新臺幣 37 元。一年來，新臺幣對美元升值幅度約 10%，故匯率動向成為普遍關切的問題。

信號的迷失

原則上說，伴隨巨額貿易出超而產生的大量外匯累積，總是會帶來升值與貨幣供給額增加率提高的兩難抉擇。因為在目前我國的制度安排下，若釘住新臺幣對美元的匯率，則由銀行體系不斷吸進因出超而產生的外匯，必然會使貨幣供給額增加率急速提高，而為緩和貨幣供給額增加速度，則須使新臺幣對美元適度升值，可是升值通常被視為打擊出口。因此，升值與貨幣供給額增加率之間便會形成兩難抉擇。在民國 61、62 年間，我國曾經遭遇到類似局面，且由於升值幅度太小，致使貨幣供給額膨脹過速，並演變成物價膨脹的後果。可是，此次我國貿易出超及外匯累積始於 70 年，且自 72 年以來外匯累積金額即非常明顯偏多，但這種兩難抉擇則遲至最近才出現，最主要的原因是信號的迷失。

迷失的信號包括貨幣供給額增加率與物價水準兩項。依國

際收支平衡表計算，自民國 70 年至 74 年間，我國外匯存量增加 240 億美元，為 69 年外匯存量的四倍以上。而在這 5 年間，各年貨幣供給額增加率都相當合理，並未出現外匯激增對貨幣供給額有所衝擊的現象。這當然不得不歸功於中央銀行在此期間陸續圓熟地運用凍結外匯措施，並獲致應有的效果。但更重要的則是這段期間投資意願低落，促成一般信用收縮，阻止外匯存量增加對貨幣供給額增加率的衝擊。

同時，在此期間，國際石油價格巨幅滑落，帶來極端安定的物價水準。因此，產生了外匯存量激增既未導致貨幣供給額增加率提高，也未對物價水準有所衝擊的假象。在此假象下，兩難間之抉擇便不存在，外匯當局便可吸進大量外匯，適度地釘住新臺幣對美元之匯率。不過，因外匯當局吸進外匯而放出的新臺幣，逐漸匯集成愈來愈為龐大的游資，則是一項潛在的問題。

升值的阻力

另就實情來說，升值與貨幣供給額增加率之間的取捨關係，阻止升值總是比較討人喜歡。

一則因為升值立即影響出口廠商的利益，進而影響出口競爭能力與出口意願，其對經濟成長的不良副作用很快就會出現，尤以如同臺灣這種出口導向經濟為然。二則因為升值在實情上未必會帶來國內物價水準的下降，訴求力比較低。甚至，即使升值帶來物價水準之下降，個別消費者所享受到的利益畢竟有限，從而受益者不易形成壓力團體。三則因為即使貨幣供

給額增加率提高，它並不立即伴隨產生物價水準的上升，而是在不確定期間的未來才會使物價水準上升，這乃是屬於未來的不確定的不利影響。

　　因此，一方面由於信號已經迷失，他方面由於現在的不利影響在評價上大於未來的不利影響，故過去三、四年來雖然我國對外貿易出超金額不斷增加，外匯存量增加速度也愈來愈快，但仍藉人為力量阻止升值。甚至，在 74 年 8 月以前，且利用人為力量進行溫和貶值。

匯率的動向

　　然而，自從本年 3 月底起，貨幣供給額年增加率已超過 20%，且此增加率顯示逐月上升的趨勢，表示原來迷失的信號已經浮現，匯率與貨幣供給額之間終需有所抉擇，並因而導致最近的新臺幣對美元升值趨勢。幸而貨幣供給額增加率上升對物價水準之衝擊常落後一段時間，且物價誘因對該項時間落後長度有重大決定作用。在現有知識之下，物價誘因並未出現，故我們就下列兩類因素探討匯率的合理動向。

　　在我國所不能支配的國際因素方面。一是主要貿易國的經濟成長趨勢。若主要貿易國能維持適度經濟成長，我國出口較易保持正常成長狀態，因而繼續存在的巨額出超就是升值壓力的來源。若主要貿易國經濟成長狀況欠佳，我國的升值壓力就會較小。二是國際間主要通貨匯率變動，尤以日圓為然。若日圓繼續對美元升值，則可能使我國貿易出超擴大，使新臺幣對美元升值壓力益發增強。若日圓短期內不再對美元升值，則新

臺幣對美元升值壓力有機會獲得紓解。

在我國所能支配的國內因素方面。一是投資意願或進口意願。最近幾年我國貿易出超不斷擴大，實際上是進口不成長的問題，若有合宜政策帶動投資意願或進口意願，則貿易出超金額得以恢復正常水準，則目前所感受的升值壓力就會消失，甚至有回歸貶值的趨勢。若投資意願或進口意願不能恢復正常，則升值壓力將會繼續存在。二是外匯政策問題。目前的升值壓力是因為在現行制度安排下，吸收外匯能力受到限制，如能適度放寬外匯管制，例如准許人民直接從事外匯投資，則目前所存在的外匯存量及游資壓力都能大幅減輕，升值壓力也就不存在了。

兩難的取捨

總之，在外匯存量持續激增過程中，匯率與貨幣供給額之間的兩難抉擇是不可避免的。過去在這兩者間的取捨，不論是否合宜，或不論是否有所偏悖，都已經過去了。未來匯率的動向則是由客觀的國際因素與自主的國內對策所決定的。

【《聯合報》，1986 年 8 月 24 日。】

省思我國的外匯問題

　　累積增加中的外匯存量，依然是當前我國最重要的經濟問題。近半年以來，新臺幣對美元的溫和升值、貨幣供給額年增加率的逐月猛升，以及存放款利率水準的繼續下降，都與外匯存量增加及貨幣當局的因應對策有關。更重要的是，這些金融趨勢的不良影響，很可能會在短期內陸續出現，因而當前的外匯問題就額外值得關切。

外匯存量激增現象

　　依金融統計月報所載，我國金融機構國外資產淨額折算，民國 70 年底，我國外匯存量為 64 億 6,000 餘萬美元，75 年 9 月底，則已激增至 411 億 6,000 萬美元，約增加 5.4 倍。這些外匯存量並非平均每年等額增加，而係逐年加速增加。以具體數字言，過去 5 年間，各年外匯增加額依序為：71 年增加 26 億美元、72 年增加 49 億美元、73 年增加 59 億美元、74 年增加 93 億美元，其餘則為今（75）年前 3 季所增加者。此種現象顯示，在外匯存量加速增加過程中，因未見採行有效對策，故外匯存量乃加速增加。

　　我國對外貿易依賴程度偏高，對外貿易順差及順差金額的擴大，是外匯存量加速增加的直接原因。自 71 年至 75 年 9 月底，我國對外商品累計順差金額為 382 億 7,000 餘萬美元，幾

乎等於同一期間外匯存量增加金額。

　　不過，貿易順差有兩類不同的成因，分別有其不同的政策含義：一種是進出口金額都同時增加，而出口金額增加較快，以致貿易順差金額逐年擴大。此種現象所反映的是出口競爭能力提高，乃是單純的匯率問題。（我國在民國 60 年代的對外貿易關係即屬此種型態，當時兩度對美元升值，不但不曾阻礙我國對外貿易的發展，而且對我國經濟體質之增進亦有所裨益。）一種是進口金額停滯不進，單純出口金額的成長就能使貿易順差金額年年擴大。這種現象所反映的是經濟結構發生問題，並非對美元升值所能解決，民國 70 年代以來，我國實際上是遭遇到這種問題。

　　在民國 70 年至 74 年間，我國出口金額平均每年增加率為 8%，今年前 3 季增加率再增加為 24%。除今年外，這些出口年增加率都較過去 20 年間我國的正常出口增加率為低。但是，在同一期間，自 71 年以來，有 3 年的進口金額甚至低於 70 年的進口水準，另兩年的進口金額亦較 70 年高出有限。（73 年僅多 3%，今年前 3 季較 70 年同期亦僅多 10%。）換句話說，近年來我國外匯存量激增，實際上是進口部門發生了嚴重的遲滯問題所造成。

投資意願低落是根本原因

　　進口金額長期間未見增加的根本原因，固然有待深入研究分析，但大多數專家都承認，貿易保護過度及投資意願低落是兩項根本因素。雖然如此，對這兩項根本因素的成因並未有一

致的看法,以致於迄未能形成有效對策的建議,從而使外匯存量累積問題愈來愈為嚴重。

就貿易保護來說,自民國 40 年代以來,由於外匯短絀,及採取進口替代工業發展策略的雙重因素,我國實施相當嚴格的選擇性管制進口及高進口關稅稅率的政策。在 30 年的經濟發展過程中,政府曾經陸續放寬進口管制,也不斷向低調整進口關稅稅率;但論者認為政府解除貿易保護的步調,相對上過於緩慢,以致於形成進口成長鈍化現象。

不過,在連續 5、6 年的貿易順差期間,貿易主管當局雖然一再聲稱加速推動貿易自由化政策,且實際上也選擇地開放若干商品的進口,甚至也降低數以百計的商品進口關稅稅率,但商品進口金額卻未見增加,而貿易順差金額更自民國 70 年的 14 億美元,逐年增加至 74 年的 106 億元。今年 1 至 10 月金額雖已恢復成長,但 10 個月累計貿易順差金額更多達 125 億美元。這種情形顯示,即使在貿易順差已巨幅擴大,且政府已明確宣示推動貿易自由化政策後,放寬貿易管制的行動依然非常遲緩。

就投資意願來說,在民國 50 年代及 60 年代的 20 年間,無論政府、公營事業或民間部門,平均每年投資增加率都在 20% 上下;但自 70 年至 74 年間,政府投資平均每年只增加 5.5%,民間部門平均每年則為 1.6% 的負成長,公營事業投資平均每年負成長率更達 8%,可見民國 70 年代以來,政府及民間部門投資意願都明顯低落。因投資意願低落而產生的設備投資減少及存貨減少,都會具體反映在商品進口相對減少之

上，可說是這一期間進口金額未見增加的主要原因。

投資意願低落的原因非常複雜。在剛開始之際，有人認為係利率水準偏高所致，但 5 年來我國銀行業一連 18 次向低調整利率，而投資意願都未見回升。也有人認為工資上漲率偏高是罪魁禍首，但多年來工資水準相當平穩，也未見投資意願回升。就現在情勢而言，不確定性的存在，大概可說是最重要的因素，且在諸不確定性因素中，以投資機會的不確定性影響最大。

因為臺灣過去的工業發展，得力於外推與內拉兩個因素同時發生作用，外推的是配合著國際經濟繁榮（特別是美國市場），而採行拓展出口為導向的工業發展政策；內拉的是配合美日兩國之跨國公司的產業移轉政策，而實施《獎勵投資條例》及創辦加工出口區，因而工業發展頗具成效，而經濟成長則被譽為奇蹟。可是，民國 70 年代以來，國際經濟的不穩定及跨國公司產業移入趨緩，外推及內拉因素都趨於不確定，從而投資意願便低迷不振。更重要的是，持續存在的投資意願低落，不但導致貿易順差及外匯累積問題，而且也製造政府因應外匯增加之措施有效的假象，延誤政府採取合宜對策的時機。

政府因應外匯增加的對策

累積存在的貿易順差是一種經濟病態，新臺幣對外價值的升值是其中的一種因應對策，尤其是我國自民國 67 年即已實施機動匯率制度，意欲以外匯市場的外匯供給與需要及其變動，尋求合理匯率，藉以提高我國經濟資源的分派效率。可是，

多年來實際所採用的對策,卻與此原則背道而馳。

在民國 70 年代之初,貿易順差已經在擴大中,且外匯存量也已開始加速增加,但一則由於長期間我國曾處於外匯匱乏狀況,視外匯為寶貴的資源,根深蒂固地認為外匯愈多愈好,再則由於當時恰逢美國經濟景氣欠佳;我國出口成長相對趨緩,經濟景氣也欠佳,故即使貿易順差金額甚大,但中央銀行卻在外匯市場進行大量干預,使新臺幣對美元匯率自 36 元貶為 40 元,以支持出口成長,並使貿易順差繼續擴大。並且在外匯存量大量累積之後,繼續在外匯市場買進大量外匯,以支持被低估的新臺幣對美元的幣值。

中央銀行藉買進外匯以支持低估幣值,總是須支付代價。因為中央銀行買進外匯就須放出等值新臺幣,出售外匯獲得新臺幣的人民,如以新臺幣或轉存活期存款,將會構成貨幣供給額的增加,如轉存為定期存款,也會擴大銀行的信用創造能力。原則上說,中央銀行因享有通貨的獨占發行權,得大量繼續買進外匯,放出等值新臺幣。

但如此一來,中央銀行一方面須承擔匯率變動的風險,另方面又擔心貨幣供給額增加率偏高,故自 72 年起,便在大量買進外匯同時,發行大量乙種國庫券或儲蓄券,吸回所放出之新臺幣,亦即進行凍結外匯之操作。在正常情形下,中央銀行發行大量乙種國庫券或儲蓄券,通常會導致市場利率上升,使中央銀行知所警惕,並改變其低估匯率政策。不幸的是,在這一期間,我國投資意願持續低落,資金市場的資金需要甚為微弱,即使在中央銀行發行大量短期證券之後,市場利率不但未

見上升,而且持續下降;甚至長年低於定期存款利率,以致於使中央銀行忽視節制凍結外匯措施的重要性。

更重要的是,中央銀行賴以凍結外匯的乙種國庫券或儲蓄券,都是中央銀行的短期負債,到期須發行新券才能繼續產生凍結作用;但同時中央銀行又須不斷買進愈來愈多的外匯,故中央銀行所發行之乙種國庫券乃愈來愈多,並逐漸迫近法律所容許的最高發行額。因此,中央銀行乃解除外匯指定銀行持有即期外匯頭寸之限制,期利用國內利率低於國外利率之誘因,使外匯指定銀行以其多餘資金買進外匯,在國外投資以賺取國內外利率差額的利益,以協助中央銀行凍結外匯。

最初,由於國內外利率差額不小,各外匯指定銀行確實買進不少外匯,扮演著外匯蓄洪庫的角色。其實,我國銀行規模不大,直到今日各外匯指定銀行總資產金額仍只有 600 億美元左右,而外匯又係匯兌風險較大的風險性資產,銀行業持有之外匯資產佔其總資產比例不宜過高,才符合健全銀行業務之原則,故全體外匯銀行所能吸收之外匯資產,遠小於近一、二年來我國國際收支順差金額。因此,不但外匯蓄洪庫很快就達到安全警戒線,迫使中央銀行不得不恢復凍結外匯的操作,以及研討並採行其他對策,而且在今年第 2 季以來的新臺幣對美元陸續溫和升值過程中,使部分外匯指定銀行發生嚴重的匯兌損失,據稱其嚴重者的虧損金額遠大於其資本額。

表面上看,絕大部分外匯指定銀行都是公營銀行,為支持出口成長而導致公營銀行虧損,於百姓有利無害。其實不然,第一,公營銀行年度盈餘預算已列為政府收入的一部分,並編

入政府支出項目之內，公營銀行繳庫盈餘之減少，須由政府增加其他財政收入挹注，從而轉變成為全體國民的負擔。第二，省屬商業銀行股權仍約各有 40％屬民股所有，銀行虧損而導致其股價下跌，乃是民間股東的損失。

中央銀行因應外匯增加的另兩類對策是：核准部分外匯指定銀行辦理各種外匯投資信託業務，以及放寬各種外匯結匯標準與開放黃金進口。外匯投資信託是國內存款者以新臺幣委託銀行在外國投資有價證券，存款人大體上可享有較國內存款利率為高的收益，但須承擔匯兌損失風險及放棄外匯投資信託憑證存續期間的流動性，也就是，中央銀行得在繼續實施外匯管制政策下，由參與外匯投資信託之人民扮演凍結外匯之角色。

可惜，在銀行推出此項業務後，新臺幣即開始溫和地對美元升值，投資者的匯兌風險非常明顯，以致難以產生具體效果。倘若有一天新臺幣出現明顯對美元貶值趨向，除非中央銀行管制此項業務，人民會一窩蜂地參加此種投資計劃，對外匯及匯率安定都會產生不良的影響。至於放寬外匯結匯標準，包括小額匯款、留學生匯款、觀光出國、移民等，也因新臺幣對美元升值而未產生績效，更也埋下日後外匯投機的不安定種子。

物價與成長的兩難取捨

在「外匯愈多愈好」及「出口第一」兩種心態支持下，政府所採取的因應外匯增加的對策，基本上以支持新臺幣低估匯率及將外匯凍結在貨幣機構手中為其目的。但是，由於貿易順

差愈來愈大，外匯存量不斷暴增，各種因應措施的效果就愈來愈為微弱。自本（75）年3月起，貨幣供給額年增加率異常上升，與新臺幣對美元溫和升值便成為持續不斷的現象，對短期內我國經濟活動會產生重大影響。

　　就貨幣供給額增加率來說，雖然國內經濟學家對貨幣供給額的最適增加水準仍有爭論，但大部分經濟學家都相信，年增加率若介於10%至20%之間都尚屬合理。自民國70年至今年2月以前，雖然我國貨幣機構所擁有的外匯存量不斷激增，但在中央銀行凍結外匯措施及投資意願持續低落的雙重影響下，絕大部分月份的貨幣供給額年增加率，都在上述合理範圍之內。但自本年3月底，貨幣供給額年增加率升至21.1%以後，各月貨幣供給額年增加率都繼續上升，7月底升至30.9%，9月底更續升達39.9%。

　　因為貨幣代表立即購買力，正常貨幣供給額增加率，恰能滿足正常交易活動之需要，故乃是經濟安定的潤滑劑。可是，超過正常增加率之貨幣供給額增加率，便會成為追逐物品、導致物價水準上漲的因素。貨幣供給額增加率愈高及其持續期間愈長，物價水準上漲的可能性及其上漲幅度都愈大。依目前我國的情況而言，如欲緩和貨幣供給額年增加率的上升速度，則先須緩和外匯存量的累積速度。

　　就新臺幣對美元升值來說，在如同臺灣這種經濟社會，出口成長與經濟成長息息相關，出口成長率愈高，經濟成長率愈高。在正常情況下，低估幣值有助於出口成長，且也會伴隨產生貿易順差；高估幣值有害於出口成長，且也是貿易逆差的來

源。在過去五、六年間，我國貿易順差金額不斷擴大，而中央銀行採取各種凍結外匯措施，實是繼續支持低估匯率，我國外匯存量也因而才會加速激增。依目前我國的情況而言，如欲減輕外匯存量增加速度，就須減少低估幣值的程度，從而必須降低出口及經濟成長的速度。

因此，在外匯存量不斷激增且凍結外匯能力降低之後，我國實已面臨兩難的取捨：一方面是加速升值，支付降低經濟成長的代價；另一方面是任由貨幣供給額年增加率上升，承擔物價水準上漲的後果。

更重要的是，我國持續存在的貿易順差，原以長期經濟結構為其主因，採取合宜長期對策才是正途，可是長期對策卻會加重上述短期兩難取捨的困境。例如，若因應客觀經濟環境的變遷，加速放寬進口管制及巨幅向低調整進口關稅稅率，固然有促進消費品進口的效果，卻因打擊民間企業投資意願，並導致設備及原料進口減少，其縮小貿易順差及緩和新臺幣對美元升值的作用就難於預測，其對經濟成長之正反影響也難免會有爭論。

再如，在民間投資意願偏低的情形下，藉赤字財政以加速各種公共建設投資，固然可刺激國內有效需要，並帶動進口增加，以尋求合理匯率及縮小升值幅度的作用，但赤字財政卻有加速貨幣供給額增加率上升的作用，使潛在的物價問題變得更嚴重。

綜上所述，在我國外匯存量持續加速增加過程中，政府藉人為措施凍結外匯，阻止經濟活動依市場機能而進行自然調

整，雖然在短期間獲致預擬的凍結外匯效果，但所支付的代價則是製造了兩難取捨的政策難題，且此種政策態度持續愈久，政策難題會變得更複雜、更難取捨。

非經濟層面的考慮

政策取捨屬非經濟層面的問題。「天下沒有白吃的午餐」是最基本的經濟原理，這項原理表現於經濟政策的是：每一種經濟政策對其預訂實現之目標，都會發揮一些應有的作用，但都須支付不利影響之副作用的代價。同一項目標常有多種政策措施可供採行，只是其副作用之代價有所不同，因而構成了利益與代價間之取捨難題，這些難題以利益團體及時間因素最為重要。

就利益團體來說，每一項制度安排或政策措施，都會對某些個別個人或團體特別有利，從而形成利益團體。制度或政策的調整，實質上就是利益的重分配，既得利益團體便會成為調整的阻力。在我國，保護貿易政策實施已有相當時日，低估匯率原則也運用有年，分別都塑造了很堅強的利益團體，如要在短期內調整政策原則，阻力便非常大。

就時間因素來說，民主政治免不了定期選舉，經濟問題總是影響選票的最重要因素之一，故政治家常希望採用能立竿見影的政策措施，可是卻因而支付了長期不良副作用的代價。例如，低估匯率在短期內激勵出口及促進經濟成長，但長期間卻會導致外匯累積及貨幣膨脹。再如，溫和通貨膨脹固然有激勵經濟成長的作用，長期間卻會累積演變成惡性通貨膨脹。

　　因此，當前我國的外匯問題雖是經濟問題，解決問題的諸多措施卻涉及許多非經濟層面的問題，政府各主管機關應善用智慧，才能以最小代價合理地解決外匯問題。

【《文星》，第 102 期，1986 年 12 月。】

新臺幣的匯率問題

　　自去年 7 月底，傳出美國將與我國展開匯率談判以來，臺幣匯率問題就引起各界廣泛的討論。央行一天一分的升值政策，也開始改弦易轍，匯率對產業的衝擊與日俱增。究竟臺幣升值的壓力來自那裏？合理匯率水準又為何？

　　在強大的外匯存量激增壓力下，新臺幣對美元匯率即呈升值趨勢，下半年以來尤其明顯，從而更產生匯率底線及升值方式的問題。因匯率變動與許多產業及個人有重大的利害關係，所以匯率現狀及其未來的可能趨勢是許多人所關心的大事。

升值壓力來自順差

　　連續 6 年不曾間斷的國際收支順差擴大，是新臺幣對美元升值壓力的主要來源。自民國 70 年至 75 年上半年的 5 年半間，因國際收支順差而產生之外匯存量增加多達 302 億美元，相當於同一期間商品出口累計金額的 20%。其中，在 74 年及 75 年上半年所累積的外匯存量為 156 億美元，為這一年半間商品出口累計金額的 32%。也就是說，自民國 70 年以來，不但各年外匯存量增加金額不斷增加，而且國際收支順差金額佔同一期間出口金額之比例也呈顯著上升趨勢，從而產生新臺幣對美元升值的壓力。

不過，在此期間，導致國際收支順差的最主要原因是進口的呆鈍。在民國 70 年至 74 年間，進口金額平均每年增加率幾等於零，即使是 75 年上半年也未見明顯改善。進口呆鈍實際上是這一期間投資意願低落的商品面現象，投資意願低落的貨幣面現象則是銀行體系的存款增加金額大於放款增加金額，也就是產生了貨幣供給額增加的收縮因素。因此，直到 72 年，由於此項收縮因素的存在，且外匯存量增加金額相對上仍不高，故外匯存量之增加，單純是補充了貨幣供給之來源，並未對貨幣供給額構成威脅。

可是，自 72 年下半年外匯存量加速增加之後，貨幣供給額增加率開始感受威脅，中央銀行乃著手進行沖銷行動。所謂沖銷措施，就是中央銀行一方面在外匯市場買進因出超而產生的超額外匯供給，他方面同時發行乙種國庫券或儲蓄券收回因買進外匯而放出之新臺幣，以這種措施穩住新臺幣對美元匯率，支持出口產業的適度成長，同時也避免貨幣供給額增加率的過份上升。因此，在 71 年至 74 年間，新臺幣對美元之匯率都能維持 40 元上下，且貨幣供給額年增加率都保持在 20%以下。

可是，中央銀行沖銷措施所發行的乙種國庫券或儲蓄券都屬短期負債，其期限非常短，當其到期時，沖銷作用便完全消失，原先外匯增加的貨幣供給額增加壓力便又重新出現。因此，在外匯存量加速增加過程中，為繼續執行沖銷政策，中央銀行所需發行的乙種國庫券、定期存單及儲蓄券也加速增加。以這三種庫券的發行餘額合計增加額來說，72 年為 124 億元，

73 年為 92 億元，74 年為 810 億元，75 年前 10 個月為 3,184 億元，顯示中央銀行將短期沖銷措施作長期措施運用之後，其負債結構明顯變化，並因而顯現沖銷能力漸達其極限，匯率政策必須改弦更張。

有秩序溫和的升值

自民國 75 年以來，升值壓力及反升值要求兩種力量明顯地相互激盪。在升值壓力方面，自 74 年 9 月下旬主要通貨對美元巨幅升值後，我國因藉沖銷措施凍結外匯增加的貨幣供給增加壓力，盡力減輕新臺幣對美元升值幅度，並因而產生對美元以外之主要通貨的相對貶值局面，故出口成長率顯著提高，貿易出超及國際收支順差都巨幅增加；加上中央銀行沖銷能力相對減退，因而外匯增加對貨幣供給額增加率的壓力，便陸續出現。在 74 年底以前，勉強控制在 20%以下的貨幣供給額年增加率，在 75 年 3 月底已被突破而達 21%，7 月底更升至 31%，而 10 月底則更升至 44%。因為擔心高貨幣供給額增加率對物價水準的不良影響，藉新臺幣對美元升值，以緩和貿易出超擴大的壓力便日增。

在反升值要求方面。直到 75 年下半年之前，近年間貿易出超的出現及其擴大，非以出口成長快速為因，而係進口成長緩慢所致，以升值措施懲罰出口實有欠妥當。尤其重要的是，我國屬出口經濟，在國際市場上以韓國為主要競爭對手，新臺幣相對韓圜而升值，將會損害我國出口及經濟發展。以這些理由，經由各種管道，形成甚為強烈的反升值力量。

在這兩種相對立的匯率政策主張衝擊下，中央銀行經由強大的外匯操作，使新臺幣對美元有秩序而溫和地升值。這種溫和升值方式因使升值成為必然趨勢，投機者只有獲利的機會，不會有虧損的疑慮，因而產生提早出口及匯入款增加的現象，並使我國國際收支順差加速擴大。以全體金融機構外匯資產表示，75 年上半年約增加 65 億美元，而僅只 7 至 10 月又續增加 70 億美元。並且由外匯加速累積促使貨幣供給額年增加率加速上升，進而加重新臺幣對美元升值的壓力，從而也產生所謂匯率底線問題。

經濟政策面臨抉擇

匯率底線何在是很難討論的問題。即使是以大型計量經濟模型進行實證分析，恐怕也只能提供部分答案。在未能作實證分析的限制下，我們得以下列方式檢討當前的匯率問題。

首先是貿易政策問題。在我國尚屬貧窮的年代，我國的基本貿易政策，得簡化為一切為出口及保護國內工業兩個原則。我國平均每人國民生產毛額自 20 年前的 236 美元，提高至今年的 3,700 美元，可是這兩項基本貿易政策原則幾乎不曾改變；以致於進口未相應經濟發展程度提高而增加，貿易出超便會成為長期趨勢，在設備及原料進口因投資意願低落而停頓不增時，便會導致如同近年來所發生的貿易出超擴大情事。這種貿易政策原則早晚必須有所修正，其修正狀況會影響今後我國的貿易差額，從而會影響合理的位置。不過，就短期間來觀察，貿易政策原則將不會大幅修正，故短期間的匯率另有其影響因

素。

　　其次是成長與安定間取捨的老問題。倘若繼續釘住目前的低估匯率，因對出口有所裨益，故會因相對較高的出口增加率而獲得較高的經濟成長率。可是，因巨額貿易出超繼續存在，而產生的高貨幣供給額年增加率，將會使物價膨脹的疑慮愈來愈強。倘若將匯率調至合理水準，固然得以縮小貿易出超，並緩和貨幣供給額年增加率之上升速度，以減輕物價上漲壓力，但卻會打擊出口，也因而使經濟成長率降低。面對這種取捨關係，至少必須考慮下列三項問題：

　　第一，匯率對出口的關係是立即的，升值常會伴同發生出口或成長的減退，而貶值則同時帶來出口或成長的增長。可是，貨幣供給額增加率對物價水準的關係則是未來的，現在的高貨幣供給額增加率只會在若干時間後影響物價水準。在經濟政策決策過程中，決策者當會高估立即影響及低估未來影響。以現狀言，就是儘可能抵制升值。

　　第二，以有秩序的溫和漸進方式將低估匯率逐漸調向合理匯率，固然會獲得廠商能夠適應的好處。但是，這種好處必須支付兩項代價：一是以外匯銀行的損失貼補出口廠商。二是預期升值心理繼續扭曲貿易出超實情，以致實際上很難判斷合理匯率所在。

　　第三，一次迅速將低估匯率調至合理水準，雖然能避免溫和漸進升值的缺點，卻必然會對出口有關產業帶來重大衝擊，甚至會伴同產生倒閉及失業顯著增加的情事。更重要的是，實際上也很難判定合理匯率的位置。

大膽找尋合理匯率

最後，我們尚需指出，我國屬開放經濟，且對美國出口依賴程度相當高，我國的貿易差額及合理匯率位置與主要工業國家的經濟狀況及其金融活動亦有密切關係。美元的相對升值可能會對我國的貿易差額不利，且伴同產生新臺幣貶值壓力；美元的相對貶值可能會對我國的貿易差額有利，且伴同產生新臺幣升值壓力。可是，我國因經濟規模小，必須承擔國際經濟金融活動相對變動的後果，卻無力左右這些國際間的相對變動。

綜合這些因素，目前中央銀行似乎應放棄溫和漸進的升值方式，大膽地判定一個接近合理匯率的水準，一次將新臺幣對美元匯率升至該水準（例如，34 元），再依當時的國際經濟金融關係及我國的貿易狀況，在浮動中尋找比較合理的匯率水準。

【《統領雜誌》，第 18 期，1987 年 1 月。】

外匯自由化對我國經濟金融的影響

今天很榮幸來跟大家談一談外匯自由化後對我國經濟金融的影響。外匯自由化實際上是整個自由化過程的一部份,而且,我們也正在學步中,今天就從觀念上跟大家談一下,也以最近的,在經驗上與觀念有關的例子,來跟大家討教。

壹、外匯自由化的背景

第一個與大家談的,就是跟外匯自由化有關的基本背景。這個背景應該可分為二個部份,一個部份就是我們為什麼要外匯自由化?另一個部份就是外匯自由化時我們面對那些特點?這些我們平常比較少思考。經濟學家主張自由化,而外匯自由化是其中一部份;講到自由化,經濟學教科書告訴我們說:「自由化可以提高經濟效率」。用外匯來說,就變成「直接的外匯資源的運用效率可以提高」。

然而,自由主義的經濟學遭遇到危機,仔細去思考上面的話,它是有問題的。大家應該這樣想:如果自由化能夠提高效率,為什麼以前不自由化,現在才要自由化?這是假定自由化真能提高效率,你一定一開始就要自由化,那麼,為什麼以前不做,現在才做?所以,自由主義的經濟學實際上有很多值得

我們思考的。因此，我們要問：為什麼現在才想到自由化？

實際上，大家回想日本也是一樣，第二次世界大戰以後的日本，一開始也沒有自由化，一直到 1963 年才想到自由化，才喊出自由化、國際化的口號；而我們臺灣 1983 年，剛好落後了 20 年，也喊自由化、國際化，不過，我們加了一化，我們加了：制度化，因為，我們制度不健全。不過，我們平常喊口號的時候，就少講制度化，因為，這個制度不健全，改起來很麻煩，涉及政治面的事情，就比經濟要麻煩一點。臺灣推行自由化落後日本 20 年，這 20 年有不同的意義，等一下再跟大家談。

一、外匯自由化的原因

我們為什麼要自由化？大概有二個原因，我跟大家談純經濟上的，其中一個原因，就是到了 1980 年代，我們才體會到我們的經濟在世界上不是小的經濟；它雖然不是大經濟，可是也不是小經濟，是一個不大不小的經濟，這是我們 1980 年代才開始體會的。這種現象，我們可以用一個例子，就是，我們從小寫作文，長大以後開始寫信，做事了以後開始寫公文，大家跟我大概都會有一個相類似的體會，就是寫作文、寫信、寫公文，這第一句話都不曉得怎麼寫，第一句話很難，第一句話想出來以後，以下就很容易寫了。

可是，大家不知道，我們臺灣的經濟學家混飯吃，第一句話是最簡單的，因為第一句話是標準的，大家常常看到的就是「臺灣是一個小型的海島經濟，資源貧乏」；可是，這句話

寫久了以後，你就會以為臺灣很小；然後，背教科書說「中國地大物博」，你就會以為中國一定很富有；可是，這句話到了1980年代，我們才發現不對，臺灣不是小經濟，不是小經濟的話，臺灣在世界體系裡面就應該承擔某些義務，假定你是小經濟，你就不要承擔義務，可是當你發現你不是小經濟，你要承擔世界義務的一部份，那個時候你就要自由化。

臺灣為什麼不是小經濟呢？我跟大家列舉幾個概念。大家應該知道，我們每天生活，都是經濟的生活，經濟生活一定是相對的，相對於什麼？舉一個例子，譬如政府假定宣布7月1日開始加薪加10%，那麼，你要不要感激政府呢？或者要不要感激你服務的機構呢？暫先不要感激，為什麼？你要先回家看看，你公寓的樓上、樓下，那個人他的公司加百分之幾？你的左鄰右舍加了百分之幾？假定你的10%是最低的，你就不用感謝了。因為，你「相對」上已經降低了，為什麼要感謝？只有「相對」上你比別人改善了，你才要感謝，所以，我們生活在「相對」中。因此，即使你的財產現在變成1億、10億，你也不要高興，因為要變成1億、10億，只要在後面加幾個零就有了，要看別人加幾個零，你加幾個零，經濟生活一定是相對的。

同樣，臺灣是不是小，也是相對的。我要告訴大家，臺灣不是小型經濟，從來就不是小型經濟。為什麼？因為，我以前也是這樣寫，我現在都不講「小」，我都說「相對小」，或者「相對大」，絕對不講小，為什麼？前二年我一想，寫小型經濟，可是「小型經濟」是什麼？我都不懂，所以趕快去查辭典，

一查把我嚇了一跳，辭典上的定義說：「一個國家或一個地區人口在 600 萬人以下，稱之為小型經濟（small economy）」；而臺灣光復那一年，人口是 604 萬，所以臺灣不是小型經濟。同樣的，我剛剛說不大，因為辭典上說：「一個國家或一個地區人口在 5,000 萬人以上，稱之為大型經濟」，大家盡你最大的想像力去想，你恐怕不敢想像臺灣可以養活 5,000 萬人，或者臺灣這個地方可以有 5,000 萬人。

　　大概以現在的智慧，我們不敢想像。所以，臺灣永遠不會是大型經濟，但絕對不是小型經濟，不大不小。不過，大家不要氣餒，大不一定好，十年前美國有一本暢銷書叫做「Small is Beautiful」，有關經濟方面的，中文把它翻譯為「小小美麗世界」，這本書就是在講小型經濟的好處，不過，他也沒有注意到，他所講的「小」，講的都是 1,000 多萬人口的經濟，都不太對，幾乎就是在講臺灣。

　　全世界沒有幾個大型經濟，而且，大不一定就是有錢，就有前途。我跟大家舉幾個數字，譬如說，現在這個世界分成第一、第二、第三、第四世界；第一世界就是工業國家，有 24 個國家，第二世界就是共產國家，第三世界叫做開發中國家，第四世界叫做永遠沒有希望的國家，就是說經濟無論如何發展，他都沒有希望、沒有前途，那叫做第四世界。剛剛跟大家提到 5,000 萬人以上叫做大型經濟，目前，世界上一共有 19 個國家人口在 5,000 萬人以上，這 19 個大型經濟國家，他是這樣分配的（中共不被列在共產國家）：有 6 個工業國家、1 個共產國家、5 個開發中國家，7 個第四世界永遠沒有希望的

國家。

　　所以，大未必就是有前途。大家一定會問：第四世界永遠沒有希望是什麼意思？在 1985 年，世界銀行經過很久的研究發現，這世界總有一些國家，無論怎麼幫助他，他的經濟老是沒有辦法，所以，就給他下了一個定義，叫做永遠沒有希望，又稱為「第四世界」。依 1985 年世界銀行訂的標準，就是平均每人所得在 300 美元以下者稱為第四世界，那一年中共的平均每人所得 275 美元，如果，把中共的人口算在第四世界，那世界上就有 40％以上的人口永遠沒有希望，因此，世界銀行特別寫一個註解：中共除外。所以大不一定好。

　　現在我們發現臺灣不是小經濟，而且，永遠不會是大型經濟。臺灣經濟，假定以人口來說，從 1950 年到現在，從 800 萬人一直到現在的 2,000 萬人，這絕對數字都在變化中，但是，相對數字幾乎從來沒有改變過，因為，人口是世界的 4‰，這個比例一直都沒有變化；如果你用 4‰去看，你覺得他是小的，可是，如果用世界排名來說，他就不是小了，因為，他一直排名在 38 至 41 名之間。世界 170 幾個國家，排在這裡，你不能說自己是小的。更重要的一點，不是人口的問題。因為，為什麼要自由化？這是因為你的經濟規模的問題。舉一個例子來說，5 月 4 日亞洲銀行年會在北京開會，那一天，外電引用中共統計局發表的一個統計，說中共的 GNP 經濟規模名列世界第八。看到這世界第八，你會嚇一跳，不過你只要想到他的人口佔世界的 22％，那麼，GNP 佔世界第八實在不值得驕傲。

　　一個國家大或者小，人口是其中一個，但是最重要是經

濟規模。臺灣這個規模，已經證明不是小的，甚至臺灣正在往大的地方邁進，這才是我們往自由化的很重要的一個理由。在1970年臺灣的 GNP 大概是 56 億美元，這 56 億美元不重要，我剛剛講，後面加一個零就可以變 10 倍，可是，這 56 億美金的 GNP 佔世界的 2‰，所以覺得很慚愧，因為，用 4‰的人口生產了 2‰的 GNP，相對上是小的。假定用名次來排，在世界排 49 名，就比人口的排名要後面，所以，我們是貧窮的；可是到了 1987 年，臺灣 GNP 變成 1,000 億美元，佔世界的 7‰，排在第 18 名，以 4‰的人口生產 7‰的 GNP，你說你是小型經濟嗎？所以，以後大家講臺灣經濟就不能寫說臺灣是一個小型經濟。

臺灣平均每人所得大概名列世界第 27 名，更重要的一點，是臺灣的出口，在 1970 年是 16 億美元，佔世界的 4‰，排在36 名，很正常；可是到了 1987 年，臺灣的出口佔世界的 2.2%，以 4‰的人外銷了 2.2%的世界產品，因此，世界各國都知道臺灣是什麼？到處都可以看到 "Made in Taiwan"，跟 1960 年代不一樣。大家不曉得有沒有記得一件事，楊傳廣先生當年到羅馬參加奧運，以前名稱、會旗什麼問題都沒有發生，我們參加世界運動會都用「臺灣」、「青天白日滿地紅」的國旗，當年楊傳廣得到銀牌，那邊的意大利播音員宣佈「來自臺灣（Taiwan）的楊傳廣得到銀牌」，這邊的升旗員一聽「Taiwan」，以為是播音員唸錯了，大概是「Thailand」，所以，升上來的是泰國的國旗。

由此可知，以前「臺灣」是什麼？誰都不知道。可是，現

在，臺灣是什麼？大家都知道，為什麼？因為，臺灣是世界第
13 大的出口國，第 13 大的出口國假定再是小的話，這世界就
很少有地方可以說是大了。

因此，從 1970 年代慢慢走到 1980 年代，臺灣經濟最大的
一個變化，就是雖然不是小，也不是很大，可是總是往大型經
濟在走，所以，在世界活動中，臺灣就要承擔一些責任。這是
從世界觀點去看；實際上應該這樣說，從我們私利的觀點來說，
就是想多分配一點國際分工的利益，就是說自由化可以多分配
一點利益，但是要承擔一些代價。

其次，臺灣現在要自由化的另一個原因，就是臺灣經濟的
開放程度，已到如果不自由化的話，干涉所付的代價將愈來愈
高。所謂開放程度，我們用出口佔 GDP 的比就可以看出來，
這個數字在加速變化中，譬如說，在 1958 年，出口佔 GDP 比
例是 10％，1966 年就超過了 20％，1972 年超過 40％，1978
年比例超過 50％；出口的比重這麼大，愈來愈大，假定不自
由化，用干涉的方法，干涉所負的代價就很多、很大了。

所以，過了 1978 年後，我們才發現，臺灣的 GNP、臺灣
的出口，慢慢走在世界排名的前面，然後，臺灣不自由化不行；
可是，剛好這個時候中美斷交，臺灣陸續退出國際機構，所以，
臺灣的自由化才跟世界有了摩擦，世界現在的不平衡，臺灣要
負一點責任，要負什麼責任？很難，有兩個原因，第一個原因，
就是國際經濟統計中已經沒有臺灣的統計數字。做經濟貿易研
究的人，除非他很專心去找臺灣的統計把它補進去，否則，他
那個模型算出來老是少了百分之幾，像出口少了 2.3％，所以，

算出來老是錯，老是不正確，因為，少了臺灣的統計。第二個原因，國際機構要進行調整時，有一個至少 GNP 正在往 1％走的國家，老是不參加開會，因為他們拒絕我們去開會，所以，也不能告訴我們，說你應該負擔什麼義務；因此，對國際經濟的調整，臺灣因為這個原因，就沒有義務了，因此，國際間平衡的調整發生了一些困難。這是大家應有的一個基本認識。

　　大家一定會問：從 1970 年代到現在，臺灣經濟有這麼好的成就，為什麼？這個我也不知道：臺灣對大陸宣傳說「經濟學臺灣」，假定大陸的經濟學家問你要學什麼？下個月就要大專聯考，如果聯考出這樣一個題目，我可以給大家一個標準答案，就是「應該採用民生主義的經濟制度」。可是，實際上中共也不可能實行民生主義的經濟制度，包括臺灣在內也沒有實行，中共從 1978 年經濟開放以後，假定你看中共現在做的，他研究了半天，學的是加工出口區，中共以為臺灣是因為加工出口區而發展的，所以，中共的經濟特區就是加工出口區模型的擴大，我不曉得為什麼我們經濟發展會有所成就？特別是在 1980 年代，實際上我也可以告訴大家，這個原因不詳。

　　但是，有一個外在的原因，我可以說，那是因為世界睡著了，所以我們突飛猛進。為什麼說世界睡著了？臺灣經濟進展最快是在 1980 年代，而臺灣是一個出口經濟，所以，你可以這樣對此：世界出口指數在 1980 年是 100％，臺灣也是 100％：到 1986 年，世界出口指數是 107％，而臺灣增到206％；世界在 1980 至 1986 年睡著了，對臺灣來說我們沒有睡著，我們還在走，這個龜兔賽跑，兔子睡著了，烏龜慢慢

走也走到前面去了。這是一個相對的，世界在 1987 年開始恢復活力，出口成長為 120％，開始走快，可是臺灣走得更快，在 1987 年成長了 270％；就在這樣的情況下，我們一下子在 1980 年代突然發現我們長大了，實際上不是長大，而是突然發現臺灣不是小型經濟。所以你看到在 1983 年開始喊出自由化、國際化。

二、外匯自由化的特點

現在的問題是，我們要認識自由化、國際化的特點，第一個特點是，臺灣走進去的時間不對。譬如說，剛才我跟大家提到日本在 1963 年喊自由化、國際化，臺灣在 1983 年喊自由化、國際化，相差了 20 年；可是，這 20 年就不一樣了，為什麼？日本在 1963 年推行的時候，國際經濟上有一個名詞描寫那個年代叫做「Soaring 1960's」 — 繁榮又擴張的 1960 年代。日本走進去的時候剛好世界經濟又繁榮又擴張，所以，他就趁國際間那個氣勢，就走得更快。

舉一個非常簡單的例子，中共跟日本一年的總生產的對比，大致上是這樣的：在 1950 年代日本的 GNP 是中共的二分之一，在 1960 年代日本遇到一個繁榮又擴張的世界經濟，所以，到了 1965 年，日本的 GNP 由原來佔中共的二分之一，變成中共的一倍半，到了 1985 年，變成中共的七倍。這是為什麼？因為，日本遇到一個「Soaring 1960's」，趁這個機會日本就擴張了：所以，剛剛提到中共說他 GNP 世界排名第八實在不怎麼樣。

而臺灣 1983 年開始提出自由化，很糟糕的一點，臺灣一走進去，居然走進了一個「The Age of Uncertainty」，我們在 1983 年走進去的時候，世界經濟叫做「不確定的年代」，跟日本比起來，臺灣運氣比較差一點。有兩個現象表現在這個不確定的年代，而這兩個現象都是不容易解決的；而實際上卻又是相互有關的現象，其中一個就是美國的貿易收支逆差在擴大中，另一個原因是世界從唯一的經濟霸權變成三極化的世界。

1. 美國的貿易收支逆差擴大

從 1899 至 1969 年，美國都是出超的，1970 年開始入超，入超 100 億美元，到了 1980 年變成入超 300 億美元，可是到了 1986 年入超居然擴大變成 1,500 億美元。美國的入超原是世界經濟安定的必要條件，因為美元是關鍵通貨，世界各國都需要美元，所以，好像美國應該入超。1980 年以來，在貿易保護主義下美國的入超慢慢不正常，1980 年代入超擴大，世界就變成不確定，因為美國入超本來還很正常，結果變成不正常，而這時臺灣剛好正要國際化、自由化，而此時這個世界本身是不安定的，這是第一個原因。

2. 世界從唯一經濟霸權變成三極化世界

歐洲共同市場的 GNP 在 1950 年是美國 GNP 的 50％，所以美國打噴嚏歐洲會得到感冒，因為美國有支配力；同樣的，在 1950 年日本的 GNP 只有美國 GNP 的 7％，所以，美國是當時世界唯一的經濟霸權，演變到 1987 年，歐洲共同市場 GNP 變成美國 GNP 的 86％，日本的 GNP 是美國 GNP 的

47%；臺灣走進去的 1980 年代正在發生這樣一個變化，用日本人的話來說叫做三極化世界。

而大家應該知道，現在整個世界國際政治、經濟、軍事的安排，包括北大西洋公約、聯合國、世界銀行、國際貨幣基金規章的安排，都是在美國是唯一力量的時候所安排下來的，因為，出力大的人，權利就會大一點，可是，他的義務也大了。往 1980 年代走的時候，這個唯一力量承擔義務的能力卻愈來相對上變小，因此，美國要求歐洲共同市場跟日本也承擔一些義務，而相對地他們也要求多分享一些權利，因此，在這1980 年代世界就變成了不確定的三極化世界。

所以，你看到在對抗中尋求妥協，還沒有找到一個妥協點的時候，具體表現在今天跟大家講的主題與外匯自由化有關的，就是臺灣不幸走進了一個浮動匯率。日本在 1960 繁榮又擴張的年代，那時是固定匯率，所以在貿易、出口上的擴張都沒有遭遇到障礙，貿易也沒有保護主義；可是我們走進去的呢？又是一個浮動匯率，又是一個保護主義，不確定的年代；歐洲共同市場、日本都有發言力量，而臺灣的 GNP 只有美國的 2%，大概可以盡我們的知識來想像，臺灣的 GNP 最大最大可以達到美國的 7% 或 8%，在這種情形下當然還沒有發言力量。

臺灣推行自由化，不但是在一個不確定的年代遇到一個浮動匯率跟保護主義，同時，我們又遭遇到一個問題，就是經濟學上所說的「Price Taker」。經濟學講到完全競爭市場，其中的一個特點就是「Price Taker」—價格接受者。換句話說，臺

灣不能夠影響世界的價格，可是臺灣要接受世界決定的價格，因為臺灣的比重不足以影響這個世界體系，只好接受世界體系所做的決定。這是臺灣的特點，跟日本不一樣，因為日本的 GNP 佔美國的 47％，大約等於世界總 GNP 的 18％，所以，日本有發言力量；他不是一個「Price Taker」，至少，他可局部影響世界體系。我們常常以為，臺灣的發展過程跟日本一樣，所以，有很多可以從日本抄過來，可是抄的時候，要記得這個特點不一樣，要稍稍把它改一下，不改的話，抄的方法就會錯了。

貳、外匯自由化的影響

外匯自由化直接的影響一定是先影響我們的外匯，然後，經過外匯到對外金融關係，然後再到一般的經濟。所以，從第一個影響先跟大家講匯率。

一、對匯率的影響

外匯自由化最直接影響的就是匯率。臺灣在 1986 到 1988 年的經驗，就是出超以後所感受到升值的壓力。出超了，可是能夠吸收多大的出超？出超佔 GNP 的比，這個比能夠吸收多少？在超出這個吸收能力的時候，就必須要升值，不升值的話，就會發生貨幣危機。可是，臺灣的出口佔 GNP 的比重很大，稍稍出超一點這個比重就很高了。

　　舉個例子，現在國際間有所謂出口佔 GNP 的比重 3%是正常的說法，為什麼 3%是正常的，因為，歷史上曾經有很多國家都有這個經驗。1890 至 1910 年瑞典有這個經驗，1875 至 1914 年英國有這個經驗；我們這一回遇到的，是美國 1919 至 1929 年遇到的經驗。根據美國的經驗，出超佔 GNP 的百分比從 1919 到 1926 年維持在 3%，無所謂，可以吸收外匯，不會改變本身的問題。可是，到了 1926 年開始超過 3%以後，他就沒有能力吸收外匯了，然後問題就叢生了，引起股票暴漲，最後，股票崩盤，這是美國經驗，我們正在走美國經驗。

　　而在臺灣，那很荒謬，這個比重 1981 年是 2%，1983 年是 9%，到 1986 年變成 20%，比重很大，而在比重增加的過程中，臺灣有沒有吸收能力？很快地，就顯現出沒有吸收出超的能力，該怎麼辦？中央銀行就學美國過去的經驗，1918 年世界大戰剛剛結束，每一個國家都要跟美國買東西，但是，本身又沒有物品能夠出口，由於當時是金本位時代，所以，就把黃金運到美國，美國的中央銀行認為黃金是很寶貴的，捨不得把它再運出去，所以，就用沖銷措施，臺灣也一樣。從 1981 年開始，我們講「外匯」兩個字，在以前央行年紀較大的官員講外匯叫做「寶貴的外匯」，既然是寶貴的外匯，所以央行也採沖銷政策；可是這個比重到某一個程度，就沒有沖銷能力，跟美國一樣，央行也沒有沖銷能力，因此，外匯自由化以後，在貿易上的第一個問題，就是外匯自由化後會陸續感受到沖銷能力的限制。

二、對國際金融的影響

　　第二個問題，就是大家沒有注意到的國際間的匯率問題。若干年前，臺灣管理剛剛起步的時候，學管理的人最喜歡講一個人的大名是 Peter Drucker，唸管理的人都說他是管理大師，可是我告訴大家，Peter Drucker 波士頓大學開的課程是經濟學，他是經濟學教授。Peter Drucker 在兩年前發表了一篇文章叫做「世界經濟的三個特點」，其中，一個特點跟我們要講的主題有關，他說，匯率不是由貿易所決定的，短期間的匯率是國際資本移動所決定的，長期間的匯率由貿易差額決定。因為，在全世界的主要外匯市場，每天外匯交易額大約是 4,000 億美元，在這交易額裡面跟貿易有關的大約只佔 3%，其餘 97% 都是國際金融家的交易。

　　既然短期間的匯率由國際金融家來影響它，那為什麼臺灣還沒有感受到這個影響？因為，我們的外匯自由化還沒有完全，我們只是放寬一部份外匯管制，例如，匯出款最高可達一年 500 萬美元，可是匯入款一直到最近才開放到 20 萬美元。假定我們的外匯市場還是跛腳的話，國際金融家就不會到我們這裡來投機，一旦這個跛腳治好了，國際金融家就注意到臺灣這個地方，因為臺灣已不是小經濟，他慢慢走到世界的前面，因此，國際金融家就會把注意力集中到臺灣。這時，臺灣就要因應以下二個問題了。

　　因為要因應國際資本移動的問題時，又因為我國的匯率變動會牽制我們的經濟成長，因此，政府這時就要加以干涉。如何適度的干涉，就變成很重要的變數，所以，以後我們看到的

匯率是不穩定的。如果講長期的話，在未來的一段時間我們還在國際金融家升值壓力的衝擊下，這情形就好像 1970 年代初期，馬克跟日元升值幅度不被國際金融家認可，於是透過投機壓力不斷壓迫再升值一樣，在未來的若干年，當我們外匯跛腳市場治好以後，國際金融家就會壓迫我們，我們又有一段時間升值了。這是第二個問題。

三、對貨幣政策的影響

從 1986 年，臺灣的貨幣供給額就失掉控制，那時，經濟學家天天說為什麼不控制貨幣供給量增加率，中央銀行都相應不理。今年 3 月中旬，行政院通過物價穩定方案，第一條就是要把貨幣供給量的增加率控制在 20％，這裡面有一個假設，就是說每年貨幣增加量 20％對臺灣來說是正常的增加率，如果超過 20％就不正常了。實際上，1986 年 3 月貨幣的增加率超過 21％，1986 年底超過 40％，1987 年底在 35％左右，1988 年底約 29％，一直都是超過正常狀態，為什麼當時不控制貨幣數量，到了 1989 年才開始想要控制呢？這是外匯自由化以後的一個影響，而且，這個控制也帶來新的問題。

貨幣經濟學用 M 表示貨幣供給量，通常是指 M1B，M1B 的構成份是全體銀行負債的一部份，而資產是負債的來源，我們把它分為兩個部份：外匯與國內信用，假定貨幣增加 100％，而貨幣的來源在 1986 年外匯的部份佔 105％，所以國內信用的增加是負 5％；在 1987 年，外匯佔 75％，1988 年大約佔 20％，在 1989 年第一季是 0％；所以，在 1987 年之前貨

幣的來源是外匯增加，用緊縮措施無效，一直到 1988 年下半
年貨幣數量的增加，最大的來源在國內信用，因此央行陸續有
緊縮措施，尤其到了 1989 年第 1 季，完全不是外匯，完全是
國內信用，所以緊縮措施才會有效。這是為什麼央行到現在才
採取緊縮政策。利率自由化以後，外匯變化影響貨幣，甚至干
涉影響到我們的貨幣政策。

　　為什麼我們今年才管理貨幣的第二個原因是因為：國內
信用再把它分開，一個是政府信用，一個是民間信用，假定整
個國內信用增加是 100％，當政府信用增加為 150％，民間信
用就要減為負 50％；而今年政府信用在擴張中，包括公共設
施保留地的徵收，以及為了年底選舉而加速推動基層建設，因
此，緊縮措施是緊縮民間信用，不是政府信用。

　　另外，從 1988 年以來，外匯對臺灣貨幣的影響為什麼變
小了？從 1987 年的夏天，臺灣開始放寬外匯管制，以及開放
大陸探親，使得臺灣的國際收支發生了重大的變化，使原來的
外匯累積突然間變成外匯未能再累積，甚至變成負的，萬一外
匯變成負的，假定中央銀行還以控制貨幣作為他的一個手段的
話，政策也會改變，這是第一個特點。

　　而緊縮措施在外匯管制放寬後所產生的惡性循環，對國內
金融活動循環產生波動的影響。前面提到，臺灣國際收支發生
變化，這個國際收支的變化到現在為止，一般人很少注意。在
此有兩個部份值得注意，一個部份是跟大陸探親有關，我用一
個名詞來稱呼，叫做「大陸探親的經濟後遺症」，跟外匯有關
的包括兩部份：

1. 觀光收支

　　到大陸探親、觀光，就有觀光支出，在國際收支平衡表上，觀光支出包括在當地所有的食宿、交通…費用。位於忠孝東路的觀光局，以前常宣傳觀光是無煙囪工業，在 1960 年代觀光曾經是臺灣第五大出口產業，觀光收入年年都在增加中。但自從 1983 年開放觀光護照的第二年即 1984 年，我們的觀光收支開始變成負的，也就是我們到國外用的，比外國人到臺灣來用的多，1985 年負了 10 億美元。1987 年我們開始放寬外匯管制，有人偷偷到大陸探親，負數馬上就增加了，變成負 14 億美元；1988 年正式開放探親，那一年負了 19 億美元，如果沒有天安門事件，可以跟大家保證今年絕對負得更多。

2. 民間匯款

　　第二個探親經濟後遺症是民間匯款。過去，臺灣地區這部份是正的，因為有一部份留學生會匯款回來，所以民間匯款是正的，可是到了 1980 年代，現在你看報紙都會看到「大陸親人在找你」，包括我個人，去年 8 月就收到一封上海來的信，那時信還不能直通，寄到臺灣大學，學校居然也交給我；在那封認我當親戚的信上第一段就說，「最近一、二年常常在上海的報紙上看到你的大名，我們幾個親人研究了很多，認為你大概是我們的親戚」，最後一句話是「務必回信」，我當然不敢回信，因為這一回信，不管怎樣，就會有了「民間匯款」。民間匯款收支自從 1987 年開放外匯管制那一年，負了 14 億美元，1988 年開放探親以後，民間匯款負了 19 億美元。

去年，臺灣對外貿易出超 100 億，以上二部份就吃掉了 37 億，如果貿易出超不擴大，這部份會把出超消化掉，這是一個很嚴肅的課題。就是在 1985、1986 年，臺灣外匯一直在增加，構成了臺灣貨幣的壓力，到了開放探親、觀光以後，這個壓力獲得紓解，其中一部份原因就是以上所說的。

　　其次，另外一個影響是放寬外匯管制以後，匯出款很方便，可以直接到國外投資，跟大家舉一個例子。在座很多位先生年齡跟我接近的，就能夠體會，一直到 1950、1960 年代，臺灣經濟資源貧乏、資本不足，特別是外匯不夠，因此，政府想盡各種辦法要爭取外匯，其中一個方法叫做《獎勵華僑及外人來臺投資條例》；很多極端的偏向社會主義的年輕學生，反對外人投資，但是，你想到 1950、1960 年代那種貧窮的狀態，沒有資本不行。

　　可是，大家知道嗎？我們發了那麼大的力氣，立法院訂法律，財政部租稅減免，經濟部編預算蓋加工出口區，還有，別的開銷不說；如果你把投資審議委員會從 1953 至 1988 年以來員工所領薪水加起來，不曉得多少；可是在這 36 年當中，華僑及外人來臺投資總共 65 億美元，包括去年 8 億美元，在這樣的情況下，這個直接投資，扣掉本國人民到國外直接投資，到了 1985 年投資差額是正 3 億美元，1986 年正 1 億美元，到 1987 年出去的跟進來的剛好抵消掉；可是到 1988 年一年，就負了 34 億美元。因為，去年我們開放外匯管制以後，本國企業到外國投資了 42 億美元，而外人來臺投資 8 億美元，抵消後負了 34 億美元。所以，大家不要看到中共宣傳說很多臺灣

商人在大陸投資，其實沒有很多，仔細算大概 5、6 億美元，去年一年臺灣到世界各地投資 42 億美元，其中到大陸投資的比重有限，不是很大；可是 5、6 億美元對中共來說投資金額就很大。

再其次，放寬外匯管制以後，短期資本移動跟價格無關，也就是跟匯率預期無關，短期資本外流就是套利性的資本移動淨額，在 1988 年臺灣負了 28 億美元。

把以上幾項加起來，共負了 99 億美元，去年我們貿易出超 100 億美元，全部被用光。所以，放寬外匯管制以後，政府讓大家到大陸探親，使臺灣對外的國際收支發生了根本的改變。這個改變，就是不能夠單純的用貿易去判斷臺灣的外匯問題；也就是 Peter Drucker 所說的，資本帳上的國際金融的金融性交易，對匯率的影響在短期間是最重要的。

對臺灣來說，這些都是剛剛發生，因此未來有什麼演變，就變成了大家關心的問題。如果我們要處理臺灣的國內金融事務的話，就要去研判他的長、短期動向，這是我們過去沒有注意的，教育過程中，也沒有很完整的告訴我們，說我們是國際社會的一份子，我們應該怎麼做，包括現在的雜誌也沒有跨上這個境界，都只關起門來討論一個閉鎖經濟上的問題，那是錯的。大家應該記得，我們已經變成一個國際社會的一份子，要認識如何做一個國際人。

四、對金融政策的影響

在金融上的影響，譬如說，這一次緊縮措施是緊縮民間信

用。民間信用簡單的說，就是放款減掉存款，而緊縮民間信用就是放款要減少或存款要增加，這一定是提高利率。所以，大家看到最近各銀行提高利率的現象是很正常的必然結果，接下去就要用更多總合的知識來分析了。提高利率以後，熱錢就會流入，因為，國際間的熱錢除了預期匯率之外，還有兩國之間利率高低的對比，如果一國提高利率，而預期匯率不變，那麼熱錢一定進來，會使短期間外匯增加；假使此時中央銀行要繼續維持貨幣數量，因此央行一定要再找一個地方去減，政府信用不能減，所以就影響到民間信用；民間信用更緊縮的話，利率就再度提高，產生一個惡性循環，這是臺灣外匯自由化以後經常要看到的。

如果要控制貨幣，就會遇到這樣的一個惡性循環；但是，這個惡性循環也不是這麼單純，因為，熱錢流入以後，會產生升值壓力，壓迫升值，所以除了對貨幣供給量的影響以外，還有升值可以選擇。升值，出超就減少，以致於外匯會被抵消，所以緊縮民間信用的第二個變化，那就未必是提高利率。因此，要看臺灣的金融，就要看你是從那個時間，那個地方開始判斷，而你觀察的是未來多久以後的時間？那麼，對金融狀況就會有不同的分析。因此，即使在短期的未來，根據你做的不同的惡性循環的判斷，你可以得到不同的結果，這是新的問題。

所以，外匯自由化以後再加上臺灣自己的本質，我們會遇到比過去更複雜的現象會發生。如果外匯自由化再繼續進展，把匯入款的限制放寬到跟匯出款一樣，（我個人的判斷，今年

年底以前就會變成同樣）那個時候，外匯就會扮演很關鍵的角色，所以很重要的一個要務，就是我們對國際經濟金融貿易的知識一定要加強，因為，即使合庫沒有承辦外匯業務，但是，還是會受到它的影響，因此，一定要增強外匯方面的資訊，才能夠合理的操作國內的金融。這是外匯放寬管制以後對金融面的影響。

五、對經濟面的影響

放寬了外匯管制以後，對內部經濟也有很重大的影響。臺灣的物價就受到很大的衝擊，雖然，一般的成長也會受到衝擊，不過，我們比較關心物價，所以跟大家講物價。

回顧臺灣的經濟，1966 年以後臺灣的出口佔 GNP 的比重提高到 20％，臺灣的開放經濟型態至此形成，因此，臺灣物價在這裡做一個分水點；在 1965 年之前，臺灣的物價上漲跟世界無關，都是內部問題，只有兩個原因，就是財政赤字再加上無外匯，因此，物價上漲，沒有能力進口東西，所以物價又再上漲，比較單純。而從 1965 年以後，假定看這個世界物價跟臺灣物價的對比，你會發現一個很有意思的現象，這也是臺灣經驗，就是「世界物價安定的時候，臺灣物價比世界物價更安定；世界物價不安定的時候，臺灣的物價比世界物價更不安定」。例如，1965 至 1972 年世界物價漲 5％，臺灣經驗是 2％，臺灣比世界物價更安定；1973 至 1974 年世界物價每年漲 17％，臺灣物價每年漲 38％，臺灣物價就比世界物價不安定很多了。

　　所以，從另外一個角度來說這個現象，你可以這樣說：在世界物價安定的時候，在臺灣地區的居民拼命存錢，用通俗的用語來說叫「慢慢累積游資」，累積到一定程度後，一次衝上去，把游資消化完，再重新開始儲蓄。所以，1975 至 1978 年世界物價漲 6％時，臺灣只漲 2％；而 1979 至 1980 年世界物價漲 9％，臺灣則漲了 18％，一次又把游資用完。1981 年以來世界物價平均每年大約漲 5％，臺灣物價號稱不變，大家又在等一個時間的到來，才能下最後結論。

　　在過去，臺灣的匯率幾乎都是固定的匯率，因此，臺灣的物價完全受制於國際物價，就是我們前面提到的「價格的接受者」。國際物價變了，臺灣跟著變，然後變多一點，因為，是價格的接受者，所以，臺灣的物價不能去影響世界物價。譬如說，臺灣物價現在不變，可是你不能讓世界的物價不變，這是臺灣過去的特點。現在，外匯自由化以後會發生什麼現象，除了世界物價漲，臺灣一定還要跟著漲之外，另外，還有兩個獨特的經驗，就是不能期待新臺幣升值會促使國內物價下降，以及內生物價調整的結果使得國內物價呈現上漲趨勢。

　　以第一個經驗來說，1981 年以來世界物價每年漲 5％，可是新臺幣兌換美元匯率從 1 比 40，一直升到 1 比 26，而進口商一年的進口佔臺灣 GNP 的 45％，進口商進口的成本用新臺幣算的，都往下降了很多，而且這段時間關稅稅率也降低，可是為什麼沒有看到物價下降？價格應該下降才對啊！經濟學上的「價格僵固性」適用在臺灣，就是即使新臺幣無論如何升值，也就是說物品成本降低了，但價格並不往下降，這是我們看到

　　的臺灣的一個特點。所以，當臺灣已經外匯自由化以後，新臺幣還會繼續再升值，國際間很多的經濟學者相信，如果不考慮非經濟因素，新臺幣很強，在 10 年內可以達到 15 塊新臺幣換 1 塊美金。雖然新臺幣繼續升值，就跟大家看到的日本日圓一再升值一樣，可是日本都市的居民生活愈來愈苦，就是因為內部的價格是僵固性的，這一點我們要體會：不能期待升值中物價會下降。

　　其次，如果世界物價不漲，國內物價會不會不漲呢？即使國際物價不漲，臺灣本身會發生內生的物價上漲，這個內生的物價上漲，就會干擾臺灣的對外經濟活動，然後，從經濟活動去影響到臺灣國內金融的運作。這個現象可以這樣看，剛才開始跟大家提到臺灣是一個價格接受者，所以假設世界物價為 P_W，P_W 上漲 10％，臺灣進出口貿易價格 P_T 都要跟著世界物價漲 10％；假定以 W_T 代表臺灣貿易財部門的工資，進出口貿易物價 P_T 上漲 10％，工資 W_T 就要跟著漲，漲多少？

　　假使今年物價漲 10％，那麼，政府決定軍公教加薪加 10％，合理嗎？不合理，因為，工資跟物價的關係不是直接的，工資 W_T 上漲是物價上漲 P_T 加上生產力（π_T）增加，所以，當 P_T 上漲 10％工資要漲多少，要看生產力增加多少，譬如說貿易財部門的 π_T 增加 6％，則工資 W_T 要增加 16％，才是合理的。而貿易財部門 W_T 增加 16％，所謂非貿易財部門工人的工資 W_N 也要加 16％。譬如說，理髮師是非貿易財部門的工人，貿易財的價格上漲，理髮的價格要不要漲？一定要漲，因為，如果他不漲，學理髮的人數就愈來愈少，少到有一天每個人要

去理髮的時候都要排隊，排隊排煩了，理髮店老闆說：「為了照顧顧客，可以特別掛號，加掛號費。」人人都願意掛號，所以到最後加得一樣多。

用經濟學的術語來說，就是「恢復平衡」，因此，非貿易財部門的物價（P_N）就要漲了，但由於這個部門也有生產力，且非貿易財的生產力（π_N）都加得很慢，假設為 2%，則 P_N 就上漲 14%；假設 P_T，P_N 剛好各佔物價 P 的 50%，則臺灣的物價 P 就要漲 12%（10% ×50% +14% ×50% ＝ 12%）。所以當世界物價漲 10%時，價格接受者的國家會漲多一點。剛才跟大家提到兩次石油危機，臺灣的物價都漲得比世界物價多，就以上的理論，我們本來就要多漲一點，可是再加上游資衝擊，就變成多漲一倍了。

另一個問題發生在什麼地方呢？萬一能夠影響臺灣物價的世界物價都不漲，就像最近幾年，石油跌價，一般世界貿易品的物價不變，那麼，會發生什麼現象？臺灣在這樣的一個狀況之下發生了內生的物價漲，跟世界無關，像臺灣近來的經驗，房價漲、房租漲，然後工資就漲了。在都市的工人，一個月的支出裡面四分之一是付房租的，假設世界物價 P_W 不變，而臺灣 P_T 上漲 4%，π_T 上漲 6%，所以 W_T 上漲 10%，以致於 W_N 亦上漲 10%，但因為 π_N 上漲 2%所以 P_N 上漲 8%，同樣的最後 P 上漲 6%（4% ×50% ＋ 8% ×50% ＝ 6%）；可是，這時世界物價不變，臺灣的內生物價上漲了，但因為臺灣是價格接受者，不能影響世界物價，所以出超會減少甚至變成入超，然後影響到外匯，影響到貨幣，接著中央銀行的金融政策就受

干擾，影響到外匯的時候就變成央行要不要干涉匯率的問題，影響到貨幣的時候央行要不要緊縮信用的問題。

以上這些經驗臺灣過去都沒有發生過，現在陸續在產生中，瑞典在 100 年前曾有過這些經驗，但距離現在時間太遠，客觀經濟情況不一樣不能抄，1919 至 1929 年的美國經驗又是一個大型經濟的經驗又抄不過來，所以未來就必須走一步學一步。

參、結語

總之，大家要記得一句話，就是在一個國家的經濟發展過程中，當他的製造業部門佔總生產的比重超過 25％時，這個國家的工業發展就走進了不歸路，同樣的道理，當一個國家的對外貿易出口佔他的 GNP 的比重超過 25％時，他就要開始自由化，一旦自由化以後，除非世界經濟、政治發生重大變化，否則，這個自由化也是一條不歸路，也就是說只有愈來愈自由。

實際上，我們走得太慢，臺灣一直到出口佔 GNP 的 50％時才想到自由化，而愈來愈自由時，由於以前都沒有經驗，所以，我想我們應該抱著比較謙虛的心情，好好去邊學邊增加知識來處理問題。因為，包括我們的中央銀行也是邊做邊學，我們也跟著他邊做邊學，那麼大家在同一個起點開始做。簡單跟大家做這樣的報告，謝謝大家。

【《今日合庫》，15 卷 7 期總號 175，1989 年 7 月。於 6
月 15 日合庫高級幹部研討班演講，蔡淑惠記錄。】

當前匯率問題的一些反省

　　新臺幣升值再度成為目前爭議的問題。如同 1980 年代的升值問題一樣，政府部門將外來壓力下的升值視為尊嚴的喪失，出口廠商更敏感地感受升值對其利潤的侵蝕，從而興起一股反升值的聲浪，標準用語是新臺幣沒有升值的空間。根據以往的經驗，儘管我們說新臺幣沒有升值的空間，如不能適時採用有效的對策，早晚都將只有升值一途。現在發生的新臺幣升值壓力是否會成為例外，當然須由問題發生的原因及因應對策來考察。

升值壓力的來源

　　長期間的升值壓力來源是連續性的對外貿易出超，所反映的是國內儲蓄大於國內投資。節儉與儲蓄原是美德，且儲蓄資金的適度成長也是最重要的投資資金來源。約自 1980 年代開始，因所得繼續成長及儲蓄率提高的雙重作用，我國各年的儲蓄金額增加甚快，且都未被國內投資充分吸收，雖然過去五年對外投資已有巨幅增加，仍未能完全消化這些超額儲蓄，從而使外匯存量仍陸續增加，成為新臺幣繼續升值的實質壓力來源。只要這種現象繼續存在，升值壓力就不會解除，更會成為外人放話的口實。

　　不管美國財政部的匯率報告對新臺幣匯率問題的放話，

或日前來訪的美國克萊恩教授的新臺幣升值說，都另有一層考慮，那就是，絕大多數的工業國家的長期實質經濟成長率都已向低調整，而我國仍維持高經濟成長目標。若我國確能實現預擬的高成長目標，年年偏高的成長率差距應表現著生產力差距，相對高生產力的繼續存在，最後當然須以升值收場。因此，只要我國維持高成長目標，且繼續努力實現此高成長目標，則升值趨向將是非常明顯，外人的放話只是產生預期升值心理，促使新臺幣升值早日發生而已。

因應對策的缺失

面對著升值壓力，我們總是試圖說服對手，新臺幣沒有升值空間，然而不論對手是否同意，對手總不能強制新臺幣一定要升值若干。在絕大部分的場合，升值最後一定是來自內部的壓力。

內部壓力的來源是外匯累積。因為我國的出超趨向仍未有消失的跡象，出超金額扣除對外投資淨額後，幾就是外匯存量的增加，如鼓勵民間持有這部分外匯增量，暫時不會有不良影響，但長期間則有儲蓄來源誤用及民間吸收能力的限制，尤其是一旦升值趨向比較明顯時，民間所持有的外匯反而會成為匯率投機之工具，助長匯率波動，乃至於額外提高了升值的幅度，因而民間吸收外匯增量實不是妥善的因應方式。

貨幣當局吸收外匯存量增加是我國傳統的因應對策。因為外匯存量是貨幣供給額的來源之一，貨幣當局吸收外匯增量固能一時阻止升值，至少會立即產生兩個問題：一是以外匯存量

增加作為貨幣供給的來源，須以減縮國內信用供給為代價，尤以目前政府正推動國建六年計劃，政府資金需求相當殷切，被減縮的當然是國內民間信用，如長期採用，國內信用分配將被嚴重扭曲。二是吸收能力問題，無論以國民生產毛額計算，或以貨幣供給額計算，貨幣當局吸收外匯增量都將有其限度，超過能忍受的限度，為避免貨幣膨脹，就須採用所謂沖銷措施。但除非造成升值的原因消失，累積沖銷能力有其上限，且很可能帶來貨幣膨脹的後遺症。換句話說，貨幣當局吸進外匯也只能在短期間穩住匯率，長期間卻不能避免升值，何況操作不慎就會招致貨幣膨脹的惡運。

理性的因應對策

　　理性的因應對策是從縮小超額儲蓄著手。稍加回顧，我們可以發現，過去六年來，隨著新臺幣對美元的巨幅升值，折算為美元的我國平均每人所得在世界的序位上不斷上升，但國人的生活素質則未見同時改善，因而形成富裕中的貧窮現象。如國人能將超額儲蓄的一部分用於改善生活素質的支出，因同時能產生出超金額縮小的作用，便能兼顧提升生活素質及消除升值壓力的雙重利益，可說是一舉兩得之事。將部分超額儲蓄支用於改善生活素質有兩種方式，一是政府藉租稅手段來推動，一是民間自願增加改善生活素質之支出。前一種方式容易招惹民怨，後一種方式有賴普遍的利他精神的發揮，在目前的環境下，都是懸想過高，不能賴以處理燃眉的升值壓力問題。

　　儘管如此，我們仍須積極面對問題。因為只要大量超額儲

蓄繼續存在，就難免會間歇地發生升值壓力，稍一處理不當，就會衍生眾所不喜歡的經濟金融災難，那是很慘痛的社會代價。因此，在長期的理性對策有機會被採用之前，我們不妨暫時調整對匯率安定的態度。容許匯率波動幅度適度擴大，俾市場機能多發揮一些調節的作用，避免不可料想的急遽升值的痛苦。此舉或許會加添貿易廠商的額外成本負擔，但同時也增加了外匯投機者的風險成本，減少投機者在外匯市場的活動，有助於促進匯率的相對安定程度。

【《經濟日報》，1992 年 5 月 30 日。】

試析以新臺幣作為貿易結算工具問題

　　根據報導，中共福建省決定，福建與臺灣間接貿易將允許以新臺幣、港幣及其他可自由兌換的外幣作為結算的工具。這項突破性的措施立即引起一些猜測，包括對我國的利弊影響、今後可能的趨勢、乃至於政府應否採取因應對策等。這些考慮都是大問題，有待全盤深入檢討，才能提出具體的答案，本文只對幾個層面作初步的分析。

目的指向拓展雙邊貿易

　　福建省的五項新措施，包括允許以新臺幣作為貿易結算工具在內，都以進一步發展對臺貿易為目的，故我們得由貿易發展作為討論的起點。

　　眾所周知，自 1986 年以來，臺灣經香港轉口的兩岸雙邊貿易成長甚快，1991 年的貿易總額約 58 億美元，佔臺灣對外貿易總額的 4.16%，且直到目前雙方貿易商品大部分都由臺商到大陸投資引申產生，而臺商的投資仍以福建、廣東居多，故雖然欠缺具體統計資料，仍可推測大部分的貿易仍以這兩個省份居多。尤其福建只隔寬度不及 200 公里的臺灣海峽，走私活動非常猖獗，未納入統計的地下貿易金額為數不少，從而我們可以推想福建因與臺灣雙邊貿易激增會產生貿易結算工具的需

求，新臺幣對外幣值相當穩定，自是一項合理的選擇。

這項措施的直接效果是減輕了一部分貿易成本，包括匯率風險及兌換成本都得以減輕，從而有激勵臺灣與福建間之貿易的效果。尤其是，其他四項針對貿易的新措施，放寬了貿易商品限制、放寬了承運船隻的限制、放寬了每件交易量及每船貿易額的限制，配合著交易媒介的方便，很可能會使雙邊貿易額很快地增加。

貨幣影響會趨於複雜

跨越國境的貿易關係必然附帶發生金融關係，臺灣境外的地區願意採用新臺幣作為貿易結算工具，其金融影響更為顯著，故福建當局的新措施引起國內銀行業很大的回響。主要關心的課題是貨幣供給的控制及銀行到彼岸設分行的問題。

原則上說，福建願意接受新臺幣作為貿易結算工具，間接承認新臺幣的優越性，有助於新臺幣跨出國境，發展成區域貨幣，間接提高我國的國際經濟地位，直接使我國中央銀行享受若干發行利益。然而，我國所需承擔的代價是提供足夠的通貨供給，因為如果沒有足夠的通貨，貿易量就無從擴大。可是，直到目前，兩岸間未直接通匯、未准許銀行彼此設立分行，此通貨供給補充就會成為問題。就常識來說，目前臺灣對大陸出超，福建勞工在臺打工收入及探親客的濟助金是否足以彌補此差額仍無法確知，但無論如何，福建為增加自臺灣進口所需之新臺幣，就須先增加對臺灣之出口，而這些出口一部分是走私的地下貿易活動，因而立即誘生的是更頻繁的走私活動究竟會

產生何種影響。

在短期內,貨幣供給的控制仍不是重要的經濟問題,因為我國信用經濟已相當發達,目前通貨淨額只佔 M1B 的 23%,只要彼岸銀行中沒有以新臺幣記帳的存款,以新臺幣結算的貿易須以通貨進行,通貨淨額的短期顯著變動很容易察知,且對貨幣供給額之影響相對上不大,也能輕易地抵銷其影響。尤其是,即使是福建當地為使貿易進行順利,要以新臺幣作為準備金,由於福建經濟規模相對上不大及貿易金額有限,所能吸收的新臺幣通貨不會很多,仍不致影響我國貨幣當局的貨幣控制問題。

較令人擔心的是,部分人士在興奮之餘,認為面對此種情況應加速讓銀行到彼岸設立分行及准許直接通匯,這種看法以抓住商機為基礎,乍看不無道理,然會引申不少尚待檢討的複雜問題。如簡化且單獨就其與貨幣供給有關的問題來說,隨著分行設立及直接通匯之後,連到大陸投資也能以新臺幣進行,且在條件許可之下,也會創造在臺灣境外以新臺幣記帳的存款貨幣,這樣的發展就會對我國貨幣政策產生重大的干擾,國內信用供給與景氣的關係,貨幣供給額與經濟活動的關係,都會與我國以往的經驗漸有差異,如何因應便是另一項重大的課題。

對策須謀定而後動

部分批評者認為政府的大陸政策被動成份居多,但彼岸一有新動作,常要求政府有所因應,這次福建允許以新臺幣作為

貿易結算工具的動作也不例外，許多人士都希望看到政府有所行動。

政府當然應有因應對策，但這一回不宜匆忙提出，理由有三：第一，這項措施只是福建一地的決定，仍須觀察其他地區的反應。第二，這項措施對我國所產生的影響須慎重評估。第三，因應措施必然會涉及貨幣及貿易以外的問題，必須就全盤政策原則為基礎進行檢討。

雖然如此，政府早晚總須提出一些對策，而這些對策也難免會涉及政策與制度的改變，就這一點來說，必須兼顧短期及中長期的可能影響，且最重要的是必須擬訂具體可行且不損及我國社會經濟利益的行為規範，因為金融面如沒有適切的規範，其擾亂作用是難以想像的。

【《經濟日報》，1992 年 6 月 16 日。】

七、專題研析
十年來臺灣的貨幣與物價
（1955-1964）

十年來臺灣的貨幣與物價

一、引言

臺灣自光復以來，經濟發展頗為快速，尤其是 1956 年以來，經濟情況逐漸趨穩定，各種經濟建設突飛猛進，逐漸展開擺脫農業經濟型態的轉機，到了 1964 年，工業產值對國內經濟的貢獻已超越農業，經濟結構的轉變已初具雛型。所以從 1956 年至 1964 年的 10 年，可說是一個具有決定性的過渡時期。有關這 10 年來，臺灣經濟發展的重大成就已有許多精闢的分析與宣揚，但是這期間的貨幣與物價的問題則很少有深入的分析。也就是說，這 10 年來的經濟發展是否帶有通貨膨脹的色彩，是否在無通貨膨脹的情形下發展著，很少受到熱切的關心。似乎是經濟上的成就以其眩人的光芒，使我們失去了通盤正視通貨膨脹問題的興趣。

通貨膨脹問題是貨幣及價格的長期變動問題，短期的分析不易窺知潛在的問題。由於我們一向缺乏長期的深入的分析，所以每回的物價波動都要引起若干恐慌與爭論，若干人士慣常地抓住當時的部分經濟事實提出事後的解釋，或者認為貨幣供給增加太快是罪魁，或者怪責進口管制過分嚴格，或者以游資蠢動的帽子把責任推到投機者身上，亦有以利率偏高使生產成本提高作為事因的。凡此種種不一而足，其中尤以「貨幣供給量說」與「游資說」二者更是經常被若干報章雜誌及金融專家

們所樂意採用。

過去的暫且不談，1963 年 7 月以後，貨幣供給過度增加，同時金鈔黑市及證券市場亦掀起洶湧的波浪。幾乎所有能用來描述貨幣供給及游資的罪惡的辭句都已被激烈的引用，且通貨膨脹論甚囂塵上。輿論界的見解，幾乎是一致地主張限制貨幣供給量的過度增加及有效地疏導「游資」，似乎貨幣本身是洪水，需要築壩攔阻；「游資」是猛獸，需有獸欄作為囚籠。曾幾何時，物價安定，金鈔趨穩，證券市場亦在風雨之中一洩千里，而貨幣供給量有增無減，游資在瞬間消失無踪。通貨膨脹的字眼已極少被大眾提起，大眾的注意力及期望似乎已轉向如何使證券市場繁榮。

明白地說；大眾似乎對於 1963、1964 年間的證券市場有甜美的懷念－「游資」這可怖的猛獸為何不再進場呢？這一個事實指出短期的粗略的看法，不但難於認清事實，而且也易於激發情感上的衝動，使大眾在情緒激動之時慷慨激昂，當五分鐘熱血期一過，不但前此他個人的言辭與行為已被拋諸腦後，而且對於眼前的事物也有迷糊的感覺。

如前所述，貨幣與物價的問題是一個長期問題，短期的偶發變動固然有其近因，卻是長期波動中的一個小漣猗，多多少少受到長期趨勢的影響，且亦將影響今後的貨幣經濟的運作。本文即是基於這種認識，對於最近十年來的貨幣、物價、游資及通貨膨脹等問題作一概括的檢討，並且對於今後的發展，在適當地方提出若干預測性的意見，增進大眾對過去貨幣及物價問題的討論興趣，並就正於高明之士。

二、資料說明

　　為分析物價與貨幣的變動，不免要採用貨幣數量學說的分析方法。因此，構成交換方程式的貨幣數量、流動速度、物價水準及交易量等四個概念便成為本文的主要核心。茲將本文中最常用的概念說明如下：

（一）貨幣數量

　　貨幣數量固有貨幣存量及貨幣流量的區別，但是通常指稱貨幣數量時，常指貨幣存量而言。所以在本文中，除非特別指明，所有「貨幣供給量」、「貨幣需求量」、「貨幣數量」等有關貨幣量的辭句均係指稱貨幣存量而言。通常所習用的貨幣供給量係由通貨淨額加上存款貨幣淨額所構成，前者係通貨發行額扣除庫存現金之數，後者係企業及個人活存減去待交換票之數。此外，本文亦討論包括準貨幣（定期、儲蓄及外幣存款）在內的貨幣量之變動，惟如非特別指明，所有「貨幣供給」、「貨幣需要」或「貨幣量」等辭均係指稱習用概念。

　　其次，由於《金融統計月報》上的統計資料均係月底數，而與其對比的物價水準、國民生產毛額或國民所得或是年平均值或是全年產值。若以全年某一時點的貨幣量作為分析基礎，常與實際偏差更遠。因此，本文根據《金融統計月報》全年12月底的貨幣供給量編算全年平均貨幣供給量，作為本文的分析資料之一。文中所稱「貨幣供給量」、「貨幣需求量」、「貨幣量」，如非指明特別時點，全是指稱平均貨幣量的概念。

　　第三，就每一時點來觀察，貨幣數量可分活動的貨幣量與

休閒的貨幣量，亦可分成貨幣供給量及貨幣需要量；以其全年各時點的平均數可得平均活動貨幣、平均休閒貨幣、平均貨幣供給量、平均貨幣需要量。在本文中，「平均」二字常被省略。

第四，由於本文係以平均貨幣量為主，所以有關金融統計資料部分，如非特別指明時點，亦均係指稱全年各月底的平均數。

（二）交易量

樸素的交換方程式中的 T 係指稱全年的交易量統計，由於不易獲得可靠的交易量統計，且現代所得學說已以國民所得統計取而代之。所以，本文以國民生產毛額作為分析基礎。此外，本文亦談及實質國民生產毛額，惟如不特別指明，均係指稱當年幣值而言。

（三）流通速度

由於交易量已被國民生產毛額所取代，所以本文所稱的貨幣流通速度係指稱貨幣的所得速度而言。[1] 根據前述的國民生產毛額被貨幣供給量所除而得的數字即是貨幣的所得速度。此外，為探求社會流動性的變動，本文亦曾以包括準貨幣的貨幣

1　所謂貨幣所得速度係指每一單位貨幣在一年內（或任一假定的時期內）構成所得的次數（以 Vi 表示之）；而交易流通速度則是每一單位貨幣在一年內使用於該年財貨與勞務的轉手次數（以 Vt 表示之）。因此，Vt 概念上包括了許多不被包括在所得中的交易。假定每單位實質所得在同一期間的轉手次數是 h，則

$$Vt = hVi$$

亦即，所得流通速度與交易流通速度的差別在於構成所得的物品與勞務在同一期間內的流通次數。在正常的短期內，h 的變動甚為輕微，因此討論貨幣的所得速度與分析貨幣的交易速度實無不同。

供給量除國民生產毛額而得第二種貨幣所得速度。惟除非文中特別指明，「流通速度」一辭係指稱前者。

（四）物價水準

目前常被用來說明臺灣物價變動的物價資料有兩種，一種是臺北市躉售物價指數，另一種是臺灣省都市消費者物價指數，均發表在臺灣省政府主計處所編的《物價統計月報》中。此項物價統計有新舊系列之分。新系列由 1956 年開始，惟其月資料則從 1958 年 12 月開始，本文所用者係新系列的物價統計。

嚴格地說，臺北市躉售物價指數，以臺北市躉售物價為基礎，包含項目雖然廣泛，但卻無勞務價格指數；而臺灣都市消費者物價指數係以臺北、臺中、臺南、高雄及基隆等五大都市的零售價格為基礎，雖然包括若干勞務價格變動在內，卻僅能表示都市消費者生活物價水準的變動，不足顯示臺灣物價水準的趨勢。同時，根據交換方程式所計算的物價水準含有國民生產毛額的平減指數的意味。[2] 所以，GNP 的年減指數似可用來代表一般物價水準的變動。惟由於 GNP 平減指數無分類資料指數，在分析上有很多不便之處。所以，本文雖然在若干地方

---

2 嚴格地說，以臺北市躉售物價指數代表物價水準有兩個大缺點：其一是僅表示臺北市物價，供需失衡波動若非全面性時，實際物價水準即與物價統計脫節；其二是臺北市躉售物價包括一級產業及二級產業的產品，三級產業的勞務產品被排除在外。根據 1964 年國民所得統計，三級產業佔國內生產淨額的比例高達 41.5%，將其價格變排除，當然不能真正代表臺灣的物價水準。

同時，根據修正的交換方程式 $PY = MVi$，其中的 P 既與實質國民生產毛額對比，實係指 GNP 平減指數。本文因資料限制，不得不放棄以 GNP 平減指數表示物價水準的最初構想，實是最大的缺憾，亦是不得已的事。

談論 GNP 平減指數的波動情形，但通常係以臺北市躉售物價指數代表臺灣的物價水準。文中「物價水準」一詞即係指臺北市躉售物價指數而言。

三、貨幣數量

（一）貨幣供給疾速增加的事實

從 1956 年以來的 10 年間，國民生產毛額從 1955 年的 27,885 百萬元增至 1964 年的 94,331 百萬元，平均每年增加 14.6％；而同一期間的貨幣供給量更從 2,527 百萬元增至 11,891 百萬元，平均每年增加率高達 20.5％，貨幣的增長速率比國民生產毛額增加率快速得多，貨幣膨脹對於此一時期的物價水準免不了有若干影響，因此剔除物價上漲後的實質國民生產毛額的成長即較以當年幣值計算者低了一半左右。

如表 1 所示，除少數幾年外，10 年來貨幣供給大致是顯示累積增長的壓力。大體上說，1958 年以前，貨幣供給的年增加量均在 7 億元以下，惟因當時的貨幣供給量較少，所以年增加率均相當高。1959 年的貨幣供給則已顯著地增加，計較 1958 年增加 10 億元以上，且其增加率亦高達 24％。所以，1959 年以前的 4 年，貨幣膨脹情形非常顯著。及至 1960 及 1961 兩年，貨幣供給的增加量已各降為 5 億元及 7 億元，其增加率亦不過 10％及 13％，是貨幣供給相對穩定的時期

從 1962 年以後，貨幣供給的年增加量已超過 10 億元，年增加率亦均超過 16％，其中 1964 年的貨幣供給量比 1963

年增加 32 億元，其年增加率高達 37%。所以這 4 年的貨幣供給亦有膨脹現象，且因經數年來的累積增長，其增加情形較 1959 年以前的情形更加嚴重。

由此可見，由於歷年貨幣供給具有累積增長的態勢，所以 1964 年以來，貨幣供給量的脹大情形即甚可觀，社會所存有的需求性購買力非常龐大。假若我們把流動性較低的準貨幣（包括定期、儲蓄及外幣存款在內）亦考慮在內，則社會上所潛在的需求性購買力的脹大情形復比單純的貨幣供給量更加嚴重。

由於準貨幣的大量擴張是 1961 年以後的事，所以在 1960 年以前，包括準貨幣在內的貨幣量為數仍甚有限。而 1961 年至 1964 年的 4 年間，準貨幣以每年 30 億元以上的數量高速增加，所以 1964 年包括準貨幣在內的貨幣量已為 1955 年的 8 倍左右。

因此，我們首先應當檢討貨幣供給與準貨幣為何增加，然後才能探討其影響，進而剖析潛在購買力對於今後經濟發展所能產生的影響。

表 1　1956 至 1964 年臺灣的貨幣供給實況

單位：新臺幣百萬元；%

年別	平均貨幣供給量			包括準貨幣的平均貨幣量		
	數量	增加情形		數量	增加情形	
		增加量	增加率		增加量	增加率
1956	2,721	-	-	4,091	-	-
1957	3,468	747	27.45	5,271	1,180	28.84
1958	4,157	689	19.87	6,794	1,523	28.89
1959	5,169	1,092	24.34	9,385	2,591	38.14
1960	5,696	527	10.20	10,890	1,505	16.64
1961	6,430	734	12.89	14,157	3,267	30.00
1962	7,462	1,032	16.05	18,543	4,386	30.98
1963	8,655	1,193	15.99	22,722	4,179	22.54
1964	11,891	3,236	37.39	30,225	7,503	33.02

資料來源：《臺灣金融統計月報》。

（二）貨幣供給的季節性

　　這種貨幣供給的脹大現象，表面上看來完全是逐年累積增長的結果。尤其是最後這兩年增長現象幾乎是逐月不息地上升，所以貨幣量的增加才特別迅速。當我們仔細地觀察貨幣供給的逐月變動現象，便將驚訝地發現，近年來的貨幣供給的季節性調整機能似已甚少發揮，一般情形都是放任其他強烈的影響因素支配貨幣供給，殊少主動地調配貨幣量，貨幣量似乎失去了人為控制。

　　我們的社會仍然是一個典型的農業社會，至少在生活觀念、商業習慣、支付制度等行為模式上仍然尚未擺脫農業社會的樣式，為應付商品及勞務等交易需要的貨幣需要即有顯著的

季節性。歷年以來貨幣的供給常配合此種變動趨勢而有適當的調整。

　　大體上說，每年年初，為農曆年關，商業交易特別活躍、各種年終獎金的支付及債務清償等均使貨幣需要大增，因而1至2月之間常係貨幣供給的高峰。3月以後，通常是淡季，貨幣需要大為減輕，民間向金融機構所作的短期融通逐漸回籠，貨幣供給常大量收縮。直到9月，一年中另一個高潮又復升起，中秋節之交易及年關存貨之蓄積需要，使貨幣供給逐漸上升，10及11月大致上亦略有收縮，但12月又有新的高潮，與年初的高峰互相呼應。

　　表2所示的貨幣供給之季節指數，即是顯示這種態勢。以這一指數來衡量最近兩三年來貨幣供給的變動，很明顯地可以看出：由於金融機構國外資產逐月累積增長，貨幣供給量一增再增，使近年的季節性調整機能甚為無力。這是近年貨幣供給激增的原因之一。

表2　1955 至 1964 年臺灣貨幣供給的季節指數

計算期／月別	1 月	2 月	3 月	4 月	5 月	6 月
1955-1964	104	101	99	97	98	99
1955-1960	104	100	99	97	98	98
1960-1964	107	101	99	98	99	100
計算期／月別	7 月	8 月	9 月	10 月	11 月	12 月
1955-1964	98	99	101	100	100	104
1955-1960	98	99	102	100	101	105
1960-1964	99	99	99	99	99	102

資料來源：《臺灣金融統計月報》。
說　　明：以環比法計算而得。

（三）影響貨幣供給的因素

　　貨幣供給與金融機構的活動息息相關。而金融活動復與整個經濟的運作有密切關係。因此，我們可以將影響貨幣供給的主要因素分成：（1）國外交易因素；（2）一般金融因素；（3）財政因素來觀察。

　　就 10 年長期的觀察而言，如表 3 所示，在 1962 年以前，國外交易因素的影響力較薄弱，惟 1962 及 1963 年國外資產淨額激增，便構成貨幣膨脹的動力；金融機構的信用擴張（包括對民營事業的債權、對公營事業的債權及對政府債權三項）是使貨幣供給增加的主因，尤其是對民營事業的債權的擴張速率更高。1963 年以後，金融機構對民營事業的債權繼續擴張，對公營事業的債權殊少變動，對政府債權則略微提高，但增加量尚不甚高。由此可知，近年來貨幣供給的激速擴張，主要是對民營事業債權增加及金融機構國外資產提高的結果。

　　上述觀察，不過是粗略的印象。詳細地分析，我們可分下述諸點，將表 3 的各因素諸項加以檢討如下：

表 3　1956 至 1964 年影響臺灣貨幣供給變動之因素

單位：新臺幣百萬元

影響因素	1956/1957	1957/1958	1958/1959	1959/1960
一、有關國外交易方面				
國外資產淨額	227	781	566	-23
二、有關財政方面				
對政府債權	455	182	-39	294
公庫及政府機關相關存款	-462	-85	-223	-242
三、有關美援存款方面				
美援存款	-172	-68	-262	95
四、有關一般金融方面				
對公營事業債權	469	407	412	259
對民營事業債權	765	916	1,935	1,014
定期儲蓄及外幣存款	-433	-833	-1.579	-978
五、其他因素及統計誤差	-102	-611	202	108
貨幣供給增（＋）或減（－）	+747	+689	+1,012	+527

影響因素	1960/1961	1961/1962	1962/1963	1963/1964
一、有關國外交易方面				
國外資產淨額	1,143	765	2,380	4,675
二、有關財政方面				
對政府債權	921	769	407	553
公庫及政府機關相關存款	-236	-334	-418	-481
三、有關美援存款方面				
美援存款	-1,012	-901	-534	-717
四、有關一般金融方面				
對公營事業債權	1,114	1,431	163	-191
對民營事業債權	1,892	3,323	2,401	3,732
定期儲蓄及外幣存款	-2,533	-3,354	-2,986	-4,267
五、其他因素及統計誤差	-555	-667	-222	-68
貨幣供給增（＋）或減（－）	+734	+1,032	+1,193	+3,236

資料來源：《臺灣金融統計月報》。
說　　明：1. 各項數字均係全年 12 月各月月底數的平均數。
　　　　　2. 負（-）號表示使貨幣供給減少。

1.　經濟發展與信用擴張

促進經濟發展的因素非常多，其中資金供給是必要條件之

一。而資金的來源固有所謂儲蓄、固定資本折舊準備及國外資金之分，但其主要融通方式之一，即為金融機構的貸款。因此，為經濟發展所作的投資愈多，金融機構的信用擴張亦愈迅速。

根據行政院主計處《中華民國國民所得統計》資料，近10 來平均經濟成長率為 7%，而按當年幣值計算的每年國內投資毛額已從 1956 年的 4,858 百萬元提高至 1963 年的 15,861 百萬元；又根據經濟部統計處全省公司登記資本額的統計資料，1956 年 12 月底公司登記資本為 6353 百萬元，至 1964 年 6 月底已增至 18,412 百萬元。前者的來源包括儲蓄、折舊準備及國外資金，後者不但未包括獨資資本，且因現在工商業有低報資金的習慣，常顯示比實際的投資資料低得多。惟由此即可看出：從 1956 年來，投入於經濟發展的資金大要增加情形。

然而這些資金的一部份是如何由金融機構給與融通的呢？我們沒有足夠的資料可以詳細分析此種融通過程與融通比例。根據中央銀行《臺灣金融統計月報》的資料，金融機構對民營事業的債權，1956 年的年平均餘額為 2,220 百萬元，而 1964 年已增為 18,198 百萬元，約增加 7 倍。如表 4 所示，這些資金雖然以流動資金的融通為主，但其數量頗為可觀，尤其是對製造業、運輸業、商業及農業的資金融通，更為顯著。

要言之，我們雖然沒有直接資料證明投資擴大與金融機構的信用擴張的直接關係，但是經濟發展程度愈高，金融機構的信用擴張活動愈是活躍則是不可否認的。而且不僅為增加存貨及存料的流動資金如此，固定資金亦復如此。

表 4　1956 至 1964 年用途別全體銀行放款餘額

單位：新臺幣百萬元

年別	放款總額	農業	礦業	製造業	運輸業	批發商
1956	4,556	452	56	2,267	104	952
1957	5,112	1,261	93	2,088	122	658
1958	6,157	1,424	146	2,674	194	648
1959	7,626	1,540	195	3,433	294	715
1960	8,497	1,539	229	3,743	480	870
1961	10,816	1,651	304	4,807	757	1,317
1962	14,633	2,002	369	6,333	1,063	2,096
1963	16,343	1,940	370	6,966	1,265	2,406
1964	18,800	1,996	417	7,974	1,514	2,404

年別	零售商	貿易商	建築商	私人放款	其他
1956	193	154	81	36	261
1957	259	173	110	42	306
1958	236	228	133	46	428
1959	304	279	197	62	607
1960	313	323	238	149	603
1961	343	436	271	275	655
1962	527	584	327	376	956
1963	581	684	375	447	1,309
1964	701	1,014	487	701	1,592

資料來源：《臺灣金融統計月報》。

2. 信用擴充基礎與利率變動

信用擴張固然是經濟發展的結果，但是信用擴張亦需有堅實的資金來源為其基礎。早年臺灣金融機構的放款能力甚弱，主要因為經濟情況未能十分安定，民間儲蓄流入金融機構者非常有限，因此產生利率偏高、儲蓄資金不足等現象，例如在 1956 年初，3 個月期的定期存款年息高達 10.80％。其時，全體金融機構所能吸收到的定期及優利存款不過是 13 億元。所以儘管在放款月息利率高達 1.80％之下，願意借款的人非常多，金融機構亦無力擴張太多的信用。因此，當時的貨幣供給固能擴充，但金融機構對民營事業放款的直接影響力並不高。

1956 至 1960 年間，經濟情況固然趨向穩定之途，且國民所得亦繼續提高，但是由於物價仍不甚安定，所以定期儲蓄等存款的進展情況並不甚合乎理想。大體上是由於一般儲蓄者的習慣是希冀在黑市借貸中博取更高的利息收入，但 1959 及 1960 兩年若干地區所發生的倒風，使得儲蓄者產生警覺，紛紛將其儲蓄貸放資金從黑市轉存於金融機構，因此，1961 年底的定儲存資金比 1960 年底突增 36 億元，即增加 60％左右。金融機構的貸放能力大為提高，信用擴張能力大為加速。

此際，儲蓄資金存入金融機構的習慣已逐漸形成。1961 年以後，物價水準更趨安定，儲蓄資金存款化愈覺安全感，金融機構的此類存款即逐月提高，因而利率得以繼續下降。到 1964 年 3 月 1 日，儲蓄存款的月息已降至 0.90％，1 月期的定期存款利率亦降為年息 4.20％，但是存款還是有增無已。金融機構一方面已有充裕資金可供貸款，他方面復因放款利率僅自

月息 1.80%降至 1.17%，所以放款之擴張速率乃大為增高。

要言之，從 1961 年以來，由於經濟情況繼續維持合理的穩定狀態，不但使金融機構的放款資金增加，而且亦使偏高的利率低降，因而原感資金不足的工商界自樂意向金融機構融通必要的資金。這是 1961 年以來，貨幣供給迅速擴張的主要因素之一。

3. 國際收支與國外資產淨額的變動

在現今金融體制之下，金融機構的國外資產每增加一分，即有一分的信用擴張能力，或者是印發通貨，或者是增加存款貨幣。而構成金融機構國外資產之主要成分的外匯及黃金準備又與國際收支有緊密的關係。因此，我們先從國際收支帳中觀察 1956 年以來國際收支的變動情形，然後再分析它對貨幣供給的影響。

表 5 是根據中央銀行所編的中華民國國際收支平衡表改編而成的簡表。計分成商品與勞務收支、美援贈與及貸款、私人移轉及資本流入等三個主要部分。根據該表，從 1956 年以至於 1962 年為止，臺灣對外貿易的逆勢仍甚明顯，入超情形甚為嚴重，加上勞務收支亦不甚理想，所以每年商品及勞務帳上的逆差數大致均在 1 億美元以上。

此項逆差金額主要係由各種美援贈與及貸款所彌補；至於私人移轉及其他資本流入金額亦年有增加。在維持臺灣的國際收支平衡上亦有相當貢獻。因為貿易逆差金額太高，所以雖然有許多贈款收入，外匯及黃金準備仍未能有顯著的增加，1956年、1959 年及 1962 年且發生減少現象。因此，它對貨幣供給

的影響，在 1956 至 1962 年的 7 年間僅有 3,604 百萬元。

　　1963 年 7 月以後，由於國際糖價大漲及各種農工產品的出口大量增加，對外商品貿易的進出口差距縮短很多。（若進出口均按離岸價格基礎計算，則已有貿易順差 1,000 餘萬美元。）因此美援贈與及貸款及其他資本流入均成為外匯及黃金準備的增加。所以 1963 年底與 1962 年底比較，一年間由於國外資產淨額增加所增加的貨幣供給量高達 4,201 百萬元，比過去 7 年的累積量還高。

　　1964 年，因為國際糖價仍然保持著比正常水準為高的記錄，所以對外商品貿易尚能保持若干順差，雖然美援已有減少趨向，黃金及外匯準備仍能增加 6,000 餘萬美元，影響貨幣供給量的增加為 2,620 百萬元。1965 年則因國際糖價已逐漸跌至最低水準，且因外匯積存所帶來的高進口傾向，使進口大為增加。因此，商品貿易復略現逆差。且 7 月以後，美援已經停止，贈與及貸款金額均較 1964 年為少，所以金融機構國外資產淨額的增加量非常有限，對於貨幣供給不再構成重大的威脅。

　　要言之，由於臺灣經濟尚在發展的初步階段，進口傾向非常高，所以貿易態勢並不十分安定。過去貿易逆差主要係由美援所彌補，外匯及黃金準備亦不過保持著正常的增加率。1963 及 1964 兩年，由於特殊緣故而使外匯及黃金準備大量增加，即構成了對貨幣供給的嚴重威脅，使該兩年產生通貨性的通貨膨脹現象。

表 5　1956 至 1964 年臺灣的國際收支

單位：百萬美元

項目	1956	1957	1958	1959	1960	1961	1962	1963	1964*
一、商品與勞務									
出口 FOB	124.1	148.3	155.8	156.9	164.0	196.3	218.2	338.9	438.5
進口 CIF(1)	-222.1	-244.7	-273.5	-264.0	-286.5	-330.3	-328.0	-327.5	-400.0
勞務收支	-9.6	0.1	-7.2	-15.9	-9.1	0.6	-3.3	-18.2	-32.7
合　計	-107.6	-96.3	-124.9	-123.0	-131.6	-133.4	-113.1	-6.8	5.8
二、一般贈與及資本流入(2)	2.6	5.7	52.0	38.0	50.5	26.6	20.0	39.2	22.2
三、統計誤差	-7.3	-0.9	6.2	0.5	0.7	0.2	-1.8	-2.1	-6.7
四、合計（一至三）	-112.3	-91.5	-66.7	-84.5	-80.4	-106.6	-94.9	30.3	21.3
五、美國政府贈與及貸款	97.3	96.9	88.2	75.3	98.8	124.0	78.5	74.7	44.3
六、黃金及外匯準備(3)	15.0	-5.4	-21.5	9.2	-18.4	-17.4	16.4	-105.0	-65.6

資料來源：中央銀行《國際收支平衡表》。
說　　明：＊估計數
　　　　　1. 1963 及 1964 係 FOB 價值
　　　　　2. 480 公法除外
　　　　　3. 負號表示增加

4.　財政活動與金融機構對政府債權

　　由於目前經濟環境較為特殊，歷年來各級政府的經常收支均呈現入不敷出的現象。在彌補此項赤字的收入來源中，有兩個來源對貨幣供給有重大影響：其一是發行各種公債；其二是向中央銀行透支。

　　公債發行是自 1959 年開始的，7 年以來，金融機構所保

有的公債餘額均佔公債發行餘額的半數以上，例如 1965 年 8
月，公債發行餘額為 2,641 百萬元，由各金融機構所執有者即
達 1,678 百萬元。與 1956 年相較增加了 10 餘億元之多。其次，
1956 至 1960 年國庫向臺灣銀行的透支金額增加非常有限，對
於貨幣供給的影響極其輕微；但 1961 年 7 月，中央銀行復業後，
由於 1959 年及 1960 年兩次大的水災造成嚴重傷害，使政府的
復興與重建支出大為增加，所以中央銀行復業以後，公庫透支
金額一下子提高 10 餘億元，這一透支的活動是該年貨幣供給
大量增加的最主要因素。

　　1962 年以後的財政因素影響即比 1961 年為小，且主要係
金融機構所保有的公債增加的結果。因此，我們可以說，除
1961 年以外，財政對貨幣供給的影響力比較輕微，速度也較
和緩。

5.　金融政策對貨幣供給的影響

　　從 1956 年以來，金融政策的運用及其收效情形，除利率
政策外，調整存款保證準備比率亦有比較顯著的效果。顯然
地，1958 年 7 月 1 日為解決當時銀根緊俏問題而將銀行活期
存款的保證準備自 13％（實業銀行為 10％）降至最低法定準
備的 10％（實業銀行減為 8％），係 1958 年貨幣膨脹的主要
因素之一，由於降低法定準備迅即造成膨脹現象，1959 年 1
月 1 日立即恢復原本的準備率，且更提高定期存款的保證準備
率（商業銀行自 5％提高為 8％，實業銀行自 5％提高為 6％），
同年 2 月 1 日復將各種存款保證準備率提高至現今《銀行法》
的最高標準，因此，1959 年以後，金融機構存款雖然大增，

但放款能力的擴張已受限制，所以能獲有 1959、1960、1962 等三年的相對穩定的貨幣供給。

綜上所述，最近 10 年來，臺灣的貨幣供給固然一直在增長中，但是增張速率高低之差距非常大，各年的影響因素亦不盡一致。大體上說，金融機構信用伸縮之影響力較大，惟增加速率較快的幾年，則另有特殊的原因，例如 1958、1963、1964 三年的國際收支因素；1961 年的財政因素等均是不可忽視的。

此外，1961 年以來，定期、儲蓄及外幣存款一直高速增大，使包括準貨幣在內的社會流動性，在數年之間提高二倍以上，而經濟未發生重大波動，固然顯示經濟情況的安定，但是亦隱約地含有潛在的通貨膨脹的危機，這是極待仔細衡量的。

四、 貨幣的所得速度

（一）流通速度的測度－貨幣需要

一個正常發展中的社會究竟需要多少貨幣才足使該社會的一切交易活動圓滑地進行是不易測知的。不過由於全社會的貨幣需要乃是社會上每一個人的貨幣需要的總和，所以我們可先從個人的貨幣需要動機著手。

粗略地說，每一個人在其日常生活中，由於貨品與勞務的買賣，均免不了或者對他人持有債權，或者承負有債務，而這些債權與債務不易在同一時間互相抵銷，其到期之日均需以貨幣來履行；此外，由於社會支付習慣、支付制度等因素的作用，

使得個人的貨幣收入與其支出的時間不易配合。因此，個人常在他自己的所得中保有若干比例的貨幣，以免他日常生活中的交易活動發生困難，或失去有利的購買機會。同時，由於個人對未來的情況不易獲有正確的認識，所以每個人常願意保留比正常交易需要為多的立即購買力，以便應付偶然的緊急需要。

　　為這些原因而保有的貨幣需要固因每個人的收入、消費習慣及對未來的看法等差異而有多寡之別，但是大體上常與其所得保持一定的比例關係，所得高的人可以保有較多的貨幣，所得低的人保有量則較小，但同等所得的人，如非特殊原因，其保有比例不會有太大的差異。亦即個人的貨幣需要大致上是其所得的函數。個人如此，全社會的貨幣需要亦必與該社會的所得保持一定的比例關係。這一比例即是劍橋學派的保有比例k，亦即是通常所稱的社會的流動性比例。

　　從另一個角度來看，保有貨幣並非用於窖藏，而是備作購買之用。就某一時點來說，全社會當時的交易總額必等於當時的活動貨幣量；就整個時期來說（例如一年），則全年的交易總值必等於該年的平均貨幣量乘上貨幣的平均轉手次數。但是交易總值中含有許多中間交易在內，不易直接測知，所以我們就構成所得部分的交易值來觀察，亦可看出下一事實，即全年的社會總所得必等於該年平均貨幣供給量乘上每單位貨幣充當所得的平均次數。換言之，每單位的貨幣充當所得的次數雖然可能有所不同，但我們可以估計得其平均次數，這種平均次數，J. A. Schumpeter 稱為貨幣的效能，亦即通稱的貨幣的所得速度 Vi。

　　保有比例 k 與貨幣所得速度 Vi 是測度貨幣需要的兩種方法，但 k 與 Vi 常成倒數關係。[3] 因為 Vi 的方法使用比較普遍，所以本節亦以所得速度分析來分析臺灣的貨幣需要狀況。

（二）臺灣的貨幣所得速度

　　測度所得速度的方法很多，所用的資料亦非常廣泛，惟所得的年資料的趨勢大致上是相似的，所以本文僅以國民生產毛額與平均貨幣供給量比較之一法來說明臺灣的所得速度。

　　不過為使近年來社會流動性的提高情形獲得顯著的表現起見，表 6 之中亦將包括準貨幣在內的貨幣量與國民生產毛額比較。

　　依據這種方法來看臺灣的貨幣需要，我們所得到的初步印象是：臺灣的貨幣需求似乎不十分穩定，社會所保有的貨幣量佔國民生產毛額的比例有逐漸提高的傾向，即貨幣所得速度逐年下降。如表 6 所示，每一單位貨幣充當所得的次數逐年降低，所得速度 Vi 在 1955 至 1957 年間維持 11 的貨幣效能；從 1958 至 1961 年間則降為 10 左右；1962 及 1963 年復降為 9.5；1964 年更降至 7.9。這一所得速度 Vi 與諸先進國家相較，固然仍偏高很多，但在 9 年間，下降了 40%，亦是值得注意的事。

3　根據現金保有的觀念，保有貨幣量與所得間的比例係由下式算出：

$$k = \frac{M}{PY}$$

再根據流通速度的觀念 Vi 與所得有下式的關係：

$$Vi = \frac{PY}{M}$$

所以 k 與 Vi 具有倒數關係，惟前者係時點的存量，後者則係指某一時期的貨幣效能。

表 6　1956 至 1964 年臺灣的貨幣所得速度

單位：新臺幣百萬元

年別	國民生產毛額 (A)	淨平均貨幣供給量 (B)	包括準貨幣的平均貨幣量 (C)	貨幣所得速度 (D) = (A)/(B)	包括準貨幣的貨幣所得速度 (E) = (A)/(C)
1956	32,297	2,721	4,091	11.9	7.9
1957	37,986	3,468	5,271	11.0	7.2
1958	41,650	4,157	6,794	10.0	6.1
1959	48,675	5,169	9,385	9.4	5.2
1960	59,929	5,696	10,890	10.5	5.5
1961	66,334	6,430	14,157	10.3	4.7
1962	72,375	7,462	18,543	9.7	3.9
1963	82,248	8,655	22,722	9.5	3.6
1964	94,331	11,891	30,225	7.9	3.1

資料來源：國民生產毛額：行政院主計處《中華民國國民所得》；貨幣量：同表 1。

　　其次，就包括準貨幣的貨幣量所測度而得的所得速度來說，在 1956 年時為 7.9，與 Vi 相差 4.0 或僅及 Vi 的 65％；其後諸年，大致逐年下降，至 1964 年已降至 3.1，比 Vi 少 4.8 或僅及 Vi 的 39％。可見包括準貨幣在內的所得速度的下降速率較快，亦即實際的流動性資產的增加情形比以 Vi 測度而得的結果要增加得大。1964 年具有高度流動性的貨幣資產已佔臺灣國民生產的三分之一，且此種流動性提高現象似乎尚在增長之中，其安定的水準為何，目前是不易預測的。

　　此種貨幣所得速度逐漸降低的現象，表示社會所保有的立即購買力年年在增大，這固然是經濟安定的結果，但亦是使得

貨幣供給不致直接影響價格變動的重要原因。更重要的是：當我們獲得此項所得速度急劇下落的事後觀察的結果之時，我們宜立即考慮到兩個重要問題：第一個問題是所得速度為何降得這麼快？第二個問題是使所得速度降低的因素是否非常安定？它與所謂游資問題有何關係，假若有關係的話，其關係的密切程度如何？對以後的臺灣經濟有何影響？關於第一個問題，我們馬上即可加以分析，至於第二個問題將在下一節解釋，並且盡可能地解析游資的動態。

（三）所得速度降低的原因

說明所得速度變動或貨幣需要變動的理論非常多，但是我們不能全部把它們搬來說明 10 年來臺灣貨幣所得速度趨低的現象，一方面是用以支持理論的統計資料不足；他方面是由於社會背景的差異。因此，我們就近 10 年來的各經濟要素加以考察，找出下述幾點與所得速度變動有較重要關係的因素加以檢討。

1. 經濟安定與貨幣需要

社會的貨幣需要固然與該社會的所得保持一定的比例關係，這僅係就正常發展中的社會而說的。假若一個社會並非在正常發展中，例如有通貨膨脹現象，則貨幣需要通常偏低。因為在這個時候保有貨幣，必然逐日喪失其購買力，因此除開極少數的最低交易需要外，大眾大致不願意保有額外的貨幣。所以貨幣所得速度常常偏高。此外，在通貨膨脹期間，物價的上漲速率較高，所以以貨幣量除當年幣值的國民生產毛額，常使

所得速度更偏高。

　　臺灣的經濟情況，如下述物價變動一節所將提到的，在 1952 年以前，曾有猛烈的通貨膨脹狀態，大眾的幣信心極低。1953 至 1960 年間，情況雖然略見改善，但除 1954 年及 1958 年外，物價（臺北市躉售物價指數）的上漲率均在 10% 以上，通貨膨脹現象並未顯著的消除，所以保有貨幣的信心雖較 1952 年以前為高，但是仍提高得非常有限。直到 1961 年以後，物價漸趨安定，貨幣需要才朝正常方向發展。目前的經濟情況不但比過去安定得多，而且亦在快速中成長，所以貨幣需要佔所得的比例可能仍會慢慢提高，即所得速度可能繼續降低下去。

2.　經濟結構與支付習慣

　　農業社會與工業社會的所得速度有很大的分別。因為在農業社會中，多數人的所得來自農業產品，農業產品因係有生產季節性，且大部分供自家消費，用於交易的部分不多，不但中間交易少，而且所需保有的貨幣量亦較低，所以其所得速度常較高；至於工業社會，因為個人日常生活所需的物品大部分均仰賴社會，自給部分非常少，所以應保有較多的貨幣以供購買之用；同時，工業產品有很多是中間產品，在製成成品之前，通常要經過若干交易程序，且工業社會對中間商人的依賴性較高，一件產品從出廠到消費者手中，常常經過許多交易程序，亦即其商品交易速度較高。因此，工業社會需要比農業社會保有更多的貨幣，以便滿足交易上的需要。因為這個緣故，所以工業社會的貨幣交易速度雖然較農業社會為高，但其貨幣所得

速度卻較低。[4]

　　依據國內生產淨額中，農工業所佔的比例來看經濟結構的變動。如表 7 所示，1956 年農業產值佔國內生產淨額的 32.9％，1964 年已降為 25.5％；而工業（包括礦業、製造業、營建業及水電業）產值則自 25.4％提高至 33.0％。可見近年臺灣的經濟結構已逐漸擺脫農業經濟型態，漸有趨向工業經濟的態勢。因此，貨幣需要增加及所得速度逐漸趨低乃是必然的事。

表 7　國內生產淨額中各業所佔百分比

單位：％

年別	國內生產淨額	農業 *	工業 **	運輸倉儲及交通	批發及零售商	銀行保險及房地產業	公共行政及國防	其他服務
1956	100.0	32.9	25.4	4.4	16.5	1.8	12.8	6.8
1957	100.0	32.0	26.6	4.6	16.4	1.8	11.8	6.8
1958	100.0	31.7	26.1	4.5	15.8	2.2	12.3	7.4
1959	100.0	30.5	27.3	4.2	16.3	2.1	12.2	7.4
1960	100.0	34.1	25.7	4.3	15.2	1.7	11.8	7.2
1961	100.0	31.7	26.6	5.0	14.8	1.7	12.2	8.0
1962	100.0	29.5	27.4	4.7	15.0	1.8	12.4	9.2
1963	100.0	27.1	29.9	4.5	16.2	1.9	11.6	8.8
1964	100.0	25.5	33.0	4.5	16.1	1.8	11.0	8.1

資料來源：　行政院主計處《中華民國國民所得》。
說　　明：　* 包括農業及畜牧業、林業及伐木業、狩獵業、水產業。
　　　　　　** 包括礦業及採石業、製造業、營建業、電力瓦斯自來水及衛生服務業。

4　　在正常的情況下，農業社會因交易需要較少，保有貨幣量亦少，所以貨幣所得速度較低；在工業社會，則交易客體增加，物品交易次數增大，所以

3. 人口密度與就業結構

　　使社會貨幣需要增加的第三個重要因素是人口增加與就業結構的變動。在人口增加方面，即使個人的貨幣需要不變，新增人口亦使全社會的總貨幣需要擴大。在就業結構方面，依賴性人口因係依恃他人而生或與同業人口共同生活，因此其貨幣需要較低，例如農業人口即是一例。因此，假若依賴性人口佔總就業人口的比例降低的話，社會的貨幣需要常會擴大。

　　依據這一標準來看臺灣的貨幣需要變動，亦可指出其大量增加的趨勢。就人口增加因素而言，如表 8 所示總人口由 1956 年的 9,390 千人增至 1964 年的 12,257 千人，平均每人貨幣供給量（per capita money supply）雖自 290 元增至 970 元，但平均每人所得速度（per capita income velocity）的降低情形已較全社會的所得速度降低情形緩和得多，可見人口增加因素對貨幣需要的吸收情形。

表 8　1956 至 1964 年平均每人貨幣供給及貨幣所得速度

年別	人口總數（千人）	平均貨幣供給量（百萬元）	平均每人貨幣供給量（元）	平均每人所得（元）	平均每人貨幣所得速度
1956	9,390	2,721	290	2,609	9.0
1957	9,690	3,468	358	2,915	8.1
1958	10,039	4,157	414	3,087	7.5
1959	10,431	5,169	496	3,508	7.1
1960	10,792	5,696	528	4,237	8.0
1961	11,149	6,430	577	4,580	7.9
1962	11,512	7,462	648	4,843	7.5
1963	11,884	8,655	728	5,361	7.4
1964	12,257	11,891	970	6,003	6.2

資料來源：人口總數：省政府臺灣省戶籍統計；貨幣量及平均每人所得：同表 6。

　　再就就業結構而言，如表 9 所示，農業人口佔就業人口的比例已自 1956 年的 60％降至 1964 年的 54％，其他各業的人口則已顯著地增加。因為這種結構上的變化，使社會全體的貨幣需要提高不少。再者，學生人數佔滿 12 歲人口的比例亦自 11％提高至 13％，鑑於現代教育制度日趨於耗用金錢，為籌備子女教育費用，大部分家庭的預防動機必然亦隨之提高，因此亦將提高全社會的貨幣需要，降低所得速度。

表 9　1956 至 1964 年臺灣滿 12 歲就業人口之就業結構

年底	超過 12 歲總就業人口	農業	工業	商業	交通運輸	人事服務	自由職業	行政及國防	其他
1956	100.0	59.9	9.9	8.4	2.6	8.9	2.9	5.9	1.5
1957	100.0	58.2	10.4	8.4	2.8	9.4	3.0	6.2	1.6
1958	100.0	57.1	10.9	8.7	2.8	9.5	3.1	6.4	1.5
1959	100.0	56.6	11.1	8.8	2.9	9.4	3.3	6.5	1.4
1960	100.0	56.1	11.3	8.9	3.0	9.3	3.4	6.7	1.3
1961	100.0	55.8	11.3	9.0	2.9	9.2	3.5	6.9	1.4
1962	100.0	55.3	11.5	8.9	3.0	9.2	3.7	7.1	1.3
1963	100.0	54.5	11.7	8.9	3.2	9.2	3.8	7.4	1.2
1964	100.0	54.2	11.8	8.9	3.2	9.2	3.9	7.7	1.1

資料來源：省政府民政廳。

交易速度比農業社會高得多，但為應付頻繁的交易機會，社會所保有的貨幣量比農業社會高得多，所以所得速度反而降低。
若以註 1 中所用公式來說明，工業社會與農業社會的主要差別在於 h 提高，所以 Vi 相對上便下降了。

4. 所得分配與固定收入者所得

如前所述，所得愈大，其保有貨幣量亦愈高。但所得分配若不平均，則貨幣需要將比平均分配時為高，因為固定收入者以外的團體，保有貨幣的傾向比固定收入者為高，尤其是民間非營利團體，其所得的流動性非常低，此類所得提高，可以降低貨幣的所得速度。

表 10　1956 至 1964 年臺灣國民所得分配之百分比

單位：%

年別	國民所得	受雇人員報酬	家庭收到之農業自由職業及其他非公司企業之所得	家庭及民間非營利團體收到之財產所得	公司儲蓄	公司直接稅	政府財產及企業所得	公債利息（減）
1956	100.0	49.3	28.6	16.2	1.3	2.2	2.6	-0.2
1957	100.0	47.2	27.9	19.3	1.4	1.6	2.7	-0.1
1958	100.0	48.8	27.9	17.4	1.5	1.7	2.7	……
1959	100.0	47.8	27.6	18.3	1.7	1.9	2.8	-0.1
1960	100.0	46.9	29.6	16.7	2.3	1.9	2.8	-0.2
1961	100.0	48.0	27.6	17.6	1.9	1.7	3.4	-0.2
1962	100.0	49.6	26.9	18.6	0.9	1.6	2.6	-0.2
1963	100.0	47.7	24.7	21.6	2.0	1.7	2.6	-0.3
1964*	100.0	44.8	23.2	24.6	2.4	1.0	4.2	-0.2

資料來源：　行政院主計處《中華民國國民所得》。
說　　明：　* 根據第一次修正數字計算

如表 10 所示，最近 10 年來臺灣國民所得的分配比例變動情形雖不甚顯著，但依工資及薪津維生的固定收入者的所得佔國民所得的比例僅維持著 48％左右，近年且有降低傾向；其

他團體，尤其是流動性較低的民間非營利團體的收入則逐漸提高，可見所得分配對貨幣需要的影響。

5.　利率變動與流動性偏好

貨幣需要與利率變動的關係是分不開的。就單純的利率變動而言，通常是有一個明顯的傾向，即利率高的時候，將手存貨幣貸放出去可以獲得較多的利息收入，所以大眾手中所保有的貨幣量將盡量減少，以便獲得生息的機會；利率低的時候，貨幣的保有傾向將因生息量減少而提高。惟在現行經濟體系下，保有財富的方法不僅限於貨幣一項，且利率結構亦不僅限於貸放利率一種，所以我們可就這一問題進一步做比較深入的觀察。

保有財富的其他方式主要者有證券與實質財產（如房地產），證券的紅利或財產的收益與其價格的比較亦構成一種利率。因此證券價格的變動或財產收益與分配狀況的變動亦能影響保有貨幣的意願。不過證券財產的影響力在一般經濟落後國家似乎不甚顯著。

如前所述，近 10 年來由於經濟安定，以往偏高的利率已逐漸下降，因此保有貨幣的生息損失逐漸減少，大眾所保有的貨幣量亦逐漸增加。同時，在 1962 年 2 月，臺灣證券交易所成立之後，證券交易獲有一定的常規，更吸引了以往窖存或從事貸放的若干資金；1963 年 10 月以後，臺灣證券市場的非常繁榮更吸引了投機活動，使貨幣保有傾向無形偏高。例如 1964 年臺北證券交易總額高達 355 億元，超過同年國民生產毛額的三分之一以上，可見它對貨幣需要的影響。

　　要言之，由於利率逐漸降低，及證券交易活動加強，使得大眾的貨幣需要逐漸提高，亦是近年來臺灣貨幣流通速度降低的主要原因，尤其是 1964 年的劇烈下降，顯然與該年的證券交易活動有極其密切的關係。

　　綜上所述，我們可以看出：臺灣的貨幣需要尚不穩定。尤其是經濟結構與經濟特質都逐漸趨向現代方式，貨幣經濟活動漸漸擺脫落後性質，對於貨幣的需要尚可能增加。在基本心理因素方面，諸如通貨膨脹的消除、利率的下降等，都可能提高大眾的幣信心，增加保有貨幣的數量。在制度因素方面，諸如經濟結構的改變、就業分配的變動、人口增加等因素，則將促進貨幣需要，降低其所得速度。

五、 休閒貨幣問題

（一）活動貨幣與休閒貨幣

　　在貨幣理論上，通常將貨幣需要分成活動貨幣與休閒貨幣。前者係以交易目的而保有，變動輕微而有一定的節奏；後者的保有動機則較複雜，對經濟社會的運作亦有深切的影響。前節談論貨幣所得速度時，我們未將這兩種貨幣需要分開，因此貨幣所得速度才有顯著的波動。為進一步分析現存的貨幣金融問題，我們便應觀察休閒貨幣問題。粗略地說，所謂休閒貨幣係指非為正常交易需要所保有的貨幣，它與通稱的「游資」一詞有極其相似的性質，所以休閒貨幣問題也可說是「游資」問題。[5]

根據 J. M. Keynes 的說法，大眾對於貨幣的需要不外出乎下述四種動機：

1.　所得動機

保有現金而不立即全部耗盡的理由，在於想渡過收入與支出的差距。此種動機的強度主要依存於所得量大小及收入與支出間的時間差距長短。

2.　業務動機

企業家常先支付成本，在成品出售後才能取得現金；商人則常先買後賣。因此，不論是企業家或商人，收入與支出之間必有時間差距，為渡過這個時間差距，便不得不保有若干現金，以便順利地進行其業務。

3.　預防動機

預防亦是貨幣需要的主要因素。其主要者有三：第一，偶然發生的意外支出；第二，未曾預見的有利購買機會；第三，為償還日後的債務。這種動機的強度主要是決定於下述兩種情勢：第一，要看在有上述急需時，獲得現金的代價與其可靠性而定；假若在急需時可用便宜而可靠的方法獲得現金，則此種動機必會減弱。第二，要看保存現金的相對成本的大小而定；假若保存現金必須放棄購買種種有利資產的機會，則保有成本

5　「游資」一詞係一般社會人士慣用的名詞，惟它究竟有何特殊含意，則很少人給予明確的界限。根據慣用的「游資氾濫」、「游資蠢動」、「游資的正當出路」及「疏導游資」等詞來看，「游資」一詞至少有兩個重要特性，其一是非為正常交易所保有的資金，其二是具有投機的動性，這一特質與下述休閒貨幣具有若干相似性，所以本文所稱休閒貨幣與游資一詞有若干相似性。

增大，此種動機必告減弱。

4.　投機動機

這種動機含有獲利目的。即藉著較大眾更能明白何者為將來所要發生的事件而獲利的動機。這種動機常隨利率變動而起若干敏感的反應。

需要保有貨幣的動機固然可分成這四種，但是我們可將這四種動機分成兩個不同的決策。第一種是為交易目的而保有的活動貨幣（active money），包括所得動機與業務動機；第二種是變異性較大而暫時未決定立即支出的休閒貨幣（idle money），包括預防動機和投機動機。

依據這種分類標準，我們可以看出：活動貨幣的目的是為滿足日常生活與營業活動的需要所保有的貨幣，它通常視經濟活動水準及所得水準而定，也就是說它受到制度因素的影響；至於休閒貨幣，不論是為預防或投機而保有，主要的決定因素是心理因素。由於在正常的經濟活動之下，制度因素固然隨時在變動。但是它在短暫的 10 年或 5 年之中，變動程度非常有限，所以它的需要量也比較固定；至於心理因素則比較不安定，所以休閒貨幣的需要也比較不穩定。因此，我們似乎可假定活動貨幣與所得或所得變動成正比例的穩定關係，然後測度社會的休閒貨幣量。

（二）休閒貨幣的測度

如前所述，與交易活動有關的活動貨幣與所得水準間，大致上有正比例的關係，亦即交易所需的貨幣常是該時所得的百

分之幾，因此，在測度休閒貨幣之先，我們必先假定或測知活動貨幣與所得間的百分比。如第四節所述，最近幾年由於經濟安定，貨幣的所得速度已逐漸降低，那麼我們可以以從極度不安定轉變到相對安定的那幾年的平均所得速度，表示活動貨幣的所得速度，亦即假定那幾年的貨幣供給悉數由活動貨幣所吸收，因社會尚不安定，假定休閒貨幣需要為零。然後依據這一正常的活動貨幣為所得速度，測知各年的正常活動貨幣量，由貨幣供給量中扣除此一正常活動貨幣量，即可獲得貨幣供給中的休閒貨幣。[6]

我們假定從 1954 到 1956 年的三年是臺灣經濟的轉捩點，該三年的平均所得速度代表臺灣正常水準的活動貨幣的所得速度，亦即該三年的休閒貨幣大致上是接近於零。根據現有資料，1954 年的所得速度為 12.5；1955 年為 11.0；1956 年為 11.9；其三年平均所得速度為 11.8。根據這一正常的活動貨幣的所得速度，我們估算從 1956 至 1964 年的 9 年間，各年的活動貨幣需要與國民生產毛額作同比例的增加。因此，各年的貨幣供給量的增加率若超出國民生產毛額的增加率，必將被以休閒貨幣的形式所保有。

如表 11 所示，1956 年至 1964 年間，臺灣的休閒貨幣量幾乎年年增加。最初幾年，由於物價上漲率仍甚高，所以休閒貨幣量的增加量非常有限，但 1962 年以後已有顯著的增

6　這種測度方法係 L. S. Ritter 所用，請參見 L. S. Ritter　"Income Velocity and Anti -inflationary Monetary Policy"，AER, March 1959, pp. 120 -129.

加。這時期內，1960 年雖仍有 617 百萬元的休閒貨幣，但其
數量卻比 1959 年減少 427 百萬元，顯然與 1959 年八七水災及
1960 年八一水災所引起的物價上漲有關；1963 年則可能受該
年的葛樂禮颱風所引起的物價上漲的影響，以致休閒貨幣的增
加量非常有限。這僅是粗略的觀察，下面我們將要詳細加以分
析。

表 11　1956 至 1964 年臺灣休閒貨幣之估計 -
按平均貨幣供給量推算

單位：新臺幣百萬元

年別	國民生產毛額 (A)	假定的交易所得速度 (B)	估計的交易貨幣需要 (C)=(A)/(B)	平均貨幣供給量 (D)	估計的休閒貨幣量 (E)=(D)/(C)	休閒貨幣量之增減
1956	32,297	11.8	2,737	2,721	-16	-
1057	37,986	11.8	3,219	3,468	249	265
1958	41,650	11.8	3,530	4,157	627	378
1959	48,675	11.8	4,125	5,169	1,044	417
1960	59,929	11.8	5,079	5,696	617	-427
1961	66,334	11.8	5,622	6,430	808	191
1962	72,375	11.8	6,134	7,462	1,328	520
1963	82,248	11.8	6,970	8,655	1,685	357
1964	94,331	11.8	7,994	11,891	3,897	2,212

資料來源：同表 6。

　　前面我們曾討論到包括準貨幣在內的貨幣供給，現在我們亦可依據同樣的方法來估計 1956 至 1964 年間，包括準貨幣在內的休閒貨幣量。依據現有資料，1954 年此項貨幣供給的所得速度為 8.0；1955 年為 7.5；1956 年為 7.9。三年平均為 7.8。根據這一正常的活動貨幣的所得速度所估計的 1956 至 1964 年的休閒貨幣量如表 12。

　　由表 12 的估計資料，我們亦可看出若干顯著的特色。1958 及 1959 兩年，休閒貨幣增加很多，而 1960 年則呈大量減少現象；1961 年以後則開始呈持續性大量增加現象。這些變動與經濟安定、利率變動所引起的儲蓄活動的變動有極其密切的關係，下面我們將開始探究其變動原因。

表 12　1956 至 1964 年臺灣休閒貨幣之估計 - 按包括準貨幣的貨幣量計算

單位：新臺幣百萬元

年別	國民生產毛額 (A)	假定的交易所得速度 (B)	估計的交易貨幣需要 (C)=(A)/(B)	包括準貨幣的平均貨幣量 (D)	估計的休閒貨幣量 (E)=(D)-(C)	休閒貨幣量之增減 (F)
1956	32,297	7.8	4,141	4,091	-50	—
1957	37,986	7.8	4,870	5,271	401	451
1958	41,650	7.8	5,340	6,794	1,454	1,053
1959	48,675	7.8	6,240	9,385	3,145	1,691
1960	59,929	7.8	7,683	10,890	3,207	62
1961	66,334	7.8	8,504	14,157	5,653	2,446
1962	72,375	7.8	9,279	18,543	9,264	3,611
1963	82,248	7.8	10,545	22,722	12,117	2,913
1964	94,331	7.8	12,094	30,225	18,131	5,954

資料來源：同表 6。

（三）休閒貨幣的變動原因

休閒貨幣需要既是貨幣需要的一種，則前述使所得速度低降的原因亦能用於說明休閒貨幣量的變動。惟由於分析所得速度之變動原因較為籠統，所以此處單就歷年休閒貨幣量的變動，分期加以較詳細的敘述。

第一時期是 1956 至 1959 年。這一時期的特色是經濟情況漸趨穩定，因此社會上所潛存的休閒貨幣逐漸增加。這期間主要的因素有下述二項：

1. 物價波動漸小

如下面所將提到的，1953 年以前，臺灣物價的年上漲率均高於 20％以上，1951 年以前的年上漲率則更高，為顯著的惡性通貨膨脹現象。1954 年以後物價漸趨安定，年上漲率已降至 10％以下，大眾對政府抑制通貨膨脹的努力漸有信心，因而預防動機所保有的貨幣逐漸增加。尤其是 1958 年的物價上漲率僅 0.34％（臺北市躉售物價指數，若依國民生產毛額的平減指數則為 2.92％），更提高大眾對反通貨膨脹的信心。因此，雖然 1959 年八七水災使物價上升 10％左右，但保有休閒貨幣的數量已大為增加，至 1959 年，平均的休閒貨幣量為 1,044 百萬元。（若包括準貨幣則已達 3,145 百萬元）

2. 利率變動

從 1956 到 1959 年間，不論是銀行利率或市場利率均有顯著的下降，在安定的經濟情況下，利率下降，足以吸引投機動機的休閒貨幣需要。先就銀行利率而言，存款方面甲種活期存

款原有的月息 0.90% 已經取消，乙種活期存款及通知存款的利率降了 50%；定期存款約降低了 30% 至 40%；至於放款方面，信用放款降低 7%，質押放款及貼現降低了 20%。再就市場利率而言，各地黑市借貸的利率先降低了 10% 至 20%，在 1959 年底才又略升 10% 至 15%，其升降情形隨當時資金需要而異，惟大致上具有下降的傾向。因為利率繼續趨低及經濟安定，保有貨幣的獲利目的性亦漸漸抬頭，尤其是 1958 年及 1959 年之際的全省性倒風，使得從事黑市貸放者抽回資金，改以貨幣型態持有，因此 1959 年的休閒貨幣遂銳增。

在黑市借貸的安全性發生問題之同時，金融機構於 1959 年 1 月 5 日開始舉辦短期的儲蓄存款，以較高於定期存款的利率吸引大眾資金，使徬徨無主的黑市資金大量流入儲蓄存款。因此，1959 年包括準貨幣在內的休閒資金增加得特別多。

第二個時期是 1960 年。嚴格地說，這一時期應是從 1959 年八七水災開始，迄 1961 年 6 月 21 日降低銀行存放款利率後為止，大約有兩年的持續期間。其主要特色是銀根特別緊，社會上所保有的休閒貨幣雖然仍有相當數量，但已比 1959 年的平均休閒貨幣量為少。至於發生這種現象的原因，可歸諸於下述三項：

1. 1959 年的倒風及八七水災

1959 年的倒風發生以後，市場貸放資金即已由貸放者抽回相當數量，有一部分流入儲蓄存款帳戶內，有一部分則以貨幣型態被保有，當時市場上資金需求甚為迫切；同年八七水災發生，市場銀根更緊。市場利率復又上升，大致升回 1956 年

的水準，因而若干休閒資金的保有者復又貸放出去，休閒貨幣量遂有減少現象。

2. 物價上漲及恐懼通貨膨脹的心理影響

由於八七水災後，物價突然上漲，且其漲勢有增無已；1960 年復有八一水災，物價上漲情勢更加嚴重。因此，保有休閒貨幣者為恐怕受貨幣貶值的損失，所以從事房地產、黃金及美鈔等保值工具的購買，以致當時的休閒貨幣量突形減少。

3. 發行水災復興重建儲蓄獎券

為籌措災後重建基金，由省政府發行水災重建儲蓄獎券三億元，實售二億元，吸收了部分休閒資金。

第三個時期是 1961 至 1964 年。這一時期，臺灣的經濟情況已經相當安定，所以休閒貨幣的保有量年年大量激增。迄 1964 年為止，休閒貨幣量已經增至 3,897 百萬元（若包括準貨幣在內，則更高達 18,131 百萬元）。細究其原因，我們亦可得下述五項：

1. 災後重建工作順利，經濟情況更加安定

從 1961 年開始，臺灣經濟情況趨向於安定的局面，1958 年外匯改革已漸著成效，對外貿易進展甚速，出口金額從 1959 及 1960 年的 1 億 5,000 萬美元左右激增至 1961 年的 1 億 9,000 萬美元，1962 年突破 2 億美元大關，往後年年大量增加，至 1964 年已增至 4 億 6,000 萬，為 1959 至 1960 年水準的三倍。因此，國內生產突飛猛進，經濟發展已經奠下堅固基礎。同時，該時期的物價水準亦為光復以來的最低水準，除 1963 年因受

葛樂禮颱風影響而使物價上漲率超過 6% 以外，其餘四年的上漲率均在 3.2% 以下。由於經濟情勢特別安定，所以在 1960 年間稍稍動搖的幣信心逐漸恢復，通貨膨脹的陰影已消失大部分，所以大眾保有的休閒貨幣遂年年增加。

2. 利率水準繼續降低

由於上述經濟情況的安定，利率中的通貨膨脹貼水已經大量減少，所以不論銀行利率或市場利率均巨幅降低。就銀行利率而言，在存款利率方面，1964 年定期存款利率又比 1959 年水準降低了 15% 至 25%，而儲蓄存款則銳降 40% 至 50%；在放款方面，各種放款利率約下降 25%。在市場借貸利率方面，1964 年亦比 1960 年降低了 40%。因此，大眾的流動性偏好增強，使保有休閒貨幣的意願提高甚多。

3. 1960 年底的倒風

由於 1959 年以後的銀根緊俏，黑市利率偏高，很多企業都不勝負荷，不時發生倒閉事件。及至 1960 年底，唐榮公司由政府接管，市場人心更為慌亂，從事黑市貸放生息者更覺不安，將所持資金改存到金融機構，所以休閒貨幣大量增加。

4. 消費習慣改變，耐久消費財的消費傾向提高

由於國民所得不斷增加，大眾消費能力提高，原來列為奢侈品的機車、電冰箱及電視機等的消費傾向及消費能力均提高很多。這些耐久消費財的價格大體上頗為昂貴，在目前所得水準下，一次付款的購買能力尚屬有限，且臺灣各廠商的分期付款制度仍不普遍，購買者為享受此種現代設備，不得不提高其

儲蓄，即償還日後債務的預防需要提高。因此，休閒貨幣的保
有量便大量提高，尤其是包括準貨幣在內的休閒貨幣更是累增
不已。甚至在 1963 年，一般休閒貨幣因經濟現象特殊未能大
量增加之際，包括準貨幣在內的休閒貨幣仍然激增 2,913 百萬
元。

5. 證券交易活動的影響

以往臺灣的證券交易，雖因 1952 年四大公司移轉民營而
稍有起色，但仍限於零星交易，未有固定交易場所，所以交易
量有限，所吸收的休閒貨幣數量不多。自從 1962 年 2 月成立
證券交易所以後，交易情況日有起色，尤其是 1963 年 9 月由
臺糖優先股股價上漲所引起的 1964 年證券大繁榮，更吸引了
大量的投機性休閒貨幣需要，已在所得速度一節中說明，此處
不再贅述。

綜上所述，可知近年來市場上休閒貨幣數量日增是其來有
自，並非突然發生。但是休閒貨幣增加後，其分配情形如何，
及其動向如何，亦是極其重要的問題，有待我們進一步說明。

（四）休閒貨幣的分配

目前所有的金融資料並不十分完備，因此雖然估出可能的
休閒貨幣之變動情形，但是談到分配情形則不易有可信賴的資
料。此處我們就根據現有存戶別存款的變動情形加以推論。

首先觀察全體銀行存戶及其存款的變動。如表 13 所示，
全體銀行的存戶，計分為民營事業、個人及其他、公營事業、
政府與美援存款等五戶，其中個人及其他一戶比較含混，大體

　　上係包括獨資事業及個人，惟在儲蓄存款項下尚包括比較安定的國防部同袍儲蓄會及軍人退除役金存款等二種。在這五大戶中，政府存款及美援存款均不被計算在貨幣及準貨幣中，不致於構成休閒貨幣，故不擬論述。

　　從表 13 中，我們可以看出，在全體銀行帳戶中，民營事業的存款變動非常安定，其累增情形大致尚與經濟發展態勢相距不遠，因此，民營企業中所存有的休閒資金應屬有限。至於個人及其他方面，則有顯著的變動，尤其是 1961 年以後即顯著增加，反映出個人及獨資事業所持有的休閒資金的增加量相當可觀，其中尤以定儲存款的增加情形更是顯著。從 1962 至 1964 的兩年間，約增加 60 億元，似乎是包括準貨幣在內的休閒貨幣增加部分的主要持有者。至於活存方面，休閒貨幣的主要增大時期為 1964 年，以民營事業增加最多，公營事業居次，個人及其他則有限。

表 13　1956 年至 1964 年全體銀行平均存款餘額

單位：新臺幣百萬元

年別	民營事業	個人及其他	公營事業	政府	美援	總計
1956	761	1,117	209	1,142	1,473	4,702
1957	1,026	1,408	332	1,712	1,644	6,118
1958	1,212	2,018	425	1,806	1,709	7,170
1959	1,584	3,137	528	2,077	1,971	9,297
1960	1,669	3,918	732	2,319	1,874	10,512
1961	1,944	5,935	930	2,461	2,887	14,157
1962	2,484	8,256	882	2,796	3,788	18,206
1963	2,634	10,535	1,139	3,212	4,322	21,842
1964	3,555	14,209	1,868	3,692	5,040	28,364

資料來源：《臺灣金融統計月報》。

　　其次再看，銀行以外的金融機構的存款變動。銀行以外的金融機構有四種：一、信用合作社，二、合會儲蓄公司，這兩種機構業務對象主要係鄉鎮或都市地區的平民及小工商業者，代表一個中層工商業者的資金狀態；三、農會信用部，以農民為業務對象，似可代表農民資金狀態；四、郵政儲金匯業局，業務對象較廣，但似以薪資階級及低所得階級為主。依據這一看法，我們將表 14 所列的存款變動情形作如下的分析。

表 14　1956 年與 1964 年銀行以外的金融機構的平均存款餘額

單位：新臺幣百萬元

年別	總計	信用合作社			合會儲蓄公司存款	農會信用部存款	郵政儲金匯業局		
		活期存款	定儲存款	小計			活期存款	定儲存款	小計
1956	697	－	－	302	114	281	－	－	－
1957	1,122	190	259	449	205	375	41	52	93
1958	1,686	256	421	677	316	551	50	92	142
1959	2,626	350	707	1,057	464	853	86	166	252
1960	2,860	402	836	1,238	491	821	110	200	310
1961	3,827	456	1,143	1,599	740	988	150	350	500
1962	5,602	523	1,734	2,257	1,181	1,359	223	582	805
1963	7,448	591	2,361	2,952	1,658	1,737	321	780	1,101
1964	10,506	874	3,413	4,287	2,033	2,624	580	982	1,562

資料來源：《臺灣金融統計月報》。
說　　明：因資料限制，下列資料無法獲得年平均餘額：
　　　　　1. 1956 年合會儲蓄公司係 2 -12 月共 11 月平均餘額。
　　　　　2. 1956 年農會信用部係 6 至 12 月共 7 月平均餘額。
　　　　　3. 郵政儲金匯業局部分，1957 年以 12 月底餘額為代表，1958 年係以 1957 年底餘額與 1958 年底餘額之平均數，1959 年係 4 -12 月共 9 個月之平均餘額。

在活期存款方面，迄 1963 年為止信用合作社及郵政儲匯局的活存逐年增加額非常有限，在早期的休閒貨幣中所佔的地位似乎不甚重要，但 1964 年則各突增 3 億元左右，其增加百分比各為 47.9％及 80.7％，可見其中必含有大量休閒貨幣在內，亦即中層工商業者在 1964 年時握有相當大的休閒貨幣，惟其握持量僅及與銀行有往來的都市居民的三分之一，且持有形式以乙種活期存款及類似的存簿存款為主。其增加原因可能與 1964 年的經濟繁榮及證券利得有關。

在定儲存款方面，以信用合作社及農會信用部的增減變動與休閒貨幣的增減情形較為切近，尤其是 1958 年的激增最為顯著。但 1961 年以來，則四種金融機構的增加率均甚高，其中 1964 年與 1963 年比較，亦以信用合作社及農會信用部的增加率及增加金額較高，可見農民及工商業者亦持有若干包括準貨幣在內的休閒貨幣。惟其握持量亦不及與銀行有往來的都市居民所持有者。顯示休閒貨幣的分配可能不甚平均。

依據上述資料的研判，我們可得到幾點有關休閒貨幣分配問題的粗略看法：第一，居住於都市地區的居民或經營規模較大的工商業者可能持有較多的休閒貨幣；若包括準貨幣在內，則鄉鎮小工商業者及農民亦持有若干數量。第二，在存款科目別方面，以乙種活期存款增加率較高，可見若干休閒貨幣係持觀望態度；在準貨幣方面，以六個月期及一年期增加率較高，顯示準貨幣方面尚屬安定。

綜上所述，近年新增的休閒貨幣的分配可能是不平均的，且安定程度亦有限。

（五）休閒貨幣的動向

依據平常的看法，休閒貨幣既是含有預防及投機兩種特性，因此它的動向不外乎下述三種：

第一，暫時保留在手上。假若經濟情況極其安定，那麼以預防目的而持有休閒貨幣的大眾，不會動搖幣信心，自然願意安心地持有；以投機目的而持有的投機者，除極少數以外，大致上尚不致於動用其休閒貨幣。因此，只要經濟安定能夠繼續維持，社會上所持有的休閒貨幣量可能逐漸增加，且大部分將被保留在手上。

第二，搶購物資及重要保值工具。假若經濟安定情況消失，不論是暫時的或者是長期的，只要已動搖大眾的幣信心，則大眾為保持手存購買力起見，必將搶購物品或房地產、黃金、美鈔等被認為足以保存幣值的物品。在此種情況下，不但社會上大眾所持有的休閒貨幣將在統計資料上消失，且亦將使所得速度增大。

第三，從事證券或其他投機活動。即使是在經濟安定情況下，投機者的投機市場活動亦是相當廣闊，所以正常的證券或其他投機對象亦必吸引投機者的注意。假定投機活動發生，只要不曾損及經濟安定，則必因投機者人數之突增而增加社會的休閒貨幣。

因此，在正常發展中的社會，保有適量的休閒貨幣與其說是含有潛在性的危機，不如說是正常發展的必然現象。不過在一個不正常發展的社會，則休閒貨幣量是愈小愈好，因為休閒貨幣太多，大致上將加深社會的不安定。過去 10 年來，臺灣

經濟日趨安定，有利於保有休閒貨幣的誘因日漸加強，社會所存的休閒貨幣也逐年增加。這種增加趨向究竟具有何種意義，它對今後的經濟發展有何影響，我們將在下面兩節討論物價及通貨膨脹問題時，再加以說明。

六、物價波動

（一）1956 年以前臺灣的物價概述

1956 年以前，臺灣的物價極其不安定。光復之初，一則由於戰事雖結束，生產未能立即復原，再則因受戰時通貨膨脹的影響，所以亦有顯著的惡性通貨膨脹現象。其波動情形大致可以新臺幣改制為界，分成兩個時期概述如下。

在 1946 年至 1949 年間，臺北市薑售物價指數的上漲率頗為驚人。1946 年及 1947 年的年上漲率高達 300 至 500 倍；1948 年及 1949 年，漲幅亦高達數十倍。1949 年 6 月 15 日實施幣制改革，發行新臺幣，惡性通貨膨脹的情勢始稍稍被抑制，其中 1950 年漲 305％，1951 年漲 66％，1952 年漲 23％，以後上漲情勢始日漸緩和，1953 年及 1954 年僅各漲 9% 及 2％，物價已漸露穩定局勢，1955 年雖復漲 14％，但連續性的大幅上漲已不存在。

在這 10 年當中，物價上漲情勢雖漸趨緩和，但是它們的共同特色是深受當時通貨膨脹的影響，以致於各類物價幾乎全部是全面性的上漲，即使是特別安定的 1953 年及 1954 年，其季節性變動也非常有限。所以，我們可以說 1956 年以前，

臺灣的物價，在通貨膨脹的壓力下，呈高度的上漲傾向。及至
1956 年以後，經濟情況已漸獲改善，物價雖然有仍有若干波
動，但受通貨膨脹的影響程度則較輕，這是本節所要分析的主
要課題。

（二）1956 年以後臺灣的物價波動

粗略地區分，1956 年以來臺灣物價水準亦可以區分為
二個時期，從 1956 年到 1960 年是價格安定的過渡時期，而
1961 年以後，物價水準即已趨安定。

先就 1956 年至 1960 年而言，國內的社會經濟情勢已經
逐漸安定下來，同時農工生產亦逐漸提高，物資供應比以往充
裕，囤積居奇的投機活動亦減少甚多，因此物價水準開始擺脫
膨脹的壓力，其上漲幅度已經縮小。例如 1956 年漲 12.7％，
1957 年漲 10.7％，而 1958 年則有光復後最安定的物價，整年
雖有漲跌波動，但全年平均則僅漲 0.3％，幾乎是沒有上漲。
至 1959 年，發生八七水災，為 60 年來最大的一次水災，對農
工生產的破壞力極大，因此使物價水準復漲 10.8％，而 1960
年亦漲 14.2％。此種現象顯示，雖然這一時期的物價水準已趨
安定，但物資供需調節活動尚不靈活，因此 1959 及 1960 兩年
物價上漲率才特別顯著。

到了 1961 年以後，經濟景象已大為改觀。物價上漲趨勢
已經有效地加以抑制，物資供應比以往更加充沛，因此物價波
動率均甚低，1961 及 1962 兩年物價上漲幅度僅 3％左右，即
為明證。即使 1963 年 9 月的葛樂禮颱風曾使物資供應一時失
調，但該年度物價僅漲 6.5％，且次年，即 1964 年，漲幅即已

迅速縮小至 2.5%。可見這一時已經顯露長期物價安定情景，物資供給反應迅速，調動靈活，對於偶然供需失調已有充分的適應能力，是為物價安定時期。

如表 15 所示，不但臺北市躉售物價指數顯示上述波動情況，即使是包括勞務價格變動在內的國民生產毛額的平減指數以及單指生活物價水準的臺灣省都市消費者物價指數亦均顯示同樣的變動趨勢。

表 15　1956 年至 1964 年臺灣重要物價指數及其波動率

基期：1956 年 =100

年別	臺北市躉售物價指數		GNP 平減指數		臺灣省都市消費者物價指數	
	定基指數	波動率	定基指數	波動率	定基指數	波動率
1956	100.00	*12.71	100.00	11.37	100.00	—
1957	110.66	10.66	109.97	9.97	110.35	10.35
1958	111.04	0.34	113.18	2.92	113.91	3.23
1959	123.05	10.82	123.11	8.77	125.95	10.57
1960	140.46	14.15	140.64	14.24	149.21	18.47
1961	145.00	3.23	144.11	2.47	160.90	7.83
1962	149.41	3.04	147.86	2.60	164.72	2.36
1963	159.06	6.46	157.59	6.58	168.30	2.17
1964	163.00	2.48	163.99	4.06	168.01	(-)0.17

資料來源：　臺北市躉售物價指數根據省政府主計處《臺灣物價統計月報》
　　　　　　GNP 平減指數根據《中華民國國民所得》計算。
說　　明：　* 係舊指數的波動率

（三）各類物價指數的變動概況

雖然臺北市躉售物價指數的總指數呈長期上漲趨勢，但是

除食物類指數以外，如表 16 所示，其他各類物價似有顯著的不規則性波動。此處擬略加說明，俾作進一步分析物價波動原因的參考。

食物類指數呈長期上漲趨勢。食物類主要係由農產及畜產品構成，其供給彈性較低，且常受自然災害的影響；同時，食物係民生日用品，需要彈性亦低。所以，歷年有關當局雖竭力抑止民生日用品價格的上漲，但其供給仍有失常情形，上漲壓力甚為顯著。其中尤以米所佔的地位最重要，且權數較大，卻最易受自然災害的影響，因此食物類價格主要係與歷年有無災害及災害之大小息息相關。從 1956 年以來，1956、1959、1960 及 1963 等 4 年均有大颱風所造成的大水災，因此，其波動率各達 13.4％、13.3％、20.8％ 及 9.2％。尤有進者，臺灣的颱風一向發生在夏秋之際，對二期稻作的影響很大，不但易使該年食物價格上漲，其影響且及於第二年，1960 年上漲 20.8％，即是 1959 年八七水災及 1960 年八一水災交互影響的結果。

上漲傾向居次的是中西藥類。中藥的上漲傾向是從 1956 年禁止匪區中藥（最重要的是當歸）開始轉劇；在西藥方面，最初幾年雖有若干變動，但自 1962 年，臺灣製藥工業大量發展以來即甚安定。因此，中西藥類的上漲主要是受外匯貿易政策的影響。1964 年，臺灣當歸生產開始增加，其偏高的物價指數即已顯著地跌回。

燃料及電力類的上漲率亦相當高。其主要影響因素係電力價格調整及木柴與煤炭供需失衡。在電力方面，最顯著的是

1959 年 9 月附加八七水災附加特別捐及 1962 年的國防特別捐，
前者引起該類指數上漲 17%，後者則漲 5.2%。在柴炭方面，
最顯著的是 1957 年供需失調所引起的上漲。

化學製品的年平均上漲率亦達 3%。主要原因係過去臺灣
的肥料工業及化學原料工業生產規模不高，對於進口仰賴過
度，所以年年均有相當的漲幅。1963 年以來，國內供給能力
大增，價格的上漲傾向才開始消失。1964 年且下跌 3.1%。

至於其餘各類物價，雖漲跌波動頻繁，但 10 年來的年平
均上漲率都比較低，木材及建築材料類且有長期下跌傾向。其
主要影響因素當係各年度各類物品的供需情形變化甚大的結
果。

表 16　1956 年至 1964 年臺北市躉售物價指數之類指數及其波動率

年別	總指數	食物類	衣著類	燃料及電力	金屬及其製品	木材類	建築材料類	橡膠及其製品	紙張及紙漿	中西藥	化學製品	雜項類
1. 定基指數 (1956=100)												
1956	100.00	100.00	100.00	100.00	100.00	100.00	100.00	100.00	100.00	100.00	100.00	100.00
1957	110.66	113.39	95.99	113.75	110.96	124.84	96.79	97.83	109.43	115.39	104.39	111.30
1958	111.04	114.36	195.60	118.93	110.46	113.83	84.46	91.39	107.70	110.38	110.68	126.56
1959	123.05	129.53	105.40	138.14	113.01	109.41	97.16	93.83	111.16	127.58	114.64	136.67
1960	140.46	156.52	107.16	141.65	121.11	107.78	108.62	108.04	128.55	183.16	120.19	135.71
1961	145.00	163.14	104.56	139.10	117.19	94.74	91.54	110.62	134.07	371.20	129.59	141.76
1962	149.41	167.29	108.14	146.39	112.34	89.10	88.26	113.25	133.44	500.32	136.50	142.12
1963	159.06	182.61	110.91	151.02	110.20	90.04	87.29	116.78	129.37	563.07	136.85	139.36
1964	163.00	191.00	111.49	151.80	112.79	89.11	87.89	113.29	128.79	504.50	132.67	141.38

					2. 波動率 %						
1957	10.66	13.39	-4.01	13.75	10.96	24.84	-3.21	-2.17	9.43	15.39	4.39	11.30
1958	0.34	0.86	-0.41	4.55	-0.45	-8.82	-12.74	-6.58	-1.58	-4.34	6.03	13.71
1959	10.82	13.27	10.25	16.99	2.31	-3.90	15.04	2.67	3.21	15.58	3.58	7.99
1960	14.15	20.84	1.67	1.80	7.17	-1.49	11.79	15.14	15.64	43.56	4.84	-0.70
1961	3.23	4.23	-2.43	-1.80	-3.24	-12.10	-15.72	2.39	4.29	102.66	7.82	4.46
1962	3.04	2.54	3.41	5.24	-4.14	-5.95	-3.57	2.38	-0.47	34.78	5.33	0.25
1963	6.46	9.16	2.56	3.16	-1.90	1.05	-1.10	3.12	-3.04	12.54	0.26	-1.94
1964	2.48	4.59	0.52	0.52	2.35	-1.03	0.69	-2.99	-0.45	-10.40	-3.05	1.45

資料來源：省政府主計處《臺灣省物價統計月報》

（四）物價變動的原因

如上所述，雖然臺北市躉售物價逐年上漲，但各類物價的波動情形卻不一致，且其波動原因亦極其複雜。經仔細分析以後，我們可歸納為下述幾個重要原因：

1. 自然災害

臺灣常見的災害有水災、風災等，其中以水災對物價影響較劇，因為水災除破壞農工生產外，尚且破壞運輸系統，阻礙貨物之流通，加深供需間的失衡情勢，使物價上漲幅度增大。同時，由於水災常發生於夏秋之交，貨物供需因生產減少而失衡的程度將因緊接而來的中秋及春節等季節性需要而加深，所以在生產供給反應較遲緩之時，將不但影響該年物價水準，且亦影響下一年的物價水準。就最近 10 年而言，有三次大水災都曾嚴重地打擊物價的安定。

1958 年八七水災發生在主要農產地的中部地區，迫使該年食物類物價上升 13.3%；同時，由於重建工作急需建築材料，

因此建築材料類物價亦上升 15.0％，致總指數上升 10.8％。
在建築工作尚未完成，物品供需（尤其是食物供給）尚未恢復
均衡之際，1960 年復在南部發生八一水災，雖然此次災情較
八七水災為小，但卻加深原來的供需不均狀態，食物類再度猛
漲 20.8％，建材類亦復漲 11.8％，以致總指數漲 14.2％，上漲
幅度為近 10 年之冠。1963 年葛樂禮颱風引起的水災，因係發
生在北部地區，對農產品生產的影響程度較低，故食物類指數
的漲幅為 9.2％；而建材類因前三季下跌頗多，故全年建材指
數不漲反跌，但卻使 1964 年的建材價格呈輕微上漲的態勢，
1963 年物價上漲 6.5％可說是葛樂禮颱風的結果。

　　除上述三年以外，近 10 年來臺北市躉售物價水準比較安
定，可見自然災害對臺灣物價影響之高。

2.　生產成本的變動

　　在自由經濟體系下，價格水準常係由供需雙方所決定。但
供給價格卻受制於生產成本，因此當我們分析近 10 年來物價
變動時，我們亦得考慮到生產成本。主要的生產成本不外是原
料成本及工資兩項。此處擬先分析原料成本與物價的關係。

　　如表 17 所示，1956 年以來，臺北市工業產品物價指數的
漲跌趨勢與臺北市躉售物價指數的變動大致相彷彿。其 1959
及 1960 兩年的漲幅較躉售物價為低，係因躉售物價受食物類
價格偏高的影響太高所致，1956 及 1957 兩年與 1962 年以後，
工業產品價格的漲幅均高於躉售物價。前者可能係工業產品供
需失衡相當嚴重的結果；後者則可能係由於租稅及國際糖價上
漲的影響。關於這些因素，下面即將提到。

單就工業原料價格指數與工業產品價格指數比較而言，其
1961 年以前的趨勢及漲跌幅度亦大致相同；1959 年因植物性
原料漲幅較高，所以原料價格指數的漲幅比產品價格之漲幅高
出甚多。及至 1962 年以後，工業原料物價指數稍見跌落，而
工業產品價格指數仍維持每年 7%至 10%的上漲率，這一變動
方向顯示若干難以解明的矛盾。惟由於居工業產品生產主要因
素的燃料價格，在 1962 年及 1963 年間仍有顯著的上漲率，所
以工業產品價格之上漲似乎不無道理。由此可知，工業產品價
格的變動與其原料價格之變動間維持著微妙的關係；而原料價
格的變動則受制於其他因素。這些因素將逐步解說。

表 17　1956 年至 1964 年臺北市薑售物價指數等

基期：1956=100；%

年別	臺北市薑售物價指數		臺北市工業原料價格指數		臺北市工業產品價格指數	
	定基指數	波動率	定基指數	波動率	定基指數	波動率
1956	100.0	12.7	100.0	18.9	100.0	19.4
1957	110.7	10.7	118.0	18.0	113.4	13.4
1958	111.0	0.3	118.3	0.2	111.6	-1.6
1959	123.1	10.8	138.8	17.3	118.5	6.2
1960	140.5	14.2	143.0	3.1	127.4	7.5
1961	145.0	3.2	142.6	-0.3	125.0	-1.9
1962	149.4	3.0	135.3	-5.2	134.1	7.4
1963	159.1	6.5	137.4	1.6	147.1	9.7
1964	163.0	2.5	137.5	0.1	159.4	8.3

資料來源：臺北市薑售物價指數同表 15；工業原料及其價格指數：《自由中國
　　　　　工業》。

3. 工資與生產力的變動

　　工資成本固然是生產成本的主要構成份之一，但是生產力提高常有抵銷工資上漲對生產成本之影響的作用，所以工資與生產力變動的影響應當合併考慮，以免產生錯誤的結論。

　　先就生產力的變動而言，如表 18 所示，1956 年以來農工業的生產增加甚快，迄 1964 年的 9 年間，農業生產增加 55.4％，工業生產增加 171.8％；與就業人數相對的平均每人生產（生產力）亦各提高 39.6％ 及 84.5％，可見農工產品供應激增，有助於供需均衡，加速物價安定情勢的來臨。尤其是 1960 年以後的工業生產增加率更是可觀，這一時期的物價穩定情勢，此種有效供給的增長情形實是主要因素之一。

　　次就工資與生產力比較而言，近 10 年來臺灣工業工資提高甚多，增加率超過 10％的有 1956、1957、1960 及 1961 等 4 年，其餘各年的上漲率大致在 6％以下。迄 1964 年為止，工資上漲情形雖比生產力之增長為速，但 1962 年以來其年上漲率已不及生產力之上升率。因為工資亦是主要的生產成本之一，其相對上漲率降低有助於生產成本減輕，所以 1962 年以來工資安定亦為物價較安定的因素之一。同時亦可看出 1961 年以前工資對物價的高上漲率亦有若干影響。

表 18　農業生產力指數與工業生產力及工資指數

基期：1956 年 =100

年別	農業		工業		
	生產指數	生產力指數	生產指數	生產力指數	工資指數
1956	100.0	100.0	100.0	100.0	100.0
1957	110.4	110.2	113.6	104.9	112.8
1958	119.5	119.0	122.3	105.6	119.7
1959	122.1	119.0	138.3	113.9	127.0
1960	121.5	117.0	157.4	124.5	147.6
1961	134.3	127.2	173.9	134.0	177.7
1962	136.1	127.1	196.2	144.8	187.1
1963	140.9	129.1	216.0	151.9	194.6
1964	155.4	139.6	271.8	184.5	200.5

資料來源：經濟部

4.　公用事業費率上漲

　　主要的公用事業包括電力、煤氣及自來水。由於其消費對象為社會大眾及一般企業，其費率變動，不但足以影響社會福利，而且影響農工各業的活動，提高各業的成本負擔。臺灣過去由於政府採行低物價政策，公用事業費率往往偏低，農工各業所負公用事業的成本負擔相對上較輕。因此，近 10 年來，公用事業不斷調整下，必對生產成本有所影響，亦因而提高了物價水準。

　　以電力供給價格為例，家庭用電所佔比例較低，10 年來調整幅度僅 32％，略去不談。在工業用電方面，1957 年雖略有調整，但調整幅度有限。1959 年 10 月由於附加國防特別

捐的關係，一次附加30％影響最大，從此以後，附加部分不但未曾取消，1961年1月及7月且分別又上漲2％及14％；1963年7月亦提高9％。此種上漲態勢，使臺北市電力物價指數與躉售物價指數呈齊步上升步調。至於瓦斯及自來水的價格，調整次數較少，但調整幅度均相當高。

此外，公營及公賣事業產品價格的上漲亦是使物價水準上升的原因之一。例如化學肥料中的硫氨、氫氮化鈣的售價在9年中各調整了七、八次，其1962年的價格已為1956年平均價格的150％左右。再如菸酒價格亦有此種情形。可見公營事業產品價格之調整亦是物價上漲因素之一。

5. 稅負增加

稅課負擔亦是物品及勞務的主要成本之一，因此稅課率提高，亦使物品成本提高，價格上漲，尤是易於轉嫁的各種稅負為然。在最近10年中，影響最大的有二次稅課。第一次是1959年八七水災後，政府為籌措災後重建基金，在10種項目中附加15％至40％的復興建設捐（多數為30％），其增課部分包括營利事業所得稅、綜合個人所得稅、娛樂稅、筵席捐、地價稅、土地增值稅、房捐、屠宰稅及貨物稅（包括水泥、人造纖維、味精、平板玻璃及砂糖等）。增稅期間自1959年9月1日起至1960年6月30日為止。此外，並在若干公營事業費率上附加30至36％的復興重建特別捐。其中電力加增36％，且於1959年底停止，另外再加價已如前述。而電報、電話加價30％，公鐵路客運加價33％，且迄未恢復。因而這一期間，物價上漲情形特別激烈。

第二次是發生在 1962 年 5 月的國防特別捐及同年 8 月的修正貨物稅。其中以國防特別捐的影響較大。國防特別捐的主要內容是消費品進口關稅附加 20%，貨物稅及屠宰稅 30%，鹽稅 50%，綜合所得稅、娛樂稅、筵席捐、地價稅、房捐等各增加 30% 至 50% 不等，契稅 40%，同時家庭用電、電信、公鐵路客運亦均提高 30%。因此對於 1962 及 1963 年的物價亦略有影響，尤其是 1963 年復有葛樂禮颱風，所以物價水準之上升特別快。

6.　休閒貨幣的作用

貨幣數量對物價的影響究竟多大，實是非常難以估計，尤其是像臺灣這種環境，農工生產突飛猛進，觀光及旅遊設備等勞務供給與消費習慣以及有利於投機與預防需要的各種因素均正在逐步生長中，貨幣需要量已不易估計，所以貨幣供給變動及休閒貨幣增加對物價的影響更不易推計。如表 19 所示，就初步觀察所知，貨幣供給量及休閒貨幣之增加與臺北市躉售物價之變動上升趨勢並不一致，其間的關係究竟如何，待下節再詳論。此處，我們可以簡單地說，1960 年以前的物價上漲，受貨幣供給的影響似乎較深；而 1961 年以後，新增的貨幣供給量大都有其去向，購買力或為潛存狀態，對於物價的影響似乎較微。

表 19　1956 年至 1964 年物價波動與貨幣量波動之比較

年別	臺北市躉售物價指數	貨幣供給		包括準貨幣之貨幣量	
		平均供給量	估計休閒貨幣量	平均數量	估計休閒貨幣量
1956	12.7	-	-	-	-
1957	10.7	27.5	—	28.8	-
1958	0.3	19.9	151.8	28.9	262.6
1959	10.8	24.3	66.5	38.1	116.3
1960	14.2	10.2	-40.9	16.0	2.0
1961	3.2	12.9	30.1	30.0	76.3
1962	3.0	16.1	64.4	31.0	63.9
1963	6.5	16.0	26.9	22.5	31.4
1964	2.5	37.4	131.3	33.0	48.9

資料來源：同表 11、13 及 15。

7.　其他因素

　　除上述因素以外，影響近 10 年來臺灣物價波動的主要因素尚有國際價格變動、投機活動、供需變化等因素。茲簡單分析如下：

　　近年來國內生產固然突飛猛進，但國內可利用資源中，進口部分所佔的比例仍高達 16% 至 17%，並不比 10 年前為低，亦即臺灣的海島經濟特質之下，欲求加速經濟發展，對進口的依賴性愈是顯著。尤其是若干本地甚難發展的產品，對進口的依賴性更是不可避免的，例如金屬及其製品類，不僅原料價格受制於國外供給，即若干重要產品亦莫不與國際價格波動息息相關，此外，近年來蓬勃發展中的化學工業受國際原料價格的

影響，也是不爭的事實。其次，在出口方面，國際價格變動亦有重大影響，因為臺灣有若干產品是以輸出為主，國內消費部分所佔的比例甚微，所以國際價格的變動常影響輸出政策，使國內供需情形發生變化，因而價格遂亦有變化。例如砂糖國內價格自 1956 年以來一直增漲不已（1958 年曾略微下跌）主要即是受國際市場的影響。

其次，談到投機活動。投機與其說是不法的行為，不如說是一種正常的營利方式，因為投機者的營利方式是以個人對將來的獨特判斷，謀求現在與將來之間的時間差距上的獲利機會。不過，在先進國家因經濟情勢比較安定，實物性投機比較少，證券投機比較發達，而且常亦較為合理，不易影響經濟安定；而在經濟落後國家則常因經濟情況不穩，所以投機活動偏重於實物性投機，對於物價安定的影響較大。過去 10 年中，臺灣的經濟情勢雖然逐漸安定，但最初幾年因承通貨膨脹的餘緒，實物性投機仍甚活躍，1959 年以後，則雖仍有若干實物投機活動，但其數量與範圍均已縮小很多。

從 1956 年到 1959 年間，最重要的是外匯管制仍甚嚴格，官價匯率與黑市匯率間的差距仍然甚高，因此進口品的投機活動即比較顯著。其次，國內物資供給量仍甚有限，若干物資均不許自由買賣，例如水泥即是一例，其價格常因需要面變動而呈高度的波動情形。此外，公營事業牌價變動頻仍，助長投機活動，例如木材、石油等。而 1959 年以後，物資供應逐漸充沛，外匯改革亦獲相當的成功，投機活動遂縮小至少數農產及其加工品上，其投機數量亦不高，因此 1959 年以後實物性投機對

物價的影響已減少甚多。

第三，物資供需變化。嚴格地說，物價變動完全是物資供需變化的結果。前述各項因素，不論是成本生產力、災害等因素，最後都是經由影響供需然後才影響物價的。關於這一點下面將立即給予詳細的說明。此處僅以建材價格波動為例簡單說明供需的影響力。在 1956 年及 1957 年之際，由於省政府加緊遷往中部，建材需要大增，其價格亦高漲；但 1958 年八二三砲戰的心理影響，使建材需要減弱，其價格大跌；1959 及 1960 年復由於災後重建需要使建材價格高漲。其次，建材類因近年來需要激增，投資生產者亦增加很多，其供給量擴增甚速，所以自 1961 年後，雖然國民住宅建設大量興起，但其價格已無顯著的波動。

（五）物價波動的綜合觀察

如上所述，1956 年以來，臺灣的物價水準已漸趨於安定之途，其影響因素雖然錯綜複雜，但可綜合成兩個主要的因素，其一是心理的因素，其二是供需律的作用。

首先談到心理因素。步入 1956 年以後的臺灣經濟，雖然已有安定的趨勢，但是過去的通貨膨脹的陰影仍然尚未消除，大眾對於貨幣供給及物價變動尚存有過度的敏感性反應。尤其是貨幣供給增加更加重大眾的心理威脅，因此當時的物價波動，投機成分相當高，所得速度亦非常高，大眾的幣信心仍甚脆弱。投機與保值的風氣仍然甚盛，最足反映此種心理的是 1955 年至 1960 年的黃金及美鈔價格的變動。（參見表 20）

由於大眾心理尚存有此種心理負擔，所以該期間的顯著性

物價波動中所含有的心理負擔因素,也就特別高。從 1960 年開始,由於前述保有休閒貨幣的各種動機已逐漸提高;且大眾對於貨幣供給增加已較習慣,心理負擔減輕不少,因此通貨膨脹的心理影響已經減至最低程度,每次的物價波動都能迅速地恢復正常水準。

表 20　1956 年至 1964 年臺北市黃金及美鈔價格指數

基期:1956 年 =100

年底	黃金		美鈔	
	官價	市價	官價	市價
1956	100.00	100.00	100.00	100.00
1957	100.00	96.75	100.00	99.66
1958	180.47	123.79	146.81	120.89
1959	180.47	119.27	146.81	117.47
1960	180.47	113.10	146.81	109.68
1961	200.07	105.39	161.54	113.91
1962	200.07	114.64	161.54	121.98
1963	200.07	105.39	161.54	110.30
1964	190.54	112.07	161.82	118.87

資料來源:中央銀行。

其次談到供需律的作用。影響物價變動的因素最後都要表現在供給與需要上,然後透過供需律的作用去影響價格活動。在供給方面,例如生產數量增加、生產成本上升、進口量增減、進口價格漲跌等都是主要因素。在需要方面,例如人口增加、消費習慣改變、投資方向改變或者是其增減活動等都是主要影響因素。即使是上述心理因素亦可納入此種供需律的作用中,例如恐懼通貨膨脹,不願意以貨幣形態保有購買力,即表現一

種需要的迫切感。心理恐懼消除後，此種心理壓力即減輕。

　　依據供需律的作用來觀察近 10 年來臺北市躉售物價的變動。至少可發現幾個事實：第一，供給彈性高的物品，價格波動率較輕；第二，需要彈性較低的物品，價格波動率較高；第三，供需變動較易調和的物品，價格波動程度較輕。

　　第一，供給彈性高的物品，價格波動率較輕。1956 年以來，臺灣經濟迅速發展是有目共睹的事實，但是這種高速發展並非各部門平均發展的結果，其主要貢獻是來自製造業。例如從 1956 年至 1964 年間，農業生產增加 55％，而工業生產則提高 172％。可見工業產品供給增加速率較高；所以在這一段期間，工業產品的價格上漲程度較輕，農業產品的供給彈性較低，所以其價格上漲率亦較高。就類指數而言，在中藥上，自 1956 年禁止匪區當歸進口以後，當歸的供給彈性幾近於零，因此其價格上漲特別快速。

　　第二，需要彈性較低的物品，價格波動率較高。農產品的供給彈性固然低，但 9 年間，生產仍增加 55％，其價格上漲程度原不應太高。但是由於同一期間人口亦增加 31％，且大眾對飲食類的所得消費比率雖自 62％降至 57％，其消費彈性仍然甚為有限，所以農產品的價格上漲程度便較高。尤其是農產品深受自然因素的影響，供給量不易控制，且其價格上漲後復不易回跌，因此價格上漲復有累積的影響。

　　第三，供需變動較易調和的物品，價格波動程度較輕。屬於此類的主要係成長迅速的工業產品，例如衣著、建材、紙張及化學產品，因為這些產品的國內外需要固然激增，但是其供

給彈性亦較高，所以價格波動率便比其他產品為低。

　　要言之，1956 年以來臺灣的物價波動率大致上可說是心理因素與供需律交互作用的結果。前者主要是在 1960 年以前扮演重要角色，後者則有長期的影響力。

七、休閒貨幣與通貨膨脹

（一）概述

　　如前所述，1956 年以後，臺灣的貨幣供給量有增無已，其年增加率均在 10% 以上，惟其每年增加情形與臺北市躉售物價上漲情況非但不成比例，而且也沒有顯著的時間落後關係。因此，貨幣數量似乎不曾對物價水準有顯著壓力，因果關係頗為薄弱。在這種物價趨於安定與貨幣拉力趨淡的 10 年中，對近年通貨膨脹問題加以深究，將是一件極具意義的事。

　　前文已將近 10 年臺灣經濟粗略分成兩個階段，一個階段是 1956 年至 1960 年的高物價波動時期；一個階段是 1961 年以後的物價安定時期。此處我們仍按這一分類，前一時期價格性通貨膨脹時期；後一時期稱為通貨性通貨膨脹時期[7]。在前一個時期，經濟發展的基礎尚未穩固，物品的供給似乎仍然追不上需要的增長，因此反映購買力增加的貨幣量增加，對於該

---

[7]　所謂通貨性通貨膨脹（Currency inflation）是指貨幣供給急速增加，但未引起顯著的價格上漲的純貨幣性膨脹現象。至於價格性通貨膨脹（Price inflation）則指價格水準的連續上升現象，通常同時引起通貨性通貨膨脹。請參見拙文〈從貨幣供給看 53 年的金融情況〉，《臺灣經濟金融月刊》，第 1 卷第 4 期。

時期的物價仍有若干影響；到了第二階段，經濟發展已步入佳境，物品供給能力增加甚快，且足以吸引休閒貨幣的誘因已逐漸增強，所以貨幣供給對於物價的影響力乃潛匿起來。

（二）1956 年至 1960 年的貨幣與物價

從 1956 年到 1960 年，臺灣重要經濟情勢大概有下述數項：

1. 通貨膨脹的威脅仍然存在。1955 年以前的通貨膨脹壓力仍然在大眾心裡深處投下陰影，因而大眾對實物的需要感較為迫切，已如上述。

2. 在這一期間，農業生產指數平均每年增加 7.4%，惟以林業的成長較速，單就農作物而言，年成長率僅 4.5%；工業生產的年成長率為 10.6%，其中製造業的成長率為 10.9%，生產增加情形已甚顯著，但增加速率比後期為低。

3. 平均每人所得每年增加 3.1%，增加速率非常有限，而平均民間消費增加率，每年仍達 15.5%，即邊際消費傾向仍甚高，顯示對於物品的需要增加甚速。

4. 由於工業仍未十分發達，主要出口仍限於農業及農產加工品，每年出口價值僅 1 億 6,000 萬美元左右，外匯仍覺短絀，進口價值不易擴大，每年僅 2 億 3,000 萬至 2 億 5,000 萬美元之間。因此，來自國外的物品供給殊少擴充。

5. 政府消費支出年增加率仍達 17.9%。

6. 年平均貨幣供給量的增加率為 20.5%；在經濟情況尚不十分穩定，且物品供給能力有限的情況下，購買力的擴

充似乎太過於快速。

在這種經濟情況下，一方面生產增加率僅 10% 左右，且進口物品量值亦顯停頓狀態，國內可供利用的物品總供給增加有限；而他方面貨幣供給激增，而且不論政府或民間消費支出的年增加率均在 15% 以上，國內消費需要增加甚速，總需要相對上有較高的增加率。因此，發生由需要面迫使物價上漲的現象，可見這一時期仍然帶有若干價格性通貨膨脹的色彩。至於其重要經濟情況可略述如下：

1. 由於尚有通貨膨脹的恐懼感及過去若干消費需要未獲有效滿足，大眾的邊際消費傾向仍然甚高；同時，物品供給增加速率仍不及消費需要的增加率，供需之間原即存有若干不平衡的態勢。一旦加上偶發的供給短缺，供需失衡狀態便更不易恢復。例如 1959 年及 1960 年的水災使食物類物價畸形上漲，且漲多回小。因此，這一時期的物價波動率便要特別高。

2. 在這種需要拉力之下，有關當局曾採取若干治標措施，壓制信用擴張及價格上漲。例如 1958 年以前的水泥買賣管制，限價政策等；1959 年的信用緊縮政策，徵課水災重建建設特別捐，1958 年以後的公司債發行，1959 年以後的公債發行等。但是仍不能阻止有效需要增加及抑制價格上漲。惟由於輕微的通貨膨脹有利於固定資本投資，所以投資擴張速率甚大，為 1961 年以後生產擴張的主要原因之一。

3. 休閒貨幣量有限。由於幣信心有限，大眾對於實物比較

感興趣，所以就不願意以貨幣形式保有比正常需要更多的購買力，因此這一時期的休閒貨幣數量不多。當然，這一時期的信用管制亦是休閒貨幣減少的原因之一，不過並非主要因素。因為假若放鬆信用管制，任令貨幣供給增加，則與國民生產毛額相對立的交易貨幣量並不必然不會變動，由於貨幣衝擊物價的事實仍然存在，當時信用管制一鬆，首先受到影響的仍將是物價，物價既漲，交易貨幣需要便要比例增加，休閒貨幣量仍不會顯著增加。

要言之，在這一時期中，大眾所以不願意保有貨幣，大抵與當時的價格性通貨膨脹的情勢有關。1959 年的信用收縮政策雖然沒有積極的功效，卻已有效地壓制了價格膨脹的威脅。

（三）1961 年以後的貨幣與物價

在 1960 年以前，維持經濟安定，抑制通貨膨脹的努力已漸著成效，經濟發展已漸趨茁壯。因而 1961 年以後臺灣的經濟發展情勢逐漸展開另一個新的局面，其重要經濟情勢如下：

1. 通貨膨脹的威脅已漸消失，大眾的幣信心開始建立，實物保值動機已漸減弱，因此價格所感受的需要壓力已減輕不少。

2. 從 1961 年至 1964 年，農業生產指數平均每年增加 6.5％，比前期略低，但最主要的農作物生產年增加 5.2％，比前期為高；工業生產指數平均每年增加 14.8％，其中製造業增加率為 15.9％，均比前期為高。

3. 由於工業發展的努力已有若干成果，工業產品已能大量

外銷，所以出口值漸擺脫前期的停頓狀態，在 1961 年已躍入 2 億美元大關，1963 年且更突破 3 億美元，及至 1964 年出口值更提高至 4 億 6,000 萬美元；因為外匯積存逐漸累積，進口能力大增，所以 1961 年以後進口值亦從前期的 2 億美元跳到 3 億美元以上，1964 年且進口 4 億 1,000 萬美元的物品。因此，國內物品供給大增，對於增長中的有效需要已有較高的適應能力。

4. 從 1961 年至 1964 年間平均每人所得每年提高 4.6%，比前期高 50%，但 1961 年至 1963 年民間消費支出的年增加率僅 9.2%，比前期低 41%，顯示邊際消費傾向低降。

5. 同一期間，政府消費支出的年增加率亦僅 9.0%，亦比前期低 50%。

6. 臺灣證券交易所於 1962 年 2 月成立。投機客體增加，對於吸收休閒貨幣有甚大的貢獻。

7. 在這一時期，年平均貨幣供給量的增加率為 20.6%，並不比前期小，但一則由於保有貨幣的各種動機均已加強，二則由於物品供給量增加甚速，所以貨幣對物價並沒有顯著的衝擊現象。

由於需要拉力業經減弱，同時物品供給能力大為提高，供需之間漸趨平衡。同時，由於前述生產力提高比工資上漲為速，成本對價格的衝擊也顯然有限。所以，1961 年以後，價格性通貨膨脹已逐漸消失，代之而起的是通貨性的通貨膨脹。有關這一時期的經濟情況可描述如下：

1. 年平均經濟成長率為 7.8％，比前期的 6.5％，高出甚
   多，而物價水準上升速率年平均僅 3.8％，比前一期的
   9.7％低得多。在此種經濟發展及心理安定的情況下，
   物價水準的波動率自然減緩，同時偶然供需失衡的偏高
   價格亦因而能迅速地控制。
   這種每年 3.8％的物價上漲趨勢是否即是安定的物價水
   準，是否即已擺脫通貨膨脹的威脅？通貨膨脹的界限不
   易測定，每年 3.8％的物價上漲趨勢仍可說是屬於價格
   性通貨膨脹。惟由於近年來物價上漲均以米價上漲為主
   要因素，且過去臺灣米價屬於偏低的政策性價格管制，
   其上漲趨勢殆屬必然，因而由此引起的物價之輕微上漲
   並非顯著的價格膨脹現象，我們似乎可將本期的經濟狀
   況視之為通貨性的通貨膨脹。據此，1961 年以後臺灣
   的經濟發展可說是在安定中發展著。

2. 在這種安定發展下的臺灣經濟已漸能吸收較多的貨幣
   需要。惟由於支付制度並未顯著改變，所以交際所需
   的貨幣數量大致上僅與國民生產毛額作同比例的增加。
   因此，這一時期新增的許多貨幣量並非以交易動機而保
   有，而係造成休閒貨幣量之增加，其原因已在第五節說
   明。這種貨幣量大量增加，而物價變動輕微的情形可說
   是通貨性的通貨膨脹。

（四）休閒貨幣與利率

　　經濟情勢趨於安定以後，固然休閒貨幣量將逐漸增加，而
休閒貨幣量的變動對於經濟安定復有若干重大的影響。其中最

顯著的是利率活動水準。

　　臺灣的利率有銀行利率及市場利率兩種。銀行利率由中央銀行決定，而市場利率則由市場資金供需雙方所決定。其中銀行利率因含有政策因素，所以通常較實際利率水準為低，而市場利率因附加有通貨膨脹及風險等兩種貼水，所以常較實際利率為高。因此，銀行信用政策的變更常會影響市場利率及休閒貨幣數量，而休閒貨幣數量亦常影響銀行的信用政策。自1956年以來，不論是銀行利率或是市場利率均有顯著降低的現象。根據我們前述的兩期分類法，我們亦可將近10年來的利率情況以1960年為界，粗略地分成兩個時期。茲根據表21所列的利率結構說明近10年來的利率與休閒貨幣的關係如下。

　　在1956年至1960年之際，因為臺灣經濟中仍存有若干通貨膨脹的威脅，且銀行信用不易擴張，工商企業資金又極迫切，市場資金需要甚高，所以市場利率仍偏高，其利率約比銀行利率高一倍以上。因此，民間儲蓄若非以實物保值方式而保有，即是大量流入黑市貸放中，博取高利。在此種情形下，以銀行債權（包括貨幣及準貨幣）所保有的休閒貨幣量遂非常有限。尤其是1959年的信用緊縮政策，迫使市場資金更形短缺，市場利率更漲。因此，休閒貨幣量遂一度減少，而不堪高利負荷的工商企業因而倒閉者甚多，復又提高儲蓄者的警覺，紛紛抽回資金，存放金融機構。由於此次經驗，遂產生了利率降低與休閒貨幣增加的新情勢。

　　1961年由於市場資金湧入金融機構，金融機構的放款無法立即配合，遂有暫時的銀根鬆弛現象。而同時，由於經濟情

況已漸安定，通貨膨脹的壓力稍稍減輕，3 月以後，市場利率已顯著降低，因而 6 月 21 日乃巨幅降低銀行放款利率，而金融機構的定儲存款仍有增無減，奠定了繼續降低利率的基礎。

在這種情形下，大眾保有休閒貨幣增加的動機，一方面是通貨膨脹已有效地抑制，他方面則是市場利率與銀行利率間的差距縮短甚多，因而各種預防與投機的貨幣需要漸轉趨以休閒貨幣的形態保有。因為大眾保有休閒貨幣的興趣提高，金融機構的貸放能力亦隨之提高。黑市上的資金需要遂減少。因此，在 1962 年以後更促進了利率降低與休閒貨幣增加的態勢。至 1964 年底市場利率約僅比銀行利率高出 50％至 60％，其差距比前期縮小甚多。

表 21　金融機構與非金融機構的貸放利率

單位：月息百分比

年底	銀行利率		市場利率							
			臺北市		臺中市		臺南市		高雄市	
	信用	質押	信用	質押	信用	質押	信用	質押	信用	質押
1956	1.86	1.80	3.9	3.3	3.6	3.0	5.0	4.0	4.5	3.5
1957	1.86	1.65	3.6	3.0	3.4	2.8	3.6	2.4	3.5	3.0
1958	1.74	1.65	3.3	3.0	3.0	3.4	3.6	2.4	3.5	3.0
1959	1.74	1.50	3.9	3.3	3.0	2.4	3.6	2.4	3.5	3.0
1960	1.56	1.50	3.9	3.3	3.6	3.0	3.6	2.4	3.5	3.0
1961	1.56	1.35	2.7	2.4	2.7	2.1	3.5	2.4	3.5	3.0
1962	1.56	1.32	2.7	2.4	2.7	2.1	3.0	2.4	3.0	2.5
1963	1.38	1.17	2.4	2.1	2.7	2.1	2.5	2.0	2.7	1.8
1964	1.38	1.17	2.1	1.8	2.7	2.1	2.5	2.0	2.5	1.8

資料來源：《臺灣金融統計月報》。

（五）控制休閒貨幣

如前所述，休閒貨幣是經濟安定與經濟發展過程中逐漸累積的非交易性貨幣。在正常的經濟情況下，這些休閒貨幣常是維持著靜止狀態。嚴格地說，若非靜止不動，亦不會忽然脫去貨幣的外衣，而流入實質資產上去。例如 1963 年 7 月以至於 1948 年 8 月，臺灣證券市場非常活躍，以投機目的而保有的休閒貨幣激增。9 月以後，證券市場轉趨蕭條，休閒貨幣乃暫時表現靜止狀態，其數量並未有減退現象。而證券活動活躍的時期，亦不過是使存款貨幣的流通速度更快而已。

因為休閒貨幣具有此種靜止不動的特性，所以只要經濟情況能繼續維持安定的局面，則休閒貨幣並不會干擾經濟運作。惟日積月累的休閒貨幣固然足以防止經濟社會從通貨性通貨膨脹轉入價格性通貨膨脹，但是它們仍未脫却購買力的外衣，實係經濟安定的一股具有威脅性的洪流，事前加以疏導，不但有助於安定情勢的持續，且可免得安定局面隨時受到擾亂。

所謂疏導，並非所謂「導游資於生產」式的疏導，而是在經濟的領域內，特闢一處園地，讓休閒資金經常有其活動的機會，或者讓它們覺得有安全感，不致於產生恐懼心理。然而最重要的却是要嚴格地控制貨幣供給，不使貨幣供給超過大眾貨幣需要的可能安全邊際。根據這一標準來看 1964 年的臺灣貨幣與休閒貨幣的問題，下述三點似乎應特別注意。

第一，在適當時機，繼續降低存放款利率。如前所述，保有休閒貨幣的動機固有預防及投機動機兩種，其中為預防動機而保有的部分大體上具有相當的安定性，而以投機動機而保有

的部分則具有活動性，其活動狀態與利率變動息息相關。在以投機興趣保有休閒貨幣日增的今日，利率變動對臺灣貨幣問題具有實質上的意義。

目前臺灣的利率水準（不論是銀行利率或是市場利率）均較其他國家為高，偏高的利率固有其歷史與經濟原因，例如資金短缺，通貨膨脹及商業風氣等。現在的經濟環境已逐漸變遷，一方面是通貨膨脹時期的巨額意外利潤逐漸消失，投資誘因在高利率下逐漸轉弱，他方面是貨幣性儲蓄增加，資金供給轉向充盈之途。在這種環境下，利息收入與企業利潤差距微小，即使具有創業精神的企業家也不願意輕易投資，因而投機性保有的休閒貨幣便比降低利率時為多。降低利率即可使部分處於投資與投機之間的邊際投機性休閒貨幣退出休閒貨幣的行列，緩和休閒貨幣的壓力。

當然利率降低具有信用擴張的傾向，不過為緩和休閒貨幣的壓力，以及拉長企業利潤與利率負擔的差距，增進投資誘因，促進正常經濟活動，降低利率是迫切需要的。

第二，促進證券交易活動。如前所述，近年來休閒貨幣日增與 1962 年臺灣證券交易所的創辦有密切的關係，且 1963 年至 1964 年間，日增的貨幣供給所以未曾衝擊物價，當時證券市場繁榮吸收大量休閒貨幣實是功不可沒；而 1964 年下半年以來，證券市場繁榮消失，休閒貨幣呈靜止不動的局面亦有部分原因是投機保有的慣性作用。假若證券市場蕭條狀況沒有復活現象，則投機性保有的休閒貨幣可能將會不甘寂寞，或者湧入實物市場，或者作其他不當的投資，因而擾亂整個經濟活動

的正常運作。因此，目前宜採取適當措施，使證券交易活動活潑以免休閒貨幣呆滯日久。

使證券交易活潑的目的是使以投機目的保有的休閒貨幣得有正常的活動場所，避免偶發的過度的悲觀心理影響保有意志，因而產生不良的後果。因此，使證券交易活潑的措施應是鼓舞樂觀的氣氛，包括經濟前途的樂觀、證券投資利得的樂觀等。至於其應有措施則非本文所應論述。不過，前項降低利率的措施，一方面創造投資營利機會，他方面亦使利率與利潤差距擴大，在本質上即已帶有積極促進證交活動的意味，具有雙重的效果。

第三，有效控制貨幣供給。如前所述，在一定的社會經濟環境下，社會大眾的貨幣需要大致上是有一定數量，其變動邊際有限，尤其是交易性貨幣需要更是特別安定。貨幣供給增減變動，最初不會影響交易性需要所保有的貨幣，而僅使大眾手存的休閒貨幣量發生變動。假若貨幣供給減少太多，則大眾的休閒貨幣需要不能獲得有效滿足，因而可能有提高利率，增進流動性偏好等效果；假若貨幣供給增加太快，則休閒貨幣供給與休閒貨幣需要脫節，超出需要的供給部分雖可能暫時被保存在手中，以通貨性通貨膨脹的型態產生降低利率的壓力，但是超出數量若太高，或持續時間日久，則幣信心將受到損害，多餘的休閒貨幣量將轉入實物市場，與原存的交易貨幣競購物品，因而造成物價的不安定。所以，有效控制貨幣供給是控制休閒貨幣的治本方法。

八、結論

（一）貨幣供需增加的長期趨勢

　　現行的經濟社會是貨幣經濟社會，在貨幣經濟中，貨幣扮演著者主要角色。貨幣一方面以其交換媒介的功能，促進社會上各種交易的活動，他方面以其價值儲蓄的功能，聯繫現在與未來，使人們透過不定感或心理預期狀態，將現在與未來的交易活動給予差別的結合。因此，經濟發展程度愈高，對於貨幣的需要亦愈殷切，尤其是原來貨幣經濟發展程度有限的落後國家，其增長變動更是難以捉摸。

　　就供給方面而言，財政因素與信用政策對貨幣供給的影響較顯著。一般落後國家的財政與金融制度均較不上軌道，因此貨幣供給亦較易過度擴張。就需要方面而言，交易性貨幣及休閒性貨幣兩者都是構成貨幣需要的主流，惟一般落後國家因經常處於通貨膨脹的威脅下，保有休閒貨幣的習慣較微弱，經濟發展程度提高後，休閒貨幣增加速度非常大，所以貨幣需要擴張率亦較快速。

　　臺灣是落後地區之一，近 10 年來雖努力擺脫落後經濟狀態，但尚未擠入進步國家之林，處於這種過渡時期，不但貨幣需要逐年增長，貨幣供給仍免不了因財政或金融因素的影響而與貨幣需要脫節。本文前述各節所述的 10 年來貨幣現象即是此種不穩定狀態的縮影。大體上說，從 1956 年以來，貨幣供給即是採取放任的政策，所以增長情形甚為顯著，尤其 1963 及 1964 年兩年可說是隱藏著若干價格性通貨膨脹的危機，幸

而過去遏止通貨膨脹與經濟發展的努力均有相當的成就，因而能夠安然渡過這一充滿危機的一瞬。那麼，前此累積下來的貨幣是否過多？對於今後的經濟運作是有何影響？這便要從需要面來觀察。

從需要面來看貨幣的需要，國民生產、人口、利率變動、消費傾向等因素的變動均足以引起貨幣需要的變動。惟在一個安定發展中的社會，影響因素的變動大致上都有脈絡可尋，建立一套可接受的貨幣需要函數並不困難。而臺灣經濟並未十分安定，且自 1961 年以來的相對安定時期，為期亦僅 4 年而已，尚不足以構設一個可靠的變動趨勢。因此，我們僅能作概略的文字說明。

先就交易貨幣需要而言，此項需要具有定比增加的可能性。在目前的經濟情況下，交易習慣似無變動趨向，大眾所保有的流動性資產亦未顯著增加，因此交易貨幣需要大致上將受國內物品及勞務供給量、人口增加等因素的影響。在物品與勞務供給方面，國民生產毛額、進口及出口等數量具有絕對性的支配能力；在人口方面，目前 3% 的人口增加率似乎不易降低。因此，假定我們的經濟成長率若能維持 7% 左右，則交易貨幣需要的年增加率大致將在 10% 左右。

次就休閒貨幣需要而言，如前所述，休閒貨幣之保有的激增是自 1962 年證券交易活潑，再加上各種耐久性消費財消費欲望提高等因素所激起的，這些因素的背後復有複雜的動機。因此在觀察上頗為困難。就目前所能臆測的情形，大致如下：現存休閒貨幣量與目前經濟情況相比較，似乎已有過多之虞，

因此 1964 年已有通貨性通貨膨脹的現象，此種過多的休閒貨幣尚有待更積極保有動機加以吸收。

例如繼續維持經濟安定，使短期儲蓄轉長期較富建設性的儲蓄、繼續降低利率、刺激證交活動等都是可能的途徑。其中長期儲蓄恐怕不易順利達成，而利率水準及證交活動都將因經濟發展而更趨於有利休閒貨幣活動的環境，所以今後保有休閒貨幣的興趣亦可能隨經濟安定與發展而提高，但因目前潛存休閒貨幣甚多，所以今後得有休閒貨幣量所能增加的數量恐怕有限。

綜上所述，貨幣需要大致上將逐漸增加，為配合需要之增加，貨幣供給亦應繼續增加，但是由於供給與需要是決定於不同的因素，所以供給面應特別小心，以免貽害經濟社會之運作。

（二）創造價格安定的環境

撇開社會、政治、經濟等因素的特殊變動不談，歷來討論物價變動的說法大致上可歸為兩類，貨幣因素和成本因素。偏重貨幣因素的人站在需要面，認為貨幣代表購買力，即是反映對於物品與勞務的需要。因此，貨幣數量增加必引起物價上漲。偏重成本因素的人站在供給面，認為物價最主要的決定因素是成本，成本的每一變動必引起供給價格的變動，因而使物價水準改變。持這些看法的人常引證統計資料，並就實際資料演繹物價變動方程式，甚且將它們用於物價變動的預測上。[8]本文僅依貨幣說及成本說的要旨，推論物價安定的環境為何，作為結束。

先就貨幣因素而言，前已述及貨幣的供應雙方均有長期的增加傾向，但需要取決於社會生產及心理因素，而供給則由制度因素所決定，因此實際的貨幣供給常與實際的貨幣需要有若干差異。假若貨幣供給少於貨幣需要，則可能造成購買力不足或流動性偏好過高，因而使物價下跌或利率上升，妨害經濟社會的繼續發展；假若貨幣供給大於貨幣需要，則可能造成購買力過剩或休閒貨幣過多，因而破壞經濟安定與加速經濟崩潰。

此種貨幣供需與物價及經濟發展的實際關係並不甚單純，因為在經濟安定情形下，大眾的消費需要大致是一定的，只要物品與勞務的可靠供給量能與消費需要配合，則多餘的貨幣供給將不致於立即趨向實物市場，一時之間可能是靜止不動的。例如 1964 年下半年以來的臺灣貨幣供給情形即是處於此種形態。惟此種休閒貨幣的靜止期間可能不會太長久，因為持有休閒貨幣通常要放棄許多生利機會，假若長期持有便將遭受更多的損失。

因此，經過若干時間的靜止不動後，休閒貨幣的持有者將會覓求其他生利機會，假若此項生利機會與證券市場有關，則將掀起證券購買熱潮；假若與實物市場有關，則將影響貨幣購買力。因此，就維持經濟安定的觀點來看，維持適量貨幣供給，不使超過需要面的最高限或保持休閒貨幣的安全邊際數量，是主要條件之一。

其次再就成本因素而言，物品及勞務的主要供給成本是工資，工資的每一變動將要影響物品及勞務的成本，因而最後將

---

8 關於物價變動及其預測問題將另文介紹。

影響物價水準。但是工資係與生產力相對的，假若生產力提高速率大於工資上漲率，則工資對物價的壓力將被生產提高所抵銷；假若生產力提高程度小於工資上漲率，則工資對於物價仍有若干壓力，促使物價上漲，物價上漲後，復因起提高工資的願望，因而形成螺旋式的價格上漲。因此，為維持經濟安定，必要繼續提高生產力，不使工資上漲帶有使價格上漲的衝力。亦即是必需繼續作大量投資，提高資本產出比率及單位勞動所使用資本量，才能抵銷改善工人生活時所帶有的價格上漲傾向。

此外，生產成本並不僅受工資變動的影響，稅課、管理費用等都有若干影響力，惟變動性有限。

要言之，從物品及勞務的供給和需要雙方來看，維持適量貨幣及提高生產力是維持價格安定的最主要方法。就最近 10 年來臺灣的貨幣與物價來看，物品供給短少、工資上漲及貨幣供給高速增加，在最初幾年的價格波動中扮演著主要角色；生產力提高及相對安定的工資則在後期的物價安定中，形成中流砥柱的主要支柱。後期的物價雖然比較安定，不過由於貨幣供給有增無減，社會大眾所持有的休閒貨幣累積增長不已，形成了一股巨大的潛在性購買力，似乎是威脅經濟安定的暗潮。

固然並非每一單位的貨幣購買力都會參與實物市場的交易，但是假若休閒貨幣量超過社會所能容納的數量，則必有嚴重的破壞力。因此，今後臺灣物價是否能夠繼續維持安定，最主要的分水嶺在於如何處理過去累增的休閒貨幣及今後尚可能發生的新增休閒貨幣供給。至於工資問題，除若干高級技術人

員外，在短期內大致不會對價格有太大的衝擊力。

【《臺灣史料研究》半年刊，第 42 期，2013 年 12 月，吳三連臺灣史科基金會。】

開創美麗新社

8

附錄：
紀念緬懷　林鐘雄教授

【附錄 1】

一代經濟學宗師的終身職志：自由
林鐘雄的經濟理想及對臺灣的大愛

彭百顯

壹、一生回顧

林鐘雄臺灣彰化人氏，1938 年生。[1] 高中就讀臺中一中，畢業後，進入臺灣大學經濟系，於此展開他一生經濟思想最重要的啟蒙與充實的奠基工程，並獲臺大經濟研究所碩士學位。之後，投入社會開啟他一生看似平凡實卻不平凡的真正讀書人報國生涯。

讀書，豐富了他的一生。林鐘雄回憶念臺中一中時，每學期 48 格借書登記欄，一定填得滿滿的。高中最喜歡讀的書之一，是俄國作家屠格涅夫的「獵人日記」。大學時看完諾貝爾獎得主、法國作家羅曼羅蘭的巨著「約翰克利斯多夫」全譯本

1　林鐘雄（1938-2006）是我的授業恩師，追隨他前後近 40 年。施正鋒教授要我為本研討會撰文記述林鐘雄，我義不容辭並感榮幸，但林老師所學精深博大，我未能完整傳神表達，內心深以為愧。全文對他直呼全名，係為行文方便，絲毫沒有不尊敬之意。

後，花了兩天時間，在日記本上，寫了 20 多頁的感想。印象更深刻的是，大學時看了向同學借的「阿 Q 正傳」，因為覺得把中華民族描寫得淋漓盡致，就完完整整地抄了一遍保存。[2]

步出學校，林鐘雄曾短暫服務於行政院國際經濟合作發展委員會（現經建會前身）擔任綜合計劃處專員，之後分別在政大、臺大專職任教，並也在其他公私立大學兼任教學，作育英才長達三十餘年，桃李滿天下。其間，並分身多方從事關懷國事、社會公益，包括參與海內外推動臺灣民主化運動，鼓吹民主自由思潮，對臺灣社會影響甚大。1992 年離開教職接任參與創辦的玉山銀行首任董事長。2000 年受總統聘任無給職國策顧問，2001 年接任臺灣證券交易所董事長。

2001 年 10 月 28 日深夜，因呼吸困難送至臺大醫院，由於缺氧性腦病變昏迷，於臺大醫院、三軍總醫院醫治。2006 年 5 月 27 日，一代大師辭世，得年 69 歲。林師母低調辦理後事，6 月 18 日骨灰入塔，長眠於北臺灣金山。留給世人無限懷念。

辭世後，臺灣經濟學會為紀念林鐘雄教授，於 2006 年 9 月 23 日舉辦「林鐘雄教授紀念學術研討會」，2007 年 3 月 6 日學會並設置「林鐘雄教授講座」補助辦法，鼓勵國內學術研究機構聘請國際傑出學者來臺，以促進國際學術交流。

林鐘雄育有一子一女，一生信仰自由價值，是臺灣重要的經濟學家。

---

2 引自王皓正（2000），〈林鐘雄不是普通的銀行董事長〉。

貳、自由經濟思想導師—傳播自由價值

本文肯定林鐘雄一生在致力於人生自由的理想，文中對自由的內涵，重點在自由的價值，而非探討自由的意義及其分歧。[3]

但為文之前，必須強調：自由市場經濟減少政政策干預與自由之間的意義並不等同，然而，市場經濟強調的競爭，以及減少政府政策干預強調的解除管制，則與「將外力所施壓力減至最小可能之限度」的境地相通。

林鐘雄平和處世，偏好自由，在保守僵化體制環境下，為實現臺灣自由經濟理想投注所有心力，畢生傳播耕耘自由價值，為臺灣一代偉大經濟學家。

一、經濟學的大乘悲願思想

讓人尊敬的經濟學家職志：解決經濟問題與社會困境

欲探索一代經濟學大師林鐘雄的偉大精神，我想有必要進一步認識「經濟學」與「經濟學家」這兩個字義的一些概念。以下我引用海爾布魯諾（Robert L. Heilbroner, 1919-2005）闡述的精髓，來說明經濟學家對人類世界的重要意義以及經濟學的精義。海爾布魯諾這樣說：

經濟學家，從一般小學歷史教科書的標準來看，他們根本

3　自由與經濟活動行為之間深入探討，參閱海耶克（Hayek, F. A.）（1959）《自由的憲章》一書。

微不足道，他們沒有大軍可指揮、沒有置人於死地的威勢、更沒有帝國可以統治；然而，他們的言行卻比許多光華蓋世的政治人物對歷史更具決定力，比許多調兵遣將的大統領更能搖撼人心，也比國王與立法大員的敕命對人民的禍福更具影響力。這是因為他們塑造並搖撼人類的心靈。

他們默默地在一旁工作，他們不太在意外界對他們的看法如何。但是，他們所留下的列車卻搖撼了帝國，驚動了五洲，捍衛或破壞了政權；他們鼓動了階級與階級之間的對抗，以及國家與國家之間的對抗。這並不是出於他們的陰謀詭計，而是由於他們的思想觀念深深具備影響力所使然。他們的威力遠大於刀劍或權杖，他們塑造與搖撼世界。

他們都是學者，他們不同於哲學家所探討的觀念，他們也不同於科學家從事的實驗，他們探討並實驗人類的日常生活，卻無法在實驗室孤立進行實驗。他們探討整個世界，並且，必須以人類的憤怒、失望與希望等情慾來描繪世界的全貌。

偉大的經濟學家塑造並且搖撼著人類的心靈。[4]

經濟學家並不是在研究一門優雅的哲學美學。他們是一群現世的哲學家（worldly philosophers），他們所投身的哲學架構係人類活動中最世俗化的追求財富的驅力。經濟學雖不是一門最優雅的哲學，但卻是一門人類行為最複雜而且是最重要的哲學。海爾布魯諾很傳神的描述經濟學家入世的重要，他說：

4　整理自：Heilbroner, Robert L.（蔡伸章譯），1983，《改變歷史的經濟學家》（The Worldly Philosophers），頁1。

畢竟，還有誰會在一個窮人家裏以及一個坐以待斃的投機商人身上，思索去尋求「秩序」與「藍圖」？誰會在街道上遊行的亂民以及對他的顧客堆滿笑容的雜貨商身上，尋求通一的「法則與原理」？

只有經濟學家才可能將這些看似互不關連的線索，編織成有用的布疋；才能將紛亂不休的世界看成井然有序的進程，將一片騷亂之聲梳理成一曲悅耳之音。[5]

從這個角度理解，經濟學家治學社會秩序的變化與掌握，正是經濟學探究的核心。他們都十分關心自己同胞的生活，尤其是在於財富的創造與分享。林鐘雄的生命和許多古典學派以降的前輩經濟學家一樣，運用經濟學的知識協助解決當代的經濟問題與社會困境，不同的是，他生活的舞臺世界是臺灣。

而由林鐘雄對學習「經濟學」目的之描述，當可進一步體悟經濟學的深義。他引述並改寫英國經濟學家皮古（A.C. Pigou, 1877-1959）的話說：

假若一個人係因想當經濟學家而來學經濟學，我將非常高興；但是，假若他係因為走過貧民窟，激起幫助那些居民的意識來學習經濟學，我將更為高興。[6]

總之，經濟學可以把世界安排得很好，使人過得比較舒服，生活得比較充裕，但這並不是生活的一切，而僅只是人類最基本必要的一部分，也因而部分人鄙視經濟學膚淺。雖然如此，林鐘雄並不以世俗物質化經濟價值認定，他知道經濟學仍

5　同上註，頁 4-5。
6　參見林鐘雄（1984），《經濟學》，自序。

有人生非常重要的其他功能，乃以實際行動致力於經濟學的崇高目的。

經濟發展就是在排除不自由的來源

經濟學為了改善人類生活，而不斷著重經濟成長、推展社會進步。因而，經濟發展變成經濟學永續研究的重鎮。至於究竟什麼是經濟發展的目標？印度裔經濟學家沈恩（Amartya Sen, 1933- ）指出：

自由是經濟發展的更大目標。

經濟學家要致力於實現具有社會普遍積極的人類自由，並讓人們有以此為樂的能力。

沈恩認為：「發展就是自由」，經濟發展的目標是在擴張人們享有更多的自由，而發展就是擴展自由的過程；因為人們一旦脫離不自由的束縛，就有能力去爭取更多的福利。因此，擺脫不自由就是經濟發展的過程。而減少貧窮問題，就是讓人們擁有更多的自由。[7] 沈恩是 1998 年諾貝爾經濟獎得主，他認為解決貧窮就是應該給予更大的能力，以獲得更多的自由來改善生活。他對貧窮所下定義是：

貧窮：是基本能力的剝奪，而不僅是低收入。

沈恩對經濟發展的看法，就是在排除不自由的來源，包括：貧窮、暴政、經濟機會的缺乏、徹底的社會剝削、漠視公共設

---

[7] 欲進一步瞭解「經濟發展的目的就是擴大個人的自由」的論述，參見 Sen, Amartya（劉楚俊譯），1999，《經濟發展與自由》（Development as Freedom）。

施，以及不容異己或過度鎮壓行為。解決貧窮應該給予更大的能力以獲得更多的自由來改善生活。顯然，經濟學的目的也在自由。

林鐘雄在沈恩大作未出現之前，就相當認知這個觀點，他對經濟學的投入，自然也就不會產生社會對經濟發展或經濟學係著重物質主義的誤解。他認為宗教家對眾生拔苦予樂的慈悲胸懷，正應是擁有公權力接受人民付託之制定與決策者最重要的職責。職是之故，以經濟理想與政策協助解除人民的痛苦，包括為身陷生計困境的貧窮家庭找出活路，正是經濟學家實現社會自由境界的使命。

林鐘雄一生投注經濟領域奮鬥貢獻：自由

經濟學的哲學可說源自於人性之自由，即市場機制的發明。而經濟學與真實社會世界最深的聯繫則在政治。因此，早期的經濟學稱政治經濟學。

由於人的複雜性，才有政治學的出現，用以處理人共存與聯合的問題。因此，政治的核心就是對人與人之間，即對世界的關切，是對人的生產力和人的行動產生結果的關心。至於政治的意義為何？

政治的意義是自由。

政治哲學家漢娜鄂蘭（Hannah Arendt,1906-1975）很精確的指出：政治的承諾就是自由。[8] 由此，我們可以進一步體認，

---

8 Arendt, Hannah（蔡佩君譯）‧2005‧《政治的承諾》（The Promise of Politics）‧

無論從經濟學或古典政治經濟學或現代政治學而言，自由是經濟學家、政治學家或政治家終生奮鬥的目標。就此瞭解，林鐘雄會投入一生於經濟學領域醉心自由，並不是沒有理由，何況，自由畢竟還是人生哲理的終極理想目的。

二、對自由理想的信仰

自由主義思想的脈絡

　　林鐘雄並未取得國外博士學位，是道地由本土培育的經濟學家，相當難得。臺灣大學是臺灣自由改革派的大本營，除了臺大自由學風之薰陶，林鐘雄的自由主義思想主要源自政治經濟學，即現今所稱之經濟學的哲學源頭。經濟學的自由思想，自古典學派的亞當斯密（Adam Smith, 1723-1790）、李嘉圖（David Ricardo, 1772-1823）、馬爾薩斯（Thomas Robert Malthus, 1766-1834）、彌爾（John Stuart Mill, 1806-1873）、馬歇爾（Alfred Marshall, 1842-1927）以降，到海耶克（Friedrich August von Hayek, 1899-1992）、史蒂格勒（George Joseph Stigler,1911-1991）、傅利曼（Milton Friedman, 1912-2006）、盧卡斯（Robert E. Lucas Jr., 1937-）、拉佛爾（Arthur B. Laffer, 1940-）等，都相信透過完善的個人自由，自由放任不但能解決經濟問題，而且能解決政治問題和社會問題；並也完善社會福利，助長良性循環，使個人自由與人類福利日益增進。為深入林鐘雄的自由主義思想，我們有必要把所謂自由經濟的核心理論稍加引述：

　　市場是人類自發性行為和自我調節的自然領域，依據人們
對他人福利的貢獻而受獎勵，由此產生最大限度的自由、平等
和福利。

　　人是自足的，擁有契約關係或責任，大多不受他人影響。
人人以平等進入市場討價還價，尋找自己優勢。追求個人需要
的滿足和自我利益，導致自發的秩序與自然和諧，造就社會優
勢、共同利益及利他的結果。

　　免於政府干預的自由市場，無人能決定產量與價格，參與
者皆受制於市場。無人能控制生產、價格或供給，也沒有確定
的個人擁有超越其他個人的權力。每個人自願參與，每個人提
供的價格與數量不同，因而保障了自由。

　　競爭規範行為，防止自我利益對他人的傷害。競爭是道德
強制的關鍵，政府正缺乏這一點，是組織社會的手段。

　　自由化使市場能接管並去政治化許多分配予政府的職能與
監管，就會出現非干預性的公共政策，即有限政府，人們能遵
照自己的想法。[9]

　　林鐘雄培育學生，皆以此為教學圭臬，關心人類如何追求
幸福美好時光，自然而然變成自由主義的信仰者。林鐘雄這輩
子給學生推介的著作，許多皆是人類行為學中自由主義思想的
範疇，他口中不強調自由主義，但他的經濟行為則盡是以深厚
的自由哲學思想為依歸。

---

[9]　Parker, Richard（郭路譯），2005，《加爾布雷斯傳》（John Kenneth Galbraith：His Life, His Politics, His Economics）。2009 譯本，頁475。作者部分改寫引述文字。

相信海耶克：自由經濟的巨人

　　林鐘雄治學經濟學的早期研究領域是貨幣理論，這一過程與自由主義派大師海耶克類似。**10** 是否研究貨幣者皆傾向自由主義？有關這一點，是不是與社會主義鄙視貨幣有關？則仍待進一步探究。海耶克是除了亞當斯密、彌爾、馬歇爾等古典學派思想家外，林鐘雄介紹給我們這一代有關自由經濟思想最重要的經濟哲學家。從海耶克及其經典名著《到奴役之路》（The Road to Serfdom）（1944）中，我對海耶克的特別印象是：他是自由主義的經濟學家。後來我慢慢瞭解，海耶克由經濟學自由市場的運作領域，發展到自由社會秩序哲學領域，跨越經濟與政治，並建立了貫通複雜精深的 20 世紀自由主義理論體系，而成為人類精神文明的一代偉大巨人、自由主義大師，終身為自由辯護。

　　在海耶克眼中，控制經濟就是控制生命，統制經濟與民主是不相容的。時下有些論點批判自由市場經濟體制在經濟正義的不公，而轉向同情甚至認同社會主義的公平正義。有關這方向的觀點，林鐘雄給我們的功課是海耶克的《到奴役之路》與

10　海耶克於 1921 年獲得奧地利維也納大學法律學博士學位，1923 取得政治學博士學位。1923 年由熊彼德（Joseph Alois Schumpeter,1883-1950）介紹到美國紐約大學研究，獲得經濟博士學位，他的博士論文是〈貨幣的職能與人為穩定購買力是協調一致的嗎？〉1927 年更開始對貨幣理論史作通盤研究，並發表有關貨幣理論的著作：《儲蓄矛盾論》（1929）、《貨幣理論與貿易循環》（1933），1935 出版的《價格與生產》更是他對凱因斯（John Maynard Keynes, 1883-1946）《就業、利息與貨幣的一般理論》（1936）的重要批評，並因此引起經濟思想史上著名的「海耶克 vs. 凱因斯大論戰」。

傅利曼（1980）的《選擇的自由》（Free to Choose: A Personal Statement）。海耶克力駁社會主義的「經濟平等」畫龍點睛的指出：「民主體制與社會主義的共同處只有一點：就是二者都主張平等。但是，我們必須注意，即使這一個共同點，仍是有差別的：民主是在自由中去追求平等，社會主義則是在桎梏與奴役中去追求平等。」[11] 人類有權利選擇自由。

　　顯然，林鐘雄對臺灣社會的期待仍然是自由，因為民主強調人性自由的公平正義，而非對自由的剝離。林鐘雄沒有海耶克幸運，能夠在生命垂幕之前目睹他一生主要思想理念的實現。海耶克一生痛恨邪惡，抗拒共產主義，特立獨行地高舉自由主義思想以對抗矗立半世紀的共產主義狂潮，終於象徵共產世界的柏林圍牆在 1989 年倒塌，也宣告紅色帝國共產統治的瓦解，社會主義失敗。三年後，海耶克辭世，這對海耶克自由信念的堅持而言，確實足資欣慰。

　　林鐘雄未有如海耶克色彩鮮明地以其代表性的經典大作《到奴役之路》揭櫫自由主義的大纛，以他畢生致力於自由經濟的歷程，在他離開塵世之時，雖然臺灣已經總統直選，也出現民主的政黨輪替，但終其一生，他仍未看到臺灣自由理想國度的完成，似有遺憾。

自由的力行哲學：自由與政府干預的綜合

　　經濟理論對處理目標達致之政策往往有矛盾的棘手問題，諸如經濟成長與物價安定、充分就業與通貨膨脹、經濟發展與

11　陳奎德（1999），《海耶克》，頁 80-81。

環境生態等的抉擇，經濟政策的操作在政策目標上出現矛盾，於是，自由經濟或政府干預之間便常發生政策爭議，這就是20世紀經濟思想史上，古典學派與凱因斯學派之間長期爭論的根由。當代臺灣經濟發展歷程，也常出現路線上的爭端。

　　自由經濟的重要特徵就是自由競爭，而自由競爭的最大好處就是資源配置效率化。這是傳統市場經濟受到歌頌的所在。然而，熊彼德的「創新說」逐漸形成企業巨型化，因而擁有能力進行跨市場競爭，具備與工會、廠商、消費者、零售商等之間的相抗衡力量（countervailing power）[12]，此時，則需要凱因斯主義式的政府管理角色，以達到已被巨型公司「高效率創新」所取代了的「資源配置效率」。這樣的發展，綜合了古典學派強調自由市場與凱因斯學派強調政府角色的觀點，進一步注入了自由經濟的新內涵，形成所謂「自由派凱因斯主義」的新名詞。[13]

　　林鐘雄極力普及經濟學，他長期浸沉於自由經濟，但至1960年代凱因斯經濟學火紅之後，更有「相當長的歲月沉迷在凱因斯著作中」[14]，後來，則又深入於以傅利曼為首的貨幣學派反凱因斯領域，對自由與政府干預兩者對立之間的理論思想，有相當深度之認識。1980年代初，臺灣掀起有史以來最

---

[12]　抗衡力量是加裔美國經濟學家葛布雷（John Kenneth Galbraith, 1908-2006）提出之概念，有關說明參見林鐘雄（1992），《經濟學》，3版，頁426。

[13]　讓政府擁有抗衡力量的需求，顯然違背自由方向為自由主義者所反對。然而，葛布雷指出，由於新情勢的演變，嚴厲的反托拉斯立場或國家計畫，已非時宜，因為，現代國家經濟情況已由巨型企業所主導，因為它有條件進行「技術創新」。詳細論述，請參見葛布雷（1952），《美國資本主義》（American Capitalism）一書。

大規模的經濟政策大辯論，有稱王蔣大論戰 [15]，以林鐘雄參與論戰的論述觀察，其觀點在平衡經濟成長與物價安定之間長短期目標與作法，面面俱到，不偏不倚，正說明了林鐘雄的智慧。[16] 和葛布雷一樣，也有古典學派與凱因斯學派綜合的影子，他在自由與政府角色之間找到平衡。但這是不是融合的迷糊？沈恩認為，去平衡和引導社會的競爭力量，才能實現真正的自由。林鐘雄的骨子裡仍是自由的。

然而，20 世紀經過經濟現代化的結果，基於自由經濟的人類自由結論，似被經濟社會發展的現實所打破。諸如早期資本主義與當今勞力密集經濟體系所產生的「血汗工廠」，20 世紀全球的殖民經濟，以及達爾文主義信條的貧困弱國、財富強國，這些冷酷的經濟發展事實，讓一般人對經濟學或自由經濟產生誤解與偏見，經濟學家也相當迷惑。

尤其，由於資本主義並未消滅權力濫用，致使當代一般民眾痛恨企業、財團的私營經濟力量，一如過去社會之痛恨君主皇權與重商主義經濟一樣。因而始有以民主自由與人權之名起而對抗，以監督私人經濟權力，遂有「進步社會」的產物；「進步時代」更以改革者姿態崛起，運用政府職能建立法制，促使民主體制益加完備化。這種經濟社會的進化，就自由經濟而言，乃是「革新的自由主義」挑戰「自由放任」的道理，仍

14　參見林鐘雄（1966），《凱因斯：經濟思想再出發》，自序。

15　環球經濟社（1984），《經濟政策大論戰：王作榮大戰蔣碩傑》。

16　參見林鐘雄，〈經濟情勢轉變中的長短期策略〉，《工商時報》，1981年 6 月 25 日，及〈當前經濟問題與政策爭論〉，《工商時報》，1981年 9 月 29 日，收於前註書。

然達致人類自由的結論。

二戰之後迄今,臺灣自由經濟體系的逐次到位,以及政治民主的進步,實與諸多自由主義者堅守市場機制有極密切之關連。林鐘雄是這段期間的參與關係者,由於他的角色與影響,雖無法量化說明,惟無論在自由經濟思潮的推展,抑或自由經濟政策之制定與執行,他對自由經濟的務實態度,特別是作育英才、培育第二代經濟學家方面,更發揮在政治經濟領域關係,對臺灣追求自由的進展,引領風騷,居功厥偉。

參、對臺灣經濟現代化之貢獻

林鐘雄早期以經濟學者身分研究、教學、寫作,對臺灣經濟社會進步的影響,係以專家學者扮演觀察與建議的撰述或演講角色參與。在 1970 年,他即曾針對臺灣發展提出基本開發方向:一、改善輸出結構與輸出擴張並進,二、積極開發新進口替代品產業,三、積極加強基層設施投資,盡力使臺灣實現最大的潛在成長率,加速經濟成長,以期早日迎頭趕上已開發國家。[17]1980 年代,臺灣民主化在美、日等先進國家推動全球自由化的轉輪波及下,當局開始推展經濟現代化,開啟了臺灣經濟自由化新頁,林鐘雄時代終於來臨。幾十年來,我們在臺下周圍目睹他投入健康臺灣的自由進程。

17　參見林鐘雄(1971),〈七十年代臺灣經濟發展的方向〉,《經濟日報》,18 版,1971 年 1 月 1 日。

一、金融制度改革與解除管制：
　領導金融研究小組致力金融自由化

　　1980 年以來的經濟自由化，致解除管制與金融自由化
（de-regulation and financial liberalization）浪潮席捲全球，包
括美、英、法、西德、日等先進國家紛紛大刀闊斧改革金融體
制，實施解除金融管制政策。於是 1980 年代，自由經濟思潮
成為推動改造金融部門的重要主導力量。

　　二戰後至 1970 年代，臺灣在中國國民黨掌政下嚴格限制
金融發展，包括金融機構管制，同時絕大多數銀行都是公營體
制聯合壟斷，金融服務效率低落，地下金融猖獗，經濟金融秩
序敗壞，影響企業投資活動，更阻礙長期經濟成長。因此，臺
灣迫切需要解除各種金融管制，以為經濟起飛的眾多產業提供
多元資金融通。一反過去沉默低調姿態，林鐘雄終於躍上政經
決策舞台，先從他的金融專長，展開他對臺灣民主自由宿願的
治理長才。

　　由於林鐘雄對臺灣金融管制與地下金融猖獗問題早已提出
許多改革建議，到 1982 年，當時仍是戒嚴時期經濟金融全面
管制的年代，財政部長徐立德為了重大金融的政策釐訂，特商
請林鐘雄召集成立金融研究小組，財政部乃向各銀行借調多位
資深金融人員，我當時任職合作金庫也被林鐘雄指定借調至該
單位，於是，舉凡如何解除金融管制，以及與健全金融體制與
金融市場，都是我們主要的研究重點。在林鐘雄指導下，這段
期間，我們提出許多研究報告，均成為重要政策方向。[18]1980
年中期之後，臺灣終於逐步放寬金融管制，各種金融自由化政

策為整體金融部門架構出嶄新面貌。

二、利率自由化與匯率自由化：
推動市場價格機能

　　推動利率自由化措施與銀行開放民營，是臺灣金融史上最大改革進程，臺灣從金融管制進階至金融自由化。林鐘雄在政策推動的學理基礎與具體努力，貢獻至大。

　　在 1975 年以前，臺灣的銀行利率是由中央銀行決定。長久以來政府採取利率管制制度，為了排除利率管制所衍生的諸多問題，林鐘雄提出實施利率自由化之途徑，為臺灣利率自由化實施提出具體方向。[19]1985 年 3 月，政府允許銀行訂定自身銀行的利率，1989 年 7 月，銀行法修正，將利率改為由各機構自行決定。由於林鐘雄等諸多專家學者不斷大聲疾呼，使得利率管制得以在逐步漸進中，歷經數十年終於達成利率自由化的成果。

　　而在外匯市場方面，臺灣長久以來實施外匯管制，一直到

18　主要研究成果包括：〈金融現代化問題檢討－金融、證券、保險現代化〉（1983）、〈融資性租賃公司管理問題分析報告〉（1984）、〈分期付款公司問題探討〉（1984）、《我國金融市場自由化之檢討》（1984）、《籌措國外資金之研究》（1984）、《政策調整對金融發展的影響》（1984）、《金融服務需求調整對我國金融發展之影響》（1984）、〈當前資金寬鬆與加強消費者貸款之研究〉（1985）、〈英國、法國、西德的金融制度與監督管理〉（1986）、《我國資金疏導問題之研究》（1986）、〈美國非銀行銀行 (nonbank banks) 對金融發展之影響〉（1986）、〈日本證券市場的自由化與國際化〉（1988）、《美國金融制度及其監督與管理》（1989）、《美國金融制度的改革與發展》（1990）、《美國儲貸協會危機問題之探討》（1992）...。這些研究主要建議，均在解除金融價格管制與金融機構數量管制，疏導民間金融與地下金融資金，並健全金融監理制度，強化監管效能，防範危機，保障存款人及投資人權益。

1987 年 7 月全面放寬外匯管制，民間才得以自由持有及運用外匯，有形與無形貿易之外匯收支完全自由。對匯率堅持自由化更是林鐘雄一貫政策主張。林鐘雄曾直言臺灣的浮動匯率，央行的干預超過百分之八十、九十，無以名之，可稱之為「非常髒的浮動匯率」。[20] 在擔任中央銀行理事期間，面對國家遭受之國際經濟波動與要求干預匯率主張，林鐘雄以中央銀行理事會為中央銀行政策之決定者立場，力主央行決策必須堅守政策之獨立性，不為選舉或其他政治目的服務，更不應印鈔票支持政府赤字，堅持匯率自由化。林鐘雄認為，中央銀行理應讓匯率反映市場供需，不要過度干預匯市。[21]

此外，針對國內景氣不佳，林鐘雄則極力支持調降存款準備率的貨幣政策，對企業加強放款，以提振國內經濟。從林鐘雄這樣重量級學術人士擔任央行理事，我們看到他對經濟金融問題的深入，與全盤考量國家及人民利益立場。

三、銀行模範生：學者形象領軍開辦

1989 年，林鐘雄參與籌設玉山銀行，是第一家以財金學

19　林鐘雄（1981），〈利率自由化與我國貨幣政策的展望〉，《世華金融》，55 期，頁 1-4。林鐘雄（1981），〈利率自由化的背景及其問題〉，《基層金融》，2 期，頁 2-5。陳聽安研究主持，林鐘雄協同主持（1983），《實施利率自由化之途徑》，行政院研究發展考核委員會。

20　參見〈我國浮動匯率非常髒？臺大教授林鐘雄舉證分析〉，《經濟日報》，1987 年 4 月 12 日，3 版。

21　林鐘雄指出，各國都走向金融自由化的同時，新臺幣絕對不能放棄現行浮動匯率制度，回頭採取固定匯率，何況固定匯率制度下的匯價並非完全不會波動，萬一採取固定匯率後無法維持匯價不變，付出的代價可能更高。參見〈林鐘雄：新臺幣該貶就貶〉，《經濟日報》，2001 年 7 月 1 日。

者為號召籌設的銀行。財政部於 1990 年 4 月開放商業銀行設立申請，玉山銀行為 1991 年 7 月 3 日首波核准的 15 家新設銀行之一。

玉山銀行是林鐘雄與一群志同道合的專業菁英，以決心「經營一家最好的銀行」而發起設立。1992 年 2 月開始營業，林鐘雄擔任創行董事長。在林鐘雄與續任董事長黃永仁領導下，玉山銀行以清新專業的優良形象，穩健正派的經營風格，在 16 家新銀行中經營表現一直名列前茅，成為綜合績效最好、最被尊敬的企業，也被視為銀行界的模範生。這與林鐘雄學者形象應有密切關連。

四、健全資本市場體制：一生最後的工作站

在臺灣逐漸成為世界貿易大國、對外投資急速擴增之際，無論貿易或對外投資，均需資本市場自由化相配合。林鐘雄早在 1973 年針對游資過多而證券市場籌碼太少問題，即公開呼籲政府放寬對證券市場的干涉程度，來緩和證券市場上不合理的漲風，並建議政府增加市場上可以選擇性的資產，以安定物價有效消除預期通貨繼續膨脹的心理。[22] 1975 年他提出改進證券市場的專案研究報告 [23]，1989 年並對臺灣證券市場自由化及國際化改革提出具體改革方向。[24] 這些皆於日後發展發揮關鍵力量。

林鐘雄於 2001 年 6 月出任臺灣證券交易所董事長。他曾向友人表示，以他 60 幾歲的年紀，證交所一職可能是他服務事業的最後工作站，所以任內須全力以赴為臺灣經濟發展有所

貢獻。因此，上任後立即成立專案小組開始研擬資本市場改革
白皮書的重大工程，主要在於促進國內外資金投入資本市場、
讓臺北股市成為亞洲主要資產管理中心，臺灣成為全球企業籌
資重心，具體做法則在推動資本市場「上市容易、管理嚴格、
下市不難」的目標。[25] 這項工作攸關臺灣資本市場發展方向和
定位，林鐘雄在起草過程中幾度面見陳水扁總統，9 月最後一
次面見總統確定四大方向、願景後，層峰並指示在年底前完成
細部草案規畫。然而，林鐘雄卻積勞成疾在 10 月 28 日病倒，
成為未竟全功之憾。後由陳冲接任，延續了林鐘雄留下的國際
化和對內改革大計，在專案小組朱富春、李賢源、柯承恩、葉
景成、魏啟林、龔照勝等專家學者持續進行下，如期在 2001
年底完成「臺灣資本市場發展白皮書」，成為資本市場改革的
藍本。

　　林鐘雄雖然在「臺灣資本市場發展白皮書」規劃中「中途
離席」，令人遺憾，但這項改革工程成為政府發展資本市場的
重要指針，應也足以告慰他在天之靈。

五、歷史與傳承：經濟思想與臺灣經濟史

22　〈臺大教授林鐘雄籲政府放寬對股市干預〉，《聯合報》，1973 年 4 月
　　12 日。
23　林鐘雄研究主持（1975），《改進證券市場專案研究報告》，行政院研
　　究發展考核委員會。
24　林鐘雄研究主持（1989），《我國證券市場自由化、國際化之研究》，
　　財政部證券管理委員會委託研究。
25　葉景成（2006），〈臺灣證券市場發展規劃藍圖 2001.10.16-- 林鐘雄教
　　授生前最後一次參與的政策規劃〉。

　　林鐘雄改變臺灣的歷史貢獻不在於他的某一行為或某些著作，而在於他一生致力於經濟學思想的落實於生活社會，並培育出為數甚多的經濟人才，包括經濟學家、政治家、企業家，在平易自然中影響著他們，分別在不同崗位發揮他們的力量，其中，有很多或至少有些許思維係來自於林鐘雄的教誨或啟發或啟蒙。

　　「誰說民進黨沒有財經人才？如果林鐘雄登高一呼、學生人脈線牽一牽，準會像粽子一樣，將臺灣的財經人士全部鉤成一大串兒。」[26]

　　林鐘雄的經濟思想鍾情於自由經濟，此外，他最常引導我們深入的另一個領域，就是對處理社會正義仍然尊重自由的資本主義體制改革論的制度學派經濟學家思想。[27] 其中，除韋布倫（Thorstein Bunde Veblen, 1857-1929）、康孟斯（John Rogers Commons, 1862-1945）外，他尤其推薦我讀很多葛布雷的著作，影響我們很大。

　　臺灣蕞爾小島，土地面積只占全球的 0.03％，至 1980 年代，世界 0.4％的經濟體，卻擁有全球 GNP 的 0.8％。對此之思索，林鐘雄在離開臺大轉到玉山銀行之後，用更多的時間置身於處理臺灣經濟社會的實際脈動。因而，在實務上，他對臺灣政經方面的著力有更多影響；在研究上，則更深入思索臺

26　引自劉德宜、黃琴雅（2005），〈林鐘雄的學生們〉。

27　制度學派理論對經濟社會變遷的因應與體制改革較為重視，為美國社會近代進步的產物，對當代經濟數量方法研究尤有批判。有關制度學派的經濟思想及其脈絡關係，參見林鐘雄（1979），《西洋經濟思想史》，頁479-519，及頁 573-602。

灣的發展，繼《臺灣經濟發展四十年》之後的《臺灣經濟經驗一百年》更是 20 世紀臺灣經濟史重要文獻。[28]

　　林鐘雄認為臺灣經貿在世界的相對份量不高，外在世界變化對臺灣社會經濟的影響愈來愈大，面對 21 世紀全球巨變中的世界，臺灣中小型經濟體的意義尤其重大，需做更大幅度的調整，才能維繫適者生存的能力。值得我們關切對臺灣經濟發現軌跡的探索，他特別提醒我輩學子：對臺灣經濟發展歷程多一分認識，在未來就會有多一分應變的能力。[29] 而面對正在形成中的國際經濟秩序，以及 20 世紀臺灣經濟發展所留下包括：自由化市場結構的障礙、所得分配的改善、經濟成長下的生活素質等的重大問題，林鐘雄認為，我們不應該沉湎於經濟奇蹟的創造，而該挽救即將消失的美麗島。[30]

　　總之，林鐘雄以一介學者對臺灣經濟發展歷程的看法與建言，在此，僅以林鐘雄直接參與國家財金決策的主要貢獻，簡列說明如上。至於有關對臺灣經濟發展間接方面的貢獻，則由於篇幅關係，其具體內容請參閱林鐘雄著作：《邁向富裕的經濟社會》（1973）、《轉變中的臺灣經濟》（1976）、《臺灣經濟發展四十年》（1989）、《臺灣經濟經驗一百年》（1995）等著作，以及長期來數百篇之相關論文（參見本文附錄 2）。

28　林鐘雄表示，《臺灣經濟經驗一百年》是他未刊行的二十世紀臺灣經濟史初稿的副產品。林鐘雄用心於臺灣經濟史的研究，記得在 1980 年代期間，他曾經交代我也能夠跟他一齊撰寫臺灣經濟史，此後，我也騰出一部份時間投注在此，但師出未捷，這項工程未知何時能夠完成。

29　參見林鐘雄（1995），《臺灣經濟經驗一百年》，自序。

30　參見前註引書，第六篇〈重見美麗島〉，頁 211-246。

肆、參與臺灣民主化運動

　　半世紀以來，臺灣由經濟現代化到政治民主化，林鐘雄與
許多知識份子一樣熱情投入。他參與臺灣民主運動的貢獻，和
對臺灣經濟現代化的付出同樣讓人尊敬。

一、思想報國：支持國人自由民主目標

　　真理和知識的追求是人類至高的品性。身為讀書人，林
鐘雄一生在書海的歲月尋找著人生的價值。他的理想到底是什
麼？由於他一向沉默寡言，除了教學，也鮮少見他抒發自己的
抱負，因此，我們很難知曉他內心世界的理想。

　　世界偉大的科學家愛因斯坦（Albert Einstein, 1879-1955）
為他的祖國，一生努力的以知識支援他猶太祖先嚮往建立一個
自由、快樂的國度目標。與愛因斯坦一樣，這種為自己同胞的
情境，我很清楚的看到林鐘雄以知識分子在動亂不安的局勢
中，關注支援臺灣同胞對自由民主嚮往的道路。

　　俄羅斯偉大思想家貝德葉夫（Nicolas Berdyaev, 1874-
1948），早年是一位狂熱的馬克思主義的信徒，當他發現共產
主義的一切政治與經濟的措施是泯滅人的自由與尊嚴時，他忿
然反抗。他終生致力於探索存在人生困境的種種心境，而高舉
存在主義哲學家所揭露人存在的最高價值，就是自由。自由，
是人類的共同理想。[31] 由於中國國民黨在臺灣反共教育的徹
底，使得國人根本不能接受共產主義。林鐘雄是自由的信仰
者，相對貝德葉夫的遭遇與奮鬥，我們很清楚他希望國人同胞

都不應重蹈貝德葉夫過往信仰錯誤困境，堅決為臺灣民主而鼓吹自由。

二、戒嚴肅殺下播種民主自由：
耕耘《大學》、《八十年代》雜誌

　　林鐘雄平日不談政治，卻是道地自由主義者，早在 40 年前就和「黨外」雜誌結緣。早期自由派所創辦的《大學》政論雜誌，參與者主要為法政學者，經濟學界僅王作榮、李登輝等參與者較少，林鐘雄卻熱心相挺。

　　《大學》雜誌為張俊宏與陳鼓應在 1968 年創刊，是少數知識青年所創辦的文化思想性刊物，1970 年中改組擴充成為呼籲政治改革的言論刊物，社長陳少廷，總編輯楊國樞。支持者包括臺籍與外省籍學界菁英。1971 年 1 月號《大學》雜誌開始大幅度表達對現實政治的關切，林鐘雄以邵雄峰筆名發表〈臺灣經濟發展的問題〉呼籲改革。《大學》雜誌是當時臺灣知識分子聯合對舊有統治結構中的積弊提出多面性批評建言的平臺，所推動的政治革新運動，直接感染當時在大學校園內的部分青年。在這個過程中，林鐘雄積極參與，他關心臺灣政經問題，並默默播下民主自由種子。

　　1978 年間，林鐘雄交來一大包文稿，要我為康寧祥編輯他的《問政六年》一書，我請了三天假，將林正杰未編竟之任

31　Berdyaev, Nicolas（蔡英文譯），1978，《奴役與自由》（Slavery and Freedom）。這是一本詮釋人權思想的經典之作。

務轉由我完成。[32] 1979 年,他又交代我為康寧祥創辦的《八十年代》雜誌寫稿並撰擬〈發刊詞〉[33],從此,林鐘雄引導我們為「黨外」打拼,戒慎恐懼、秘密地從事臺灣民主化的「地下工作」。當時,我找來財政部及合庫幾位同事,以及一些臺大、政大研究生包括林鐘雄的學生,開始替黨外雜誌撰稿,我們以小團隊姿態為臺灣政經體制改革及邁向現代化發聲。處在當時黨禁、報禁、經濟全面管制的戒嚴時期,林鐘雄領導我們不畏生命風險、不懼強權高壓恐怖,大家心甘情願為臺灣民主挑燈奉獻不求回報。

回顧在與他共事為康寧祥創辦的《八十年代》雜誌系列,到《首都早報》等撰稿,以及協助美麗島事件受難家屬許榮淑國會問政;那段期間,我真正體會政治對反對派人士的威脅恐嚇壓力。雖然我長期與林鐘雄老師相處,知道他於臺灣戒嚴時期所遭遇的一些情事,但具體的事情真相,在他辭世之後才更明白一些他的處境。這些感觸我曾記述於〈紀念一代經濟大師——林鐘雄教授〉一文。[34]

三、關懷政治:
扶助受難者家屬、參與基金會創辦與運作

---

32 康寧祥(1978),《問政六年》。

33 《八十年代》由康寧祥任發行人兼社長,創刊號(總號第 1 期)是 1979 年 6 月發行,共發行至總號 117 期止 (1986 年 9 月 10 日)。處於當時戒嚴時期(1949.5.20-1987.7.15),在黨禁、報禁等層層言論封鎖下,《八十年代》以批判性的論政,力爭臺灣民主,但刊物多遭中國國民黨政府查禁及停刊;查禁階段,仍嘗試以《亞洲人》、《暖流》、《八十年代之亞洲人》等闖關出版。

34 彭百顯(2006),〈紀念一代經濟大師——林鐘雄教授〉。

　　林鐘雄關懷臺灣政治，參與海內外臺灣民主運動，早在《大學》時代即見端倪，到康寧祥創辦《八十年代》後，更積極投入參與。由於康寧祥募集到 100 萬元交給我們一群 21 位學界朋友師生，才得以「財團法人現代學術研究基金會」組織正式以以團體力量關心臺灣社會。基金會是跨領域的學術結合，目的為了奠基立國軟體基礎工程。林鐘雄是主要參與者，並與鄭欽仁、李永熾、李鴻禧、林玉体、楊維哲、蔡墩銘、林明德等教授領銜共同發起創辦，林鐘雄也是基金會經濟組召集人。現代學術研究基金會由創辦迄今已 20 餘年，結合學術界力量，造福臺灣人群。**35**

　　美麗島事件發生後，林鐘雄要我為南投同鄉張俊宏效勞，我們一群學生輩朋友開始積極協助受難家屬許榮淑的國會問政工作，撰寫質詢稿以及助選等。美麗島事件是臺灣民主發展史上本土力量爭取民主的一次大集結的重要轉捩點。**36** 在美麗島人士相繼被羅織入獄之後，1983 年底，臺灣舉行美麗島事件後第一次大選。多位受難者家屬如方素敏（林義雄妻）、許榮

35　鄭欽仁（2008），〈現代學術研究基金會創辦的回顧〉，頁 3-14。

36　美麗島事件是臺灣民主發展史上本土力量爭取民主的一次大集結的重要轉捩點。1979 年 12 月 10 日國際人權日，以美麗島雜誌社成員為核心的黨外人士，在高雄市組織群眾以和平遊行訴求民主與自由，卻遭國民黨政府派遣軍警全面暴力鎮壓，造成大規模流血衝突。這是臺灣自 228 事件後規模最大的一場官民衝突，反應臺灣民眾對國民黨政府高壓統治的長期積怨。

事件發生後，12 月 13 日清晨六點，國民黨政府展開全臺同步的大逮捕，1980 年 2 月 20 日，警總軍法處以叛亂罪將黃信介、施明德、張俊宏、姚嘉文、林義雄、陳菊、呂秀蓮、林弘宣等人起訴，其他 30 多人則在一般法庭遭到起訴。最後判決結果，黃信介等 8 人全部被判有罪，施明德被判無期徒刑，黃信介 14 年有期徒刑，其餘 6 人 12 年有期徒刑。

淑（張俊宏妻）、周清玉（姚嘉文妻）等皆高票當選立委，顯示人民用選票重新審判「美麗島事件」，更推動臺灣的民主運動繼續進行。

　　林鐘雄也參與陳文成紀念基金會的創辦。[37] 從 1987 年創辦臺美文化交流中心開始，到「臺美文化交流基金會」、「陳文成博士紀念基金會」，一直到 2001 年住院時，林鐘雄一直都擔任基金會董事，為本土文化與臺灣民主人權盡力。

四、參與反對派國會公聽會：
　　彙聚群英診斷經濟

　　林鐘雄的經濟社會地位關係，曾協助我負責推動的許多活動，而大大促進臺灣民主化的進展。其中，甚具啟蒙影響的經濟覺醒，包括舉辦及參與國會公聽會的思想傳播，當時，我就是透過與林鐘雄的關係動員社會菁英，這項活動後來具有相當程度地突破政經體制結構調整，助益推動臺灣民主化。

　　1990 年 10 月中旬起，民進黨立法院黨團與《臺灣春秋》雜誌社在立法院舉辦了每週一次連續 11 場的「臺灣經濟總診斷系列公聽會」，這是突破當時重重壓力、備受矚目深具意義的活動。[38] 在中國國民黨仍然掌控國家政經資源的執政威權與

37　在美取得博士學位的陳文成對臺灣的民主運動和人權運動甚為關心，並投注許多心力。1981 年 5 月 20 日，陳文成攜妻、子返臺探親，7 月 2 日早上被警備總部約談，7 月 3 日凌晨陳屍於臺灣大學研究生圖書館旁，陳文成命案震驚國際。為了紀念這位熱愛鄉土、為臺灣前途付出生命的勇者，海內外臺灣人踴躍捐款，計畫成立陳文成文教基金會。申請立案一事，政府以「命案未破」為由，駁回申請。歷經多年的奔波，1990 年 5 月 31 日改名為「財團法人臺美文化交流基金會」，至 2000 年 7 月才正名為「財團法人陳文成博士紀念基金會」。距命案發生，已逾 19 年。

保守阻力下，我負責策劃並邀請到參與 11 場公聽會討論的專家學者，除林鐘雄之外，包括：陳博志、許嘉棟、朱雲鵬、陳師孟、許松根、黃世鑫、陳世璋、楊雅惠、薛琦、吳聰敏、曹添旺、王志文、鍾琴、黃茂榮、林嘉誠、瞿海源、林山田、邱正雄、黃天麟、曾巨威、吳惠林、林全、李庸三、李鴻禧、朱

38　當時「臺灣經濟診斷系列公聽會」的安排情形為：

場次	日 期	主 題	主 持 人	邀請專家學者
1	1990.10.17	經濟景氣衰退與通貨膨脹威脅 -- 經濟停滯膨脹與危機問題	彭百顯、林嘉誠	陳博志、許嘉棟朱雲鵬、陳師孟
2	1990.10.24	投資意願低落 -- 投資信心與經濟再發展問題	許國泰、黃天生	許松根、黃世鑫陳世璋、楊雅惠
3	1990.11.01	資金外流與產業外移 -- 產業空洞化問題	陳水扁、余政憲	林鐘雄、薛 琦吳聰敏、曹添旺
4	1990.11.07	大陸熱 -- 海峽兩岸經貿關係問題	李慶雄、洪奇昌	王志文、鍾 琴黃茂榮、林嘉誠
5	1990.11.14	金錢遊戲與經濟投機 -- 經濟秩序失控問題	謝長廷、盧修一	瞿海源、林山田邱正雄、黃天麟
6	1990.11.19	地下經濟與稅制缺失 -- 所得分配惡化問題	林正杰、張俊雄	曾巨威、吳惠林林 全、李庸三
7	1990.11.29	意識覺醒與社會運動 -- 經濟人權與經濟矛盾問題	魏耀乾、戴振耀	李鴻禧、朱敬一蕭新煌
8	1990.12.05	外貿發展與國際經濟地位問題	鄭余鎮、葉菊蘭	魏啟林、郭文政張秀蓮、吳榮義
9	1990.12.12	產業結構調整與經濟升級問題	吳勇雄、彭百顯 *	馬 凱、周添城林忠正、陳添枝
10	1990.12.19	體制改革與經濟發展問題	王聰松、彭百顯**	張慶輝、柯飛樂李宗哲、藍科正
11	1990.12.26	臺灣經濟總診斷	邱連輝、田再庭	陳文郎、張榮豐張瑞猛、吳忠吉

*　　第 9 場原為劉文雄、吳勇雄主持，因劉文雄過逝改由彭百顯主持。
*　　第 10 場原為陳定南、王聰松主持，陳定南因事改由彭百顯主持。

敬一、蕭新煌、魏啟林、郭文政、張秀蓮、吳榮義、馬凱、周
添城、林忠正、陳添枝、張慶輝、柯飛樂、李宗哲、藍科正、
陳文郎、張榮豐、張瑞猛、吳忠吉等43位學者,皆是一時俊秀。
日後,他們分別對臺灣政經發展的影響力不可言喻。[39]

這些朋友大都是林鐘雄的好友或學生,現在回想起來,如
果不是林鐘雄的關係,以當時的政治氛圍,民進黨要進行這項
活動實非易事,我很感激他們對臺灣的義行。[40] 就歷史的發展
而言,我必須表達,林鐘雄在經濟層面對臺灣民主化過程的影
響,扮演著相當重要的關係角色。

五、未竟之業:籌組智庫續為 21 世紀紮根

臺灣智庫成立構想源於林鐘雄,2000 年政黨輪替後,他
以知識份子的理想企盼用智庫作為知識與政策的溝通平台,結
合各界才俊,致力公共議題探討,提出政策建言,擘劃國家社
會發展之願景藍圖,帶動臺灣進步。臺灣智庫以臺灣為名,以
臺灣為念,這正是林鐘雄一生所繫。然而,令人遺憾的是,付

---

[39] 活動籌劃當時,立院黨團總召集人邱連輝就曾明確表示「在雙重壓力下財
經小組負責成員的策劃,籌備『臺灣經濟總診斷系列公聽會』是倍極辛苦
的。」作者為當時黨團財經小組召集人,負責籌劃工作,舉辦完成後,我
就特別強調,這 43 位學者專家以具體行動參與公聽會,正是社會各界突
破臺灣不合理政經體制禁錮的表徵。參見民進黨立院黨團(1991),《臺
灣經濟總診斷》。

[40] 提供 10 萬元經費奧援本項公聽會的《臺灣春秋》雜誌社創辦人辜寬敏針
對該系列活動的意義,在《臺灣經濟總診斷》(1991)一書序中指出,
這項公聽會的兩大特色:第一、規模大。動員所有民進黨立委(20 位)
輪流主持,邀請之學者專家俱是一時之選,人數達 43 人之多,規模宏大
引動視聽;第二、有系統。11 次公聽會範圍,幾乎涵蓋當前臺灣最迫切
解決的各項經濟問題及衍之各項問題,鉅細靡遺,進行有系統之討論。

出心力歷經一年多籌設的智庫卻在正式成立之前二個月，林鐘雄卻病倒住院，未能看到一手培育的臺灣人智庫誕生。

2002 年 4 月 3 日，林鐘雄轉任榮譽董事長。其後，在陳博志帶領下，臺灣智庫今已發展茁壯，成為捍衛國家與人民利益，嚴正監督政府施政，推動社會公平正義的重要公共政策知識機構，正逐步領引臺灣邁向進步理想的國家。

伍、不愧一代經濟學宗師

林鐘雄和許多經濟學家一樣，總是謙卑的。他一生專注於經濟學領域奮鬥貢獻，如果稱其「大師」，一定不為其本人接受，但就其風範與影響，堪稱臺灣一代經濟宗師。

一、研究學問認真投入：
教學培育英才、論著豐碩智慧

林鐘雄是讀書人，日不離書，幾乎天天都要讀書，依我所知，他學者性格濃厚，每每看書、寫書幾乎到深夜一兩點才睡。

林鐘雄除了經濟學理及其思想的知識淵博，他的專長為貨幣經濟與金融領域。他所著的《貨幣銀行學》教科書，經濟財金學系的學生很少人沒有讀過，尤其是當代經濟學者。而他的《臺灣經濟發展四十年》、《臺灣經濟經驗一百年》、《歐洲經濟發展史》、《西洋經濟思想史》、《邁向富裕的經濟社會》、《工業銀行與經濟發展》等著作，更是研究經濟發展與臺灣經

濟社會變遷膾炙人口的重要文獻。

　　林鐘雄投入書海數十年，孜孜不倦，著作論述甚為豐碩（參見【附錄2】），在國內各公私立大學作育英才無數。他們在政府部門、學術領域與產業界奉獻所長。他親切和藹，是學生們永遠的「林老師」。

二、懷抱理想悲天憫人：都是為了健康臺灣

　　林鐘雄以經濟知識報國，他抱持遠大的志向，執著於自由理想，終究是為了臺灣的進步與健康。

　　約在中世紀時期，世界公認的三大崇高職業是：醫學，以人身健康為目的。法律，以政府健康為目的。神學，以心靈健康為目的。至20世紀，馬歇爾注入了第四個職業 — 經濟學：

　　經濟學，以社會健康為目的。

　　經濟學自古典學派大師馬歇爾立志讓其成為世界第四項崇高的行業，他的方法是謀求更好的物質社會，使經濟學變得更高尚。此後，經濟學家更成為世人愈加尊敬的對象。因為，經濟學的偉大在於它是利他利社會的學問。

　　最值得一提的是，林鐘雄不只教學、寫書，半個世紀以來，他認真觀察國內外時局與經濟環境的變化，「無論工作再忙，都不忘抽出時間看書，他每天也都會透過電腦華爾街日報網站，掌握國際社會的最新訊息。」[41] 懷抱理想長期貢獻他的

41　參見林貞美（1998），〈林鐘雄 博古通今〉。

智慧為文建言，針對臺灣的實際需要，一篇又一篇針砭時弊的文章，躍然紙上，於有關當局與臺灣民眾皆受益良深。長期以來，為臺灣整體進步，對健全國家政經社會，他提供了無數的看法與建言，影響至深，貢獻極大。[42]

1999 年，臺灣遭逢世紀震災，林鐘雄身為經濟學家，悲天憫人的胸懷也反映在他的身上。921 震災後，林鐘雄曾為文：

含著眼淚閱讀各種災情報導，立即聯想到的是我們該如何重新出發。安居樂業向來是人們最起碼的企求，也是社會經濟發展的基礎，數以千計的民房全毀或半毀，使數萬人頓時無家可歸，更不幸的人連全部家當都在剎那間化為烏有，如若沒有外來的協助，我們很難奢望他們能心平氣和地安居樂業。臺灣是孤懸海外的海島，過去我們曾一再頌歌同舟共濟，現在是發揮人飢已飢、人溺已溺的精神的關鍵時刻，及時對不幸受災鄰居給予援手，使他們能立即重新站穩腳步，與社會經濟一起發展，每個人都能享有直間接的利益。[43]

看在我這曾身陷 921 災區的當事人眼裡，我當能體會林鐘雄這種人溺已溺的情懷而深受感動。當時，林鐘雄到南投災區來看我，並代表玉山銀行捐款 500 萬元，他也具體參與關心震災重建工作。921 震災當時我擔任南投縣長，縣政府於災後成立「百人專家學者服務團」[44]，就是由林鐘雄擔任團長。這

42　林鐘雄長期在聯合報系撰寫社論與經濟專欄，時論則散見於報紙期刊雜誌，主要論述參見本文【附錄 2】林鐘雄教授著作。

43　林鐘雄（1999），〈大地震的聯想〉。

44　服務團學者專家涵蓋各個專業領域，包括農林、財政、經濟、環保、土木、交通、水土保持、教育、地政、公共行政、衛生醫療和社會福利等。

些學者企業家，有許多位在 921 震災後親自參與救災工作，對於協助縣政府推動重建大業，也在專長的領域提供前瞻性的觀點，他們充分發揮對南投重建的關懷和熱情，我應該向團長表示感謝，向他們整團表達敬佩之意。

三、讀書人本色與情操：淡泊名利執著理想

　　民進黨成立後，林鐘雄成為該黨許多政治人物的財經智囊，但他從來沒有想到要涉足政治。後來總統大選期間，林鐘雄義氣相挺陳水扁，應邀加入「國政顧問團」[45]。2000 年政黨輪替，新政府還沒有上臺，政壇就傳聞他將入閣。但事實上，在 3 月 18 日陳水扁當選總統後，林鐘雄連續二天早出晚歸到朋友家，以避開媒體記者詢問他入閣的看法。由此可看出林鐘雄不喜曝光、行事低調的一貫作風。

　　新政府上臺後，林鐘雄一直是熱門的財經首長人選，也曾被點名接任臺銀董事長等職務，但林鐘雄認為自己的個性並不適合任職行政部門或公營行庫。2000 年 10 月，財政部長再出缺，他仍然不為所動。直到 2001 年 6 月才勉強接下臺灣證券交易所董事長的職位。

　　沉浸書海一生的林鐘雄，生活簡樸、淡泊名利，卻熱心學

---

45 國政顧問團係於 2000 年總統選舉投票（3 月 18 日）前由學界、企業界人士自發性組成的助選團體，支持民進黨總統候選人陳水扁。由中研院院長李遠哲擔任國政顧問團首席顧問。成員包括：中研院研究員蕭新煌、交大校長張俊彥、陽明大學校長曾志朗、中正大學校長鄭國順、國立藝術學院校長邱坤良、交大人文社會科學院院長陳其南、產業界有張榮發、施振榮、殷琪、許文龍、高志明、林鐘雄、林信義、以及國安會諮詢委員陳必照、藝術家林懷民。2000 年 4 月 13 日，李遠哲宣布國政顧問團解散。

術與公益工作，雖然被財經雜誌譽為「財經首席國師」，卻讓他不自在與無法接受。曾經有人以洪自誠《菜根譚》「弄權一時，淒涼萬古」，來描述林鐘雄何以淡泊人生的原因。[46] 林鐘雄視名利如浮雲，但他心中的理想卻沉重而遙遠。

四、低調中的不平凡：
　　約翰 · 克利斯多夫的啟示

　　許多學生與友人都覺得林鐘雄落落寡歡、沉默寡言，極少人知道背後原因。又為什麼林鐘雄在他的《貨幣銀行學》與《經濟學》教科書上一再嵌入《約翰 · 克利斯多夫》[47] 所流露的字句？林鐘雄從未向別人訴說原委。我揣摩良久，應該和書中主角一生受貧窮匱乏折磨卻毅力奮鬥的感染有關，這與經濟學或經濟學家的本質相吻合。然而，約翰克利斯多夫對人間充滿虛偽，在他內心自小就有的感受，很多人確實不瞭解林鐘雄可能和約翰克利斯多夫內心長久對人間虛假的感受一般孤寂。

　　林鐘雄教授像約翰克利斯多夫一樣富有天才和理想，也一樣飽受國家社會的苦難，但他仍努力不懈。

　　雖然不多說話，他可不是不敢行動而苟且偷生的人，當政

46　王皓正（2000），〈林鐘雄不是普通的銀行董事長〉。

47　《約翰 · 克利斯多夫》係世人公認為人道主義作品的代表作，是羅曼羅蘭（Romain Rolland, 1866-1944）以樂聖貝多芬為藍本的巨著，更是其畢生思想的智慧結晶。羅曼羅蘭是二十世紀思想家、文學家，為 1915 年諾貝爾文學獎得主。該書參見：Rolland, Romain（梁祥美譯），2004，《約翰 · 克利斯多夫》（Jean-Christophe）。
　　楊雅惠教授曾嘗試對林鐘雄引用《約翰 · 克利斯多夫》佳句提出詮釋，參見楊雅惠（2006），〈金融協助產業發展之角色 -- 兼述「約翰克利斯多夫」的聯想〉。

治和軍事威權籠罩這塊土地，很多人敢怒不敢言，很多甚至在討好和依附威權以獲得各種利益的時候，林鐘雄教授身為有很多機會從威權者得到利益的經濟學家，卻默默地支持和培養民主化的觀念和力量。只是和其他同樣支持民主化的人相比，他更為低調，更有耐心。[48]

這是陳博志教授所體悟的描述，他對林鐘雄的比喻觀察相當深刻貼切。此外，我更相信很重要的一個緣由，應是來自非理性的力量：

製造壓力，施於別人，是人類排名前列的罪行。[49]

這是美國行為經濟家艾瑞利（Dan Ariely, 1968-）新著《不理性的力量》所凸顯社會壓力。無論是用在家族、社會或政治上，的確是讓我感受到的真理，值得我們警惕。套用在林鐘雄身上，我認為的確很恰當。

林鐘雄一生最重要的黃金貢獻時光，正是遭受有關當局施加壓力的痛苦時期，一直到當時執政的中國國民黨下臺及友好的部分人士掌有相當影響力之時，壓力才獲得紓解。在這段長達數十年的歲月，一般人對林鐘雄的印象就是反應這樣的感慨：「常常喝酒，甚是喝到醉醺醺。唉！很可惜這樣糟蹋自己。」如此的描述或認知，我認為只是表相的觀察，很少人知道或瞭解他內心深處真正的痛苦。他根本不曾向他人訴說其苦

48　陳博志（2006），〈沉默的小巨人 --- 紀念林鐘雄董事長〉。

49　該引語是葉明桂在導讀該書第一章畫龍點睛的結論，參見 Ariely, Dan（姜雪影譯）（2011），《不理性的力量》（The Upside of Irrationality），第一章。

境，除了林師母。他一生背負喪失自由，忍受這個潛藏的壓力，到他逝世之後，我才獲悉。讓我深身體會：潛藏強大的特別壓力，可以徹底毀掉一個人的前途抱負。尤其，在白色恐怖時代。

對於林鐘雄可能貢獻給國家社會的潛力終竟無法充分發揮，讓他遂其心願，是臺灣極其沉重的損失。當閱讀到艾瑞利的著作，想到林鐘雄等人的處境，令人感觸良深。我願再度強調：林鐘雄付出的代價與潛能受限的社會機會成本，就是臺灣現今自由進步緩慢。真的，我很同意，製造壓力給別人，是很不可取的一項罪行。

陸、結語：臺灣的大愛精神長存

應頒授經濟學家終生驕傲的傳承獎章：自由之光

物質的經濟可衡量一切人類的需要，但卻很容易讓人以為經濟排除人生許多有意義的價值，而誤解經濟學。

林鐘雄為臺灣的自由經濟誕生。用他的經濟學智慧，貢獻一生給臺灣這塊土地和她的子民，然而值得一提的是，非常不容易的過程，正顯得他潛沉隱忍，一生堅持理想精神的偉大。

2000 年 8 月，美國總統柯林頓把象徵美國和平時代最高榮譽的獎章「自由勳章」頒贈予經濟學家葛布雷，以表彰他為美國政治自由與社會進步奮鬥半個世紀，也象徵美國民族的集體生活的歷史座標。雖然受到如此的榮譽，前已提過的諾貝爾經濟獎得主沈恩在評葛布雷一生意義表示，葛布雷的貢獻，仍然「沒有得到足夠的讚美」。

　　相對臺灣的林鐘雄，為政治自由與社會進步也奮鬥半個世紀，而且成就傲人。生前有關當局無法表彰他為國家社會長遠的貢獻，我們也甚少見到國家社會對他的讚美；死後，當我們追憶林鐘雄畢生致力追求自由價值，他一生為臺灣政治民主、經濟自由、社會公平的信仰，將影響著並持續促使臺灣在歷史進程軌道上確具信心地向前邁進，直到永遠永遠。與美國的作法一樣，我們的國家也應該頒發給他一枚可令經濟學家終生驕傲的傳承獎章：自由之光。以紀念他終生為臺灣政治自由與社會進步在經濟領域的傑出貢獻。

　　我深信，愈深入明白什麼是經濟學，愈可以理解林鐘雄畢生堅持的政治、經濟與道德信仰中的自由信念，並引以他為豪。

參考文獻

1.　王皓正，2000，〈林鐘雄不是普通的銀行董事長〉，《經濟日報》，2000 年 5 月 13 日。

2.　王皓正，2001，〈林鐘雄書酒滿腹 意外沾上政治〉，《經濟日報》，2001 年 11 月 3 日。

3.　民主進步黨立法院黨團，1991，《臺灣經濟總診斷》。

4.　李賢源，2006，〈林鐘雄教授對國內資本市場的貢獻〉，《林鐘雄教授紀念學術研討會論文集》，臺灣經濟學會等主辦，2006 年 9 月 23 日。

5.　林貞美，1998，〈林鐘雄 博古通今〉，《經濟日報》，1998 年 6 月 28 日。

6. 林鐘雄，1999，〈大地震的聯想〉，《玉山銀行雙月刊》，41 期，1999 年 9-10 月。

7. 林鐘雄，論著參見：【附錄 2】林鐘雄教授著作。

8. 黃登榆，1998，〈林鐘雄 著作等身 文武全才〉，《經濟日報》，1998 年 8 月 2 日。

9. 康寧祥，1978，《問政六年》，自印，臺北市：長橋總經銷。

10. 陳奎德，1999，《海耶克》，臺北市：東大圖書公司。

11. 陳博志，2006，〈沉默的小巨人──紀念林鐘雄董事長〉，《臺灣智庫通訊》，19 期，頁 1-2。

12. 張　正，〈林鐘雄 針砭時弊 筆鋒利〉，《經濟日報》，1998 年 2 月 24 日。

13. 彭百顯，2006，〈緬懷恩師林鐘雄〉，《新臺灣新聞週刊》，546 期。

14. 彭百顯，2006，〈紀念一代經濟大師─林鐘雄教授〉，《經濟日報》，2006 年 9 月 25 日。

15. 彭蕙仙，2008，〈懷念一位臺大的老師〉，2008 年 11 月 12 日。 http://blog.chinatimes.com/prayer/archive/2008/11/12/347463.html

16. 楊雅惠，2006，〈金融協助產業發展之角色──兼述「約翰克利斯多夫」的聯想〉，《林鐘雄教授紀念學術研討會論文集》，臺灣經濟學會等主辦，2006 年 9 月 23 日。

17. 葉景成，2006，〈臺灣證券市場發展規劃藍圖 2001.10.16-- 林鐘雄教授生前最後一次參與的政策規劃〉，《林鐘雄教授紀念學術研討會論文集》，臺灣經濟學會等

主辦，2006 年 9 月 23 日。

18. 蔡玉真，2005，〈阿扁的財經國師—林鐘雄〉，《今周刊》，253 期。

19. 環球經濟社，1984，《經濟政策大論戰：王作榮大戰蔣碩傑》，增訂版。

20. 劉德宜，2005，〈影響彭百顯最深的人〉，《今周刊》，253 期。

21. 劉德宜、黃琴雅，2005，〈林鐘雄的學生們〉，《今周刊》，253 期。

22. 鄭欽仁，2008，〈現代學術研究基金會創辦的回顧〉，《現代學術研究》，16 期，頁 3-14。

23. Arendt, Hannah（蔡佩君譯），2005，《政治的承諾》（The Promise of Politics）。臺北市：左岸文化，2010。

24. Ariely, Dan（姜雪影譯），2011，《不理性的力量》（The Upside of Irrationality），臺北市：天下遠見出版公司。

25. Berdyaev, Nicolas Aleksandrovich（蔡英文譯），1978，《奴役與自由》（Slavery and Freedom）。臺北市：長鯨。

26. Hayek, F. A.（周德偉譯），1959，《自由的憲章》(The Constitution Of Liberty)。臺北市：臺灣銀行經濟研究室，1971。

27. Heilbroner, Robert L.（蔡伸章譯），1983，《改變歷史的經濟學家》（The Worldly Philosophers）。臺北市：志文出版社。

28. Parker, Richard（郭路譯），2005，《加爾布雷斯傳》

（John Kenneth Galbraith：His Life, His Politics, His Economics）。中國北京：中信出版社，2009。

29. Rolland, Romain（梁祥美譯），2004，《約翰．克利斯多夫》（Jean-Christophe），臺北市：志文出版社。

30. Sen, Amartya（劉楚俊譯），1999，《經濟發展與自由》（Development as Freedom）。臺北市：先覺出版公司，2001。

【原文收錄於施正鋒主編，《臺灣民主化過程中本土人文社會學者》，臺北市：臺灣國際研究學會，2011 年。】

林鐘雄之著作要覽

　　林鐘雄一生著作等身，尤其在經濟學門方面，除了大學院校教科書甚為風行之外，有關論文更發表在各報章雜誌，影響層面相當廣泛。在此僅就蒐集所及，除收錄於《林鐘雄經濟論文集》及《林鐘雄金融論文集》以外著作，分別臚列書名、篇名目錄如後，供大家參考。

彭百顯　謹記

一、著書

1.　《貨幣數量學說之研究》，國際經濟合作發展委員會經濟叢刊之 45，1965 年 4 月。

2.　《邁向富裕的經濟社會》，大學叢刊 26，臺北市：環宇出版社，1973 年 8 月。

3.　《弗利曼貨幣理論與政策的研究》，作者出版，1975 年 4 月，臺北市：三民書局總經銷。

4.　《貨幣論文集》，臺北市：銀河出版社，1976 年 8 月。

5.　《轉變中的臺灣經濟》，臺北市：臺灣省合作金庫調查研究室，1976 年 10 月。

6.　《當代貨幣理論與政策》，四版，作者出版，1978 年，臺北市：三民書局總經銷。

7.　《臺灣經濟發展四十年》，三版，臺灣經驗 40 年系列叢書，臺北市：自立晚報社文化出版部，1989 年 11 月。

8.　《經濟學》，三版二刷，作者出版，1993 年，臺北市：

三民書局總經銷。

9. 《貨幣銀行學》，六版二刷，作者出版，1993 年 8 月，
臺北市：三民書局總經銷。

10. 《臺灣經濟經驗一百年》，臺北市：三通圖書公司，1995
年 8 月。

11. 《工業銀行與經濟發展》，作者出版，1996 年 1 月。

12. 《凱因斯經濟思想再出發》，作者出版，1996 年 11 月，
臺北市：三民書局總經銷。

13. 《熊彼德經濟社會思想新定位》，作者出版，1997 年 5 月，
臺北市：三民書局總經銷。

14. 《蓋布烈斯－富裕社會的迷思》，作者出版，1997 年 12
月，臺北市：三民書局總經銷。

15. 《米塞斯－經濟自由主義的先知》，作者出版， 1999 年
10 月，臺北市：三民書局總經銷。

16. 《臺灣經濟實證研究分類索引》續編 VII，朱敬一、林鐘
雄主編， 1998 － 2000 年）

17. 《西洋經濟思想史》，六版，臺北市：三民書局，2004
年 8 月。

18. 《歐洲經濟發展史》，二版，臺北市：三民書局，2009
年 10 月。

19. 《臺灣四百年經濟發展史》（未完成）。

二、譯著

1. 《最適貨幣量論文集》（Milton Friedman 著），（The
optimum quantity of money and other essays），再版，臺灣
銀行經濟學名著翻譯叢書第 83 種，1974 年。

2. 《貨幣政策與金融制度》（Paul M. Horvitz 著），（Monetary policy and the findncial system），臺灣銀行經濟學名著翻譯叢書第 88 種，1975 年。

3. 《經濟成長過程論》（Walt Whitman Rostow 著），（The process of economic growth），臺北市：協志工業叢書出版股份有限公司，1975 年 6 月。

4. 《貨幣經濟學研究》（Don Patinkin 著），（Studies in monetary economics），現代財經名著翻譯叢書（二），臺北市銀行、幼獅文化事業公司合作出版，1976 年 2 月。

5. 《公司權力與社會責任》（Neil Herman Jacoby 著），（Corporate power and social responsibility），臺北市：學生英文雜誌社，1977 年 1 月。

6. 《貨幣經濟學》（Robert E. Weintraub 著），（Introduction to monetary economics），臺灣銀行經濟學名著翻譯叢書第 155 種，1982 年。

7. 《經濟學方法論》（Mark Blaug 著），（The Methodology of Economics），中山學術文化基金會編譯，臺北市：臺灣商務印書館，1984 年 12 月。

三、論文（已收錄至《林鐘雄經濟論文集》及《林鐘雄金融論文集》除外）

1. 〈貨幣供給理論簡介〉，《臺北市銀月刊》，3 卷 1 期，1972 年 1 月，頁 8-17。

2. 〈傳統貨幣數量學說新詮〉，《臺北市銀月刊》，3 卷 6 期，1972 年 6 月，頁 15-24。

3. 〈芝加哥學派的新貨幣數量學說〉，《臺北市銀月刊》，

3 卷 8 期，1972 年 8 月，頁 5-12。

4. 〈耶魯學派的資產平衡論〉，《臺北市銀月刊》，3 卷 9 期，
1972 年 9 月，頁 10-22。

5. 〈貨幣理論的檢討 (上)〉，《臺灣經濟金融月刊》，9
卷 2 期，1973 年 2 月，頁 16-24。

6. 〈貨幣理論的檢討 (下)〉，《臺灣經濟金融月刊》，9
卷 3 期，1973 年 3 月，頁 1-5。

7. 〈臺灣金融計畫初稿（1964）〉，《臺灣史料研究》半年
刊，第 41 及 42 期，2013 年 6 月及 12 月，吳三連臺灣史
科基金會。

8. 《光復初期臺灣的通貨膨脹與貨幣政策之研究》，未出版。

9. 《臺灣地區的通貨膨脹與所得政策之研究》，未出版。

四、主持研究計畫報告

1. 《改進證券市場專案研究報告》，行政院研究發展考核委
員會，1975 年。

2. 《當前我國信託投資公司的功能與問題之檢討》，行政院
研究發展考核委員會，1981 年 2 月。

3. 《實施利率自由化之途徑》，協同陳聽安主持，行政院研
究發展考核委員會，1983 年。

4. 《簡化銀行放款手續之研究》，行政院研究發展考核委員
會，1984 年。

5. 《我國與世界主要國家政策性輸出融資制度及營運績效之
比較研究》，中國輸出入銀行委託研究，1987 年 2 月。

6. 《我國證券市場自由化、國際化之研究》，財政部證券管
理委員會委託研究，1989 年。

7. 《防制地下金融活動問題之研究》，行政院研究發展考核委員會，1991 年 2 月。

五、論文集以外之報章經濟專欄（除以下兩篇外，中國時報與工商時報未列）

1. 〈經濟情勢轉變中的長短期策略〉，《工商時報》，1981 年 6 月 25 日。

2. 〈當前經濟問題與政策爭論〉，《工商時報》，1981 年 9 月 29 日。

六、《玉山銀行雙月刊》短文

1. 〈冷眼看青年飆舞華會〉，16 期，1995 年 7-8 月。

2. 〈泡沫經濟〉，17 期，1995 年 9-10 月。

3. 〈愛臺灣〉，18 期，1995 年 11-12 月。

4. 〈世事如棋〉，20 期，1996 年 3-4 月。

5. 〈多元社會的迷思〉，21 期，1996 年 5-6 月。

6. 〈信仰與知識〉，22 期，1996 年 7-8 月。

7. 〈追逐流行的反省〉，23 期，1996 年 9-10 月。

8. 〈進步的代價〉，24 期，1996 年 11-12 月。

9. 〈力阻被時間所淘汰〉，25 期，1997 年 1-2 月。

10. 〈心靈改造貴在實踐〉，27 期，1997 年 5-6 月。

11. 〈代溝〉，28 期，1997 年 7-8 月。

12. 〈百尺竿頭〉，29 期，1997 年 9-10 月。

13. 〈生涯規劃〉，30 期，1997 年 11-12 月。

14. 〈金融風暴的啟示〉，31 期，1998 年 1-2 月。

15. 〈向前走〉，32 期，1998 年 3-4 月。

16. 〈寫歷史〉，33 期，1998 年 5-6 月。

17. 〈長短期的取捨〉，34 期，1998 年 7-8 月。

18. 〈預期心理〉，35 期，1998 年 9-10 月。

19. 〈綺麗的回憶〉，36 期，1998 年 11-12 月。

20. 〈柳暗花明〉，37 期，1999 年 1-2 月。

21. 〈信息擇擇與決策行動〉，38 期，1999 年 3-4 月。

22. 〈美幻成真〉，39 期，1999 年 5-6 月。

23. 〈曾經年輕〉，40 期，1999 年 7-8 月。

24. 〈大地震的聯想〉，41 期，1999 年 9-10 月。

25. 〈日記〉，42 期，1999 年 11-12 月。

26. 〈許願〉，43 期，2000 年 1-2 月。

27. 〈地球村〉，44 期，2000 年 3-4 月。

28. 〈理論與實際〉，45 期，2000 年 5-6 月。

29. 〈知識經濟〉，46 期，2000 年 7-8 月。

30. 〈國際化〉，47 期，2000 年 9-10 月。

31. 〈創新〉，48 期，2000 年 11-12 月。

32. 〈流行的觀念〉，49 期，2001 年 1-2 月。

33. 〈泡沫〉，50 期，2001 年 3-4 月。

34. 〈細節〉，51 期，2001 年 5-6 月。

七、其他短文

1. 〈出聲或出走〉，《自立晚報》【晚安臺灣】，1993 年 3 月 9 日。

國家圖書館出版品預行編目資料

守著臺灣‧守著歷史系列II：林鐘雄金融論文集／
彭百顯編.
－－第一版－－臺北市：宇梱文化 出版；
紅螞蟻圖書發行，2019.3
面 ； 公分－－(Discover；48)
ISBN 978-986-456-312-8（精裝）
1.金融 2.文集
561.07 108000889

Discover 48

守著臺灣‧守著歷史系列II：林鐘雄金融論文集

總 編 輯／彭百顯
發 行 人／賴秀珍
執行主輯／何南輝
執行編校／鄭素卿
攝　　影／郭文宏
美術構成／沙海潛行
封面設計／引子設計
出　　版／宇梱文化出版有限公司
發　　行／紅螞蟻圖書有限公司
地　　址／臺北市內湖區舊宗路二段121巷19號(紅螞蟻資訊大樓)
網　　站／www.e-redant.com
郵撥帳號／1604621-1　紅螞蟻圖書有限公司
電　　話／(02)2795-3656（代表號）
傳　　真／(02)2795-4100
登 記 證／局版北市業字第1446號
法律顧問／許晏賓律師
印 刷 廠／卡樂彩色製版印刷有限公司
出版日期／2019年3月　第一版第一刷

定價1200元　港幣400元

ISBN 978-986-456-312-8　　　　Printed in Taiwan